울산방언사전 증보를 위한

울산방언 피동사와 사동사

신기상 지음

북스힐

머리말

이 연구는 두 가지 목적으로 수행하였다. 하나는 2013년에 간행한 <울산방언사전> 증보를 위한 자료 수집 작업이고, 다른 하나는 울산방언의 피동사와 사동사에 대한 심층적인 연구이다.

동부경남방언을 대상으로 하였고 현재의 울산광역시 울주군 웅촌면의 방언을 그 핵으로 삼았다.

필자는 1960년대부터 그 당시의 울산군, 양산군, 동래군의 방언을 '동부경남방언'이란 이름으로 자료를 모으고 논문을 써 왔다. 2020년 현재 앞서 본 행정구역은 많이도 변하였고 타지의 인구도 많이 유입되어 방언도 급속히 변모하고 있다.

현재의 울산광역시 울주군 웅촌면의 방언을 핵으로 한다고 명시하는 것은 울산방언 내에서도 산간지역, 농촌지역, 해안지역, 공업지역 등에 따라 미세한 차이가 있을 수 있기 때문이다.

방언자료가 충실한 <울산방언사전>이 되게 하려 노력했건만 욕심 같이 되질 않았다. 다 찾아 실으려 노력해도 노력의 한계로 그렇게 하질 못했고, 출간에 따른 제약으로 그렇게 하지 못한 부분도 있었다. 그러나 <울산방언사전> 발간 이후에도 울산방언을 찾고 캐는 일은 계속해 와서 그사이 소중한 자료를 꽤 모았다. 이 자료는 언젠가 <울산방언사전> 증보판이 나올 적에 추가로 등재하고 싶은 자료들이다. 이 연구를 위해 먼저 피동사와 사동사를 모두 찾아 모아 <피동사 사동사 사전>을 먼저 엮었다. 더는 없다고 장담할 수는 없으나 찾고 찾는 노력을 다하였다.

울산방언으로 기록된 것이라고 확신할 만한 오랜 문헌은 거의 찾을 수 없다. 그렇기 때문에 피동사 사동사의 파생접사가 어원상으로 무엇이었는가를 정확히 규명하기는 무리다. 대체로, 표준어의 어원으로 간주하고 있는 것과 일치하리라고 생각할 수 있지만 그렇다고 이 방언 피동사 사동사 모두 표준어의 것과 일치한다고 확신할 수는 없다. 그래서 국어 고어사전, 어원사전 등에서 밝혀진 어원을《참고어원》이라 하여 실어 두었다.

언어는 불규칙한 것이 규칙으로 변하고자 하는 경향과 규칙적인 것이 불규칙으로 변하고자 하는 경향의 서로 상반되는 두 경향을 가지고 있다. 이 연구의 전체를 개괄해서 볼 수 있는 점이 있다. 바로 방언의 다양성(多樣性)과 정연성(整然性)이다. 어떤 규제도 제약도 받지 않는 방언을 통해 국어가 대단히 다양한 변화를 한다는 것을 볼 수 있고, 그 다양한 변화 속에서도 가지런한 질서의 정연성을 지니는 사실도 파악할 수 있다. 이것을 확인하면 방언에 대한 인식이나 방언에 대한 연구방법도 다소 달라질 수 있다.

표준어와 방언은 인공림과 자연림에 비유할 수 있다. 나라의 뒷받침과 많은 언어학자와 국어학자의 노력으로 고르고 다듬은 표준어는 과수원 같고 또 과수원의 배나무, 복숭아나무와 같고, 아무런 규제도 제약도 없는 방언은 나무와 풀이 무성한 산이요 들과 같고 또 그 속에서 자연 그대로 자라는 돌배나무, 개복숭아나무와 같은 것이다.

방언의 세계로 들어가고자 하면 먼저 표준어의 선입감이나 익히 알고 있는 국어의 지식을 내려놓는 게 좋을 듯하다. 과수원의 과수 구경이나 동물원의 동물 구경하려는 것보다 원시림으로 들어가고자 하는 사람이나 사파리를 하려는 사람처럼 원시의 언어세계로 들어가듯 해야 하기 때문이다. 그래서 자연을 즐기며 구경하듯 해야 그 속에서 방언의 질서를 볼 수 있기 때문이다.

자연은 자연 그대로의 모습일 때가 가장 넉넉하고 아름답다. 방언을 연구하다 보면 언어도 그렇다는 생각을 하게 된다. 표준어는 반듯한 세련미는 있으나 매우 경직된 국어인 반면 자연 그대로의 방언은 투박하고 거친 면이 있으나 넉넉하고 정겨운 국어다. 그래서 감정과 정서의 교류에는 방언이 표준어보다 월등히 낫다고 여긴다. 그래서 방언은 없앨 수도 없고 없어지지도 않을, 우리말을 살찌게 하는 보고(寶庫)다.

피동사와 사동사에 한정된 자료이기는 해도 이 자료를 통해서 이 방언은 고저(高低)와 장단(長短)이 모두 변별적 기능을 가진 고장조(H : 조), 고단조(H조), 저장조(L : 조), 저단조(L조)로 된 운소체계(韻素體系)임을 확인할 수 있다.

이 책의 중심이 되는 부분은 3장으로 나누었다.

제1장 울산방언 피동사와 사동사 사전
제2장 울산방언 피동사와 사동사의 접미사별 분류
제3장 울산방언 피동사와 사동사 분석

제1장은 <울산방언사전>의 보완 부분이라 그 사전과 같은 체재로 하여 표제어와 그 활용양상과 예문이 중심 내용이다.

제2장은 울산방언 피동사와 사동사를 접미사별로 분류하고 국어사에서 발견된 어원을 함께 곁들여 피동사와 사동사 생성 과정의 이해를 돕도록 하였다.

제3장은 울산방언 피동사와 사동사의 여러 면의 특질이나 경향을 분석하여 울산방언 피동사와 사동사의 심층적 이해를 돕고 방언 연구와 국어 연구에 필요한 정보를 제공하고자 하였다.

<울산방언사전>은 처음부터 사전을 만들려는 목적으로 방언을 모은 것이 아니었다. 방언연구를 위해 방언을 채집하고 방언화자의 대화문을 모으다 보니 양이 불어나고 불어난 양을 컴퓨터 덕분에 정렬을 하다 보니 사전으로 발전한 것이다. 그래서 사전으로 갖춰야 할 요건에서 보면 미비한 점이 많다. 이 연구도 사전이란 이름을 붙였지만 그 점은 마찬가지다.

'울산방언'이라 명시하였지만 여기서 다뤄진 자료나 분석은 '동부경남방언'에 그대로 적용된다. 또한 필자가 경상도방언 지역 요소요소를 돌며 방언조사를 한 결과에 의하면 이 사전 내용의 대부분이 넓게는 경상방언 지역에 두루 적용된다는 것도 확인하였다.

울산에는 이런저런 소중한 문화유산이 많다. 그 많은 문화유산 중에

으뜸으로 꼽아야 할 것은 당연히 현대국어의 근간이 되는, 신라어의 후속어 울산방언이다. 인구의 유동, 교통, 방송의 발달, 교육의 확대 등으로 울산방언이 급속도로 변한 결과 지금은 아무리 오지의 노인이라 해도 필자가 채집 대상으로 삼고 있는 울산공업화 이전, 1960년대 이전의 울산방언만으로 대화하는 사람은 한 사람도 만날 수 없다. 다소간의 차이는 있어도 모두 표준어의 영향을 받고 있다. 그렇게 보면 이 방언의 채집, 정리, 연구, 보전은 매우 중요한 울산의 문화사업이다.

나라가 시끌시끌하고 경제가 어렵다고 아우성이다. 게다가 종이책 독서 인구가 줄어 출판계는 더욱 어려움이 많다. 더더욱 종이로 된 '사전'은 이미 서가에서 자취를 감춰가고 있으며 사전편집 전문 인력은 출판계에서 완전히 사라졌다. 이런 판국에 이 답답한 원고를 내밀며 출판을 부탁하기란 여간 죄송한 일이 아니다. 필자는 전날 '일만 많고 먹을 게 없다'는 말이 딱 어울릴 <울산방언사전>의 간행을 억지스럽게 도서출판 북스힐과 연계하여 이 출판사에 빚을 크게 진 바가 있다. 그럼에도 이 책의 출판을 선뜻 허락해 주신 도서출판 북스힐의 조승식 사장님이 그저 고맙고 고마울 뿐이다.

교정을 마쳐 가고 머리말을 다듬으니 한편으로는 마음이 홀가분해지면서 한편으로는 고향, 타향살이, 나그네, 그리움 … 이런 말들이 담긴 노래들을 나도 모르게 흥얼거리게 된다.

2020년 1월
신 기 상

일러두기

1. <울산방언사전> 증보를 위한 보완 작업의 일환이기 때문에 모든 것을 <울산방언사전>에 준하였다.

2. 다양한 이형태를 모두 실었다. 여러 이형태 중 어느 하나를 내세우기 어려울 만큼 다양하게 쓰이기 때문이다.

   [보기] **잦히″다** ('잦′다[傾]'의 피동) 젖히다. [비] 잦기″다. 잿기″다. 잿히″다. 젖기″다. 젲기″다. 젖히″다. 젲히″다.

3. 접미사를 어느 하나로 결정하기 어려운 경우는 가능성이 있는 접미사를 두로 실었다.

   [보기] **싶이″다** ('싶′다[嚼]'의 피동) 씹히다.
   싶히″다 ('싶′다[嚼]'의 피동) 씹히다.

4. 음운변화에 따른 여러 이형태가 있는 경우 모두 인정하여 실었다.

   [보기] **옮′기다** ('옮:다[移·染]'의 사동) 옮기다.
   옹′기다 < 옮′기다 ('옮:다[移·染]'의 사동) 옮기다.
   왱′기다 < 욍′기다 < 옮′기다 ('옮:다[染]'의 사동) 옮기다.
   앵′기다 < 왱′기다 < 욍′기다 < 옮′기다 ('옮:다[染]'의 사동) 옮기다.

5. 이형태는 모음어미에서도 많은데, 표준어 어미 (−아)에 대응되는 / −아 / −애 / −어 / −여 / −우 / −이 / 중 / −아 / −애 / −이 / 를

설정했고, 과거시제선어말어미 {－았－}에 대응되는 /－았－/－했－/－었－/－였－/－윴－/－있－/ 중 /－았－/－했－/－있－/을 설정했다.

[보기] **살쿠′다** 〔살쿠′아→살카″, 살쿠′아도→살카″도, 살쿠′았다→살캈″다〕 ('살:다(生)'의 사동) 살리다.
깨배′다 〔깨배′애→깨배″, 깨배′애도→깨배″도, 깨배′앴다→깨뱄″다〕 ('깨다[醒·覺]'의 사동) 깨우다.
신′키다 〔신′키이→신′키, 신′키이도→신′키도, 신′키있다→신′킸다〕 ('신:다[履]'의 사동) 신기다.

6. 평음과 경음이 대립되는 이형태의 경우 그 일부만 센말로 처리하였으므로 그 구분은 엄격하지 않다.

[보기] **줄쿠′다** ('줄:다[減]'의 사동) 줄이다. [센] 쭐쿠′다.
쭐쿠′다 ('쭐:다[減]'의 사동) '줄쿠′다'의 센말. 줄이다.

[보기] **벗기″다** ('벗′다[脫]'의 피동) 벗기다. [비] 뻿기″다
뻿기″다 ('벗′다[脫]'의 피동) 벗기다. [비] 벗기″다

7. 어원위주를 원칙으로 하였지만 더러는 어원위주의 것과 발음위주의 것 둘을 싣기도 했다.

[보기] **나수′다** <낫우′다 [동] ('낫:다[癒]'의 사동) 낫게 하다. 고치다.
낫우′다 [동] ('낫:다[癒]'의 사동) 낫게 하다. 고치다.

8. 'ㄴ, ㅇ' 종성이 형태소 경계에서 묵음이 되는 경우가 있다. 예문에서 묵음이 되는 경우는 ~ 기호를 넣었다.

[보기] 눈~이
그 시간~이머(－이면)
방~이
방~아서(－에서)
두렁~어(－에)

9. 고저장단 표기는 <울산방언사전>의 고저장단표기와는 달리 고장조(高長調)는 '″', 고단조(高短調)는 '′', 저장조(低長調)는 ':', 저단조

(低短調)는 ‘무표’로 표기하였다.[1]

표제어와 제시된 활용형에는 모두 고저장단을 표시하여 고저장단체계를 짐작할 수 있도록 하였다.

보기 **질쿠′다** 동 〔질 쿠′고, 질쿠′아→질카″, 질쿠′아도→질카″도, 질쿠′았다→질캈″다, 질쿠′이(-니), 질쿤~질쿠′안→질칸″, 질쿠는〕 (‘질:다[長]’의 사동) 기르다[育·養].

10. 고저장단이 유동적인 것은 그 중에서도 사용빈도가 높은 것을 앞에 내세웠다.

보기 **거실′리다~거실′리′다** (‘거실′다[逆]’의 사동) 거슬리게 하다.
까불리″다~까불′리″다 (‘까불′다[箕]’의 피동) 까불리다.

11. 《참고어원》에 대한 정보는 劉昌惇 『李朝語辭典』, 南廣祐 『補訂 古語辭典』, <국립국어원 표준국어대사전>, <네이버 국어사전>, 김민수 외 <우리말 語源辭典> 등 고어사전을 참고하여 독자를 위해 일부 편집하였다.

보기 **깨꾸′다** (‘깨다[醒·覺]’의 사동) 깨우다.
≪참고어원≫ 깨우다 <씨오다[←씨-+-오-]<월인석보(1459)>

12. 통시적(通時的) 변화와 공시적(共時的) 변동을 엄격히 구분하여 표지(標識)하지 않았다. 그래서 ‘←, →, <’ 표시에는 그러한 의미가 엄격하지 않다.

보기 **촉잡히″다**(←責---) (‘촉′잡′다(←責--)’의 피동) 책잡히다(責---).
믹이′다 <뮉이′다 <묵이′다〔믹이′고, 믹이′이→믹이″, 믹이′이도→믹이″도, 믹이′있다→믹있″다〕 (‘묵′다[食]’의 사동) 먹이다.

13. 그 밖의 것은 <울산방언사전>에 따랐다.

---

1. <울산방언사전>의 고저장단표기는 고장조(高長調)는 ‘▲’, 고단조(高短調)는 ‘△’, 저장조(低長調)는 ‘▼’, 저단조(低短調)는 ‘무표’로 표기하였다.

울산방언

1

피동사 사동사 사전

ㄱ

가두′다 <갇우′다 동 〔가두′고, 가두′아 → 가다″, 가두′아도 → 가다″도, 가두′았다 → 가닸″다, 가두′이(－니), 가둔~가두′안 → 가단″, 가두는〕 (‘*갇다[圍]’의 사동) 가두다. ¶ 삐가리는(병아리－) 가다 키운다. / 삐가리를(병아리－) 어데 가두머(－면) 좋노(－으냐)? / 삐가리(병아리) 어데다 가두는데? 비 갇우′다.

가디″다 <갇이″다 동 〔가디″고, 가디′이 → 가디″, 가디′이도 → 가디″도, 가디′있다 → 가딨″다, 가디″이(－니), 가딘″, 가디″는〕 (‘*갇다[圍]’의 피동) 갇히다. ¶ 눈 왔일(－을) 때 절에 가디 사알(사흘) 있었다. / 그 때 가딘 사람 모두 맻이고(몇이냐)? 비 가치″다. 갇이″다. 갇히″다.

가리″다[1] <가루이″다 동 〔가리″고, 가리′이 → 가리″, 가리′이도 → 가리″도, 가리′있다 → 가맀″다, 가리″이(－니), 가린″, 가리″는〕 (‘가루′다[遮]’의 피동) 가리다. ¶ 앞이 가리 안 빈다(보이－). / 앞에 가린 거 다 치아라(치워라). 비 가리″다[2]<가리이″다.

가리″다[2] <가리이″다 동 〔가리″고, 가리′이 → 가리″, 가리′이도 → 가리″도, 가리′있다 → 가맀″다, 가리″이(－니), 가린″, 가리″는〕 (‘가′리다[遮]’의 피동) 가리다. ¶ 앞이 가리 안 빈다(보이－). 비 가리″다[1] <가루이″다.

가치″다 <갇히″다 동 〔가치′고, 가치′이 → 가치″, 가치′이도 → 가치″도, 가치′있다 → 가칬″다, 가치″이(－니), 가친″, 가치″는〕 (‘*갇다[圍]’

의 피동) 갇히다. ¶ 가치 있는 개가 더 이얗다(사납-). [비] 가디″다. 같이″다. 갇히″다.

간지럽히″다～간지럽′히″다[간지러피다] [동] 〔간지럽히″고, 간지럽히′이 → 간지럽히″, 간지럽히′이도 → 간지럽히″도, 간지럽히′있다 → 간지럽혔″다, 간지럽히″이(-니), 간지럽힌″, 간지럽히″는〕 ('간지럽′다'의 사동) 간질이다. ¶ 얼라(아기) 윗길락고(웃기려고) 자트래이를(겨드랑이-) 간지럽힌다. / 간지럽히는데도 안 윗네(웃-).

갇우′다 [동] 〔갇우′고, 갇우′아 → 갇아″, 갇우′아도 → 갇아″도, 갇우′았다 → 갇았″다, 갇우′이(-니), 갇운～갇우′안 → 갇안″, 갇우는〕 ('*갇다[圍]'의 사동) 가두다. ¶ 삐가리사(병아리야) 다 갇아 키우제(-지). [비] 가두′다.

같이″다 [동] 〔같이″고, 같이′이 → 같이″, 같이′이도 → 같이″도, 같이′있다 → 가딨″다, 같이″이(-니), 가딘″, 같이″는〕 ('*갇다[圍]'의 피동) 갇히다. ¶ 옥에 갇인 춘하이(춘향이) 신세. [비] 가디″다. 가치″다. 갇히″다.

갇히″다[가치다] [동] 〔갇히″고, 갇히′이 → 갇히″, 갇히′이도 → 갇히″도, 갇히′있다 → 갇혔″다, 갇히″이(-니), 갇힌″, 갇히″는〕 ('*갇다[圍]'의 피동) 갇히다. ¶ 이래 살먼(-면) 갇히 사는 기나(게-) 마찬가지다. [비] 가디″다. 가치″다. 같이″다.

갈류″다[1] <갈리′우다 <가리이′우다 [동] 〔갈류″고, 갈류′아 → 갈랴″, 갈류′아도 → 갈랴″도, 갈류′았다 → 갈랬″다, 갈류″이(-니), 갈륜″～갈류′안 → 갈랸″, 갈류″는〕 ('가′리다[遮]'의 사동) 가리게 하다. ¶ 그거 손바닥 가지고 해 갈류기다. / 손바닥가(-으로) 해 갈류나? / 해를 손가(-으로) 갈랴지나?

갈류″다[2] <갈리′우다 <가리이′우다 [동] 〔갈류″고, 갈류′아 → 갈랴″, 갈류′아도 → 갈랴″도, 갈류′았다 → 갈랬″다, 갈류″이(-니), 갈륜″～갈류′안 → 갈랸″, 갈류″는〕 ('가리′다[選·擇]'의 사동) 고르게 하다. ¶ 콩지름(콩나물) 갈류는 거는 동성(동생) 시키고 니는(너-) 딴 일 해라. / 갈랴 거는 여어(여기) 옇어라(넣-). [비] 갈′리다[4]

갈리″다[1] <가리이″다 [동] 〔갈리″고, 갈리′이 → 갈리″, 갈리′이도 → 갈리″

도, 갈리′있다→갈맀″다, 갈리″이(-니), 갈린″, 갈리″는〕 (‘가리′다[分]’의 피동) 갈리다. ¶ 시(세) 팬(편) 니(네) 팬으로(편-) 갈리 삼질한다(싸움질하-). / 뭉치도(뭉쳐도) 살기 애럽운데(어려운데) 이래(이리) 갈리가(-서) 우짜노(어쩌나).

갈′리다[2] <가리′이다 [동] 〔갈′리고, 갈′리이→갈′리, 갈′리이도→갈′리도, 갈′리있다→갈′맀다, 갈′리이(-니), 갈′린, 갈′리는〕 (‘가리′다[分]’의 사동) 갈리다. ¶ 사람들을 두 패로 갈리 놓고 일 시킨다.

갈리″다[3] <가리이″다 [동] 〔갈리″고, 갈리′이→갈리″, 갈리′이도→갈리″도, 갈리′있다→갈맀″다, 갈리″이(-니), 갈린″, 갈리″는〕 (‘가리′다[選·擇]’의 피동) 갈리다. ¶ 갈린 기나(게-) 안 갈린 기나(게-) 밸(별) 차이 없네.

갈′리다[4] <가리′이다 [동] 〔갈′리고, 갈′리이→갈′리, 갈′리이도→갈′리도, 갈′리있다→갈′맀다, 갈′리이(-니), 갈′린, 갈′리는〕 (‘가리′다[選·擇]’의 사동) 고르게 하다. ¶ 이 소구리(소쿠리) 콩은 내가 갈리 논(놓은) 기다(게-). / 머로(뭣을) 좋아하는지 아아(아이) 보고 갈리라 캐(고 해) 놓고 사 준다. (비) 갈류″다[2].

갈리″다[5] <갈이″다 [동] 〔갈리″고, 갈리′이→갈리″, 갈리′이도→갈리″도, 갈리′있다→갈맀″다, 갈리″이(-니), 갈린″, 갈리″는〕 (‘갈:다[耕]’의 피동) 갈리다. ¶ 자갈밭은 이 훌째이로(쟁기-) 갈머(-면) 휠신(훨씬) 낫기(-게) 갈린다. / 도포 입고 논 간다고 논~이 잘 갈리나.

갈′리다[6] <갈′이다 [동] 〔갈′리고, 갈′리이→갈′리, 갈′리이도→갈′리도, 갈′리있다→갈′맀다, 갈리′이(-니), 갈′린, 갈′리는〕 (‘갈:다[耕]’의 사동) 갈리다. ¶ 머슴자테는(-에게는) 논을 갈리고 우리는 모를 숭군다(심-).

갈리″다[7] <갈이″다 [동] 〔갈리″고, 갈리′이→갈리″, 갈리′이도→갈리″도, 갈리′있다→갈맀″다, 갈리″이(-니), 갈린″, 갈리″는〕 (‘갈:다[磨]’의 피동) 갈리다. ¶ 그 일을 생각만 해도 이가 갈린다. / 낫 잘 갈리는 수틀(숫돌) 하나 구해다 주이소(-세요).

갈′리다[8] <갈′이다 [동] 〔갈′리고, 갈′리이→갈′리, 갈′리이도→갈′리도,

갈′리있다→갈′렀다, 갈리′이(−니), 갈′린, 갈′리는〕('갈:다[磨]'의 사동) 갈리다. ¶ 일꾼~이 나보고 낫 갈리 놓고 논에 갔다.

갈리″다[9] <갈이″다 ⓢ〔갈리″고, 갈리′이→갈리″, 갈리′이도→갈리″도, 갈리′있다→갈렀″다, 갈리″이(−니), 갈린″, 갈리″는〕('갈′다[更]'의 피동) 갈리다. ¶ 이분(이번) 달에 맨장도(면장−) 구장도 다 갈린다. / 이분에(이번−) 갈린 반장은 누고(누구냐)?

갈′리다[10] <갈′이다 ⓢ〔갈′리고, 갈′리이→갈′리, 갈′리이도→갈′리도, 갈′리있다→갈′렀다, 갈리′이(−니), 갈′린, 갈′리는〕('갈′다[更]'의 사동) 갈리다. ¶ 그 일로 맨장~이(면장−) 와가(−서) 구장하고 반장 다 갈리고 온 동네가 야단~이 났디이라(−더니라).

갈아서′우다~갈′아서우다 ⓢ〔갈아서′우고, 갈아서′우아→갈아서′아, 갈아서′우아도→갈아서′아도, 갈아서′우았다→갈아서′았다, 갈아서′우이(−니), 갈아서′운~갈아서′우안→갈아서′안, 갈아서′우는〕('갈아서′다[立]'의 사동) 갈아세우다. ¶ 석은(썩−) 지둥(기둥) 다 갈아서운다. / 일 맡은 사람을 다 갈아서우고 나서 다시 일을 시작한다. ⓑ 갈아시′우다.

갈아시′우다 <갈아세′우다 <갈아서이′우다 ⓢ〔갈아시′우고, 갈아시′우아→갈아시′아~갈아시′야, 갈아시′우아도→갈아시′아도~갈아시′야도, 갈아시′우았다→갈아시′았다~갈아시′얐다, 갈아시′우이(−니), 갈아시′운~갈아시′우안→갈아시′안~갈아시′얀, 갈아시′우는〕('갈아서′다[立]'의 사동) 갈아세우다. ¶ 지둥을(기둥−) 다 갈아시운다. / 구장하고 반장하고 다 갈아시우자. ⓑ 갈아서′우다.

갈아입′히다~갈아입히″다 ⓢ [갈아입′히고, 갈아입′히이→갈아입′히, 갈아입′히이도→갈아입′히도, 갈아입′히있다→갈아입′혔다, 갈아입′히이(−니), 갈아입′힌, 갈아입′히는〕('갈아입′다'의 사동) 갈아입히다. ¶ 옷을 갈아입힌다. / 금방 갈아입힌 옷이 젆다(저렇−).

감기″다 ⓢ〔감기″고, 감기′이→감기″, 감기′이도→감기″도, 감기′있다→감겼″다, 감기″이(−니), 감긴″, 감기″는〕('감:다[捲]'의 피동) 감기다. ¶ 실이 실패에 감긴다. / 감겼는(−ㄴ) 거는 잘 안 풀린다. ⓑ 갬기″다. 갱기″다.

ㄱ

갖추′다[갇추다] 동 〔갖추′고, 갖추′아→갖차″, 갖추′아도→갖차″도, 갖추′았다→갖찼″다, 갖추′이(−니), 갖춘~갖추′안→갖찬″, 갖추는〕 (‘갖′다[具]’의 사동) 갖추다. ¶ 못난 거는 다 갖찼다. / 정신~이 나가도 댕길(다니−) 때는 옷을 다 갖차 입고 댕긴다(다니−). 비 갖후′다.

갖후′다[갇추다] 동 〔갖후′고, 갖후′아→갖하″, 갖후′아도→갖하″도, 갖후′았다→갖핬″다, 갖후′이(−니), 갖훈~갖후′안→갖한″, 갖후는〕 (‘갖′다[具]’의 사동) 갖추다. ¶ 온갖 거를 다 갖핬다. 비 갖추′다.

개비″다 <괴이″다 <곱이″다 동 〔개비″고, 개비′이→기비″, 개비′이도→기비″도, 개비′있다→기빘″다, 개비″이(−니), 개빈″, 개비″는〕 (*곱다[盛]의 피동) 고이다. ¶ 못이 적어가(−어서) 물 마이(많이) 안 개빈다. / 물이 개비면(−면) 괴기가(고기−) 산다. 비 개피″다. 곱히″다.

개′우다 동 〔개′우고, 개′우아→개′아~개′야, 개′우아도→개′아도~개′야도, 개′우았다→개′았다~개′얐다, 개′우이(−니), 개′운~개′우안→개안″~개′얀, 개′우는〕 (‘개다[醱]’의 사동) 개게 하다. ¶ 술을 잘 개야도 날이 넘었뿌머(넘어 버리면) 새그랍아(시어) 몬(못) 묵는다(먹−).

개이″다[1] 동 〔개이″고, 개이′이→개이″, 개이′이도→개이″도, 개이′있다→개있″다, 개이″이(−니), 개인″, 개이″는〕 (‘개″다[晴]’의 피동) 개이다. ¶ 장매철에(장마철−) 날 개이기만 지다린다(기다리−).

개이″다[2] 동 〔개이″고, 개이′이→개이″, 개이′이도→개이″도, 개이′있다→개있″다, 개이″이(−니), 개인″, 개이″는〕 (‘개:다[捏]’의 피동) 개이다. ¶ 그기(그게) 물에는 개이도 지름에는(기름−) 잘 안 개인다.

개피″다 <괴히″다 <곱히″다 동 〔개피″고, 개피′이→기피″, 개피′이도→기피″도, 개피′있다→기핐″다, 개피″이(−니), 개핀″, 개피″는〕 (*곱다[盛]의 피동) 고이다. ¶ 굳은 땅~아(−에) 물이 개핀다. / 물이 개피면(−면) 괴기가(고기−) 산다. 비 개비″다. 곱히″다.

갬기″다[갱기다] <감기″다 동 〔갬기″고, 갬기′이→갬기″, 갬기′이도→

갬기″도, 갬기′있다 → 갬깄″다, 갬기″이(–니), 갬긴″, 갬기″는〕(‘감 : 다[捲]’의 피동) 감기다. ¶ 갬긴 거를 잘 풀어 바라(봐라). ㊥ 감기″다. 갱기″다.

갱기″다 <갬기″다 <감기″다 ⓈⒹ〔갱기″고, 갱기′이 → 갱기″, 갱기′이도 → 갱기″도, 갱기′있다 → 갱깄″다, 갱기″이(–니), 갱긴″, 갱기″는〕(‘감 : 다[捲]’의 피동) 감기다. ¶ 잘 갱긴 실 꾸리미(꾸러미) 이리 조(줘) 바라(봐라). ㊥ 감기″다. 갬기″다.

거두′다 <걷우′다 ⓈⒹ〔거두′고, 거두′아 → 거다″, 거두′아도 → 거다″도, 거두′았다 → 거닸″다, 거두′이(–니), 거둔~거두′안 → 거단″, 거두는〕(‘걷′다[收]’의 사동) 거두다. ¶ 일한 만키(만큼) 거둔다. / 칩기(춥–) 전에 다 거다 나아(놔야) 댄다(되–). / 그 많은 공구(권구) 혼차(혼자) 다 거다 믹있다(먹였–). ㊥ 걷우′다.

거디″다 <걷이″다 ⓈⒹ〔거디″고, 거디′이 → 거디″, 거디′이도 → 거디″도, 거디′있다 → 거딨″다, 거디″이(–니), 거딘″, 거디″는〕(‘걷′다[收]’의 피동) 걷히다. ¶ 돈~이 잘 거디야 장사를 해 묵제(먹지). ㊥ 거치″다. 걷이″다. 걷히″다.

거루′다 <걸우′다 ⓈⒹ〔거루′고, 거루′아 → 거라″, 거루′아도 → 거라″도, 거루′았다 → 거랐″다, 거루′이(–니), 거룬~거루′안 → 거란″, 거루는〕(‘걸 : 다[肥]’의 사동) 걸우다. ¶ 거름을 마이(많이) 조가(줘서) 땅을 거라야 농사가 잘 댄다(되–). / 해마다 거란 데라 머를(뭘) 숭가도(심어도) 잘 댈(되–) 기다(게–). ㊥ 걸우′다.

거실리″다[1] <거실이″다 ⓈⒹ〔거실리″고, 거실리′이 → 거실리″, 거실리′이도 → 거실리″도, 거실리′있다 → 거실릾″다, 거실리″이(–니), 거실린″, 거실리″는〕(‘거실′다[逆]’의 피동) 거슬리다. ¶ 눈에 거실린다. / 마음에 거실린다. / 하는 짓이 거실린다.

거실′리다~거실′리′다[2] <거실′이다 ⓈⒹ〔거실′리고, 거실′리이 → 거실′리, 거실′리이도 → 거실′리도, 거실′리있다 → 거실′릾다, 거실′리이(–니), 거실′린, 거실′리는〕(‘거실′다[逆]’의 사동) 거슬리게 하다. ¶ 어른 마음을 거실리기(–게) 하지 말고 고분고분 잘해래이(잘하여라).

거치″다 <걷히″다 ⓈⒹ〔거치′고, 거치′이 → 거치″, 거치′이도 → 거치″도,

ㄱ

거치′있다 → 거칬″다, 거치″이(－니), 거친″, 거치″는〕('걷′다[收]'의 피동) 걷히다. ¶ 돈만 잘 거치머(－면) 장사할 만하다. / 거친 해비(회비) 다 시고(쓰－) 없다. ㊥ 거디″다. 걷이″다. 걷히″다.

건딜리″다 <건디리이″다 ㊐〔건딜리″고, 건딜리′이 → 건딜리″, 건딜리′이도 → 건딜리″도, 건딜리′있다 → 건딜랐″다, 건딜리″이(－니), 건딜린″, 건딜리″는〕('건디′리다[觸]'의 피동) 건들리다. ¶ 손에 건딜리기만 하머(－면) 지질로(저절로) 문~이 열린다.

걷우′다 ㊐〔걷우′고, 걷우′아 → 걷아″, 걷우′아도 → 걷아″도, 걷우′았다 → 걷았″다, 걷우′이(－니), 걷운~걷우′안 → 걷안″, 걷우는〕('걷′다[收]'의 사동) 거두다. ¶ 지금은 안 그래도 우리 애릴(어리－) 때만 해도 농사는 가싥에(가을－) 다 걷아 들인다. / 전에 걷안 돈은 다 섰는강(썼는가)? ㊥ 거두′다.

걷이″다 ㊐〔걷이″고, 걷이′이 → 걷이″, 걷이′이도 → 걷이″도, 걷이′있다 → 걷있″다, 걷이″이(－니), 걷인″, 걷이″는〕('걷′다[收]'의 피동) 걷히다. ¶ 외상~이 안 걷인다. / 마이(많이) 걷있다 캐도(고 해－) 얼매(얼마) 안 댄다(되－). ㊥ 거디″다. 거치″다. 걷히″다.

걷히″다[거치다] ㊐〔걷히″고, 걷히′이 → 걷히″, 걷히′이도 → 걷히″도, 걷히′있다 → 걷혔″다, 걷히″이(－니), 걷힌″, 걷히″는〕('걷′다[收]'의 피동) 걷히다. ¶ 물건은 나가는데 돈~이 안 걷히머 댈(되－) 일가(－인가). ㊥ 거디″다. 거치″다. 걷이″다.

걸류″다[1] <걸리′우다 <걷이′우다 ㊐〔걸류″고, 걸류′아 → 걸랴″, 걸류′아도 → 걸랴″도, 걸류′았다 → 걸랐″다, 걸류″이(－니), 걸륜″~걸류′안 → 걸랸″, 걸류″는〕('걷 : 다[步]'의 사동) 걸리다. ¶ 큰 거는 걸류고 작은 거는 안고 친정 왔더라. ㊥ 걸′리다[2].

걸류″다[2] <걸리′우다 <거리이′우다 ㊐〔걸류″고, 걸류′아 → 걸랴″, 걸류′아도 → 걸랴″도, 걸류′았다 → 걸랐″다, 걸류″이(－니), 걸륜″~걸류′안 → 걸랸″, 걸류″는〕('거리′다[濾]'의 사동) 걸리다. ¶ 매늘자테(며느리에게) 술 걸랴 놓고 안주 장많는다(장만한다). ㊥ 걸′리다[5].

걸리″다[1] <걸이″다 <걷이″다 ㊐〔걸리″고, 걸리′이 → 걸리″, 걸리′이도

→ 걸리″도, 걸리′있다 → 걸랐″다, 걸리″이(－니), 걸린″, 걸리″는〕 (‘걷:다[步]’의 피동) 걸리다. ¶ 신~이 해깝아(가벼워) 더 잘 걸린다.

걸′리다[2] <걸′이다 <걷′이다 동 〔걸′리고, 걸′리아 → 걸′리, 걸′리이도 → 걸′리도, 걸′리있다 → 걸′랐다, 걸′리이(－니), 걸′린, 걸′리는〕 (‘걷:다[步]’의 사동) 걸리다. ¶ 아아를(아이－) 업지 말고 걸리라. 비 걸류″다[1].

걸리″다[3] <걸이″다 동 〔걸리″고, 걸리′이 → 걸리″, 걸리′이도 → 걸리″도, 걸리′있다 → 걸랐″다, 걸리″이(－니), 걸린″, 걸리″는〕 (‘걸:다[懸]’의 피동) 걸리다. ¶ 동성이(동생－) 마음에 걸리 혼차(혼자) 무울(먹을) 수가 없다. / 학교 댕길(다니－) 때 교실에 내 기림이(그림－) 마이(많이) 걸랐다. / 칩운(추운) 데서 발을 너무 얼가(얼려) 동상 걸랐다. / 낚수에(낚시－) 걸린 괴기(고기).

걸리″다[4] <거리이″다 동 〔걸리″고, 걸리′이 → 걸리″, 걸리′이도 → 걸리″도, 걸리′있다 → 걸랐″다, 걸리″이(－니), 걸린″, 걸리″는〕 (‘거리′다[濾]’의 피동) 걸리다. ¶ 술이 잘 안 걸리머(－면) 체를 바까라(바꿔라).

걸′리다[5] <거리′이다 동 〔걸′리고, 걸′리아 → 걸′리, 걸′리이도 → 걸′리도, 걸′리있다 → 걸′랐다, 걸′리이(－니), 걸′린, 걸′리는〕 (‘거리′다[濾]’의 사동) 걸리다. ¶ 사람 시키가(시켜서) 술 한 말 걸리라. 비 걸류″다[2].

걸머지′우다 동 〔걸머지′우고, 걸머지′우아 → 걸머지′아, 걸머지′우아도 → 걸머지′아도, 걸머지′우았다 → 걸머지′았다, 걸머지′우이(－니), 걸머지′운~걸머지′우안 → 걸머지′안, 걸머지′우는〕 (‘걸머지′다[負]’의 사동) 걸머지우다. ¶ 가방은 동성자테(동생에게) 걸머지아라. / 그 짐 내자테(나에게) 걸머지아 주소(－세요). 비 걸머징구′다.

걸머징구′다 <걸머지ㅇ구′다 동 〔걸머징구′고, 걸머징구′아 → 걸머징가″, 걸머징구′아도 → 걸머징가″도, 걸머징구′았다 → 걸머징갔″다, 걸머징구′이(－니), 걸머징군~걸머징구′안 → 걸머징간″, 걸머징구는〕 (‘걸머지′다[負]’의 사동) 걸머지우다. ¶ 무겁운(무거운) 거는 내자테 걸머징가라. 비 걸머지′우다.

걸머징기″다 <걸머지ㅇ기″다 ⓓ 〔걸머징기″고, 걸머징기′이→걸머징기″, 걸머징기′이도→걸머징기″도, 걸머징기′있다→걸머징깄″다, 걸머징기″이(－니), 걸머징긴″, 걸머징기″는〕 ('걸머지′다[負]'의 피동) 걸머지게 되다. ¶ 어깨에 걸머징기는 기(게) 없이이(－으니) 몸이사(－이야) 팬다(편하－).

걸앉후′다[걸안추다] ⓓ 〔걸앉후′고, 걸앉후′아→걸앉하″, 걸앉후′아도→걸앉하″도, 걸앉후′았다→걸앉핬″다, 걸앉후′이(－니), 걸앉훈~걸앉후′안→걸앉한″, 걸앉후는〕 ('걸앉′다[坐]'의 사동) 걸터앉히다. ¶ 아아(아이) 둘을 마레(마루에) 걸앉후고 발을 쉬기(씻겨) 주더라. ⓑ 걸앉′히다.

걸앉′히다[걸안치다] ⓓ 〔걸앉′히고, 걸앉′히이→걸앉′히, 걸앉′히이도→걸앉′히도, 걸앉′히있다→걸앉′힜다, 걸앉′히이(－니), 걸앉′힌, 걸앉′히는〕 ('걸앉′다[坐]'의 사동) 걸터앉히다. ¶ 마레(무루에) 걸앉히고 버선 신기라(신겨라). ⓑ 걸앉후′다.

걸우′다 ⓓ 〔걸우′고, 걸우′아→걸아″, 걸우′아도→걸아″도, 걸우′았다→걸았″다, 걸우′이(－니), 걸운~걸우′안→걸안″, 걸우는〕 ('걸 : 다[肥]'의 사동) 걸우다. ¶ 땅을 걸아도 날시가(날씨－) 안 좋으머(－면) 농사 안 댄다(되－). ⓑ 거루′다.

고롭히″다[1] ⓓ 〔고롭히″고, 고롭히′이→고롭히″, 고롭히′이도→고롭히″도, 고롭히′있다→고롭힜″다, 고롭히″이(－니), 고롭힌″, 고롭히″는〕 ('고′롭′다[苦]'의 피동) 괴롭히다. ¶ 고넘자테(그놈에게) 고롭힌 거 생각하먼(－면) 지금도 분하다.

고′롭′히다[2] ⓓ 〔고′롭′히고, 고′롭′히이→고′롭′히, 고′롭′히이도→고′롭′히도, 고′롭′히있다→고′롭′힜다, 고′롭′히이(－니), 고′롭′힌, 고′롭′히는〕 ('고′롭′다[苦]'의 사동) 괴롭히다. ¶ 말은 아재(아저씨) 아재(아저씨) 카머시너(고 하면서) 날을 저래 고롭힌다. / 강새이(강아지) 고만 고롭히라.

고루″다~고루′다 <고류″다 <고리′우다 ⓓ 〔고루″고, 버루′아→고라″, 고루′아도→고라″도, 고루′았다→고랐″다, 고루″이(－니), 고룬″~고루′안→고란″, 고루″는〕 ('고리′다[均]'의 사동) 고르다. ¶ 밭이

라도 잘 고라가(－서) 숭가라(심어라). / 고리(고루) 고리(고루) 고란 밭은 일하기도 숩다(쉽－). (비) 골류″다[1].

고′우다 <곱′우다 동 〔고′우고, 고′우아→고′아, 고′우아도→고′아도, 고′우았다→고′았다, 고′우이(－니), 고′우안→고′안, 고′우는〕 (*곱다[盛]의 사동) 고이다. ¶ 물을 못에 고아 놓고 가물 때 빼 신다(쓰－).

고이″다[1] <고우이″다 동 〔고이″고, 고이′이→고이″, 고이′이도→고이″도, 고이′있다→고있″다, 고이″이(－니), 고인″, 고이″는〕 (‘고′우다[烹]’의 피동) 고아지다. ¶ 무새솥에(무쇠솥－) 고아야 잘 고인다. (비) 고이″다[2].

고이″다[2] 동 〔고이″고, 고이′이→고이″, 고이′이도→고이″도, 고이′있다→고있″다, 고이″이(－니), 고인″, 고이″는〕 (‘고″다[烹]’의 피동) 고아지다. ¶ 푹 고이두로(－도록) 고아라. (비) 고이″다[1].

고이″다[3] <고우이″다 동 〔고이″고, 고이′이→고이″, 고이′이도→고이″도, 고이′있다→고있″다, 고이″이(－니), 고인″, 고이″는〕 (‘고′우다[拄·支]’의 피동) 고이다. ¶ 지둥(기둥) 밑에 고인 돌이 주치돌이다(주춧돌－). (비) 고이″다[4].

고이″다[4] 동 〔고이″고, 고이′이→고이″, 고이′이도→고이″도, 고이′있다→고있″다, 고이″이(－니), 고인″, 고이″는〕 (‘고″다[拄·支]’의 피동) 고이다. ¶ 밑에 고인 저 작은 돌매이만(돌맹이－) 빼머(－면) 우에(위－) 큰 방구가(바위－) 넘어지겠다. (비) 고이″다[3].

골내:다 <골나이다 <골나′이다 동 〔골내:고, 골내:지, 골내′애→골내″, 골내′애도→골내″도, 골내′앴다→골냈″다, 골내:이(－니), 골낸″, 골내:는〕 (‘골나′다’의 사동) 화내다. ¶ 방구 낀(뀌－) 넘이(놈－) 골낸다.

골류″다[1] <골리′우다 <고리이′우다 동 〔골류″고, 골류′아→골랴″, 골류′아도→골랴″도, 골류′았다→골랐″다, 골류″이(－니), 골륜″~골류′안→골랸″, 골류″는〕 (‘고리′다[均]’의 사동) 고르다. ¶ 땅을 골류고 나서 집을 짓는다. (비) 고루″다.

골류″다[2] <골리′우다 <골이′우다 동 〔골류″고, 골류′아→골랴″, 골류′

아도→골랴"도, 골류'았다→골랐"다, 골류"이(－니), 골륜"~골류'안→골랸", 골류"는〕('골다[飢]'의 사동) 곯리다. ¶ 자석들(자식들) 배 안 골률랴고(－려고) 일을 이래(이리) 마이(많이) 안 하능교(－ㅂ니까). ㊐ 골'리다. 곯류"다. 곯'리다. 굶구'다, 굶'기다, 궁'기다.

골'리다 <골'이다 ㊍〔골'리고, 골'리이→골'리, 골'리이도→골'리도, 골'리있다→골'맀다, 골'리이(－니), 골'린, 골'리는〕('골다[飢]'의 사동) 곯리다. ¶ 품도 지대로(제－) 안 주고 배 골리는 집에 누가 일하러 가능교(－ㅂ니까). ㊐ 골류"다². 곯류"다. 곯'리다. 굶'기다, 굶구'다. 궁'기다.

곯류"다[골류다] <곯리'우다 <곯이'우다 ㊍〔곯류"고, 곯류'아→곯랴", 곯류'아도→곯랴"도, 곯류'았다→곯랐"다, 곯류"이(－니), 곯륜"~곯류'안→곯랸", 곯류"는〕('곯다[飢]'의 사동) 곯리다. ¶ 머슴 배 곯류고 일을 시키나? / 아아들(아이들) 배 안 곯률락고(－려고) 안 그랬능교(그랬습니까). ㊐ 골류"다². 골'리다. 곯'리다. 굶구'다, 굶'기다, 궁'기다.

곯'리다[골리다] <곯'이다 ㊍〔곯'리고, 곯'리이→곯'리, 곯'리이도→곯'리도, 곯'리있다→곯'맀다, 곯'리이(－니), 곯'린, 곯'리는〕('곯다[飢]'의 사동) 곯리다. ¶ 배 안 곯릴라(－ㄹ려) 캐도(고 해도) 우째할(어찌하－) 질이(길－) 없었심더(－었습니다). ㊐ 골류"다². 골'리다. 곯류"다. 굶'기다, 굶구'다. 궁'기다.

곰삭후'다[곰사쿠다] ㊍〔곰삭후'고, 곰삭후'아→곰삭하", 곰삭후'아도→곰삭하"도, 곰삭후'았다→곰삭핬"다, 곰삭후'이(－니), 곰삭훈~곰삭후'안→곰삭한", 곰삭후는〕('곰：삭'다[酵]'의 사동) 곰삭히다. ¶ 콩 이파리도(잎－) 곰삭하 무우머(먹으면) 밸미다(별미－). / 곰삭한 맬치젓(멸치젓). ㊐ 곰삭'히다.

곰삭'히다[곰사키다] ㊍〔곰삭'히고, 곰삭'히이→곰삭'히, 곰삭'히이도→곰삭'히도, 곰삭'히있다→곰삭'힜다, 곰삭'히이(－니), 곰삭'힌, 곰삭'히는〕('곰：삭'다[酵]'의 사동) 곰삭히다. ¶ 곰삭힌 맨젓(멸치젓). ㊐ 곰삭후'다.

곱히″다 동 〔곱히″고, 곱히′이→곱히″, 곱히′이도→곱히″도, 곱히′있다→곱힜″다, 곱히″이(-니), 곱힌″, 곱히″는〕 (*곱다[盛]의 피동) 고이다. ¶ 이 웅디이는(웅덩이-) 비가 와야 물이 곱힌다. 비 개비″다. 개피″다.

구불류″다[1] <구불리′우다 <구불이′우다 동 〔구불류″고, 구불류′아→구불랴″, 구불류′아도→구불랴″도, 구불류′았다→구불랐″다, 구불류″이(-니), 구불륜″~구불류′안→구불랸″, 구불류″는〕 ('구′불다[曲]'의 사동) 굽히다. ¶ 대나무를 불에 달가(달궈) 구불랴라. 비 구불′리다[1]. 구불′시다. 구불추″다[1]. 굽′기다. 굽′히다[2]. 센 꾸불류′다[1].

구불류″다[2] <구불리′우다 <구불이′우다 동 〔구불류″고, 구불류′아→구불랴″, 구불류′아도→구불랴″도, 구불류′았다→구불랐″다, 구불류″이(-니), 구불륜″~구불류′안→구불랸″, 구불류″는〕 ('구불′다[轉]'의 사동) ①굴리다. ②넘어뜨리다. ¶ 너무(남의) 자양구를(자전거-) 구불랴 놓고 모린(모르-) 척을 하네. 비 구불′리다[2]. 구불추″다[2]. 구불츄″다. 센 꾸불류′다[2].

구불′리다[1] <구불′이다 동 〔구불′리고, 구불′리아→구불′리, 구불′리이도→구불′리도, 구불′리있다→구불′맀다, 구불′리이(-니), 구불′린, 구불′리는〕 ('구′불다[曲]'의 사동) 굽히다. ¶ 대나무를 불에다 꿉우면서(구우면서) 구불리가(-서) 할도(활-) 맹글어(만들-) 봤다(봤-). 비 구불류″다[1]. 구불′시다. 구불추″다[1]. 굽′기다. 굽′히다[2]. 센 꾸불′리다[1].

구불′리다[2] <구불′이다 동 〔구불′리고, 구불′리아→구불′리, 구불′리이도→구불′리도, 구불′리있다→구불′맀다, 구불′리이(-니), 구불′린, 구불′리는〕 ('구불′다[轉]'의 사동) ①굴리다. ②넘어뜨리다. ¶ 우에서(위-) 돌을 구불리 내랐다(내렸-). 비 구불류″다[2]. 구불추″다[2]. 구불츄″다. 센 꾸불′리다[2].

구불′시다 동 〔구불′시고, 구불′시아→구불′시, 구불′시이도→구불′시도, 구불′시있다→구불′싰다, 구불′시이(-니), 구불′신, 구불′시는〕 ('구′불다[曲]'의 사동) 굽히다. ¶ 농사짓는 사람이 허리 안 구불시고 농사를 질(지을) 수 있능교(-는가요). 비 구불류″다. 구불′리다. 구불추″다. ㊃ 꾸불′시다.

구불추″다~구불′추″다[1] ⓢ〔구불추″고, 구불추′아→구불차″, 구불추′아도→구불차″도, 구불추′았다→구불찼″다, 구불추″이(−니), 구불춘″~구불추′안→구불찬″, 구불추″는〕(‘구′불다[曲]’의 사동) 굽히다. ¶ 숯불에 대나무 구불춘다. ㊂ 구불류″다[1]. 구불′리다[1]. 구불′시다. 굽′기다. 굽′히다[2]. ㊃ 꾸불추″다[1].

구불추″다~구불′추″다[2] ⓢ〔구불추″고, 구불추′아→구불차″, 구불추′아도→구불차″도, 구불추′았다→구불찼″다, 구불추″이(−니), 구불춘″~구불추′안→구불찬″, 구불추″는〕(‘구불′다[轉]’의 사동) 넘어뜨리다. ¶ 사람을 구불찼이머(−으면) 일받아(일으켜) 시아야제(세워야지). ㊂ 구불류″다[2]. 구불′리다[2]. 구불츄″다. ㊃ 꾸불추″다[2].

구불츄″다 <구불치′우다 ⓢ〔구불추″고, 구불추′아→구불차″, 구불추′아도→구불차″도, 구불추′았다→구불찼″다, 구불추″이(−니), 구불춘″~구불추′안→구불찬″, 구불추″는〕(‘구불′치다[轉]’의 사동) 넘어뜨리다. ¶ 사람을 구불챠 놓고 그양(그냥) 가는 사람이 어딨노(어데 있나). ㊂ 구불류″다[2]. 구불′리다[2]. 구불추″다[2]. ㊃ 꾸불츄″다.

굳′히다[구치다] ⓢ〔굳′히고, 굳′히이→굳′히, 굳′히이도→굳′히도, 굳′히있다→굳′힜다, 굳′히이(−니), 굳′힌, 굳′히는〕(‘굳′다[固]’의 사동) 굳히다. ¶ 이거도 세멘(시멘트) 굳히가(−서) 맨든(만든) 거다.

굶구′다~굶구″다[굼구다] ⓢ〔굶구′고, 굶구′아→굶가″, 굶구′아도→굶가″도, 굶구′았다→굶갔″다, 굶구′이(−니), 굶군~굶구′안→굶간″, 굶구는〕(‘굶:다[飢]’의 사동) 굶기다. ¶ 강새이를(강아지−) 매칠(며칠) 굶갔나 와 이래 (이리) 애빘노(여웠니). ㊂ 골류″다[2]. 골′리다. 곯류″다. 곯′리다. 굶′기다, 궁′기다.

굶′기다[굼기다] ⓢ〔굶′기고, 굶′기이→굶′기, 굶′기이도→굶′기도, 굶′기있다→굶′깄다, 굶′기이(−니), 굶′긴, 굶′기는〕(‘굶:다[飢]’의 사동) 굶기다. ¶ 굶어 바야(봐야) 세상을 안다고 머슴 밥 안 주고 굶기나? ㊂ 골류″다[2]. 골′리다. 곯류″다. 곯′리다. 굶구′다. 궁′기다.

굽′기다 ⓢ〔굽′기고, 굽′기이→굽′기, 굽′기이도→굽′기도, 굽′기있다→굽′깄다, 굽′기이(−니), 굽′기는, 굽′긴〕(‘굽′다[曲]’의 사동) 굽히다. ¶ 할처리(활처럼) 굽긴 대나무로 천장을 끼밌더라(꾸몄-). [비] 구불류″다[1]. 구불′리다[1]. 구불추″다[1]. 굽′히다[2]. [센] 꿉′기다.

굽히″다[1][구피다] [동] 〔굽히″고, 굽히′이→굽히″, 굽히′이도→굽히″도, 굽히′있다→굽혔″다, 굽히″이(-니), 굽히″는, 굽힌″〕 (‘굽′다[曲]’의 피동) 굽히다. ¶ 다치가(다쳐서) 폴이(팔-) 안으로도 안 굽힌다. [비] 구불류″다[1]. 구불′리다[1]. 구불추″다[1]. 굽′기다.[1] [센] 꿉히″다[1].

굽′히다[2][구피다] [동] 〔굽′히고, 굽′히이→굽′히, 굽′히이도→굽′히도, 굽′히있다→굽′힜다, 굽′히이(-니), 굽′힌, 굽′히는〕 (‘굽′다[曲]’의 사동) 굽히다. ¶ 배안(배운) 사람일수록 머리를 더 굽히는 법이다. [비] 구불류″다[1]. 구불′리다[1]. 구불추″다[1]. 굽′기다. [센] 꿉′히다[2].

궁′기다 <굶′기다 [동] 〔궁′기고, 궁′기이→궁′기, 궁′기이도→궁′기도, 궁′기있다→궁′깄다, 궁′기이(-니), 궁′긴, 궁′기는〕 (‘굶:다[飢]’의 사동) 굶기다. ¶ 어른은 굶어도 자석들은(자식들-) 궁길 수가 없어서 이거를 내다팜더(-ㅂ니다). [비] 골류″다[2]. 골′리다. 곯류″다. 곯′리다. 굶구′다. 굶′기다.

그늘주″다 <그늘쥬″다 <그늘지′우다 [동] 〔그늘주″고, 그늘주′아→그늘자″, 그늘주′아도→그늘자″도, 그늘주′았다→그늘잤″다, 그늘주″이(-니), 그늘준″~그늘주′안→그늘잔″, 그늘주″는〕 (‘그늘지′다[蔭]’의 사동) ‘그늘지′우다’의 준말. 그늘지게 하다. ¶ 버섯 키울라(키우려) 카머(고 하면) 거늘자 조아(줘야) 댄다(되-).

그늘지′우다 [동] 〔그늘지′우고, 그늘지′우아→그늘지′아, 그늘지′우아도→그늘지′아도, 그늘지′우았다→그늘지′았다, 그늘지′우이(-니), 그늘지′운~그늘지′우안→그늘지′안, 그늘지′우는〕 (‘그늘지′다[蔭]’의 사동) 그늘지게 하다. ¶ 밭에 거늘지우는 낭구는(나무-) 비이(베어) 뿌라(버려라). [준] 그늘주″다.

기죽′이다 [동] 〔기죽′이고, 기죽′이이→기죽′이, 기죽′이이도→기죽′이도, 기죽′이있다→기죽′있다, 기죽′이이(-니), 기죽′인, 기죽′이는〕 (‘기죽′다’의 사동) 기죽이다. ¶ 그 참 사람 기죽이네.

까라앉후′다~까라앉후″다[까라안추다] [동] 〔까라앉후′고, 까라앉후′아→까라앉하″, 까라앉후′아도→까라앉하″도, 까라앉후′았다→까라앉핬″다, 까라앉후′이(－니), 까라앉훈～까라앉후′안 → 까라앉한″, 까라앉후는〕 (‘까라앉′다’의 사동) 가라앉히다. ¶ 꿀빰을(도토리－) 말라(말려) 갈아가(－서) 물에 까라앉핬다가 그 앙금으로 묵을 순(쑤－) 기(게) 꿀빰묵이라(도토리묵－). [준] 깔앉후′다. [비] 까라앉′히다.

까라앉′히다[까라안치다] [동]〔까라앉′히고, 까라앉′히아 → 까라앉′히, 까라앉′히이도 → 까라앉′히도, 까라앉′히있다 → 까라앉′힜다, 까라앉′히이(－니), 까라앉′힌, 까라앉′히는〕 (‘까라앉′다’의 사동) 가라앉히다. ¶ 마음을 까라앉히고 말해 바라(봐라). / 재를 물에 까라앉힌 웃물이(윗물－) 재물이고(잿물－) 이 재물가(잿물로) 지금 사분(비누) 겉이(같이) 빨래했다. [준] 깔앉히′다. [비] 까라앉후′다.

까래비뜯기″다 [동]〔까래비뜯기″고, 까래비뜯기′이 → 까래비뜯기″, 까래비뜯기′이도 → 까래비뜯기″도, 까래비뜯기′있다 → 까래비뜯깄″다, 까래비뜯기″이(－니), 까래비뜯긴″, 까래비뜯기″는〕 (‘까래′비뜯다’의 피동) 할퀴여 뜯기다. ¶ 지(제) 지집자테도(계집에게도) 까래비뜯기고 너무(남의) 지집자테도(계집에게도) 까래비뜯깄단다.

까랩히″다[까래피다] <까래비히″다 [동]〔까랩히″고, 까랩히′이 → 까랩히″, 까랩히′이도 → 까랩히″도, 까랩히′있다 → 까랩힜″다, 까랩히″이(－니), 까랩힌″, 까랩히″는〕 (‘까래′비다[爪]’의 피동) 할퀴이다. ¶ 얼라(아기) 얼굴이 개내기자테(고양이한테) 까랩히가(－어서) 얄궂심더(－습니다).

까부′리다 <까불′이다 [동]〔까부′리고, 까부′리아 → 까불′리, 까부′리이도 → 까불′리도, 까부′리있다 → 까부맀′다, 까부′리이(－니), 까부′린, 까부′리는〕 (‘까불′다[箕]’의 사동) 까부르다. ¶ 콩캉(－과) 깨캉(－와) 다 까부맀다. / 까부린 거는 따리(따로) 담아라. [비] 까불′리다[3].

까불리″다~까불′리″다[1] <까불이″다 [동]〔까불리″고, 까불리′이 → 까불리″, 까불리′이도 → 까불리″도, 까불리′있다 → 까불맀″다, 까불리″이(－니), 까불린″, 까불리″는〕 (‘까불′다[箕]’의 피동) 까불리다. ¶ 채이가(키－) 좋아야 잘 까불린다. / 잘 안 까불리는 거는 손으로 추리라(추려라). [비] 까불리″다[2].

까불리″다[2] <까부리이″다 [동] 〔까불리″고, 까불리′이→까불리″, 까불리′이도→까불리″도, 까불리′있다→까불랬″다, 까불리″이(-니), 까불린″, 까불리″는〕 (‘까부′리다[箕]’의 피동) 까불리다. ¶ 채이가(키-) 좋아야 잘 까불린다. (비) 까불리″다[1].

까불′리다[3] <까불′이다 [동] 〔까불′리고, 까불′리아→까불′리, 까불′리이도→까불′리도, 까불′리있다→까불랬′다, 까불′리이(-니), 까불′린, 까불′리는〕 (‘까불′다[箕]’의 사동) 까부르다. ¶ 마린(마르-) 거만 채이로(키-) 까불리 나라(놔라). / 콩~이고 퐅이고(팥-) 타작하고 다 까불리야 댄다(되-). (비) 까부′리다.

까이″다[1] [동] 〔까이″고, 까이′이→까이″, 까이′이도→까이″도, 까이′있다→까있″다, 까이″이(-니), 까인″, 까이″는〕 (‘까다[孵]’의 피동) 까이다. ¶ 삐가리가(병아리-) 안 까이는 알도 있다. (비) 깨이″다[2].

까이″다[2] [동] 〔까이″고, 까이′이→까이″, 까이′이도→까이″도, 까이′있다→까있″다, 까이″이(-니), 까인″, 까이″는〕 (‘까다[剝]’의 피동) 까이다. ¶ 껍띠기가(껍데기-) 잘 까이는 것도 있고 잘 안 까이는 것도 있다. / 장개이가(정강이-) 다 까있다.

깎이″다[1] [동] 〔깎이″고, 깎이′이→깎이″, 깎이′이도→깎이″도, 깎이′있다→깎있″다, 깎이″이(-니), 깎인″, 깎이″는〕 (‘깎′다[削]’의 피동) 깎이다. ¶ 머리 깎이고 어데 갈고. / 우리 애릴(어리-) 때 신(쓰-) 연필은 참 안 깎있다. (비) 깪이″다.

깎′이다[2] [동] 〔깎′이고, 깎′이이→깎′이, 깎′이이도→깎′이도, 깎′이있다→깎′있다, 깎′이이(-니), 깎′인, 깎′이는〕 (‘깎′다[削]’의 사동) 깎이다. ¶ 동성(동생) 머리부텀(-부터) 깎이고 온나(-너라).

깔리″다 <깔이″다 [동] 〔깔리″고, 깔리′이→깔리″, 깔리′이도→깔리″도, 깔리′있다→깔랬″다, 깔리″이(-니), 깔린″, 깔리″는〕 (‘깔다[席]’의 피동) 깔리다. ¶ 요새 산에 가머(-면) 깔린 기(게) 빰이다(밤-).

깔보이″다 [동] 〔깔보이″고, 깔보이′이→깔보이″, 깔보이′이도→깔보이″도, 깔보이′있다→깔보있″다, 깔보이″이(-니), 깔보인″, 깔보이″는〕 (‘깔보′다’의 피동) 깔보이다. ¶ 넘자테(남에게) 깔보이는 짓을 만닷고(뭐한다고) 해. (준) 깔비″다.

깔비″다 <깔보이″다 동 〔깔비″고, 깔비′이 → 깔비″, 깔비′이도 → 깔비″도, 깔비′있다 → 깔빘″다, 깔비″이(－니), 깔빈″, 깔비″는〕 (‘깔보′다’의 피동) ‘깔보이″다’의 준말. 깔보이다. ¶ 넘자테(남에게) 깔빌 짓은 하지 마라.

깔앉후′다～깔앉후″다[깔안추다] 동 〔깔앉후′고, 앉후′아 → 깔앉하″, 깔앉후′아도 → 깔앉하″도, 깔앉후′았다 → 깔앉핬″다, 깔앉후′이(－니), 깔앉훈～깔앉후′안 → 깔앉한″, 깔앉후는〕 (‘깔앉′다’의 사동) 갈앉히다. ¶ 가리를(가루－) 물에 깔앚후고 보머(－면) 밑에 앙금이 생긴다. 비 깔앉′히다.

깔앉′히다[깔안치다] 동 〔깔앉′히고, 깔앉′히이 → 깔앉′히, 깔앉′히이도 → 깔앉′히도, 깔앉′히있다 → 깔앉′힜다, 깔앉′히이(－니), 깔앉′힌, 깔앉′히는〕 (‘깔앉′다’의 사동) 갈앉히다. ¶ 찌게이는(찌꺼기－) 밑에 깔앉힌다. 비 깔앉후′다.

깔찌뜯기″다 동 〔깔찌뜯기″고, 깔찌뜯기′이 → 깔찌뜯기″, 깔찌뜯기′이도 → 깔찌뜯기″도, 깔찌뜯기′있다 → 깔찌뜯깄″다, 깔찌뜯기″이(－니), 깔찌뜯긴″, 깔찌뜯기″는〕 (‘깔찌′이뜯다’의 피동) ‘깔찌이뜯기″다’의 준말. 마구 할퀴어 뜯기다. ¶ 안에서도 깔찌뜯기고 밖에서도 깔찌뜯기고 하이(－니) 살 수가 없심더(－습니다).

깔찌이뜯기″다 동 〔깔찌이뜯기″고, 깔찌이뜯기′이 → 깔찌이뜯기″, 깔찌이뜯기′이도 → 깔찌이뜯기″도, 깔찌이뜯기′있다 → 깔찌이뜯깄″다, 깔찌이뜯기″이(－니), 깔찌이뜯긴″, 깔찌이뜯기″는〕 (‘깔찌′이뜯다’의 피동) 마구 할퀴어 뜯기다. ¶ 지잡자테(계집에게) 맨날(만날) 깔찌이뜯기고 산다. 준 깔찌뜯기″다.

깕히″다[깔키다] 동 〔깕히″고, 깕히′이 → 깕히″, 깕히′이도 → 깕히″도, 깕히′있다 → 깕힜″다, 깕히″이(－니), 깕힌″, 깕히″는〕 (‘깕′다[刮·搔]’의 피동) 긁히다. 할퀴이다. ¶ 이거 개내기자테(고양이에게) 깕힌 자죽이다(자국－). 비 끌리″다[1]. 긁히″다.

깜구′다[1][깡구다] 동 〔깜구′고, 깜구′아 → 깜가″, 깜구′아도 → 깜가″도, 깜구′았다 → 깜갔″다, 깜구′이(－니), 깜군～깜구′안 → 깜간″, 깜구는〕 (‘깜다[沐]’의 사동) 감기다. ¶ 할매(할머니) 머리를 내가 깜가

디랬다(드렸-). ㊞ 깜′기다[2]. 깽구′다. 깽′기다[2].

깜구′다[2][깡구다] 동 〔깜구′고, 깜구′아→깜가″, 깜구′아도→깜가″도, 깜구′았다→깜갔″다, 깜구′이(-니), 깜군~깜구′안→깜간″, 깜구는〕('깜다[瞑]'의 사동) 감기다. ¶ 눈 뜨고 자는 사람 눈을 깜군다. ㊞ 깜′기다[4]. 깽′기다[4].

깜기″다[1][깡기다] 동 〔깜기″고, 깜기′이→깜기″, 깜기′이도→깜기″도, 깜기′있다→깜깄″다, 깜기″이(-니), 깜긴″, 깜기″는〕('깜다[沐]'의 피동) 감기다. ¶ 이 온천물은 쫌 미끌미끌하고 머리가 잘 깜긴다. ㊞ 깸기″다[1]. 깽기″다[1].

깜′기다[2][깡기다] 동 〔깜′기고, 깜′기이→깜′기, 깜′기이도→깜′기도, 깜′기있다→깜′깄다, 깜′기이(-니), 깜′긴, 깜′기는〕('깜다[沐]'의 사동) 감기다. ¶ 아아(아이) 머리 쫌(좀) 깜기고 옷도 입히라(입혀라). ㊞ 깜구′다[1]. 깽구′다. 깽′기다[2].

깜기″다[3][깡기다] 동 〔깜기″고, 깜기′이→깜기″, 깜기′이도→깜기″도, 깜기′있다→깜깄″다, 깜기″이(-니), 깜긴″, 깜기″는〕('깜다[瞑]'의 피동) 감기다. ¶ 눈을 안 깜을라(감으려) 캐도(고 해-) 눈~이 자꾸 깜긴다. ㊞ 깸기″다[2]. 깽기″다[3].

깜′기다[4][깡기다] 동 〔깜′기고, 깜′기이→깜′기, 깜′기이도→깜′기도, 깜′기있다→깜′깄다, 깜′기이(-니), 깜′긴, 깜′기는〕('깜다[瞑]'의 사동) 감기다. ¶ 얼라(아기) 눈 깜기 조라(줘라). ㊞ 깜구′다[2]. 깽′기다[4].

깨꾸′다 동 〔깨꾸′고, 깨꾸′아→깨까″, 깨꾸′아도→깨까″도, 깨꾸′았다→깨깠″다, 깨꾸′이(-니), 깨꾼~깨꾸′안→깨깐″, 깨꾸는〕('깨다[醒·覺]'의 사동) 깨우다. ¶ 깨꾸리(개구리) 깨꾼다고 봄이 오나. / 때 대머(되면) 아부지(아버지) 깨까 디리라(드려라). ㊞ 깨배′다. 깨′우다.

깨물리″다 <깨물이″다 동 〔깨물리″고, 깨물리′이→깨물리″, 깨물리′이도→깨물리″도, 깨물리′있다→깨물랬″다, 깨물리″이(-니), 깨물린″, 깨물리″는〕('깨물′다[咬]'의 피동) 깨물리다. ¶ 얼라자테(아기에게) 깨물린 거로(것을) 우얄(어쩌-) 기고(게냐).

ㄱ

깨배′다 동 〔깨배′고, 깨배′애 → 깨배″, 깨배′애도 → 깨배″도, 깨배′앴다 → 깨뱄″다, 깨배′이(−니), 깨밴″, 깨배는〕 (‘깨다[醒·覺]’의 사동) 깨우다. ¶ 아무리 깨배도 안 일난다(일어나−). / 자는 얼라(아기) 깨배겠다. / 자는 아아(아이) 깨밸라. 비 깨꾸′다. 깨우′다.

깨′우다 동 〔깨′우고, 깨′우아 → 깨′아 ~ 깨′야, 깨′우아도 → 깨′아도 ~ 깨′야도, 깨′우았다 → 깨′았다 ~ 깨′얐다, 깨′우이(−니), 깨′운 ~ 깨′우안 → 깨′안 ~ 깨′얀, 깨′우는〕 (‘깨다[醒·覺]’의 사동) 깨우다. ¶ 자는 사람 깨야가(−서) 새북겉이(새벽같이) 장~아(−에) 갔심더(−습니다). 비 깨꾸′다. 깨배′다.

깨이″다[1] 동 〔깨이″고, 깨이′이 → 깨이″, 깨이′이도 → 깨이″도, 깨이′있다 → 깨있″다, 깨이″이(−니), 깨인″, 깨이″는〕 (‘깨다[醒]’의 피동) 깨이다. ¶ 자다가 새소리에 잠이 깨인다. / 저 아지매는(아주머니−) 촌에 살아도 마이(많이) 깨인 사람이다.

깨이″다[2] <까이다 동 〔깨이″고, 깨이′이 → 깨이″, 깨이′이도 → 깨이″도, 깨이′있다 → 깨있″다, 깨이″이(−니), 깨인″, 깨이″는〕 (‘까다[孵]’의 피동) 까이다. ¶ 알에서 깨인 말이 그 왕의 조상이란다. 비 까이″다[1].

깩이″다[깨끼다] <깎이″다 동 〔깩이″고, 깩이′이 → 깩이″, 깩이′이도 → 깩이″도, 깩이′있다 → 깩있″다, 깩이″이(−니), 깩인″, 깩이″는〕 (‘깎′다(削)’의 피동) 깎이다. ¶ 이 칼로는 잘 안 깩인다. / 그런 말 하머(−면) 낯 깩인다(깎−). 비 깎이다[1].

깸기″다[1][깽기다] <깜기″다 동 〔깸기″고, 깸기′이 → 깸기″, 깸기′이도 → 깸기″도, 깸기′있다 → 깸깄″다, 깸기″이(−니), 깸긴″, 깸기″는〕 (‘깜다[沐]’의 피동) 감기다. ¶ 서답(빨래) 사분(비누) 가지고 머리 깜아도(감−) 잘 깸긴다. 비 깜기″다[1]. 깽기″다[1].

깸기″다[2][깽기다] <깜기″다 동 〔깸기″고, 깸기′이 → 깸기″, 깸기′이도 → 깸기″도, 깸기′있다 → 깸깄″다, 깸기″이(−니), 깸긴″, 깸기″는〕 (‘깜다[瞑]’의 피동) 감기다. ¶ 밤에 잠을 몬 잤디이(−더니) 지금 자꾸 눈~이 깸긴다. / 눈~이 깸기는 거는 자부럽어서(졸려서) 긇다(그렇−). 비 깜기″다[3]. 깽기″다[3].

깽구′다 <깜구′다 [동] 〔깽구′고, 깽구′아→깽가″, 깽구′아도→깽가″도, 깽구′았다→깽갔″다, 깽구′이(-니), 깽군~깽구′안→깽간″, 깽구는〕 (‘깜다[沐]’의 사동) 감기다. ¶ 동성(동생) 머리 깽군다. (비) 깜구다[1]. 깜′기다[2]. 깽′기다[2].

깽기″다[1] <깸기″다 <깜기″다 [동] 〔깽기″고, 깽기′이→깽기″, 깽기′이도→깽기″도, 깽기′있다→깽깄″다, 깽기″이(-니), 깽긴″, 깽기″는〕 (‘깜다[沐]’의 피동) 감기다. ¶ 이 새미서(샘에서) 나는 물은 머리가 잘 안 깽긴다. (비) 깜기″다[1]. 깸기″다[1].

깽′기다[2] <깜′기다 [동] 〔깽′기고, 깽′기이→깽′기, 깽′기이도→깽′기도, 깽′기있다→깽′깄다, 깽′기이(-니), 깽′긴, 깽′기는〕 (‘깜다[沐]’의 사동) 감기다. ¶ 머리도 깽기고 손발도 쉬기 좆다(줬다). / 아아(아이) 머리 깽기 조라(줘라). (비) 깜구′다[1]. 깜′기다[2]. 깽구′다.

깽기″다[3] <깸기″다 <깜기″다 [동] 〔깽기″고, 깽기′이→깽기″, 깽기′이도→깽기″도, 깽기′있다→깽깄″다, 깽기″이(-니), 깽긴″, 깽기″는〕 (‘깜다[瞑]’의 피동) 감기다. ¶ 내 눈~이 지대로(제대로) 안 깽긴다. (비) 깜기″다[3]. 깸기″다[2].

깽′기다[4] <깜′기다 [동] 〔깽′기고, 깽′기이→깽′기, 깽′기이도→깽′기도, 깽′기있다→깽′깄다, 깽′기이(-니), 깽′긴, 깽′기는〕 (‘깜다[瞑]’의 사동) 감기다. ¶ 눈 뜨고 자는 사람 눈을 깽기 줬다. (비) 깜구′다[2]. 깜′기다[4].

꺼주″다[1] <꺼쥬″다 <꺼지′우다 [동] 〔꺼주″고, 꺼주′아→꺼자″, 꺼주′아도→꺼자″도, 꺼주′았다→꺼잤″다, 꺼주″이(-니), 꺼준″~꺼주′안→꺼잔″, 꺼주″는〕 (‘꺼′지′다[消·滅]’의 사동) 꺼지게 하다. 꺼뜨리다. ¶ 불 꺼주지 마라. / 불 꺼잤나. (비) 꺼쥬″다[1].

꺼주″다[2] <꺼쥬″다 <꺼지′우다 [동] 〔꺼주″고, 꺼주′아→꺼자″, 꺼주′아도→꺼자″도, 꺼주′았다→꺼잤″다, 꺼주″이(-니), 꺼준″~꺼주′안→꺼잔″, 꺼주″는〕 (‘꺼′지′다[陷]’의 사동) 꺼지게 하다. ¶ 방구들을 꺼자 놓으이(-니) 군불도 몬(못) 땐다. (비) 꺼쥬″다[2].

꺼쥬″다[1] <꺼지′우다 [동] 〔꺼쥬″고, 꺼쥬′아→꺼쟈″, 꺼쥬′아도→꺼쟈″도, 꺼쥬′았다→꺼쟜″다, 꺼쥬″이(-니), 꺼쥰″~꺼쥬′안→꺼쟌″,

꺼쥬″는〕 (‘꺼′지′다[消·滅]’의 사동) 꺼지게 하다. 꺼뜨리다. ¶ 저래(저리) 띠머(뛰면) 배 다 꺼쥰다. / 호롱불 꺼졌나 누가 꺼쟜나? ㊍ 꺼주″다[1].

꺼쥬″다[2] <꺼지′우다 ㊐〔꺼쥬″고, 꺼쥬′아→꺼쟈″, 꺼쥬′아도→꺼쟈″도, 꺼쥬′았다→꺼쟜″다, 꺼쥬″이(-니), 꺼쥰″~꺼쥬′안→꺼쟌″, 꺼쥬″는〕 (‘꺼′지′다[陷]’의 사동) 꺼지게 하다. ¶ 그라다가(그러다가) 방구들 꺼쥬머 우짤락고(어쩌려고). ㊍ 꺼주″다[2].

꼬불류″다 <꼬불리′우다 <꼬불이′우다 ㊐〔꼬불류″고, 꼬불류′아→꼬불랴″, 꼬불류′아도→꼬불랴″도, 꼬불류′았다→꼬불랼″다, 꼬불류″이(-니), 꼬불륜″~꼬불류′안→꼬불랸″, 꼬불류″는〕 (‘꼬′불다[曲]’의 사동) 굽히다. ¶ 대를 불에 달가(달궈) 꼬불랴 놓고 끄내끼로(끈-) 무까라(묶어라). ㊍ 꼬불′리다. 꼬불′시다. 꼬불추″다.

꼬불′리다 <꼬불′이다 ㊐〔꼬불′리고, 꼬불′리아→꼬불′리, 꼬불′리이도→꼬불′리도, 꼬불′리있다→꼬불′맀다, 꼬불′리이(-니), 꼬불′린, 꼬불′리는〕 (‘꼬′불′다[曲]’의 사동) 굽히다. ¶ 허리를 저래(저리) 꼬불리 앉아 있이머(-으면) 허리가 꼬부라진다. ㊍ 꼬불류″다. 꼬불′시다. 꼬불추″다.

꼬불′시다 ㊐〔꼬불′시고, 꼬불′시아→꼬불′시, 꼬불′시이도→꼬불′시도, 꼬불′시있다→꼬불′싰다, 꼬불′시이(-니), 꼬불′신, 꼬불′시는〕 (‘꼬′불다[曲]’의 사동) 굽히다. ¶ 돈은 주무이에(주머니-) 잘 꼬불시 옇었다(넣-). ㊍ 꼬불류″다. 꼬불′리다. 꼬불추″다.

꼬불추″다~꼬불′추″다 ㊐〔꼬불추″고, 꼬불추′아→꼬불차″, 꼬불추′아도→꼬불차″도, 꼬불추′았다→꼬불챴″다, 꼬불추″이(-니), 꼬불춘″~꼬불추′안→꼬불찬″, 꼬불추″는〕 (‘꼬′불다[曲]’의 사동) 굽히다. ¶ 굵은 대나무도 불에 꿉어(구워) 가머(-며) 살살 꼬불추머(-면) 꼬불차진다. ㊍ 꼬불류″다. 꼬불′리다. 꼬불′시다.

꼬이″다[1] <꼬우이″다 ㊐〔꼬이″고, 꼬이′이→꼬이″, 꼬이′이도→꼬이″도, 꼬이′있다→꼬있″다, 꼬이″이(-니), 꼬인″, 꼬이″는〕 (‘꼬′우다[誘]’의 피동) 꾀이다. ¶ 큰 아아들자테(아이들에게) 꼬이가(-서) 절에 놀러 갔다. ㊍ 꼬이″다[2].

꼬이″다[2] 동 〔꼬이′이→꼬이″, 꼬이′이도→꼬이″도, 꼬이′있다→꼬있″다, 꼬이″이(－니), 꼬인″, 꼬이″는〕 (‘꼬″다[誘]’의 피동) 꾀이다. ¶ 가는(걔－) 넘자테(남에게) 꼬일 사람이 아이다(아니－). 비 꼬이″다[1]<꼬우이″다.

꼬이″다[3] 동 〔꼬이″고, 꼬이′이→꼬이″, 꼬이′이도→꼬이″도, 꼬이′있다→꼬있″다, 꼬이″이(－니), 꼬인″, 꼬이″는〕 (‘꼬다[繩]’의 피동) 꼬이다. ¶ 짚을 물에 추가야(축이－) 새끼가 잘 꼬인다. 비 꾸이″다[2].

꼽히″다[1][꼬피다] 동 〔꼽히″고, 꼽히′이→꼽히″, 꼽히′이도→꼽히″도, 꼽히′있다→꼽힜″다, 꼽히″이(－니), 꼽힌″, 꼽히″는〕 (‘꼽′다[揷]’의 피동) 꽂히다. ¶ 이 때는 땅~아(－에) 꼽힌 부지깨이도(부지깽이－) 꽃 핀다. 비 꽂히″다.

꼽히″다[2][꼬피다] 동 〔꼽히″고, 꼽히′이→꼽히″, 꼽히′이도→꼽히″도, 꼽히′있다→꼽힜″다, 꼽히″이(－니), 꼽힌″, 꼽히″는〕 (‘꼽′다[指]’의 피동) 꼽히다. ¶ 그 집이 울산서 다섯 손까락에(손가락－) 꼽히는 부자다.

꽂히″다[꼬치다] 동 〔꽂히″고, 꽂히′이→꽂히″, 꽂히′이도→꽂히″도, 꽂히′있다→꽂힜″다, 꽂히″이(－니), 꽂힌″, 꽂히″는〕 (‘꽂′다[揷]’의 피동) 꽂히다. ¶ 얼매나(얼마나) 여문지 송곳도 안 꽂힌다. / 발나무는(미루나무－) 땅~아(－에) 꽂히기마(－기만) 해도 산다. 비 꼽히″다[1].

꽃피′우다[꼳피우다] 동 〔꽃피′우고, 꽃피′우아→꽃피′아~꽃피′야, 꽃피′우아도→꽃피′아도~꽃피′야도, 꽃피′우았다→꽃피′았다~꽃피′얐다, 꽃피′우이(－니), 꽃피′운~꽃피′우안→꽃피′안~꽃피′얀, 꽃피′우는〕 (‘꽃피다’의 사동) 꽃피우다. ¶ 우리 둘이 만나 꽃피우던 시절이 꿈절(꿈결) 겉네(같－). / 우리 만나 꽃피았이이(－으니) 손지(손자) 손녀가 열두 키나(사람이나) 안 대나(되－).

꾸리앉′히다[꾸리안치다] 동 〔꾸리앉′히고, 꾸리앉′히이→꾸리앉′히, 꾸리앉′히이도→꾸리앉′히도, 꾸리앉′히있다→꾸리앉′힜다, 꾸리앉′히이(－니), 꾸리앉′힌, 꾸리앉′히는〕 (‘꾸리앉′다[跪]’의 사동) 꿇어앉히다. ¶ 달빼다(도망가다) 잽힌(잡히－) 넘들은(놈들－) 다 꾸리앉히 났더라(놨-). ⓑ 꿇앉후″다. 꿇앉′히다. 꿇어앉후″다. 꿇어앉′히다.

꾸불류″다[1] <꾸불리′우다 <꾸불이′우다 ⓢ〔꾸불류″고, 꾸불류′아→꾸불랴″, 꾸불류′아도→꾸불랴″도, 꾸불류′았다→꾸불랐″다, 꾸불류″이(-니), 꾸불륜″~꾸불류′안→꾸불랸″, 꾸불류″는〕('꾸′불다[曲]'의 사동) '구불류″다[1]'의 센말. 굽히다. ¶ 허리를 꾸불랴 일하이(-니) 허리가 마이(많이) 아푸다(아프-). ⓑ 꾸불′리다[1]. 꾸불′시다. 꾸불추″다[1].

꾸블류″다[2] <꾸불리′우다 <꾸불이′우다 ⓢ〔꾸불류″고, 꾸불류′아→꾸불랴″, 꾸불류′아도→꾸불랴″도, 꾸불류′았다→꾸불랐″다, 꾸불류″이(-니), 꾸불륜″~꾸불류′안→꾸불랸″, 꾸불류″는〕('꾸불′다[轉]'의 사동) '구불류″다[2]'의 센말. ①굴리다. ②넘어뜨리다. ¶ 이거 꾸불랸 사람 누고(누구냐)? ⓑ 꾸불′리다[2]. 꾸불추″다[2]. 꾸불츄″다.

꾸불′리다[1] <꾸불′이다 ⓢ〔꾸불′리고, 꾸불′리아→꾸불′리, 꾸불′리이도→꾸불′리도, 꾸불′리있다→꾸불′맀다, 꾸불′리이(-니), 꾸불′린, 꾸불′리는〕('꾸′불다[曲]'의 사동) '구불′리다[1]'의 센말. 굽히다. ¶ 허리를 더 꾸불리 바라(봐라). ⓑ 꾸불류″다[1]. 꾸불′시다. 꾸불추″다[1].

꾸불′리다[2] <꾸불′이다 ⓢ〔꾸불′리고, 꾸불′리아→꾸불′리, 꾸불′리이도→꾸불′리도, 꾸불′리있다→꾸불′맀다, 꾸불′리이(-니), 꾸불′린, 꾸불′리는〕('꾸불′다[轉]'의 사동) '구불′리다[2]'의 센말. ①굴리다. ②넘어뜨리다. ¶ 질가아(길가에) 꾸불리 놓은 거를 조아(주워) 왔다. ⓑ 꾸불류″다[2]. 꾸불추″다[2]. 꾸불츄″다.

꾸불′시다 ⓢ〔꾸불′시고, 꾸불′시아→꾸불′시, 꾸불′시이도→꾸불′시도, 꾸불′시있다→꾸불′싰다, 꾸불′시이(-니), 꾸불′신, 꾸불′시는〕('꾸′불다[曲]'의 사동) '구불′시다'의 센말. 굽히다. ¶ 어른보고 절할 때 허리를 더 구불시라. ⓑ 꾸불류″다. 꾸불′리다. 꾸불추″다. 꾸불츄″다.

꾸불추″다~꾸불′추″다[1] ⓢ〔꾸불추″고, 꾸불추′아→꾸불차″, 꾸불추′아도→꾸불차″도, 꾸불추′았다→꾸불찼″다, 꾸불추″이(-니), 꾸불춘″~꾸불추′안→꾸불찬″, 꾸불추″는〕 (‘꾸′불다[曲]’의 사동) ‘구불추″다[1]’의 센말. 굽히다. ¶ 대나무 꾸불추기는 안 애럽다(어렵−). [비] 꾸불류″다[1]. 꾸불′리다[1]. 꾸불′시다.

꾸불추″다~꾸불′추″다[2] [동]〔꾸불추″고, 꾸불추′아→꾸불차″, 꾸불추′아도→꾸불차″도, 꾸불추′았다→꾸불찼″다, 꾸불추″이(−니), 꾸불춘″~꾸불추′안→꾸불찬″, 꾸불추″는〕 (‘꾸불′다[轉]’의 사동) ‘구불추″다[2]’의 센말. 넘어뜨리다. ¶ 큰 고목도 비이(베어) 꾸불차 넘갔다(넘겼−). / 석은(썩−) 나무는 꾸불찼뿌라(넘어뜨려 버려라). [비] 꾸불류″다[2]. 꾸불′리다[2]. 꾸불츄″다.

꾸불츄″다 <꾸불치′우다 [동]〔꾸불츄″고, 꾸불츄′아→꾸불챠″, 꾸불츄′아도→꾸불챠″도, 꾸불츄′았다→꾸불챴″다, 꾸불츄″이(−니), 꾸불츈″~꾸불츄′안→꾸불챤″, 꾸불츄″는〕 (‘꾸불′치다[轉]’의 사동) ‘구불츄″다’의 센말. 넘어뜨리다. ¶ 심신(힘세−) 놈도 한 분(번) 만에 꾸불챴뿐다(넘어뜨려 버리−). [비] 꾸불류″다[2]. 꾸불′리다[2]. 꾸불추″다[2].

꾸이″다[1] [동]〔꾸이″고, 꾸이′이→꾸이″, 꾸이′이도→꾸이″도, 꾸이′있다→꾸있″다, 꾸이″이(−니), 꾸인″, 꾸이″는〕 (‘꾸다[夢]’의 피동) 꾸이다. ¶ 생시에(상시−) 보고 시푼(싶−) 님은(임−) 꿈에도 꾸인다. [준] 끼″다[2]. [비] 끼이″다[2].

꾸이″다[2] [동]〔꾸이″고, 꾸이′이→꾸이″, 꾸이′이도→꾸이″도, 꾸이′있다→꾸있″다, 꾸이″이(−니), 꾸인″, 꾸이″는〕 (‘꾸다[繩]’의 피동) 꼬이다. ¶ 마린(마르−) 짚은 잘 안 꾸인다. / 짚을 물에 추가(축여) 꾸아야 잘 꾸인다. [비] 꼬이″다[3].

꿀′리다 <꾸′리′이다 [동]〔꿀′리고, 꿀′리이→꿀′리, 꿀′리이도→꿀′리도, 꿀′리있다→꿀′렸다, 꿀′리이(−니), 꿀′린, 꿀′리는〕 (‘꾸′리′다[跪]’의 사동) 꿇리다. ¶ 무릅을(무릎−) 꿀리고 앉힌다. [비] 꿇′리다.

꿇′리다[꿀리다] <꿇′이다 [동]〔꿇′리고, 꿇′리아→꿇′리, 꿇′리이도→꿇′리도, 꿇′리있다→꿇′렸다, 꿇′리이(−니), 꿇′린, 꿇′리는〕 (‘꿇다[跪]’의 사동) 꿇리다. ¶ 무릅을(무릎−) 꿇리고 앉힌다. / 앞에다 꿇리고 꼬치꼬치 캐묻더라. [비] 꿀′리다.

ㄱ

꿇앉후′다~꿇앉후″다[꿀안추다] 동 (꿇앉후′고, 꿇앉후′아→꿇앉하″, 꿇앉후′아도→꿇앉하″도, 꿇앉후′았다→꿇앉핬″다, 꿇앉후′이(-니), 꿇앉훈~꿇앉후′안→꿇앉한″, 꿇앉후는) (‘꿇앉′다[跪]’의 사동) 꿇앉히다. ¶ 심으로(힘-) 꿇앉후이 안 앉일라(-으려) 캐(고 해). 비 꾸리앉′히다. 꿇앉′히다. 꿇어앉후″다. 꿇어앉′히다.

꿇앉′히다[꿀안치다] 동 (꿇앉′히고, 꿇앉′히이→꿇앉′히, 꿇앉′히이도→, 꿇앉′히있다→꿇앉′힜다, 꿇앉′히이(-니), 꿇앉′힌, 꿇앉′히는 (‘꿇앉′다[跪]’의 사동) 꿇앉히다. ¶ 잡히(잡혀) 온 사람을 꿇앉히 났더라(놨-). 비 꾸리앉′히다. 꿇앉후″다. 꿇어앉후″다. 꿇어앉′히다.

꿇어앉후′다~꿇어앉후″다[꾸러안추다] 동 (꿇어앉후′고, 꿇어앉후′아→꿇어앉하″, 꿇어앉후′아도→꿇어앉하″도, 꿇어앉후′았다→꿇어앉핬″다, 꿇어앉후′이(-니), 꿇어앉훈~꿇어앉후′안→꿇어앉한″, 꿇어앉후는 (‘꿇어앉′다[跪]’의 사동) 꿇어앉히다. ¶ 순사가 둘을 잡아다가 꿇어앉하 났더라(놨-). 꿇앉후″다. 비 꾸리앉′히다. 꿇앉후″다. 꿇앉′히다. 꿇어앉′히다.

꿇어앉′히다[꾸러안치다] 동 (꿇어앉′히고, 꿇어앉′히이→꿇어앉′히, 꿇어앉′히이도→꿇어앉′히도, 꿇어앉′히있다→꿇어앉′힜다, 꿇어앉′히이(-니), 꿇어앉′힌, 꿇어앉′히는) (‘꿇어앉′다[跪]’의 사동) 꿇어앉히다. ¶ 마주보고 꿇어앉히고 인사를 시킸다(시켰-). 비 꾸리앉′히다. 꿇앉후″다. 꿇앉′히다. 꿇어앉후″다.

꼽′기다 동 (꼽′기고, 꼽′기이→꼽′기, 꼽′기이도→꼽′기도, 꼽′기있다→꼽′깄다, 꼽′기이(-니), 꼽′기는, 꼽′긴) (‘꼽′다[曲]’의 사동) ‘굽′기다’의 센말. 굽히다. ¶ 허리 그래 꼽기고 앉이머(-으면) 안 좋다. / 꼽긴 허리 쭉 패(펴) 보소(-세요). 비 꼽′히다.

꼽히″다[1][꼬피다] 동 (꼽히″고, 꼽히′이→꼽히″, 꼽히′이도→꼽히″도, 꼽히′있다→꼽힜″다, 꼽히″이(-니), 꼽히″는, 꼽힌″) (‘꼽′다[曲]’의 피동) ‘굽히″다[1]’의 센말. 굽히다. ¶ 꼽히지도 안 하는 거를 억지로 꼽히머 뿌아진다(부러지-).

꼽′히다[2][꼬피다] 동 (꼽′히고, 꼽′히이→꼽′히, 꼽′히이도→꼽′히도, 꼽′히있다→꼽′힜다, 꼽′히이(-니), 꼽′힌, 꼽′히는) (‘꼽′다[曲]’의 사동) '굽′히다[2]'의 센말. 굽히다. ¶ 허리를 더 꼽히 바라(봐라). ㊥ 꼽′기다.

꼽히″다[3][꾸피다] ㊍ 〔꼽히″고, 꼽히′이→꼽히″, 꼽히′이도→꼽히″도, 꼽히′있다→꼽혔″다, 꼽히″이(−니), 꼽히″는, 꼽힌″〕 ('꼽:다[炙·燒]'의 피동) 굽히다. ¶ 잘 꼽힌 거부텀(−부터) 무우라(먹어라).

끄실리″다~끄실′리″다[1] <끄실이″다 ㊍ 〔끄실리″고, 끄실리′이→끄실리″, 끄실리′이도→끄실리″도, 끄실리′있다→끄실렸″다, 끄실리″이(−니), 끄실린″, 끄실리″는〕 ('끄실′다[燻]'의 피동) 그을리다. ¶ 뱉에(볕−) 끄실리가(−서) 얼굴이 새까맣다. / 봄뱉에(봄볕−) 끄실리머(−면) 보던 님도(임−) 몬(못) 알아본다. / 뱉에(볕−) 끄신린 얼굴. ㊥ 끄질′리다[1].

끄실′리다[2] <끄실′이다 ㊍ 〔끄실′리고, 끄실′리아→끄실′리, 끄실′리이도→끄실′리도, 끄실′리있다→끄실렸′다, 끄실′리이(−니), 끄실′린, 끄실′리는〕 ('끄실′다[燻]'의 사동) 그을리다. ¶ 나무 색이 까맣기(−게) 대두로(되도록) 끄실리라. / 지둥(기둥) 밑 껌은 거는 연기로 끄실린 기다(게−). ㊥ 끄질리다[2].

끄질리″다~끄질′리″다[1] <끄질이″다 ㊍ 〔끄질리′이→끄질리″, 끄질리′이도→끄질리″도, 끄질리′있다→끄질렸″다, 끄질리″이(−니), 끄질린″, 끄질리″는〕 ('끄질′다[燻]'의 피동) 그을리다. ¶ 봄뱉에(봄볕−) 끄질리머(−면) 보던 님도(임−) 몬(못) 알아본다. / 연기에 끄질린 부적(부엌). ㊥ 끄실리″다[1].

끄질′리다[2] <끄질′이다 ㊍ 〔끄질′리고, 끄질′리아→끄질′리, 끄질′리이도→끄질′리도, 끄질′리있다→끄질렸′다, 끄질′리이(−니), 끄질′린, 끄질′리는〕 ('끄질′다[燻]'의 사동) 그을리다. ¶ 대지(돼지) 괴기를(고기−) 정지(부엌) 천장~아(−에) 달아 매애(−어) 놓고 끄질리 묵는다(먹−) 쿤다(고 하−). ㊥ 끄실′리다[2].

끊기″다[끙기다] ㊍ 〔끊기″고, 끊기′이→끊기″, 끊기′이도→끊기″도, 끊기′있다→끊깄″다, 끊기″이(−니), 끊긴″, 끊기″는〕 ('끊′다[切·絕]'의 피동) 끊기다. ¶ 곧은 낡이(나무−) 먼저 끊긴다. / 팬지가(편지−) 끊긴 지 오래 댔다(됐−). ㊥ 끍이″다. 끓이″다. 끓기″다.

ㄱ

끌리″다[1] <끌이″다 동 〔끌리″고, 끌리′이→끌리″, 끌리′이도→끌리″도, 끌리′있다→끌맀″다, 끌리″이(-니), 끌린″, 끌리″는〕 ('끌다[刮·搔]'의 피동) 긁히다. ¶ 그 사람 눈에는 갈꾸리로(갈퀴-) 끌어도 끌릴 만큼 돈~이 마이(많이) 빈단다(보이-). ㉥ 깕히″다. 끍히″다.

끌리″다[2] <끌이″다 동 〔끌리″고, 끌리′이→끌리″, 끌리′이도→끌리″도, 끌리′있다→끌맀″다, 끌리″이(-니), 끌린″, 끌리″는〕 ('끌다[曳]'의 피동) 끌리다. ¶ 신~이 끌린다. / 소 믹이던(먹이-) 아아가(아이-) 소한테 끌리 댕긴다(다니-). / 신 끌리는 소리.

끌리″다[3] <끄리이″다 동 〔끌리″고, 끌리′이→끌리″, 끌리′이도→끌리″도, 끌리′있다→끌맀″다, 끌리″이(-니), 끌린″, 끌리″는〕 ('끄리′다[解]'의 피동) 끌리다. ¶ 단초를(단추-) 잘 끌리기(-게) 달아조라(줘라).

끍히″다[끌키다] 동 〔끍ᇂ히″고, 끍ᇂ히′이→끍ᇂ히″, 끍ᇂ히′이도→끍ᇂ히″도, 끍ᇂ히′있다→끍ᇂ힜″다, 끍ᇂ히″이(-니), 끍ᇂ히″는, 끍ᇂ힌″〕 ('끍′다[刮·搔]'의 피동) 긁히다. ¶ 손톱에 끍힌 거 겉네(같-). / 살개(뒤주) 바닥 끍히는 소리에 밥맛이 더 난다. ㉥ 깕히″다. 끌리″다[1].

끄ᇬ이″다[끙기다] 동 〔끄ᇬ이″고, 끄ᇬ이′이→끄ᇬ이″, 끄ᇬ이′이도→끄ᇬ이″도, 끄ᇬ이′있다→끄ᇬ있″다, 끄ᇬ이″이(-니), 끄ᇬ인″, 끄ᇬ이″는〕 ('끄ᇬ′다[切·絕]'의 피동) 끊기다. ¶ 무까(묶어) 논(놓은) 끈~이 끄ᇬ있다. ㉥ 끊기″다. 끄ᇯ이″다. 끄ᇰᇂ기″다.

끄ᇯ이″다[끙키다] 동 〔끄ᇯ이″고, 끄ᇯ이′이→끄ᇯ이″, 끄ᇯ이′이도→끄ᇯ이″도, 끄ᇯ이′있다→끄ᇯ있″다, 끄ᇯ이″이(-니), 끄ᇯ인″, 끄ᇯ이″는〕 ('끄ᇯ′다[切·絕]'의 피동) 끊기다. ¶ 일분(일본) 간 디로는(뒤-) 소식이 끄ᇯ이고 팬지도(편지-) 없다. / 이 끈~이 잘 끄ᇯ이도(-지도) 안 하고(않-) 헗고(헐하-) 좋다. / 곧은 나ᇬ이(나무-) 먼저 끄ᇯ인다. / 인연도 질긴 인연은 아무리 해도 안 끄ᇯ인다. ㉥ 끊기″다. 끄ᇬ이″다. 끄ᇰᇂ기″다.

끄ᇰᇂ기″다[끙키다] 동 〔끄ᇰᇂ기″고, 끄ᇰᇂ기′이→끄ᇰᇂ기″, 끄ᇰᇂ기′이도→끄ᇰᇂ기″도, 끄ᇰᇂ기′있다→끄ᇰᇂ깄″다, 끄ᇰᇂ기″이(-니), 끄ᇰᇂ긴″, 끄ᇰᇂ기″는〕 ('끄ᇰᇂ′다[切·絕]'의 피동) 끊기다. ¶ 몸을 무깐(묶은) 그 끈~이 끄ᇰᇂ기머 바리(바로) 죽는 기다(게－). / 줄이 끊긴 줄도 모리고(모르－) 있다. ⓑ 끓기″다. 끊이″다. 끊이″다.

끝내:다[끋내다~끈내다] <끝나이다 <끝나′이다 ⓓ〔끝내:고, 끝내:지, 끝내′애→끝내″, 끝내′애도→끝내″도, 끝내′앴다→끝냈″다, 끝내:이(－니), 끝낸:~끝내′앤→끝낸″, 끝내:는〕('끝나′다[終]'의 사동) 끝내다. ¶ 일을 끝낸다. / 그 돈 다 좄뿌고(줘 버리－) 끝냈뿌라(끝내 버려라).

끝장내:다[끋장내다] <끝장나이다 <끝장나′이다 ⓓ〔끝장내:고, 끝장내:지, 끝장내′애→끝장내″, 끝장내′애도→끝장내″도, 끝장내′앴다→끝장냈″다, 끝장내:이(－니), 끝장낸:~끝장내′앤→끝장낸″, 끝장내:는〕('끝장나′다[終]'의 사동) 끝장내다. ¶ 그 일을 끝장냈다. / 이거는 오늘 끝장낼 일이 아이다(아니－). / 시작했다 카머(고 하면) 끝장내고 만다.

끼″다[1] <끼이″다 ⓓ〔끼″고, 끼′이→끼″, 끼′이도→끼″도, 끼′있다→낐″다, 끼″이(－니), 끼인″, 끼″는〕('끼:다[挿·介]'의 피동) '끼이″다[1]'의 준말. 끼이다. ¶ 지집(계집) 꼬깝운(고까운) 마음 오뉴월에도 서리 낀다. / 꾸부는(구르－) 돌에는 이끼가 안 낀다. / 아아들(아이들) 설레(사이) 끼가(－서) 잘 논다. / 발톱에 낀 때. / 내 손에 몬(못) 끼는 옥반지가 내자테(나에게) 무신(무슨) 소양(소용) 있노. /

끼″다[2] <꿔″다 <꾸이″다 ⓓ〔끼″고, 끼′이→끼″, 끼′이도→끼″도, 끼′있다→낐″다, 끼″이(－니), 끼인″, 끼″는〕('꾸다[夢]'의 피동) '꾸이″다[1]'의 준말. '끼이다[2]'의 준말. 꾸이다. ¶ 생각 마이(많이) 하머(－면) 꿈에도 낀다. / 엊지넉(어제 저녁) 꿈에 대지가(돼지－) 끼도 오늘 돈 생길 만한 데가 없다. / 조상~이 꿈에 끼머 걱정~이 생긴다 쿤다(고 하－). / 꿈에라도 끼야 님을(임－) 만나제(－지).

끼″다[3] <끼이″다 ⓓ〔끼″고, 끼′이→끼″, 끼′이도→끼″도, 끼′있다→낐″다, 끼″이(－니), 끼인″, 끼″는〕('끼:다[貫·通]'의 피동) '끼이″다[3]'의 준말. 꿰이다. ¶ 실이 너무 굵어 이 바늘에는 안 낀다. / 실이 끼인 바늘.

끼′우다 ⓓ〔끼′우고, 끼′우아→끼′아~끼′야, 끼′우아도→끼′아도~

끼′야도, 끼′우았다 → 끼′았다 ~ 끼′얐다, 끼′우이(ㅡ니), 끼′운 ~ 끼′우안 → 끼′안 ~ 끼′얀, 끼′우는〕 (‘끼 : 다[揷·介]’의 사동) 끼우다. ¶ 애릴(어리ㅡ) 때 은행나무 이파리를 책에다 끼우기를 좋아했다. / 책에 끼야 논 사진. [비] 낑구′다. 찌′우다[2]. 찡구′다.

끼이″다[1] [동] 〔끼이″고, 끼이′이 → 끼이″, 끼이′이도 → 끼이″도, 끼이′있다 → 끼있″다, 끼이″이(ㅡ니), 끼인″, 끼이″는〕 (‘끼 : 다[揷·介]’의 피동) 끼이다. ¶ 좋은 일에는 궂은 일도 끼인다. / 개 터레기에(털ㅡ) 배락(벼룩) 끼이듯이 멋이(뭣ㅡ) 끼있다. / 발톱에 때가 끼있다. / 오뉴월 똥파리 끼이듯. / 이에 끼인 기(게) 안 빼진다. [준] 끼″다[1]. [비] 끼이″다. 낑기″다[1]<끼ㅇ기″다. 낑기″다[2]<낑구′이다. 찌이″다. 찡기″다[1]<찌ㅇ기″다. 찡기″다[2]<찡구′이다.

끼이″다[2] <뀌이″다 <꾸이″다 [동] 〔끼이″고, 끼이′이 → 끼이″, 끼이′이도 → 끼이″도, 끼이′있다 → 끼있″다, 끼이″이(ㅡ니), 끼인″, 끼이″는〕 (‘꾸다[夢]’의 피동) 꾸이다. ¶ 생각 마이(많이) 하머(면) 꿈에도 끼인다. / 꿈에 끼인 님. [준] 끼″다[2]. [비] 꾸이″다[1].

끼이″다[3] [동] 〔끼이″고, 끼이′이 → 끼이″, 끼이′이도 → 끼이″도, 끼이′있다 → 끼있″다, 끼이″이(ㅡ니), 끼인″, 끼이″는〕 (‘끼 : 다[貫·通]’의 피동) 꿰이다. ¶ 구실이(구슬ㅡ) 서 말이라도 끼이야 끼제(꿰지). [준] 끼″다[3].

끼입′히다[끼이피다] [동] 〔끼입′히고, 끼입′히이 → 끼입′히, 끼입′히이도 → 끼입′히도, 끼입′히있다 → 끼입′힜다, 끼입′히이(ㅡ니), 끼입′힌, 끼입′히는〕 (‘끼입′다[被]’의 사동) 껴입히다. ¶ 날이 칩다(춥ㅡ). 아아 옷 더 끼입히라.

낋′이다[끼리다] <끓′이다 <끓′이다 [동] 낋′이고, 낋′이이 → 낋′이, 낋′이이도 → 낋′이도, 낋′이있다 → 낋′있다, 낋′이이(ㅡ니), 낋′인, 낋′이는 (‘끓′다[沸]’의 사동) 끓이다. ¶ 혼차(혼자) 죽 낋이 묵고(먹ㅡ) 산다. / 죽을 낋이는지 장을 낋이는지 나도 모린다(모르ㅡ). / 사나(사내) 따문에(때문ㅡ) 어지가이도(어지간히도) 속을 낋이고 살았다.

낑구′다 <끼ㅇ구′다 [동] 〔낑구′고, 낑구′아 → 낑가″, 낑구′아도 → 낑가″도, 낑구′았다 → 낑갔″다, 낑구′이(ㅡ니), 낑군 ~ 낑구′안 → 낑간″,

낑구는〕 (‘끼:다[挿·介]’의 사동) 끼우다. ¶ 그 반지 내 손에 함(한번) 낑가 바라(봐－). / 이 반지 니(네) 손에 낑가 주머(－면) 니(너) 내하고(나－) 살래? ⓑ 끼′우다. 찌′우다[2]. 찡구′다.

낑기″다[1] <끼ㅇ기″다 ⓢ〔낑기″고, 낑기′이→낑기″, 낑기′이도→낑기″도, 낑기′있다→낑깄″다, 낑기″이(－니), 낑긴″, 낑기″는〕 (‘끼:다[挿·介]’의 피동) 끼이다. ¶ 손 낑길라. 조심해라. ⓑ 끼이″다. 낑기″다[2]<낑구′이다. 찌이″다. 찡기″다[1]<찌ㅇ기″다. 찡기″다[2]<찡구′이다.

낑기″다[2] <낑귀″다 <낑구′이다 ⓢ〔낑기″고, 낑기′이→낑기″, 낑기′이도→낑기″도, 낑기′있다→낑깄″다, 낑기″이(－니), 낑긴″, 낑기″는〕 (‘낑구′다[挿·介]’의 피동) 끼이다. ¶ 낑긴 거 빼라 카다가(고하－) 빠아졌다(부러졌－). ⓑ 끼이″다. 낑기″다[1]<끼ㅇ기″다. 찌이″다. 찡기″다[1]<찌ㅇ기″다. 찡기″다[2]<찡구′이다.

ㄴ

나수′다~나수″다 <낫우′다 통 〔나수′고, 나수′아 → 나사″, 나수′아도 → 나사″도, 나수′았다 → 나샀″다, 나수′이(−니), 나순~나수′안 → 나산″, 나수는〕 (‘낫:다[癒]’의 사동) 낫게 하다. 고치다. ¶ 이 빙을(병−) 안 나수고 일할 수 있겠능교(−는가요)? / 무신(무슨) 빙~이 듣지(병−) 다 나수는 이사(의사) 없일까(−을까)? 비 낫우′다.

나추′다[1] <낮추′다 통 〔나추′고, 나추′아 → 나차″, 나추′아도 → 나차″도, 나추′았다 → 나찼″다, 나추′이(−니), 나춘~나추′안 → 나찬″, 나추는〕 (‘낮′대[低]’의 사동) 낮추다. ¶ 키를 쫌(좀) 나차라. / 지붕이(지붕−) 너무 노푸다(높−). 쪼매마(조금만) 나차 바라(봐라). 비 나추′다[2]<낮후′다. 낮추′다. 낮후′다.

나추′다[2] <낮후′다 통 〔나추′고, 나추′아 → 나차″, 나추′아도 → 나차″도, 나추′았다 → 나찼″다, 나추′이(−니), 나춘~나추′안 → 나찬″, 나추는〕 (‘낮′대[低]’의 사동) 낮추다. ¶ 목소리 나차라. / 천장을 더 나차라. / 안 그래도 천장을 나출 참이다. 비 나추′다[1]<낮추′다. 낮추′다. 낮후′다.

낚이″다[나끼다] 통 〔낚이″고, 낚이′이 → 낚이″, 낚이′이도 → 낚이″도, 낚이′있다 → 낚있″다, 낚이″이(−니), 낚인″, 낚이″는〕 (‘낚′대[釣]’의 피동) 낚이다. ¶ 보리 밥떠꺼리로(밥풀−) 이어(잉어) 낚을라(−으려) 카머(고 하면) 낚이나. 안 낚인다. / 괴기가(고기−) 낚일 만한 데를 찾아라. / 괴기(고기) 잘 낚이는 데를 내가 잘 안다. 비 낶이″다.

날류″다 <날리′우다 <날이′우다 동 〔날류″고, 날류′아→날랴″, 날류′아도→날랴″도, 날류′았다→날랐″다, 날류″이(−니), 날륜″~날류′안→날랸″, 날류″는〕 (‘날′다[飛]’의 사동) 날리다. ¶ 연 날륜다. / 설에 연 날류고 접다(싶−). / 내가 냘랸 연~이 젤(제일) 잘 난다. / 이기(이게) 우애(어찌) 댄(되−) 긴지(게−) 아무리 날률라(−려) 캐도(고 해도) 안 날린다. ⓑ 날′리다[2].

날리″다[1] <날이″다 동 〔날리″고, 날리′이→날리″, 날리′이도→날리″도, 날리′있다→날렸″다, 날리″이(−니), 날린″, 날리″는〕 (‘날′다[飛]’의 피동) 날리다. ¶ 연이 바람에 날린다. / 그 조오가(종이−) 날리 가고 없다.

날′리다[2] <날′이다 동 〔날′리고, 날′리아→날′리, 날′리이도→날′리도, 날′리있다→날′렸다, 날′리이(−니), 날′린, 날′리는〕 (‘날′다[飛]’의 사동) 날리다. ¶ 저싥에(겨울−) 연을 날린다. / 아이다(아니−). 요새는 언제고 연을 날린다. ⓑ 날류″다.

남구′다[낭구다] 동 〔남구′고, 남구′아→남가″, 남구′아도→남가″도, 남구′았다→남갔″다, 남구′이(−니), 남군~남구′안→남간″, 남구는〕 (‘남:다[餘]’의 사동) 남기다. ¶ 망건 갑(값) 남가 놓고 죽은 중 봤나(봤−). / 니(네) 무울(먹을) 것도 남가 났다(놨−). / 다섯 갠강(−인가) 묵고(먹−) 두 개는 남갔다. ⓑ 남′기다. 낭구′다. 낭′기다. 냄′기다. 냉′기다.

남′기다[낭기다] 동 〔남′기고, 남′기아→남′기, 남′기이도→남′기도, 남′기있다→남′깄다, 남′기이(−니), 남′긴, 남′기는〕 (‘남:다[餘]’의 사동) 남기다. ¶ 범은 가죽을 남기고 사람은 이름을 남긴다. / 누가 남긴 밥꺼정(−까지) 다 뭈다(먹었−). ⓑ 남′기다. 낭구′다. 낭′기다. 냄′기다. 냉′기다.

낫우′다~낫우″다 동 〔낫우′고, 낫우′아→낫아″, 낫우′아도→낫아″도, 낫우′았다→낫았″다, 낫우′이(−니), 낫운~낫우′안→낫안″, 낫우는〕 (‘낫:다[癒]’의 사동) 낫게 하다. 고치다. ¶ 이기(이게) 할매(할머니) 빙도(병−) 다 낫아 주는 맹약이다(명약−). ⓑ 나수′다.

낭구′다 <남구′다 동 〔낭구′고, 낭구′아→낭가″, 낭구′아도→낭가″도,

낭구′았다→낭갔″다, 낭구′이(－니), 낭군~낭구′안→낭간″, 낭구는〕('남:다[餘]'의 사동) 남기다. ¶ 다 무웄뿄까(먹어 버릴까) 카다가(고 하－) 쪼매(조금) 낭가 났다(놨－). / 봄꺼정(－까지) 무울락고(먹으려고) 낭간 거를 저싥에(겨울－) 다 무웄다(먹었－). ㊈ 남구′다. 남′기다. 낭′기다. 냄′기다. 냉′기다.

ㄴ

낭′기다 <남′기다 ㊊〔낭′기고, 낭′기아→낭′기, 낭′기이도→낭′기도, 낭′기있다→낭′깄다, 낭′기이(－니), 낭′긴, 낭′기는〕('남:다[餘]'의 사동) 남기다. ¶ 시다(쓰－) 남으머(－으면) 낭기고, 모지래머(모자라면) 더 주가(줘) 쿠소(고 하세요). ㊈ 남구′다. 남′기다. 낭구′다. 냄′기다. 냉′기다.

낮보이″다[낟보이다] ㊊〔낮보이″고, 낮보이′이→낮보이″, 낮보이′이도→낮보이″도, 낮보이′있다→낮보있″다, 낮보이″이(－니), 낮보인″, 낮보이″는〕('낮보′다'의 피동) 낮보이다. ¶ 사람이 돈 없어(없－) 보이머(－면) 넘자테(남에게) 낮보인다. ㊉ 낮비″다.

낮비″다[낟비다] <낮뷔″다 <낮보이″다 ㊊〔낮비″고, 낮비′이→낮비″, 낮비′이도→낮비″도, 낮비′있다→낮빘″다, 낮비″이(－니), 낮빈″, 낮비″는〕('낮보′다[見]'의 피동) '낮보이″다'의 준말. 낮보이다. ¶ 내사(나야) 낮비는 짓을 할망정 도독질은(도둑질－) 안 한다.

낮추′다[나추다] ㊊〔낮추′고, 낮추′아→낮차″, 낮추′아도→낮차″도, 낮추′았다→낮찼″다, 낮추′이(－니), 낮춘~낮추′안→낮찬″, 낮추는〕('낮′다[低]'의 사동) 낮추다. ¶ 몸과 마음을 낮추고 마음을 열어라 카는데(고 하－) 마음이 숩기(쉽게) 잘 안 열린다. / 쫌(좀) 낮찼는데도 그래도 쪼깨(조금) 노푸네(높－). / 언제나 자기를 낮차라. ㊈ 나추′다[1]<낮추′다. 나추′다[2]<낮후′다. 낮후′다.

낮후′다[나추다] ㊊〔낮후′고, 낮후′아→낮하″, 낮후′아도→낮하″도, 낮후′았다→낮핬″다, 낮후′이(－니), 낮훈~낮후′안→낮한″, 낮후는〕('낮′다[低]'의 사동) 낮추다. ¶ 덕은 자신을 낮후고 물러나는데서 생긴다(생기－). / 마이(많이 낮한는데도 쫌(좀) 노푸네(높－). ㊈ 나추′다[1]<낮추′다 나추′다[2]<낮후다. 낮추′다.

내걸리″다 <내걸이″다 ㊊〔내걸리″고, 내걸리′이→내걸리″, 내걸리′이

도 → 내걸리″도, 내걸리′있다 → 내걸랐″다, 내걸리″이(−니), 내걸린″, 내걸리″는〕 (‘내걸 : 다[懸]’의 피동) 내걸리다. ¶ 꼬치(고추) 걸린 경구가(금줄−) 내걸린 거 보이(−니) 아들 나았는갑다(놓았는가 보다).

내놓이″다[내노이다] 동 〔내놓이″고, 내놓이′이 → 내놓이″, 내놓이′이도 → 내놓이″도, 내놓이′있다 → 내놓있″다, 내놓이″이(−니), 내놓인″, 내놓이″는〕 (‘내놓′다[放]’의 피동) 내놓이다. ¶ 삽짝걸에(대문 주변−) 내놓인 임석(음식) 담긴 그륵(그릇) 보머(−면) 제사 지낸 줄 안다.

내 : 다 <나이다 <나′이다 동 〔내 : 고, 내 : 지, 내′애 → 내″, 내′애도 → 내″도, 내′앴다 → 냈″다, 내 : 이(−니), 낸 : ~내′앤 → 낸″, 내 : 는〕 (‘나′다[出]’의 사동) 내다. ¶ 맨장도(면장−) 내고 서장도 낸 집안~이다. / 사돈집 제사에 감 내라 배 내라 쿤다(고 하−). / 배락(벼룩) 간도 내 묵겠다(먹−). / 보따리 내 주머(−며) 자고 가라 쿤다(고 하−). / 안에 있는 거 배갵에(바깥−) 다 냈다. / 너무(남의) 눈에 눈물 내머(−면) 내 눈에 피 난다.

내다보이″다 동 〔내다보이″고, 내다보이′이 → 내다보이″, 내다보이′이도 → 내다보이″도, 내다보이′있다 → 내다보있″다, 내다보이″이(−니), 내다보인″, 내다보이″는〕 (‘내다보′다’의 피동) 내다보이다. ¶ 집에서 바리(바로) 앞에 내다보이는 논~이 우리 논~이다. 준 내다비″다.

내다비″다 <내다뷔″다 <내다보이″다 동 〔내다비″고, 내다비′이 → 내다비″, 내다비′이도 → 내다비″도, 내다비′있다 → 내다빘″다, 내다비″이(−니), 내다빈″, 내다비″는〕 (‘내다보′다’의 피동) ‘내다보이″다’의 준말. 내다보이다. ¶ 앞산에서 보머(−면) 우리 동네가 한눈에 다 내다빈다.

내루′다~내루″다 <내류″다 <내리′우다 동 〔내루′고, 내루′아 → 내라″, 내루′아도 → 내라″도, 내루′았다 → 내랐″다, 내루′이(−니), 내룬~내루′안 → 내란″, 내루는〕 (‘내′리다[降]’의 사동) ①내리게 하다. ¶ 난도(나도) 여어(여기) 내라 주소. / 실겅~어(시렁에) 있는 거 내라

바라(봐라) / 내란 거는 다 널어라. ②낙태하다. ¶ 얼라를(아기－) 두 분~이나(번－) 내랐다 쿠더라(고 하－).

내몰리″다 <내몰이″다 통 〔내몰리″고, 내몰리′이 → 내몰리″, 내몰리′이도 → 내몰리″도, 내몰리′있다 → 내몰맀″다, 내몰리″이(－니), 내몰린″, 내몰리″는〕 ('내몰 : 다[驅]'의 피동) 내몰리다. ¶ 강새이가(강아지－) 달한테(닭－) 내몰린다.

내밀리″다 <내밀이″다 통 〔내밀리″고, 내밀리′이 → 내밀리″, 내밀리′이도 → 내밀리″도, 내밀리′있다 → 내밀맀″다, 내밀리″이(－니), 내밀린″, 내밀리″는〕 ('내밀 : 다[追]'의 피동) 내밀리다. ¶ 그 사람들은 동네 배겉으로(바깥－) 다 내밀맀다.

내보′이다 통 〔내보′이고, 내보′이이 → 내보′이, 내보′이이도 → 내보′이도, 내보′이있다 → 내보′있다, 내보′이이(－니), 내보′인, 내보′이는〕 ('내보′다[見]'의 사동) 내보이다. ¶ 속을 내보인다. 준 내비″다.

내비″다 <내뷔″다 <내보′이다 통 〔내비″고, 내비′이 → 내비″, 내비′이도 → 내비″도, 내비′있다 → 내빘″다, 내비″이(－니), 내빈″, 내비″는〕 ('내보′다[見]'의 사동) '내보′이다'의 준말. 내보이다. ¶ 속을 다 내비 주고도 욕을 묵는다(먹－).

내앉추′다[내안추다] <내앉후′다 통 〔내앉추′고, 내앉추′아 → 내앉차″, 내앉추′아도 → 내앉차″도, 내앉추′았다 → 내앉찼″다, 내앉추′이(－니), 내앉춘 ~ 내앉추′안 → 내앉찬″, 내앉추는〕 ('내앉′다[坐]'의 사동) 내앉히다. ¶ 점방~아다가(－에다가) 마누래를(마누라－) 내앉찼더라. 비 내앉후′다. 내앉′히다.

내앉후′다[내안추다] 통 〔내앉후′고, 내앉후′아 → 내앉하″, 내앉후′아도 → 내앉하″도, 내앉후′았다 → 내앉핬″다, 내앉후′이(－니), 내앉훈 ~ 내앉후′안 → 내앉한″, 내앉후는〕 ('내앉′다[坐]'의 사동) 내앉히다. ¶ 아들을 사장이락고(－이라고) 내앉후고 지는(제－) 해장(회장) 한다. 비 내앉추′다. 내앉′히다.

내앉′히다[내안치다] 통 〔내앉′히고, 내앉′히이 → 내앉′히, 내앉′히이도 → 내앉′히도, 내앉′히있다 → 내앉′힜다, 내앉′히이(－니), 내앉′힌, 내앉′히는〕 ('내앉′다[坐]'의 사동) 내앉히다. ¶ 마누래를(마누라－)

내앉치고 술장사 시작했다. / 키가 작은 아아는(아이－) 앞에다 내앉히고 시작해라. ㊥ 내앉추′다. 내앉후′다.

내쫓기″다[내짹끼다] <내쬦기″다 <내쫓기″다 㑖 〔내쫓기″고, 내쫓기′이→내쫓기″, 내쫓기′이도→내쫓기″도, 내쫓기′있다→내쫓깄″다, 내쫓기″이(－니), 내쫓긴″, 내쫓기″는〕 ('내쫓′다[逐]'의 피동) 내쫓기다. ¶ 아부지자테(아버지에게) 내쫓기 따리(따로) 산다. ㊥ 내쫓기″다.

내쫓기″다[내쪽끼다] 㑖 〔내쫓기″고, 내쫓기′이→내쫓기″, 내쫓기′이도→내쫓기″도, 내쫓기′있다→내쫓깄″다, 내쫓기″이(－니), 내쫓긴″, 내쫓기″는〕 ('내쫓′다[逐]'의 피동) 내쫓기다. ¶ 그라다가(그러다가) 동네서 내쫓기는 수가 있데이(－다). ㊥ 내쫓기″다.

낵′이다[내기다] <뇍′이다 <녹′이다. 㑖 〔낵′이고, 낵′이이→낵′이, 낵′이이도→낵′이도, 낵′이있다→낵′있다, 낵′이이(－니), 낵′인, 낵′이는〕 ('녹′다[鎔]'의 사동) 녹이다. ¶ 뱉이(볕－) 나야 눈을 낵인다. ㊥ 노쿠′다. 녹′이다. 녹후′다. 뇍′이다.

낶이″다[내끼다] <낚이″다 㑖 〔낶이″고, 낶이′이→낶이″, 낶이′이도→낶이″도, 낶이′있다→낶있″다, 낶이″이(－니), 낶인″, 낶이″는〕 ('낚′다[釣]'의 피동) 낚이다. ¶ 보리 밥떠꺼리로도(밥풀－) 이어(잉어) 낶인다. / 언제나 낶인 괴기보덤(고기보다) 떨란(놓친) 괴기가(고기－) 크다. ㊥ 낚이″다.

냄′기다[냉기다] <남′기다 㑖 〔냄′기고, 냄′기아→냄′기, 냄′기이도→냄′기도, 냄′기있다→냄′깄다, 냄′기이(－니), 냄′긴, 냄′기는〕 ('남:다[餘]'의 사동) 남기다. ¶ 밥도 냄기고 떡도 냄기고 술도 냄기고 그리고 돈꺼정(－까지) 냄깄다. ㊥ 남구′다. 남′기다. 낭구′다. 낭′기다. 냉′기다.

냉′기다 <냄′기다 <남′기다 㑖 〔냉′기고, 냉′기아→냉′기, 냉′기이도→냉′기도, 냉′기있다→냉′깄다, 냉′기이(－니), 냉′긴, 냉′기는〕 ('남:다[餘]'의 사동) 남기다. ¶ 놀러 가가(－서) 돈 안 시고(쓰－) 그대로 냉기 왔더라. ㊥ 남구′다. 남′기다. 낭구′다. 낭′기다. 냄′기다.

너쭈″다 <너쮸″다 <너찌′우다 㑖 〔너쭈″고, 너쭈′아→너짜″, 너쭈′아도

→너짜″도, 너쭈′았다→너쫬″다, 너쭈″이(－니), 너쭌″~너쭈′안 →너짠″, 너쭈″는〕('너″찌다[墜]'의 사동) 떨어지게 하다. 떨어뜨리다. ¶ 홍시 너쭈머 다 터진다. / 배이(병) 너쭈겠다. 잘 잡아라. ㊥ 널쭈″다.

널구′다 통〔널구′고, 널구′아→널가″, 널구′아도→널가″도, 널구′았다→널갔″다, 널구′이(－니), 널군~널구′안→널간″, 널구는〕('널′다[廣]'의 사동) 넓히다. ¶ 밸(볕) 좋을 때 이불 널가라. ㊥ 널류″다[1] <너리이′우다. 널류″다[2]<널리′우다. 널′리다[1]<너리′이다. 널′리다[2] <널′이다. 널캐′다. 널쿠′다. 널′키다. 넓후′다. 넓′히다.

널류″다[1] <널리′우다 <너리이′우다 통〔널류″고, 널류′아→널랴″, 널류′아도→널랴″도, 널류′았다→널랐″다, 널류″이(－니), 널륜″~널류′안→널랸″, 널류″는〕('너리′다[廣]'의 사동) 널리다. ¶ 마당을 이래 너리기(너르게) 널류머 콩은 어데 숭구노(심니)? ㊥ 널구′다. 널류″다[2]<널리′우다. 널′리다[1]<너리′이다. 널′리다[2]<널′이다. 널캐′다. 널쿠′다. 널′키다. 넓후′다. 넓′히다.

널류″다[2] <널리′우다 <널이′우다 통〔널류″고, 널류′아→널랴″, 널류′아도→널랴″도, 널류′았다→널랐″다, 널류″이(－니), 널륜″~널류′안→널랸″, 널류″는〕('널′다[廣]'의 사동) 널리다. ¶ 점방을 더 널라야 무신(무슨) 물건을 더 갖다 놓제(－지). ㊥ 널구′다. 널류″다[1] <너리이′우다. 널′리다[1]<너리′이다. 널′리다[2]<널′이다. 널캐′다. 널쿠′다. 널′키다. 넓후′다. 넓′히다.

널′리다[1] <너리′이다 통〔널′리고, 널′리아→널′리, 널′리이도→널′리도, 널′리있다→널′맀다, 널′리이(－니), 널′린, 널′리는〕('너리′다[廣]'의 사동) 널리다. ¶ 밭을 더 널린다. ㊥ 널구′다. 널류″다[1]<너리이′우다. 널류″다[2]<널리′우다. 널′리다[2]<널′이다. 널캐′다. 널쿠′다. 널′키다. 넓후′다. 넓′히다.

널′리다[2] <널′이다 통〔널′리아→널′리, 널′리이도→널′리도, 널′리있다→널′맀다, 널′리이(－니), 널′린, 널′리는〕('널′다[廣]'의 사동) 널리다. ¶ 운동장 널린닥고(－다고) 가래 가지고 깨이(괭이) 가지고 학교 댕깄다(다녔－). ㊥ 널구′다. 널류″다[1]<너리이′우다. 널류″다[2]

<널리′우다. 널′리다[1]<너리′이다. 널캐′다. 널쿠′다. 널′키다. 넓후′다. 넓′히다.

널리″다[3] <널이″다 ⓢ〔널리″고, 널리′이→널리″, 널리′이도→널리″도, 널리′있다→널맀″다, 널리″이(-니), 널린″, 널리″는〕 ('널 : 다[展·布]'의 피동) 널리다. ¶ 서답이(빨래-) 둘에(둑-) 허여이(허옇게) 널맀다. / 이맘때 산에 가머(-면) 빰이(밤-) 널맀다.

널′리다[4] <널′이다 ⓢ〔널′리고, 널′리아→널′리, 널′리이도→널′리도, 널′리있다→널′맀다, 널′리이(-니), 널′린, 널′리는〕 ('널 : 다[展·布]'의 사동) 널리다. ¶ 딸자테(-에게) 서답(빨래) 널리고 왔다.

널쭈″다 <널쮸″다 <널찌′우다 ⓢ〔널쭈″고, 널쭈′아→널짜″, 널쭈′아도→널짜″도, 널쭈′았다→널짰″다, 널쭈″이(-니), 널쭌″~널쭈′안→널짠″, 널쭈″는〕 ('널″찌다[墜]'의 사동) 떨어지게 하다. 떨어뜨리다. ¶ 그거는 우에서(위-) 널짜도 안 깨지더라. ⓑ 너쭈″다.

널캐′다 ⓢ〔널캐′고, 널캐′애→널캐″, 널캐′애도→널캐″도, 널캐′앴다→널캤″다, 널캐′이(-니), 널캔~널캐′앤→널캔″, 널캐는〕 ('널′다[廣]'의 사동) 넓히다. ¶ 밭을 마이(많이) 널캤다. ⓑ 널구′다. 널류″다[1]<너리이′우다. 널류″다[2]<널리′우다. 널′리다[1]<너리′이다. 널′리다[2]<널′이다. 널쿠′다. 널′키다. 넓후′다. 넓′히다.

널쿠′다 ⓢ〔널쿠′고, 널쿠′아→널카″, 널쿠′아도→널카″도, 널쿠′았다→널캈″다, 널쿠′이(-니), 널쿤~널쿠′안→널칸″, 널쿠는〕 ('널′다[廣]'의 사동) 넓히다. ¶ 방도 널쿠고 마당도 널캈다. / 그래 널카 놓으머(-으면) 살기 좋겠다. / 방 널쿤 거는 갠찮은데(괜찮-) 마당 널쿤 거는 일이 많아 파이다(나쁘-). ⓑ 널구′다. 널류″다[1]<너리이′우다. 널류″다[2]<널리′우다. 널′리다[1]<너리′이다. 널′리다[2]<널′이다. 널캐′다. 널′키다. 넓후′다. 넓′히다.

널′키다 <널′키다 ⓢ〔널′키고, 널′키아→널′키, 널′키이도→널′키도, 널′키있다→널′맀다, 널′키이(-니), 널′킨, 널′키는〕 ('널′다[廣]'의 사동) 널리다. ¶ 방도 널키고 마당도 널키고 새집 댔다(됐-). / 세상 보는 눈을 널키 바라(봐라). ⓑ 널구′다. 널류″다[1]<너리이′우다. 널류″다[2]<널리′우다. 널′리다[1]<너리′이다. 널′리다[2]<널′이다. 널캐′

다. 널쿠'다. 넓후'다. 넓'히다.

넓후'다[널푸다] ㉯ 〔넓후'고, 넓후'아→넓하", 넓후'아도→넓하"도, 넓후'았다→넓핬"다, 넓'후이(-니), 넓후'안→넓한", 넓후는〕 ('넓'다[廣]'의 사동) 넓히다. ¶ 그만하머(-면) 넓구마느(넓건만) 또 더 넓후나. ㊐ 널구'다. 널류"다[1]<너리이'우다. 널류"다[2]<널리'우다. 널'리다[1]<너리'이다. 널'리다[2]<널'이다. 널캐'다. 널쿠'다. 널'키다. 넓'히다.

넓'히다[널피다] ㉯ 〔넓'히고, 넓'히이→넓'히, 넓'히이도→넓'히도, 넓'히있다→넓'힜다, 넓'히이(-니), 넓'힌, 넓'히는〕 ('넓'다[廣]'의 사동) 넓히다. ¶ 마당을 마이(많이) 더 넓힌 기(게) 잃다(이렇-). ㊐ 널구'다. 널류"다[1]<너리이'우다. 널류"다[2]<널리'우다. 널'리다[1]<너리'이다. 널'리다[2]<널'이다. 널캐'다. 널쿠'다. 널'키다. 넓후'다.

넘구'다[넝구다] ㉯ 〔넘구'고, 넘구'아→넘가", 넘구'아도→넘가"도, 넘구'았다→넘갔"다, 넘구'이(-니), 넘군~넘구'안→넘간", 넘구는〕 ('넘 : 다[越·溢]'의 사동) ①넘기다. ¶ 큰 고목도 비이(베어) 꾸불차 넘갔다(넘겼-). ②삼키다. ¶ 목이 아파 물 넘구기도 애렵다(어렵-). ㊐ 넘'기다. 넝구'다. 넝'기다.

넘'기다[넝기다] ㉯ 〔넘'기고, 넘'기아→넘'기, 넘'기이도→넘'기도, 넘'기있다→넘'깄다, 넘'기이(-니), 넘'긴, 넘'기는〕 ('넘 : 다[越·溢]'의 사동) ①넘기다. 깰밪은(게으르-) 선비 책장만 넘긴다. / 처자가 때를 넘기머(-면) 시집가기 애렵어진다(어려워지-). / 올개(올해) 안 넘기고 큰일 칠란다(치르련다). ②삼키다. ¶ 목이 아파 물 넘기기도 애렵다(어렵-). ㊐ 넘구'다. 넝구'다. 넝'기다.

넝구'다 <넘구'다 ㉯ 〔넝구'고, 넝구'아→넝가", 넝구'아도→넝가"도, 넝구'았다→넝갔"다, 넝구'이(-니), 넝군~넝구'안→넝간", 넝구는〕 ('넘 : 다[越·溢]'의 사동) ①넘기다. ¶ 애렵운(어려운) 일을 잘 넝갔다. / 나무 넝구는 쪽을 잘 보고 비이라이(베어라). ②삼키다. ¶ 달머(-면) 넝구고 십우머(쓰면) 밭는다(뱉-). ㊐ 넘구'다. 넘'기다. 넝'기다.

넝'기다 <넘'기다 ㉯ 〔넝'기고, 넝'기아→넝'기, 넝'기이도→넝'기도,

넝′기있다→넝′깄다, 넝′기이(−니), 넝′긴, 넝′기는〕 (‘넘 : 다[越·溢]’의 사동) ①넘기다. ¶ 해 넝기지 말아야 할 일도 안 있나. / 우리 둘이 산 지가 버시러(벌써) 사십 년을 넝깄다. ②삼키다. ¶ 물하고 같이 약을 꿀꺽 넝기라. 비 넘구′다. 넘′기다. 넝구′다.

노쿠′다 <녹후′다 동 〔노쿠′고, 노쿠′아→노카″, 노쿠′아도→노카″도, 노쿠′았다→노캈″다, 노쿠′이(−니), 노쿤~노쿠′안→노칸″, 노쿠는〕 (‘녹′다[鎔]’의 사동) 녹이다. ¶ 눈까리사탕(눈깔−) 깨 묵지(먹−) 말고 노카 무라(먹어라). / 사람 애간장을 살살 노쿤다. 비 낵′이다. 녹′이다. 녹후′다. 뇍′이다.

노푸″다 <노푸′우다 동 〔노푸″고, 노푸′아→노파″, 노푸′아도→노파″도, 노푸′았다→노팠″다, 노푸″이(−니), 노푼″~노푸′안→노판″, 노푸″는〕 (‘노푸′다[高]’의 사동) 높이다. ¶ 천장을 더 노파야 집이 시웗다(시원하−). 비 노′피다[1]<높′이다. 노′피다[2]<노′퓌다<노′푸이다. 높′이다. 높후′다. 높′히다.

노′피다[1] <높′이다 동 〔노′피고, 노′피이→노′피, 노′피이도→노′피도, 노′피있다→노′핐다, 노′피이(−니), 노′핀, 노′피는〕 (‘*높다[高]’의 사동) 높이다. 비 노푸″다. 노′피다[2]<노′퓌다<노′푸이다. 높′이다. 높후′다. 높′히다.

노′피다[2] <노′퓌다 <노′푸이다 동 〔노′피고, 노′피이→노′피, 노′피이도→노′피도, 노′피있다→노′핐다, 노′피이(−니), 노′핀, 노′피는〕 (‘노푸′다[高]’의 사동) 높이다. ¶ 천정을 노핀다. 비 노푸″다. 노′피다[1]<높′이다. 높′이다. 높후′다. 높′히다.

녹′이다[노기다] 동 〔녹′이고, 녹′이이→녹′이, 녹′이이도→녹′이도, 녹′이있다→녹′있다, 녹′이이(−니), 녹′인, 녹′이는〕 (‘녹′다[鎔]’의 사동) 녹이다. ¶ 따따한(따뜻하−) 서방님 말 한 마디가 내 가슴을 녹인다. 비 낵′이다. 노쿠′다. 녹후′다. 뇍′이다.

녹후′다[노쿠다] 동 〔녹후′고, 녹후′아→녹하″, 녹후′아도→녹하″도, 녹후′았다→녹핬″다, 녹후′이(−니), 녹훈~녹후′안→녹한″, 녹후는〕 (‘녹′다[鎔]’의 사동) 녹이다. ¶ 얼라가(아기−) 엄마 마음을 살살 녹훈다. 비 낵′이다. 노쿠′다. 녹′이다. 뇍′이다.

ㄴ

놀류″다 <놀리′우다 <놀이′우다 동 〔놀류″고, 놀류′아→놀랴″, 놀류′아도→놀랴″도, 놀류′았다→놀랐″다, 놀류″이(－니), 놀륜″~놀류′안→놀랸″, 놀류″는〕 (‘놀′다[遊]’의 사동) 놀리다. ¶ 크는 아아를(아이－) 일도 안 시기고(시키－) 공부도 안 시기고(시키－) 저래(저리) 놀랴가(－서) 대겠나(되－). 비 놀′리다³.

놀리″다¹ <놀이″다 동 〔놀리″고, 놀리′이→놀리″, 놀리′이도→놀리″도, 놀리′있다→놀릿″다, 놀리″이(－니), 놀린″, 놀리″는〕 (‘놀:다[戱·弄]’의 피동) 놀리다. 조롱받다(嘲弄－－). ¶ 옷 이래 입고 가머(－면) 껄배이라고(거지－) 아아들자테(아이들에게) 놀리 운단다. / 아아나(아이－) 어른~이나 넘자테(남에게) 놀리는 거는 쉛운(싫은) 기다(게－).

놀′리다² <놀′이다 동 〔놀′리고, 놀′리아→놀′리, 놀′리이도→놀′리도, 놀′리있다→놀′릿다, 놀′리이(－니), 놀′린, 놀′리는〕 (‘놀:다[戱·弄]’의 사동) 놀리다. 희롱하다(戱弄－－). ¶ 개내기가(고양이－) 쥐 잡아 놀리는 거 볼만하다. / 보소(여보세요). 사람 놀리능교(－ㅂ니까).

놀′리다³ <놀′이다 동 〔놀′리고, 놀′리아→놀′리, 놀′리이도→놀′리도, 놀′리있다→놀′릿다, 놀′리이(－니), 놀′린, 놀′리는〕 (‘놀:다[遊]’의 사동) 놀리다. ¶ 매늘은(며느리－) 봄뱉에(봄볕－) 놀리고 딸은 가실(가을) 뱉에(볕－) 놀린다. / 아아를(아이－) 공부는 안 시키고 저래(저리) 놀리머(－면) 안 댄다카이(된다니까). 비 놀류″다.

높′이다 동 〔높′이고, 높′이이→높′이, 높′이이도→높′이도, 높′이있다→높′있다, 높′이이(－니), 높′인, 높′이는〕 (‘*높다[高]’의 사동) 높이다. ¶ 천장을 높인다. 비 노′피다¹<높′이다. 노′피다²<노′퓌다<노′푸이다. 노푸″다. 높후′다. 높′히다.

높후′다[노푸다] 동 〔높후′고, 높후′아→높하″, 높후′아도→높하″도, 높후′았다→높핬″다, 높′후이(－니), 높후′안→높한″, 높후′는〕 (‘*높다[高]’의 사동) 높이다. ¶ 모지래는(모자라－) 뇜이(놈－) 지(제) 자리 너무 높하 노면(놓으면) 떨어진다. 비 노푸″다. 노′피다¹<높′이다. 노′피다²<노′퓌다<노′푸이다. 높′이다. 높′히다.

높′히다[노피다] 동 〔높′히고, 높′히이→높′히, 높′히이도→높′히도, 높′히있다→높′힜다, 높′히이(-니), 높′힌, 높′히는〕 ('*높다[高]'의 사동) 높이다. ¶ 목청 높힌다고 댈(되-) 일이 아이다(아니-). 비 노′피다[1]<높′이다. 노′피다[2]<노′퓌다<노′푸이다. 노푸″다. 높이′다. 높후′다.

놓이″다[노이다] 동 〔놓이″고, 놓이′이→놓이″, 놓이′이도→놓이″도, 놓이′있다→놓있″다, 놓이″이(-니), 놓인″, 놓이″는〕 ('놓′다[放]'의 피동) 놓이다. ¶ 그 말 들으이(-니) 맴이(마음-) 쫌(좀) 놓인다. / 그랑(내) 뚝을(둑-) 돋아 났디이(놨더니) 비가 와도 마음이 놓인다.

뇍′이다[뇌기다] <녹′이다. 동 〔뇍′이고, 뇍′이이→뇍′이, 뇍′이이도→뇍′이도, 뇍′이있다→뇍′있다, 뇍′이이(-니), 뇍′인, 뇍′이는〕 ('녹′다[鎔]'의 사동) 녹이다. ¶ 그 노래가 마음을 살살 뇍인다. 비 낵′이다. 노쿠′다. 녹′이다. 녹후′다.

누루′다~누루″다 <눌우′다 <눋우′다 동 〔누루′고, 누루′아→누라″, 누루′아도→누라″도, 누루′았다→누랐″다, 누루′이(-니), 누룬~누루′안→누란″, 누루는〕 ('눋:다[焦·熬]'의 사동) 눌리다. ¶ 밥을 잘 누라야 뜨물이 구시다(구수하-). 비 눌류″다[2]. 눌′리다[5].

누질리″다 <누질리이″다 동 〔누질리″고, 누질리′이→누질리″, 누질리′이도→누질리″도, 누질리′있다→누질렸″다, 누질리″이(-니), 누질린″, 누질리″는〕 ('누질′리다[押·壓]'의 피동) 눌리다. ¶ 너이나(넷-) 대는(되-) 손우(손위) 시너부자테(시누이에게) 누질리 살아도 안 죽고 살았아. 비 눌리″다[1]<누리이″다. 눌리″다[3]<눌리이″다.

눌류″다[1] <눌리′우다 <눌리이′우다 동 〔눌류″고, 눌류′아→눌랴″, 눌류′아도→눌랴″도, 눌류′았다→눌랐″다, 눌류″이(-니), 눌륜″~눌류′안→눌랸″, 눌류″는〕 ('눌:리다[押·壓]'의 사동) 누르게 하다. ¶ 누룩은 발로 볿아 눌랴 맨든다(만드-). 비 눌′리다[2]<누리′이다. 눌′리다[4]<눌′리이다.

눌류″다[2] <눌리′우다 <눋이′우다 동 〔눌류″고, 눌류′아→눌랴″, 눌류′아도→눌랴″도, 눌류′았다→눌랐″다, 눌류″이(-니), 눌륜″~눌

류′안→눌랸″, 눌류″는〕('눋:다[焦·熬]'의 사동) 눌리다. ¶ 애럽을(어려울－) 때사(－야) 보리밥도 눌류지 말라 쿤다(고 하－). / 밥을 잘 눌랸 솥에 끓인(끓이－) 숭늉이 구시다(구수하－). [비] 누루′다. 눌′리다[5].

눌리″다[1] <누리이″다 [동]〔눌리″고, 눌리′이→눌리″, 눌리′이도→눌리″도, 눌리′있다→눌렸″다, 눌리″이(－니), 눌린″, 눌리″는〕('누리′다[押·壓]'의 피동) 눌리다. ¶ 달알이(달걀－) 덕시기에(멍석－) 눌리가(－서) 터졌다. [비] 누질리″다. 눌리″다[3]<눌리이″다.

눌′리다[2] <누′리이다 [동]〔눌′리고, 눌′리아→눌′리, 눌′리이도→눌′리도, 눌′리있다→눌′렸다, 눌′리이(－니), 눌′린, 눌′리는〕('누리′다[押·壓]'의 사동) 누르게 하다. ¶ 그거는 돌로 눌리 놓기를 매칠(며칠) 지나야 삭는다. [비] 눌류″다[1]. 눌′리다[4]<눌′리이다.

눌리″다[3] <눌리이″다 [동]〔눌리″고, 눌리′이→눌리″, 눌리′이도→눌리″도, 눌리′있다→눌렸″다, 눌리″이(－니), 눌린″, 눌리″는〕('눌:리다[押·壓]'의 피동) 눌리다. ¶ 제랄이(달걀－) 덕시기에(멍석－) 눌리가(－서) 터졌다. [비] 누질리″다. 눌리″다[1]<누리이″다.

눌′리다[4] <눌′리이다 [동]〔눌′리고, 눌′리아→눌′리, 눌′리이도→눌′리도, 눌′리있다→눌′렸다, 눌′리이(－니), 눌′린, 눌′리는〕('눌:리다[押·壓]'의 사동) 누르게 하다. ¶ 돌로 눌리 나야(놔아야) 궁덩내가(구린내－) 안 난다. [비] 눌류″다[1]. 눌′리다[2]<누리′이다.

눌′리다[5] <눌′이다 <눋′이다 [동]〔눌′리고, 눌′리아→눌′리, 눌′리이도→눌′리도, 눌′리있다→눌′렸다, 눌′리이(－니), 눌′린, 눌′리는〕('눋:다[焦·熬]'의 사동) 눌리다. ¶ 뜨물을 구시하이(구수하게) 끓일라(끓이려) 카머(고 하면) 밥을 눌리고 그 우에(위－) 뜨물을 부아(부워) 끓이라(끓여라). [비] 누루′다. 눌류″다[2].

눕후′다[누푸다] [동]〔눕후′고, 눕′후아→눕하″, 눕후′아도→눕하″도, 눕후′았다→눕핬″다, 눕′후이(－니), 눕후안→눕한″, 눕후′는〕('눕′다[臥]'의 사동) 눕히다. 누이다. ¶ 얼라를(아기－) 따신(따스하－) 데 눕후이 잘 잔다. / 얼라가(아기－) 눕하 논(놓은) 대로 그양(그냥) 잔다. [비] 눕′히다[2]. 니′이다[2]. 닙′히다[2].

눕히″다[1][누피다] 동 〔눕히″고, 눕히′이→눕히″, 눕히′이도→눕히″도, 눕히′있다→눕힜″다, 눕히″이(－니), 눕힌″, 눕히″는〕 (‘눕′다(臥)’의 피동) 눕혀 지다. ¶ 통나무가 너무 질어(길－) 도장깐에(광－) 그대로는 안 눕힌다. (비) 닙히″다[1].

눕′히다[2][누피다] 동 〔눕′히고, 눕′히이→눕′히, 눕′히이도→눕′히도, 눕′히있다→눕′힜다, 눕′히이(－니), 눕′힌, 눕′히는〕 (‘눕′다[臥]’의 사동) 눕히다. 누이다. ¶ 얼라를(아기－) 눕히자마다 얼라는(아기－) 깼뿠다(깨 버렸다). (비) 눕후′다. 니′이다[2]. 닙′히다[2].

느추′다[1] <늦추′다 동 〔느추′고, 느추′아→느차″, 느추′아도→느차″도, 느추′았다→느찼″다, 느추′이(－니), 느춘~느추′안→느찬″, 느추는〕 (‘늦′다[遲]’의 사동) 늦추다. ¶ 때를 느출 수 없는 일이 있다. (비) 느추′다[2]<늦후′다. 늦추′다. 늦후′다.

느추′다[2] <늦추′다 <늦후′다 동 〔느추′고, 느추′아→느차″, 느추′아도→느차″도, 느추′았다→느찼″다, 느추′이(－니), 느춘~느추′안→느찬″, 느추는〕 (‘늦′다[遲]’의 사동) 늦추다. ¶ 시간 쫌(좀) 느차 줄 수 없능교(－습니까)? (비) 느추′다[1]<늦추′다. 늦추′다. 늦후′다.

늘개′다 동 〔늘개′고, 늘개′애→늘개″, 늘개′애도→늘개″도, 늘개′앴다→늘갰″다, 늘개′이(－니), 늘갠~늘개′앤→늘갠″, 늘개″는〕 (‘늘다[增]’의 사동) 늘이다. 늘리다. ¶ 생엿을 잡아땡기(잡아당겨) 늘개며 힌(희－) 엿 댄다(되－). (비) 늘구′다. 늘류″다. 늘′리다[2]. 늘캐′다. 늘쿠′다. 니루′다.

늘구′다 동 〔늘구′고, 늘구′아→늘가″, 늘구′아도→늘가″도, 늘구′았다→늘갔″다, 늘구′이(－니), 늘군~늘구′안→늘간″, 늘구는〕 (‘늘다[增]’의 사동) 늘이다. 늘리다. ¶ 촌에는 땅 한 때지기라도(뙈기－) 늘가야 산다. (비) 늘개′다. 늘류″다. 늘′리다[2]. 늘캐′다. 늘쿠′다. 니루′다.

늘류″다 <늘리′우다 <늘이′우다 동 〔늘류″고, 늘류′아→늘랴″, 늘류′아도→늘랴″도, 늘류′았다→늘랐″다, 늘류″이(－니), 늘륜″~늘류′안→늘랸″, 늘류″는〕 (‘늘다[增]’의 사동) 늘이다. 늘리다. ¶ 엿재이(엿장수) 엿가락 늘류듯이 하네. / 그거 다 우리 어매가(엄마－)

늘랸 재산~이다. [비] 늘개′다. 늘구′다. 늘′리다². 늘캐′다. 늘쿠′다. 니루′다.

늘리″다¹ <늘이″다 [동] 〔늘리″고, 늘리′이 → 늘리″, 늘리′이도 → 늘리″도, 늘리′있다 → 늘맀″다, 늘리″이(−니), 늘린″, 늘리″는〕 ('늘다[增]'의 피동) 늘어지다. ¶ 고무처럼 잘 늘리는 기(게) 또 있나. / 앤날에는(옛날−) 고무 겉이(같이) 늘리는 기(게) 없어(없−) 우얘(어찌) 살았일고(−을까).

늘′리다² <늘′이다 [동] 〔늘′리고, 늘′리아 → 늘′리, 늘′리이도 → 늘′리도, 늘′리있다 → 늘′맀다, 늘′리이(−니), 늘′린, 늘′리는〕 ('늘다[增]'의 사동) 늘이다. 늘리다. ¶ 운~이 따리야(따라야) 돈도 늘린다. / 지(제) 마음대로 늘리고 줄이고 한다. [비] 늘개′다. 늘구′다. 늘류″다. 늘캐′다. 늘쿠′다. 니루′다.

늘어시′우다[느러시우다] <늘어세′우다 <늘어서이′우다 [동] 〔늘어시′우고, 늘어시′우아 → 늘어시′아~늘어시′야, 늘어시′우아도 → 늘어시′아도~늘어시′야도, 늘어시′우았다 → 늘어시′았다~늘어시′얐다, 늘어시′우이(−니), 늘어시′운~늘어시′우안 → 늘어시′안~늘어시′얀, 늘어시′우는〕 ('늘어서′다[立]'의 사동) 늘어세우다. ¶ 총 가진 구인들을(군인들−) 늘어시얐더라.

늘캐′다 [동] 〔늘캐′고, 늘캐′애 → 늘캐″, 늘캐′애도 → 늘캐″도, 늘캐′앴다 → 늘캤″다, 늘캐′이(−니), 늘캔~늘캐′앤 → 늘캔″, 늘캐는〕 ('늘다[增]'의 사동) 늘이다. 늘리다. ¶ 키를 엿 늘캐듯이 늘캐 바라(봐라). / 키를 늘캐도 작아 빈다(보이−). [비] 늘개′다. 늘구′다. 늘류″다. 늘′리다². 늘쿠′다. 니루′다.

늘쿠′다 <늙후′다 [동] 〔늘쿠′아 → 늘카″, 늘쿠′아도 → 늘카″도, 늘쿠′았다 → 늘캈″다, 늘쿠′이(−니), 늘쿤~늘쿠′안 → 늘칸″, 늘쿠는〕 ('늘다[增]'의 사동) 늘이다. 늘리다. ¶ 지(제) 키 늘쿠고 시푼(싶은) 사람 많체(−지). / 내 키를 늘쿨 수만 있이머(−으면) 늘캈이머(−으면) 좋겠다. [비] 늘개′다. 늘구′다. 늘류″다. 늘′리다². 늘캐′다. 니루′다.

늙쿠′다[늘쿠다] [동] 〔늙쿠′고, 늙쿠′아 → 늙카″, 늙쿠′아도 → 늙카″도,

늙쿠′았다→늙캈″다, 늙쿠′이(-니), 늙쿤~늙쿠′안→늙칸″, 늙쿠는〕('늙다[老]'의 사동) 늙히다. ¶ 호박은 늙칸 거도 묵는다(먹-). / 늙칸 호박이 더 달다. ㊐ 늙후′다. 늙′히다.

늙후′다[늘쿠다] 동〔늙후′고, 늙후′아→늙하″, 늙후′아도→늙하″도, 늙후′았다→늙핬″다, 늙후′이(-니), 늙훈~늙후′안→늙한″, 늙후는〕('늙′다[老]'의 사동) 늙히다. ¶ 처자를 저래 늙하가(-서) 우짜노(어쩌나). ㊐ 늙쿠′다. 늙′히다.

늙′히다[늘키다] 동〔늙′히고, 늙′히이→늙′히, 늙′히이도→늙′히도, 늙′히있다→늙′힜다, 늙′히이(-니), 늙′힌, 늙′히는〕('늙′다[老]'의 사동) 늙히다. ¶ 너무 늙힌 소는 갑(값) 얼매(얼마) 몬(못) 받는다. ㊐ 늙쿠′다. 늙후′다.

늦추′다[늗추다] 동〔늦추′고, 늦추′아→늦차″, 늦추′아도→늦차″도, 늦추′았다→늦찼″다, 늦추′이(-니), 늦춘~늦추′안→늦찬″, 늦추는〕('늦′다[遲]'의 사동) 늦추다. ¶ 그거 하리만(하루-) 늦차 주이소(-세요). ㊐ 느추′다[1]<늦추′다. 느추′다[2]<늦후′다. 늦후′다.

늦후′다[느추다] 동〔늦후′고, 늦후′아→늦하″, 늦후′아도→늦하″도, 늦후′았다→늦핬″다, 늦후′이(-니), 늦훈~늦후′안→늦한″, 늦후는〕('늦′다[遲]'의 사동) 늦추다. ¶ 일 년을 늦하 갤혼식(결혼식) 올렀다(올렸-). ㊐ 느추′다[1]<늦추′다. 느추′다[2]<늦후′다. 늦추′다.

니″다[1] <뉘″다 <누′이다 동〔니″고, 니″이→니″, 니″이도→니″도, 니″있다→닜″다, 니″이(-니), 닌″, 니″는〕('누′다[尿]'의 사동) '니′이다[1]'의 준말. 누이다. ¶ 아아(아이) 오줌 닐 때 안 댔나(됐니)?

니″다[2] <뉘″다 <누′이다 <눕′이다 동〔니″고, 니′이→니″, 니′이도→니″도, 니′있다→닜″다, 니″이(-니), 닌″, 니″는〕('눕′다[臥]'의 사동) '니′이다[2]'의 준말. 누이다. ¶ 엄매(엄마) 젙에(옆-) 얼라(아기) 니라. ㊐ 눕후′다, 눕′히다. 닙′히다.

니루′다 <닐우′다 <뉠류″다 <늘리′우다 동〔니루′고, 니루′아→니라″, 니루′아도→니라″도, 니루′았다→니랐″다, 니루′이(-니), 니룬~니루′안→니란″, 니루는〕('늘다[增]'의 사동) 늘이다. 늘리다. ¶ 방 팽수(평수) 니라 이사한다. ㊐ 늘개′다. 늘구′다. 늘류″다. 늘′리다[2].

늘캐′다. 늘쿠′다.

니′이다[1] <뉘′이다 <누′이다 (통) 〔니′이이 → 니′이, 니′이이도 → 니′이도, 니′이있다 → 니′있다, 니′이이(－니), 니′인, 니′이는〕 (‘누′다[尿]’의 사동) 누이다. ¶ 얼라(아기) 오줌 니이라. (준) 니″다[1].

니′이다[2] <뉘′이다 <누′이다 <눕′이다 (통) 〔니′이고, 니′이이 → 니′이, 니′이이도 → 니′이도, 니′이있다 → 니′있다, 니′이이 → 니″이(－니), 니′인, 니′이는〕 (‘눕′다[臥]’의 사동) 누이다. ¶ 얼라(아기) 여어(여기) 니이라. (준) 니″다[2]. (비) 눕후′다. 눕′히다. 닙′히다.

닙히″다[1][니피다] <뉩히″다 <눕히″다 (통) 〔닙히″고, 닙히′이 → 닙히″, 닙히′이도 → 닙히″도, 닙히′있다 → 닙힜″다, 닙히″이(－니), 닙힌″, 닙히″는〕 (‘눕′다[臥]’의 피동) 눕혀 지다. ¶ 얼매나(얼마나) 자부럽운지(졸린지) 닙힌 그대로 꿈적도 안 하고 잤다. (비) 눕히″다[1].

닙′히다[2][니피다] <뉩′히다 <눕′히다 (통) 〔닙′히고, 닙′히이 → 닙′히, 닙′히이도 → 닙′히도, 닙′히있다 → 닙′힜다, 닙′히이(－니), 닙′힌, 닙′히는〕 (‘눕′다[臥]’의 사동) 눕히다. ¶ 아랫묵에(아랫목－) 할매(할매) 닙히 디리라(드려라). (비) 눕후′다. 눕′히다[2]. 니′이다[2].

ㄷ

다가앉추′다[가라안추다] <다가앉후′다 동〔다가앉추′고, 다가앉추′아 → 다가앉차″, 다가앉추′아도 → 다가앉차″도, 다가앉추′았다 → 다가앉찼″다, 다가앉추′이(-니), 다가앉춘~다가앉추′안 → 다가앉찬″, 다가앉추는〕('다가앉′다[坐]'의 사동) 다가앉히다. ¶ 손지를(손자-) 할배(할아버지) 잩에(가까이-) 다가앉혔다. 비 다가앉후′다. 다가앉′히다.

다가앉후′다[다가안추다] 동〔다가앉후′고, 다가앉후′아 → 다가앉하″, 다가앉후′아도 → 다가앉하″도, 다가앉후′았다 → 다가앉핬″다, 다가앉후′이(-니), 다가앉훈~다가앉후′안 → 다가앉한″, 다가앉후는〕('다가앉′다[坐]'의 사동) 다가앉히다. ¶ 여어(여기) 가차이(가까이) 다가앉하라. 비 다가앉추′다. 다가앉′히다.

다가앉′히다[다가안치다] 동〔다가앉′히고, 다가앉′히이 → 다가앉′히, 다가앉′히이도 → 다가앉′히도, 다가앉′히있다 → 다가앉′힜다, 다가앉′히이(-니), 다가앉′힌, 다가앉′히는〕('다가앉′다[坐]'의 사동) 다가앉히다. ¶ 손지를(손자-) 내 잩에(옆-) 다가앉혔다. 비 다가앉추′다. 다가앉후′다.

다디″다 <다디이″다 동〔다디″고, 다디′이 → 다디″, 다디′이도 → 다디″도, 다디′있다 → 다딨″다, 다디″이(-니), 다딘″, 다디″는〕('다′디다[頓·固]'의 피동) 다져지다. ¶ 땅~이 잘 다딘 우에(위-) 집을 지아야(지어야) 댄다(되-). 비 다지″다.

다루′다[1] <달루′다 동 〔다루′고, 다루′아→다라″, 다루′아도→다라″도, 다루′았다→다랐″다, 다루′이(-니), 다룬~다루′안→다란″, 다루는〕 ('달다[苦·弄]'의 사동) 시달리게 하다. ¶ 신랑 다루는 거 구갱도(구경-) 재밌다. 비 다루′다[2]<달우′다. 달구′다[2]. 달루′다. 달류″다. 달쿠″다. 달′키다[2].

다루′다[2] <달우′다 동 〔다루′고, 다루′아→다라″, 다루′아도→다라″도, 다루′았다→다랐″다, 다루′이(-니), 다룬~다루′안→다란″, 다루는〕 ('달다[苦·弄]'의 사동) 시달리게 하다. ¶ 맹절(명절) 때마중(-마다) 신랑 다루고 놀았다. 비 다루′다[1]<달루′다. 달구′다[2]. 달루′다. 달류″다. 달쿠″다. 달′키다[2].

다물리″다[1] <다물이″다 동 〔다물리″고, 다물리″아→다물리″, 다물리″이도→다물리″도, 다물리″있다→다물릿″다, 다물리″이(-니), 다물린″, 다물리″는〕 ('다물′다[喊]'의 피동) 다물리다. ¶ 놀래가(-서) 입이 안 다물린다. / 너무 좋아 입이 안 다물린다.

다물′리다[2] <다물′이다 동 〔다물′리고, 다물′리아→다물′리, 다물′리이도→다물′리도, 다물′리있다→다물′릿다, 다물′리이(-니), 다물′린, 다물′리는〕 ('다물′다[喊]'의 사동) 다물리다. ¶ 해원들(회원-) 입 다물리고 소문 안 나기(-게) 해라.

다지″다 <다지이″다 동 〔다지″고, 다지′이→다지″, 다지′이도→다지″도, 다지′있다→다짔″다, 다지″이(-니), 다진″, 다지″는〕 ('다′지다[頓·固]'의 피동) 다져지다. ¶ 땅도 안 다짔는데 거어다가(거기-) 머로(뭣을) 시운다(세우-) 말고(-이냐). 비 다디″다.

닫기″다 동 〔닫기″고, 닫기′이→닫기″, 닫기′이도→닫기″도, 닫기′있다→닫깄″다, 닫기″이(-니), 닫긴″, 닫기″는〕 ('닫′다[閉]'의 피동) 닫히다. ¶ 지금은 대문~이 닫깄일(-을) 기다(게-). / 접접이(겹겹이) 닫긴 당신 속을 내가 우째(어찌) 알겠능교(-는가요). / 닫긴 문틈으로도 달빛은 들온다(들어오-). 비 닫히″다.

닫히″다[다치다] 동 〔닫히″고, 닫히′이→닫히″, 닫히′이도→닫히″도, 닫히′있다→닫힜″다, 닫히″이(-니), 닫히″는, 닫힌″〕 ('닫′다[閉]'의 피동) 닫히다. ¶ 바람이 살 불어도 문~이 닫힌다. 비 닫기″다.

달구′다^{1} 통 〔달구′고, 달구′아 → 달가″, 달구′아도 → 달가″도, 달구′았다 → 달갔″다, 달구′이(－니), 달군~달구′안 → 달간″, 달구는〕 (‘달 : 다[熱]’의 사동) 달구다. ¶ 총각 마음을 저래(저리) 달가 놓고 처자는 떠났뿠는가(떠나 버렸는가) 배(봐). / 무새라도(무쇠－) 불에 달가 호아라(휘어지게 해라). / 대나무를 불에 달가 구불랴라(굽혀라).

달구′다^{2} 통 〔달구′고, 달구′아 → 달가″, 달구′아도 → 달가″도, 달구′았다 → 달갔″다, 달구′이(－니), 달군~달구′안 → 달간″, 달구는〕 (‘달다[苦·弄]’의 사동) 시달리게 하다. ¶ 사람 달구지 말고 줄라머(－ㄹ려면) 얼른 조라(줘라). 비 다루′다^{1}<달루′다. 다루′다^{2}<달우′다. 달루′다. 달류″다. 달쿠″다. 달′키다^{2}.

달루′다~달루″다 통 〔달루′고, 달루′아 → 달라″, 달루′아도 → 달라″도, 달루′았다 → 달랐″다, 달루′이(－니), 달룬~달루′안 → 달란″, 달루는〕 (‘달다[苦·弄]’의 사동) 시달리게 하다. ¶ 아아를(아이－) 저래(저리) 달라 놓고도 줄 거를 안 준다. 비 다루′다^{1}<달루′다. 다루′다^{2}<달우′다. 달구′다^{2}. 달류″다. 달쿠″다. 달′키다^{2}.

달류″다 <달리′우다 <달이′우다 통 〔달류″고, 달류′아 → 달랴″, 달류′아도 → 달랴″도, 달류′았다 → 달랐″다, 달류″이(－니), 달륜″~달류′안 → 달랸″, 달류″는〕 (‘달다[苦·弄]’의 사동) 시달리게 하다. ¶ 친척이 모이머(－면) 술도 한잔 묵고(먹－) 새신랑을 달류고 논다. / 넘(남) 달랴 놓고 지는(제－) 재미있단다. 비 다루′다^{1}<달루′다. 다루′다^{2}<달우′다. 달구′다^{2}. 달루′다. 달쿠″다. 달′키다^{2}.

달리″다^{1} <달이″다 통 〔달리″고, 달리′이 → 달리″, 달리′이도 → 달리″도, 달리′있다 → 달렸″다, 달리″이(－니), 달린″, 달리″는〕 (‘달′다[衡]’의 피동) 달리다. ¶ 소가 정울에(저울－) 달리나. / 정울에(저울－) 달린 거만 해도 서 근~이 넘는다.

달리″다^{2} <달이″다 통 〔달리″고, 달리′이 → 달리″, 달리′이도 → 달리″도, 달리′있다 → 달렸″다, 달리″이(－니), 달린″, 달리″는〕 (‘달다[懸]’의 피동) 달리다. ¶ 백에도(벽－) 기가(귀－) 달렸다. / 험담에는 발이 달렸다. / 부부간에 얼매나(얼마나) 많은 말을 주고받는가에

행복이 달렸다. / 사월 초파일에 등 달리듯. / 개내기(고양이) 목에 달린 빵울(방울). / 안 따 가고 안죽(아직) 달린 감도 있다.

달리″다[3] <달이″다 동 〔달리″고, 달리′이→달리″, 달리′이도→달리″도, 달리′있다→달렸″다, 달리″이(-니), 달린″, 달리″는〕 (‘달′다[甘]’의 피동) 엿이나 꿀 등 단 것을 지나치게 먹어 몸이 나른해지다. ¶ 새북에(새벽-) 꿀 마이(많이) 묵고(먹-) 달리가(-서) 애 묷다(먹었-). / 아까 엿 묵고(먹-) 달렸는데 또 엿 묵나(먹-)?

달리″다[4] <달이″다 동 〔달리″고, 달리′이→달리″, 달리′이도→달리″도, 달리′있다→달렸″다, 달리″이(-니), 달린″, 달리″는〕 (‘달다[苦·弄]’의 피동) 시달리다. ¶ 돈도 몬(못) 받고 그넘자테(그놈에게) 퉁퉁 달리고 왔다. 비 달키″다[1].

달쿠′다 동 〔달쿠′고, 달쿠′아→달카″, 달쿠′아도→달카″도, 달쿠′았다→달캈″다, 달쿠′이(-니), 달쿤~달쿠′안→달칸″, 달쿠는〕 (‘달다’[苦·弄]의 사동) 시달리게 하다. ¶ 맹절(명절) 때는 새신랑을 달쿤다. 비 다루′다[1]<달루′다. 다루′다[2]<달우′다. 달구′다[2]. 달루′다. 달류″다. 달′키다[2].

달키″다[1] 동 〔달키″고, 달키′이→달키″, 달키′이도→달키″도, 달키′있다→달킸″다, 달키″이(-니), 달킨″, 달키″는〕 (‘달다[苦·弄]’의 피동) 시달리다. ¶ 내가 느그자테(너희에게) 달키고 살 이유가 머(뭐) 있노(-니). / 키가 너무 작아도 넘자테(남에게) 달키고, 키가 너무 커도 넘자테(남에게) 달킨다. 비 달리″다[4].

달′키다[2] 동 〔달′키고, 달′키이→달′키, 달′키이도→달′키도, 달′키있다→달′킸다, 달′키이(-니), 달′킨, 달′키는〕 (‘달다[苦·弄]’의 사동) 시달리게 하다. ¶ 질(길) 가는 처자 달키는 소리하다가 대댕기가(들켜서) 대기(되게) 맞았다. 비 다루′다[1]<달루′다. 다루′다[2]<달우′다. 달구′다[2]. 달루′다. 달류″다. 달쿠″다.

닳구′다[달쿠다] 동 〔닳구′고, 닳구′아→닳가″, 닳구′아도→닳가″도, 닳구′았다→닳갔″다, 닳구′이(-니), 닳군~닳구′안→닳간″, 닳구는〕 (‘닳′다[磨·耗]’의 사동) 닳게 하다. ¶ 낫을 일부로(일부러) 이래 닳굴라 캐도(고 해-) 몬(못) 닳구겠네. 비 닳′기다.

ㄷ

닳기″다[달키다] 〔닳기″고, 닳기′이 → 닳기″, 닳기′이도 → 닳기″도, 닳기′있다 → 닳깄″다, 닳기″이(-니), 닳긴″, 닳기″는〕 ('닳′다[磨·耗]'의 피동) 닳아지다. ¶ 소매 끈티이가(끝-) 먼저 닳긴다. / 수박을 닳긴 숟가락으로 끍어(긁-) 바라.

닳′기다[달키다] 〔닳′기고, 닳′기이 → 닳′기, 닳′기이도 → 닳′기도, 닳′기있다 → 닳′깄다, 닳′기이(-니), 닳′긴, 닳′기는〕 ('닳′다[磨·耗]'의 사동) 닳게 하다. ¶ 이 새는(쇠-) 일부로(일부러) 닳기도 안 닳긴다(닳아지-). [비] 닳구′다.

담구′다[1][당구다] [동] 〔담구′고, 담구′아 → 담가″, 담구′아도 → 담가″도, 담구′았다 → 담갔″다, 담구′이(-니), 담군~담구′안 → 담간″, 담구는〕 ('담다[盛]'의 사동) 담그다. ¶ 물에 발 담구이(-니) 시원다(시원하-) [비] 당구′다[1].

담구′다[2][당구다] [동] 〔담구′고, 담구′아 → 담가″, 담구′아도 → 담가″도, 담구′았다 → 담갔″다, 담구′이(-니), 담군~담구′안 → 담간″, 담구는〕 ('담다[漬]'의 사동) 담그다. ¶ 짐치를(김치-) 가싥에(가을-) 담가 저실(겨울) 내내 묵는다(먹-). [비] 당구′다[2].

담기″다[1][당기다] [동] 〔담기″고, 담기′이 → 담기″, 담기′이도 → 담기″도, 담기′있다 → 담깄″다, 담기″이(-니), 담긴″, 담기″는〕 ('담다[盛]'의 피동) 담기다. ¶ 그거는 큰 각에(곽-)에 담기 있임더(-습니다). [비] 당기″다[1]. 댕기″다.

담기″다[2][당기다] [동] 〔담기″고, 담기′이 → 담기″, 담기′이도 → 담기″도, 담기′있다 → 담깄″다, 담기″이(-니), 담긴″, 담기″는〕 ('담다[漬]'의 피동) 담기다. ¶ 폴도(팥-) 댄장(된장) 담기나? [비] 당기″다[2].

당구′다[1] <담구′다 [동] 〔당구′고, 당구′아 → 당가″, 당구′아도 → 당가″도, 당구′았다 → 당갔″다, 당구′이(-니), 당군~당구′안 → 당간″, 당구는〕 ('담다[盛]'의 사동) 담그다. ¶ 수박을 찬물에 당가 났다가(놓-) 껀졌다(건졌-). [비] 담구′다[1].

당구′다[2] <담구′다 [동] 〔당구′고, 당구′아 → 당가″, 당구′아도 → 당가″도, 당구′았다 → 당갔″다, 당구′이(-니), 당군~당구′안 → 당간″, 당구는〕 ('담다[漬]'의 사동) 담그다. ¶ 집에서 장도 당구고 짐치도(김치

－) 당가 묵는다(먹－). 비 담구′다[2].

당기″다[1] <담기″다 통 〔당기″고, 당기′이→당기″, 당기′이도→당기″도, 당기′있다→당깄″다, 당기″이(－니), 당긴″, 당기″는〕 (‘담다[盛]’의 피동) 담기다. ¶ 그륵이(그릇－) 너무 작아 다 안 당기겠다. / 살(쌀) 닷 말 당긴 가마이도(가마니－) 져 내랐다(내렸－). 비 담기″다[1]. 댕기″다.

당기″다[2] <담기″다 통 〔당기″고, 당기′이→당기″, 당기′이도→당기″도, 당기′있다→당깄″다, 당기″이(－니), 당긴″, 당기″는〕 (‘담다[漬]’의 피동) 담기다. ¶ 상치가는(상추로는) 짐치(김치) 안 당긴다. 비 담기″다[2].

대감기″다[대강기다] 통 대감기″고, 대감기′이→대감기″, 대감기′이도→대감기″도, 대감기′있다→대감깄″다, 대감기″이(－니), 대감긴″, 대감기″는 (‘대감다[捲]’의 피동) 되감기다. ¶ 이거를 꺼꾸로(거꾸로) 돌리머(－면) 실이 대감기기(－게) 대(돼) 있다.

대″다 <닿′이다 통 대″고, 대′애→대″, 대′애도→대″도, 대′앴다→댔″다, 대″이(－니), 댄″, 대″는 (‘닿′다[觸]’의 사동) 대다. ¶ 손을 댄다. / 뜨겁운(뜨거운) 죽에 새(혀) 대기. / 차 대고 옥게(－ㄹ게). / 손을 대지 마라. / 지(제) 논에 물 대기. / 넘(남) 기림에(그림－) 붓 더 대는 기(게) 옳은 짓가(－이냐).

대돌리″다 <대돌이″다 통 〔대돌리″고, 대돌리′이→대돌리″, 대돌리′이도→대돌리″도, 대돌리′있다→대돌맀″다, 대돌리″이(－니), 대돌린″, 대돌리″는〕 (‘대돌다[廻]’의 피동) 되돌리다. ¶ 꺽꿀로(거꾸로) 돌리머(－면) 안에 동테가(바퀴－) 대돌리가(－서) 실이 풀리 기(게) 대(돼) 있다.

대살류″다 <대살리′우다 <대살이′우다 통 〔대살류″고, 대살류′아→대살랴″, 대살류′아도→대살랴″도, 대살류′았다→대살랐″다, 대살류″이(－니), 대살륜″~대살류′안→대살랸″, 대살류″는〕 (‘대살:다[生]’의 사동) 되살리다. ¶ 거의 말라 죽은 거를 대살랐다. / 좋은 추억을 대살랸 동기해였다(동기회－). 비 대살′리다.

대살′리다 <대살′이다 통 〔대살′리고, 대살′리아→대살′리, 대살′리이도

→ 대살′리도, 대살′리있다 → 대살′렀다, 대살′리이(－니), 대살′린, 대살′리는〕('대살다(生)'의 사동) 되살리다. ¶ 다 죽은 거를 내가 대살렀다. / 좋은 기억만 대살리라. / 저렇기(－게) 대살리 놓은 거를 머로(뭣을) 믹이가(먹여서) 키울고(－가). ⓑ 대살류″다.

대싶이″다[대시피다] 통 〔대싶이″고, 대싶이′이 → 대싶이″, 대싶이′이도 → 대싶이″도, 대싶이′있다 → 대싶있″다, 대싶이″이(－니), 대싶인″, 대싶이″는〕('대싶′다[嚼]'의 피동) 되씹히다. ¶ 그 때 아부이가(아버님－) 하신 말슴이(말씀－) 자꾸 대싶인다. ⓑ 대싶히″다.

대싶히″다[대시피다] 통 〔대싶히″고, 대싶히′이 → 대싶히″, 대싶히′이도 → 대싶히″도, 대싶히′있다 → 대싶힜″다, 대싶히″이(－니), 대싶히″는, 대싶힌″〕('대싶′다[嚼]'의 피동사) 되씹히다. ¶ 그 말을 대싶고(되씹－) 대싶고(되씹－) 해도 대싶힌다. ⓑ 대싶이″다.

댕기″다 <당기″다 <담기″다 통 〔댕기″고, 댕기′이 → 댕기″, 댕기′이도 → 댕기″도, 댕기′있다 → 댕깄″다, 댕기″이(－니), 댕긴″, 댕기″는〕('담다[盛]'의 피동) 담기다. ¶ 이기(이게) 더 마이(많이) 댕기는 푸대다(포대－). / 이 소구리에(소쿠리－) 댕긴 기(게) 머고(뭐냐)? ⓑ 담기″다[1]. 당기″다[1].

더꾸′다[1] <덥구′다 통 〔더꾸′겠′다, 더꾸′아 → 더까″, 더꾸′아도 → 더까″도, 더꾸′았다 → 더깠″다, 더꾸′이(－니), 더꾼~더꾸′안 → 더깐″, 더꾸는〕('덥:다[熱·暑]'의 사동) 데우다. ¶ 물 한 바가치(바가지) 더까가(－서) 아아(아이) 쉬기라(씻겨라). ⓑ 더꾸′다[2]<덥꾸′다. 더푸′다. 더′피다. 덥구′다. 덥후′다. 덥′히다. 데′우다. 데′피다. 뎁′히다. 디′우다.

더꾸′다[2] <덥꾸′다 통 〔더꾸′고, 더꾸′아 → 더까″, 더꾸′아도 → 더까″도, 더꾸′았다 → 더깠″다, 더꾸′이(－니), 더꾼~더꾸′안 → 더깐″, 더꾸는〕('덥:다[熱·暑]'의 사동) 데우다. ¶ 물 더까 목간하자(목욕하－). / 국 한 그륵(그릇) 더까 주이소(－세요). / 더깐 물이라 카는(고하－) 기(게) 머(뭐) 중 이마빼기(이마빡) 쉬은(씻－) 물 겉노(같으냐). ⓑ 더꾸′다[1]<덥구′다. 더푸′다. 더′피다. 덥구′다. 덥후′다. 덥′히다. 데′우다. 데′피다. 뎁′히다. 디′우다.

더끼″다 <덥기″다 [동] 〔더끼″고, 더끼′이 → 더끼″, 더끼′이도 → 더끼″도, 더끼′있다 → 더낐″다, 더끼″이(－니), 더낀″, 더끼″는〕 (‘덥 : 다[熱·暑]’의 피동) 데워지다. ¶ 물 잘 더끼는 그륵은(그릇－) 또 물이 잘 식는다. (비) 덥기″다.

더럽히″다[1][더러피다] [동] 〔더럽히″고, 더럽히′이 → 더럽히″, 더럽히′이도 → 더럽히″도, 더럽히′있다 → 더럽힜″다, 더럽히″이(－니), 더럽히″는, 더럽힌″〕 (‘더 : 럽다[汚]’의 피동) 더럽히다. ¶ 더럽힌 손가(－으로) 임석(음식) 만치지(만지－) 마래이(말아라).

더럽히″다[2][더러피다] [동] 〔더럽히″고, 더럽히′이 → 더럽히″, 더럽히′이도 → 더럽히″도, 더럽히′있다 → 더럽힜″다, 더럽히″이(－니), 더럽힌″, 더럽히″는〕 (‘더 : 럽다[汚]’의 사동) 더럽히다. ¶ 미꾸래이(미꾸라지) 한 바리가(마리－) 온 새미를(샘－) 더럽힌다. / 나뿐(나쁘－) 생각은 마음을 더럽힌다. / 새 옷을 이래(이리) 더럽히가(－서) 우야노(어쩌나).

더푸′다 <덥후′다 [동] 〔더푸′고, 더푸′아 → 더파″, 더푸′아도 → 더파″도, 더푸′았다 → 더팠″다, 더푸′이(－니), 더푼~더푸′안 → 더판″, 더푸는〕 (‘덥 : 다[熱·暑]’의 사동) 데우다. ¶ 술 한 주준자(주전자) 더파라. / 술은 더파 났는데(놨－) 밸(별) 안주가 없어(없－) 우야노(어쩌나). (비) 더꾸′다[1]<덥구′다. 더꾸′다[2]<덥꾸′다. 더′피다. 덥구′다. 덥후′다. 덥′히다. 데′우다. 데′피다. 뎁′히다. 디′우다.

더′피다 <덥′히다 [동] 〔더′피고, 더′피이 → 더′피, 더′피이도 → 더′피도, 더′피있다 → 더′핐다, 더′피이(－니), 더′핀, 더′피는〕 (‘덥 : 다[熱·暑]’의 사동) 데우다. ¶ 묵던(먹－) 죽도 떠떠하이(따뜻하게) 더피무우머(먹으면) 무울(먹을) 만하다. (비) 더꾸′다[1]<덥구′다. 더꾸′다[2]<덥꾸′다. 더푸′다. 덥구′다. 덥후′다. 덥′히다. 데′우다. 데′피다. 뎁′히다. 디′우다.

덜리″다 <덜이″다 [동] 〔덜리″고, 덜리′이 → 덜리″, 덜리′이도 → 덜리″도, 덜리′있다 → 덜릤″다, 덜리″이(－니), 덜린″, 덜리″는〕 (‘덜 : 다[減]’의 피동) 덜리다. ¶ 한 바가치(바가지) 덜리고 나이(－니) 얼매(얼마) 안 남았다.

덥구′다 [동] 〔덥구′고, 덥구′아 → 덥가″, 덥구′아도 → 덥가″도, 덥구′았다 → 덥갔″다, 덥구′이(－니), 덥군~덥구′안 → 덥간″, 덥구는〕 ('덥 : 다[熱·暑]'의 사동) 데우다. ¶ 이래(이리) 덥운(더운) 날 머로(뭣을) 그래 덥가 삼노(쌓니)? / 이거는 안 덥가 놓으머(－으면) 금상(금세) 시이가(쉬어서) 몬(못) 묵심더(먹습니다), [비] 더꾸′다[1]<덥구′다. 더꾸′다[2]<덥꾸′다. 더푸′다. 더′피다. 덥후′다. 덥′히다. 데′우다. 데′피다. 뎁′히다. 디′우다.

덥기″다[덥끼다] [동] 〔덥기″고, 덥기′이 → 덥기″, 덥기′이도 → 덥기″도, 덥기′있다 → 덥깄″다, 덥기″이(－니), 덥긴″, 덥기″는〕 ('덥 : 다[熱·暑]'의 피동) 데워지다. ¶ 따따하이(따뜻이) 덥긴 해장 한 잔 하고 가시이소(－세요). [비] 더끼″다.

덥후′다[더푸다] [동] 〔덥후′고, 덥후′아 → 덥하″, 덥후′아도 → 덥하″도, 덥후′았다 → 덥핬″다, 덥후′이(－니), 덥훈~덥후′안 → 덥한″, 덥후는〕 ('덥 : 다[熱·暑]'의 사동) 데우다. ¶ 내 혼차(혼자) 밥 덥하 묵고(먹－) 이래(이리) 삽더(－ㅂ니다). / 아까 덥하 논(놓은) 기(게) 금상(금세) 식었뿐네(식어 버렸네). [비] 더꾸′다[1]<덥구′다. 더꾸′다[2]<덥꾸′다. 더푸′다. 더′피다. 덥구′다. 덥′히다. 데′우다. 데′피다. 뎁′히다. 디′우다.

덥′히다[더피다] [동] 〔덥′히고, 덥′히이 → 덥′히, 덥′히이도 → 덥′히도, 덥′히있다 → 덥′힜다, 덥′히이(－니), 덥′힌, 덥′히는〕 ('덥 : 다[熱·暑]'의 사동) 데우다. ¶ 덥힌 술 한 잔. [비] 더꾸′다[1]<덥구′다. 더꾸′다[2]<덥꾸′다. 더푸′다. 더′피다. 덥구′다. 덥후′다. 데′우다. 데′피다. 뎁′히다. 디′우다.

덧붙′이다[덛부치다] [동] 〔덧붙′이고, 덧붙′이이 → 덧붙′이, 덧붙′이이도 → 덧붙′이도, 덧붙′이있다 → 덧붙′있다, 덧붙′이이(－니), 덧붙′인, 덧붙′이는〕 ('덧붙′다[附]'의 사동) 덧붙이다. ¶ 소문은 말을 자꾸 덧붙인다.

덧시′우다[덛시우다] [동] 〔덧시′우고, 덧시′우아 → 덧시′아~덧시′야, 덧시′우아도 → 덧시′아도~덧시′야도, 덧시′우았다 → 덧시′았다~덧시′얐다, 덧시′우이(－니), 덧시′운~덧시′우안 → 덧시′안~덧시′얀,

덧시'우는) ('덧시다[冠]'의 사동) 덧씌우다. ¶ 짚을 덧시야 비 안 들기(-게) 해라. / 두 불은(벌-) 덧시아야 비 안 든다.

덮어시'우다[더퍼시우다] 통 (덮어시'우고, 덮어시'우아→덮어시'아~덮어시'야, 덮어시'우아도→덮어시'아도~덮어시'야도, 덮어시'우았다→덮어시'았다~덮어시'았다, 덮어시'우이(-니), 덮어시'운~덮어시'우안→덮어시'안~덮어시'얀, 덮어시'우는) ('덮어시다[冠]'의 사동) 덮어씌우다. ¶ 아아(아이) 비 안 맞출락고(-려고) 에미(어미) 옷을 덮어시야 줐다(줬-).

덮이"다[더피다] 통 (덮이"고, 덮이'이→덮이", 덮이'이도→덮이"도, 덮이'있다→덮있"다, 덮이"이(-니), 덮인", 덮이"는) ('덮'다[覆·蓋]'의 피동) 덮이다. ¶ 작은 덕시기를(멍석-) 소안치(송아지) 등~이 다 덮이두로(-도록) 덮어라. 비 덮히"다.

덮히"다[더피다] 통 (덮히"고, 덮히'이→덮히", 덮히'이도→덮히"도, 덮히'있다→덮있"다, 덮히"이(-니), 덮인", 덮히"는) ('덮'다[覆·蓋]'의 피동) 덮이다. ¶ 눈~이 덮힌 산. 비 덮이"다.

데'우다 통 (데'우고, 데'우아→데'아~데'야, 데'우아도→데'아도~데'야도, 데'우았다→데'았다~데'았다, 데'우이(-니), 데'운~데'우안→데'안~데'얀, 데'우는) ('*데다[燒]'의 사동) 데우다. ¶ 탁주 한 대(되) 데야 주가(줘). 비 더꾸'다[1]<덥구'다. 더꾸'다[2]<덥꾸'다. 더푸'다. 더'피다. 덥구'다. 덥후'다. 덥'히다. 데'피다. 뎁'히다. 디'우다.

데'피다 <뎁'히다 <덥'히다 통 (데'피고, 데'피이→데'피, 데'피이도→데'피도, 데'피있다→데'폈다, 데'피이(-니), 데'핀, 데'피는) ('덥:다[熱·暑]'의 사동) 데우다. ¶ 물 데피가(-서) 아아(아이) 쉬기라(씻겨라). 비 더꾸'다[1]<덥구'다. 더꾸'다[2]<덥꾸'다. 더푸'다. 더'피다. 덥구'다. 덥후'다. 덥'히다. 데'우다. 뎁'히다. 디'우다.

뎁'히다[데피다] <덥'히다 통 (뎁'히고, 뎁'히이→뎁'히, 뎁'히이도→뎁'히도, 뎁'히있다→뎁'혔다, 뎁'히이(-니), 뎁'힌, 뎁'히는) ('덥:다[熱·暑]'의 사동) 데우다. ¶ 아침마중(-마다) 국 뎁히고 술 뎁히가(-서) 시아부이(시아버님) 해장 한 잔 디린다(드리-). 비 더꾸'

ㄷ

다[1]<덥구′다. 더꾸′다[2]<덥꾸′다. 더푸′다. 더′피다. 덥구′다. 덥후′다. 덥′히다. 데′우다. 데′피다. 디′우다.

도두′다 <돋우′다 [동] 〔도두′고, 도두′아→도다″, 도두′아도→도다″도, 도두′았다→도닸″다, 도두′이(-니), 도둔~도두′안→도단″, 도두는〕 (‘돋′다[培·壅]’의 사동) 돋우다. ¶ 훗날 볼 낭구는(나무-) 북을 높이 도다라. / 북을 마이(많이) 도다 놓고 고구마 순을 숭군다(심는다). / 잘한다 잘한다 카고(고 하-) 심을(힘-) 마이(많이) 도다 조라(줘라). (비) 도′우다. 돋구′다. 돋우′다.

도맡′기다[도맏기다] [동] 〔도맡′기고, 도맡′기이→도맡′기, 도맡′기이도→도맡′기도, 도맡′기있다→도맡′깄다, 도맡′기이(-니), 도맡′긴, 도맡′기는〕 (‘도맡′다[任]’의 사동) 도맡기다. ¶ 애럽운(어려운) 일을 내자테(나에게) 다 도맡기 놓고 갔다. (비) 도맽기다.

맽′기다[도맫기다] <도맡′기다 [동] 〔도맽′기고, 도맽′기이→도맽′기, 도맽′기이도→도맽′기도, 도맽′기있다→도맽′깄다, 도맽′기이(-니), 도맽′긴, 도맽′기는〕 (‘도맡′다[任]’의 사동) 도맡기다. ¶ 잘한다 잘한다 카머시느(고 하면서) 애럽운(어려운) 일을 다 도맽긴다. (비) 도맡′기다.

도′우다 <도두′다 <돋우′다 [동] 〔도′우고, 도′우아→도′아, 도′우아도→도′아도, 도′우았다→도′았다, 도′우이(-니), 도′운~도′우안→도′안, 도′우는〕 (‘돋′다[培·壅]’의 사동) 돋우다. ¶ 호롱 심지 도우고 밤새는 줄 모린다(모르-). / 그랑(내) 뚝을(둑-) 도았디이(-더니) 마음이 놓인다. (비) 도두′다. 돋구′다. 돋우′다.

돋구′다~돋구″다 [동] 〔돋구′고, 돋구′아→돋가″, 돋구′아도→돋가″도, 돋구′았다→돋갔″다, 돋구′이(-니), 돋군~돋구′안→돋간″, 돋구는〕 (‘돋′다[培·壅]’의 사동) 돋우다. ¶ 고구마 숭군(심은) 데는 마이(많이) 돋가 조야(줘야) 댄다(되-). (비) 도두′다. 도′우다. 돋우′다.

돋보이″다 [동] 〔돋보이″고, 돋보이′이→돋보이″, 돋보이′이도→돋보이″도, 돋보이있′다→돋보있″다, 돋보이″이(-니), 돋보인″, 돋보이″는〕 (‘돋보′다’의 피동) 돋보이다. ¶ 저 할배는(할아버지-) 말시가(말씨-) 점잖애서(-아서) 사람이 돋보인다. (준) 돋비″다.

돋비″다 <돋뷔″다 <돋보이″다 통 〔돋비″고, 돋비′이→돋이″, 돋비′이도→돋비″도, 돋비′있다→돋빘″다, 돋비″이(－니), 돋빈″, 돋비″는〕 (‘돋보′다’의 피동) ‘돋보이″다’의 준말. 돋보이다. ¶ 시(세) 딸 중~에 시채(셋째) 딸이 인물이 기중(가장) 돋빈다.

돋우′다 통 〔돋우′고, 돋우′아→돋아″, 돋우′아도→돋아″도, 돋우′았다→돋았″다, 돋우′이(－니), 돋운~돋우′안→돋안″, 돋우는〕 (‘돋′다[培·聳]’의 사동) 돋우다. ¶ 대에다가(되－) 빰을(밤－) 수비기(수북하게) 돋아 놓고 팔아 상더라(쌓－). ㊥ 도두′다. 도′우다. 돋구′다.

돋이″다 통 〔돋이″고, 돋이′이→돋이″, 돋이′이도→돋이″도, 돋이′있다→돋있″다, 돋이″이(－니), 돋인″, 돋이″는〕 (‘돋′다[培·聳]’의 피동) 돋아지다. ¶ 큰비 온 디로(뒤－) 모래가 돋인 데가 생깄다(생겼－). / 북을 마이 돋이기(－게) 해야 조아(줘야) 고구마가 잘 든다. ㊥ 도치″다. 돋히″다.

돋치″다 <돋히″다 통 〔돋치″고, 돋치′이→돋치″, 돋치′이도→돋치″도, 돋치′있다→돋칬″다, 돋치″이(－니), 돋치″는, 돋친″〕 (‘돋′다[培·聳]’의 피동) 돋게 되다. ¶ 그 말 들으머(－면) 부애(부아) 돋친다. ㊥ 돋이″다. 돋히″다.

돋히″다[도치다] 통 〔돋히″고, 돋히′이→돋히″, 돋히′이도→돋히″도, 돋히′있다→돋힜″다, 돋히″이(－니), 돋히″는, 돋힌″〕 (‘돋′다[培·聳]’의 피동) 돋게 되다. ¶ 몬댄(못된) 소안치(송아지) 엉디에(엉덩이－) 뿔이 돋힌다. ㊥ 돋이″다. 돋치″다.

돌리″다[1] <돌이″다 통 〔돌리″고, 돌리′이→돌리″, 돌리′이도→돌리″도, 돌리′있다→돌맀″다, 돌리″이(－니), 돌린″, 돌리″는〕 (‘돌:다[廻]’의 피동) 돌리다. ¶ 아무리 돌리도(－려도) 나사가 안 돌린다. / 잘 돌리는 나사도 있고 잘 안 돌리는 나사도 있다.

돌′리다[2] <돌′이다 통 〔돌′리고, 돌′리이→돌′리, 돌′리이도→돌′리도, 돌′리있다→돌′맀다, 돌′리이(－니), 돌′린, 돌′리는〕 (‘돌:다[廻]’의 사동) 돌리다. ¶ 다람지(다람쥐) 체바꾸(쳇바퀴) 돌리 듯. / 돌리도(다오) 돌리 도(다오) 내 사랑 돌리 도(다오).(노랫말) / 청춘을 돌

리 도오(다오). / 내우한다고(내외하－) 궁디이만(궁뎅이－) 돌리 앉이머(－으면) 대나(되－). / 맷돌을 돌리기 숩기(쉽게) 몬(못) 맹그나(만드－).

돌아보이″다~돌′아보이″다 ⓢ〔돌아보이″고, 돌아보이′이 → 돌아보이″, 돌아보이′이도 → 돌아보이″도, 돌아보이′있다 → 돌아보있″다, 돌아보이″이(－니), 돌아보인″, 돌아보이″는〕('돌′아보다[見]'의 피동) 돌아 보이다. ¶ 고향을 떠날 때 자꾸 동내가 돌아보인다. ㊅ 돌아비″다.

돌아비″다~돌′아비″다 <돌아뷔″다 <돌아보이″다 ⓢ〔돌아비″고, 돌아비′이 → 돌아비″, 돌아비′이도 → 돌아비″도, 돌아비′있다 → 돌아빘″다, 돌아비″이(－니), 돌아빈″, 돌아비″는〕('돌′아보다[見]'의 피동) '돌아보이″다'의 준말. 돌아 보이다. ¶ 돌아비는 고향 집을 마음에 묻고 또 묻는다. / 아아 (아이) 혼차(혼자) 낭가(남겨) 놓고 오이(－니) 자꾸 돌아빈다.

둘러사이″다 ⓢ〔둘러사이″고, 둘러사이′이 → 둘러사이″, 둘러사이′이도 → 둘러사이″도, 둘러사이′있다 → 둘러사있″다, 둘러사이″이(－니), 둘러사인″, 둘러사이″는〕('둘′러사다[包]'의 피동) 둘러싸이다. ¶ 우리 마실은(마을－) 산에 뺑 둘러사있다. / 구룸에(구름－) 둘러사인 달.

둘러앉추′다[둘러안추다] <둘러앉후′다 ⓢ〔둘러앉추′고, 둘러앉추′아 → 둘러앉차″, 둘러앉추′아도 → 둘러앉차″도, 둘러앉추′았다 → 둘러앉찼″다, 둘러앉추′이(－니), 둘러앉춘~둘러앉추′안 → 둘러앉찬″, 둘러앉추는〕('둘러앉′다[坐]'의 사동) 둘러앉히다. ¶ 동네 사람 다 둘러앉추고 그 말을 꺼냈다. / 공구(권구) 다 둘러앉차 놓고 할배가(할아버지－) 그 말슴(말씀) 하시데. ㊥ 둘러앉후′다. 둘러앉′히다.

둘러앉후′다[둘러안추다] ⓢ〔둘러앉후′고, 둘러앉후′아 → 둘러앉하″, 둘러앉후′아도 → 둘러앉하″도, 둘러앉후′았다 → 둘러앉핬″다, 둘러앉후′이(－니), 둘러앉훈~둘러앉후′안 → 둘러앉한″, 둘러앉후는〕('둘러앉′다[坐]'의 사동) 둘러앉히다. ¶ 아아(아이) 어른 다 둘러앉

ㄷ

후고 염불했다. (비) 둘러앉추′다. 둘러앉′히다.

둘러앉′히다[둘러안치다] (동) 〔둘러앉′히고, 둘러앉′히이→둘러앉′히, 둘러앉′히이도→둘러앉′히도, 둘러앉′히있다→둘러앉′힜다, 둘러앉′히이(-니), 둘러앉′힌, 둘러앉′히는〕 (‘둘러앉′다[坐]’의 사동) 둘러앉히다. ¶ 아아들(아이들) 둘러앉히 놓고 머(뭐) 갈친다(가르치-). (비) 둘러앉추′다. 둘러앉후′다.

둘리″다[1] <두리이″다 (동) 〔둘리″고, 둘리′아→둘리″, 둘리′이도→둘리″도, 둘리′있다→둘릤″다, 둘리″이(-니), 둘린″, 둘리″는〕 (‘두리′다[圍]’의 피동) 둘리다. ¶ 소매에 완장~이 둘릤더라. / 대밭에 둘린 집. / 금테 둘린 모자.

둘′리다[2] <두′리이다 (동) 〔둘′리고, 둘′리아→둘′리, 둘′리이도→둘′리도, 둘′리있다→둘′릤다, 둘′리이(-니), 둘′린, 둘′리는〕 (‘두리′다[圍]’의 사동) 두르게 하다. ¶ 저 년은 어데 금테라도 둘릤나? / 그 밭은 돌메이로(돌멩이-) 뺑 둘리 있다. / 저실에는(겨울-) 술 도오를(단지) 이불로 둘리 놓는다. / 이불 둘리 논 거를 아까 빼깄다(벗겼-). / 금테 둘린 모자 신(쓰-) 사람. / 담으로 뺑 둘린 집.

드러내 : 다 <드러나이다 <드러나′이다 (동) 〔드러내 : 고, 드러내 : 지, 드러내′애→드러내″, 드러내′애도→드러내″도, 드러내′앴다→드러냈″다, 드러내 : 이(-니), 드러낸 : ~드러내′앤→드러낸″, 드러내 : 는〕 (‘드러나′다[出]’의 사동) 드러내다. ¶ 좋아하머시느(-면서) 그 마음을 드러내지 몬해(못해).

드러눕′히다[드러누피다] (동) 〔드러눕′히고, 드러눕′히이→드러눕′히, 드러눕′히이도→드러눕′히도, 드러눕′히있다→드러눕′힜다, 드러눕′히이(-니), 드러눕′힌, 드러눕′히는〕 (‘드러눕′다[臥]’의 사동) 드러눕히다. ¶ 술 치한(취하-) 아부지를(아버지-) 방~아(-에) 드러눕히 디리고(드리-) 혼차(혼자) 일하러 가더라. (준) 들눕′히다.

듣기″다 (동) 〔듣기″고, 듣기′이→듣기″, 듣기′이도→듣기″도, 듣기′있다→듣깄″다, 듣기″이(-니), 듣긴″, 듣기″는〕 (‘듣′다[聞]’의 피동) 들리다. ¶ 맘에 없이머(-으면) 들어도 듣기지 않고, 바도(봐도) 비지(보이-) 않는다. / 내가 기가(귀-) 어둡어(어두워) 잘 안 듣긴다.

/ 좋은 소리도 시(세) 분(번) 들으머(-으면) 기에(귀-) 안 듣긴다. / 안 좋은 소문은 안 들을랴(-으려) 캐도(고 해도) 다 듣긴다. / 마음이 고약하머(-면) 너무(남의) 말이 고약하기(-게) 듣긴다. ㊥ 들리″다[1].

들눕′히다[들누피다] 동 〔들눕′히고, 들눕′히이→들눕′히, 들눕′히이도→들눕′히도, 들눕′히있다→들눕′힜다, 들눕′히이(-니), 들눕′힌, 들눕′히는〕 (‘들눕′다[臥]’의 사동) ‘들어눕′히다’의 준말. 드러눕히다. ¶ 안방~아(-에) 아아(아이) 들눕히고 나왔다.

들루′다~들루″다[1] 동 〔들루′고, 들루′아→들라″, 들루′아도→들라″도, 들루′았다→들랐″다, 들루′이(-니), 들룬~들루′안→들란″, 들루는〕 (‘들다[入]’의 사동) 들이다. ¶ 빈 방~아(-에) 사람 들랐다. ㊥ 들류″다[1]. 들′이′다[1]. 디′리′다[1]. 딜류″다[1]. 딜′이′다[1].

들루′다~들루″다[2] 동 〔들루′고, 들루′아→들라″, 들루′아도→들라″도, 들루′았다→들랐″다, 들루′이(-니), 들룬~들루′안→들란″, 들루는〕 (‘들다[染]’의 사동) 들이다. ¶ 무신(무슨) 물을 들란 건지 모리겠는데(모르-) 곱기는 곱더라. ㊥ 들류″다[2]. 들′이′다[2]. 디′리′다[2]. 딜류″다[2]. 딜′이′다[2].

들류″다[1] <들리′우다 <들이′우다 동 〔들류″고, 들류′아→들랴″, 들류′아도→들랴″도, 들류′았다→들랐″다, 들류″이(-니), 들륜″~들류′안→들랸″, 들류″는〕 (‘들다[入]’의 사동) 들이다. ¶ 남는 방~아(-에) 사람 들랴라. / 아리채(아래채) 방~아(-에) 사람 들랐나(-니)? / 옆집 처자도 내 정제(부엌에) 들랴 바아(봐야) 그 속을 안다. ㊥ 들루′다[1]. 들′이′다[1]. 디′리′다[1]. 딜류″다[1]. 딜′이′다[1].

들류″다[2] <들리′우다 <들이′우다 동 〔들류″고, 들류′아→들랴″, 들류′아도→들랴″도, 들류′았다→들랐″다, 들류″이(-니), 들륜″~들류′안→들랸″, 들류″는〕 (‘들다[染]’의 사동) 들이다. ¶ 요새는 손톱에 봉수아로(봉선화-) 물 안 들류고 무신(무슨) 색을 칠한다. / 손톱을 빨갛기(-게) 물을 들랴 바라(봐라). / 치자로 노란 물을 들랸 수건. ㊥ 들루′다[2]. 들′이′다[2]. 디′리′다[2]. 딜류″다[2]. 딜′이′다[2].

들류″다[3] <들리′우다 <들이′우다 동 〔들류″고, 들류′아→들랴″, 들류′

아도→들랴″도, 들류′았다→들랐″다, 들류″이(−니), 들륜″~들류′안→들란″, 들류″는〕('들′다[擧]'의 사동) 들리다. ¶ 처가에 종종 머를(뭣−) 아들자테(−에게) 들랴 보냈다. [비] 들′리다[4].

들리″다[1] <들이″다 <듣이″다 [동]〔들리″고, 들리′이→들리″, 들리′이도→들리″도, 들리′있다→들렸″다, 들리″이(−니), 들린″, 들리″는〕('듣′다[聞]'의 피동) 들리다. ¶ 우리자테는(−에게는) 잘 들리도 할매자테는(할머니에게는) 잘 안 들리는 소리다. / 마음에 없는데 시님(스님) 염불이라고 들릴 리 있나. [비] 듣기″다.

들′리다[2] <들′이다 <듣′이다 [동]〔들′리고, 들′리이→들′리, 들′리이도→들′리도, 들′리있다→들′렸다, 들′리이(−니), 들′린, 들′리는〕('듣′다[聞]'의 사동) 들리다. ¶ 그 소리를 내자테도(나에게도) 들리 조(줘) 바라(봐라).

들리″다[3] <들이″다 [동]〔들리″고, 들리′이→들리″, 들리′이도→들리″도, 들리′있다→들렸″다, 들리″이(−니), 들린″, 들리″는〕('들′다[擧]'의 피동) 들리다. ¶ 그런 거사(−야) 한 손에 들린다. / 해깝기(가볍게) 들리는 거는 니가(네−) 옹기라(옮겨라).

들′리다[4] <들′이다 [동]〔들′리고, 들′리아→들′리, 들′리이도→들′리도, 들′리있다→들′렸다, 들′리이(−니), 들′린, 들′리는〕('들′다[擧]'의 사동) 들리다. ¶ 짐은 서방 들리고 아아(아이) 안고 왔더라. / 맹절(명절) 때마중(−마다) 자석들(자식들) 양석하고(양식−) 임석을(음식−) 들리 보낸다. [비] 들류″다[3].

들바다보이″다 [동]〔들바다보이″고, 들바다보이′이→들바다보이″, 들바다보이′이도→들바다보이″도, 들바다보이′있다→들바다보있″다, 들바다보이″이(−니), 들바다보인″, 들바다보이″는〕('들바다보′다'의 피동) 들여다보이다. ¶ 말만 들어도 속이 다 들바다보인다. [준] 들바다비″다.

들바다비″다 <들바다뷔″다 <들바다보이″다 [동]〔들바다비″고, 들바다비′이→들바다비″, 들바다비′이도→들바다비″도, 들바다비′있다→들바다빘″다, 들바다비″이(−니), 들바다빈″, 들바다비″는〕('들바다보′다'의 피동) '들바다보이″다'의 준말. 들여다보이다. ¶ 대문 새

로 마당을 들바다비기(−게) 대(돼) 있더라.

들뿕이″다[들뽀끼다] 통 〔들뿕이″고, 들뿕이′이 → 들뿕이″, 들뿕이′이도 → 들뿕이″도, 들뿕이′있다 → 들뿕있″다, 들뿕이″이(−니), 들뿕인″, 들뿕이″는〕 (‘들뿕′다[炒]’의 피동) 들볶이다. ¶ 갠찬거리는(잔소리하−) 시너부에(시누이−) 그렇게 들뽁이고도 안죽(아직) 시너부(시누이−) 하고 같이 사나(−니).

들앉추′다[드란추다] <들앉후′다 통 〔들앉추′고, 들앉추′아 → 들앉차″, 들앉추′아도 → 들앉차″도, 들앉추′았다 → 들앉찼″다, 들앉추′이(−니), 들앉춘~들앉추′안 → 들앉찬″, 들앉추는〕 (‘들앉′다[坐]’의 사동) 들앉히다. ¶ 그 여자를 집에 들앉찬 사람이 바리(바로) 우리 할배라(할아버지−). 비 들앉후′다. 들앉′히다. 들어앉추′다. 들어앉후′다. 들어앉′히′다.

들앉후′다[드란추다] 통 〔들앉후′고, 들앉후′아 → 들앉하″, 들앉후′아도 → 들앉하″도, 들앉후′았다 → 들앉핬″다, 들앉후′이(−니), 들앉훈~들앉후′안 → 들앉한″, 들앉후는〕 (‘들앉′다[坐]’의 사동) 들앉히다. ¶ 그 여자를 집안에 들앉후고 나서부터는 집안이 팬할(편하−) 날이 없었다. 비 들앉추′다. 들앉′히다. 들어앉추′다. 들어앉후′다. 들어앉′히′다.

들앉′히다[드란치다] 통 〔들앉′히고, 들앉′히이 → 들앉′히, 들앉′히이도 → 들앉′히도, 들앉′히있다 → 들앉′힜다, 들앉′히이(−니), 들앉′힌, 들앉′히는〕 (‘들앉′다[坐]’의 사동) 들앉히다. ¶ 첩을 집에 들앉히 노이(놓으니) 온 동네에 말이 많더라. 비 들앉추′다. 들앉후′다. 들어앉추′다. 들어앉후′다. 들어앉′히′다.

들어앉추′다[드러안추다] <들어앉후′다 통 〔들어앉추′고, 들어앉추′아 → 들어앉차″, 들어앉추′아도 → 들어앉차″도, 들어앉추′았다 → 들어앉찼″다, 들어앉추′이(−니), 들어앉춘~들어앉추′안 → 들어앉찬″, 들어앉추는〕 (‘들어앉′다[坐]’의 사동) 들어앉히다. ¶ 마누래를(마누라−) 해사(회사) 그만 두라 카고(고 하−) 집에 들어앉찼다더라. 비 들앉추′다. 들앉후′다. 들앉′히다. 들어앉후′다. 들어앉′히′다.

들어앉후′다[드러안추다] 통 〔들어앉후′고, 들어앉후′아 → 들어앉하″,

들어앉후'아도 → 들어앉하"도, 들어앉후'았다 → 들어앉핬"다, 들어앉후'이(-니), 들어앉훈~들어앉후'안 → 들어앉한", 들어앉후는〕('들어앉'다[坐]'의 사동) 들어앉히다. ¶ 학생들을(학생들-) 교실에 들어앉후고 나이 비기 막 오기 시작하는 기라(게-). ㊟ 들앉추'다. 들앉후'다. 들앉'히다. 들어앉추'다. 들어앉'히'다.

들어앉'히다[드러안치다] ㊐〔들어앉'히고, 들어앉'히이 → 들어앉'히, 들어앉'히이도 → 들어앉'히도, 들어앉'히있다 → 들어앉'힜다, 들어앉'히이(-니), 들어앉'힌, 들어앉'히는〕('들어앉'다[坐]'의 사동) 들어앉히다. ¶ 매늘을(며느리-) 집에 들어앉히고 시어마시는(시어머니-) 놀러 댕긴다(다니-). ㊟ 들앉추'다. 들앉후'다. 들앉'히다. 들어앉추'다. 들어앉후'다.

들'이'다~들이다[1] ㊐〔들'이'고, 들'이'이 → 들'이', 들'이'이도 → 들'이'도, 들'이'있다 → 들'있'다, 들'이'이(-니), 들'인'~들'이'안 → 들얀", 들'이'는〕('들다[入]'의 사동) 들이다. ¶ 개살구에도 지(제) 맛 들인다. / 살림 나간 아들 다부(다시) 집에 들있다. ㊟ 들루'다[1]. 들류"다[1]. 디'리'다[1]. 딜류"다[1]. 딜'이'다[1].

들'이'다~들이다[2] ㊐〔들'이'고, 들'이'이 → 들'이', 들'이'이도 → 들'이'도, 들'이'있다 → 들'있'다, 들'이'이(-니), 들'인'~들'이'안 → 들얀", 들'이'는〕('들다[染]'의 사동) 들이다. ¶ 삼베에는 물을 들이도 밸로(별로) 안 곱다. ㊟ 들루'다[2]. 들류"다[2]. 디'리'다[2]. 딜류"다[2]. 딜'이'다[2].

디덮이"다[디더피다] ㊐〔디덮이"고, 디덮이'이 → 디덮이", 디덮이'이도 → 디덮이"도, 디덮이'있다 → 디덮있"다, 디덮이"이(-니), 디덮인", 디덮이"는〕('디덮'다[覆·蓋]'의 피동) 뒤덮이다. ¶ 문지로(먼지-) 뽀얗기(-게) 디덮이 꼭 머(뭐) 겉을끄(같을까). ㊟ 디덮히"다.

디덮히"다[디더피다] ㊐〔디덮히"고, 디덮히'이 → 디덮히", 디덮히'이도 → 디덮히"도, 디덮히'있다 → 디덮있"다, 디덮히"이(-니), 디덮인", 디덮히"는〕('디덮'다[覆·蓋]'의 피동) 뒤덮이다. ¶ 문지로(먼지-) 온 데 다 디덮힜다. ㊟ 디덮이"다.

디돌리"다[1] <디돌이"다 ㊐〔디돌리"고, 디돌리'이 → 디돌리", 디돌리'이

도 → 디돌리″도, 디돌리′있다 → 디돌랬″다, 디돌리″이(－니), 디돌린″, 디돌리″는〕('디돌다[廻]'의 피동) 되돌리다. ¶ 아무리 꺼꾸로(거꾸로) 돌리도(돌려도) 디돌리지 않는다.

ㄷ

디돌′리다[2] <디돌′이다 통〔디돌′리고, 디돌′리이 → 디돌′리, 디돌′리이도 → 디돌′리도, 디돌′리있다 → 디돌′렸다, 디돌′리이(－니), 디돌′린, 디돌′리는〕('디돌다[廻]'의 사동) 되돌리다. ¶ 마음을 디돌리 한 분(번) 더 만나 바라(봐라). / 그 일은 아무리해도 디돌릴 수 없다.

디돌아보이″다~디돌′아보이″다[디도라보이다] 통〔디돌아보이″고, 디돌아보이′이 → 디돌아보이″, 디돌아보이′이도 → 디돌아보이″도, 디돌아보이′있다 → 디돌아보있″다, 디돌아보이″이(－니), 디돌아보인″, 디돌아보이″는〕('디돌′아보다[見]'의 피동) 뒤돌아 보이다. ¶ 안죽(아직) 손 흔들고 계시는 엄매가(엄마－) 자꾸 디돌아보인다. ㊟ 디돌아비″다.

디돌아비″다~디돌′아비″다[디도라비다] <디돌′아뷔″다 <디돌′아보이″다 통〔디돌아비″고, 디돌아비′이 → 디돌아비″, 디돌아비′이도 → 디돌아비″도, 디돌아비′있다 → 디돌아빘″다, 디돌아비″이(－니), 디돌아빈″, 디돌아비″는〕('디돌′아보다[見]'의 피동) '디돌아보이″다'의 준말. 뒤돌아 보이다. ¶ 내자테는(나에게는) 디돌아비는 고향산천도 인자(이제) 없어졌다.

디딸류″다 <디딸리′우다 <디따리이′우다 통〔디딸류″고, 디딸류′아 → 디딸랴″, 디딸류′아도 → 디딸랴″도, 디딸류′았다 → 디딸랐″다, 디딸류″이(－니), 디딸륜″ ~ 디딸류′안 → 디딸랸″, 디딸류″는〕('디따리′다[隨·屬]'의 사동) 뒤딸리다. ¶ 아부이(아버님) 가실 때 큰아를(큰아이－) 디딸랴 보냈심더(－습니다). / 머(뭐) 지가(제－) 종~이라도 디딸랸 사람가(－이냐). ㊕ 디딸′리다.

디딸′리다 <디따리′이다. 통〔디딸′리고, 디딸′리아 → 디딸′리, 디딸′리이도 → 디딸′리도, 디딸′리있다 → 디딸′렸다, 디딸′리이(－니), 디딸′린, 디딸′리는〕('디따리′다[隨·屬]'의 사동) 뒤딸리다. ¶ 딸래미(딸내미) 하나 디딸리고 친정 보냈다. ㊕ 디딸류″다.

디′리′다~디리다[1] <딜′이′다 <들′이다 통〔디′리′고, 디′리′이 → 디′리′,

디′리′이도→디′리′도, 디′리′있다→디′렀′다, 디′리′이(−니), 디′린′, 디′리′는〕(‘들다[入]’의 사동) 들이다. ¶ 큰집에도 첩을 디리고 난 디로는(뒤−) 집안~이 안 팬했다(편했−). ㊙ 들루′다[1]. 들류″다[1]. 들′이′다[1]. 딜류″다[1]. 딜′이′다[1].

디′리′다~디리다[2] <딜′이′다 <들′이다 동〔디′리′고, 디′리′이→디′리′, 디′리′이도→디′리′도, 디′리′있다→디′렀′다, 디′리′이(−니), 디′린′, 디′리′는〕(‘들다[染]’의 사동) 들이다. ¶ 물 디린 비단~이사(−이야) 곱제(−지). ㊙ 들루′다[2]. 들류″다[2]. 들′이′다[2]. 딜류″다[2]. 딜′이′다[2].

디바끼″다 <디바뀌″다 <디바꾸이″다 동〔디바끼″고, 디바끼′이→디바끼″, 디바끼′이도→디바끼″도, 디바끼′있다→디바끼″다, 디바끼″이(−니), 디바낀″, 디바끼″는〕(‘디바꾸′다’의 피동) 뒤바뀌다. ¶ 첫날밤에 신랑~이 디바낐다 카머(고 하면) 누가 곧이들겠노(−니). / 세상~이 디바낀 거 겉다(같−).

디섞이″다 동〔디섞이″고, 디섞이′이→디섞이″, 디섞이′이도→디섞이″도, 디섞이′있다→디섞있″다, 디섞이″이(−니), 디섞인″, 디섞이″는〕(‘디섞′다[混]’의 피동) 뒤섞이다. ¶ 얌새이(염소) 새끼가 디섞이 있어도 다 지(제) 어마이(어미) 알고 찾아간다.

디얽후″다~디얽′후″다[디얼쿠] 동〔디얽후″고, 디얽후′아→디얽하″, 디얽후′아도→디얽하″도, 디얽후′았다→디얽핬″다, 디얽후″이(−니), 디얽힌″~디얽후′안→디얽한″, 디얽히″는〕(‘디얽′다[繫]’의 사동) 뒤얽히게 하다. ¶ 누가 실을 이래(이리) 디얽하 낳는공(놨는가)? ㊙ 디엉우″다.

디얽히″다~디얽′히″다[디얼키다] 동〔디얽히″고, 디얽히′이→디얽히″, 디얽히′이도→디얽히″도, 디얽히′있다→디얽힜″다, 디얽히″이(−니), 디얽힌″, 디얽히″는〕(‘디얽′다[繫]’의 피동) 뒤얽히다. ¶ 맹지실이(명주실−) 디얽히머(−면) 풀기 애럽다(어렵−). / 다래 덩쿨이(넝쿨−) 디얽힜다. / 디얽힌 멀구(머루) 덩쿨. ㊙ 디엉이″다.

디엉우″다~디엉′우″다[디엉쿠다] 동〔디엉우″고, 디엉우′아→디엉아″, 디엉우′아도→디엉아″도, 디엉우′았다→디엉았″다, 디엉우″이(−

니), 디엲운″ ~ 디엲우′안 → 디엲안″, 디엲우″는〕 ('디엮′다[繫]'의 사동) 뒤얽히다. ¶ 동네 남자들이 디엲안 일을 동네 여자들이 푼다고 한 해 내내 애묷심더(애먹었습니다). ㊇ 디얽후″다.

디엮이″다~디엮′이″다[디엉키다] ⓢ〔디엮이″고, 디엮이′이 → 디엮이″, 디엮이′이도 → 디엮이″도, 디엮이′있다 → 디엮있″다, 디엮이″이(-니), 디엮인″, 디엮이″는〕 ('디엮′다[繫]'의 피동) 뒤엉키다. ¶ 잔채(잔치) 일이 앞디가(앞뒤-) 디엮이가(-서) 디세가(두서-) 없었다. ㊇ 디얽히″다.

디′우다 ⓢ〔디′우고, 디′우아 → 디′아 ~ 디′야, 디′우아도 → 디′아도 ~ 디′야도, 디′우았다 → 디′았다 ~ 디′얐다, 디′우이(-니), 디′운 ~ 디′우안 → 디′안 ~ 디′얀, 디′우는〕 ('디:다[燒]'의 사동) 데우다. ¶ 이 나무 잎사구는(잎사귀-) 디아가(데워서) 나물해 묵는다(먹-). / 디얀 물에 아아(아이) 쉬기라(씻겨라). ㊇ 더꾸′다[1]<덥구′다. 더꾸′다[2] <덥꾸′다. 더푸′다. 더′피다. 덥구′다. 덥후′다. 덥′히다. 데′우다. 데′피다. 뎁′히다.

디집히″다~디집′히″다[디지피다] ⓢ〔디집히″고, 디집히′이 → 디집히″, 디집히′이도 → 디집히″도, 디집히′있다 → 디집힜″다, 디집히″이(-니), 디집힌″, 디집히″는〕 ('디집′다[反·飜]'의 피동) 뒤집히다. ¶ 보고 있이이(-으니) 속이 디집힌다. / 온 동네가 다 디집히고 야단~이 났디이라(-더니라). / 디집힌 속을 누가 발류노(바루나).

디틀리″다 <디틀이″다 ⓢ〔디틀리″고, 디틀리′이 → 디틀리″, 디틀리′이도 → 디틀리″도, 디틀리′있다 → 디틀맀″다, 디틀리″이(-니), 디틀린″, 디틀리″는〕 ('디틀다[捻]'의 피동) 뒤틀리다. ¶ 허리가 디틀리 걷지도 모난다(못하-). / 보기좋기(-게) 디틀린 향나무 고목.

딜류″다[1] <딜리′우다 <들리′우다 <들이′우다 ⓢ〔딜류″고, 딜류′아 → 딜랴″, 딜류′아도 → 딜랴″도, 딜류′았다 → 딜랐″다, 딜류″이(-니), 딜륜″ ~ 딜류′안 → 딜랸″, 딜류″는〕 ('들다[入]'의 사동) 들이다. ¶ 사랑방~아 새로 딜랸 사람은 눈교(누굽니까)? ㊇ 들루′다[1]. 들류″다[1]. 들′이′다[1]. 디′리′다[1]. 딜′이′다[1].

딜류″다[2] <딜리′우다 <들리′우다 <들이′우다 ⓢ〔딜류″고, 딜류′아 →

딜랴″, 딜류′아도→딜랴″도, 딜류′았다→딜랐″다, 딜류″이(－니), 딜륜″~딜류′안→딜랸″, 딜류″는) ('들다[染]'의 사동) 들이다. ¶ 미영베는(무명베－) 곱운(고운) 물을 딜랴도 밸로(별로) 안 곱다. ㊔ 들루′다[2]. 들류″다[2]. 들′이′다[2]. 디′리′다[2]. 딜′이′다[2].

딜′이′다~딜이다[1][디리다] <딜′이′다 <들′이′다 ㊍ (딜′이′고, 딜′이′이→딜′이′, 딜′이′이도→딜′이′도, 딜′이′있다→딜′있′다, 딜′이′이(－니), 딜′인′~딜′이′안→딜얀″, 딜′이′는) ('들다[入]'의 사동) 들이다. ¶ 돈 마이(많이) 딜이가(－서) 공부 시키(시켜) 났이이(놨으니) 좋은 사람 대애야제(되어야지). ㊔ 들루′다[1]. 들류″다[1]. 들′이′다[1]. 디′리′다[1]. 딜류″다[1].

딜′이′다~딜이다[2][디리다] <딜′이′다 <들′이′다 ㊍ (딜′이′고, 딜′이′이→딜′이′, 딜′이′이도→딜′이′도, 딜′이′있다→딜′있′다, 딜′이′이(－니), 딜′인′~딜′이′안→딜얀″, 딜′이′는) ('들다[染]'의 사동) 들이다. ¶ 물을 곱기도(－게도) 들있다. ㊔ 들루′다[2]. 들류″다[2]. 들′이′다[2]. 디′리′다[2]. 딜류″다[2].

따돌리″다 <따돌리이″다 ㊍ (따돌리″고, 따돌리′이→따돌리″, 따돌리′이도→따돌리″도, 따돌리′있다→따돌맀″다, 따돌리″이(－니), 따돌린″, 따돌리″는) ('따돌′리다'의 피동) 따돌리다. ¶ 몬댄(못된) 짓을 하머(－면) 여러 사람자테(－에게) 따돌린다. / 욕심 부리다가 따돌맀다.

따듬기″다[1] ㊍ (따듬기″고, 따듬기′이→따듬기″, 따듬기′이도→따듬기″도, 따듬기′있다→따듬깄″다, 따듬기″이(－니), 따듬긴″, 따듬기″는) ('따듬′다[琢]'의 피동) 다듬기다. ¶ 저 방구는(바위－) 사람 손에 따듬긴 거 겉제(같지).

따듬′기다[2] ㊍ (따듬′기고, 따듬기′이→따듬′기, 따듬기′이도→따듬′기도, 따듬기′있다→따듬′깄다, 따듬′기이(－니), 따듬′긴, 따듬′기는) ('따듬′다[琢]'의 사동) 다듬기다. ¶ 파하고 정구지를(부추－) 동세자테(동서에게) 다듬기고 나는 지짐(부침개) 붙임더(－ㅂ니다).

따수″다 <따슈″다 <따시′우다 ㊍ (따수″고, 따수′아→따사″, 따수′아도→따사″도, 따수′았다→따삿″다, 따수″이(－니), 따순″~따수′안

→ 따산″, 따수″는〕 ('따시′다[暖]의 사동) 따뜻하게 하다. ¶ 새북에(새벽－) 해장술 한 잔을 따사 마신다. ㊌ 떠수″다.

딲이″다[1] ㊐〔딲이″고, 딲이′이 → 딲이″, 딲이′이도 → 딲이″도, 딲이′있다 → 딲있″다, 딲이″이(－니), 딲인″, 딲이″는〕 ('딲′다[拭·修]'의 피동) 닦이다. ¶ 이거로 딲으머(－면) 잘 딲인다. ㊎ 땍이″다[1].

딲′이다[2] ㊐〔딲′이고, 딲′이이 → 딲′이, 딲′이이도 → 딲′이도, 딲′이있다 → 딲′있다, 딲′이이(－니), 딲′인, 딲′이는〕 ('딲′다[拭·修]'의 사동) 닦이다. ¶ 구두를 뻔쩍뻔쩍하이(－게) 잘 닦있다. / 만날 아척에는(아침－) 마리를(마루－) 아아들자테(아이들에게) 딲인다.

딲이″다[3] ㊐〔딲이″고, 딲이′이 → 딲이″, 딲이′이도 → 딲이″도, 딲이′있다 → 딲있″다, 딲이″이(－니), 딲인″, 딲이″는〕 ('딲′다[責]'의 피동) 꾸중 듣다. ¶ 잘못하머(면) 손아래 사람들자테도(－에게도) 딱이는 수가 있다. ㊎ 때끼″다. 땍이″다[2].

딸류″다 <딸리′우다 <따리이′우다 ㊐〔딸류″고, 딸류′아 → 딸랴″, 딸류′아도 → 딸랴″도, 딸류′았다 → 딸랐″다, 딸류″이(－니), 딸륜″～딸류′안 → 딸랸″, 딸류″는〕 ('따′리다[隨·屬]'의 사동) 딸리다. ¶ 큰딸은 친정~어(－에) 딸랴 놓고 작은딸만 덱고(데리－) 왔다. ㊎ 딸′리다[2].

딸리″다[1] <따리이″다 ㊐〔딸리″고, 딸리′이 → 딸리″, 딸리′이도 → 딸리″도, 딸리′있다 → 딸맀″다, 딸리″이(－니), 딸린″, 딸리″는〕 ('따리′다[隨·屬]'의 피동) 딸리다. ¶ 내자테(나에게) 딸린 공구가(권구－) 어부(제법) 많심더(－습니다).

딸′리다[2] <따′리이다. ㊐〔딸′리고, 딸′리아 → 딸′리, 딸′리이도 → 딸′리도, 딸′리있다 → 딸′맀다, 딸′리이(－니), 딸′린, 딸′리는〕 ('따′리다[隨·屬]'의 사동) 딸리다. ¶ 동성을(동생－) 지(제) 새이자테(형에게) 딸리기 해 놓고 왔다. ㊎ 딸류″다.

땲′이다[딸기다] ㊐〔땲′이고, 땲′이이 → 땲′이, 땲′이이도 → 땲′이도, 땲′이있다 → 땲′있다, 땲′이이(－니), 땲′인, 땲′이는〕 ('땲′다[蒸]'의 사동) 달이다. ¶ 마이(많이) 땲이야 국물이 시웛다(시원하－).

땋기″다[땅키다] ㊐〔땋기″고, 땋기′이 → 땋기″, 땋기′이도 → 땋기″도,

땋기′있다 → 땋깄″다, 땋기″이(－니), 땋긴″, 땋기″는〕(‘땋′다[辮]’의 피동) 땋아지다. ¶ 숱이 적어 머리가 잘 안 땋긴다.

때끼″다 <땍이″다 <딲이″다 통〔때끼″고, 때끼′이 → 때끼″, 때끼′이도 → 때끼″도, 때끼′있다 → 때낐″다, 때끼″이(－니), 때낀″, 때끼″는〕(‘딲′다[責]’의 피동) 꾸중 듣다. ¶ 노롬판에(노름판－) 댕기디이(다니더니) 요새는 마누래자테도(마누라에게도) 때끼고 산다. 비 딲이″다3. 땍이″다2.

땍이″다1 <딲이″다 통〔땍이″고, 땍이′이 → 땍이″, 땍이′이도 → 땍이″도, 땍이′있다 → 땍있″다, 땍이″이(－니), 땍인″, 땍이″는〕(‘딲′다[拭·修]’의 피동) 닦이다. ¶ 제사 때가 대머(되면) 놋그륵(놋그릇) 잘 땍이는 약 있이머(－으면) 카는(고 하－) 생각이 든다. 비 딲이″다1.

땍이″다2 <딲이″다 통〔땍이″고, 땍이′이 → 땍이″, 땍이′이도 → 땍이″도, 땍이′있다 → 땍있″다, 땍이″이(－니), 땍인″, 땍이″는〕(‘딲′다[責]’의 피동) 꾸중 듣다. ¶ 아무리 넘자테(남에게) 땍이도 버릇 몬(못) 곤치는(고치－) 사람 있다. / 그 일로 우러매자테(우리 엄마에게) 마이(많이) 땍있다. 비 딲이″다3. 때끼″다.

땡기″다 <땡기이″다 통〔땡기″고, 땡기′이 → 땡기″, 땡기′이도 → 땡기″도, 땡기′있다 → 땡깄″다, 땡기″이(－니), 땡긴″, 땡기″는〕(‘땡′기다[引]’의 피동) 땅기다. ¶ 여불때기가(옆댕이－) 땡기고 아푸다(아프－). / 마이(많이) 땡기는 데를 손으로 만치고(만지－) 주물리라(주물러라).

떠루′다1 <떨우′다 통〔떠루′고, 떠루′아 → 떠라″, 떠루′아도 → 떠라″도, 떠루′았다 → 떠랐″다, 떠루′이(－니), 떠룬~떠루′안 → 더란″, 떠루는〕(‘떨다[[毁·傷]]’의 사동) 헐게 하다. 떨어지게 하다. ¶ 옷을 다 떠라도 갈아입을 옷이 없다. / 새 신을 저래 다 떠룬다. 비 떨류″다3.

떠루′다2 <떨우′다 통〔떠루′고, 떠루′아 → 떠라″, 떠루′아도 → 떠라″도, 떠루′았다 → 떠랐″다, 떠루′이(－니), 떠룬~떠루′안 → 떠란″, 떠루는〕(‘떨다[離·脫]’의 사동) 놓치다. ¶ 잡은 토깨이도(토끼－) 다 떠랐다. / 떠란 괴기가(고기－) 크다. / 어정거리다가 기차 떠루겠다.

[비] 떠주″다[2]. 떠쥬″다[2]. 떨구′다. 떨류″다[1].

떠맡′기다[떠맏끼다] [동] 〔떠맡′기고, 떠맡′기이 → 떠맡′기, 떠맡′기이도 → 떠맡′기도, 떠맡′기있다 → 떠맡′깄다, 떠맡′기이(-니), 떠맡′기는, 떠맡′긴〕 ('떠맡′다[任]'의 사동) 떠맡기다. ¶ 일 떠맡깄이머(-으면) 딧일도(뒷일-) 살피(살펴) 조야제(줘야지). [비] 떠맽′기다.

떠맽′기다[떠맫끼다] <떠맡′기다 [동] 〔떠맽′기고, 떠맽′기이 → 떠맽′기, 떠맽′기이도 → 떠맽′기도, 떠맽′기있다 → 떠맽′깄다, 떠맽′기이(-니), 떠맽′긴, 떠맽′기는〕 ('떠맡′다[任]'의 사동) 떠맡기다. ¶ 일도 몬하먼서(못하면서) 떠맽긴닥고(-ㄴ다고) 떠맡나. / 일을 내자테(나에게) 떠맽기는데 떠맡아야지 우짜노(어쩌나). [비] 떠맡′기다.

떠믹이′다 <떠뮉이′다 <떠묵이′다 [동] 〔떠믹이′고, 떠믹이′이 → 떠믹이″, 떠믹이′이도 → 떠믹이″도, 떠믹이′있다 → 떠믹있″다, 떠믹이′이(-니), 떠믹인, 떠믹이는〕 ('떠묵′다[食]'의 사동) 떠먹이다. ¶ 안 무울라(먹으려) 카는(고 하-) 거를 숟가락으로 근그이(근근이) 시(세) 숟갈(숟가락) 떠믹있다.

떠밀리″다 <떠밀이″다 [동] 〔떠밀리″고, 떠밀리′이 → 떠밀리″, 떠밀리′이도 → 떠밀리″도, 떠밀리′있다 → 떠밀맀″다, 떠밀리″이(-니), 떠밀린″, 떠밀리″는〕 ('떠밀 : 다[推]'의 피동) 떠밀리다. ¶ 동네 사람한테(-에게) 떠밀리가(-서) 이장을 한다. / 떠밀리기도 떠밀맀지만 동네 행팬~이(형편-) 내가 이장을 아(안) 할 수도 없심더(없습니다).

떠받히″다~떠받′히″다[떠바치다] [동] 〔떠받히″고, 떠받히′이 → 떠받히″, 떠받히′이도 → 떠받히″도, 떠받히′있다 → 떠받힜″다, 떠받히″이(-니), 떠받힌″, 떠받히″는〕 ('떠받′다'의 피동) 떠받히다. ¶ 소뿔에(쇠뿔-) 떠받힜다.

떠수″다 <떠슈″다 <떠시′우다 [동] 떠수″고, 떠수′아 → 떠사″, 떠수′아도 → 떠사″도, 떠수′았다 → 떠샀″다, 떠수″이(-니), 떠순″ ~ 떠수′안 → 떠산″, 떠수″는 ('떠시′다[暖]'의 사동) '따수″다'의 큰말. 따뜻하게 하다. ¶ 백성 등 따수고 배 불라(불려) 주는 기(게) 정치 아이가(아니냐). / 방을 따따하이(따뜻하게) 잘 떠사 났다(놨-).

떠올′리다 <떠오리′이다 [동] 〔떠올′리고, 떠올′리아 → 떠올′리, 떠올′리이도 → 떠올′리도, 떠올′리있다 → 떠올′렀다, 떠올′리이(-니), 떠올′린, 떠올′리는〕 (‘떠오리′다[浮·登]’의 사동) 떠올리다. ¶ 애릴(어리-) 때 생각을 떠올린다.

떠주″다[1] <떠쥬″다 <떠지′우다 [동] 〔떠주″고, 떠주′아 → 떠자″, 떠주′아도 → 떠자″도, 떠주′았다 → 떠잤″다, 떠주″이(-니), 떠준″ ~ 떠주′안 → 떠잔″, 떠주″는〕 (‘떠′지′다[醱·酵]’의 사동) 뜨게 하다. ¶ 누룩 잘 떠잤다. / 짐치(김치), 댄장(된장), 지렁(간장), 맨젓(멸치젓) 이런 거 다 떠잔 임석이다(음식-). [비] 떠쥬″다[1].

떠주″다[2] <떠쥬″다 <떠지′우다 [동] 〔떠주″고, 떠주′아 → 떠자″, 떠주′아도 → 떠자″도, 떠주′았다 → 떠잤″다, 떠주″이(-니), 떠준″ ~ 떠주′안 → 떠잔″, 떠주″는〕 (‘떠′지′다[離·脫]’의 사동) 떠나게 하다. 놓치다. ¶ 빠수(버스) 떠주지 않도록 해래이(하여라). / 잡은 괴기(고기) 따잤뿠다(-버렸다). [비] 떠루다[2]. 떠쥬″다[2]. 떨구′다. 떨류″다[1].

떠쥬″다[1] <떠지′우다 [동] 〔떠쥬″고, 떠쥬′아 → 떠쟈″, 떠쥬′아도 → 떠쟈″도, 떠쥬′았다 → 떠쟜″다, 떠쥬″이(-니), 떠쥰″ ~ 떠쥬′안 → 떠쟌″, 떠쥬″는〕 (‘떠′지′다[醱·酵]’의 사동) 뜨게 하다. ¶ 서양 임석도(음식-) 떠쟈 묵는(먹-) 임석(음식) 있다. / 누룩을 잘 떠쟈야 술맛이 좋다. [비] 떠주″다[1].

떠쥬″다[2] <떠지′우다 [동] 〔떠쥬″고, 떠쥬′아 → 떠쟈″, 떠쥬′아도 → 떠쟈″도, 떠쥬′았다 → 떠쟜″다, 떠쥬″이(-니), 떠쥰″ ~ 떠쥬′안 → 떠쟌″, 떠쥬″는〕 (‘떠′지′다[離·脫]’의 사동) ①떠나게 하다. ②놓치다. ¶ 선을 보고 마음에 들었이머(-으면) 안 떠쥬고 바리(바로) 갤혼해야(결혼해야) 대는(되-) 긴데(게-). / 좋은 때를 떠쥬지 말아라. / 빠수(버스) 떠쟜뿠다(-버렸다). [비] 떠루다[2]. 떠주″다[2]. 떨구′다. 떨류″다[1].

떨구′다 [동] 〔떨구′고, 떨구′아 → 떨가″, 떨구′아도 → 떨가″도, 떨구′았다 → 떨갔″다, 떨구′이(-니), 떨군 ~ 떨구′안 → 떨간″, 떨구는〕 (‘떨′다[離·脫]’의 사동) ①떨어뜨리다. ¶ 바람이 홍시 떨군다. ②놓치다. ¶ 잡은 괴기(고기) 떨갔뿠다(놓쳐 버렸-). / 떨간 괴기가(고기-)

크다. 비 떠루′다[2]. 떠주″다[2]. 떠쥬″다[2]. 떨류″다[1].

떨류″다[1] <떨리′우다 동 〔떨류″고, 떨류′아→떨랴″, 떨류′아도→떨랴″도, 떨류′았다→떨랐″다, 떨류″이(−니), 떨륜″~떨류′안→떨랸″, 떨류″는〕 (‘떨 : 다[離·脫]’의 사동) ①떨어뜨리다. ¶ 우에서(위−) 떨류머(−면) 밑에서 받는다. ②놓치다. ¶ 차를 떨랐뿌고(놓쳐 버리고) 걸어서 왔단다. / 떨랸 괴기가(고기−) 크다. 비 떠루다[2]. 떠주″다[2]. 떠쥬″다[2]. 떨구′다.

떨류″다[2] <떨리′우다 <떨이′우다 동 〔떨류″고, 떨류′아→떨랴″, 떨류′아도→떨랴″도, 떨류′았다→떨랐″다, 떨류″이(−니), 떨륜″~떨류′안→떨랸″, 떨류″는〕 (‘떨 : 다[振]’의 사동) 떨게 하다. ¶ 사람을 칩운(추운) 데 시아(세워) 놓고 저래(저리) 떨륜다. / 부모가 돈 없고 옷 없이머(−으면) 자석을(자식−) 떨류지 다린(다른) 무신(무슨) 수가 있나.

떨류″다[3] <떨리′우다 <떨이′우다 동 〔떨류″고, 떨류′아→떨랴″, 떨류′아도→떨랴″도, 떨류′았다→떨랐″다, 떨류″이(−니), 떨륜″~떨류′안→떨랸″, 떨류″는〕 (‘떨다[[毁·傷]]’의 사동) 헐게 하다. 떨어지게 하다. ¶ 큰아보덤(큰아이보다) 작은아가(작은아이−) 신도 더 떨류고 옷도 더 떨륜다. / 옷이고 신~이고 큰아가(큰아이−) 떨랸 옷을 작은아(작은아이) 주이꺼네(−니까) 작은 아가(작은아이−) 더 떨류는 거 겉제(같지). 비 떠루′다[1].

떨리″다 <떨이″다 동 〔떨리″고, 떨리′이→떨리″, 떨리′이도→떨리″도, 떨리′있다→떨맀″다, 떨리″이(−니), 떨린″, 떨리″는〕 (‘떨 : 다[振]’의 피동) 떨리다. ¶ 칩어(추워) 온 몸이 떨린다. / 무섭어도(무서워도) 떨리고 칩어도(추워도) 떨린다. / 무섭어(무서워) 떨리는지 칩어(추워) 떨리는지 모리겠다(모르−).

뚧리″다[뚤리다] <뚧이″다 동 〔뚧리″고, 뚧리′이→뚧리″, 뚧리′이도→뚧리″도, 뚧리′있다→뚧맀″다, 뚧리″이(−니), 뚧린″, 뚧리″는〕 (‘뚧 : 다[鑿]’의 피동) 뚫리다. ¶ 할배비로(활비비−) 뚧어(뚫−) 바라(봐라) 잘 뚧린다. / 몬(못) 듣는 거 보이(−니) 기궁카리가(귓구멍−) 안 뚧린갑다(−ㄴ가 보다). 비 뚧이″다. 뚧히″다.

ㄷ

뚧이″다[뚤비다] <뚧이″다 동 〔뚧이″고, 뚧이′이→뚧이″, 뚧이′이도→뚧이″도, 뚧이′있다→뚧있″다, 뚧이″이(-니), 뚧인″, 뚧이″는〕 (‘뚧:다[鑿]’의 피동) 뚫리다. ¶ 논두렁~어(-에) 무신(무슨) 궁카리가(구멍) 뚧있다. / 뚧인 굴속에서 칼 겉은(같-) 기(게) 제부(저법) 마이(많이) 나왔다. 비 뚧리″다. 뚧히″다.

뚧히″다[뚤피다] 동 〔뚧히″고, 뚧히′이→뚧히″, 뚧히′이도→뚧히″도, 뚧히′있다→뚧힜″다, 뚧히″이(-니), 뚧히″는, 뚧힌″〕 (‘뚧:다[鑿]’의 피동) 뚫리다. ¶ 궁카리(구멍) 하나가 크기(-게) 뚧힜다. / 뚧힌 입이라고 함부래(함부로) 말하는 기(게) 아이다(아니-). / 구엵(구멍) 뚧힌 논두렁. 비 뚧이″다. 뚧리″다.

뜨이″다 동 〔뜨이″고, 뜨이′이→뜨이″, 뜨이′이도→뜨이″도, 뜨이′있다→뜨있″다, 뜨이″이(-니), 뜨인″, 뜨이″는〕 (‘뜨다[覺]’의 피동) 뜨이다. ¶ 그 시간~이머(-이면) 지절로(저절로) 눈~이 뜨인다. / 술 안 묵겠다고(먹-) 맹세했는데 저 술이 와(왜) 또 눈에 뜨이노(-나). 준 띠″다[2].

뜯기″다 동 〔뜯기″고, 뜯기′이→뜯기″, 뜯기′이도→뜯기″도, 뜯기′있다→뜯깄″다, 뜯기″이(-니), 뜯긴″, 뜯기″는〕 (‘뜯다[採]’의 피동) 뜯기다. ¶ 뜯어도 뜯어도 잘 안 뜯기는 풀이 있다. / 이 방~아서(-에서) 갱핀(개평) 뜯긴 돈~이 다 내 본전~이다. 비 떧기″다.

띠″다[1] <띠이″다 동 〔띠″고, 띠′이→띠″, 띠′이도→띠″도, 띠′있다→띴″다, 띠″이(-니), 띤″, 띠″는〕 (‘띠다[脫]’의 피동) ‘띠이″다[1]’의 준말. 떼이다. ¶ 돈 잘못 채(빌려) 주머(-면) 돈 띠고 친구 잃는다. / 돈은 띠도 물건은 남아 있다. / 띤 돈은 받을 생각 안 하더라.

띠″다[2] <띄″다 <뜨이″다 동 〔띠″고, 띠′이→띠″, 띠′이도→띠″도, 띠′있다→띴″다, 띠″이(-니), 띤″, 띠″는〕 (‘뜨다[覺]’의 피동) ‘뜨이″다’의 준말. 뜨이다. ¶ 눈에 띠는 거는 하나석(-씩) 다 샀다. / 눈에 잘 띤다. / 너무(남의) 눈에 안 띠두로(-도록) 해라. 비 띠″다[3].

띠″다[3] <띠이″다 <띄이″다 <뜨이″다 동 〔띠″고, 띠′이→띠″, 띠′이도→띠″도, 띠′있다→띴″다, 띠″이(-니), 띤″, 띠″는〕 (‘뜨다[覺]’의 피동) ‘뜨이″다’의 준말. ‘띠이″다[2]’ 의 준말. 뜨이다. ¶ 넘 잘못하는

거는 내 눈에 잘 띠는 법이다. ㊥ 띠″다[2].

띠′우다[1] <띄′우다 <뜨이′우다 ㊅ 〔띠′우고, 띠′우아→띠′아~띠′야, 띠′우아도→띠′아도~띠′야도, 띠′우았다→띠′았다~띠′얐다, 띠′우이(-니), 띠′운~띠′우안→띠′안~띠′얀, 띠′우는〕 (‘뜨다[隔]’의 사동) 띄우다. ¶ 새를 더 띠야라.

ㄷ

띠′우다[2] <띄′우다 <뜨이′우다 ㊅ 〔띠′우고, 띠′우아→띠′아~띠′야, 띠′우아도→띠′아도~띠′야도, 띠′우았다→띠′았다~띠′얐다, 띠′우이(-니), 띠′운~띠′우안→띠′안~띠′얀, 띠′우는〕 (‘뜨다[醱]’의 사동) 띄우다. ¶ 누룩을 방~아서(-에서) 띠운다. / 잘 띠얀 누룩이라야 장맛이 좋다.

띠′우다[3] <띄′우다 <뜨이′우다 ㊅ 〔띠′우고, 띠′우아→띠′아~띠′야, 띠′우아도→띠′아도~띠′야도, 띠′우았다→띠′았다~띠′얐다, 띠′우이(-니), 띠′운~띠′우안→띠′안~띠′얀, 띠′우는〕 (‘뜨다[浮]’의 사동) 띄우다. ¶ 정자 아래 배 띠우고 노는 저 신선아. / 거어다(거기다가) 참지름(참기름) 한 빠알(방울) 띠야 무우머(먹으면) 맛있다. / 배 띠야라.

띠이″다[1] ㊅ 〔띠이″고, 띠이′이→띠이″, 띠이′이도→띠이″도, 띠이′있다→띠있″다, 띠이″이(-니), 띠인″, 띠이″는〕 (‘띠다[脫]’의 피동) 떼이다. ¶ 돈은 돈대로 띠이고 욕은 욕대로 들었다. / 머도(뭐-) 주고 돈도 띠있다 카더라(고 하-). ㊣ 띠″다[1].

띠이″다[2] <띄이″다 <뜨이″다 ㊅ 〔뜨이″고, 뜨이′이→뜨이″~띠″, 뜨이′이도→뜨이″도~띠″도, 뜨이′있다→뜨있″다~띴″다, 뜨이″이~띠″이(-니), 뜨인″~띤″, 뜨이″는〕 (‘뜨다[覺]’의 피동) 뜨이다. ¶ 눈에 띠이는 거는 다 사고 접다(싶-). ㊣ 띠″다[3].

떱기″다 <뜯기″다 <뜯기″다 ㊅ 〔떱기″고, 떱기′이→떱기″, 떱기′이도→떱기″도, 떱기′있다→떱깄″다, 떱기″이(-니), 떱긴″, 떱기″는〕 (‘뜯다[採]’의 피동) 뜯기다. ¶ 돈 떱기고도 볼테기(뺨따귀) 맞았다. ㊥ 뜯기″다.

ㅁ

마구′다 <막우′다 동 〔마구′고, 마구′아 → 마가″, 마구′아도 → 마가″도, 마구′았다 → 마갔″다, 마구′이(−니), 마군~마구′안 → 마간″, 마구는〕 (‘막′다[防·閉]’의 사동) 막게 하다. ¶ 구엮을(구멍−) 마군다. 비 마쿠′다. 막우′다. 막후′다. 매쿠′다. 맥후′다.

마추′다[1] <맞추′다 동 〔마추′고, 마추′아 → 마차″, 마추′아도 → 마차″도, 마추′았다 → 마찼″다, 마추′이(−니), 마춘~마추′안 → 마찬″, 마추는〕 (‘맞′다[的·適]’의 사동) 맞추다. ¶ 그 집 처자하고 맞는 총각을 마차 조라(줘라). / 같이 살라(−려) 카머(고 하면) 서리(서로) 눈˜이라도 마차 바야(봐야) 안 대나(돼나). / 동네 사람 입맛을 다 마출 수 있능교(−습니까). 비 마추′다[2]<맞후′다. 맞추′다[1]. 맞추′다[2]<맞후′다. 맞후′다.

마추′다[2] <맞추′다 <맞후′다 동 〔마추′고, 마추′아 → 마차″, 마추′아도 → 마차″도, 마추′았다 → 마찼″다, 마추′이(−니), 마춘~마추′안 → 마찬″, 마추는〕 (‘맞′다(的·適)’의 사동) 맞추다. ¶ 마음에 맞는 신랑 하나 마차 주소. / 서리 마춘 배차(배추) 눈으로 보머(−면) 안다. 비 마추′다[1]<맞추′다. 맞추′다[1]. 맞추′다[2]<맞후′다. 맞후′다.

마쿠′다 <막후′다 동 마쿠′고, 마쿠′아 → 마카″, 마쿠′아도 → 마카″도, 마쿠′았다 → 마캈″다, 마쿠′이(−니), 마쿤~마쿠′안 → 마칸″, 마쿠는〕 (‘막′다[放·閉]’의 사동) 막게 하다. ¶ 그 궁카리(구멍) 마카라. 비 마구′다. 막우′다. 막후′다. 매쿠′다. 맥후′다.

마키″다 <막히″다 [동] 〔마키″고, 마키′이 → 마키″, 마키′이도 → 마키″도, 마키′있다 → 마킸″다, 마키″이(－니), 마키″는, 마킨″〕 ('막′다[防·閉]'의 피동) 막히다. ¶ 마킨 구무가(구멍－) 어느 긴지(게－) 찾아 바라(찾아봐라). (비) 막히″다. 맥히″다.

막우′다 [동] 〔막우′고, 막우′아 → 막아″, 막우′아도 → 막아″도, 막우′았다 → 막았″다, 막우′이(－니), 막운~막우′안 → 막안″, 막우는〕 ('막′다[防·閉]'의 사동) 막게 하다. ¶ 물이 새는 데는 말캉(모두) 다 막았다. (비) 마구′다. 마쿠′다. 막후′다. 매쿠′다. 맥후′다.

막후′다[마쿠다] [동] 〔막후′고, 막후′아 → 막하″, 막후′아도 → 막하″도, 막후′았다 → 막핬″다, 막후′이(－니), 막훈~막후′안 → 막한″, 막후는〕 ('막′다[防·閉]'의 사동) 막게 하다. ¶ 지구녕을(쥐구멍－) 빰새이로(밤송이－) 막핬는데 또 뚧어(뚫－) 났다(놨－). (비) 마구′다. 마쿠′다. 막우′다. 매쿠′다. 맥후′다.

막히″다[마키다] [동] 〔막히″고, 막히′이 → 막히″, 막히′이도 → 막히″도, 막히′있다 → 막힜″다, 막히″이(－니), 막히″는, 막힌″〕 ('막′다[防·閉]'의 피동) 막히다. ¶ 멋이(뭣－) 막힜나 물이 안 내리가노(내려가나)? (비) 마키″다. 맥히″다.

말′기다 [동] 〔말′기고, 말′기아 → 말′기, 말′기이도 → 말′기도, 말′기있다 → 말′깄다, 말′기이(－니), 말′긴, 말′기는〕 ('말:다[勿]'의 사동) 말리다. ¶ 흥정은 붙이고 사암은(싸움－) 말기라 캤다(고 했－). / 때리는 서방보덤(－보다) 말기는 시너부가(시누이－) 더 밉다. / 때리는 사나보덤(사내보다) 말기는 시애미가(시어미－) 더 밉어(미워). (비) 말′리다[5].

말류″다 <말리′우다 <마리이′우다 [동] 〔말류″고, 말류′아 → 말랴″, 말류′아도 → 말랴″도, 말류′았다 → 말랐″다, 말류″이(－니), 말륜″~말류′안 → 말랸″, 말류″는〕 ('마리′다[乾]'의 사동) 말리다. ¶ 삼베옷은 풀을 믹이가(먹여서) 말륜다. (비) 말′리다[2].

말리″다[1] <마리이″다 [동] 〔말리″고, 말리′이 → 말리″, 말리′이도 → 말리″도, 말리′있다 → 말릿″다, 말리″이(－니), 말린″, 말리″는〕 ('마리′다[乾]'의 피동) 말리다. ¶ 바람 안 부는 날은 서답이(빨래－) 잘 안

말린다.

말′리다[2] <마리′이다 [동] (말′리고, 말′리아 → 말′리, 말′리이도 → 말′리도, 말′리있다 → 말렸′다, 말′리이(−니), 말′린, 말′리는) ('마리′다[乾]'의 사동) 말리다. ¶ 밸(볕) 좋을 때 이불 말린다. [비] 말류″다.

말리″다[3] <말이″다 [동] (말리″고, 말리′이 → 말리″, 말리′이도 → 말리″도, 말리′있다 → 말렸″다, 말리″이(−니), 말린″, 말리″는) ('말′다[捲]'의 피동) 말리다. ¶ 손으로 말머(−면) 돌돌 잘 말린다. / 돌돌 말린 조오가(종이−) 장방~아(벽장에) 있일(−을) 긴데(게−).

말리″다[4] <말이″다 [동] (말리″고, 말리′이 → 말리″, 말리′이도 → 말리″도, 말리′있다 → 말렸″다, 말리″이(−니), 말린″, 말리″는) ('말′다[湌]'의 피동) 말리다. ¶ 물에 말린 밥이 부드럽어(부드러워) 묵기(먹−) 좋다.

말′리다[5] <말′이다 [동] (말′리고, 말′리아 → 말′리, 말′리이도 → 말′리도, 말′리있다 → 말′렸다, 말′리이(−니), 말′린, 말′리는) ('말 : 다[勿]'의 사동) 말리다. ¶ 홍정은 붙이고 사암은(싸움−) 말리라 안 쿠나(하−). / 때리는 서방보덤(보다) 말리는 시너부가(시누이−) 더 밉다 쿤다(고 하−). [비] 말′기다.

맑후′다[말쿠다] [동] (맑후′고, 맑후′아 → 맑하″, 맑후′아도 → 맑하″도, 맑후′았다 → 맑핬″다, 맑후′이(−니), 맑훈 ~ 맑후′안 → 맑한″, 맑후는) ('맑′다[淸]'의 사동) 맑히다. ¶ 재를 물에 까라앉하(가라앉혀) 맑한 물이 서답하는(빨래하−) 재물이다(잿물−). [비] 맑′히다.

맑′히다[말키다] [동] (맑′히고, 맑′히이 → 맑′히, 맑′히이도 → 맑′히도, 맑′히있다 → 맑′혔다, 맑′히이(−니), 맑′힌, 맑′히는) ('맑′다[淸]'의 사동) 맑히다. ¶ 물을 맑힌다. / 머리를 맑히고 나서 책을 일어라(읽−). [비] 맑후′다.

맞물리″다[만물리다] <맞물이″다 [동] (맞물리″고, 맞물리′이 → 맞물리″, 맞물리′이도 → 맞물리″도, 맞물리′있다 → 맞물렸″다, 맞물리″이(−니), 맞물린″, 맞물리″는) ('맞물′다[嚼]'의 피동) 맞물리다. ¶ 두 바꾸가(바퀴−) 잘 맞물리야 잘 돈다. / 애럽운(어려운) 두 일이 맞물렸다.

[ㅁ]

맞붙′이다[맏부치다] 동 〔맞붙′이고, 맞붙′이이→맞붙′이, 맞붙′이이도→맞붙′이도, 맞붙′이있다→맞붙′있다, 맞붙′이이(-니), 맞붙′인, 맞붙′이는〕 ('맞붙′다[附]'의 사동) 맞붙이다. ¶ 조오(종이) 두 장을 맞붙인다. / 두 넘(놈) 맞붙이 바라(봐라) 어느 기(게) 이기능강(-는가).

맞추′다[1][맏추다] 동 〔맞추′고, 맞추′아→맞차″, 맞추′아도→맞차″도, 맞추′았다→맞찼″다, 맞추′이(-니), 맞춘~맞추′안→맞찬″, 맞추는〕 ('맞′다[的·適]'의 사동) 맞추다. ¶ 멋이(뭣-) 들었는지 니가(네-) 맞차 바라(봐-). / 어느 기(게) 맞나 맞차 바라(봐라). / 동네 사람 입맛 다 맞출라 카머(고 하면) 일 모한다(못하-). 비 마추′다[1]<맞추′다. 마추′다[2]<맞후′다. 맞추′다[2]<맞후′다. 맞후′다.

맞후′다[마추다] 동 〔맞후′고, 맞후′아→맞하″, 맞후′아도→맞하″도, 맞후′았다→맞핬″다, 맞후′이(-니), 맞훈~맞후′안→맞한″, 맞후는〕 ('맞′다(的·適)'의 사동) 맞추다. ¶ 갓을 비 맞후머 몬(못) 신다. / 내 입에 맞는 임석만(음식-) 맞하 무울(먹을) 수 있능교(-는가요). / 다 말란(말린) 서답을(빨래-) 비를 맞핬다. / 깨진 그륵(그릇) 맞후기. / 동네 사람 입을 다 맞훌 수 있겠능교. 비 마추′다[1]<맞추′다. 마추′다[2]<맞후′다. 맞추′다[1]. 맞추′다[2]<맞후′다.

맡′기다[맏기다] 동 〔맡′기고, 맡′기이→맡′기, 맡′기이도→맡′기도, 맡′기있다→맡′깄다, 맡′기이(-니), 맡′긴, 맡′기는〕 ('맡′다[任]'의 사동) 맡기다. ¶ 집안일은 다 할마이자테(할멈에게) 맡기고 영감재이는(영감쟁이-) 맨날(늘) 술 무우러만(먹으러만) 댕긴다. / 개내기자테(고양이에게) 괴기(고기) 접시기(접시) 맡긴 택이다(턱-). 비 맽′기다.

매달리″다 <매달이″다 동 〔매달리″고, 매달리′이→매달리″, 매달리′이도→매달리″도, 매달리′있다→매달맀″다, 매달리″이(-니), 매달린″, 매달리″는〕 ('매달다[懸]'의 피동) 매달리다. ¶ 지(제) 서방자테(-에게) 매달리 살지 우짜겠노(어쩌겠나). / 저거는 꺼꿀로(거꾸로) 매달맀다. / 매달린 개가 눕운(누운) 개보고 윗는다(웃-).

매이″다[1] 동 〔매이″고, 매이′이→매이″, 매이′이도→매이″도, 매이′있다 → 매있″다, 매이″이(－니), 매인″, 매이″는〕 ('매′다[紐]'의 피동) 매이다. ¶ 나가(나이－) 드이(－니) 난도(나도) 자석자테(자식에게) 매이 산다. / 일에 매이고, 돈에 매이고, 부모한테 매이고, 영감자테(－에게) 매이고, 그라다(그러다) 자석자테(자식에게) 매이고 이래 사는 기(게) 한 팽성~이지(평생－) 머(뭐). / 죽고 살기는 하늘에 매 있다. / 모가지 매인 개가 발사심한다(발싸심하－).

매이″다[2] 동〔매이″고, 매이′이 → 매이″, 매이′이도 → 매이″도, 매이′있다 → 매있″다, 매이″이(－니), 매인″, 매이″는〕 ('매다[耘]'의 피동) 매이다. ¶ 풀 잘 매이는 홈매이(호미) 하나석(－씩) 가아(가져) 온나(오너라).

매쿠′다 <맥후′다 <막후′다 동〔매쿠′고, 매쿠′아 → 매카″, 매쿠′아도 → 매카″도, 매쿠′았다 → 매캈″다, 매쿠′이(－니), 매쿤 ~ 매쿠′안 → 매칸″, 매쿠는〕 ('막′다[放·閉]'의 사동) 막게 하다. ¶ 빰(밤) 까시로(가시－) 지구무(쥐구멍) 매쿤다. 비 마구′다. 믹우′다. 마쿠′다. 막후′다. 맥후′다.

매키″다 <맥히″다 <막히″다 동〔매키″고, 매키′이 → 매키″, 매키′이도 → 매키″도, 매키′있다 → 매킸″다, 매키″이(－니), 매키″는, 매킨″〕 ('막′다[防·閉]'의 피동) 막히다. ¶ 질이(길－) 매키 오도가도 몬함더(못합니다). 비 막히″다. 맥히″다.

맥후′다[매쿠다] <막후′다 동〔맥후′고, 맥후′아 → 맥하″, 맥후′아도 → 맥하″도, 맥후′았다 → 맥핬″다, 맥후′이(－니), 맥훈 ~ 맥후′안 → 맥한″, 맥후는〕 ('막′다[放·閉]'의 사동) 막게 하다. ¶ 지구녕(쥐구멍) 맥훈다. 비 마구′다. 마쿠′다. 막우′다. 막후′다. 매쿠′다.

맥히″다[매키다] <막히″다 동〔맥히″고, 맥히′이 → 맥히″, 맥히′이도 → 맥히″도, 맥히′있다 → 맥힜″다, 맥히″이(－니), 맥히″는, 맥힌″〕 ('막′다[防·閉]'의 피동) 막히다. ¶ 그 이바구(이야기) 할라(－려) 카이(고 하니) 눈물이 나고 목이 맥히 말을 몬하겠다(못하－). / 기가 차서 말문~이 맥힌다. / 욕심을 드러내머(－면) 말이 맥힌다. 비 막히″다. 매키″다.

맺히″다[매치다] 동〔맺히″고, 맺히′이 → 맺히″, 맺히′이도 → 맺히″도,

맺히′있다 → 맺혔″다, 맺히″이(－니), 맺히″는, 맺힌″〕(‘맺′다[結]’의 피동) 맺히다. ¶ 이실이(이슬－) 맺혔다. / 배 고푼(고프－) 기(게) 한~이 맺힌 사람 생지러(많지를). / 눈물 맺힌 얼라(아기) 눈~이 살갑다.

맽′기다[맫기다] <맡′기다 동〔맽′기고, 맽′기이 → 맽′기, 맽′기이도 → 맽′기도, 맽′기있다 → 맽′깄다, 맽′기이(－니), 맽′긴, 맽′기는〕(‘맡′다[任]’의 사동) 맡기다. ¶ 도독자테(도둑에게) 쇳때(열쇠) 맽긴 기제(게지). / 개내기자테(고양이에게) 물괴기(물고기) 맽긴 거나 같지르(－를). / 니가(네－) 내자테(나에게) 맽기 논(놓은) 돈 있나. 비 맡′기다.

메꾸′다 동〔메꾸′고, 메꾸′아 → 메까″, 메꾸′아도 → 메까″도, 메꾸′았다 → 메깠″다, 메꾸′이(－니), 메꾼~메꾸′안 → 메깐″, 메꾸는〕(‘메 : 다[塞]’의 사동) 메우다. ¶ 도랑 메꾼다. / 구녕(구멍) 메꾼다. / 이 구디이(구덩이) 메까라. 비 메′우다. 메쿠′다. 미꾸′다. 미′우다. 미쿠′다.

메′우다 동〔메′우고, 메′우아 → 메′아~메′야, 메′우아도 → 메′아도~메′야도, 메′우았다 → 메′았다~메′얐다, 메′우이(－니), 메′운~메′우안 → 메′안, 메′우는〕(‘메 : 다[塞]’의 사동) 메우다. ¶ 큰질(큰길) 구디이(구덩이) 메우는 기(게) 오늘 우리 일이다. / 모지래는(모자라－) 거는 내가 메울기(－ㄹ게). 비 메꾸′다. 메쿠′다. 미꾸′다. 미′우다. 미쿠′다.

메쿠′다 동〔메쿠′고, 메쿠′아 → 메카″, 메쿠′아도 → 메카″도, 메쿠′았다 → 메캈″다, 메쿠′이(－니), 메쿤~메쿠′안 → 메칸″, 메쿠는〕(‘메 : 다[塞]’의 사동) 메우다. ¶ 구디이(구덩이) 메칸 자리에 콩 숭갔다(심었－). / 이 돈 빼다가 저 빚 메쿠고 저 돈 빼다가 이 빚 메쿤다. 비 메꾸′다. 메′우다. 미꾸′다. 미′우다. 미쿠′다.

모″다 <모′우다 동〔모″고, 모′아 → 마″, 모′아도 → 마″도, 모′았다 → 맜″다, 모″이(－니), 몬″~모′안, 모″는〕(‘*모다[集]’의 사동) ‘모′우다’의 준말. 모으다. ¶ 티끌 마 태산. / 돈을 모기는 마이(많이) 맜지만 실(쓰－) 데도 많다.

모두′다 <몯우′다 동〔모두′고, 모두′아 → 모다″, 모두′아도 → 모다″도,

모두′았다 → 모돴″다, 모두′이(-니), 모둔~모두′안 → 모단″, 모두는〕 ('*몯다[集]'의 사동) 모으다. ¶ 티끌 모다 태산. / 몬(못) 시는(쓰-) 거는 다 모다 배리자(버리-). ㊥ 모′우다. 몯우′다.

모디″다 <몯이″다 ㊐〔모디″고, 모디′아 → 모디″, 모디′이도 → 모디″도, 모디′있다 → 모딨″다, 모디″이(-니), 모딘″, 모디″는〕 ('*몯다[集]'의 피동) 모이다. ¶ 여자 서이(세 사람) 모디머(-면) 접시기(접시) 다 깨애진다(깨어지-) 쿤다(고 하-). / 온(오늘) 지너는(저녁-) 동내 사람 마이(많이) 모딨다. ㊥ 모이″다. 모지″다. 몯이″다.

모′우다 ㊐〔모우′고, 모′우아 → 모′아, 모′우아도 → 모′아도, 모′우았다 → 모′았다, 모′우이(-니), 모′운~모′우안 → 모′안, 모우′는〕 ('*모다[集]'의 사동) 모으다. ¶ 돈 모울락고(-려고) 그래(그리) 고상했건만(고생했-) 모안 돈은 밸로(별로) 없다. / 티끌 모아 태산. ㊅ 모″다. ㊥ 모두′다. 몯우′다.

모이″다 ㊐〔모이″고, 모이′이 → 모이″, 모이′이도 → 모이″도, 모이′있다 → 모있″다, 모이″이(-니), 모인″, 모이″는〕 ('*모다[集]'의 피동) 모이다. ¶ 사람이 모인다. / 돈~이 모인다. ㊥ 모디″다. 모지″다. 몯이″다.

모지″다 <몯이″다 ㊐〔모지″고, 모지′아 → 모지″, 모지′이도 → 모지″도, 모지′있다 → 모짔″다, 모지″이(-니), 모진″, 모지″는〕 ('*몯다[集]'의 피동) 모이다. ¶ 공구가(권구-) 다 모지야 밥 묵는다(먹-). / 해비가(회비-) 얼매나(얼마-) 모짔일고(-을까)? / 사람 마이(많이) 모지는 데가 재밌다. ㊥ 모디″다. 모이″다. 몯이″다.

몯우′다 ㊐〔몯우′고, 몯우′아 → 몯아″, 몯우′아도 → 몯아″도, 몯우′았다 → 몯았″다, 몯우′이(-니), 몯운~몯우′안 → 몯안″, 몯우는〕 ('*몯다[集]'의 사동) 모으다. ¶ 티끌 몯아 태산~이다. / 해비(회비) 몯아 우리도 함(한번) 갱주(경주) 놀러 가자. ㊥ 모두′다. 모′우다.

몯이″다 ㊐〔몯이″고, 몯이′이 → 몯이″, 몯이′이도 → 몯이″도, 몯이′있다 → 몯있″다, 몯이″이(-니), 몯인″, 몯이″는〕 ('*몯다[集]'의 피동) 모이다. ¶ 온 마실(마을) 할마시들(할머니들) 다 몯있다. / 오늘 할마시들(할머니들-) 몯이는 데는 영감재이들은(영감쟁이들-) 몬

ㅁ

(못) 온다. (비) 모디″다. 모이″다. 모지″다.

몰리″다[1] <몰이″다 [동] 〔몰리″고, 몰리′이→몰리″, 몰리′이도→몰리″도, 몰리′있다→몰맀″다, 몰리″이(-니), 몰린″, 몰리″는〕 ('몰:다[驅]'의 피동) 몰리다. ¶ 머(뭐) 볼 기(게) 있다고 여러키(여럿이) 몰리 온다. / 포수한테(-에게) 몰린 고래이(고란이). / 너무(남의) 물건 만치(만져) 보다가 도독으로(도둑-) 몰맀다.

몰′리다[2] <몰′이다 [동] 〔몰′리고, 몰′리아→몰′리, 몰′리이도→몰′리도, 몰′리있다→몰′맀다, 몰′리이(-니), 몰′린, 몰′리는〕 ('몰:다[驅]'의 사동) 몰리다. ¶ 아아한테(아이-) 소 몰리고 어른은 풀 빈다(베-).

무끼″다 <무뀌″다 <무꾸이″다 [동] 〔무끼″고, 무끼′이→무끼″, 무끼′이도→무끼″도, 무끼′있다→무낐″다, 무끼″이(-니), 무낀″, 무끼″는〕 ('무꾸′다[束]'의 피동) 묶이다. ¶ 끄내끼가는(끈으로-) 잘 안 무낀다. / 무낀 개가 이얗다(사납-).

무루′다 <물우′다 [동] 〔무루′고, 무루′아→무라″, 무루′아도→무라″도, 무루′았다→무랐″다, 무루′이(-니), 무룬~무루′안→무란″, 무루는〕 ('물:다[拂·辨]'의 사동) 물리다. ¶ 옷이 마음에 안 들머(-면) 가서 무라 주가(줘) 캐라(고 해라). (비) 물류″다[1]. 물우′다. 물′리다[3].

묵후′다[무쿠다] [동] 〔묵후′고, 묵후′아→묵하″, 묵후′아도→묵하″도, 묵후′았다→묵핬″다, 묵후′이(-니), 묵훈~묵후′안→묵한″, 묵후는〕 ('묵′다[古·腐]'의 사동) 묵히다. ¶ 짐치(김치) 묵하 놓고 무우도(먹어도) 맛있다. / 잘 묵한 건데 내배리나(내버리니)? (비) 묵′히다. 믹후′다. 믹′히다[2].

묵′히다[무키다] [동] 〔묵′히고, 묵′히이→묵′히, 묵′히이도→묵′히도, 묵′히있다→묵′힜다, 묵′히이(-니), 묵′힌, 묵′히는〕 ('묵′다[古·腐]'의 사동) 묵히다. ¶ 농사 질(지을) 사람 없어(없-) 땅 묵힌다. / 묵힌 논. / 묵힌 땅. (비) 묵후′다. 믹후′다. 믹′히다[2].

문′치다 <묻′히다 [동] 〔문′치고, 문′치이→문′치, 문′치이도→문′치도, 문′치있다→문′칬다, 문′치이(-니), 문′친, 문′치는〕 ('묻′다[粘]'의 사동) 묻히다. ¶ 온 손에 똥을 문치고 일해야 한다. / 얼라(아기) 키

우는데 손에 똥 안 문치고 우째(어찌) 키우노(−니). / 떡 만치머(만지면) 고물이 손에 문치는 거 다연하제(당연하지). ㊥ 묻′히다[2].

묻히″다[1][무치다] ⓢ 〔묻히″고, 묻히′이 → 묻히″, 묻히′이도 → 묻히″도, 묻히′있다 → 묻힜″다, 묻히″이(−니), 묻히″는, 묻힌″〕 (‘묻′다[埋]’의 피동) 묻히다. ¶ 옥은 흘에(흙−) 묻히도 옥이다. / 땅~아 묻힌 거를 캐낸다. / 진흘에(진흙−) 묻힌 옥. / 까마구(까마귀) 속에 묻힌 백로.

묻′히다[2][무치다] ⓢ 〔묻′히고, 묻′히이 → 묻′히, 묻′히이도 → 묻′히도, 묻′히있다 → 묻′힜다, 묻′히이(−니), 묻′힌, 묻′히는〕 (‘묻′다[粘]’의 사동) 묻히다. ¶ 손에 때 안 묻이고 접다(싶−). / 흘을(흙−) 온 옷에 다 묻히가(−서) 모양~이 그기(그게) 머고(뭐냐). / 고물 만치머(만지면) 손에 고물 묻히제(−지). / 똥 묻은 개가 등개(겨) 묻힌 개 보고 웄는다(웃−). ㊥ 문치다.

물들류″다 <물들리′우다 <물들이′우다 ⓢ 〔물들류″고, 물들류′아 → 물들랴″, 물들류′아도 → 물들랴″도, 물들류′았다 → 물들랐″다, 물들류″이(−니), 물들륜″ ~ 물들류′안 → 물들랸″, 물들류″는〕 (‘물들다[染]’의 사동) 물들이다. ¶ 손톱을 빨갛기(−게) 물들랴 바라(봐라). ㊥ 물들′이′다. 물디′리′다. 물딜류″다. 물딜′리′다. 물딜′이′다.

물들′이′다~물들이다 ⓢ 〔물들′이′고, 물들′이′이 → 물들이, 물들′이′이도 → 물들′이′도, 물들′이′있다 → 물들′있′다, 물들′이′이(−니), 물들인, 물들′이′는〕 (‘물들다[染]’의 사동) 물들이다. ¶ 손톱에도 물들인다. ㊥ 물들류″다. 물디′리′다. 물딜류″다. 물딜′리′다. 물딜′이′다.

물디′리′다~물디리다 <물딜′이′다 <물들′이′다 ⓢ 〔물디′리′고, 물디′리′이 → 물디리, 물디′리′이도 → 물디′리′도, 물디′리′있다 → 물디′렀′다, 물디′리′이(−니), 물디린, 물디′리′는〕 (‘물들다[染]’의 사동) 물들이다. ¶ 들판~이 금색으로 물들일 때 그 때가 안 좋나. ㊥ 물들류″다. 물들′이′다. 물딜류″다. 물딜′리′다. 물딜′이′다.

물딜류″다 <물딜리′우다 <물들리′우다 <물들이′우다 ⓢ 〔물딜류″고, 물딜류′아 → 물딜랴″, 물딜류′아도 → 물딜랴″도, 물딜류′았다 → 물딜랐″다, 물딜류″이(−니), 물딜류′안 → 물딜랸″, 물딜류″는〕 (‘물들

다[染]'의 사동) 물들이다. ¶ 미영베는(무명베－) 곱기(－게) 물딜랴도 밸로(별로) 안 곱다. ⓑ 물들류"다. 물들'이'다. 물디'리'다. 물딜'리'다. 물딜'이'다.

물딜'리'다~물딜리다 <물딜'리'다 <물들'이'다 ⓢ〔물딜'리'고, 물딜'리'이→물딜리, 물딜'리'이도→물딜'리'도, 물딜'리'있다→물딜'렸'다, 물딜'리'이(－니), 물딜린, 물딜'리'는〕('물들다[染]'의 사동) 물들이다. ¶ 베에 곱기(－게) 물딜리고 수도 놓는다. ⓑ 물들류"다. 물들'이'다. 물디'리'다. 물딜류"다. 물딜'이'다.

물딜'이'다~물딜이다 <물딜'이'다 <물들'이'다 ⓢ〔물딜'이'고, 물딜'이'이→물딜이, 물딜'이'이도→물딜'이'도, 물딜'이'있다→물딜'있'다, 물딜'이'이(－니), 물딜인, 물딜'이'는〕('물들다[染]'의 사동) 물들이다. ¶ 군복을 꺼멓기(－게) 물딜인 거 입고 학교 댕깄다(다녔－). ⓑ 물들류"다. 물들'이'다. 물디'리'다. 물딜류"다. 물딜'리'다.

물류"다[1] <물리'우다 <물이'우다 ⓢ〔물류"고, 물류'아→물랴", 물류'아도→물랴"도, 물류'았다→물랐"다, 물류"이(－니), 물륜"~물류'안→물랸", 물류"는〕('물:다[拂·辨]'의 사동) 물리다. ¶ 몬(못) 시기(쓰게) 댄(되－) 거 반 갑에라도(값－) 물랴 주소(－세요). ⓑ 무루'다. 물'리다[3]. 물우'다.

물류"다[2] <물리'우다 <물이'우다 ⓢ〔물류"고, 물류'아→물랴", 물류'아도→물랴"도, 물류'았다→물랐"다, 물류"이(－니), 물륜"~물류'안→물랸", 물류"는〕('물'다[咬]'의 사동) 물리다. ¶ 개를 풀어나(놔) 놓고 사람을 물랐이머(－으면) 개 주인~이 약갑하고(약값－) 뱅원비를(병원비－) 조야(줘야) 댄다(되－). ⓑ 물'리다[2].

물리"다[1] <물이"다 ⓢ〔물리"고, 물리'이→물리", 물리'이도→물리"도, 물리'있다→물맀"다, 물리"이(－니), 물린", 물리"는〕('물'다[咬]'의 피동) 물리다. ¶ 미꾸라지자테(－에게) 꼬치(고추) 물린다. / 꼬리치는 개자테(－에게) 발꿈치 물린다. / 소안치자테도(송아지에게도) 물린다. / 즈그(저네) 개자테(－에게) 다리가 물맀다. / 범자테(－에게) 물리 가도 정신만 차리머(－리면) 산다. / 독새에(독사－) 물린 자죽(자국). / 한 분(번) 말 잘못하면 독새자테(독사에게) 물린

거보덤(－보다) 더 크기(－게) 욕보는(고생하는) 수가 있다. / 물고 물리는 사암(싸움). (비) 물류다[2].

물′리다[2] <물′이다 (통) 〔물′리고, 물′리아→물′리, 물′리이도→물′리도, 물′리있다→물′맀다, 물′리이(－니), 물′린, 물′리는〕 (‘물′다[咬]’의 사동) 물리다. ¶ 우는 얼라(아기) 젖 물린다. / 말 입에 자갈(재갈) 물린다. / 사당 곤치다가(고치－) 신주는 개 물리 보낸다. (비) 물류″다[2].

물′리다[3] <물′이다 (통) 〔물′리고, 물′리아→물′리, 물′리이도→물′리도, 물′리있다→물′맀다, 물′리이(－니), 물′린, 물′리는〕 (‘물:다[拂·辨]’의 사동) 물리다. ¶ 봉사자테도(에게도) 지름갑(기름값) 물린다. / 바둑 한 수 물리다가 사암(싸움) 벌어졌다. (비) 무루′다. 물류″다[1]. 물우′다.

물′리다[4] <무리′이다 (통) 〔물′리고, 물′리아→물′리, 물′리이도→물′리도, 물′리있다→물맀′다, 물′리이(－니), 물′린, 물′리는〕 (‘무리′다[軟]’의 사동) 물리다. ¶ 물에 담가 푹 물리고 나서 껍디기(껍데기) 뻬기머(벗기면) 잘 뻬기(벗겨) 진다.

물우′다 (통) 〔물우′고, 물우′아→물아″, 물우′아도→물아″도, 물우′았다→물았″다, 물우′이(－니), 물운~물우′안→물안″, 물우는〕 (‘물:다[拂·辨]’의 사동) 물리다. ¶ 한 분(번) 물안 거는 또 안 물아 준다. (비) 무루′다. 물류″다[1]. 물′리다[3].

물쿠′다 <무리쿠′다 (통) 〔물쿠′고, 물쿠′아→물카″, 물쿠′아도→물카″도, 물쿠′았다→물캈″다, 물쿠′이(－니), 물쿤~물쿠′안→물칸″, 물쿠는〕 (‘무리다[軟]’의 사동) 무르게 하다. ¶ 다래는 따다가 등개에(등겨－) 매칠(며칠) 묻어 물카 무우야 맛이 좋다. / 고드애(고등어) 무시 조림은 무시를(무우－) 냄비에 깔아 푹 물카야 맛이 난다. / 감자를 푹 쩌 물카가(－서) 주개로(주걱－) 이개라(이겨라).

묽′히다[물키다] (통) 〔묽′히고, 묽′히이→묽′히, 묽′히이도→묽′히도, 묽′히있다→묽′힜다, 묽′히이(－니), 묽′힌, 묽′히는〕 (‘묽′다[淡·稀]’의 사동) 묽히다. ¶ 풀이 대머(되면) 물 쪼매(조금) 더 옇어(넣－) 더 묽히라.

미꾸′다 동 〔미꾸′고, 미꾸′아→미까″, 미꾸′아도→미까″도, 미꾸′았다→미깠″다, 미꾸′이(-니), 미꾼~미꾸′안→미깐″, 미꾸는〕 (‘미 : 다[塞]’의 사동) 메우다. ¶ 빰(밤) 까시로(가시-) 지궁카리(쥐구멍) 미꾼다. / 아무리 미까도 사람 욕심은 다 안 미까진다. 비 메꾸′다. 메쿠′다. 메′우다. 미′우다. 미쿠′다.

미″다[1] <미이″다 동 〔미″고, 미′이→미″, 미′이도→미″도, 미′있다→밌″다, 미″이(-니), 민″, 미″는〕 (‘미 : 다[塞]’의 피동) ‘미이″다[1]’의 준말. 메이다. ¶ 구무가(구멍-) 민다.

미″다[2] <미′우다 동 〔미″고, 미′이→미″, 미′이도→미″도, 미′있다→밌″다, 미″이(-니), 민″, 미″는〕 (‘미 : 다[塞]’의 사동) ‘미′우다’의 준말. 메우다. ¶ 구무를(구멍-) 민다.

미″다[3] <미′이다 동 미″고, 미′이→미″, 미′이도→미″도, 미′있다→밌″다, 미″이(-니), 민″, 미″는 (‘미 : 다[擔]’의 사동) ‘미′이다[2]’의 준말. 메게 하다. ¶ 애린(어리-) 아아자태도(아이에게도) 보따리 하나석(-씩) 미고 가더라.

미루′다 <밀우′다 동 〔미루′고, 미루′겠′다, 미루′아→미라″, 미루′아도→미라″도, 미루′았다→미랐″다, 미루′이(-니), 미룬~미루′안→미란″, 미루는〕 (‘밀 : 다[推]’의 사동) 미루다. ¶ 깰밪인(게으른) 사람은 일을 미루고 책장만 시알린다(세-).

미′우다 동 〔미′우고, 미′우아→미′아~미′야, 미′우아도→미′아도~미′야도, 미′우았다→미′았다~미′얐다, 미′우이(-니), 미′운~미′우안→미′안~미′얀, 미′우는〕 (‘미 : 다[塞]’의 사동) 메우다. ¶ 한 바다를 미아도 사람 욕심은 몬(못) 미운다. / 통 구영(구멍) 난 데를 미아가(-서) 서라(써라). 준 미다[2]. 비 메꾸′다. 메′우다. 메쿠′다. 미꾸′다. 미쿠′다.

미이″다[1] 동 〔미이″고, 미이′이→미이″, 미이′이도→미이″도, 미이′있다→미있″다, 미이″이(-니), 미인″, 미이″는〕 (‘미 : 다[塞]’의 피동) 메이다. ¶ 짐치(김치) 구물이라도(국물-) 마시야지(마셔야지) 안 그라머(그러면) 목구영이(목구멍-) 미인다. / 미인 또랑을(도랑-) 치는데도 하리가(하루-) 걸맀다(걸렸-). 준 미″다[1].

미′이다[2] 동 〔미′이고, 미′이이→미″이, 미′이이도→미″이도, 미′이있다→미″있다, 미′이이(-니), 미′인, 미′이는〕 ('미 : 다[擔]'의 사동) 메게 하다. ¶ 사람이 모지래(모자라) 부산서 온 사람꺼정(-까지) 새이를(상여-) 미있다. 준 미″다[3].

미쿠′다 동 〔미쿠′고, 미쿠′아→미카″, 미쿠′아도→미카″도, 미쿠′았다→미캈″다, 미쿠′이(-니), 미쿤~미쿠′안→미칸″, 미쿠는〕 ('미 : 다[塞]'의 사동) 메우다. ¶ 뺌(밤) 까시로(가시-) 지궁카리(쥐구멍) 미쿤다. / 사람이 많아 법당 안을 다 미캈다. / 아무리 미카도 사람 욕심은 다 안 미카진다. 비 메꾸′다. 메′우다. 메쿠′다. 미꾸′다. 미′우다.

ㅁ

믹이′다 <뮉이′다 <묵이′다 동 〔믹이′고, 믹이′이→믹이″, 믹이′이도→믹이″도, 믹이′있다→믹있″다, 믹이′이(-니), 믹인″, 믹이″는〕 ('묵′다[食]'의 사동) 먹이다. ¶ 밉운(미운) 자석 밥 마이(많이) 믹인다. / 소를 시(세) 바리나(마리-) 믹인다. / 밥 마이(많이) 믹인다고 사람 대는(되-) 기(게) 아이다(아니-). / 거어(거기) 가머(-면) 꽁도(꿩-) 믹이 주고 알도 믹이 준다. / 술 믹이 놓고 술갑(술값) 내라 쿤다(고 하-). / 내 묵자니(먹-) 싫고 개 믹이자니 아깝다. / 그 많은 공구(권구) 혼차(혼자) 다 거다(거둬) 믹있다. / 나(놓아) 믹인 마아지(망아지).

믹후′다[미쿠다] <뮉후′다 <묵후′다 동 〔믹후′고, 믹후′아→믹하″, 믹후′아도→믹하″도, 믹후′았다→믹핬″다, 믹후′이(-니), 믹훈~믹후′안→믹한″, 믹후는〕 ('묵′다[古·腐]'의 사동) 묵히다. ¶ 한 해 믹한 밭에다 숭구이(심으니) 잘 댄다(되-). 비 묵후′다. 묵′히다. 믹′히다[2].

믹히″다[1][미키다] <뮉히″다 <묵히″다 동 〔믹히″고, 믹히′이→믹히″, 믹히′이도→믹히″도, 믹히′있다→믹힜″다, 믹히″이(-니), 믹히″는, 믹힌″〕 ('묵′다[食]'의 피동) 먹히다. ¶ 가실 대머(되면) 머든지(뭐-) 잘 믹힌다. / 무시를(무-) 마이(많이) 무우라(먹어라) 카는데(고 하-) 그기 마이(많이) 믹히나. / 맛이 없어 안 믹히는 거를 자꾸 무우라(먹어라) 쿠네(고 하-).

믹′히다[2][미키다] <뭑′히다 <묵′히다 [동] 〔믹′히고, 믹′히이→믹′히, 믹′히이도→믹′히도, 믹′히있다→믹′힜다, 믹′히이(-니), 믹′힌, 믹′히는〕 (‘묵′다[古·腐]’의 사동) 묵히다. ¶ 맻(몇) 달 믹히 났디이(놨더니) 곰패이(곰팡이) 내가 난다. / 믹힌 논. (비) 묵후′다. 묵′히다. 믹후′다.

믿기″다 [동] 〔믿기″고, 믿기′이→믿기″, 믿기′이도→믿기″도, 믿기′있다→믿깄″다, 믿기″이(-니), 믿긴″, 믿기″는〕 (‘믿′다[信]’의 피동) 믿기다. ¶ 날 믿어라 카는(고 하-) 넘은(놈-) 몬(못) 믿고 안 믿긴다. / 니는(너-) 그 말이 믿기나? / 내가 니(네) 말 안 믿는다 카지(고 하-) 말고 나한테 니가(네-) 믿기는 말을 해라.

밀리″다 <밀이″다 [동] 〔밀리″고, 밀리′이→밀리″, 밀리′이도→밀리″도, 밀리′있다→밀맀″다, 밀리″이(-니), 밀린″, 밀리″는〕 (‘밀:다[推]’의 피동) 밀리다. ¶ 서리(서로) 밀머(-면) 누가 하나 밀리 기(게) 대(돼) 있다. / 넘(남) 구디이로(구덩이-) 밀어 옇으머(넣으면) 지도(저-) 구디이로(구덩이-) 밀리 드간다(들어가-). / 밀린 월사금부터 내야 댄다(되-). / 월사금은 밀리는 일이 없어야 댈(되-) 긴데(게-).

밉보이″다 [동] 〔밉보이″고, 밉보이′이→밉보이″, 밉보이′이도→밉보이″도, 밉보이′있다→밉보있″다, 밉보이″이(-니), 밉보인″, 밉보이″는〕 (‘밉보′다’의 피동) 밉보이다. ¶ 밉보이는 소리만 한다. / 밉보이는 짓. (준) 밉비″다.

밉비″다 <밉뷔″다 <밉보이″다 [동] 〔밉비″고, 밉비′이→밉비″, 밉비′이도→밉비″도, 밉비′있다→밉빘″다, 밉비″이(-니), 밉빈″, 밉비″는〕 (‘밉보′다’의 피동) ‘밉보이″다’의 준말. 밉보이다. ¶ 넘자테(남에게) 밉비가(-서) 좋을 기(게) 머(뭐) 있노(-니). / 넘자테(남에게) 곱기(-게) 보이기는 애럽어도(어려워도) 밉비기는 숩다(쉽-).

ㅂ

바끼″다 <바뀌″다 <바꾸이″다 ⓢ〔바끼″고, 바끼′이→바끼″, 바끼′이도→바끼″도, 바끼′있다→바낐″다, 바끼″이, 바낀″, 바끼″는〕 (‘바꾸′다[換]’의 피동) 바뀌다. ¶ 생각을(생각−) 바까야(바꿔야) 행동~이 바낀다. / 절이 바끼든가 중~이 바끼든가 둘 중 하나가 바끼야지 이래가는(이래서−) 안 댄다(되−). / 니(네) 말 한 마디에 누구 인생~이 바끼기도 한다. / 신~이 바낀 줄도 모리고(−고) 신고 왔다. / 우리나라처리(−처럼) 멋이(뭣−) 잘 바끼는 나라도 드물 기다(게−). ⓑ 배끼″다.

바라다보이″다 ⓢ〔바라다보이″고, 바라다보이′이→바라다보이″, 바라다보이′이도→바라다보이″도, 바라다보이′있다→바라다보있″다, 바라다보이″이(−니), 바라다보인″, 바라다보이″는〕 (‘바라다보′다’의 피동) 바라보이다. ¶ 솥발산~이 바리(바로) 바라다보인다. ⓙ 바라다비″다. ⓑ 바라보이″다.

바라다비″다 <바라다뷔″다 <바라다보이″다 ⓢ〔바라다비″고, 바라다비′이→바라다비″, 바라다비′이도→바라다비″도, 바라다비′있다→바라다빘″다, 바라다비″이(−니), 바라다빈″, 바라다비″는〕 (‘바라다보′다’의 피동) ‘바라다보이″다’의 준말. 바라보이다. ¶ 우리 할배(할아버지) 미에서(묘−) 솥발산~이 똑바리(똑바로) 바라다빈다. ⓑ 바라비″다.

바라보이″다 ⓢ〔바라보이″고, 바라보이′이→바라보이″, 바라보이′이도→바라보이″도, 바라보이′있다→바라보있″다, 바라보이″이(−

니), 바라보인″, 바라보이″는〕 ('바라보′다'의 피동) 바라보이다. ¶ 줌치를(주머니－) 잘 바라보이는 데다 놓고도 몬(못) 찾는다. [준] 바라비″다. [비] 바라다보이″다.

바라비″다 <바라뷔″다 <바라보이″다 [동]〔바라비″고, 바라비′이→바라비″, 바라비′이도→바라비″도, 바라비′있다→바라빘″다, 바라비″이(－니), 바라빈″, 바라비″는〕 ('바라보′다'의 피동) '바라보이″다'의 준말. 바라보이다. ¶ 바리(바로) 바라비도 마음이 없이머(－으면) 안 빈다(보이－). [비] 바라다비″다.

바람맞추′다[바람마추다] <바람맞후′다 [동]〔바람맞추′고, 바람맞추′아→바람맞차″, 바람맞추′아도→바람맞차″도, 바람맞추′았다→바람맞찼″다, 바람맞추′이(－니), 바람맞춘~바람맞추′안→바람맞찬″, 바람맞추는〕 ('바람맞′다'의 사동) 바람맞히다. ¶ 바람맞찬 무시(무) 몬(못) 묵고(먹) 소 죾다(줘－). [비] 바람맞후′다. 바람맞′히다.

바람맞후′다[바람마추다] [동]〔바람맞후′고, 바람맞후′아→바람맞하″, 바람맞후′아도→바람맞하″도, 바람맞후′았다→바람맞핬″다, 바람맞후′이(－니), 바람맞훈~바람맞후′안→바람맞한″, 바람맞후는〕 ('바람맞′다'의 사동) 바람맞히다. ¶ 사람 나오라 캐(고 해) 놓고 바람맞후네. [비] 바람맞추′다. 바람맞′히다.

바람맞′히다[바람맏치다] [동]〔바람맞′히고, 바람맞′히이→바람맞′히, 바람맞′히이도→바람맞′히도, 바람맞′히있다→바람맞′힜다, 바람맞′히이(－니), 바람맞′힌, 바람맞′히는〕 ('바람맞′다'의 사동) 바람맞히다. ¶ 바쁜(바쁜) 사람 바람맞히고 지는(저－) 어데 갔능공(－는지) 안 빈다(보이－). [비] 바람맞추′다. 바람맞후′다.

바루″다~바루′다 <바류″다 <바리′우다 [동] 바루″고, 버루′아→바라″, 바루′아도→바라″도, 바루′았다→바랐″다, 바루″이(－니), 바룬″~바루′안→바란″, 바루″는 ('바리′다[正]'의 사동) 바루다. ¶ 넘어진 거 바루고 나서 다린(다르－) 일 해라. / 삐딱한 거를 바리(바로) 바라라. [비] 바리′키다. 발류″다.

바리′키다 [동]〔바리′키고, 바리′키이→바리′키, 바리′키이도→바리′키도, 바리′키있다→바리′킸다, 바리′키이(－니), 바리′킨, 바리′키는〕

('바리′다[正]'의 사동) 바루다. 바로잡다. ¶ 안 바린(바르－) 거를 똑 바리(바로) 바리키라고 선성~이(선생－) 있고 어른~이 있는 기다(게－). [비] 바루″다. 발류″다.

바추″다[1] <바츄″다 <밭이′우다 [동] 바추″고, 바추′아 → 바차″, 바추′아도 → 바차″도, 바추′았다 → 바찼″다, 바추″이(－니), 바춘″ ~ 바추′안 → 바찬″, 바추″는 ('밭′다[濾]'의 사동) 걸러지게 하다. 거르다. ¶ 체에 바차 가지고 맑은 거만 신다(쓰－). / 맨젓을(멸치젓－) 채에 바차 가지고 깒인다(끓이－). [비] 바추″다[2]<바′치우다.

바추″다[2] <바츄″다 <바치′우다 [동] 바추″고, 바추′아 → 바차″, 바추′아도 → 바차″도, 바추′았다 → 바찼″다, 바추″이(－니), 바춘″ ~ 바추′안 → 바찬″, 바추″는 ('바′치다[濾]'의 사동) 걸러지게 하다. 거르다. ¶ 채 하나 사다가 매젓(멸치젓) 바차라. [비] 바추″다[1]<밭이′우다.

바추″다[3] <바츄″다 <바치′우다 [동] 바추″고, 바추′아 → 바차″, 바추′아도 → 바차″도, 바추′았다 → 바찼″다, 바추″이(－니), 바춘″ ~ 바추′안 → 바찬″, 바추″는 ('바′치다[支]'의 사동) 괴게 하다. ¶ 지둥(기둥) 밑에 돌 바차라. / 밑에 바찬 나무가 너무 약하다.

바치″다[1] <받히″다 [동] 〔바치″고, 바치′이 → 바치″, 바치′이도 → 바치″도, 바치′있다 → 바칬″다, 바치″이(－니), 바치″는, 바친″〕 ('받′다[衝]'의 피동) 부딪히다. 받히다. ¶ 지둥에(기둥－) 바친 데가 멍들었다. [비] 받히″다.

바치″다[2] <밭이″다 [동] 〔바치″고, 바치′이 → 바치″, 바치′이도 → 바치″도, 바치′있다 → 바칬″다, 바치″이, 바친″, 바치″는〕 ('밭′다[濾]'의 피동) 밭이다. ¶ 이 채가 더 잘 바친다. / 술 거릴라(거르려) 카머(고 하면) 잘 바치는 채 하나는 있어야제(－어야지). [비] 밭이″다.

박이″다 <박이″다 [동] 〔박이″고, 박이′이 → 박이″, 박이′이도 → 박이″도, 박이′있다 → 박있″다, 박이″이(－니), 박인″, 박이″는〕 ('박′다[釘]'의 피동) 박히다. ¶ 발에 멋이(뭣－) 박있다. [비] 박히″다. 배기″다. 백이″다. 백히″다.

박히″다[바키다] [동] 〔박히″고, 박히′이 → 박히″, 박히′이도 → 박히″도, 박히′있다 → 박힜″다, 박히″이(－니), 박히″는, 박힌″〕 ('박′다[釘]'

의 피동) 박히다. ¶ 기구녕에(귀구멍－) 말때기(말뚝) 박혔나. / 기에(귀－) 못이 박히두로(－도록) 들었다. / 박힌 못을 맨손가는(－으로는) 몬(못) 뺀다. (비) 박이″다. 배기″다. 백이″다. 백히″다.

받히″다[바치다] 동 〔받히″고, 받히′이 → 받히″, 받히′이도 → 받히″도, 받히′있다 → 받혔″다, 받히″이(－니), 받히″는, 받힌″〕 (‘받′다[衝]’의 피동) 받히다. 부딪히다. ¶ 소뿔에 받히 폴이(팔－) 아푸다(아프－). / 이거는 방구에(바위－) 받히도 안 깨진다. (비) 바치″다.

발 : 기다 동 〔발 : 기고, 발 : 기아 → 발 : 기, 발 : 기이도 → 발 : 기도, 발 : 기있다 → 발 : 깄다, 발 : 기이(－니), 발 : 긴, 발 : 기는〕 (‘발 : 다[開]’의 사동) 벌리다. ¶ 배미(뱀) 입을 발기고 보이(－니) 뺄게(빨게). (비) 발 : 리다[4]. 발 : 시다. 벨 : 시다. 빌 : 시다. (큰) 벌 : 기다.

발류″다 <발리′우다 <바리이′우다 동 〔발류″고, 발류′아 → 발랴″, 발류′아도 → 발랴″도, 발류′았다 → 발랐″다, 발류″이(－니), 발륜″ ~ 발류′안 → 발랸″, 발류″는〕 (‘바리′다[正]’의 사동) 바루다. ¶ 삐딱한 거 발랴라. / 발랐는데 또 삐딱하네. / 발랸 거를 누가 손댔구나. (비) 바루″다. 바리′키다.

발리″다[1] <바리이″다 동 발리″고, 발리′이 → 발리″, 발리′이도 → 발리″도, 발리′있다 → 발렸″다, 발리″이(－니), 발린″, 발리″는 (‘바리′다[塗]’의 피동) 발리다. ¶ 발리야 풀이제(－지). / 아야 아야 하는 소리가 입에 발렀다. / 온 백에(벽－) 멋이(뭣－) 발렀더라. / 입에 발린 소리는 하지도 마라. (비) 볼리″다.

발′리다[2] <바리′이다 동 〔발′리고, 발′리아 → 발′리, 발′리이도 → 발′리도, 발′리있다 → 발′렀다, 발′리이(－니), 발′린, 발′리는〕 (‘바리′다[塗]’의 사동) 발리다. ¶ 사람 사다가 백을(벽－) 발리지 백이(벽－) 그기(그게) 머고(뭐냐).

발리″다[3] <바리이″다 동 〔발리″고, 발리′이 → 발리″, 발리′이도 → 발리″도, 발리′있다 → 발렸″다, 발리″이(－니), 발린″, 발리″는〕 (‘바리′다[剝]’의 피동) 발리다. ¶ 달을(닭－) 푹 삶았디이(－더니) 빼가(뼈－) 잘 발린다.

발 : 리다[4] <발 : 이다 동 〔발 : 리고, 발 : 리아 → 발 : 리, 발 : 리이도 → 발 :

리도, 발 : 리있다→발 : 맀다, 발 : 리이(-니), 발 : 린, 발 : 리는〕(‘발 : 다[開]’의 사동) 벌리다. ¶ 가래이(가랭이) 발리고 앉았다. ⓑ 발 : 기다. 발 : 시다. 벨 : 시다. 빌 : 시다. ⓒ 벌 : 리다.

발 : 시다 ⓓ〔발 : 시고, 발 : 시아→발 : 시, 발 : 시이도→발 : 시도, 발 : 시있다→발 : 싰다, 발 : 시이(-니), 발 : 신, 발 : 시는〕(‘발 : 다[開]’의 사동) 벌리다. ¶ 가래이를(가랑이-) 있는 대로 발시고 앉았더라. ⓑ 발 : 기다. 발 : 리다[4]. 벨 : 시다. 빌 : 시다. ⓒ 벌 : 시다.

밝′히다[발키다] ⓓ〔밝′히고, 밝′히이→밝′히, 밝′히이도→밝′히도, 밝′히있다→밝′힜다, 밝′히이(-니), 밝′힌, 밝′히는〕(‘밝′다[明]’의 사동) 밝히다. ¶ 눈을 똑똑하이(-게) 밝히고 분매이(분명히) 잘 바라(봐라). / 불 밝히라(-어라). ⓑ 볽′히다. 붉′히다[1].

밟히″다[1][발피다] ⓓ〔밟히″고, 밟히′이→밟히″, 밟히′이도→밟히″도, 밟히′있다→밟힜″다, 밟히″이(-니), 밟히″는, 밟힌″〕(‘밟 : 다[踏]’의 피동) 밟히다. ¶ 꼬랑지가(꼬리-) 질머(길면) 밟힌다. / 손지가(손자-) 눈에 자꾸 밟힌다. / 소자테(-한테) 밟히도 산다. / 굼비도(굼벵이-) 밟히머(-면) 꿈틀거린다. ⓑ 볿히″다[1].

밟′히다[2][발피다] ⓓ〔밟′히고, 밟′히이→밟′히, 밟′히이도→밟′히도, 밟′히있다→밟′힜다, 밟′히이(-니), 밟′히는, 밟′힌〕(‘밟 : 다[踏]’의 사동) 밟히다. ¶ 보리밭을 아아들자테(아이들에게) 밟힌다. / 학생들(학생들) 데리고 보리밭 밟히러도 댕깄다(다녔-). ⓑ 볿′히다[2].

밤새′우다 ⓓ〔밤새′우고, 밤새′우아→밤새′아~밤새′야, 밤새′우아도→밤새′아도~밤새′야도, 밤새′우았다→밤새′았다~밤새′얐다, 밤새′우이(-니), 밤새′운~밤새′우안→밤새′안~밤새′얀, 밤새′우는〕(‘밤새다[旦]’의 사동) 밤새우다. ¶ 물레질만 하다가 밤새운다. / 듣기 좋은 노래라고 한 노래로 밤새우나. / 밤새야 노롬하고(노름하-) 새북에사(새벽에야) 집에 오이(-니) 이 일을 우야노(어쩌나).

밭이″다[바치다] ⓓ〔밭이″고, 밭이′이→밭이″, 밭이′이도→밭이″도, 밭이′있다→밭있″다, 밭이″이, 밭인″, 밭이″는〕(‘밭′다[漉]’의 피동) 밭이다. ¶ 술이 잘 밭이는 채. ⓑ 바치″다[2].

배기″다 <박이″다 ⓓ〔배기″고, 배기′이→배기″, 배기′이도→배기″도,

배기′있다 → 백있″다, 배기″이(－니), 백인″, 배기″는〕('박′다[釘]'의 피동) 배기다. ¶ 등더리가(등－) 배긴다. / 궁디이가(궁둥이－) 배기 몬(못) 앉겠다. ⓑ 박이″다. 박히″다. 백이″다. 백히″다.

배끼″다 <바끼″다 <바뀌″다 <바꾸이″다 ⓢ〔바끼″고, 배끼′이 → 배끼″, 배끼′이도 → 배끼″도, 배끼′있다 → 배꼈″다, 배끼″이, 배낀″, 배끼″는〕('바꾸′다[換]'의 피동) 바뀌다. ¶ 성을 바꾸고 시푸다(싶－) 캐도(고 해도) 성은 안 배끼고 몬(못) 바꾼다. / 신~이 배꼈다. / 신~이 배꼈는갑다(바뀌었는가 보다). / 신랑~이 배낀 줄도 모리고(모르－) 사나? / 지집(계집) 배낀 줄은 모리고(모르－) 숟가락 배낀 줄만 안다. ⓑ 바끼″다.

배이″다 ⓢ〔배이″고, 배이′이 → 배이″, 배이′이도 → 배이″도, 배이′있다 → 배있″다, 배이″이(－니), 배인″, 배이″는〕('배 : 다[滲]'의 피동) 배이다. ¶ 온 옷에 땀이 배있다. / 몸에 배인 버릇이라 우짤(어쩌－) 수 없다.

백이″다 <박이″다 ⓢ〔백이″고, 백이′이 → 백이″, 백이′이도 → 백이″도, 백이′있다 → 백있″다, 백이″이(－니), 백인″, 백이″는〕('박′다[釘]'의 피동) ①배기다. ¶ 궁디이가 백이 몬(못) 앉는다. ②박히다. ¶ 손에 못이 백있다. ⓑ 박이″다. 박히″다. 배기″다. 백히″다.

백히″다[배키다] <박히″다 ⓢ〔백히″고, 백히′이 → 백히″, 백히′이도 → 백히″도, 백히′있다 → 백힜″다, 백히″이(－니), 백히″는, 백힌″〕('박′다[釘]'의 피동) 박히다. ¶ 밉운(미운) 털이 백힜나. / 보이까네(－니까는) 티눈~이 백힜네. / 본데(본디) 들온(들어온) 돌이 백힌 돌 빼다 쿤다(고 하－). / 기에(귀－) 못이 백힐 지경~이다. ⓑ 박이″다. 박히″다. 배기″다. 백이″다.

벌거벗′기다[벌거벋기다] ⓢ〔벌거벗′기고, 벌거벗′기이 → 벌거벗′기, 벌거벗′기이도 → 벌거벗′기도, 벌거벗′기있다 → 벌거벗′깄다, 벌거벗′기이(－니), 벌거벗′긴, 벌거벗′기는 ('벌거벗′다[脫]'의 사동) 벌거벗기다. ¶ 아아를(아이－) 저래(저리) 벌거벗기 놓고 우야노(어쩌나). ⓑ 빨가벗′기다2. 빨가벗′기다2.

벌 : 기다 ⓢ〔벌 : 기고, 벌 : 기아 → 벌 : 기, 벌 : 기이도 → 벌 : 기도, 벌 :

기있다→벌:깄다, 벌:기이(-니), 벌:긴, 벌:기는〕('벌:다[開]'의 사동) 벌리다. ¶ 지금 빰이(밤-) 한창 벌길 때다. / 입을 있는 대로 벌기고 운다. [비] 벌:리다[3]. 벌:시다. 벨:시다. 빌:시다.

벌리″다[1] <벌이″다 [동]〔벌리″고, 벌리′이→벌리″, 벌리′이도→벌리″도, 벌리′있다→벌렀″다, 벌리″이(-니), 벌린″, 벌리″는〕('벌″다[得利]'의 피동) 벌리다. ¶ 돈 안 벌리 장사 몬한다(못하-). / 돈~이 잘 벌릴 때도 있고 안 벌릴 때도 있심더(-습니다).

벌리″다[2] <벌이″다 [동]〔벌리″고, 벌리′이→벌리″, 벌리′이도→벌리″도, 벌리′있다→벌렀″다, 벌리″이(-니), 벌린″, 벌리″는〕('벌:다[開]'의 피동) 벌리다. ¶ 기가 차서 입이 안 벌린다.

벌:리다[3] <벌:이다 [동]〔벌:리고, 벌:리아→벌:리, 벌:리이도→벌:리도, 벌:리있다→벌:렀다, 벌:리이(-니), 벌:린, 벌:리는〕('벌:다[開]'의 사동) 벌리다. ¶ 입을 있는 대로 벌리고 운다. / 홍시 떨어지라고 감나무 밑에 입 벌리고 눕었다. / 벌리나 오무리나(오므리-) 같다. [비] 벌:기다. 벌:시다. 벨:시다. 빌:시다.

벌:시다 [동]〔벌:시고, 벌:시아→벌:시, 벌:시이도→벌:시도, 벌:시있다→벌:싰다, 벌:시이(-니), 벌:신, 벌:시는〕('벌:다[開]'의 사동) 벌리다. ¶ 입을 벌시고 운다. / 가래이를(가랑이-) 있는 대로 벌시고 앉았다. [비] 벌:기다. 벌:리다[3]. 벨:시다. 빌:시다.

벌시′우다 <벌세′우다 <벌서이′우다 [동]〔벌시′우고, 벌시′우아→벌시′아~벌시′야, 벌시′우아도→벌시′아도~벌시′야도, 벌시′우았다→벌시′았다~벌시′얐다, 벌시′우이(-니), 벌시′운~벌시′우안→벌시′안~벌시′얀, 벌시′우는〕('벌서′다(罰--)'의 사동) 벌세우다. ¶ 아아가(아이-) 말 안 들으머(-으면) 벌시아가라도(-서라도) 곤치야(고쳐-) 댄다(된-). / 벌서는 자석보덤(자식보다) 벌시안 에미(어미) 맴이(마음-) 더 아푸다(아프-).

벗기″다[1][벋기다] [동]〔벗기″고, 벗기′이→벗기″, 벗기′이도→벗기″도, 벗기′있다→벗깄″다, 벗기″이(-니), 벗긴″, 벗기″는〕('벗′다[脫]'의 피동) 벗기다. ¶ 안 벗기는 옷을 우째 (어찌) 입었노(-나)? [비] 벳기″다[1]. 뺏기″다[1]. 삣기″다[1].

[ㅂ]

벗′기다[2][벋기다] [동] 〔벗′기고, 벗′기이→벗′기, 벗′기이도→벗′기도, 벗′기있다→벗′깄다, 벗′기이(−니), 벗′긴, 벗′기는〕 ('벗′다[脫]'의 사동) 벗기다. ¶ 때를 벗기고 칠해 노이(놓으니) 새 집 겉네(같−). [비] 벳′기다[2]. 뺏′기다[2]. 삣′기다[2].

벨 : 시다 <벌 : 시다 [동] 〔벨 : 시고, 벨 : 시아→벨 : 시, 벨 : 시이도→벨 : 시도, 벨 : 시있다→벨 : 싰다, 벨 : 시이(−니), 벨 : 신, 벨 : 시는〕 ('벌 : 다[開]'의 사동) 벌리다. ¶ 돈 적기(−게) 준다고 입을 벨시 샇더라(쌓−). / 가래이(가랑이) 벨시고 앉아 머하는(뭐하−) 짓고(−이냐)? [비] 발 : 기다. 벌 : 기다. 발 : 리다[4]. 벌 : 리다[3]. 벌 : 시다. 빌 : 시다.

벳기″다[1][벧기다] <벗기″다 [동] 〔벳기″고, 벳기′이→벳기″, 벳기′이도→벳기″도, 벳기′있다→벳깄″다, 벳기″이(−니), 벳긴″, 벳기″는〕 ('벗′다[脫]'의 피동) 벗기다. ¶ 바람이 얼마나 신지(세−) 모자가 벳긴다. [비] 벗기″다[1]. 뺏기″다[1]. 삣기″다[1].

벳′기다[2][벧기다] <벗기다 [동] 〔벳′기고, 벳′기이→벳′기, 벳′기이도→벳′기도, 벳′기있다→벳′깄다, 벳′기이(−니), 벳′긴, 벳′기는〕 ('벗′다[脫]'의 사동) 벗기다. ¶ 신도 벳기고 옷도 벳기라. [비] 벗′기다[2]. 뺏′기다[2]. 삣′기다[2].

보골내 : 다~보골내다 <보골나이다 <보골나′이다 [동] 〔보골내 : 고, 보골내 : 지, 보골내′애→보골내″, 보골내′애도→보골내″도, 보골내′앴다→보골냈″다, 보골내 : 이(−니), 보골낸″, 보골내 : 는〕 ('보골나′다'의 사동) 화내다. ¶ 보골나도 보골내지 몬할(못하−) 때가 많제(−지). / 소도 보골낼 때 있다.

보이″다[1] [동] 〔보이″고, 보이′이→보이″, 보이′이도→보이″도, 보이′있다→보있″다, 보이″이(−니), 보인″, 보이″는〕 ('보′다[見]'의 피동) 보이다. ¶ 넘으(남의) 밥에 든 콩~이 굵어 보인다. / 정이 있이머(−으면) 꿈에도 보인다. / 떨간(놓치−) 괴기가(고기−) 크기(−게) 보인다. / 너무(남의) 짐이 해깝아(가벼워) 보인다. / 꿈에 보인 님(임) 꿈 깨머(−면) 더 보고 접다(싶−). [준] 비″다[1].

보′이다[2] 통 〔보′이고, 보′이이→보′이, 보′이이도→보′이도, 보′이있다→보′있다, 보′이이(-니), 보′인, 보′이는〕 (‘보′다[見]’의 사동) 보이다. ¶ 나자테도(-에게도) 그거 보이 주가(줘). / 할매자테(할머니께) 멈첨(먼저) 보이 디리라(드려라). 준 비″다[2].

볼리″다 <보리이″다 통 〔볼리″고, 볼리′이→볼리″, 볼리′이도→볼리″도, 볼리′있다→볼렀″다, 볼리″이(-니), 볼린″, 볼리″는〕 (‘보리′다[塗]’의 피동) 발리다. ¶ 밑에 칠이 볼리 있는데 그 우에(위-) 또 보린다. 비 발리″다[1].

붉′히다[볼키다] 통 붉′히고, 붉′히이→붉′히, 붉′히이도→붉′히도, 붉′히있다→붉′힜다, 붉′히이(-니), 붉′힌, 붉′히는 (‘붉′다[明]’의 사동) 밝히다. ¶ 눈을 붉히고 찾아도 없더라. / 눈 붉은 사람이 읽어바라(봐라). 비 밝′히다. 붉′히다[1].

볿히″다[1][볼피다] 통 〔볿히″고, 볿히′이→볿히″, 볿히′이도→볿히″도, 볿히′있다→볿힜″다, 볿히″이(-니), 볿히″는, 볿힌″〕 (‘볿:다[踏]’의 피동) 밟히다. ¶ 꼬리가 질머(길면) 볿힌다. / 지래이도(지렁이-) 볿히머(-면) 꿈틀거린다. / 볿히는 기(게) 먼가(뭣인가) 봤디이(봤더니) 돈~이다. 비 밟히″다[1].

볿′히다[2][볼피다] 통 〔볿′히고, 볿′히이→볿′히, 볿′히이도→볿′히도, 볿′히있다→볿′힜다, 볿′히이(-니), 볿′힌, 볿′히는〕 (‘볿:다[踏]’의 사동) 밟게 하다. ¶ 그 때는 학생들(학생-) 데리다가(데려다가) 보리밭 볿히고 그랬다.

부푸″다 <부푸′우다 통 〔부푸″고, 부푸′아→부파″, 부푸′아도→부파″도, 부푸′았다→부팠″다, 부푸″이(-니), 부푼″~부푸′안→부판″, 부푸″는〕 (‘부′푸다[膨·脹]’의 사동) 부풀리다. ¶ 말을 부파 말하머(-면) 넘이(남-) 안 믿는다. / 너무 부푸이(-니) 긇제(그렇지). 비 부푸′리다[2]. 부풀구″다. 부풀루″다. 부풀류″다. 부풀′리다[2].

부푸리″다[1] 통 〔부푸리″고, 부푸리′이→부푸리″, 부푸리′이도→부푸리″도, 부푸리′있다→부푸렀″다, 부푸리″이(-니), 부푸린″, 부푸리″는〕 (‘부′푸다[膨·脹]’의 피동) 부풀리다. ¶ 안 좋은 소문은 부푸린다. 비 부풀′리다[1].

부푸′리다[2] <부풀′리다 <부풀′이다 ㉰ 〔부푸′리고, 부푸′리이→부푸′리, 부푸′리이도→부푸′리도, 부푸′리있다→부푸′있다, 부푸′리이(−니), 부푸′인, 부푸′리는〕 ('부′풀다[膨·脹]'의 사동) 부풀리다. ¶ 사람들이 부푸랸 말을 다 곧이듣지 마라. ㊐ 부푸″다. 부풀구″다. 부풀루″다. 부풀류″다. 부풀′리다[2].

부풀구″다~부풀′구″다 ㉰ 〔부풀구″고, 부풀구′아→부풀가″, 부풀구′아도→부풀가″도, 부풀구′았다→부풀갔″다, 부풀구″이(−니), 부풀군″~부풀구′안→부풀간″, 부풀구는〕 ('부′풀다[膨·脹]'의 사동) 부풀리다. ¶ 말을 그래(그리) 부풀가 하머 누가 믿노(−니). ㊐ 부푸″다. 부푸′리다[2]. 부풀루″다. 부풀류″다. 부풀′리다[2].

부풀루″다~부풀′루″다 ㉰ 〔부풀루″고, 부풀루′아→부풀라″, 부풀루′아도→부풀라″도, 부풀루′았다→부풀랐″다, 부풀루″이(−니), 부풀룬″~부풀루′안→부풀란″, 부풀루″는〕 ('부′풀다[膨·脹]'의 사동) 부풀리다. ¶ 말을 너무 부풀라 하이(−니) 몬(못) 믿겠다. ㊐ 부푸″다. 부푸′리다[2]. 부풀구″다. 부풀류″다. 부풀′리다[2].

부풀류″다 <부풀리′우다 ㉰ 〔부풀류″고, 부풀류′아→부풀랴″, 부풀류′아도→부풀랴″도, 부풀류′았다→부풀랐″다, 부풀류″이(−니), 부풀륜″~부풀류′안→부풀랸″, 부풀류″는〕 ('부′풀다[膨·脹]'의 사동) 부풀리다. ¶ 너무(남의) 숭은(흉−) 본데부터(본디−) 부풀랴 말하기(−게) 대(돼) 있다. / 잘 부풀랸 솜가(−으로) 이불 맹글머(만들면) 젤(제일) 좋지. ㊐ 부푸″다. 부푸′리다[2]. 부풀구″다. 부풀루″다. 부풀′리다[2].

부풀리″다[1] <부풀이″다 ㉰ 〔부풀리″고, 부풀리′이→부풀리″, 부풀리′이도→부풀리″도, 부풀리′있다→부풀릿″다, 부풀리″이(−니), 부풀린″, 부풀리″는〕 ('부′풀다[膨·脹]'의 피동) 부풀리다. ¶ 소꼿이(속곳−) 바람에 부풀리 너풀너풀한다. / 부풀린 소문. ㊐ 부푸리″다[1].

부풀′리다[2] <부풀′이다 ㉰ 〔부풀′리고, 부풀′리이→부풀′리, 부풀′리이도→부풀′리도, 부풀′리있다→부풀′릿다, 부풀′리이(−니), 부풀′인, 부풀′리는〕 ('부′풀다[膨·脹]'의 사동) 부풀리다. ¶ 넘우(남의) 숭을(흉−) 부풀리 말한다. / 그러이(그러니) 부풀린 숭을(흉−) 그

대로 믿지는 말아야제(−아야지). ㊐ 부푸″다. 부푸′리다[2]. 부풀구″다. 부풀루″다. 부풀류″다.

불구′다 <붇구′다 ⑧〔불구′고, 불구′아 → 불가″, 불구′아도 → 불가″도, 불구′았다 → 불갔″다, 불구′이(−니), 불군~불구′안 → 불간″, 불구는〕(‘붇 : 다[增·漲·殖]’의 사동) 불리다. ¶ 묵은 살은(쌀−) 물에 불가 밥하는 기(게) 낫다. ㊐ 불루′다. 불류″다[3]. 불′리다[6]. 불우′다. 불쿠′다.

불내 : 다 <불나이다 <불나′이다 ⑧〔불내 : 고, 불내′애 → 불내″, 불내′애도 → 불내″도, 불내′앴다 → 냈″다, 불내 : 이(−니), 불낸 : ~불내′앤 → 불낸″, 불내 : 는〕(‘불나′다’의 사동) 불내다. ¶ 접방살이하다가(곁방살이하−) 불낸다. / 불낸 사람이 물어 조야(줘야) 댄다(되−).

불루′다~불루″다 <불류″다 <불리′우다 <붇이′우다 ⑧〔불루′고, 불루′아 → 불라″, 불루′아도 → 불라″도, 불루′았다 → 불랐″다, 불루′이(−니), 불룬~불루′안 → 불란″, 불루는〕(‘붇 : 다[增·漲·殖]’의 사동) 불리다. ¶ 콩을 하리(하루) 불라가 삶아라. ㊐ 불구′다. 불류″다[3]. 불′리다[6]. 불우′다. 불쿠′다.

불류″다[1] <불리′우다 <불이′우다 ⑧〔불류″고, 불류′아 → 불랴″, 불류′아도 → 불랴″도, 불류′았다 → 불랐″다, 불류″이(−니), 불륜″~불류′안 → 불랸″, 불류″는〕(‘불 : 다[吹]’의 사동) 불리다. ¶ 글마한테(그놈 아이−) 피리 함(한번) 불랴 바라(봐라). ㊐ 불′리다[2].

불류″다[2] <불리′우다 <부리이′우다 ⑧〔불류″고, 불류′아 → 불랴″, 불류′아도 → 불랴″도, 불류′았다 → 불랐″다, 불류″이(−니), 불륜″~불류′안 → 불랸″, 불류″는〕(‘부리′다[呼·唱]’의 사동) 불리다. ¶ 동성(동생) 창가 하나 불랴 바라(봐라). ㊐ 불리다[4].

불류″다[3] <불리′우다 <붇이′우다 ⑧〔불류″고, 불류′아 → 불랴″, 불류′아도 → 불랴″도, 불류′았다 → 불랐″다, 불류″이(−니), 불륜″~불류′안 → 불랸″, 불류″는〕(‘붇 : 다[增·漲·殖]’의 사동) 불리다. ¶ 이 콩은 아무리 불랴도 잘 안 붇는다. ㊐ 불구′다. 불루′다. 불′리다[6]. 불우′다. 불쿠′다.

불류″다[4] <불리′우다 <부리이′우다 동 〔불류″고, 불류′아→불랴″, 불류′아도→불랴″도, 불류′았다→불랐″다, 불류″이(-니), 불륜″~불류′안→불랸″, 불류″는〕 (‘부리′다[飽]’의 사동) 불리다. ¶ 백성 등 따수고(따뜻하게 하-) 배 불랴 주는 기(게) 정치 아이가(아니냐). 비 불′리다[7].

불리″다[1] <불이″다 동 〔불리″고, 불리′이→불리″, 불리′이도→불리″도, 불리′있다→불렀″다, 불리″이(-니), 불린″, 불리″는〕 (‘불:다[吹]’의 피동) 불리다. ¶ 대나무로 맹근(만든) 피리가 젤(제일) 잘 불린다. / 하모(아무렴), 잘 맹근(만든) 피리가 잘 불리제(-지). / 바람에 불리 왔나 구름에 사이(싸여) 왔나. / 잘 불리는 해때기(호드기) 하나 맹글어(만들-) 주가(줘).

불′리다[2] <불′이다 동 〔불′리고, 불리′아→불′리, 불′리이도→불′리도, 불′리있다→불′렀다, 불′리이(-니), 불′린, 불′리는〕 (‘불:다[吹]’의 사동) 불리다. ¶ 여러 사람자테(-에게) 피리 불리고 지는(제-) 나팔 분다. 비 불류″다[1].

불리″다[3] <부리이″다 동 〔불리″고, 불리′이→불리″, 불리′이도→불리″도, 불리′있다→불렀″다, 불리″이(-니), 불린″, 불리″는〕 (‘부리′다[呼·唱]’의 피동) 불리다. ¶ 다임선성자테(담임선생에게) 불리가가(-서) 떽깄다(꾸중 들었다).

불′리다[4] <부리′이다 동 〔불′리고, 불′리아→불′리, 불′리이도→불′리도, 불′리있다→불′렀다, 불′리이(-니), 불′린, 불′리는〕 (‘부리′다[呼·唱]’의 사동) 불리다. ¶ 동성(동생) 창가 불리고 지는(제-) 춤 춘다. 비 불류″다[2].

불리″다[5] <불이″다 <붇이″다 동 〔불리″고, 불리′이→불리″, 불리′이도→불리″도, 불리′있다→불렀″다, 불리″이(-니), 불린″, 불리″는〕 (‘붇:다[增·漲·殖]’의 피동) 불리다. ¶ 콩~이 잘 불리기(-게) 따신(따뜻하-) 물 부아라(부어라).

불′리다[6] <불′이다 <붇′이다 동 〔불′리고, 불리′아→불′리, 불′리이도→불′리도, 불′리있다→불′렀다, 불′리이(-니), 불′린, 불′리는〕 (‘붇:다[增·漲·殖]’의 사동) 불리다. ¶ 소죽솥에 때 불리 손발 씪었다

(쐈－). ㊥ 불구′다. 불루′다. 불류″다[3]. 불우′다. 불쿠′다.

불′리다[7] <부리′이다 ㊌ 〔불′리고, 불′리아→불′리, 불′리이도→불′리도, 불′리있다→불′렸다, 불′리이(－니), 불′린, 불′리는〕 ('부리′다[飽]'의 사동) 불리다. ¶ 상전 배도 불리고 종 배도 불리야제(－지). 불류″다[4].

불붙′이다[불부치다] ㊌ 〔불붙′이고, 불붙′이이→불붙′이, 불붙′이이도→불붙′이도, 불붙′이있다→불붙′있다, 불붙′이이(－니), 불붙′인, 불붙′이는〕 ('불붙′다'의 사동) 불붙이다. ¶ 관솔에 불붙이머(－면) 젤(제일) 잘 붙는다.

불우′다 <붇우′다 ㊌ 〔불우′고, 불우′아→불아″, 불우′아도→불아″도, 불우′았다→불았″다, 불우′이(－니), 불운~불우′안→불안″, 불우는〕 ('붇:다[增·漲·殖]'의 사동) 불리다. ¶ 콩을 불아가(－서) 메주 순다(쑤－). ㊥ 불구′다. 불루′다. 불류″다[3]. 불′리다[6]. 불쿠′다.

불쿠′다 <붇쿠′다 ㊌ 〔불쿠′고, 불쿠′아→불카″, 불쿠′아도→불카″도, 불쿠′았다→불캈″다, 불쿠′이(－니), 불쿤~불쿠′안→불칸″, 불쿠는〕 ('붇:다[增·漲·殖]'의 사동) 불리다. ¶ 조피(두부) 맹글라(만들려) 카머(고 하면) 먼저 콩을 불카야 댄다(되－). ㊥ 불구′다. 불루′다. 불류″다[3]. 불′리다[6]. 불우′다.

불태′우다 <불타이′우다 ㊌ 불태′우고, 불태′우아→불태′아~불태′야, 불태′우아도→불태′아도~불태′야도, 불태′우았다→불태′았다~불태′얐다, 불태′우이(－니), 불태′운~불태′우안→불태′안~불태′얀, 불태′우는〕 ('불타다[燒]'의 사동) 불태우다. ¶ 초가삼칸(초가삼간) 불태야 놓고 빈대 잡는 재미라 쿤다(고 하－). / 시집갈 때 그 총각자테서(－에게서) 받은 팬지(편지) 다 불태얐단다.

붉′히다[1][불키다] ㊌ 〔붉′히고, 붉′히이→붉′히, 붉′히이도→붉′히도, 붉′히있다→붉′힜다, 붉′히이(－니), 붉′힌, 붉′히는〕 ('붉′다[明]'의 사동) 밝히다. ¶ 호롱불이라도 붉히고 책 일러라(읽어라). / 머(뭐) 가지고 갈 기(게) 더 없나 하고 눈을 붉히고 찾더라. ㊥ 밝′히다. 봙′히다.

붉′히다[2][불키다] ㊌ 〔붉′히고, 붉′히이→붉′히, 붉′히이도→붉′히도,

붉′히있다→붉′힜다, 붉′히이(-니), 붉′힌, 붉′히는〕('붉′다[赤]'의 사동) 붉히다. ¶ 살다 보머(면) 서리(서로) 얼굴 붉힐 일도 많다.

붙들리″다~붙들′리″다[붇뜰리다] <붙들이″다 통〔붙들리″고, 붙들리′이→붙들리″, 붙들리′이도→붙들리″도, 붙들리′있다→붙들맀″다, 붙들리″이(-니), 붙들린″, 붙들리″는〕('붙들′다[逮·捕]'의 피동) 붙들리다. ¶ 처제들한테 붙들리는 바람에 하리(하루) 더 놀다 왔다. 비 뿥뜰리″다.

붙′이다[부치다] 통〔붙′이고, 붙′이이→붙′이, 붙′이이도→붙′이도, 붙′이있다→붙′있다, 붙′이이(-니), 붙′인, 붙′이는〕('붙′다[附]'의 사동) 붙이다. ¶ 혹 띠러(떼-) 왔다가 혹 붙이고 간다. / 흥정은 붙이고 사암은(싸움-) 말리라(말려라). / 백에다가(벽-) 돈 붙이 놓고 비는 사람 밨다(봤-). / 화리에(화로-) 엿 붙이 났나(놨-).

붙잡히″다[붇자피다] 통〔붙잡히″고, 붙잡히′이→붙잡히″, 붙잡히′이도→붙잡히″도, 붙잡히′있다→붙잡힜″다, 붙잡히″이(-니), 붙잡히″는, 붙잡힌″〕('붙잡′다[執·捕]'의 피동) 붙잡히다. ¶ 달빼디이(달아나더니) 맥살(멱살) 붙잡히가(-서) 왔더라. 비 붙잽히″다. 뿥짭히″다. 뿥쨉히″다.

붙잽히″다[붇재피다] 통〔붙잽히″고, 붙잽히′이→붙잽히″, 붙잽히′이도→붙잽히″도, 붙잽히′있다→붙잽힜″다, 붙잽히″이(-니), 붙잽히″는, 붙잽힌″〕('붙잡′다[執·捕]'의 피동) 붙잡히다. ¶ 모구가(모기-) 매한테 붙잽힐까 바(봐) 걱정하겠능교(-습니까). / 그넘이(그놈-) 안 붙잽힐 리가 있나. / 붙잽힌 넘이(놈-) 작년에(작년-) 여어(여기) 온 바리(바로) 그넘이다(그놈-). 비 붙잡히″다. 뿥짭히″다. 뿥쨉히″다.

비″다[1] <뵈″다 <보이″다 통〔비″고, 비′이→비″, 비′이도→비″도, 비′있다→빘″다, 비″이(-니), 빈″, 비″는〕('보′다[見]'의 피동) '보이″다[1]'의 준말. 보이다. ¶ 기는(귀-) 멀어도 눈은 잘 빈다. / 맘에(마음-) 없는 거는 눈에 안 빈다. / 밥을 굶었디이(-더니) 눈에 헛기(헛것이) 빈다. / 니(네) 떡이 더 커 빈다. / 도사 눈에는 앉아서 삼천 리 서서 구만 리가 빈다. / 보고 시푸머(싶으면) 꿈에도 빈다. / 머

(뭐) 눈에는 머뿐~이(뭐−) 안 빈다. / 가시나(계집에) 그거 곱상하이(−게) 비도 성질 대기(되게) 몬됐다(못됐−). / 맘에 없이머(−으면) 들어도 듣기지(들리−) 않고, 바도(봐도) 비지 않는다. / 저 꼬라지(꼬락서니) 하고 있는 거 비나(−니)? / 할매(할머니) 눈에도 잘 비능교(−는가요)? / 젊은 사람 눈에사(−야) 잘 비제(−지). / 비는 것도 잘 모리는데(모르−) 안 비는 거를 알 택이(턱−) 있능교(−는가요). / 눈에 비는 기(게) 없나.

ㅂ

비″다[2] <뵈′이다 <보′이다 동 〔비″고, 비′이→비″, 비′이도→비″도, 비′있다→빘″다, 비″이(−니), 빈″, 비″는〕 (‘보′다[見]’의 사동) ‘보′이다[2]’의 준말. 보이다. ¶ 할매자테도(할머니에게도) 사진 비 디렀다(드렸−). / 내 기림(그림) 해원자테(회원에게) 다 빘다. / 재미있다 쿠이(고 하니) 자꾸 비 준다. / 지(제) 속을 너무 숩기(쉽게) 남자테(남에게) 비 주지 마라. / 니가(네−) 안 비 조도(줘도) 나는 다 안다. / 내가 아까 니자테 빈 기(게) 내가 어제 본 기다(게−).

비″다[3] <비이″다 동 〔비″고, 비′이→비″, 비′이도→비″도, 비′있다→빘″다, 비″이(−니), 빈″, 비″는〕 (‘비 : 다[切]’의 피동) ‘비이″다[1]’의 준말. 베이다. ¶ 낫에 손 빈 체로(째−) 그 풀 다 빘다(벴−).

비″다[4] <비′이다 동 〔비″고, 비′이→비″, 비′이도→비″도, 비′있다→빘″다, 비″이(−니), 빈″, 비″는〕 (‘비 : 다[枕]’의 사동) ‘비′이다[2]’의 준말. 베게 하다. ¶ 얼라 비게(베게) 비 조라(줘라). / 할매(할머니) 비게(베게) 비 디리라(드려라).

비′우다[1] 동 〔비′우고, 비′우아→비′아~비′야, 비′우아도→비′아도~비′야도, 비′우았다→비′았다~비′얐다, 비′우이(−니), 비′운~비′우안→비′안~비′얀, 비′우는〕 (‘비 : 다[空]’의 사동) 비우다. ¶ 나무도 나(나이) 들머(면) 속 비운다. / 중은 절 비야 놓고 시주 얻으러 갔다. / 비아야 머로(무엇을) 담을 수 있다. / 어느 정도 마음을 비야 두는 기(게) 여유다. / 사우(사위) 온다 쿠이(고 하니) 잘 방 비아 나라(놔라).

비′우다[2] 동 〔비′우고, 비′우아→비′아~비′야, 비′우아도→비′아도~비′야도, 비′우았다→비′았다~비′얐다, 비′우이(−니), 비′운~비′

우안→비′안~비′야, 비′우는〕(‘비:다[枕]’의 사동) 베게 하다. ¶ 폴에(팔-) 각시 비우고 자야 잠이 와. / 할매(할머니) 비개(베개) 비야 디리라(드려라). [비] 비′이다[2].

비이″다[1] [통]〔비이″고, 비이′이→비이″, 비이′이도→비이″도, 비이′있다→비있″다, 비이″이(-니), 비인″, 비이″는〕(‘비:다[切]’의 피동) 베이다. ¶ 낫에 손 비있다. [준] 비″다[3].

비′이다[2] [통]〔비′이고, 비′이이→비′이, 비′이이도→비′이도, 비′이있다→비′있다, 비′이이(-니), 비′인, 비′이는〕(‘비:다[枕]’의 사동) 베게 하다. ¶ 자는 아아(아이) 비게(베게) 비이 조라(줘라). [준] 비″다[4]. [비] 비′우다[2].

비틀리″다 <비틀이″다 [통]〔비틀리″고, 비틀리′이→비틀리″, 비틀리′이도→비틀리″도, 비틀리′있다→비틀맀″다, 비틀리″이(-니), 비틀린″, 비틀리″는〕(‘비틀다[捻]’의 피동) 비틀리다. ¶ 올개(올해) 들어 하는 일마중(-마다) 비틀린다.

빈추″다[1] <빛우′다 [통]〔빈추″고, 빈추′아→빈차″, 빈추′아도→빈차″도, 빈추′았다→빈찼″다, 빈추″이(-니), 빈춘″~빈추′안→빈찬″, 빈추″는〕(‘*빛다[明]’의 사동) 비추다. ¶ 둥근 달이 온 천지를 빈춘다. [비] 빈추″다[2]<빛치′우다. 빈츄″다. 삔추″다. 삔츄″다.

빈추″다[2] <빈츄″다 <빈치′우다 <빛이′우다 [통]〔빈추″고, 빈추′아→빈차″, 빈추′아도→빈차″도, 빈추′았다→빈찼″다, 빈추″이(-니), 빈춘″~빈추′안→빈찬″, 빈추″는〕(‘*빛다[明]’의 사동) 비추다. ¶ 달이 천지를 환하이(환하게) 빈춘다. [비] 빈추′다[1]<빛우′다. 빈츄다″. 삔추″다. 삔츄″다.

빈츄″다 <빈치′우다 <빛이′우다 [통]〔빈츄″고, 빈츄′아→빈챠″, 빈츄′아도→빈챠″도, 빈츄′았다→빈챴″다, 빈츄″이(-니), 빈츈″~빈츄′안→빈챤″, 빈츄″는〕(‘*빛다[明]’의 사동) 비추다. ¶ 호롱불이라도 빈츄는 데서 책 바라(봐라). [비] 빈추′다[1]<빛우′다. 빈추″다[2]<빛이′우다. 삔추″다. 삔츄″다.

빈치″다 <빛이″다 [통]〔빈치″고, 빈치′이→빈치″, 빈치′이도→빈치″도, 빈치′있다→빈칬″다, 빈치″이(-니), 빈친″, 빈치″는〕(‘*빛다[明]’

의 피동) 비치다. ¶ 꾸부러진 지패이는(지팽이—) 그늘도 꾸부러져 빈친다. / 해가 잘 빈치는 곳. / 물에 빈친 달. ㊕ 삔치″다.

빌 : 시다 <벨 : 시다 <벌 : 시다 통 〔빌 : 시고, 빌 : 시아→빌 : 시, 빌 : 시이도→빌 : 시도, 빌 : 시있다→빌 : 싰다, 빌 : 시이(—니), 빌 : 신, 빌 : 시는〕 ('벌 : 다[開]'의 사동) 벌리다. ¶ 머(뭐) 잘했다고 입을 빌시고 우노(—니). ㊕ 발 : 기다. 벌 : 기다. 발 : 리다[4]. 벌 : 리다[3]. 벌 : 시다. 벨 : 시다.

ㅂ

빗맞추′다[빋맏추다~빈맏추다] <빗맞후′다 통 〔빗맞추′고, 빗맞추′아→빗맞차″, 빗맞추′아도→빗맞차″도, 빗맞추′았다→빗맞찼″다, 빗맞추′이(—니), 빗맞춘~빗맞추′안→빗맞찬″, 빗맞추는〕 ('빗맞′다'의 사동) 빗맞히다. ¶ 활살로(화살—) 빗맞차도 산대지는(산돼지—) 쫓아냈다. ㊕ 빗맞후′다.

빗맞후′다[빋맏추다~빈마추다] 통 〔빗맞후′고, 빗맞후′아→빗맞하″, 빗맞후′아도→빗맞하″도, 빗맞후′았다→빗맞핬″다, 빗맞후′이(—니), 빗맞훈~빗맞후′안→빗맞한″, 빗맞후는〕 ('빗맞′다'의 사동) 빗맞히다. ¶ 빗맞훈 활살은(화살—) 찾기도 애럽다(어렵—). ㊕ 빗맞추′다.

빚주″다[빋주다] <빚쥬″다 <빚지′우다 통 〔빚주″고, 빚주′아→빚자″, 빚주′아도→빚자″도, 빚주′았다→빚잤″다, 빚주″이(—니), 빚준″~빚주′안→빚잔″, 빚주″는〕 ('빚지′다[負]'의 사동) 빚을 지게 하다. ¶ 부모 빚자 놓고 내가 우째(어찌) 퍦기(편하게) 살 수 있겠능교(—습니까). ㊕ 빚쥬″다.

빚쥬″다[빋쥬다] <빚지′우다 통 〔빚쥬″고, 빚쥬′아→빚쟈″, 빚쥬′아도→빚쟈″도, 빚쥬′았다→빚쟜″다, 빚쥬″이(—니), 빚쥰″~빚쥬′안→빚쟌″, 빚쥬″는〕 ('빚지′다[負]'의 사동) 빚을 지게 하다. ¶ 자석이(자식—) 부모한테 빚쥬는 것도 큰 재다(죄—). ㊕ 빚주″다.

빠주″다[1] <빠쥬″다 <빠지′우다 통 〔빠주″고, 빠주′아→빠자″, 빠주′아도→빠자″도, 빠주′았다→빠잤″다, 빠주″이(—니), 빠준″~빠주′안→빠잔″, 빠주″는〕 ('빠′지′다[溺·陷]'의 사동) 빠지게 하다. 빠뜨리다. ¶ 정낭~아(뒷간에) 담바줌치(담배주머니) 빠잤뿠다(빠뜨려

버렸다). / 물에 빠준 신을 우애(어찌) 껀질고(건질까)? [비] 빠쥬″다[1].

빠주″다[2] <빠쥬″다 <빠지′우다 [동] 〔빠주″고, 빠주′아 → 빠자″, 빠주′아도 → 빠자″도, 빠주′았다 → 빠잤″다, 빠주″이(-니), 빠준″ ~ 빠주′안 → 빠잔″, 빠주″는〕 (‘빠′지′다[拔]’의 사동) 빠지게 하다. ¶ 이를 두 개나 빠자 노이(놓으니) 아무 것도 몬(못) 묵는다. / 니(네) 줄 장갑 가아(자져) 온다 캐(고 해) 놓고 빠자 뭈다(먹었-). [비] 빠쥬″다[2].

빠쥬″다[1] <빠지′우다 [동] 〔빠쥬″고, 빠쥬′아 → 빠쟈″, 빠쥬′아도 → 빠쟈″도, 빠쥬′았다 → 빠쟜″다, 빠쥬″이(-니), 빠쥰″ ~ 빠쥬′안 → 빠쟌″, 빠쥬″는〕 (‘빠′지′다[溺·陷]’의 사동) 빠지게 하다. 빠뜨리다. ¶ 나를 사랑~아(-에) 빠쥰 사람은 바로 니인까네(너니까) 니가(네-) 날 책임져라. / 물에 빠쟈 책은 몬(못) 신다(쓰-). [비] 빠주″다[1].

빠쥬″다[2] <빠지′우다 [동] 〔빠쥬″고, 빠쥬′아 → 빠쟈″, 빠쥬′아도 → 빠쟈″도, 빠쥬′았다 → 빠쟜″다, 빠쥬″이(-니), 빠쥰″ ~ 빠쥬′안 → 빠쟌″, 빠쥬″는〕 (‘빠′지′다[拔]’의 사동) 빠지게 하다. ¶ 머(뭐) 묵다가(먹-) 이 빠쟜다 쿰더(고 합니다). / 바뿌이(바쁘니) 신랑 새일도(생일-) 빠쟈 뭈뿄심더(먹어 버렸습니다). [비] 빠주″다[2].

빨류″다[1] <빨리′우다 <빨이′우다 [동] 〔빨류″고, 빨류′아 → 빨랴″, 빨류′아도 → 빨랴″도, 빨류′았다 → 빨랐″다, 빨류″이(-니), 빨륜″ ~ 빨류′안 → 빨랸″, 빨류″는〕 (‘빨다[吸]’의 사동) 빨리다. ¶ 젖을 빠는강(-는가) 안 빠는강(-는가) 한문(한번) 젖 빨랴 보자. [비] 빨′리다[2].

빨류″다[2] <빨리′우다 <빨이′우다 [동] 〔빨류″고, 빨류′아 → 빨랴″, 빨류′아도 → 빨랴″도, 빨류′았다 → 빨랐″다, 빨류″이(-니), 빨륜″ ~ 빨류′안 → 빨랸″, 빨류″는〕 (‘빨다[洗]’의 사동) 빨리다. ¶ 수건을 빨랴 보이(-니) 수건도 잘 빨고, 걸레를 빨랴 바도(봐도) 걸레도 잘 빨더라. [비] 빨′리다[4].

빨리″다[1] <빨이″다 [동] 〔빨리″고, 빨리′이 → 빨리″, 빨리′이도 → 빨리″도, 빨리′있다 → 빨릯″다, 빨리″이(-니), 빨린″, 빨리″는〕 (‘빨다[吸]’의 피동) 빨리다. ¶ 불질이(불길-) 잘 빨리 드가도로(들어가도록) 꿀뚝을(굴뚝-) 잘 시아라(세워라). / 젖을 빨리야 젖도 잘 난다.

빨′리다[2] <빨′이다 [동] 〔빨′리고, 빨′리아 → 빨′리, 빨′리이도 → 빨′리도,

빨'리있다→빨'렸다, 빨'리이(ㅡ니), 빨'린, 빨'리는〕('빨다[吸]'의 사동) 빨리다. ¶ 행수가(형수ㅡ) 지(제) 젖 빨랴 키얀(키운) 시동성이다(시동생ㅡ). ㊥ 빨류″다[1].

빨리″다[3] <빨이″다 ㊍〔빨리″고, 빨리'이→빨리″, 빨리'이도→빨리″도, 빨리'있다→빨렸″다, 빨리″이(ㅡ니), 빨린″, 빨리″는〕('빨다[洗]'의 피동) 빨리다. ¶ 덥운(더운) 물에 빨아야 잘 빨린다. / 잘 빨리는 옷이 팬다(편하ㅡ).

빨'리다[4] <빨'이다 ㊍〔빨'리고, 빨'리아→빨'리, 빨'리이도→빨'리도, 빨'리있다→빨'렸다, 빨'리이(ㅡ니), 빨'린, 빨'리는〕('빨다[洗]'의 사동) 빨리다. ¶ 즈그(제희) 옷은 즈그자테(저희에게) 빨렸다. ㊥ 빨류″다[2].

ㅂ

빼뜰리″다~빼뜰'리″다 <빼뜰이″다 ㊍〔빼뜰리″고, 빼뜰리'이→빼뜰리″, 빼뜰리'이도→빼뜰리″도, 빼뜰리'있다→빼뜰렸″다, 빼뜰리″이(ㅡ니), 빼뜰린″, 빼뜰리″는〕('빼뜰'다[奪]'의 피동) 빼앗기다. ¶ 돈을 빼뜰리고도 아무 소리 몬(못) 했나? / 사랑만은 안 빼뜰릴락고(ㅡ려고) 울고불고 했다. / 몸도 빼뜰리고 마음꺼정(ㅡ까지) 빼뜰렸다. ㊥ 빼앚기″다. 뺏기″다. 뺏뜰리″다.

빼앚기″다[빼안기다] ㊍〔빼앚기″고, 빼앚기'이→빼앚기″, 빼앚기'이도→빼앚기″도, 빼앚기'있다→빼앚겼″다, 빼앚기″이(ㅡ니), 빼앚긴″, 빼앚기″는〕('빼앚'다[奪]'의 피동) 빼앗기다. ¶ 서리(서로) 빼앚고(빼앗ㅡ) 빼앚기고 하다가 큰 사암이(싸움ㅡ) 댔다(됐ㅡ). / 몸도 마음도 다 빼앚겼다. / 돈만 빼앚겼나 어데(어디) 시간도 빼앚겼다. / 있는 줄 알고 빼앚일라(빼앗으려) 카는데(고 하ㅡ) 안 빼앚길 수 있겠나. ㊥ 빼뜰리″다. 뺏기″다. 뺏뜰리″다.

빨가벗기″다[1][빨가벋기다] ㊍〔빨가벗기″고, 빨가벗기'이→빨가벗기″, 빨가벗기'이도→빨가벗기″도, 빨가벗기'있다→빨가벗겼″다, 빨가벗기″이(ㅡ니), 빨가벗긴″, 빨가벗기″는〕('빨가벗'다[脫]'의 피동) 발가벗기다. ¶ 다 뺏겼이이(ㅡ으니) 빨가벗긴 기나(게ㅡ) 마찬가지다. ㊥ 빨가벳기″다[1].

빨가벗'기다[2][빨가벋기다] ㊍〔빨가벗'기고, 빨가벗'기이→빨가벗'기,

빨가벗′기이도 → 빨가벗′기도, 빨가벗′기있다 → 빨가벗′깄다, 빨가벗′기이(―니), 빨가벗′긴, 빨가벗′기는〕 ('빨가벗′다[脫]'의 사동) 발가벗기다. ¶ 빨가벗기고 쫌(좀) 쉬기라(씻겨라). ㊊ 벌거벗′기다. 빨가벳′기다[2].

빨가벳기″다[1][빨가벧기다] <빨가벗기″다 ㊍〔빨가벳기″고, 빨가벳기′이 → 빨가벳기″, 빨가벳기′이도 → 빨가벳기″도, 빨가벳기′있다 → 빨가벳깄″다, 빨가벳기″이(―니), 빨가벳긴″, 빨가벳기″는〕 ('빨가벗′다[脫]'의 피동) 발가벗기다. ¶ 빨가벳긴 몸을 머로가(무엇으로) 숭키야(숨겨야) 대노(되나)? ㊊ 빨가벗기″다[1].

빨가벳′기다[2][빨가벧기다] <빨가벗기다 ㊍〔빨가벳′기고, 빨가벳′기이 → 빨가벳′기, 빨가벳′기이도 → 빨가벳′기도, 빨가벳′기있다 → 빨가벳′깄다, 빨가벳′기이(―니), 빨가벳′긴, 빨가벳′기는〕 ('빨가벗′다[脫]'의 사동) 발가벗기다. ¶ 빨가벳기 나도(놔도) 십 리를 갈 사람이다. / 이래(이리) 칩운데(추운데) 저래(저리) 빨가벳기 났네(놨네). ㊊ 벌거벗′기다. 빨가벗′기다[2].

뺏기″다[뺃기다] ㊍〔뺏기″고, 뺏기′이 → 뺏기″, 뺏기′이도 → 뺏기″도, 뺏기′있다 → 뺏깄″다, 뺏기″이(―니), 뺏긴″, 뺏기″는〕 ('*뺏′다[奪]'의 피동) 빼앗기다. ¶ 돈~이고 옷이고 다 뺏기고 왔더라. / 동양도(동냥―) 몬(못) 얻고 자리만(자루―) 뺏깄다. / 곱운(고운) 각시자테(에게) 마음을 다 뺏깄다. / 온 마음을 다 줐지만(줬―) 사랑은 뺏깄뿠다(뺏겨 버렸―). ㊊ 빼뜰리″다. 빼앗기″다. 뺏뜰리″다.

뺏뜰리″다~뺏뜰′리″다[뺃뜰리다] <뺏뜰이″다 ㊍〔뺏뜰리″고, 뺏뜰리′이 → 뺏뜰리″, 뺏뜰리′이도 → 뺏뜰리″도, 뺏뜰리′있다 → 뺏뜰맀″다, 뺏뜰리″이(―니), 뺏뜰린″, 뺏뜰리″는〕 ('뺏뜰′다[奪]'의 피동) 빼앗기다. ¶ 그거를 안 뺏뜰리두로(―도록) 조심해래이(조심하여라). / 뺏뜰라(뺏으려) 카는(고 하―) 넘한테는(놈―) 안 뺏뜰릴 수가 없다(없―). ㊊ 빼앗기″다. 빼뜰리″다. 뺏기″다.

뻗히″다[뻐치다] ㊍〔뻗히″고, 뻗히′이 → 뻗히″, 뻗히′이도 → 뻗히″도, 뻗히′있다 → 뻗힜″다, 뻗히″이(―니), 뻗힌″, 뻗히″는〕 ('뻗′다[暢]'의 피동사) 뻗히다. ¶ 아푸지는(아프―) 않는데 폴이(팔―) 지대로

(제대로) 안 뻗힌다.

뻣기″다[1][뻗기다] 동 〔뻣기″고, 뻣기′이 → 뻣기″, 뻣기′이도 → 뻣기″도, 뻣기′있다 → 뻣깄″다, 뻣기″이(−니), 뻣긴″, 뻣기″는〕 (‘벗′다[脫]’의 피동) 벗기다. ¶ 공거 바라머(−면) 이마빼기가(이마빡−) 뻣긴다. / 이 버선은 잘 안 뻣긴다. 비 벗기″다[1]. 벳기″다[1]. 뻿기″다[1].

뻣′기다[2][뻗기다] 동 〔뻣′기고, 뻣′기이 → 뻣′기, 뻣′기이도 → 뻣′기도, 뻣′기있다 → 뻣′깄다, 뻣′기이(−니), 뻣′긴, 뻣′기는〕 (‘벗′다[脫]’의 사동) 벗기다. ¶ 전에 칠한 칠 다 뻣기고 다시 칠했다. / 삼이고 모시고 다 껍띠기를(껍데기−) 뻣긴 거다. 비 벗′기다[2]. 벳′기다[2]. 뻿′기다[2].

뻿기″다[1][뻳기다] <뻣기″다 동 〔뻿기″고, 뻿기′이 → 뻿기″, 뻿기′이도 → 뻿기″도, 뻿기′있다 → 뻿깄″다, 뻿기″이(−니), 뻿긴″, 뻿기″는〕 (‘벗′다[脫]’의 피동) 벗기다. ¶ 신~이 잘 뻿기서 산에는 몬(못) 신고 간다. 비 벗기″다[1]. 벳기″다[1]. 뻣기″다[1].

뻿′기다[2][뻳기다] <뻣′기다 동 〔뻿′기고, 뻿′기이 → 뻿′기, 뻿′기이도 → 뻿′기도, 뻿′기있다 → 뻿′깄다, 뻿′기이(−니), 뻿′긴, 뻿′기는〕 (‘벗′다[脫]’의 사동) 벗기다. ¶ 아침 안개 중대가리 뻿긴다. / 물에 담가 푹 불라(불려) 껍띠기(껍데기) 뻿기머(−면) 잘 뻿기진다. 비 벗′기다[2]. 벳′기다[2]. 뻣′기다[2].

뽀이″다[1] <뽀우이″다 동 〔뽀이″고, 뽀이′이 → 뽀이″, 뽀이′이도 → 뽀이″도, 뽀이′있다 → 뽀있″다, 뽀이″이(−니), 뽀인″, 뽀이″는〕 (‘뽀′우다[粉·碎]’의 피동) 빻아지다. ¶ 곱기(−게) 뽀인 가리로(가루−) 쪄야 묵기(먹−) 좋다. 비 뽀이″다[2].

뽀이″다[2] 동 〔뽀이″고, 뽀이′이 → 뽀이″, 뽀이′이도 → 뽀이″도, 뽀이′있다 → 뽀있″다, 뽀이″이(−니), 뽀인″, 뽀이″는〕 (‘뽀″다[粉·碎]’의 피동) 빻아지다. ¶ 절구통에는 그기(그게) 잘 안 뽀인다. 비 뽀이″다[1].

뽂이″다 동 〔뽂이″고, 뽂이′이 → 뽂이″, 뽂이′이도 → 뽂이″도, 뽂이′있다 → 뽂있″다, 뽂이″이(−니), 뽂인″, 뽂이″는〕 (‘뽂′다[炒]’의 피동) 볶이다. ¶ 불이 너무 시머(세면) 안 뽂이고 탄다. / 빚재이한테(빚쟁이－) 뿕이 내가 몬(못) 산다.

뽑히″다[뽀피다] 동 〔뽑히″고, 뽑히′이→뽑히″, 뽑히′이도→뽑히″도, 뽑히′있다→뽑힜″다, 뽑히″이(－니), 뽑힌″, 뽑히″는〕 (‘뽑다[拔]’의 피동사) 뽑히다. ¶ 피가 크기(－게) 자라머(－면) 뽑을라(－으려) 캐도(고 해－) 잘 안 뽑힌다. / 피를 뽑는다고 그기(그게) 다 뽑히나.

뿥뜰리″다～뿥뜰′리″다[뿓뜰리다] <쁕뜰이″다 동 〔뿥뜰리″고, 뿥뜰리′이→뿥뜰리″, 뿥뜰리′이도→뿥뜰리″도, 뿥뜰리′있다→뿥뜰맀″다, 뿥뜰리″이(－니), 뿥뜰린″, 뿥뜰리″는〕 (‘뿥뜰′다[逮·捕]’의 피동) 붙들리다. ¶ 도독맞고도(도둑맞－) 어데 뿥뜰리 가는 수 있데이(－어). / 고구마 캐 묵다가 주인자태 뿥들맀다. / 뿥뜰린 사람 다 어데로(어디－) 내애뺐다(달아났－). 비 붙들리″다.

뿥짭히″다[뿓짜피다] 동 〔뿥짭히″고, 뿥짭히′이→뿥짭히″, 뿥짭히′이도→뿥짭히″도, 뿥짭히′있다→뿥짭힜″다, 뿥짭히″이(－니), 뿥짭히″는, 뿥짭힌″〕 (‘뿥짭′다[執·捕]’의 피동) 붙잡히다. ¶ 그 때 뿥짭힌 넘은(놈－) 다 죽었다. 비 붙잡히″다. 붙잽히″다. 뿥잽히″다.

뿥잽히″다[뿓째피다] <뿥짭히″다 동 〔뿥잽히″고, 뿥잽히′이→뿥잽히″, 뿥잽히′이도→뿥잽히″도, 뿥잽히′있다→뿥잽힜″다, 뿥잽히″이(－니), 뿥잽히″는, 뿥잽힌″〕 (‘뿥짭′다[執·捕]’의 피동) 붙잡히다. ¶ 밤에 너무(남의) 집 달(닭) 잡아 가다가 뿥잽힜다. 비 붙잡히″다. 붙잽히″다. 뿥짭히″다.

삔추″다 <삔츄″다 <삔치′우다 <빛이′우다 동 〔삔추″고, 삔추′아→삔차″, 삔추′아도→삔차″도, 삔추′았다→삔찼″다, 삔추″이(－니), 삔춘″, 삔추″는〕 (‘*빛다[明]’의 사동) 비추다. ¶ 저싊에는(겨울－) 해가 삔차도 칩다(춥－). / 해가 잘 삔추는 데다 널어라. 비 빈추′다[1] <빛우′다. 빈추″다[2]<빛이′우다. 빈추′다. 빈츄″다. 삔츄″다.

삔츄″다 <삔치′우다 <빛이′우다 동 〔삔츄″고, 삔츄′아→삔챠″, 삔츄′아도→삔챠″도, 삔츄′았다→삔챴″다, 삔츄″이(－니), 삔츈″, 삔츄″는〕 (‘*빛다[明]’의 사동) 비추다. ¶ 해가 잘 삔츄는 곳. / 불로 삔챠도 안 빈다(보이－). 비 빈추′다[1]<빛우′다. 빈추″다[2]<빛이′우다. 빈추″다. 삔추″다.

삔치″다 <뿣이″다 동 〔삔치″고, 삔치′이 → 삔치″, 삔치′이도 → 삔치″도, 삔치′있다 → 삔칬″다, 삔치″이(－니), 삔친″, 삔치″는〕 (‘*뿣다[明]’의 피동) 비치다. ¶ 전깃불이 환하이(－게) 삔친다. / 물에 산~이 삔친다. / 불이 잘 삔치구로(－도록) 해 바라(봐라). 비 빈치″다.

삣기″다[1][삗기다] 동 〔삣기″고, 삣기′이 → 삣기″, 삣기′이도 → 삣기″도, 삣기′있다 → 삣깄″다, 삣기″이(－니), 삣긴″, 삣기″는〕 (‘삣′다[梳]’의 피동) 빗기다. ¶ 머리 잘 삣기는 빗 하나 사 온나(－너라).

삣′기다~삣기″다[2][삗기다] 동 〔삣′기고, 삣′기이 → 삣′기, 삣′기이도 → 삣′기도, 삣′기있다 → 삣′깄다, 삣′기이(－니), 삣′긴, 삣′기는〕 (‘삣′다[梳]’의 사동) 빗기다. ¶ 엄마가 딸 머리 삣긴다. / 야야(얘－) 할매(할머니) 머리 삣기 디리라(드려라).

뿣내 : 다[삗내다] <뿣나이다 <뿣나′이다 동 〔뿣내 : 고, 뿣내 : 지, 뿣내′애 → 뿣내″, 뿣내′애도 → 뿣내″도, 뿣내′앴다 → 뿣냈″다, 뿣내 : 이(－니), 뿣낸 : ~뿣내′앤 → 뿣낸″, 뿣내 : 는〕 (‘뿣나′다[曜·輝]’의 사동) 빛내다. ¶ 동네 이름 크기(－게) 뿣내구로(－도록) 심서(힘써) 바라(봐라). / 우리 집안에는 집안을 뿣낸 어른~이 많심더(－습니다).

ㅂ

ㅅ

사이″다 동 〔사이″고, 사이′이→사이″, 사이′이도→사이″도, 사이′있다→사있″다, 사이″이(－니), 사인″, 사이″는〕 ('사다[包]'의 피동) 싸이다. ¶ 바람에 불리(불려) 왔나 구름에 사이 왔나 우얀(어쩐) 일로 여어꺼정(여기까지) 니가(네－) 왔노. / 삼밭에 사인 데라 무신 짓을 해도 아무도 몰랐다.

삭후′다[사쿠다] 동 〔삭후′고, 삭후′아→삭하″, 삭후′아도→삭하″도, 삭후′았다→삭핬″다, 삭후′이(－니), 삭훈~삭후′안→삭한″, 삭후는〕 ('삭′다[酵]'의 사동] 삭히다. ¶ 단술은 잘 삭하야 좋다. / 잘 삭한 맷젓(멸치젓). 비 삭′히다.

삭′히다[사키다] 동 〔삭′히고, 삭′히이→삭′히, 삭′히이도→삭′히도, 삭′히있다→삭′힜다, 삭′히이(－니), 삭′힌, 삭′히는〕 ('삭′다[酵]'의 사동) 삭히다. ¶ 밥하고 누룩하고 섞어 삭힌 기(게) 바리(바로) 이 술이다. 비 삭후′다.

살구′다~살구″다 동 〔살구′고, 살구′아→살가″, 살구′아도→살가″도, 살구′았다→살갔″다, 살구′이(－니), 살군~살구′안→살간″, 살구는〕 ('살:다[生]'의 사동) 살리다. ¶ 죽어가는 소안치를(송아지－) 먼저 살가 놓고 보자. 비 살류″다. 살′리다. 살쿠′다.

살류″다 <살리′우다 <살이′우다 동 〔살류″고, 살류′아→살랴″, 살류′아도→살랴″도, 살류′았다→살랐″다, 살류″이(－니), 살륜″~살류′안→살랸″, 살류″는〕 ('살:다[生]'의 사동) 살리다. ¶ 애묵고(애먹

−) 살랴 놓은 봉수아를(봉선화−) 저 너무(놈의) 강새이가(강아지−) 또 다 볿아(밟−) 죽이 낫뿠다(놔 버렸−). [비] 살구′다. 살′리다. 살쿠′다.

살′리다 <살′이다 [동] 〔살′리고, 살′리아→살′리, 살′리이도→살′리도, 살′리있다→살′맀다, 살′리이(−니), 살′린, 살′리는〕 ('살:다(生)'의 사동) 살리다. ¶ 걸음아 날 살리라. / 작은 괴기는(고기−) 다 살리 줐다(줬−). [비] 살구′다. 살류″다. 살쿠′다.

살찌′우다 [동] 살찌′우고, 살찌′우아→살찌′아~살찌야, 살찌′우아도→살찌′아도~살찌야도, 살찌′우았다→살찌′았다~살찌얐다, 살찌′우이(−니), 살찌′운~살찌′우안→살찌′안~살찌얀, 살찌′우는〕 ('살찌′다[肥]'의 사동) 살찌우다. ¶ 소를 살찌야 내다판다. / 살찌얀 소.

살쿠′다~살쿠″다 [동] 〔살쿠′고, 살쿠′아→살카″, 살쿠′아도→살카″도, 살쿠′았다→살캈″다, 살쿠′이(−니), 살쿤~살쿠′안→살칸″, 살쿠는〕 ('살:다(生)'의 사동) 살리다. ¶ 니가(네−) 우리 지둥시계(기둥시계) 살카 바라(봐라). [비] 살구′다. 살류″다. 살′리다.

삶기″다[삼기다] [동] 〔삶기″고, 삶기′이→삶기″, 삶기′이도→삶기″도, 삶기′있다→삶깄″다, 삶기″이(−니), 삶긴″, 삶기″는〕 ('삶:다[烹]'의 피동) 삶기다. ¶ 괴기가(고기−) 푹 삶기고 난 디에(뒤−) 빼를(뼈−) 껀지라(건져라). / 콩깍때기(콩깍지) 불에 콩~이 삶긴다.

샇이″다[사이다] [동] 〔샇이″고, 샇이′이→샇이″, 샇이′이도→샇이″도, 샇이′있다→샇있″다, 샇이″이(−니), 샇인″, 샇이″는〕 ('샇′다[積]'의 피동) 쌓이다. ¶ 여어는(여기−) 눈~이 샇이도 하리머(하루면) 다 녹는다. / 눈~이 대기(되게) 샇이기(−게) 왔이머(−으면) 좋겠다.

새′우다 [동] 〔새′우고, 새′우아→새′아~새′야, 새′우아도→새′아도~새′야도, 새′우았다→새′았다~새′얐다, 새′우이(−니), 새′운~새′우안→새′안~새′얀, 새′우는〕 ('새다[明]'의 사동) 새우다. ¶ 물레질로 진(긴) 밤을 새운다. / 미영 잣다가 밤 다 새운다. / 듣기 좋은 노래라고 한 노래로 밤을 새우나. / 밤을 새야 놀아도 더 놀고 접다(싶−). / 뜬 눈으로 밤을 새야 지다리도(기다려도) 그 사람이 안 오는 기리(게－).

색'이다 <쇡'이다 <속'이다 동 〔색'이고, 색'이이→색'이, 색'이이도→색'이도, 색'이있다→색'있다, 색'이이(－니), 색'인, 색'이는〕 ('속'다'의 사동) 속이다[詐·欺]. ¶ 넘(남) 색일라(－려) 카다가(고 하－) 지기(제－) 속는다. / 너무(남의) 눈만 색이는 짓을 하다가 대맹갔단다.(들켰－) 비 속'이다. 속후'다. 쇡'이다.

생각히"다[생각키다~생가키다] 동 〔생각히"고, 생각히'이→생각히", 생각히'이도→생각히"도, 생각히'있다→생각힜"다, 생각히"이(－니), 생각히"는, 생각힌"〕 ('생'각'다'의 피동) 생각되다. 생각나다. ¶ 일이 대머(되면) 나간 머슴이 생각힌다. / 가(걔) 이름을 아무리 생각해도 안 생각히. / 생각할라(－려) 캐도(고 해－) 안 생각히는 거를 우짜노(어쩌나).

ㅅ

서'우다 동 〔서'우고, 서'우아→서'아, 서'우아도→서'아도, 서'우았다→서'았다, 서'우이(－니), 서'운~서'우안→서'안, 서'우는〕 ('서'다[立]'의 사동) ①세우다. ¶ 돌 우에(위－) 지둥(기중) 서아라. ②우기다. ¶ 아무리 서아도 내가 본 기(게) 맞다. / 너무 그래 서아 샇지(쌓) 마라. 비 시'우다[3].

석'이다 동 〔석'이고, 석'이이→석'이, 석'이이도→석'이도, 석'이있다→석'있다, 석'이이(－니), 석'인, 석'이는〕 ('석'다[腐]'의 사동) 썩히다. ¶ 막내이가(막내－) 어마이(어머니) 속을 저래(저리) 석인다. / 서방~이 내 속 속이는 거 생각으머(생각하면) 말도 다 몬한다(못하－). 비 석후'다. 석'히다. 섹'이다.

석후'다[서쿠다] 동 〔석후'고, 석후'아→석하", 석후'아도→석하"도, 석후'았다→석핬"다, 석후'이(－니), 석훈~석후'안→석한", 석후는〕 ('석'다[腐]'의 사동) 썩히다. ¶ 지가(제－) 무신(무슨) 신선~이라고 도치(도끼) 자리(자루) 석후고 앉았다. / 아깝운(아까운) 거를 석하 내배리네(내버리－). 비 석'이다. 석'히다. 섹'이다.

석'히다[서키다] 동 〔석'히고, 석'히이→석'히, 석'히이도→석'히도, 석'히있다→석'힜다, 석'히이(－니), 석'힌, 석'히는〕 ('석'다[腐]'의 사동) 썩히다. ¶ 무시를(무－) 넘도(남－) 몬(못) 주고 석히 내배렀다(내버렸－). ㊥ 석′이다. 석후′다. 섹′이다.

섞구′다[석꾸다] 동 〔섞구′고, 섞구′아 → 섞가″, 섞구′아도 → 섞가″도, 섞구′았다 → 섞갔″다, 섞구′이(－니), 섞군～섞구′안 → 섞간″, 섞구는〕 (‘섞′다[混]’의 사동) 섞게 하다. 섞이게 하다. ¶ 콩하고 폳을(팥－) 섞가라 안 캤나(고 했니)? ㊥ 섞우′다.

섞기″다[석끼다] 동 〔섞기″고, 섞기′이 → 섞기″, 섞기′이도 → 섞기″도, 섞기′있다 → 섞깄″다, 섞기″이(－니), 섞긴″, 섞기″는〕 (‘섞′다[混]’의 피동) 섞이다. ¶ 신~이 섞기 신~이 배끼겠다(바뀌－). ㊥ 섞이″다. 섹기″다.

섞우′다 동 〔섞우′고, 섞우′아 → 섞아″, 섞우′아도 → 섞아″도, 섞우′았다 → 섞았″다, 섞우′이(－니), 섞운～섞우′안 → 섞안″, 섞우는〕 (‘섞′다[混]’의 사동) 섞게 하다. 섞이게 하다. ¶ 살하고(쌀－) 보리하고 반반 섞아 밥해 묵는(먹－) 집은 부자다. ㊥ 섞구′다.

섞이″다 동 〔섞이″고, 섞이′이 → 섞이″, 섞이′이도 → 섞이″도, 섞이′있다 → 섞있″다, 섞이″이(－니), 섞인″, 섞이″는〕 (‘섞′다[混]’의 피동) 섞이다. ¶ 지름하고(기름－) 물하고는 안 섞인다. / 힌(희－) 살에(쌀－) 미(뉘) 섞있다. / 미(뉘) 안 섞인 살이 있능교(－습니까). ㊥ 섞기″다. 섹기″다.

선보′이다 동 〔선보′이고, 선보′이이 → 선보′이, 선보′이이도 → 선보′이도, 선보′이있다 → 선보′있다, 선보′이이(－니), 선보′인, 선보′이는〕 (‘선보′다’의 사동) 선보이다. ¶ 선 안 본다 캐(고 해) 사도(쌓아도) 선보이머(－면) 마음이 달라질 검더(－ㅂ니다). ㊟ 선비″다.

선비″다 <선뷔″다 <선보′이다 동 〔선비″고, 선비′이 → 선비″, 선비′이도 → 선비″도, 선비′있다 → 선빘″다, 선비″이(－니), 선빈″, 선비″는〕 (‘선보′다’의 사동) ‘선보′이다’의 준말. 선보이다. ¶ 그 처자가 지를(저－) 선비는 거 싫어한다(싫어하－) 캐(고 해). / 지를(저－) 선비 조야지(줘야지) 선 안 비(보여) 주고 우째(어찌해) 시집갈라(－려) 쿠노(고 하나).

설리″다 <설이″다 동 〔설리″고, 설리′이 → 설리″, 설리′이도 → 설리″도, 설리′있다 → 설릤″다, 설리″이(－니), 설린″, 설리″는〕 (‘설다[切]’

의 피동) 썰리다. ¶ 새피기에(억새－) 설리 피가 난다. / 설린 데가 따갑아(따가워) 수아다(참기 어렵다).

설익후′다[설이쿠다] 동 〔설익후′고, 설익후′아→설익하″, 설익후′아도→설익하″도, 설익후′았다→설익핬″다, 설익후′이(－니), 설익훈~설익후′안→설익한″, 설익후는〕 (‘설익′다[熟]’의 사동) 설익히다. ¶ 그거 설익한 거는 떫어 몬(못) 묵는다(먹－). 비 설익′히다.

설익′히다[설이키다] 동 〔설익′히고, 설익′히이→설익′히, 설익′히이도→설익′히도, 설익′히있다→설익′힜다, 설익′히이(－니), 설익′힌, 설익′히는〕 (‘설익′다[熟]’의 사동) 설익히다. ¶ 설익힌 떡이 떡가(－이냐). 비 설익후′다.

ㅅ

섹′이다[세기다] <석′이다 동 〔섹′이고, 섹′이이→섹′이, 섹′이이도→섹′이도, 섹′이있다→섹′있다, 섹′이이(－니), 섹′인, 섹′이는〕 (‘석′다[腐]’의 사동) 썩히다. ¶ 자석이(자식－) 어마이(어미) 속을 저래(저리) 섹인다. / 없는 돈을 달라 쿠이(고 하니) 몬(못) 주는 부모 속만 섹인다. 비 석′이다. 석후′다. 석′히다.

섹기″다[섹끼다] <섞기다 동 〔섹기″고, 섹기′이→섹기″, 섹기′이도→섹기″도, 섹기′있다→섹깄″다, 섹기″이(－니), 섹긴″, 섹기″는〕 (‘섞′다[混]’의 피동) 섞이다. ¶ 찹살캉(찹쌀과) 맵살캉(맵쌀이) 섹긴 거 겉네(같－). 비 섞기″다. 섞이″다.

속′이다[소기다] 동 〔속′이고, 속′이이→속′이, 속′이이도→속′이도, 속′이있다→속′있다, 속′이이(－니), 속′인, 속′이는〕 (‘속′다’의 사동) 속이다[詐·欺]. ¶ 누가 누구를 속인다. / 디로(뒤－) 오는 범은 속이도 앞으로 오는 팔자는 몬(못) 속인다. / 사람은 속이도 농사는 몬(못) 속인다. / 사람 눈은 속이도 땅은 몬(못) 속인다. / 넘 속이가(－서) 잘 댄(돼－) 사람 몬(못) 봤다(봤－). / 넘 속일라(－려) 카다가(고 하－) 지가(제－) 속는다. 비 색′이다. 속후′다. 쇡′이다.

속후′다[소쿠다] 동 〔속후′고, 속후′아→속하″, 속후′아도→속하″도, 속후′았다→속핬″다, 속후′이(－니), 속훈~속후′안→속한″, 속후는〕 (‘속′다’의 사동) 속이다[詐·欺]. ¶ 누가 누구를 속훈다. / 아무리 속훌라 캐도(고 해도) 나는 니자테(너에게) 안 속는다. 비 색′이다. 속′이다. 쇡′이다.

속히″다[소키다] 동〔속히″고, 속히′이→속히″, 속히′이도→속히″도, 속히′있다→속힜″다, 속히″이(−니), 속힌″, 속히″는〕('속′다'의 피동사) 속임을 당하다. ¶ 누가 누구에게 속힜다. / 그넘자테(그놈에게) 속힜다. / 니한테(너−) 한 분(번) 속지 두 분은(번−) 안 속힌다. / 어떤 때는 알먼서도(−면서도) 속히 준다.

손꼽히″다[손꼬피다] 동〔손꼽히″고, 손꼽히′이→손꼽히″, 손꼽히′이도→손꼽히″도, 손꼽히′있다→손꼽힜″다, 손꼽히″이(−니), 손꼽힌″, 손꼽히″는〕('손꼽′다[指]'의 피동) 손꼽히다. ¶ 그기(그게) 우리 맨에서(면−) 손꼽히는 맹물이다(명물−).

손대″다 <손닿′이다 동〔손대″고, 손대′애→손대″, 손대′애도→손대″도, 손대′앴다→손댔″다, 손대″이(−니), 손댄″, 손대″는〕('손닿′다[觸]'의 사동) 손대다. ¶ 아무데나 손대지 마라. / 절마(저놈 아이) 한분(한번) 손대야 대겠네(되−).

솓기″다 동〔솓기″고, 솓기′이→솓기″, 솓기′이도→솓기″도, 솓기′있다→솓깄″다, 솓기″이(−니), 솓긴″, 솓기″는〕('솓′다[瀉]'의 피동) 쏟아지다. ¶ 조심해라. 물 솓길라 / 함분(한번) 솓긴 물은 다시는 몬(못) 담는다.

쇡′이다[쇠기다] 동〔쇡′이고, 쇡′이이→쇡′이, 쇡′이이도→쇡′이도, 쇡′이있다→쇡′있다, 쇡′이이(−니), 쇡′인, 쇡′이는〕('속′다'의 사동) 속이다[詐·欺]. ¶ 너무 눈 쇡이는 짓을 하머(−면) 몬신다(못쓰−). / 사나는(사내−) 지집(계집) 눈 쇡이고 지집은(계집−) 사나(사내) 눈 쇡이머(−이면) 집안~이 머(뭐) 대노(되나). / 나를 쇡이는 줄 알먼서(−면서) 내가 속는다. 비 색′이다. 속′이다. 속후′다.

수이″다 동〔수이″고, 수이′이→수이″, 수이′이도→수이″도, 수이′있다→수있″다, 수이″이(−니), 수인″, 수이″는〕('수다[射]'의 피동) 쏘이다. ¶ 버리자테(벌레한테) 수인 데를 또 수있다. / 버리자테(벌에) 수인데 바리는(바르−) 약 빼다지에(설합−) 아(안) 있나(−니). 준 시″다[4].

숙′이다 동〔숙′이고, 숙′이이→숙′이, 숙′이이도→숙′이도, 숙′이있다

→숙'있다, 숙'이이(-니), 숙'인, 숙'이는〕('숙'다[俯]'의 사동사) 숙이다. ¶ 나락은(벼-) 익으머(-으면) 고개를 숙인다. / 잘못했다고 머리 숙이는데 우짤(어쩌-) 기고(게냐). / 고개를 숙이머(-면) 안 바친다(받히-).

숨'기다[숭기다] 동〔숨'기고, 숨'기이→숨'기, 숨'기이도→숨'기도, 숨'기있다→숨'겼다, 숨'기이(-니), 숨'긴, 숨'기는〕('숨다[隱]'의 사동) 숨기다. ¶ 숨기 놓은 살림이 쫌(좀) 있는 거 겉읍디더(같습디다). 비 숨쿠'다. 숨'키다. 숭'기다[2]. 숭쿠'다. 숭'키다.

숨쿠'다[숭쿠다] 동〔숨쿠'고, 숨쿠'아→숨카", 숨쿠'아도→숨카"도, 숨쿠'았다→숨캈"다, 숨쿠'이(-니), 숨쿤~숨쿠'안→숨칸", 숨쿠는〕('숨다[隱]'의 사동) 숨기다. ¶ 숨카 논(놓은) 거 다 찾았다. 비 숨'기다. 숨'키다. 숭'기다[2]. 숭쿠'다. 숭'키다.

ㅅ

숨'키다[숭키다] 동〔숨'키고, 숨'키이→숨'키, 숨'키이도→숨'키도, 숨'키있다→숨'켰다, 숨'키이(-니), 숨'킨, 숨'키는〕('숨다[隱]'의 사동) 숨기다. ¶ 꽁은(꿩-) 숨는닥고(-는다고) 대가리를 숨킨다. / 넘이(남-) 숨킨 거를 내가 우애(어찌) 찾겠노(-나). 비 숨'기다. 숨쿠'다. 숭'기다. 숭쿠'다. 숭'키다.

숭기"다[1] <숭귀"다 <숭구이"다 동〔숭기"고, 숭기'이→숭기", 숭기'이도→숭기"도, 숭기'있다→수있"다, 숭기"이(-니), 숭긴", 숭기"는〕('숭구'다[植]'의 피동) 심기다. ¶ 마린(마르-) 땅~아는(-에는) 모가 안 숭긴다.

숭'기다[2] <숨'기다 동〔숭'기고, 숭'기이→숭'기, 숭'기이도→숭'기도, 숭'기있다→숭'겼다, 숭'기이(-니), 숭'긴, 숭'기는〕('숨다[隱]'의 사동) 숨기다. ¶ 꽁은(꿩-) 대가리만 숭긴다. / 술도오를(술독-) 어데 숭길라 캐도(고 해-) 숭길 데도 없었. 비 숨'기다. 숨쿠'다. 숨'키다. 숭쿠'다. 숭'키다.

숭쿠'다 <숨쿠'다 동〔숭쿠'고, 숭쿠'아→숭카", 숭쿠'아도→숭카"도, 숭쿠'았다→숭캈"다, 숭쿠'이(-니), 숭쿤~숭쿠'안→숭칸", 숭쿠는〕('숨다[隱]'의 사동) 숨기다. ¶ 세무서서 술 추러(찾아내-) 온다 카머(고 하면) 소깝빼까리에다가도(땔나무용 솔가지 가리-) 술

도오(술독) 숭캈다. / 꽁이(꿩－) 대가리만 숭캈다고 살겠나. / 소구리로(소쿠리－) 보지 숭쿠기다. / 해깐에(헛간) 숭카 논(놓은) 거를 누가 몬(못) 찾겠노(－나). [비] 숨′기다. 숨쿠′다. 숨′키다. 숭′기다[2]. 숭′키다.

숭′키다 <숨′키다 [동] 〔숭′키고, 숭′키이 → 숭′키, 숭′키이도 → 숭′키도, 숭′키있다 → 숭′킸다, 숭′키이(－니), 숭′킨, 숭′키는〕 (‘숨다[隱]’의 사동) 숨기다. ¶ 죽을 년도 밑은 숭키고 죽는다. / 술도오를(술단지－) 아무리 숭키도 다 찾아낸다. / 죽을 년~이 밑을 숭키겠나. [비] 숨′기다. 숨쿠′다. 숨′키다. 숭′기다[2]. 숭쿠′다.

시″다[1] <시이″다 [동] 〔시″고, 시′이 → 시″, 시′이도 → 시″도, 시′있다 → 싰″다, 시″이(－니), 신″, 시″는〕 (‘시다[用]’의 피동) ‘시이″다[1]’의 준말. 쓰이다. ¶ 마음이 신다. / 용이 신다. / 개똥도 실 때 있다.

시″다[2] <시이″다 [동] 〔시″고, 시′이 → 시″, 시′이도 → 시″도, 시′있다 → 싰″다, 시″이(－니), 신″, 시″는〕 (‘시다[冠]’의 피동) ‘시이″다[2]’의 준말. 쓰이다. ¶ 양반 머리에 시인 갓을 상넘이(상놈－) 신다고(쓰－)?

시″다[3] <시′우다 [동] 〔시″고, 시′이 → 시″, 시′이도 → 시″도, 시′있다 → 싰″다, 시″이(－니), 신″, 시″는〕 (‘시다[冠]’의 사동) ‘시′우다[1]’의 준말. 씌우다. ¶ 모자도 시고, 신도 신키라(신겨라). [비] 시″다[4] <시′이다.

시″다[4] <시′이다 [동] 〔시″고, 시′이 → 시″, 시′이도 → 시″도, 시′있다 → 싰″다, 시″이(－니), 신″, 시″는〕 (‘시다[冠]’의 사동) ‘시′이다[3]’의 준말. 씌우다. ¶ 얼라(아기) 칩다(춥－). 모자 시라. [비] 시다[3]<시′우다.

시″다[5] <시이″다 [동] 〔시″고, 시′이 → 시″, 시′이도 → 시″도, 시′있다 → 싰″다, 시″이(－니), 신″, 시″는〕 (‘시다[書]’의 피동) ‘시이″다[4]’의 준말. 쓰이다. ¶ 이 붓이 잘 신다.

시″다[6] <시′우다 [동] 〔시″고, 시′이 → 시″, 시′이도 → 시″도, 시′있다 → 싰″다, 시″이(－니), 신″, 시″는〕 (‘시다[書]’의 사동) ‘시′우다[2]’의 준말. 씌우다. ¶ 손지자테(손자에게) 팬지(편지) 시가(－서) 아들자테(－에게) 부칬다(부쳤다). [비] 시다[7]<시′이다.

시″다[7] <시′이다 ㊍〔시″고, 시′이→시″, 시′이도→시″도, 시′있다→싰″다, 시″이(－니), 신″, 시″는〕('시다[書]'의 사동) '시′이다[5]'의 준말. 씌우다. ¶ 할배가(할아버지－) 손주(손자) 글 신다. ㊥ 시다[6] <시′우다.

시″다[8] <쉬″다 <수이″다 ㊍〔시″고, 시′이→시″, 시′이도→시″도, 시′있다→싰″다, 시″이(－니), 신″, 시″는〕('수다[射]'의 피동) '수이″다'의 준말. 쏘이다. 쐬다. ¶ 버리자테(벌에) 싰다. / 버리한테(벌－) 신 데는 머(뭐) 바리머(바르면) 좋노(－으냐)? / 버리에(벌－) 신 소처리(처럼) 띤다(뛰－).

시다루″다[1] <시달루″다 ㊍〔시다루″고, 시다루′아→시다라″, 시다루′아도→시다라″도, 시다루′았다→시다랐″다, 시다루″이(－니), 시다룬″~시다루′안→시다란″, 시다루″는〕('*시달다[苦·弄]'의 사동) 시달리게 하다. ¶ 저이는 사람 시다루는 데는 머(뭐) 있다카이(－니까). ㊥ 시다루″다[2]<시달우″다. 시달구″다. 시달루″다. 시달류″다. 시달쿠″다. 시달′키다[2].

시다루″다[2] <시달우″다 ㊍〔시다루″고, 시다루′아→시다라″, 시다루′아도→시다라″도, 시다루′았다→시다랐″다, 시다루″이(－니), 시다룬″~시다루′안→시다란″, 시다루″는〕('*시달다[苦·弄]'의 사동) 시달리게 하다. ¶ 새신랑 시다룬다. ㊥ 시다루″다[1]<시달루″다. 시달구″다. 시달루″다. 시달류″다. 시달쿠″다. 시달′키다[2].

시달구″다~시달′구″다 ㊍〔시달구″고, 시달구′아→시달가″, 시달구′아도→시달가″도, 시달구′았다→시달갔″다, 시달구′이(－니), 시달군″~시달구′안→시달간″, 시달구″는〕('*시달다[苦·弄]'의 사동) 시달리게 하다. ¶ 줄라머(－려면) 얼른 주지 머로(뭣을) 그래(그리) 시달가 샇노(쌓니). ㊥ 시다루″다[1]<시달루″다. 시다루″다[2]<시달우″다. 시달루″다. 시달류″다. 시달쿠″다. 시달′키다[2].

시달루″다~시달′루″다 ㊍〔시달루″고, 시달루′아→시달라″, 시달루′아도→시달라″도, 시달루′았다→시달랐″다, 시달루″이(－니), 시달룬″~시달루′안→시달란″, 시달루″는〕('*시달다[苦·弄]'의 사동) 시달리게 하다. ¶ 신랑 시달루고 한잔 묵고(먹－) 할 때가 좋았다.

㊉ 시다루″다[1]<시달루″다. 시다루″다[2]<시달우″다. 시달구″다. 시달류″다. 시달쿠″다. 시달′키다[2].

시달류″다 <시달리′우다 <시달이′우다 ⊞〔시달류″고, 시달류′아→시달랴″, 시달류′아도→시달랴″도, 시달류′았다→시달랐″다, 시달류″이(-니), 시달륜″~시달류′안→시달랸″, 시달류″는〕('*시달다[苦·弄]'의 사동) 시달리게 하다. ¶ 새신랑을 시달륜다. ㊉ 시다루″다[1]<시달루″다. 시다루″다[2]<시달우″다. 시달구″다. 시달루″다. 시달쿠″다. 시달′키다[2].

시달리″다~시달′리″다 <시달이″다 ⊞〔시달리″고, 시달리′이→시달리″, 시달리′이도→시달리″도, 시달리′있다→시달렸″다, 시달리″이(-니), 시달린″, 시달리″는〕('*시달다[苦·弄]'의 피동) 시달리다. ¶ 빚에 시달린다. / 아아들한테(아이-) 시달리고, 일에 시달리가(-어서) 빼짝(바짝) 애빘다(여윘-). ㊉ 시달키″다[1].

시달쿠″다~시달′쿠″다 ⊞〔시달쿠″고, 시달쿠′아→시달카″, 시달쿠′아도→시달카″도, 시달쿠′았다→시달캈″다, 시달쿠″이(-니), 시달쿤″~시달쿠′안→시달칸″, 시달쿠″는〕('*시달다'[苦·弄]의 사동) 시달리게 하다. ¶ 새신랑을 시달쿤다. ㊉ 시다루″다[1]<시달루″다. 시다루″다[2]<시달우″다. 시달구″다. 시달루″다. 시달류″다. 시달′키다[2].

시달키″다~시달′키″다[1] ⊞〔시달키″고, 시달키′이→시달키″, 시달키′이도→시달키″도, 시달키′있다→시달킸″다, 시달키″이(-니), 시달킨″, 시달키″는〕('*시달다[苦·弄]'의 피동) 시달리다. ¶ 문중 자손들자테(-에게) 시달키가(시달려서) 갤국에는(결국-) 그 산도 팔았다. / 점두로(종일토록) 조카들자테(-에게) 시달킸다. ㊉ 시달리″다.

시달′키다[2] ⊞〔시달′키고, 시달′키이→시달′키, 시달′키이도→시달′키도, 시달′키있다→시달′킸다, 시달′키이(-니), 시달′킨, 시달′키는〕('*시달다[苦·弄]'의 사동) 시달리게 하다. ¶ 맹절(명절) 대머(되면) 집안사람 모이가(모여서) 처객을(췌객-) 시달키고 노는 재미가 좋다. ㊉ 시다루″다[1]<시달루″다. 시다루″다[2]<시달우″다. 시달구″다. 시달루″다. 시달류″다. 시달쿠″다.

시'우다[1] 통 〔시'우고, 시'우아→시'아~시'야, 시'우아도→시'아도~시'야도, 시'우았다→시'았다~시'얐다, 시'우이(-니), 시'운~시'우안→시'안~시'얀, 시'우는〕 ('시다[冠]'의 사동) 씌우다. ¶ 관례 때 갓을 시운다. / 어떤가 모자 함(한번) 시야 바라(봐라). / 밉운(미운) 중은 고운 꼬깔(고깔) 시야도 밉다. / 곱운(고운) 사람은 머로(뭣을) 시아도 곱다. 준 시"다[3]. 비 시'이다[3].

시'우다[2] 통 〔시'우고, 시'우아→시'아~시'야, 시'우아도→시'아도~시'야도, 시'우았다→시'았다~시'얐다, 시'우이(-니), 시'운~시'우안→시'안~시'얀, 시'우는〕 ('시다[書]'의 사동) 씌우다. ¶ 신랑 글시가(글씨-) 어떤지 함(한번) 시야 바라(봐라). 준 시"다[6]. 비 시'이다[5].

시'우다[3] <세'우다 <서이'우다 통 〔시'우고, 시'우아→시'아~시'야, 시'우아도→시'아도~시'야도, 시'우았다→시'았다~시'얐다, 시'우이(-니), 시'운~시'우안→시'안~시'얀, 시'우는〕 ('서'다[立]'의 사동) ①세우다. ¶ 불질이(불길-) 잘 빨리(빨려) 드가도로(들어가도록) 꿀뚝을(굴뚝-) 잘 시야라. / 새미(샘) 따물에(가-) 얼라(아기) 시야 논(놓은) 거 겉다(같-). / 절 마당~아(-에) 탑을 둘이나 시았다. ②우기다. 고집하다. ¶ 안 긇다(그렇다) 캐도(고 해-) 자꾸 시야 삸는다(쌓-). 비 서'우다.

시이"다[1] 통 〔시이"고, 시이'이→시이", 시이'이도→시이"도, 시이'있다→시있"다, 시이"이(-니), 시인", 시이"는〕 ('시다[用]'의 피동) 쓰이다. ¶ 개똥도 시일 때 있다. / 참말로 개똥~이 약에 시이나? / 시인까네(-니까) 신인다 안 카겠나(하-)? 준 시"다[1].

시이"다[2] 통 〔시이"고, 시이'이→시이", 시이'이도→시이"도, 시이'있다→시있"다, 시이"이(-니), 시인", 시이"는〕 ('시다[冠]'의 피동) 쓰이다. ¶ 지금 머리에 시인 기(게) 갓이다. 준 시"다[2].

시'이다[3] 통 〔시'이고, 시'이이→시'이, 시'이이도→시'이도, 시'이있다→시'있다, 시'이이(-니), 시'인, 시'이는〕 ('시다[冠]'의 사동) 씌우다. ¶ 관례 때 어른~이 총각자테(-에게) 갓을 시인다. 준 시"다[4]. 비 시'우다[1].

ㅅ

시이″다[4] 동 〔시이″고, 시이′이→시이″, 시이′이도→시이″도, 시이′있다→시있″다, 시이″이(-니), 시인″, 시이″는〕 ('시다[書]'의 피동) 쓰이다. ¶ 아무리 자시하기(자세하게) 시이 있어도 몬(못) 일이머(읽으면) 소양없다(소용없-). / 저 방구에(바위-) 시인 글이 머고(뭐냐)? 준 시″다[5].

시′이다[5] 동 〔시′이고, 시′이이→시′이, 시′이이도→시′이도, 시′이있다→시′있다, 시′이이(-니), 시′인, 시′이는〕 ('시다[書]'의 사동) 씌우다. ¶ 아아자테(아이에게) 팬지를 시이가(-서) 서방자테(-에게) 부칬다(부쳤-) 쿠더라(고 하-). 준 시″다[7]. 비 시′우다[2].

시치″다 <시치이″다 동 〔시치″고, 시치′이→시치″, 시치′이도→시치″도, 시치′있다→시칬″다, 시치″이(-니), 시친″, 시치″는〕 ('시′치다[擦]'의 피동) 스쳐지다. ¶ 아푼(아프-) 데가 시치머(-면) 더 아푼데(아프-) 인자(이제) 거의 낫았다(나았-). / 시친 데를 또 시칬다.

식후′다~식후″다[시쿠다] 동 〔식후′고, 식후′아→식하″, 식후′아도→식하″도, 식후′았다→식핬″다, 식후′이(-니), 식훈~식후′안→식한″, 식후는〕〕 ('식′다[冷]'의 사동) 식히다. ¶ 뜨겁어서(뜨거워서) 식하 묷다(먹었-). / 죽도 식하 무우라(먹어라) 쿤다(고 하-). 비 식′히다.

식′히다[시키다] 동 〔식′히고, 식′히이→식′히, 식′히이도→식′히도, 식′히있다→식′힜다, 식′히이(-니), 식′힌, 식′히는〕 ('식′다[冷]'의 사동) 식히다. ¶ 뜨겁운(뜨거운) 물을 식힌다. / 죽도 식히 무우라(먹어라). 비 식후′다.

쉬기″다[1][식끼다] 동 〔쉬기″고, 쉬기′이→쉬기″, 쉬기′이도→쉬기″도, 쉬기′있다→쉬깄″다, 쉬기″이(-니), 쉬긴″, 쉬기″는〕 ('쉬′다[洗]'의 피동) 씻기다. ¶ 고구마 진 묻은 손은 물로는 잘 안 식긴다. / 잘 안 쉬기머(-면) 사분(비누) 가지고 쉬어라(씻-).

쉬′기다[2][식끼다] 동 〔쉬′기고, 쉬′기이→쉬′기, 쉬′기이도→쉬′기도, 쉬′기있다→쉬′깄다, 쉬′기이(-니), 쉬′긴, 쉬′기는〕 ('쉬′다[洗]'의 사동) 씻기다. ¶ 미친년 아아(아이) 쉬기 죽인다. / 쉬기 노이(놓으니) 인물이 헌하다(훤하−). / 배안(배운) 거는 없어도 날마중(−마다) 시어마시(시어머니) 발 쉬기 주는 매늘이다(며느리−). / 디얀(데운) 물에 아아(아이) 쉬기라. / 이기(이게) 숭녕가(숭늉이냐). 똑(꼭) 중 이마 쉬긴 물 겉다(같−).

신구′다[싱구다] 동 〔신구′고, 신구′아 → 신가″, 신구′아도 → 신가″도, 신구′았다 → 신갔″다, 신구′이(−니), 신군 ~ 신구′안 → 신간″, 신구는〕 (‘신 : 다[履]’의 사동) 신기다. ¶ 아아(아이) 양말도 신구고 신도 신가라. 비 신′기다[2]. 신쿠′다. 신′키다.

신기″다[1][싱기다] 동 〔신기″고, 신기′이 → 신기″, 신기′이도 → 신기″도, 신기′있다 → 신깄″다, 신기″이(−니), 신긴″, 신기″는〕 (‘신 : 다[履]’의 피동) 신기다. ¶ 버선은 보기는 참해도 잘 안 신긴다. / 발에 맞아야 잘 신기제(−지).

신′기다~신기″다[2][싱기다] 동 〔신′기고, 신′기이 → 신′기, 신′기이도 → 신′기도, 신′기있다 → 신′깄다, 신′기이(−니), 신′긴, 신′기는〕 (‘신 : 다[履]’의 사동) 신기다. ¶ 새 신을 함(한번) 신기 바라(봐라). 비 신구′다. 신쿠′다. 신′키다.

신쿠′다[싱쿠다] 동 〔신쿠′고, 신쿠′아 → 신카″, 신쿠′아도 → 신카″도, 신쿠′았다 → 신캈″다, 신쿠′이(−니), 신쿤 ~ 신쿠′안 → 신칸″, 신쿠는〕 (‘신 : 다[履]’의 사동) 신기다. ¶ 비단 옷 입히고 짚신 신캈다. / 발에 안 맞는 신을 신카 노이(놓으니) 몬(못) 걷는다. 비 신구′다. 신′기다[2]. 신′키다.

신′키다~신키″다[싱키다] 동 〔신′키고, 신′키이 → 신′키, 신′키이도 → 신′키도, 신′키있다 → 신′킸다, 신′키이(−니), 신′킨, 신′키는〕 (‘신 : 다[履]’의 사동) 신기다. ¶ 새 신 신키고, 새 옷 입히고 해가(−서) 왜가집에(외갓집−) 감더(−ㅂ니다). / 할매(할머니) 신 시키 주다이(−다니) 아이고 고맙애라(고마워라). 비 신구′다. 신′기다[2]. 신쿠′다.

실류″다 <실리′우다 <신이′우다 동 〔실류″고, 실류′아 → 실랴″, 실류′아도 → 실랴″도, 실류′았다 → 실랐″다, 실류″이(−니), 실륜″ ~ 실류′안 → 실랸″, 실류″는〕 (‘신 : 다[載]’의 사동) 실리다. ¶ 이거 다 실을라(−으려) 카머(고 하면) 황소에 실랴도 다 몬(못) 싣는다. 비

실′리다[4].

실리″다[1] <실이″다 통 (실리″고, 실리′이 → 실리″, 실리′이도 → 실리″도, 실리′있다 → 실맀″다, 실리″이(-니), 실린″, 실리″는) ('실다[掃]'의 피동) 쓸리다. ¶ 큰물에 실리 가고 아무것도 없다. / 비짜리에(빗자루-) 실린 거 겉이(같이) 맬갛다(말갛-).

실리″다[2] <실이″다 통 (실리″고, 실리′이 → 실리″, 실리′이도 → 실리″도, 실리′있다 → 실맀″다, 실리″이(-니), 실린″, 실리″는) ('실다[摩·擦]'의 피동) 쓸리다. ¶ 다친 데가 옷에 실린다. / 줄에(줄칼-) 실맀다. 비 실키″다.

실리″다[3] <실이″다 <싣이″다 통 (실리″고, 실리′이 → 실리″, 실리′이도 → 실리″도, 실리′있다 → 실맀″다, 실리″이(-니), 실린″, 실리″는) ('싣:다[載]'의 피동) 실리다. ¶ 우리 할배(할아버지) 글시가(글씨-) 책에도 실리 있다. / 글시만(글씨-) 실린 기(게) 아이고(아니-) 기림도(그림-) 실맀다. / 지개에 실린 거 다 내라(내려) 나라(놔라). / 말을 함부레(함부로) 하지 말고, 마음이 실린 말을 해라.

실′리다[4] <실′이다 <싣′이다 통 (실′리고, 실′리아 → 실′리, 실′리이도 → 실′리도, 실′리있다 → 실′맀다, 실′리이(-니), 실′린, 실′리는) ('싣:다[載]'의 사동) 실리다. ¶ 살을(쌀-) 두 가마이나(가마니-) 차에 실리 보냈다. 비 실류″다.

실키″다 통 (실키″고, 실키′이 → 실키″, 실키′이도 → 실키″도, 실키′있다 → 실킸″다, 실키″이(-니), 실린″, 실키″는) ('실다[摩·擦]'의 피동) 쓸리다. ¶ 풀 믹인(먹이-) 삼베옷에 실키도 아푸다(아프-). 비 실리″다[2].

심딜류″다 <심딜리′우다 <심들리′우다 <심들이′우다 통 (심딜류″고, 심딜류′아 → 심딜랴″, 심딜류′아도 → 심딜랴″도, 심딜류′았다 → 심딜랐″다, 심딜류″이(-니), 심딜류′안 → 심딜랸″, 심딜류″는) ('심들다[入]'의 사동) 힘들이다. ¶ 심딜랴 농사를 지았이머(-었으면) 갑을(값-) 지갑(제값) 받아야제(-지). / 심딜랸 일이라고 다 잘대는(잘되-) 거 아입디더(아닙디다). 비 심딜이다.

심딜이다 <심딜이다 <심들이다 통 (심딜이고, 심딜이아 → 심딜이, 심

딜이이도→심딜이도, 심딜이있다→심딜있다, 심딜이이(−니), 심딜인, 심딜이는) ('심들다[人]'의 사동) 힘들이다. ¶ 심딜야 농사 지야도(지어도) 남는 기(게) 밸로(별로) 읎다(없−). / 인자(이제) 심딜이는 일은 안 할라(하려) 캐(고 해). ㊥ 심딜류″다.

싫이″다 ⓓ (싫이″고, 싫이′이→싫이″, 싫이′이도→싫이″도, 싫이′있다→싫있″다, 싫이″이(−니), 싫인″, 싫이″는) ('싫′다[嚼]'의 피동) 씹히다. ¶ 이를 돈 주고 새로 해도 무시짐치는(무김치−) 잘 안 싫인다. / 잘 안 싫이 묵고(먹) 접어도(싶−) 몬(못) 묵는다(먹−). / 맛있는 괴기라도 싫이야 싫제(−지). / 싫이야 맛을 보제(−지). ㊥ 싫히″다.

ㅅ

싫히″다[시피다] ⓓ (싫히″고, 싫히′이→싫히″, 싫히′이도→싫히″도, 싫히′있다→싫힜″다, 싫히″이(−니), 싫힌″, 싫히″는) ('싫′다[嚼]'의 피동) 씹히다. ¶ 이가 없이이(없으니) 잘 안 싫힌다. / 맛이 있는지 없는지 싫히야 알제(−지). / 안 싫히는 거를 우애(어찌) 싫노(−나). ㊥ 싫이″다.

ㅇ

안기″다[1][앙기다] 동 〔안기″고, 안기′이 → 안기″, 안기′이도 → 안기″도, 안기′있다 → 안깄″다, 안기″이(－니), 안긴″, 안기″는〕 (‘안 : 다[抱]’의 피동) 안기다. ¶ 얼라가(아기－) 지(제) 엄마자테만(－에게만) 안기고 넘자테는(남에게는) 잘 안 온다. / 내 품에 꼭 안긴다. / 님은(임－) 안아야 지맛이고(제맛－), 안기야 지맛이제(제맛－). / 디집(뒷집) 처자가 지인데(제한테) 안길 날 믿고 장개를(장가－) 안 가다이(－다니). 비 앤기″다[1].

안′기다[2][앙기다] 동 〔안′기고, 안′기이 → 안′기, 안′기이도 → 안′기도, 안′기있다 → 안′깄다, 안′기이(－니), 안′긴, 안′기는〕 (‘안 : 다[抱]’의 사동) 안기다. ¶ 얼라는 지(제) 엄매자테(엄마에게) 안기라. 비 앤′기다[2].

앉추′다~앉추″다[안추다] 동 〔앉추′고, 앉추′아 → 앉차″, 앉추′아도 → 앉차″도, 앉추′았다 → 앉찼″다, 앉추′이(－니), 앉춘~앉추′안 → 앉찬″, 앉추는〕 (‘앉′다[坐]’의 사동) 앉히다. ¶ 혼차(혼자) 앉차 나도(놔도) 잘 논다. 비 앉치다. 앉후′다. 앉′히다.

앉′치다 동 〔앉′치고, 앉′치이 → 앉′치, 앉′치이도 → 앉′치도, 앉′치있다 → 앉′힜다, 앉′치이(－니), 앉′힌, 앉′치는〕 (‘앉′다[坐]’의 사동) 앉히다. ¶ 사나를(사내－) 가마(가만) 앉치 놓고 지집은(계집－) 저래(저리) 일만 한다. 비 앉추′다. 앉후′다. 앉′히다.

앉후′다~앉후″다[안추다] 동 〔앉후′고, 앉후′아 → 앉하″, 앉후′아도 →

앉하″도, 앉후'았다 → 앉핬″다, 앉후'이(−니), 앉훈 ~ 앉후'안 → 앉한″, 앉후는〕 ('앉'다[坐]'의 사동) 앉히다. ¶ 자양구(자전거) 디에(뒤−) 동성(동생) 앉후고 같이 갔다. ㊂ 앉추'다. 앉치다. 앉'히다.

앉'히다[안치다] ㊅〔앉'히고, 앉'히이 → 앉'히, 앉'히이도 → 앉'히도, 앉'히있다 → 앉'힜다, 앉'히이(−니), 앉'힌, 앉'히는〕 ('앉'다[坐]'의 사동) 앉히다. ¶ 얼라를(아기−) 무릅에(무릎−) 앉히고 바늘질한다(바느질하−). / 손지를(손자−) 상토(상투) 만디이에(꼭대기−) 앉힜다. / 얼라는(아기−) 여어(여기) 앉히라. / 사또 상~아(−에) 앉히도 어불리겠다(어울리−). / 차에 앉힐라 카머(고 하면) 안 앉일라고 저래(저리) 운다. ㊂ 앉추'다. 앉치다. 앉후'다.

알류″다 <알리'우다 <알이'우다 ㊅〔알류″고, 알류'아 → 알랴″, 알류'아도 → 알랴″도, 알류'았다 → 알랐″다, 알류″이(−니), 알륜″ ~ 알류'안 → 알랸″, 알류″는〕 ('알:다[知]'의 사동) 알리다. ¶ 잔채날이(잔칫날−) 언젠지 알랴야 할 거 아이가(아니냐). / 매칠(며칠) 전에 다 알랐다. / 다 알랐는데 내만(나−) 모리나(모르−)? ㊂ 알'리다[2]. 알쿠'다. 알'키다.

알리″다[1] <알이″다 ㊅〔알리″고, 알리'이 → 알리″, 알리'이도 → 알리″도, 알리'있다 → 알릿″다, 알리″이(−니), 알린″, 알리″는〕 ('알:다[知]'의 피동) 알리다. 알려지다. ¶ 동네 사람자테(−에게) 알린 소문~이 참말이 아이던(아니−) 기라(게−).

알'리다[2] <알'이다 ㊅〔알'리고, 알'리아 → 알'리, 알'리이도 → 알'리도, 알'리있다 → 알'릿다, 알'리이(−니), 알'린, 알'리는〕 ('알:다[知]'의 사동) 알리다. ¶ 잔채날을(잔칫날−) 미리 알리 주이소(−세요). ㊂ 알류″다. 알쿠'다. 알'키다.

알쿠'다~알쿠″다 ㊅〔알쿠'고, 알쿠'아 → 알카″, 알쿠'아도 → 알카″도, 알쿠'았다 → 알캈″다, 알쿠″이(−니), 알쿤 ~ 알쿠'안 → 알칸″, 알쿠는〕 ('알:다[知]'의 사동) 알리다. 가르치다. ¶ 아아들(아이들) 글 알쿠는 일이 여간 댄(되−) 일가(−인가). / 할매들(할머니들) 글 알쿠는 일이 더 댑더(됩니다). ㊂ 알류″다. 알'리다[2]. 알'키다.

알'키다 ㊅〔알'키고, 알'키이 → 알'키, 알'키이도 → 알'키도, 알'키있다

→ 알′킸다, 알′키이(－니), 알′킨, 알′키는〕 (‘알 : 다[知]’의 사동) 알리다. 가르치다. ¶ 모리는(모르－) 사람자테는(－에게는) 잘 알키조야(줘야) 댄다(되－). [비] 알류″다. 알′리다[2]. 알쿠′다.

앞서′우다[압서우다] [동] 〔앞서′우고, 앞서′우아 → 앞서′아, 앞서′우아도 → 앞서′아도, 앞서′우았다 → 앞서′았다, 앞서′우이(－니), 앞서′운~앞서′우안 → 앞서′안, 앞서′우는〕 (‘앞서′다’의 사동) 앞세우다. ¶ 아들 앞서우고 처가집(처갓집) 가더라. [비] 앞시′우다.

앞시′우다[압시우다] <앞세′우다 <앞서이′우다 [동] 〔앞시′우고, 앞시′우아 → 앞시′아~앞시′야, 앞시′우아도 → 앞시′아도~앞시′야도, 앞시′우았다 → 앞시′았다~앞시′얐다, 앞시′우이(－니), 앞시′운~앞시′우안 → 앞시′안~앞시′얀, 앞시′우는〕 (‘앞서′다’의 사동) 앞세우다. ¶ 신랑 앞시야 친정 댕기왔다(다녀왔－). [비] 앞서′우다.

앞장서′우다[압장서우다] [동] 〔앞장서′우고, 앞장서′우아 → 앞장서′아, 앞장서′우아도 → 앞장서′아도, 앞장서′우았다 → 앞장서′았다, 앞장서′우이(－니), 앞장서′운~앞장서′우안 → 앞장서′안, 앞장서′우는〕 (‘앞장서′다’의 사동) 앞장세우다. ¶ 아들 앞장서우고 친정 갔다 오는가 배(봐). [비] 앞장시′우다.

앞장시′우다[압장시우다] <앞장세′우다 <앞장서이′우다 [동] 〔앞장시′우고, 앞장시′우아 → 앞장시′아~앞장시′야, 앞장시′우아도 → 앞장시′아도~앞장시′야도, 앞장시′우았다 → 앞장시′았다~앞장시′얐다, 앞장시′우이(－니), 앞장시′운~앞장시′우안 → 앞장시′안~앞장시′얀, 앞장시′우는〕 (‘앞장서′다’의 사동) 앞장세우다. ¶ 아를(아이－) 앞장시야 장~아(－에) 간다. / 어리석은 사람 앞장시야 놓고 거짓말하고 댕긴다(다니－). [비] 앞장서′우다.

애달구″다~애달′구″다 [동] 〔애달구″고, 애달구′아 → 애달가″, 애달구′아도 → 애달가″도, 애달구′았다 → 애달갔″다, 애달구′이(－니), 애달군″~애달구′안 → 애달간″, 애달구″는〕 (‘애달다[焦·燥]’의 사동) 애달게 하다. ¶ 줄라머(－려면) 얼른 주지 머로(뭣을) 그래(그리) 애달가 샇노(쌓니). [비] 애달루″다. 애달류″다. 애달쿠″다. 애달키′다.

애달루″다~애달′루″다 [동] 〔애달루″고, 애달루′아 → 애달라″, 애달루′아도→애달라″도, 애달루′았다→애달랐″다, 애달루″이(-니), 애달룬″~애달루′안→애달란″, 애달루″는〕('애달다[焦·燥]'의 사동) 애달게 하다. ¶ 동성(동생-) 애달루지 말고 같이 잘 놀아라. / 서방~이 아무리 애달라도 서방~이 젤(제일) 좋제(-지). ㊥ 애달구″다. 애달류″다. 애달쿠″다. 애달키′다.

애달류″다~애달′류″다 <애달리′우다 <애달이′우다 ㊐〔애달류″고, 애달류′아→애달랴″, 애달류′아도→애달랴″도, 애달류′았다→애달랐″다, 애달류″이(-니), 애달륜″~애달류′안→애달랸″, 애달류″는〕('애달다[焦·燥]'의 사동) 애달게 하다. ¶ 동성을(동생-) 저래(저리) 애달류이 울제(-지). ㊥ 애달구″다. 애달루″다. 애달쿠″다. 애달키′다.

애달쿠″다~애달′쿠″다 ㊐〔애달쿠″고, 애달쿠′아→애달카″, 애달쿠′아도→애달카″도, 애달쿠′았다→애달캈″다, 애달쿠′이(-니), 애달쿤″~애달쿠′안→애달칸″, 애달쿠′는〕('애달다[焦·燥]'의 사동) 애달게 하다. ¶ 아아(아이) 고만(그만) 애달카라. / 총각이 만나자 쿠머(고 하면) 애달쿤다고 바뿌다(바쁘-) 쿠고(고 하-) 일부러 안 만난다. ㊥ 애달구″다. 애달루″다. 애달류″다. 애달키′다.

애달′키다 ㊐〔애달′키고, 애달′키아→애달′키, 애달′키이도→애달′키도, 애달′키있다→애달′킸다, 애달′키이(-니), 애달′킨, 애달′키는〕('애달다[焦·燥]'의 사동) 애달게 하다. ¶ 그 사람은 사람을 그래 애달키고 욕을 빈단다(보이-). ㊥ 애달구″다. 애달루″다. 애달류″다. 애달쿠″다.

애믹이′다 <애뮉이′다 <애묵이′다 ㊐〔애믹이′고, 애믹이′이→애믹이″, 애믹이′이도→애믹이″도, 애믹이′있다→애믹있″다, 애믹이′이(-니), 애믹인, 애믹이는〕('애묵′다'의 사동) 애먹이다. ¶ 사나(사내) 애믹이제(-지) 자석(자식) 애믹이(-니) 내가 살 수가 없다.

애태′우다 <애타이′우다 ㊐〔애태′우고, 애태′우아→애태′아~애태′야, 애태′우아도→애태′아도~애태′야도, 애태′우았다→애태′았다~애태′얐다, 애태′우이(-니), 애태′운~애태′우안→애태′안~애태′얀, 애태′우는〕('애타다'의 사동) 애태우다. ¶ 애태야 농사 지이도

(−어도) 무울(먹을) 거는 밸로(별로) 없다(없−). / 나 따문에(때문−) 부채가(부처−) 아무리 애태야도 우리 부모 마암(마음) 겉겠능교(같겠습니까). / 부모 애태우기(−게) 한 기(−게) 한시럽다(한스럽다).

앤기″다[1][앵기다] <안기″다 ㉿〔앤기″고, 앤기′이→앤기″, 앤기′이도→앤기″도, 앤기′있다→앤깄″다, 앤기″이(−니), 앤긴″, 앤기″는〕('안:다[抱]'의 피동) 안기다. ¶ 서방자테(−에게) 앤기 자는 기(게) 제일 안 좋나. ㊊ 안기″다[1].

앤′기다[2][앵기다] <안′기다 ㉿〔앤′기고, 앤′기이→앤′기, 앤′기이도→앤′기도, 앤′기있다→앤′깄다, 앤′기이(−니), 앤′긴, 앤′기는〕('안:다[抱]'의 사동) 안기다. ¶ 내 품에 앤길 때가 내 자석이다(자식−). / 더 크머(면) 안아 줄라(−려) 캐도(고 해도) 안 앤긴다. ㊊ 안기다[2].

앵′기다 <왱′기다 <욍′기다 <옮′기다 ㉿〔앵′기고, 앵′기이→앵′기, 앵′기이도→앵′기도, 앵′기있다→앵′깄다, 앵′기이(−니), 앵′긴, 앵′기는〕('옮:다[移·染]'의 사동) 옮기다. ¶ 점방 새로 앵긴 데가 어데고(−냐)? / 예전에 큰 산도 앵기는 신선~이 살았단다. ㊊ 옮′기다. 옹′기다. 왱′기다.

야′꼬죽이다 ㉿〔야′꼬죽이고, 야′꼬죽이이→야′꼬죽이, 야′꼬죽이이도→야′꼬죽이도, 야′꼬죽이있다→야′꼬죽있다, 야′꼬죽이이(−니), 야′꼬죽인, 야′꼬죽이는〕('야′꼬죽다'의 사동) 야코죽이다. ¶ 글마들(그놈 아이들) 야꼬죽일 질이(길−) 없겠나. ㊊ 야′꼬직이다. 야′꾸죽이다. 야′꾸직이다. 야′코죽이다. 야′코직이다.

야′꼬직이다 <야′꼬쥑이다 <야′꼬죽이다 ㉿〔야′꼬직이고, 야′꼬직이이→야′꼬직이, 야′꼬직이이도→야′꼬직이도, 야′꼬직이있다→야′꼬직있다, 야′꼬직이이(−니), 야′꼬직인, 야′꼬직이는〕('야′꼬죽다'의 사동) 야코죽이다. ¶ 고거 참말로 야꼬직이네. ㊊ 야′꼬죽이다. 야′꾸죽이다. 야′꾸직이다. 야′코죽이다. 야′코직이다.

야′꾸죽이다 ㉿〔야′꾸죽이고, 야′꾸죽이이→야′꾸죽이, 야′꾸죽이이도→야′꾸죽이도, 야′꾸죽이있다→야′꾸죽있다, 야′꾸죽이이(−니), 야′꾸죽인, 야′꾸죽이는〕('야′꾸죽다'의 사동) 야코죽이다. ¶ 글마들(그놈 아이들) 날 야꾸죽이네. ㊥ 야′꼬죽이다. 야′꼬직이다. 야′꾸직이다. 야′코죽이다. 야′코직이다.

야′꾸직이다 <야′꾸줘이다 <야′꾸죽이다 ㊐ 〔야′꾸직이고, 야′꾸직이이 → 야′꾸직이, 야′꾸직이이도 → 야′꾸직이도, 야′꾸직이있다 → 야′꾸직있다, 야′꾸직이이(−니), 야′꾸직인, 야′꾸직이는〕 (‘야′꾸죽다’의 사동) 야코죽이다. ¶ 먼저 땡을 잡아 야꾸직이 놓고 시작하는 기라(게−). ㊥ 야′꼬죽이다. 야′꼬직이다. 야′꾸죽이다. 야′코죽이다. 야′코직이다.

야′코죽이다 ㊐ 〔야′코죽이고, 야′코죽이이 → 야′코죽이, 야′코죽이이도 → 야′코죽이도, 야′코죽이있다 → 야′코죽있다, 야′코죽이이(−니), 야′코죽인, 야′코죽이는〕 (‘야′코죽다’의 사동) 야코죽이다. ¶ 심신(힘세−) 넘은(놈−) 심으로(힘−) 야코죽이제(−지). ㊥ 야′꼬죽이다. 야′꼬직이다. 야′꾸죽이다. 야′꾸직이다. 야′코직이다.

야′코직이다 <야′코줘이다 <야′코죽이다 ㊐ 〔야′코직이고, 야′코직이이 → 야′코직이, 야′코직이이도 → 야′코직이도, 야′코직이있다 → 야′코직있다, 야′코직이이(−니), 야′코직인, 야′코직이는〕 (‘야′코죽다’의 사동) 야코죽이다. ¶ 야코직이도 야코죽지 말고 잘해 바라(봐라). ㊥ 야′꼬죽이다. 야′꼬직이다. 야′꾸죽이다. 야′꾸직이다. 야′코죽이다.

얕보이″다[얀보이다] ㊐ 〔얕보이″고, 얕보이′이 → 얕보이″, 얕보이′이도 → 얕보이″도, 얕보이′있다 → 얕보있″다, 얕보이″이(−니), 얕보인″, 얕보이″는〕 (‘얕보′다’의 피동) 얕보이다. ¶ 니가(네−) 키가 커서 날 얕볼지 몰라도 나는 심도(힘−) 없는 니가(네−) 얕보인다. ㊟ 얕비″다.

얕비″다[얀비다] <얕붜″다 <얕보이″다 ㊐ 〔얕비″고, 얕비′이 → 얕비″, 얕비′이도 → 얕비″도, 얕비′있다 → 밉빘″다, 얕비″이(−니), 밉빈″, 얕비″는〕 (‘얕보′다’의 피동) ‘얕보이″다’의 준말. 얕보이다. ¶ 남자테(남에게) 얕비는 짓은 하지 마라.

어루′다 <얼우′다 ㊐ 〔어루′고, 어루′아 → 어라″, 어루′아도 → 어라″도, 어루′았다 → 어랐″다, 어루′이(−니), 어룬~어루′안 → 어란″, 어루는〕 (‘얼 : 다[凍]’의 사동) 얼리다. ¶ 어라 나(놔) 돘다가(뒀−) 사우

(사위) 오머(면) 줄락고(－려고). [비] 얼구′다. 얼루′다. 얼류″다. 얼′리다. 얼우′다. 얼쿠′다.

어불리″다[1] <어부리이″다 [동] 〔어불리″고, 어불리′이 → 어불리″, 어불리′이도 → 어불리″도, 어불리′있다 → 어불랐″다, 어불리″이(－니), 어불린″, 어불리″는〕 (‘어부′리다[與]’의 피동) 어울리다. ¶ 그 저구리에(저고리－) 그 치매가(치마－) 잘 어불린다. / 잘 어불리는 친구맺이(몇－) 있디더(－습디다). [비] 어불리″다[2]<어불이″다.

어불리″다[2] <어불이″다 [동] 〔어불리″고, 어불리′이 → 어불리″, 어불리′이도 → 어불리″도, 어불리′있다 → 어불랐″다, 어불리″이(－니), 어불린″, 어불리″는〕 (‘어불′다[與]’의 피동) 어울리다. ¶ 그 치매는(치마－) 할매자테(할머니에게) 잘 어불린다. / 친구캉(－와) 어불리가(－서) 놀러 마이(많이) 댕깄다. / 바보캉(－와) 어불리머(－면) 모리는(모르－) 새 나도 바보가 댄다(되－). [비] 어불리″다[1]<어부리이″다.

어지럽히″다[1][어지러피다] [동] 〔어지럽히″고, 어지럽히′이 → 어지럽히″, 어지럽히′이도 → 어지럽히″도, 어지럽히′있다 → 어지럽혔″다, 어지럽히″이(－니), 어지럽힌″, 어지럽히″는〕 (‘어′지′럽다[紛·亂]’의 피동) 어지러워지다. ¶ 그 일로 온 동네가 어지럽혔다.

어′지′럽히다~어지럽히″다[2][어지럽피다] [동] 〔어′지′럽히고, 어′지′럽히이 → 어′지′럽히, 어′지′럽히이도 → 어′지′럽히도, 어′지′럽히있다 → 어′지′럽혔다, 어′지′럽히이(－니), 어′지′럽힌, 어′지′럽히는〕 (‘어′지′럽다[紛·亂]’의 사동) 어지럽히다. ¶ 한 넘이서(놈－) 온 동네를 어지럽힌다. / 니가(네－) 어지럽힌 자리 니가(네－) 치아라(치워라).

억눌리″다~억눌′리″다 <억눌리이″다 [동] 〔억눌리″고, 억눌리′이 → 억눌리″, 억눌리′이도 → 억눌리″도, 억눌리′있다 → 억눌랐″다, 억눌리″이(－니), 억눌린″, 억눌리″는〕 (‘억′눌′리다[壓]’의 피동) 억눌리다. ¶ 억눌리고 있는 심장~이 언제 터질지 모린다(모르－). / 넘자테(남에게) 억눌리 사는 살람이 젤(제일) 불샇다(불쌍하－).

언치″다 <얹히″다 [동] 〔언치″고, 언치′이 → 언치″, 언치′이도 → 언치″도,

ㅇ

언치′있다→언칬″다, 언치″이(-니), 언치″는, 언친″〕 (‘얹′다’의 피동) ①얹히다. ¶ 살강~아(-에) 언친 접시기도 (접시-) 몬(못) 찾나(-니)? ②체하다(滯--). ¶ 대지괴기(돼지고기) 묵고(먹-) 언칬는갑다(-는가 보다). ㊥ 얹히″다.

얹히″다[언치다] 동〔얹히″고, 얹히′이→얹히″, 얹히′이도→얹히″도, 얹히′있다→얹힜″다, 얹히″이(-니), 얹히″는, 얹힌″〕 (‘얹′다’의 피동) ①얹히다. ¶ 꽂이 머리에 얹힌 줄도 모린다(모르-). ②체하다(滯--). ¶ 지넉(저녁) 무운(먹은) 기(게) 얹힜는강(-는가)? ㊥ 언치″다.

얼구′다 동〔얼구′고, 얼구′아→얼가″, 얼구′아도→얼가″도, 얼구′았다→얼갔″다, 얼구′이(-니), 얼군~얼구′안→얼간″, 얼구는〕 (‘얼:다[凍]’의 사동) 얼리다. ¶ 무시는(무-) 얼가 노머(놓으면) 몬(못) 묵는다(먹-). / 덥운(더운) 날 단술 얼가 놓고 한 대지비(대접) 마시이(-니) 좋구나. ㊥ 어루′다. 얼루′다. 얼류″다. 얼′리다. 얼우′다. 얼쿠′다.

얼루′다~얼루″다 동〔얼루′고, 얼루′아→얼라″, 얼루′아도→얼라″도, 얼루′았다→얼랐″다, 얼루′이(-니), 얼룬~얼루′안→얼란″, 얼루는〕 (‘얼:다[凍]’의 사동) 얼리다. ¶ 맹태(명태) 얼린 기(게) 동태 아이가(아니냐)? ㊥ 어루′다. 얼구′다. 얼류″다. 얼′리다. 얼우′다. 얼쿠′다.

얼류″다 <얼리′우다 <얼이′우다 동〔얼류″고, 얼류′아→얼랴″, 얼류′아도→얼랴″도, 얼류′았다→얼랼″다, 얼류″이(-니), 얼륜″~얼류′안→얼랸″, 얼류″는〕 (‘얼:다[凍]’의 사동) 얼리다. ¶ 어떤 거는 얼랴 무으머(먹으면) 맛이 더 좋고, 어떤 거는 얼랴 무우머(먹으면) 맛이 더 몬하다(못하-). / 무시(무) 얼랸 거는 영 파이다(좋지 않다). / 여름에는 물 얼랴 놓고 화채 해 묵는(먹-) 기(게) 젤이다(제일-). ㊥ 어루′다. 얼구′다. 얼루′다. 얼′리다. 얼우′다. 얼쿠′다.

얼′리다 <얼′이다 동〔얼′리고, 얼′리이→얼′리, 얼′리이도→얼′리도, 얼′리있다→얼′맀다, 얼′리이(-니), 얼′린, 얼′리는〕 (‘얼:다[凍]’의 사동) 얼리다. ¶ 무시는(무-) 쪼매(조금) 얼리도 몬(못) 묵는다

(먹−). (비) 어루′다. 얼구′다. 얼루′다. 얼류″다. 얼우′다. 얼쿠′다.

얼말류″다 <얼말리′우다 <얼말이′우다 [통] 〔얼말류″고, 얼말류′아→얼말랴″, 얼말류′아도→얼말랴″도, 얼말류′았다→얼말랐″다, 얼말류″이(−니), 얼말륜″~얼말류′안→얼말란″, 얼말류″는〕 (‘얼마리′다[乾]’의 사동) 덜 말리다. ¶ 엇지넉에는(어제 저녁−) 얼말란 맹태 사다가 찌지(지져) 뭈다(먹었−). (비) 얼말′리다[2].

얼말리″다[1] <얼마리이″다 [통] 〔얼말리″고, 얼말리′아→얼말리″, 얼말리′이도→얼말리″도, 얼말리′있다→얼말맀″다, 얼말리″이(−니), 얼말린″, 얼말리″는〕 (‘얼마리′다[乾]’의 피동) 덜 말리다. ¶ 풀 믹이(먹여) 얼말린 삼베옷을 다리(다려) 입히(입혀) 보냈다.

얼말′리다[2] <얼마리′이다 [통] 〔얼말′리고, 얼말′리아→얼말′리, 얼말′리이도→얼말′리도, 얼말′리있다→얼말맀′다, 얼말′리이(−니), 얼말′린, 얼말′리는〕 (‘얼마리′다[乾]’의 사동) 덜 말리다. ¶ 그거 얼말리머(−면) 비린내 난다. / 장매(장마) 때는 얼말린 옷에 곰패이(곰팡이) 핀다. (비) 얼말류″다.

얼우′다 [통] 〔얼우′고, 얼우′아→얼아″, 얼우′아도→얼아″도, 얼우′았다→얼았″다, 얼우′이(−니), 얼운~얼우′안→얼안″, 얼우는〕 (‘얼:다[凍]’의 사동) 얼리다. ¶ 무시(무) 얼아 논(놓은) 거는 몬(못) 묵는다(먹−). / 칩운(추운) 데서 발을 너무 얼아 동상 걸렀다(걸렸−). (비) 어루′다. 얼구′다. 얼루′다. 얼류″다. 얼′리다. 얼쿠′다.

얼쿠′다 [통] 〔얼쿠′고, 얼쿠′아→얼카″, 얼쿠′아도→얼카″도, 얼쿠′았다→얼캈″다, 얼쿠′이(−니), 얼쿤~얼쿠′안→얼칸″, 얼쿠는〕 (‘얼:다[凍]’의 사동) 얼리다. ¶ 무시(무) 얼카 놓으머(−으면) 몬(못) 묵는다(먹−). / 물 얼쿠는 틀이 집에 있이머(−으면) 좋겠네. / 물 얼쿠는 그런 틀이 따리(따로) 있나. 냉장고 아이가(아니냐). (비) 어루′다. 얼구′다. 얼루′다. 얼류″다. 얼′리다. 얼우′다.

얽매이″다~얽매′이″다[얼매이다] [통] 〔얽매이″고, 얽매이′이→얽매이″, 얽매이′이도→얽매이″도, 얽매이′있다→얽매있″다, 얽매이″이(−니), 얽매인″, 얽매이″는〕 (‘얽매′다[繫]’의 피동) 얽매이다. ¶ 사람은 다 이래 저래 얽매이 사는 기라(게−). / 애릴(어리−) 때는 부모한테 얽매이고 시집 가가는(－서는) 서방한테 얽매이고 늙어가는 (－서는) 자석자테(자식에게) 얽매이 산다.

얽후′다[얼쿠다] 동〔얽후′고, 얽후′아→얽하″, 얽후′아도→얽하″도, 얽후′았다→얽핬″다, 얽후′이(－니), 얽훈~얽후′안→얽한″, 얽후는〕(‘얽′다[繫]’의 사동) 얽히게 하다. ¶ 실을 이래(이리) 얽하 놓고 우째(어찌) 베를 짜노. 비 얽′히다².

얽히″다¹[얼키다] 동〔얽히″고, 얽히′이→얽히″, 얽히′이도→얽히″도, 얽히′있다→얽힜″다, 얽히″이(－니), 얽히″는, 얽힌″〕(‘얽′다[繫]’의 피동) 얽히다. ¶ 온갖 생각이 얽히 잠이 아(안) 온다. / 얽힌 실 풀다가 밤새겠다. / 우리 반장은 얽힌 일도 잘 풀어낸다.

얽′히다²[얼키다] 동〔얽′히고, 얽′히이→얽′히, 얽′히이도→얽′히도, 얽′히있다→얽′힜다, 얽′히이(－니), 얽′힌, 얽′히는〕(‘얽′다[繫]’의 사동) 얽히게 하다. ¶ 누가 실 뭉치마중(－마다) 얼히 났다. / 느그(너희) 얼라가(아기－) 얽히 났이이(놨으니) 니가(네－) 풀어라. 비 얽후′다.

없 : 애다[엄새다] 동〔없 : 애고, 없 : 애애→없 : 애, 없 : 애애도→없 : 애도, 없 : 애앴다→없 : 앴다, 없 : 애이(－니), 없 : 앤, 없 : 애는〕(‘없 : 다[無]’의 사동) 없애다. ¶ 있는 것도 없애는데 만닷고(어쩌자고) 또 샀노. 비 없 : 애다.

업후′다[어푸다] 동〔업후′고, 업후′아→업하″, 업후′아도→업하″도, 업후′았다→업핬″다, 업후′이(－니), 업훈~업후′안→업한″, 업후는〕(‘업′다[負]’의 사동) 업히다. ¶ 얼라는 큰아자테(큰아이에게) 업하라. 비 업′히다².

업히″다¹[어피다] 동〔업히″고, 업히′이→업히″, 업히′이도→업히″도, 업히′있다→업힜″다, 업히″이(－니), 업히″는, 업힌″〕(‘업′다[負]’의 피동) 업히다. ¶ 얼라가(아기－) 지(제) 엄마한테만 업힐라 칸다(고 하－). / 아들자테(－에게) 업히가(－서) 마당 한 바꾸(바퀴) 돌아 바라(봐라).

업′히다²[어피다] 동〔업′히고, 업′히이→업′히, 업′히이도→업′히도, 업′히있다→업′힜다, 업′히이(－니), 업′힌, 업′히는〕(‘업′다[負]’의 사동) 업히다. ¶ 큰 아아자테(아이에게) 작은 아아(아이) 업히 놓고 어마이는(어미-) 밭 맨다. [비] 업후'다.

없 : 애다[업새다] [동] 〔없 : 애고, 없 : 애애 → 없 : 애, 없 : 애애도 → 없 : 애도, 없 : 애앴다 → 없 : 앴다, 없 : 애이(-니), 없 : 앤, 없 : 애는〕 ('없 : 다[無]'의 사동) 없애다. ¶ 실데없는(쓸데없-) 거는 다 없애자. / 걱정 없애는 약은 따리(따로) 없다. [비] 없 : 애다.

엉구'다 [동] 〔엉구'고, 엉구'아 → 엉가", 엉구'아도 → 엉가"도, 엉구'았다 → 엉갔"다, 엉구'이(-니), 엉군~엉구'안 → 엉간", 엉구는〕 ('*엉다[構]'의 사동) 얽히게 하다. ¶ 실을 저래(저리) 엉가 났이이(놨으니) 나는 몬(못) 푼다. [비] 엉'기다². 엉쿠'다. 엉'키다².

엉기"다¹ [동] 〔엉기"고, 엉기'이 → 엉기", 엉기'이도 → 엉기"도, 엉기'있다 → 엉깄"다, 엉기"이(-니), 엉긴", 엉기"는〕 ('*엉다[構]'의 피동) 얽히다. ¶ 하는 일마중(-마다) 다 엉깄다. / 이기(이게) 뜨겁울(뜨거울) 때는 죽 겉애도(같아도) 식으머(-으면) 묵처럼 엉긴다. [비] 엉키"다¹.

엉'기다² [동] 〔엉'기고, 엉'기이 → 엉'기, 엉'기이도 → 엉'기도, 엉'기있다 → 엉'깄다, 엉'기이(-니), 엉'긴, 엉'기는〕 ('*엉다[構]'의 사동) 얽히게 하다. ¶ 묵은 너무 엉기기(-게) 하머(-면) 대애(되어) 몬(못) 묵는다(먹-). [비] 엉구'다. 엉쿠'다. 엉'키다².

엉쿠'다 [동] 〔엉쿠'고, 엉쿠'아 → 엉카", 엉쿠'아도 → 엉카"도, 엉쿠'았다 → 엉캈"다, 엉쿠'이(-니), 엉쿤~엉쿠'안 → 엉칸", 엉쿠는〕 ('*엉다[構]'의 사동) 얽히게 하다. ¶ 저이는 일 엉쿠는데는 이골이 난 사람이라 쿠이(니까). / 일 엉쿨라(-려) 카지(고 하-) 말고 잘 좀 해 보소. [비] 엉구'다. 엉'기다². 엉'키다².

엉키"다¹ [동] 〔엉키"고, 엉키'이 → 엉키", 엉키'이도 → 엉키"도, 엉키'있다 → 엉킸"다, 엉키"이(-니), 엉킨", 엉키"는〕 ('*엉다[構]'의 피동) 얽히다. ¶ 실이고 새끼고 일이고 엉킸다 카머(고 하면) 푸는데 애묵는다(애먹-). [비] 엉기"다¹.

엉'키다² [동] 〔엉'키고, 엉'키이 → 엉'키, 엉'키이도 → 엉'키도, 엉'키있다 → 엉'킸다, 엉'키이(-니), 엉'킨, 엉'키는〕 ('*엉다[構]'의 사동) 얽히게 하다. ¶ 일 바두다가(서두르다－) 일 엉킨다. ㊐ 엉구′다. 엉′기다[2]. 엉쿠′다.

엎우′다 통 〔엎우′고, 엎우′아 → 엎아″, 엎우′아도 → 엎아″도, 엎우′았다 → 엎았″다, 엎우′이(－니), 엎운″ ~ 엎우′안 → 엎안″, 엎우는〕('엎′다[覆]'의 사동) 엎어지게 하다. ¶ 접시는 살강~아(－에) 엎아 나라(놔라). ㊐ 엎′이다[2].

엎이″다[1] 통 〔엎이″고, 엎이′이 → 엎이″, 엎이′이도 → 엎이″도, 엎이′있다 → 엎있″다, 엎이″이(－니), 엎인″, 엎이″는〕('엎′다[覆]'의 피동) 엎이다. ¶ 큰 파도에 작은 배는 숩기(쉽게) 엎이고 만다.

엎′이다[2] 통 〔엎′이고, 엎′이이 → 엎′이, 엎′이이도 → 엎′이도, 엎′이있다 → 엎′있다, 엎′이이(－니), 엎′인, 엎′이는〕('엎′다[覆]'의 사동) 엎어지게 하다. ¶ 물에다 빈 통을 엎일라 캐도(고 해도) 잘 안 엎인다. ㊐ 엎우′다.

여닫기″다 통 〔여닫기″고, 여닫기′이 → 여닫기″, 여닫기′이도 → 여닫기″도, 여닫기′있다 → 여닫깄″다, 여닫기″이(－니), 여닫긴″, 여닫기″는〕('여닫′다[開閉]'의 피동) 여닫히다. ¶ 장방 문~이 잘 여닫긴다. / 바람에 문~이 저절로 여닫긴다. ㊐ 여닫히″다.

여닫히″다[여다치다] 통 〔여닫히″고, 여닫히′이 → 여닫히″, 여닫히′이도 → 여닫히″도, 여닫히′있다 → 여닫힜″다, 여닫히″이(－니), 여닫힌″, 여닫히″는〕('여닫′다[開閉]'의 피동) 여닫히다. ¶ 돌짜구(돌쩌귀) 곤치(고쳐) 노이(놓으니) 문~이 잘 여닫힌다. ㊐ 여닫기″다.

엮이″다 통 〔엮이″고, 엮이′이 → 엮이″, 엮이′이도 → 엮이″도, 엮이′있다 → 엮있″다, 엮이″이(－니), 엮인″, 엮이″는〕('엮′다[編]'의 피동) 엮이다. ¶ 맹태가(명태－) 줄줄이 엮이 있다. / 엮인 맹태(명태). ㊐ 엮이″다. 엮이″다. 엮기″다.

열리″다[1] <열이″다 통 〔열리″고, 열리′이 → 열리″, 열리′이도 → 열리″도, 열리′있다 → 열맀″다, 열리″이(－니), 열린″, 열리″는〕('열：다[實]'의 피동) 열리다. ¶ 지붕에(지붕－) 꼬도박이(박－) 열리고 보롬(보름) 달이 뜨머(－면) 볼만하겠제(－지). / 수박 넝쿨에(덩쿨－) 가지 열리나. / 배낡에 복송(복숭아) 열릴 일이다.

열리"다[2] <열이"다 ⓢ〔열리"고, 열리'이→열리", 열리'이도→열리"도, 열리'있다→열렸"다, 열리"이(-니), 열린", 열리"는〕('열:다[開]'의 피동) 열리다. ¶ 사람이 많으머(-으면) 질이(길-) 열린다. / 문~이 열리 있이머(-으면) 도독넘(도둑넘) 들어가기 숩제(쉽지). / 이 동네는 열린 대문에도 도독이(도둑-) 없다. / 대문~이 열리머(-면) 방문도 열리고, 방문~이 열리머(-면) 장문도 열린다. / 몸과 마음을 낮추고 마음을 열어라 카는데(고 하-) 마음이 숩기(쉽게) 잘 안 열린다. / 마음을 열머(-면) 새 세상~이 열린다. / 열린 문틈으로 지가(쥐-) 들왔는갑다(들어왔는가 보다).

엮이"다[영기다] ⓢ〔엮이"고, 엮이'이→엮이", 엮이'이도→엮이"도, 엮이'있다→엮있"다, 엮이"이(-니), 엮인", 엮이"는〕('엮'다[編]'의 피동) 엮이다. ¶ 새끼줄에 줄줄이 엮인 거는 다 무시(무) 시래기다. ⓑ 엮이"다. 엮이"다. 엮기"다.

엮이"다[영키다] ⓢ〔엮이"고, 엮이'이→엮이", 엮이'이도→엮이"도, 엮이'있다→엮있"다, 엮이"이(-니), 엮인", 엮이"는〕('엮'다[編]'의 피동) 엮이다. ¶ 요새는 꽂감을(곶감-) 대꼬채이로(대꼬챙이-) 안 끼고(꿰-) 줄로 엮는데(엮-) 엮인 기(게) 더 모양~이 좋기(-게) 잘 마린다(마르-). ⓑ 엮이"다. 엮이"다. 엮기"다.

엮기"다[영키다] ⓢ〔엮기"고, 엮기'이→엮기", 엮기'이도→엮기"도, 엮기'있다→엮깄"다, 엮기"이(-니), 엮긴", 엮기"는〕('엮'다[編]'의 피동) 엮이다. ¶ 그거는 짚으로 엮어야 잘 엮긴다. ⓑ 엮이"다. 엮이"다. 엮이"다.

오구'다~오구"다 <옥우'다 ⓢ〔오구'고, 오구'아→오가", 오구'아도→오가"도, 오구'았다→오갔"다, 오구'이(-니), 오군~오구'안→오간", 오구는〕('옥'다[曲]'의 사동) 옥이다. ¶ 까꾸리를(갈퀴-) 너무 오가 맹글어도(만들-) 잘 안 긁힌다(긁히-). ⓑ 오구'리다. 옥우'다. ⓚ 우구'다.

오구'리다 <옥우'리다. ⓢ〔오구'리고, 오구'리아→오구'리, 오구'리이도→오구'리도, 오구'리있다→오구렸'다, 오구'리이(-니), 오구'린, 오구'리는〕('옥'다[曲]'의 사동) 옥이다. 오그리다. ¶ 맞은 넘은

(놈－) 다리 패고(펴－) 자고 때린 넘은(놈－) 다리 오구리고 잔다. ㊥ 오구'다. 옥우'다. ㊔ 우구'리다.

옥우'다~옥우"다 ⓢ〔옥우'고, 옥우'아→옥아", 옥우'아도→옥아"도, 옥우'았다→옥았"다, 옥우'이(－니), 옥운~옥우'안→옥안", 옥우는〕('옥'다[曲]'의 사동) 옥이다. ¶ 이 까꾸리는(갈퀴－) 너무 옥아맸다. ㊥ 오구'다. 오구'리다. ㊔ 욱우'다.

올'리다 <오리'이다 ⓢ〔올'리고, 올'리아→올'리, 올'리이도→올'리도, 올'리있다→올'렸다, 올'리이(－니), 올'린, 올'리는〕('오리'다[登]'의 사동) ①올리다. ¶ 높은 데다 올리 나라(놓아라). / 나무에 올리 놓고 흔드나. ②게우다. ¶ 한 분(번) 올렸뿠디이(게워 버렸더니) 속이 팬다(편하－).

옮'기다[옹기다] ⓢ〔옮'기고, 옮'기이→옮'기, 옮'기이도→옮'기도, 옮'기있다→옮'깄다, 옮'기이(－니), 옮'긴, 옮'기는〕('옮:다[移·染]'의 사동) 옮기다. ¶ 집도 옮기고, 댕기는(다니－) 학교도 옮긴다 카더라(고 하－). / 감기가 얼라자테도(아기에게도) 옮깄다. ㊥ 옹'기다. 왱'기다. 앵기다'.

옹'기 다 <옮'기다 ⓢ〔옹'기고, 옹'기이→옹'기, 옹'기이도→옹'기도, 옹'기있다→옹'깄다, 옹'기이(－니), 옹'긴, 옹'기는〕('옮:다[移·染]'의 사동) 옮기다. ¶ 빙(병) 옹길라 조심해라. ㊥ 옮'기다. 왱'기다. 앵'기다.

왱'기다 <욍'기다 <옮'기다 ⓢ〔왱'기고, 왱'기이→왱'기, 왱'기이도→왱'기도, 왱'기있다→왱'깄다, 왱'기이(－니), 왱'긴, 왱'기는〕('옮:다[染·染]'의 사동) 옮기다. ¶ 말은 숩운데(쉬운데) 글로 왱길라 카이(고 하니) 애럽다(어렵－). ㊥ 옮'기다. 옹'기다. 앵'기다.

욕보'이다 ⓢ〔욕보'이고, 욕보'이이→욕보'이, 욕보'이이도→욕보'이도, 욕보'이있다→욕보'있다, 욕보'이이(－니), 욕보'인, 욕보'이는〕('욕보'다'의 사동) 수고하게 하다. 고생하게 하다. ¶ 놉을 이리 욕보이고 주인은 어데 가고 안 비노(보이나). ㊟ 욕비"다.

욕비"다 <욕비'이다 <욕뵈'이다 <욕보'이다 ⓢ〔욕비"고, 욕비'이→욕비", 욕비'이도→욕비"도, 욕비'있다→욕빘"다, 욕비"이(－니), 욕

빈", 욕비"는〕('욕보'다'의 사동) '욕보'이다'의 준말. 수고하게 하다. 고생하게 하다. ¶ 어지가이(어지간히) 욕밨이머(-으면) 품은 넉넉하이(-게) 조야(줘야) 안 대나(되냐). / 우리가 그 일 따문에(때문-) 온 동네 사람들자테(-에게) 크기(-게) 욕밨다.

욕심내 : 다(欲心--) <욕심나이다 <욕심나'이다 동〔욕심내 : 고, 욕심내 : 지, 욕심내'애→욕심내", 욕심내'애도→욕심내"도, 욕심내'앴다→욕심냈"다, 욕심내 : 이(-니), 욕심낸 : ~욕심내'앤→욕심낸", 욕심내 : 는〕('욕심나'다(欲心--)'의 사동) 욕심내다(欲心--). ¶ 욕심낸다고 다 대는(되-) 기(게) 아이다(아니-).

용시"다 동 [용시"고, 용시'이→용시", 용시'이도→용시"도, 용시'있다→용싰"다, 용시"이(-니), 용신", 용시"는 ('용 : 시다'의 피동) '용시이"다'의 준말. 용이 쓰이다. ¶ 보기만 해도 용신다.

용시이"다 동〔용시이"고, 용시이'이→용시이", 용시이'이도→용시이"도, 용시이'있다→용시있"다, 용시이"이(-니), 용시인", 용시이"는〕('용 : 시다'의 피동) 용이 쓰이다. ¶ 일하는 거 보고 있이머(-으면) 용시인다. 준 용시"다.

우구'다~우구"다 <욱우'다 동〔우구'고, 우구'아→우가", 우구'아도→우가"도, 우구'았다→우갔"다, 우구'이(-니), 우군~우구'안→우간", 우구는〕('욱'다[曲]'의 사동) 욱이다. ¶ 소구리(소쿠리) 끝을 쫌(좀) 더 우가 매라. 비 우구'리다. 욱우'다.

우구'리다 <욱우'리다. 동〔우구'리고, 우구'리아→우구'리, 우구'리이도→우구'리도, 우구'리있다→우구맀'다, 우구'리이(-니), 우구'린, 우구'리는〕('욱'다[曲]'의 사동) '오구'리다'의 큰말. 욱이다. 우그리다. ¶ 우구린 거를 패(펴) 바라(봐라). 비 우구'다. 욱우'다.

우러내 : 다 <우러나이다 <우러나'이다 동〔우러내 : 고, 우러내 : 지, 우러내'애→우러내", 우러내'애도→우러내"도, 우러내'앴다→우러냈"다, 우러내 : 이(-니), 우러낸 : ~우러내'앤→낸", 우러내 : 는〕('우러나'다'의 사동) 우려내다. ¶ 십운(쓴) 맛을 우러내고 문치(무쳐) 묵는다(먹-).

우루'다 <울우'다 동〔우루'고, 우루'아→우라", 우루'아도→우라"도,

O

우루′았다→우랐″다, 우루′이(－니), 우룬~우루′안→우란″, 우루는〕('*울다[拔]'의 사동) 우리다. ¶ 그 집 큰 사오한테(사위－) 돈 우루고, 작은 사우한테도(사위－) 돈 우라 내가(－서) 동네 잔채했다(잔치－). / 그거는 물에 담가 하리이틀(하루－) 우라야 떫은맛이 빠진다. / 숙을(쑥－) 물에 하리(하루) 당가(담가) 우란 기(게) 읾다(이렇－). (비) 우′리다. 울구′다.

우′리다 <울′이다 [동] 〔우′리고, 우′리이→우′리, 우′리이도→우′리도, 우′리있다→우′렀다, 우′리이(－니), 우′린, 우′리는〕('*울다[拔]'의 사동) 우리다. ¶ 하리는(하루－) 우리야 십은(쓴) 맛이 없어진다. (비) 우루′다. 울구′다.

욱우′다~욱우″다 [동] 〔욱우′고, 욱우′아→욱아″, 욱우′아도→욱아″도, 욱우′았다→욱았″다, 욱우′이(－니), 욱운~욱우′안→욱안″, 욱우는〕('욱′다[曲]'의 사동) 욱이다. ¶ 망태기를(망태－) 알맞기(－게) 욱아 잘 맸다. (비) 우구′다. 우구′리다. (작) 옥우′다.

울구′다 [동] 〔울구′고, 울구′아→울가″, 울구′아도→울가″도, 울구′았다→울갔″다, 울구′이(－니), 울군~울구′안→울간″, 울구는〕('*울다[拔]'의 사동) 우리다. ¶ 이 나물은 십은(쓴) 맛을 울가 내고 묵는다(먹－). (비) 우루′다. 우′리다.

울류″다 <울리′우다 <울이′우다 [동] 〔울류″고, 울류′아→울랴″, 울류′아도→울랴″도, 울류′았다→울랐″다, 울류″이(－니), 울륜″~울류′안→울랸″, 울류″는〕('울:다[泣·鳴]'의 사동) 울리다. ¶ 와(왜) 그래 동성을(동생－) 자꾸 울류노(－니). / 지집을(계집－) 울랴 놓고 인자는(이제－) 달개(달래) 샇는다(쌓－). / 안 울랐는데 자꾸 지가(제－) 우는데 우짜노(어쩌나). (비) 울′리다[2].

울리″다[1] <울이″다 [동] 〔울리″고, 울리′이→울리″, 울리′이도→울리″도, 울리′있다→울렀″다, 울리″이(－니), 울린″, 울리″는〕('울:다[泣·鳴]'의 피동) 울리다. ¶ 종~이 울린다. / 절에서 종 울리는 기(게) 여어꺼정(여기까지) 듣긴다(들리－).

울′리다[2] <울′이다 [동] 〔울′리고, 울′리아→울′리, 울′리이도→울′리도, 울′리있다→울′렀다, 울′리이(－니), 울′린, 울′리는〕('울:다[泣·

鳴]'의 사동) 울리다. ¶ 넘(남) 울리가(−서) 좋을 기(게) 없다. / 울리 놓고 달갠다(달래−). / 머(뭣) 따문에(때문−) 자를(재−) 울렀노. [비] 울류″다.

윗′기다[윋기다] [동] 〔윗′기고, 윗′기이 → 윗′기, 윗′기이도 → 윗′기도, 윗′기있다 → 윗′깄다, 윗′기이(−니), 윗′긴, 윗′기는〕 ('윗 : 다[笑]'의 사동) 웃기다. ¶ 우리 큰사우는(큰사위−) 윗기도 잘하고 윗기기도 잘함더(−ㅂ니다). / 윗기지 마라. 입 째진다(찢어지−). / 고만 윗기라. 배꾸영(배꼽) 빠질라 칸다(고 하−). / 니는(너−) 삶아 논(놓은) 소대가리도 윗기겠다. / 넘(남) 잘 윗기는 것도 보통 재주가 아이다(아니−). / 윗길라고 한 말인데 넘(남) 부애(부아) 나기(−게) 했뿄네(해 버렸−).

이끌리″다 <이끌이″다 [동] 〔이끌리″고, 이끌리′이 → 이끌리″, 이끌리′이도 → 이끌리″도, 이끌리′있다 → 이끌렸″다, 이끌리″이(−니), 이끌린″, 이끌리″는〕 ('이끌′다[牽·引]'의 피동) 이끌리다. ¶ 행님(형님) 손에 이끌리 서당 댕기고(다니−) 그랬다.

이″다[1] <이′우다 [동] 〔이″고, 이′아 ~ 이′야, 이′아도 ~ 이′야도, 이′았다 ~ 이′았다, 이″이(−니), 인″ ~ 이′안 ~ 이′얀, 이″는〕 ('이′다[戴]'의 사동) '이′우다[1]'의 준말. 이우다. ¶ 물도오(물동이) 이야 주가(줘). [비] 이″다[2]<이′이다.

이″다[2] <이′이다 [동] 〔이″고, 이′아 ~ 이′야, 이′아도 ~ 이′야도, 이′았다 ~ 이′았다, 이″이(−니), 인″ ~ 이′안 ~ 이′얀, 이″는〕 ('이′다[戴]'의 사동) '이′이다[1]'의 준말. 이우다. ¶ 그 반티를(함지−) 내자테(나에게) 이야 조(줘) 바라(봐라). [비] 이″다[1]<이′우다.

이″다[3] <이′우다 [동] 〔이″고, 이′아 ~ 이′야, 이′아도 ~ 이′야도, 이′았다 ~ 이′얐다, 이″이(−니), 인″ ~ 이′안 ~ 이′얀, 이″는〕 ('이′다[葺]'의 사동) '이′우다[2]'의 준말. 이다. ¶ 우리 집 이는 날 와서 돕아(도와) 주이소(−세요). [비] 이″다[4]<이′이다.

이″다[4] <이′이다 [동] 〔이″고, 이′아 ~ 이′야, 이′아도 ~ 이′야도, 이′았다 ~ 이′얐다, 이″이(−니), 인″ ~ 이′안 ~ 이′얀, 이″는〕 ('이′다[葺]'의 사동) '이′이다[2]'의 준말. 이다. ¶ 작년에(작년−) 지붕(지붕) 이야도

옭에(올해－) 또 이아야 댄다. ⑪ 이″다[3]<이′우다.

이루′다 <일우′다 통 〔이루′고, 이루′아→이라″, 이루′아도→이라″도, 이루′았다→이랐″다, 이루′이(－니), 이룬~이루′안→이란″, 이루는〕 (일다[起]의 사동) 일구다. ¶ 지(제) 하고 시푼(싶은) 거 이루고 살머(－면) 댔다(됐－). ⑪ 일구′다.

이수′다~이수″다 <잇우′다 통 〔이수′고, 이수′아→이사″, 이수′아도→이사″도, 이수′았다→이샀″다, 이수′이(－니), 이순~이수′안→이산″, 이수는〕 ('잇:다[繼]'의 사동) 잇게 하다. ¶ 끊어진 인연도 이수머(－면) 이아진다(이어지－). / 이산 데가 또 끊어졌다. ⑪ 잇우′다.

이′우다[1] 통 〔이′우고, 이′우아→이′아~이′야, 이′우아도→이′아도~이′야도, 이′우았다→이′았″다~이′얐다, 이′우이(－니), 이′운~이′우안→이′안~이′얀, 이′우는〕 ('이′다[戴]'의 사동) 이우다. ¶ 물도오(물동이) 머리에 이아 주가(줘). / 내자테(나에게) 반티(함지) 이야 주가(줘). / 머리에 이얀 기(게) 머고(뭐냐)? ㊜ 이″다[1]. ⑪ 이′이다[1].

이′우다[2] 통 〔이′우고, 이′우아→이′아~이′야, 이′우아도→이′아도~이′야도, 이′우았다→이′았″다~이′얐다, 이′우이(－니), 이′운~이′우안→이′안~이′얀, 이′우는〕 ('이′다[葺]'의 사동) 이다. ¶ 놉 디리가(들여서) 우채도(위채) 이우고 아리채도(아래채－) 이았다. ㊜ 이″다[3]. ⑪ 이′이다[2].

이′이다[1] 통 〔이′이고, 이′이아→이′아~이′야, 이′이아도→이′아도~이′야도, 이′이았다→이′았다~이′얐다, 이′이이(－니), 이′인, 이′이는〕 ('이′다[戴]'의 사동) 이우다. ¶ 무겁운(무거운) 거는 내자테(나에게) 이이고 해깝운(가벼운) 거는 니가(너－) 여라. ㊜ 이″다[2]. ⑪ 이′우다[1].

이′이다[2] 통 〔이′이고, 이′이아→이′아~이′야, 이′이아도→이′아도~이′야도, 이′이았다→이′았다~이′얐다, 이′이이(－니), 이′인, 이′이는〕 ('이′다[葺]'의 사동) 이다. ¶ 오늘 우리 집 지붕(지붕) 이운다. / 짚가(－으로) 지붕 이얀 거는 오래 몬(못) 간다. ㊜ 이″다[4]. ⑪

이'우다².

익후'다~익후"다[이쿠다] [동] (익후'고, 익후'아 → 익하", 익후'아도 → 익하"도, 익후'았다 → 익핬"다, 익후'이(-니), 익훈~ 익후'안 → 익한", 익후는) ('익'다[熟]'의 사동) 익히다. ¶ 익하 무우야(먹어야) 대는(되-) 거를 안 익하 무우머(먹으면) 몬(못) 묵지르(먹지를). [비] 익'히다.

익'히다[이키다] [동] (익'히고, 익'히이 → 익'히, 익'히이도 → 익'히도, 익'히있다 → 익'힜다, 익'히이(-니), 익'힌, 익'히는) ('익'다[熟]'의 사동) 익히다. ¶ 으름은 따다가 등개(겨) 속에 옇어(넣-) 익히야 맛이 난다. [비] 익후'다.

일구'다 [동] (일구'고, 일구'아 → 일가", 일구'아도 → 일가"도, 일구'았다 → 일갔"다, 일구'이(-니), 일군~ 일구'안 → 일간", 일구는) ('일다[起]'의 사동) 일구다. ¶ 딸이 시집가가(-서) 살림을 마이(많이) 일갔다. [비] 이루'다.

일류"다 <일리'우다 <이리이'우다 [동] (일류"고, 일류'아 → 일랴", 일류'아도 → 일랴"도, 일류'았다 → 일랐"다, 일류"이(-니), 일륜"~ 일류'안 → 일랸", 일류"는) ('이리'다[讀]'의 사동) 읽히다. ¶ 맷(몇) 분~이나(번-) 일류고 일류고 해도 몬(못) 이린다(읽-). / 애릴(어리-) 때부텀(-부터) 책 일랴야 댄다(되-). [비] 읽후'다. 읽'히다².

읽후'다[일쿠다] [동] (읽후'고, 읽후'아 → 읽하", 읽후'아도 → 읽하"도, 읽후'았다 → 읽핬"다, 읽후'이(-니), 읽훈~ 읽후'안 → 읽한", 읽후는) ('읽'다[讀]'의 사동) 읽히다. ¶ 천자문 다 읽후고 지금은 사자소학 읽훔더(-ㅂ니다). [비] 일류"다. 읽'히다².

읽히"다¹[일키다] [동] (읽히"고, 읽히'이 → 읽히", 읽히'이도 → 읽히"도, 읽히'있다 → 읽힜"다, 읽히"이(-니), 읽힌", 읽히"는) ('읽'다[讀]'의 피동) 읽히다. ¶ 내자테는(나에게-) 한자 있는 기(게) 더 잘 읽힌다.

읽'히다²[일키다] [동] (읽'히고, 읽'히이 → 읽'히, 읽'히이도 → 읽'히도, 읽'히있다 → 읽'힜다, 읽'히이(-니), 읽'힌, 읽'히는) ('읽'다[讀]'의 사동) 읽히다. ¶ 천자문 읽히고 나서 사자소학 읽힌다. / 맹심보감

(명심보감) 읽히머(−면) 아아들(아이들) 생각이 달라진다. ㊥ 일류″다. 읽후′다.

입히″다[1][이피다] 동 (입히″고, 입히′이 → 입히″, 입히′이도 → 입히″도, 입히′있다 → 입힜″다, 입히″이(−니), 입히″는, 입힌″) (‘입′다[被]’의 피동) 입히다. ¶ 저구리가(저고리−) 좋아도 품이 솔아 안 입힌다.

입′히다[2][이피다] 동 (입′히고, 입′히이 → 입′히, 입′히이도 → 입′히도, 입′히있다 → 입′힜다, 입′히이(−니), 입′힌, 입′히는) (‘입′다[被]’의 사동) 입히다. ¶ 좋은 옷 입히고 보이(−니) 인물도 좋아 빈다(보이−). / 자석을 잘 믹이고(먹이−) 시푸고(싶−) 잘 입히고 시푸지만 (싶−) 마음대로 안 댄다(되−). / 맹절마중(명절마다) 새 옷을 지아(지어) 입힜다. / 입히 주고 시퍼도(싶어도) 지가(제−) 안 입을라 쿠이(고 하니) 몬(못) 입힌다.

잇기″다[읻기다] 동 (잇기″고, 잇기′이 → 잇기″, 잇기′이도 → 잇기″도, 잇기′있다 → 잇깄″다, 잇기″이(−니), 잇긴″, 잇기″는) (‘잇 : 다[繼]’의 피동) 이어지다. ¶ 길은 끝없이 잇긴다. / 다음에 잇길 해장을(회장−) 미리 뽑자. ㊥ 잇이″다.

잇우′다~잇우″다 동 (잇우′고, 잇우′아 → 잇아″, 잇우′아도 → 잇아″도, 잇우′았다 → 잇았″다, 잇우′이(−니), 잇운~잇우′안 → 잇안″, 잇우는) (‘잇 : 다[繼]’의 사동) 잇게 하다. ¶ 그런 팔자는 잇아도 또 끊어진다. ㊥ 이수′다.

잇이″다 동 (잇이″고, 잇이′이 → 잇이″, 잇이′이도 → 잇이″도, 잇이′있다 → 잇있″다, 잇이″이(−니), 잇인″, 잇이″는) (‘잇 : 다[繼]’의 피동) 이어지다. ¶ 물질이(물길−) 잇이두로(−도록) 큰 역사를 했다. / 잇인 인연은 몬(못) 피한다. ㊥ 잇기″다.

잊기″다[읻기다] 동 (잊기″고, 잊기′이 → 잊기″, 잊기′이도 → 잊기″도, 잊기′있다 → 잊깄″다, 잊기″이(−니), 잊기″는, 잊긴″) (‘잊′다[忘]’의 피동) 잊히다. ¶ 나(나이) 무우도(먹어도) 안 잊기는 일도 마이(많이) 있다. ㊥ 잊히″다.

잊히″다[이치다] 동 (잊히″고, 잊히′이 → 잊히″, 잊히′이도 → 잊히″도,

잊히′있다→잊혔″다, 잊히″이(-니), 잊히″는, 잊힌″〕('잊′다[忘]'의 피동) 잊히다. ¶ 그 일은 팽성(평생) 가도 안 잊힐 기다(게-). / 세월이 흐리머(흐르면) 잊힐 기다(게-). ⓑ 잊기″다.

ㅈ

자불리″다 <자불이″다 동 〔자불리″고, 자불리″아 → 자불리″, 자불리″이도 → 자불리″도, 자불리″있다 → 자불랐″다, 자불리″이(-니), 자불′린, 자불리″는〕 ('자불′다[睡·眠]'의 피동) 졸게 되다. ¶ 일하머(-면) 갠찮아도(괜찮-) 가마(가만) 앉아 있이머(-으면) 자불린다. / 자불리머(-면) 한 숨 자불고(졸-) 나머(-면) 낫다. / 자꾸 자불린 기(게) 아까 마신 소주 한 잔 따문~이다(때문-).

자아믹히″다[자아미키다] <자아뮉히″다 <자아묵히″다 동 〔자아믹히″고, 자아믹히′이 → 자아믹히″, 자아믹히′이도 → 자아믹히″도, 자아믹히′있다 → 자아믹혔″다, 자아믹히″이(-니), 자아믹히″는, 자아믹힌″〕 ('자아묵′다[食]'의 피동) 잡아먹히다. ¶ 심(힘) 없이머(-으면) 심신(힘센) 넘자테(놈에게) 다 자아믹힌다. 비 잡아믹히″다.

잠구′다[1][장구다] 동 〔잠구′고, 잠구′아 → 잠가″, 잠구′아도 → 잠가″도, 잠구′았다 → 잠갔″다, 잠구′이(-니), 잠군~잠구′안 → 잠간″, 잠구는〕 (*잠다[沈]의 사동) 잠기게 하다. ¶ 이 낭구를(나무-) 시비기에(늪-) 맻(몇) 년 잠가 나(놔) 뚜머(두면) 약 댄다(되-). 비 장구′다[1].

잠구′다[2][장구다] 동 〔잠구′고, 잠구′아 → 잠가″, 잠구′아도 → 잠가″도, 잠구′았다 → 잠갔″다, 잠구′이(-니), 잠군~잠구′안 → 잠간″, 잠구는〕 (*잠다[鍵]의 사동) 잠기게 하다. ¶ 아무것도 없이면서(-으면서) 장문은 언제고 잠가 놓고 댕긴다(다니-). 비 장구′다[2].

잠기″다[1][장기다] 동 〔잠기″고, 잠기′이→잠기″, 잠기′이도→잠기″도, 잠기′있다→잠깄″다, 잠기″이(－니), 잠긴″, 잠기″는〕 (‘*잠다[沈]’의 피동) 잠기다. ¶ 발목꺼정(－까지) 물에 잠기더라. / 사라호 태풍 때는 홍수에 익어가던 나락이(벼－) 다 잠깄뿠다(잠겨 버렸－). 비 장기″다[1]. 잼기″다[1]. 쟁기″다[1].

잠기″다[2][장기다] 동 〔잠기″고, 잠기′이→잠기″, 잠기′이도→잠기″도, 잠기′있다→잠깄″다, 잠기″이(－니), 잠긴″, 잠기″는〕 (‘*잠다[鍵]’의 피동) 잠기다. ¶ 잠기지도 않는 샛때를(자물쇠－) 걸어 났더라(놓았－). / 잠긴 문을 우째(어찌) 열었노(－니). 비 장기″다[2]. 잼기″다[2]. 쟁기″다[2].

잠재″다[1] <잠자′이다 동 〔잠재″고, 잠재′애→잠재″, 잠재′애도→잠재″도, 잠재′앴다→잠잿″다, 잠재″이(－니), 잠잰″, 잠재″는〕 (‘잠자′다[寢]’의 사동) 잠재우다. ¶ 아아(아이) 잠재고 일 나갔다. 비 잠재′애다. 잠재′우다.

잠재″다[2] <잠재′애다 <잠자이′애다 동 〔잠재″고, 잠재′애→잠재″, 잠재′애도→잠재″도, 잠재′앴다→잿″다, 잠재″이(－니), 잰″, 잠재″는〕 (‘잠자′다[寢]’의 사동) ‘잠재′애다’의 준말. 잠재우다. ¶ 얼라(아기) 잠재다가 내가 잤뿠다(자 버렸－).

잠재′애다 <잠자이′애다 동 〔잠재′애고, 잠재′애애→잠재′애, 잠재′애애도→잠재′애도, 잠재′애앴다→잠재′앴다, 잠재′애이(－니), 잠재′앤, 잠재′애는〕 (‘잠자′다[寢]’의 사동) 잠재우다. ¶ 하리밤만(하룻밤－) 자고 갑시더(－ㅂ시다). 잠재애 주소. 준 잠재″다[2]. 비 잠재″다[1]. 잠재′우다.

잠재′우다 <잠자이′우다 동 〔잠재′우고, 잠재′우아→잠재′아~잠재′야, 잠재′우아도→잠재′아도~잠재′야도, 잠재′우았다→잠재′았″다~잠재′얐다, 잠재′우이(－니), 잠재′운~잠재′우안→잠재′안~잠재′얀, 잠재′우는〕 (‘잠자′다[寢]’의 사동) 잠재우다. ¶ 얼라(아기) 잠재야 놓고 서방 지다린다(기다리－). / 우째야(어찌해야) 보고 접운(싶은) 맘을(마음－) 잠재울 수가 있겠노(－나). 비 잠재″다[1]. 잠재′애다.

잡아믹히″다[자바미키다] <잡아뮉히″다 <잡아묵히″다 ㊍〔잡아믹히″고, 잡아믹히′이→잡아믹히″, 잡아믹히′이도→잡아믹히″도, 잡아믹히′있다→잡아믹힜″다, 잡아믹히″이(-니), 잡아믹히″는, 잡아믹힌″〕('잡아묵′다[食]'의 피동) 잡아먹히다. ¶ 울머(-면) 호래이자테(호랑이에게) 잡아믹힐 기다(게-). ㊓ 자아믹히″다.

잡히″다[1][자피다] ㊍〔잡히″고, 잡히′이→잡히″, 잡히′이도→잡히″도, 잡히′있다→잡힜″다, 잡히″이(-니), 잡히″는, 잡힌″〕('잡다[執·捕]'의 피동) 잡히다. ¶ 거미줄에도 철기가(잠자리-) 잡힌다. / 손에 일이 안 잡힌다. / 괴기는(고기-) 안 잡히고 눈채이만(송사리-) 잡힌다. / 똥 산(싸-) 넘은(놈-) 안 잡히고 방구(방귀-) 낀 넘만(놈-) 잡힌다. / 참말로 도랑만 치머(-면) 까재(가제) 잡힐라나(-ㄹ려나). ㊓ 잽히″다[1].

잡′히다[2][자피다] ㊍〔잡′히고, 잡′히이→잡′히, 잡′히이도→잡′히도, 잡′히있다→잡′힜다, 잡′히이(-니), 잡′힌, 잡′히는〕('잡′다[執·捕]'의 사동) 잡히다. ¶ 저이가 시계 잡히고 술 마시는 사람이다. ㊓ 잽′히다[2].

장개딜류″다 <장개딜리′우다 <장개들리′우다 ㊍〔장개딜류″고, 장개딜류′아→장개딜랴″, 장개딜류′아도→장개딜랴″도, 장개딜류′았다→장개딜랐″다, 장개딜류″이(-니), 장개딜륜″~장개딜류′안→장개딜랸″, 장개딜류″는〕('장:개들다'의 사동) 장가들이다. ¶ 장개딜랴 놓고도 양석은 즈그(저희) 부모가 한참 대 좄다(줬-). ㊓ 장개딜′이′다.

장개딜′이′다 <장개딜′이′다 <장개들′이′다 ㊍〔장개딜이고, 장개딜이이→장개딜이~장개딜이아→장개딜야, 장개딜이이도→장개딜이도~장개딜이아도→장개딜야도, 장개딜이있다→장개딜있다~장개딜이았다→장개딜앴″다, 장개딜이이(-니), 장개딜인~장개딜이안→장개딜얀, 장개딜이는〕('장:개들다'의 사동) 장가들이다. ¶ 큰아들은 작녀에(작년-) 장개딜이고 작은아들은 옭에(올해-) 장개딜았다. ㊓ 장개딜류″다.

장구′다[1] <잠구′다 ㊍〔장구′고, 장구′아→장가″, 장구′아도→장가″도,

ㅈ

장구′았다 → 장갔″다, 장구′이(－니), 장군～장구′안 → 장간″, 장구는〕 (*잠다[沈]의 사동) 잠기게 하다. ¶ 해깝운(가벼운) 낡은(나무－) 눌리(눌려) 장가도 우로(위－) 뜬다. [비] 잠구′다1.

장구′다2 <잠구′다 [동]〔장구′고, 장구′아 → 장가″, 장구′아도 → 장가″도, 장구′았다 → 장갔″다, 장구′이(－니), 장군～장구′안 → 장간″, 장구는〕 (*잠다[鍵]의 사동) 잠기게 하다. ¶ 문도 안 장구고 그양(그냥) 나왔다. / 문 안 장갔나? [비] 잠구′다2.

장기″다1 <잠기″다 [동]〔장기″고, 장기′이 → 장기″, 장기′이도 → 장기″도, 장기′있다 → 장깄″다, 장기″이(－니), 장긴″, 장기″는〕 ('*잠다[沈]'의 피동) 잠기다. ¶ 물에 장긴 땅. / 물에 오래 장긴 나락은(벼) 껀지도(건져도) 몬(못) 신다(쓰－). [비] 잠기″다1. 잼기″다1. 쟁기″다1.

장기″다2 <잠기″다 [동]〔장기″고, 장기′이 → 장기″, 장기′이도 → 장기″도, 장기′있다 → 장깄″다, 장기″이(－니), 장긴″, 장기″는〕 ('*잠다[鍵]'의 피동) 잠기다. ¶ 방문~이 잠깄다. / 문~이 장깄는지 다시 바라(봐라). / 이 문은 아무리 장가도(잠거－) 안 장긴다. [비] 잠기″다2. 잼기″다2. 쟁기″다2.

잦기″다1[잗기다] [동]〔잦기″고, 잦기′이 → 잦기″, 잦기′이도 → 잦기″도, 잦기′있다 → 잦깄″다, 잦기″이(－니), 잦긴″, 잦기″는〕 ('잦′다[傾]'의 피동) 젖히다. ¶ 얖으로(옆－) 너무 잦긴 거는 일바다(일으켜) 시아라(세워라). [비] 잦히″다1. 잿기″다1. 잿히″다1. 젖기″다1. 젖히″다1. 젲기″다1. 젲히″다1.

잦′기다2[잗기다] [동]〔잦′기고, 잦′기이 → 잦′기, 잦′기이도 → 잦′기도, 잦′기있다 → 잦′깄다, 잦′기이(－니), 잦′긴, 잦′기는〕 ('잦′다[傾]'의 사동) 젖히다. ¶ 허리를 디로(뒤로) 너무 잦긴다. [비] 잦후′다. 잦′히다2. 잿′기다2. 잿′히다2. 젖′기다2. 젖후′다. 젖′히다2. 젲′기다2. 젲′히다2.

잦후′다[자추다] [동]〔잦후′고, 잦후′아 → 잦하″, 잦후′아도 → 잦하″도, 잦후′았 → 잦핬″다, 잦후′이(－니), 잦훈～잦후′안 → 잦한″, 잦후는〕 ('잦′다[傾]'의 사동) 젖히다. ¶ 목을 앞으로 잦하 바라(봐라). [비] 잦′기다2. 잦′히다2. 잿′기다2. 잿′히다2. 젖′기다2. 젖후′다. 젖′히다2. 젲′

기다[2]. 쟂′히다[2].

잦히″다[1][자치다] 동 〔잦히″고, 잦히′이→잦히″, 잦히′이도→잦히″도, 잦히′있다→잦힜″다, 젖히″이(-니), 잦힌″, 잦히″는〕 ('잦′다[傾]'의 피동) 젖히다. ¶ 폴이(팔-) 디로(뒤-) 잦히가(-서) 빼가(뼈-) 아푸다(아프-). / 고개가 디로(뒤-) 쪼매만(조금-) 잦히도 아푸다(아프-). 비 잦기″다[1]. 잿기″다[1]. 잿히″다[1]. 젖기″다[1]. 쟂기″다[1]. 젖히″다[1]. 쟂히″다[1].

잦′히다[2][자치다] 동 〔잦′히고, 잦′히이→잦′히, 잦′히이도→잦′히도, 잦′히있다→잦′힜다, 잦′히이(-니), 잦′힌, 잦′히는〕 ('잦′다[傾]'의 사동) 젖히다. ¶ 앞으로 잦히고 디로(뒤-) 잦히고 하다가 끊어졌다. 비 잦′기다[2]. 잦후′다. 잿′기다[2]. 잿′히다[2]. 젖′기다[2]. 젖후′다. 젖′히다[2]. 쟂′기다[2]. 쟂′히다[2].

재″다[1] <자′이다 동 〔재″고, 재′애→재″, 재′애도→재″도, 재′앴다→쟀″다, 재″이(-니), 잰″, 재″는〕 ('자′다[寢]'의 사동) 재우다. ¶ 얼라(아기) 재 놓고 서방 지다린다(기다리-). 비 재′애다[1]. 재′우다[1].

재″다[2] <재′애다 <자이′애다 동 〔재″고, 재′애→재″, 재′애도→재″도, 재′앴다→쟀″다, 재″이(-니), 잰″, 재″는〕 ('자′다[寢]'의 사동) '재′애다[1]'의 준말. 재우다. ¶ 얼라 재는 노래가 자장가다.

재″다[3] <자′이다 동 〔재″고, 재′애→재″, 재′애도→재″도, 재′앴다→쟀″다, 재″이(-니), 잰″, 재″는〕 ('*자다[積]'의 사동) 재우다. ¶ 저실(겨울) 걱정 없구로(-도록) 소깝(솔가지 땔감) 마이(많이) 재 났네(놨-). 비 재′애다[2]. 재′우다[2].

재″다[4] <재′애다 <자이′애다 동 〔재″고, 재′애→재″, 재′애도→재″도, 재′앴다→쟀″다, 재″이(-니), 잰″, 재″는〕 ('*자다[積]'의 사동) '재′애다[2]'의 준말. 재우다. ¶ 짚단 재는 일도 안 숩다.

재′애다[1] <자이′애다 동 〔재′애고, 재′애애→재′애, 재′애애도→재′애도, 재′애앴다→재′앴다, 재′애이(-니), 재′앤, 재′애는〕 ('자′다[寢]'의 사동) 재우다. ¶ 얼라(아기) 재애고 서방 지다린다(기다리-). 준 재″다[2]. 비 재″다[1]<자′이다. 재′우다[1].

재′애다[2] <자이′애다 동 〔재′애고, 재′애애→재′애, 재′애애도→재′애

도, 재′애앴다→재′앴다, 재′애이(－니), 재′앤, 재′애는〕 ('*자다[積]'의 사동) 재우다. ¶ 집에 돈 재애 놓고 사는 사람 어딨노(어디 있니). (준) 재″다[4]. (비) 재″다[3]<자′이다. 재′우다[2].

재′우다[1] <자이′우다 [동] 〔재′우고, 재′우아→재′아~재′야, 재′우아도→재′아도~재′야도, 재′우았다→재′았다~재′얐다, 재′우이(－니), 재′운~재′우안→재′안~재′얀, 재′우는〕 ('자′다[寢]'의 사동) 재우다. ¶ 큰 거 재우고 나머(－면) 작은 기(게) 깬다. / 얼라(아기) 재우는 노래 불러가머(－며) 얼라(아기) 재운다. / 손을 작은방~아(－에) 재우고 나는 무섭어(무서워) 잠이 안 와. (비) 재″다[1]. 재′애다[1].

재′우다[2] <자이′우다 [동] 〔재′우고, 재′우아→재′아~재′야, 재′우아도→재′아도~재′야도, 재′우았다→재′았다~재′얐다, 재′우이(－니), 재′운~재′우안→재′안~재′얀, 재′우는〕 ('*자다[積]'의 사동) 재우다. ¶ 무울(먹을) 양석을(양식－) 재야 놓고 살아야 부자다. (비) 재″다[3]. 재′애다[2].

잼기″다[1][쟁기다] <잠기″다 [동] 〔잼기″고, 잼기′이→잼기″, 잼기′이도→잼기″도, 잼기′있다→잼깄″다, 잼기″이(－니), 잼긴″, 잼기″는〕 ('*잠다[沈]'의 피동) 잠기다. ¶ 생각에 잼기머(－면) 너무(남의) 말은 안 듣긴다(들리－). (비) 잠기″다[1]. 장기″다[1]. 쟁기″다[1].

잼기″다[2][쟁기다] <잠기″다 [동] 〔잼기″고, 잼기′이→잼기″, 잼기′이도→잼기″도, 잼기′있다→잼깄″다, 잼기″이(－니), 잼긴″, 잼기″는〕 ('*잠다[鍵]'의 피동) 잠기다. ¶ 잼기지도 않는 샛때(자물통) 무신(무슨) 소양(소용) 있노(－나). / 잼긴 문을 열고 드갔다(들어갔－). (비) 잠기″다[2]. 장기″다[2]. 쟁기″다[2].

잽히″다[1][재피다] <잡히″다 [동] 〔잽히″고, 잽히′이→잽히″, 잽히′이도→잽히″도, 잽히′있다→잽힜″다, 잽히″이(－니), 잽히″는, 잽힌″〕 ('잡다[執·捕]'의 피동) 잡히다. ¶ 도독넘(도둑놈) 지(제) 말에 잽힌다. / 쪽째비는(족제비－)는 꼬리 따문에(때문－) 잽힌다. / 넘(남) 잡을라(－으려) 카다가(고 하－) 지가(제－) 잽힜다. / 똥 눈 넘은(놈－) 달빼고(달아나－) 방구(방귀) 낀 넘만(놈－) 잽힜다. / 넘자테(남에게) 맥살(멱살) 잽힐 일 있나. / 다람지는(다람쥐－) 호래이자테

(호랑이에게) 잽힐 걱정 안 한다. (비) 잡히″다[1].

잽′히다[2][재피다] <잡′히다 [동] 〔잽′히고, 잽′히이 → 잽′히, 잽′히이도 → 잽′히도, 잽′히있다 → 잽′힜다, 잽′히이(-니), 잽′힌, 잽′히는〕 ('잡′다[執·捕]'의 사동) 잡히다. ¶ 시계 잽히가도(-서도) 술 묵는(먹-) 사나다(사나이-). / 집 잽히고 노롬하고(노름하-), 지집(계집) 잽히고 노롬한다(노름하-) 안 쿠나(하니). (비) 잡′히다[2].

쟁기″다[1] <장기″다 <잠기″다 [동] 〔쟁기″고, 쟁기′이 → 쟁기″, 쟁기′이도 → 쟁기″도, 쟁기′있다 → 쟁깄″다, 쟁기″이(-니), 쟁긴″, 쟁기″는〕 ('*잠다[沈]'의 피동) 잠기다. ¶ 생각에 쟁기머(-면) 너무(남의) 말은 안 듣긴다(들리-). / 물에 지푸기(깊게) 쟁긴다. (비) 잠기″다[1]. 장기″다[1]. 잼기″다[1].

쟁기″다[2] <장기″다 <잠기″다 [동] 〔쟁기″고, 쟁기′이 → 쟁기″, 쟁기′이도 → 쟁기″도, 쟁기′있다 → 쟁깄″다, 쟁기″이(-니), 쟁긴″, 쟁기″는〕 ('*잠다[鍵]'의 피동) 잠기다. ¶ 새로 산 쇠때가(자물쇠-) 잘 쟁긴다. / 쟁기지도 않는 샛때(자물통) 무신(무슨) 소양(소용) 있노(-나). / 쟁긴 문을 열고 드갔다(들어갔-). (비) 잠기″다[2]. 장기″다[2]. 잼기″다[2].

ㅈ

잿기″다[1][잳기다] <잦기″다 [동] 〔잿기″고, 잿기′이 → 잿기″, 잿기′이도 → 잿기″도, 잿기′있다 → 잿깄″다, 잿기″이(-니), 잿긴″, 잿기″는〕 ('잦′다[傾]'의 피동) 젖히다. ¶ 허리가 너무 잿기지 않구로(-토록) 해라. (비) 잦기″다[1]. 잦히″다[1]. 잿히″다[1]. 젖기″다[1]. 젖히″다[1]. 젲기″다[1]. 젲히″다[1].

잿′기다[2][잳기다] <잦′기다 [동] 〔잿′기고, 잿′기이 → 잿′기, 잿′기이도 → 잿′기도, 잿′기있다 → 잿′깄다, 잿′기이(-니), 잿′긴, 잿′기는〕 ('잦′다[傾]'의 사동) 젖히다. ¶ 허리를 너무 잿기도 안 댄다(되-). (비) 잦′기다[2]. 잦후′다. 잦′히다[2]. 잿′히다[2]. 젖′기다[2]. 젖후′다. 젖′히다[2]. 젲′기다[2]. 젲′히다[2].

잿히″다[1][재치다] <잦히″다 [동] 〔잿히″고, 잿히′이 → 잿히″, 잿히′이도 → 잿히″도, 잿히′있다 → 잿힜″다, 잿히″이(-니), 잿힌″, 잿히″는〕 ('잦′다[傾]'의 피동) 젖히다. ¶ 몸이 디로(뒤-) 너무 잿힌다. (비) 잦

기″다[1]. 잦히″다[1]. 잿기″다[1]. 젖기″다[1]. 젲기″다[1]. 젖히″다[1]. 젲히″다[1].

잿′히다[2][재치다] <잦′히다 동 〔잿′히고, 잿′히이→잿′히, 잿′히이도→잿′히도, 잿′히있다→잿′힜다, 잿′히이(−니), 잿′힌, 잿′히는〕 ('잦′다[傾]'의 사동) 젖히다. ¶ 허리 너무 잿히지 마라. 비 잦′기다[2]. 잦후′다. 잦′히다[2]. 잿′기다[2]. 젖′기다[2]. 젖후′다. 젖′히다[2]. 젲′기다[2]. 젲′히다[2].

적기″다 동 〔적기″고, 적기′이→적기″, 적기′이도→적기″도, 적기′있다→적깄″다, 적기″이(−니), 적긴″, 적기″는〕 ('적′다[記·錄]'의 피동) 적히다. ¶ 자기장~아(잡기장에) 적긴 술갑만도(술값−) 큰돈~이다. 비 적히″다.

적히″다[저키다] 동 〔적히″고, 적히′이→적히″, 적히′이도→적히″도, 적히′있다→적힜″다, 적히″이(−니), 적힌″, 적히″는〕 ('적′다[記·錄]'의 피동) 적히다. ¶ 주고받은 거 다 낱나이(낱낱이) 적히 있다. / 공부 잘한 기(게) 핵고(학교) 가머(−면) 다 적히 있단다. 비 적기″다.

절딴내 : 다 <절딴나이다 <절딴나′이다 동 〔절딴내 : 고, 절딴내 : 지, 절딴내′애→절딴내″, 절딴내′애도→절딴내″도, 절딴내′앴다→절딴냈″다, 절딴내 : 이(−니), 절딴낸 : ~절딴내′앤→절딴낸″, 절딴내 : 는〕 ('절′딴′나다'의 사동) 결딴내다. ¶ 노롬해가(노름해서) 살림을 절딴냈다.

절리″다 <절이″다 <전이″다 동 〔절리″고, 절리′이→절리″, 절리′이도→절리″도, 절리′있다→절릾″다, 절리″이(−니), 절린″, 절리″는〕 ('전 : 다[編·篇]'의 피동) 결어지다. ¶ 이런 대는 바구리도(바구니−) 안 절리고, 소구리도(소쿠리−) 안 절린다. / 소구리(소쿠리) 잘 전는다고(겯−) 소문난 사람인데 인자(이제) 나도(나이−) 많고 폴도(팔−) 아파 잘 안 절린단다.

절′이다 동 〔절′이고, 절′이이→절′이, 절′이이도→절′이도, 절′이있다→절′있다, 절′이이(−니), 절′인, 절′이는〕 ('절 : 다[醃]'의 사동) 절이다. ¶ 소곰에(소금−) 절인다. 비 제′리다. 젤′이다.

접치″다 <접치이″다 동 〔접치″고, 접치′이→접치″, 접치′이도→접치″

도, 접치′있다 → 접칬″다, 접치″이(−니), 접친″, 접치″는) ('접′치다'의 피동) 겹쳐지다. ¶ 두 큰일이 접치가(−서) 대기(되게) 바뿌다(바쁘−).

접히″다[1][저피다] 통 (접히″고, 접히′이 → 접히″, 접히′이도 → 접히″도, 접히′있다 → 접힜″다, 접히″이(−니), 접힌″, 접히″는) ('접′다[摺]'의 피동) 접히다. ¶ 접힌 데가 먼첨(먼저) 째진다(찢어지−). / 사람 얼굴 주룸도(주름−) 살이 접힌 기다(게−).

접′히다[2][저피다] 통 (접′히고, 접′히이 → 접′히, 접′히이도 → 접′히도, 접′히있다 → 접′힜다, 접′히이(−니), 접′힌, 접′히는) ('접′다[摺]'의 사동) 접히게 하다. ¶ 밑에 거를 먼저 접히 놓고 우에(위−) 거를 접어라.

정딜′이′다 ~ 정딜이다(情−−−) <정딜′이′다 <정들′이′다 통 (정딜′이′고, 정딜′이′이 → 정딜이, 정딜′이′이도 → 정딜′이′도, 정딜′이′있다 → 정딜′있′다, 정딜′이′이(−니), 정딜인, 정딜′이′는) ('정들다(情−−)'의 사동) 정들이다(情−−−). ¶ 정딜이 놓고 저래(저리) 떠나머(−면) 나는 우야노(어쩌나). / 정딜인 님(임) 떠나고 나머(−면) 나는 애롭아(외로워) 우애(어찌) 살고. / 몬(못) 씨는(쓰−) 붓이라도 정딜인 붓이이(−니) 배리기가(버리−) 아깝다.

젖기″다[1][전기다] 통 (젖기″고, 젖기′이 → 젖기″, 젖기′이도 → 젖기″도, 젖기′있다 → 젖깄″다, 젖기″이(−니). 젖긴″, 젖기″는) ('젖′다[傾]'의 피동) 젖히다. ¶ 너무 젖기고 있는 집은 헐어야 댄다(되−). 비 잦기″다[1]. 잦히″다[1]. 잿기″다[1]. 잿히″다[1]. 젖히″다[1]. 젲기″다[1]. 젲히″다[1].

젖′기다[2][전기다] 통 (젖′기고, 젖′기이 → 젖′기, 젖′기이도 → 젖′기도, 젖′기있다 → 젖′깄다, 젖′기이(−니). 젖′긴, 젖′기는) ('젖′다[傾]'의 사동) 젖히다. ¶ 얼라(아기) 모자 디로(뒤−) 젖기 조라(줘라). 비 잦′기다[2]. 잦후′다. 잦′히다[2]. 잿′기다[2]. 잿′히다[2]. 젖후′다. 젖′히다[2]. 젲′기다[2]. 젲′히다[2].

젖후′다[저추다] 통 (젖후′고, 젖후′아 → 젖하″, 젖후′아도 → 젖하″도, 젖후′았 → 젖핬″다, 젖후′이(−니), 젖훈~젖후′안 → 젖한″, 젖후는)

ㅈ

('젖′다[傾]'의 사동) 젖히다. ¶ 목을 쪼매(조금) 젖후는데도 아푸다(아프-). ㊁ 잦′기다². 잦후′다. 잦′히다². 잿′기다². 잿′히다². 젖′기다². 젖′히다². 젲′기다². 젲′히다².

젖히″다[1][저치다] 통 (젖히″고, 젖히′이 → 젖히″, 젖히′이도 → 젖히″도, 젖히′있다 → 젖힜″다, 젖히″이(-니), 젖힌″, 젖히″는) ('젖′다[傾]'의 피동) 젖히다. ¶ 디로(뒤-) 젖힌 거를 바리(바로) 시아라(세워라). ㊁ 잦기″다¹. 잦히″다¹. 잿기″다¹. 잿히″다¹. 젖기″다¹. 젲기″다¹. 젲히″다¹.

젖′히다[2][저치다] 통 (젖′히고, 젖′히이 → 젖′히, 젖′히이도 → 젖′히도, 젖′히있다 → 젖′힜다, 젖′히이(-니), 젖′힌, 젖′히는) ('젖′다[傾]'의 사동) 젖히다. ¶ 디로(뒤-) 너무 젖힜다. ㊁ 잦′기다². 잦후′다. 잦′히다². 잿′기다². 잿′히다². 젖′기다². 젖후′다. 젲′기다². 젲′히다².

제′리다 <젤′이다 <절′이다 통 (제′리고, 제′리이 → 제′리, 제′리이도 → 제′리도, 제′리있다 → 제′맀다, 제′리이(-니), 제′린, 제′리는) ('절:다[醃]'의 사동) 절이다. ¶ 배차를(배추-) 잘 제리야 짐치(김치) 맛이 좋다. ㊁ 절′이다. 젤′이다.

젤′이다 <절′이다 통 (젤′이고, 젤′이이 → 젤′이, 젤′이이도 → 젤′이도, 젤′이있다 → 젤′있다, 젤′이이(-니), 젤′인, 젤′이는) ('절:다[醃]'의 사동) 절이다. ¶ 소곰에(소금-) 젤이야 댄다(되-). ㊁ 절′이다. 제′리다.

젲기″다[1][젠기다] <젖기″다 통 (젲기″고, 젲기′이 → 젲기″, 젲기′이도 → 젲기″도, 젲기′있다 → 젲깄″다, 젲기″이(-니), 젲긴″, 젲기″는) ('젖′다[傾]'의 피동) 젖히다. ¶ 갱주에(경주-) 구부고(굽-) 이리저리 젲긴 맹물(명물) 소나무 많다. ㊁ 잦기″다¹. 잦히″다¹. 잿기″다¹. 잿히″다¹. 젖기″다¹. 젖히″다¹. 젲히″다.

젲′기다[2][젠기다] <젖′기다 통 (젲′기고, 젲′기이 → 젲′기, 젲′기이도 → 젲′기도, 젲′기있다 → 젲′깄다, 젲′기이(-니), 젲′긴, 젲′기는) ('젖′다[傾]'의 사동) 젖히다. ¶ 코피 나머(-면) 머리를 디로(뒤-) 젲기라. / 젲기라. 젲기라. 쪼매마(조금만) 더 젲기라. ㊁ 잦′기다². 잦후′다. 잦′히다². 잿′기다². 잿′히다². 젖′기다². 젖후′다. 젖′히다². 젲′히

다[2].

젯히"다[1][제치다] <젖히"다 동 〔젯히"고, 젯히'이→젯히", 젯히'이도→젯히"도, 젯히'있다→젯힜"다, 젯히"이(−니), 젯힌", 젯히"는〕 ('젖'다[傾]'의 피동) 젖히다. ¶ 얖으로(옆−) 젯히이 거어가(거기−) 아푸제(아프지). 비 잦기"다[1]. 잦히"다[1]. 잿기"다[1]. 잿히"다[1]. 젖기"다[1]. 젯기"다[1]. 젖히"다[1].

젯'히다[2][제치다] <젖'히다 동 [젯'히고, 젯'히이→젯'히, 젯'히이도→젯'히도, 젯'히있다→젯'힜다, 젯'히이(−니), 젯'힌, 젯'히는〕 ('젖'다[傾]'의 사동) 젖히다. ¶ 모자를 디로(뒤−) 쫌(좀) 젯히라. 비 잦'기다[2]. 잦후'다. 잦'히다[2]. 잿'기다[2]. 잿'히다[2]. 젖'기다[2]. 젖후'다. 젖'히다[2]. 젯'기다[2].

조자앉추'다~조자앉추"다[조자안추다] 동 〔조자앉추'고, 조자앉추'아→조자앉차", 조자앉추'아도→조자앉차"도, 조자앉추'았다→조자앉찼"다, 조자앉추'이(−니), 조자앉춘~조자앉추'안→조자앉찬", 조자앉추'는〕 ('조자앉'다'의 사동) 주저앉히다. ¶ 다앗(다섯) 살짜리 아아를(아이−) 옆에 조자앉차 놓고 밥 믹이더라(먹이−). 비 조자앉후'다. 조자앉'히다. 조잖추'다. 조잖후'다. 조잖'히다. 큰 주저앉추'다.

조자앉후'다~조자앉후"다[조자안추다] 동 〔조자앉후'고, 조자앉후'아→조자앉하", 조자앉후'아도→조자앉하"도, 조자앉후'았다→조자앉핬"다, 조자앉후'이(−니), 조자앉훈~조자앉후'안→조자앉한", 조자앉후'는〕 ('조자앉'다'의 사동) 주저앉히다. ¶ 아아들을(아이들−) 쪼르르미(조르르) 조자앉후고 천자문 갈친(가르치−). 비 조자앉추'다. 조자앉'히다. 조잖추'다. 조잖후'다. 조잖'히다. 큰 주저앉후'다.

조자앉'히다[조자안치다] 동 〔조자앉'히고, 조자앉'히이→조자앉'히, 조자앉'히이도→조자앉'히도, 조자앉'히있다→조자앉'칬다, 조자앉'히이(−니), 조자앉'힌, 조자앉'히는〕 (조자앉'다'의 사동) 주저앉히다. ¶ 동성(동생) 조자앉히 놓고 둘이서 고디이(다슬기) 까 상는다(쌓−). / 안 앉일라(−으려) 카는(고 하−) 거를 억지로 조자앉힜다. (비) 조자앉추′다. 조자앉후′다. 조잖추′다. 조잖후′다. 조잖′히다. (큰) 주저앉′히다.

조잖추′다~조잖추″다[조잔추다] [동] (조잖추′고, 조잖추′아 → 조잖차″, 조잖추′아도 → 조잖차″도, 조잖추′았다 → 조잖찼″다, 조잖추′이(-니), 조잖춘~조잖추′안 → 조잖찬″, 조잖추′는) ('조잖′다'의 사동) 주저앉히다. ¶ 부산 간다 카는(고 하-) 거를 조잖차 났다(놨-). (비) 조자앉추′다. 조자앉후′다. 조자앉′히다. 조잖후′다. 조잖′히다. (큰) 주잖추′다.

조잖후′다~조잖후″다[조잔추다] [동] (조잖후′고, 조잖후′아 → 조잖하″, 조잖후′아도 → 조잖하″도, 조잖후′았다 → 조잖핬″다, 조잖후′이(-니), 조잖훈~조잖후′안 → 조잖한″, 조잖후′는) ('조잖′다'의 사동) 주저앉히다. ¶ 촌에다 아들을 조잖후기가 미안시럽어(미안스러워). (비) 조자앉추′다. 조자앉후′다. 조자앉′히다. 조잖추′다. 조잖′히다. (큰) 주잖후′다.

조잖′히다[조잔치다] [동] (조잖′히고, 조잖′히이 → 조잖′히, 조잖′히이도 → 조잖′히도, 조잖′히있다 → 조잖′칬다, 조잖′히이(-니), 조잖′힌, 조잖′히는) (조잖′다'의 사동) 주저앉히다. ¶ 낡은 햇깐(헛간) 조잖히고 새로 지았다(지었-). / 또 부산 간다 카는(고 하-) 거를 내가 조잖히 났다(놨-). (비) 조자앉추′다. 조자앉후′다. 조자앉′히다. 조잖추′다. 조잖후′다. (큰) 주잖′히다.

졸′이다 [동] (졸′이고, 졸′이이 → 졸′이, 졸′이이도 → 졸′이도, 졸′이있다 → 졸′있다, 졸′이이(-니), 졸′인, 졸′이는) ('졸:다[減]'의 사동) '줄′이다'의 작은말. 졸이다. ¶ 국물 졸이다. (큰) 줄′이다. (센) 쫄′이다.

주루′다 <줄우′다 [동] (주루′고, 주루′아 → 주라″, 주루′아도 → 주라″도, 주루′았다 → 주랐″다, 주루′이(-니), 주룬~주루′안 → 주란″, 주루는) ('줄:다[減]'의 사동) 줄이다. ¶ 양석(양식) 주루고는 몬(못) 산다. (비) 줄구′다. 줄루′다. 줄류″다. 줄우′다. 줄′이다. 줄쿠′다. (센) 쭈루′다.

주물류″다 <주물리′우다 <주무리이′우다 [동] (주물류″고, 주물류′아 →

주물랴″, 주물류'아도→주물랴″도, 주물류'았다→주물랐″다, 주물류″이(-니), 주물류'안→주물랸″, 주물류″는〕('주무'리다[揉]'의 사동) 주무르게 하다. ¶ 영감자테(-에게) 어깨 주물랴라. 그라믄(그러면) 아푼(아프-) 기(게) 쫌(좀) 낫다. ㊥ 주물'리다[2]. ㊗ 쭈물류″다.

주물리″다[1] <주무리이″다 ㊐〔주물리″고, 주물리″아→주물리″, 주물리″이도→주물리″도, 주물리″있다→주물렸″다, 주물리″이(-니), 주물'린, 주물리″는〕('주무'리다[揉]'의 피동) 주물리다. ¶ 그 이사한테(의사-) 어깨 주물리며 학실이(확실히) 시웛다(시원하-). ㊗ 쭈물리″다[1].

주물'리다[2] <주무'리이다 ㊐〔주물'리고, 주물'리아→주물'리, 주물'리이도→주물'리도, 주물'리있다→주물렸'다, 주물'리이(-니), 주물'린, 주물'리는〕('주무'리다[揉]'의 사동) 주무르게 하다. ¶ 손지자테(손자에게) 폴을(팔-) 쭈물리고 앉았다. ㊥ 주물류″다. ㊗ 쭈물'리다[2].

주잖추'다~주잖추″다[주잔추다] ㊐〔주잖추'고, 주잖추'아→주잖차″, 주잖추'아도→주잖차″도, 주잖추'았다→주잖찼″다, 주잖추'이(-니), 주잖춘~주잖추'안→주잖찬″, 주잖추'는〕('주잖'다'의 사동) 주저앉히다. ¶ 학교 댕기고(다니-) 시푸고(싶-) 보내고 시푸지만(싶-) 돈이 없이이(-으니) 아를(아이-) 잘 달개가(달래서) 주잖차라. ㊥ 주잖후'다. 주잖'히다. 주저앉추'다. 주저앉후'다. 주저앉'히다. ㉻ 조잖추'다.

주잖후'다~주잖후″다[주잔추다] ㊐〔주잖후'고, 주잖후'아→주잖하″, 주잖후'아도→주잖하″도, 주잖후'았다→주잖핬″다, 주잖후'이(-니), 주잖훈~주잖후'안→주잖한″, 주잖후'는〕('주잖'다'의 사동) 주저앉히다. ¶ 저문데 갈라(-려) 카는(고 하-) 거를 몬(못) 가게 주잖하 났다(놨-). / 갈라(-려고) 카는(고 하-) 사람 잡고 주잖훈닥고(-ㄴ다고) 갈 사람이 안 갈 기가(게냐). ㊥ 주잖추'다. 주잖'히다. 주저앉추'다. 주저앉후'다. 주저앉'히다. ㉻ 조잖후'다.

주잖'히다[주잔치다] ㊐〔주잖'히고, 주잖'히이→주잖'히, 주잖'히이도

→주잖'히도, 주잖'히있다→주잖'칬다, 주잖'히이(-니), 주잖'힌, 주잖'히는〕 (주잖'다'의 사동) 주저앉히다. ¶ 시님은(스님-) 내가 집에 갈라(-려) 카머(고 하면) 주잖치고 집에 갈라(-려고) 카머(고 하면) 또 주잖힌다. / 불이 나가(-서) 큰채고(본채-) 아리채고(아래채-) 다 폭삭 주잖힜다. ㊐ 주잖추'다. 주잖후'다. 주저앉추'다. 주저앉후'다. 주저앉'히다. ㊗ 조잖'히다.

주저앉추'다~주저앉추"다[주저안추다] ㊍〔주저앉추'고, 주저앉추'아→주저앉차", 주저앉추'아도→주저앉차"도, 주저앉추'았다→주저앉찼"다, 주저앉추'이(-니), 주저앉춘~주저앉추'안→주저앉찬", 주저앉추'는〕 ('주저앉'다'의 사동) 주저앉히다. ¶ 절에 주저앉아 삼년을 살아 보이(-니) 내가 주저앉찬 저 부채하고(부처-) 내가 똑(꼭) 같애(-아). 염불 말고는 아무것도 모리고(모르-) 산다. ㊐ 주잖추'다. 주잖후'다. 주잖'히다. 주저앉후'다. 주저앉'히다. ㊗ 조자앉추'다.

주저앉후'다~주저앉후"다[주저안추다] ㊍〔주저앉후'고, 주저앉후'아→주저앉하", 주저앉후'아도→주저앉하"도, 주저앉후'았다→주저앉핬"다, 주저앉후'이(-니), 주저앉훈~주저앉후'안→주저앉한", 주저앉후'는〕 ('주저앉'다'의 사동) 주저앉히다. ¶ 그양(그냥) 가겠다는 사람을 자꾸 뿥뜰어(붙들어) 주저앉후고 밥을 믹이(먹여) 보냈다. / 나를 촌에다 주저앉훈 이유가 머고(뭣이냐)? ㊐ 주잖추'다. 주잖후'다. 주잖'히다. 주저앉추'다. 주저앉'히다. ㊗ 조자앉후'다.

주저앉'히다[주저안치다] ㊍〔주저앉'히고, 주저앉'히이→주저앉'히, 주저앉'히이도→주저앉'히도, 주저앉'히있다→주저앉'칬다, 주저앉'히이(-니), 주저앉'힌, 주저앉'히는〕 (주저앉'다'의 사동) 주저앉히다. ¶ 나를 여어다가(여기다가) 주저앉히 노이(놓으니) 내가 할 기(게) 머(뭐) 있겠노(-니). / 촌~이 좋다고 촌에다 주저앉히 나도(놔-) 마음은 내그리(늘) 부산에 가 있다. / 또 부산 간다 카는(고 하-) 거를 내가 주저앉히 났다(놨-). ㊐ 주잖추'다. 주잖후'다. 주잖'히다. 주저앉추'다. 주저앉후'다. ㊗ 조자앉'히다.

죽′이다 동 〔죽′이고, 죽′이이→죽′이, 죽′이이도→죽′이도, 죽′이있다→죽′있다, 죽′이이(-니), 죽′인, 죽′이는〕 (‘죽′다[死]’의 사동) 죽이다. ¶ 설매가(설마-) 사람 죽인다. / 미친년 아아(아이) 쉬기(씻겨) 죽인다. / 빈대 죽이고도 살생했다 소리 듣는다. / 빈대 죽일락고(-려고) 초가삼칸(초가삼간) 태운다. 비 직′이다.

줄구′다 동 〔줄구′고, 줄구′아→줄가″, 줄구′아도→줄가″도, 줄구′았다→줄갔″다, 줄구′이(-니), 줄군~줄구′안→줄간″, 줄구는〕 (‘줄:다[減]’의 사동) 줄이다. ¶ 돈 시는(쓰-) 거를 쫌(좀) 줄가라. / 욕심을 반으로 줄가라. 걱정도 반으로 준다. / 죽기 전에 내 시던(쓰던) 물건도 줄굴란다(줄이련다). 비 주루′다. 줄루′다. 줄류″다. 줄우′다. 줄′이다. 줄쿠′다. 센 쭐구′다.

줄루′다~줄루″다 동 〔줄루′고, 줄루′아→줄라″, 줄루′아도→줄라″도, 줄루′았다→줄랐″다, 줄루′이(-니), 줄운~줄루′안→줄란″, 줄루는〕 (‘줄:다[減]’의 사동) 줄이다. ¶ 애럽울(어려울) 때는 묵는(먹-) 거도 줄이고 입는 거도 줄라야 산다. 비 주루′다. 줄구′다. 줄류″다. 줄우′다. 줄′이다. 줄쿠′다. 센 쭐루′다.

줄류″다 <줄리′우다 <줄이′우다 동 〔줄류″고, 줄류′아→줄랴″, 줄류′아도→줄랴″도, 줄류′았다→줄랐″다, 줄류″이(-니), 줄륜″~줄류′안→줄랸″, 줄류″는〕 (‘줄:다[減]’의 사동) 줄이다. ¶ 너무 넓은 거는 줄랴야 댄다(되-). / 줄랸 살림이 이래(이리) 많나. 비 주루′다. 줄구′다. 줄루′다. 줄우′다. 줄′이다. 줄쿠′다. 센 쭐류″다.

줄리″다 <줄이″다 동 〔줄리″고, 줄리′이→줄리″, 줄리′이도→줄리″도, 줄리′있다→줄렸″다, 줄리″이(-니), 줄린″, 줄리″는〕 (‘줄:다[減]’의 피동) 줄어지다. ¶ 말이 줄리디이(-더니) 그 질로(길-) 몸에 심도(힘-) 줍디더(-데다). / 몸무게를 아무리 줄이려고 해도 안 줄리. 비 줄키″다. 센 쭐리″다.

줄우′다 동 〔줄우′고, 줄우′아→줄아″, 줄우′아도→줄아″도, 줄우′았다→줄았″다, 줄우′이(-니), 줄운~줄우′안→줄안″, 줄우는〕 (‘줄:다[減]’의 사동) 줄이다. ¶ 일꾼 줄아가는(-서는) 그 많은 농사 다 몬(못) 짓는다. 비 주루′다. 줄구′다. 줄루′다. 줄류″다. 줄′이다. 줄쿠′다. [센] 쭐우′다.

줄′이다 [동] (줄′이고, 줄′이이 → 줄′이, 줄′이이도 → 줄′이도, 줄′이있다 → 줄′있다, 줄′이이(－니), 줄′인, 줄′이는) (‘줄 : 다[減]’의 사동) ‘졸′이다’의 큰말. 줄이다. ¶ 지(제) 마음대로 늘렀다가(늘렸다－) 줄있다가 한다. / 논밭 팔고 살림도 마이(많이) 줄있다. [비] 주루′다. 줄구′다. 줄루′다. 줄류″다. 줄우′다. 줄쿠′다. [센] 쭐′이다.

줄쿠′다 [동] (줄쿠′고, 줄쿠′아 → 줄카″, 줄쿠′아도 → 줄카″도, 줄쿠′았다 → 줄캈″다, 줄쿠′이(－니), 줄쿤 ~ 줄쿠′안 → 줄칸″, 줄쿠는) (‘줄 : 다[減]’의 사동) 줄이다. ¶ 큰 옷은 쫌(좀) 줄카 입히머(－면) 댄다(되－). [비] 주루′다. 줄구′다. 줄루′다. 줄류″다. 줄우′다. 줄′이다. [센] 쭐쿠′다.

줄키″다 [동] (줄키″고, 줄키′이 → 줄키″, 줄키′이도 → 줄키″도, 줄키′있다 → 줄킸″다, 줄키″이(－니), 줄킨″, 줄키″는) (‘줄 : 다[減]’의 피동) 줄어지다. ¶ 한 분(번) 큰 키는 줄쿨라(줄이려) 캐도(고 해도) 안 줄킨다. [비] 줄리″다.

지내다 <지나이다 [동] (지내고, 지내지, 지내애 → 지내, 지내애도 → 지내도, 지내앴다 → 지냈다, 지내이(－니), 지낸, 지내는) (‘지나다[過]’의 사동) 지내다. ¶ 팽성(평생) 같이 지내도 시어마시(시어머니) 성을 모린다(모르－). / 부산서 혼차(혼자) 삼년을 지냈다. / 우리가 같이 지낸 세월이 얼매고(얼마냐).

지″다[1] <지이″다 [동] (지″고, 지′이 → 지″, 지′이도 → 지″도, 지′있다 → 짔″다, 지″이(－니), 진″, 지″는) (‘지 : 다[握·執]’의 피동) ‘지이″다[1]’의 준말. 쥐이다. ¶ 큰 것도 한 손에 다 진다.

지″다[2] <지′이다 [동] (지″고, 지′이 → 지″, 지′이도 → 지″도, 지′있다 → 짔″다, 지″이(－니), 진″, 지″는) (‘지 : 다[握·執]’의 사동) ‘지′이다[2]’의 준말. 쥐이다. ¶ 손지(손자) 손에 돈~이라도 한 푼 지 주고 시푸다(싶－).

지뜯기″다 [동] (지뜯기″고, 지뜯기″이 → 지뜯기″, 지뜯기″이도 → 지뜯기″도, 지뜯기″있다 → 지뜯깄″다, 지뜯기″이(－니), 지뜯긴″, 지뜯기″는) (‘지″뜯다’의 피동) 쥐뜯기다. ¶ 무신 짓을 했는지 멀꺼디를

(머리끄덩이－) 다 지뜯기도 아무 말도 못하더라. [비] 지이뜯기″다.

지루′다 <질우′다 [동] 〔지루′고, 지루′아 → 지라″, 지루′아도 → 지라″도, 지루′았다 → 지랐″다, 지루′이(－니), 지룬 ~ 지루′안 → 지란″, 지루는〕 (‘질 : 다[長]’의 사동) ①기르다[育·養]. ¶ 다 지란 콩지름을(콩나물－) 아깝구로(－게) 저래(저리) 내배리네(내버리－). ②늘리다. ¶ 부모가 고상해가(고생해서) 지란 살림을 자석이 몬(못) 지키이(－니) 우짜노(어쩌나). [비] 질구′다. 질루′다. 질류″다. 질′리다. 질수′다. 질우′다. 질′이다. 질쿠′다.

지박히″다[지바키다] [동] 〔지박히″고, 지박히″이 → 지박히″, 지박히″이도 → 지박히″도, 지박히″있다 → 지박혔″다, 지박히″이(－니), 지박힌″, 지박히″는〕 (‘지″박다’의 피동) 쥐어박히다. ¶ 아아들끼리(아이들－) 지박고 지박히고 하는 거는 여사라(예사－). [비] 지이박히″다.

지불리″다[1] <지불이″다 [동] 〔지불리″고, 지불리′이 → 지불리″, 지불리′이도 → 지불리″도, 지불리′있다 → 지불렸″다, 지불리″이(－니), 지불린″, 지불리″는〕 (‘지불다[傾]’의 피동) 기울리다. ¶ 디로(뒤－) 쫌(좀) 지불리 빈다(보이－). [비] 지울리″다[1]. [센] 찌불리″다.

지불′리다[2] <지불′이다 [동] 〔지불′리고, 지불′리아 → 지불′리 ~ 지불′리어 → 지불′러, 지불′리이도 → 지불′리도 ~ 지불′리어도 → 지불′러도, 지불′리있다 → 지불렸′다 ~ 지불′리었다 → 지불′렀다, 지불′리이(－니), 지불′린, 지불′리는〕 (‘지불′다[傾]’의 사동) 기울이다. ¶ 소구리를(소쿠리－) 쪼매(조금) 지불시먼서(－면서) 부아라(－어라). [비] 지불′시다. 지불′이다. 지불′치다. 지울′리다[2]. 지울′시다. 지울′이다. 지울′치다. [센] 찌불′리다.

지불′시다 [동] 〔지불′시고, 지불′시아 → 지불′시, 지불′시이도 → 지불′시도, 지불′시있다 → 지불샀′다, 지불′시이(－니), 지불′신, 지불′시는〕 (‘지불′다[傾]’의 사동) 기울이다. ¶ 그륵을(그릇－) 좀 지불시 바라(봐라). 안~이 안 빈다(보이－). / 도오를(독－) 아무리 더 지불시 바도(봐도) 더 나올 기(게) 없다. [비] 지불′리다[2]. 지불′이다. 지불′치다. 지울′리다[2]. 지울′시다. 지울′이다. 지울′치다. [센] 찌불′시다.

ㅈ

지불′이다 동 〔지불′이고, 지불′이아 → 지불′이, 지불′이이도 → 지불′이도, 지불′이있다 → 지불있′다, 지불′이이(–니), 지불′인, 지불′이는〕 (‘지불′다[傾]’의 사동) 기울이다. ¶ 쪼매마(조금만) 더 지불이머(–면) 보기가 좋겠구마는(–구만). 비 지불′리다[2]. 지불′시다. 지불′치다. 지울′리다[2]. 지울′시다. 지울′이다. 지울′치다. 센 찌불′이다.

지불′치다 동 〔지불′치고, 지불′치아 → 지불′치, 지불′치이도 → 지불′치도, 지불′치있다 → 지불칬′다, 지불′치이(–니), 지불′친, 지불′치는〕 (‘지불′다[傾]’의 사동) 기울이다. ¶ 왼쪽으로 쫌(좀) 더 지불치라. 비 지불′리다[2]. 지불′시다. 지불′이다. 지울′리다[2]. 지울′시다. 지울′이다. 지울′치다. 센 찌불′치다.

지′우다[1] 동 〔지′우고, 지′우아 → 지′아~지′야, 지′우아도 → 지′아도~지′야도, 지′우았다 → 지′았다~지′얐다, 지′우이(–니), 지′운~지′우안 → 지′안~지′얀, 지′우는〕 (‘지′다[負]’의 사동) 지우다. ¶ 아재요(아저씨) 아재요(아저씨) 카머시너(고 하면서) 짐 지운다. / 아무리 황소지만 저래 마이(많이) 지야가(–서) 대겠나(되–). 비 징구′다.

지′우다[2] 동 〔지′우고, 지′우아 → 지′아~지′야, 지′우아도 → 지′아도~지′야도, 지′우았다 → 지′았다~지′얐다, 지′우이(–니), 지′운~지′우안 → 지′안~지′얀, 지′우는〕 (‘지′다[除]’의 사동) 지우다. ¶ 자죽이(자국–) 하나도 안 비구로(보이도록) 다 지야라. / 지얐는데 덜지야졌나?

지울리″다[1] <지울이″다 동 〔지울리″고, 지울리′이 → 지울리″, 지울리′이도 → 지울리″도, 지울리′있다 → 지울랐″다, 지울리″이(–니), 지울린″, 지울리″는〕 (‘지울다[傾]’의 피동) 기울리다. ¶ 짐을 우째(어찌) 징갔길레(지웠기에) 짐이 한쪽으로 지울리노. 비 지불리″다[1]. 센 찌울리″다[1].

지울′리다[2] <지울′이다 동 〔지울′리고, 지울′리아 → 지울′리, 지울′리이도 → 지울′리도, 지울′리있다 → 지울랐′다, 지울′리이(–니), 지울′린, 지울′리는〕 (‘지울′다[傾]’의 사동) 기울이다. ¶ 한 가재이를(가지–) 땡기가(당겨서) 지울리라. 비 지불′리다[2]. 지불′시다. 지불′이

다. 지불′치다. 지울′시다. 지울′이다. 지울′치다. ⓢ 찌울′리다[2].

지울′시다 동 〔지울′시고, 지울′시아→지울′시, 지울′시이도→지울′시도, 지울′시있다→지울싰′다, 지울′시이(－니), 지울′신, 지울′시는〕 (‘지울′다[傾]’의 사동) 기울이다. ¶ 지게 지고 일날(일어나－) 때 몸을 앞으로 지울시라. ⓑ 지불′리다[2]. 지불′시다. 지불′이다. 지불′치다. 지울′리다[2]. 지울′이다. 지울′치다. ⓢ 찌울′시다.

지울′이다 동 〔지울′이고, 지울′이아→지울′이, 지울′이이도→지울′이도, 지울′이있다→지울있′다, 지울′이이(－니), 지울′인, 지울′이는〕 (‘지울′다[傾]’의 사동) 기울이다. ¶ 너무 지울이머(－면) 넘어진다. ⓑ 지불′리다[2]. 지불′시다. 지불′이다. 지불′치다. 지울′리다[2]. 지울′시다. 지울′치다.

지울′치다 동 〔지울′치고, 지울′치아→지울′치, 지울′치이도→지울′치도, 지울′치있다→지울칬′다, 지울′치이(－니), 지울′친, 지울′치는〕 (‘지울′다[傾]’의 사동) 기울이다. ¶ 잔을 더 지울치라. ⓑ 지불′리다[2]. 지불′시다. 지불′이다. 지불′치다. 지울′리다[2]. 지울′시다. 지울′이다. ⓢ 찌울′치다.

지이″다[1] 동 〔지이″고, 지이′이→지이″, 지이′이도→지이″도, 지이′있다→지있″다, 지이″이(－니), 지인″, 지이″는〕 (‘지:다[握·執]’의 피동) 쥐이다. ¶ 그 사나는(사내－) 마누래자테(마누라에게) 지이가(－어) 산다. ⓙ 지″다[1].

지′이다[2] 동 〔지′이고, 지′이이→지′이, 지′이이도→지′이도, 지′이있다→지′있다, 지′이이(－니), 지′인, 지′이는〕 (‘지:다[握·執]’의 사동) 쥐이다. ¶ 돈 맺(몇) 푼~이라도 손에 지이 주고 보내라. / 꼴찌느거(까짓것) 맺나라도(몇이－) 지이 주고 나머(－면) 마음이 퍈다(편하－). / 찐살(찐쌀) 한 우큼(움큼) 지이 조라(줘라). ⓙ 지″다[2].

지이뜯기″다 동 〔지이뜯기″고, 지이뜯기″이→지이뜯기″, 지이뜯기″이도→지이뜯기″도, 지이뜯기″있다→지이뜯겼″다, 지이뜯기″이(－니), 지이뜯긴″, 지이뜯기″는〕 (‘지′이뜯다’의 피동) 쥐어뜯기다. ¶ 옷이고 머고 다 행팬없이(형편없이) 지이뜯겼더라. ⓑ 지뜯기″다.

지이박히″다[지이바키다] 동 〔지이박히″고, 지이박히″이→지이박히″,

지이박히″이도→지이박히″도, 지이박히″있다→지이박혔″다, 지이박히″이(-니), 지이박힌″, 지이박히″는〕 ('지이″박다'의 피동) 쥐어박히다. ¶ 한 분(번) 지이박힌 일도 분해서 잊을 수가 없다. (비) 지박히″다.

지이흔들리″다 <지이흔들이″다. [동] 〔지이흔들리″고, 지이흔들리″이→지이흔들리″, 지이흔들리″이도→지이흔들리″도, 지이흔들리″있다→지이흔들렸″다, 지이흔들리″이(-니), 지이흔들린″, 지이흔들리″는〕 ('지이흔들′다'의 피동) 쥐어흔들리다. ¶ 나라가 누구자테(-에게) 지이흔들린다 캐가(고 해서) 댈(되-) 일가(-인가). (준) 지흔들리″다.

지푸″다 <지푸′우다 [동] 〔지푸″고, 지푸′아→지파″, 지푸′아도→지파″도, 지푸′았다→지팠″다, 지푸″이(-니), 지푼″~지푸′안→지판″, 지푸″는〕 ('지푸′다[深]'의 사동) 깊이다. ¶ 바닥을 더 밑으로 지파바라(봐라). / 아무리 더 지파도 물은 더 안 나온다. (비) 지′피다[1]<짚이다. 지피다[2]<지푸′이다. 짚후′다. 짚′이다[2]. 짚′히다[2].

지′피다[1] <짚′이다 [동] 〔지′피고, 지′피이→지′피, 지′피이도→지′피도, 지′피있다→지′폈다, 지′피이(-니), 지′핀, 지′피는〕 ('*짚′다[深]'의 사동) 깊이다. ¶ 여어는(여기-) 구디이(구덩이) 바닥을 지피고 지피고 해도 물은 안 나오는 데다. (비) 지푸″다. 지피다[2]<지푸′이다. 짚′이다[2]. 짚후′다. 짚′히다[2].

지′피다[2] <지′푸다 <지′푸이다 [동] 〔지′피고, 지′피이→지′피, 지′피이도→지′피도, 지′피있다→지′폈다, 지′피이(-니), 지′핀, 지′피는〕 ('지푸′다[深]'의 사동) 깊이다. ¶ 또랑을(도랑-) 지핀다. (비) 지푸″다. 지′피다[1]<짚이다. 짚′이다[2]. 짚후′다. 짚′히다[2].

지흔들리″다 <지흔들이″다 [동] 〔지흔들리″고, 지흔들리″이→지흔들리″, 지흔들리″이도→지흔들리″도, 지흔들리″있다→지박있″다, 지흔들리″이(-니), 지짜인″, 지흔들리″는〕 ('지흔들′다'의 피동) '지이흔들리″다"의 준말. 쥐어흔들리다. ¶ 안사람자테(-에게) 지흔들리는 남자도 더러 있다.

직′이다 <쥑′이다 <죽′이다 [동] 〔직′이고, 직′이이→직′이, 직′이이도→

직′이도, 직′이있다→직′있다, 직′이이(−니), 직′인, 직′이는〕('죽′다[死]'의 사동) 죽이다. ¶ 일 겉지도(같−) 않은 일이 사람 직인다. [비] 죽′이다.

질구′다 [동]〔질구′고, 질구′아→질가″, 질구′아도→질가″도, 질구′았다→질갔″다, 질구′이(−니), 질군~질구′안→질간″, 질구는〕('질:다[長]'의 사동) ①기르다[育·養]. ¶ 콩지름은(콩나물−) 안 사 묵고(먹−) 집집이 집에서 질가 뭈다(먹었−). ②늘리다. ¶ 살림 잘 질갔다. [비] 지루′다. 질루′다. 질류″다. 질′리다. 질수′다. 질우′다. 질′이다. 질쿠′다.

질딜이다~질딜′이′다 <질딜이다 <질들이다 [동]〔질딜이고, 질딜이이→질딜이, 질딜이이도→질딜이도, 질딜이있다→질딜있다, 질딜이이(−니), 질딜인, 질딜이는〕('질들다'의 사동) 질들이다. ¶ 새 연장은 잘 질딜이야 댄다(되−). / 개 질딜이기가 숩나(쉽니) 달(닭) 질딜이기가 숩나(쉽니)?

질루′다~질루″다 [동]〔질루′고, 질루′아→질라″, 질루′아도→질라″도, 질루′았다→질랐″다, 질루′이(−니), 질운~질루′안→질란″, 질루는〕('질:다[長]'의 사동) ①기르다[育·養]. ¶ 머리를 저렇게 질기(길게) 질라 노이(놓으니) 배기(보기) 좋다. ②늘리다. [비] 지루′다. 질구′다. 질류″다. 질′리다. 질수′다. 질우′다. 질′이다. 질쿠′다.

질류″다 <질리′우다 <질이′우다 [동]〔질류″고, 질류′아→질랴″, 질류′아도→질랴″도, 질류′았다→질랐″다, 질류″이(−니), 질륜″~질류′안→질랸″, 질류″는〕('질:다[長]'의 사동) ①기르다[育·養]. ¶ 콩지름(콩나물) 사다 묵지(먹−) 말고 집에서 잘 질랴 무우라(먹어라). / 집에서 질랐다 쿠는데(고 하−) 이래(이리) 잘 질랐네. / 사람은 작기(−게) 놓고(낳−) 크기(−게) 질랴야 댄다(되−). ②늘리다. [비] 지루′다. 질구′다. 질루′다. 질′리다. 질수′다. 질우′다. 질′이다. 질쿠′다.

질′리다 <질′이다 [동]〔질′리고, 질′리아→질′리, 질′리이도→질′리도, 질′리있다→질′렸다, 질′리이(−니), 질′린, 질′리는〕('질:다[長]'의 사동) ①기르다[育·養]. ¶ 처자가 머리를 참 잘 질렀다. / 콩지름

은(콩나물－) 안 사다 묵고(먹－) 집에서 질리가 묵는다. ②늘리다. ¶ 아들은 장개도(장가－) 가고 살림 질리가(－서) 잘 산다. [비] 지루′다. 질구′다. 질루′다. 질류″다. 질수′다. 질우′다. 질′이다. 질쿠′다.

질수′다~질수″다 [동] 〔질수′고, 질수′아 → 질사″, 질수′아도 → 질사″도, 질수′았다 → 질샀″다, 질수′이(－니), 질순 ~ 질수′안 → 질산″, 질수는〕 (‘질 : 다[長]’의 사동) ①기르다[育·養]. ¶ 콩지름이(콩나물－) 어지가이(어지간리) 질사졌이머(－으면) 뽑아 묵자(먹－). ②늘리다. ¶ 질을(길－) 여어꺼정(여기까지) 실사 노이(놓으니) 퍯고(편하－) 좋다. [비] 지루′다. 질구′다. 질루′다. 질류″다. 질′리다. 질우′다. 질′이다. 질쿠′다.

질우′다 [동] 〔질우′고, 질우′아 → 질아″, 질우′아도 → 질아″도, 질우′았다 → 질았″다, 질우′이(－니), 질운 ~ 질우′안 → 질안″, 질우는〕 (‘질 : 다[長]’의 사동) ①기르다[育·養]. ¶ 젊은 사람이 무신(무슨) 수염지를(수염－) 그래(그리) 질기(길게) 질았노(－냐). ②늘리다. [비] 지루′다. 질구′다. 질루′다. 질류″다. 질′리다. 질수′다. 질′이다. 질쿠′다.

질′이다 [동] 〔질′이고, 질′이이 → 질′이, 질′이이도 → 질′이도, 질′이있다 → 질′있다, 질′이이(－니), 질′인, 질′이는〕 (‘질 : 다[長]’의 사동) ①기르다[育·養]. ¶ 옭에는(올해－) 빼이(밤－) 마이(많이) 질있다. ②늘리다. [비] 지루′다. 질구′다. 질루′다. 질류″다. 질′리다. 질수′다. 질우′다. 질쿠′다.

질쿠′다 [동] 〔질쿠′고, 질쿠′아 → 질카″, 질쿠′아도 → 질카″도, 질쿠′았다 → 질캈″다, 질쿠′이(－니), 질쿤 ~ 질쿠′안 → 질칸″, 질쿠는〕 (‘질 : 다[長]’의 사동) ①기르다[育·養]. ¶ 아아가(아이－) 잘하는 거를 자꾸 질카 조야(줘야) 댄다(되－). ②늘리다. ¶ 시집가가(－서) 아아도(아이－) 잘 놓고(낳－) 살림도 잘 질쿠고 하머(면) 댔다(됐－). / 아들 딸 하나석(－씩) 놓고(낳－) 살림을 질카 놓고 잘 삼더(－ㅂ니다). [비] 지루′다. 질구′다. 질루′다. 질류″다. 질′리다. 질수′다. 질우′다. 질′이다.

집히″다[지피다] [동] 〔집히″고, 집히′이 → 집히″, 집히′이도 → 집히″도,

집히′있다 → 집혔″다, 집히″이(-니), 집힌″, 집히″는〕 ('집′다[撮·拈]'의 피동) 집히다. ¶ 한 젓가락 집히머(-면) 그거만 묵고(먹-) 만다. / 가마(가만) 생각해 보이(-니) 머가(뭣-) 집히는 기(게) 있더라. / 첩사이가(첩-) 하는 말 들어 보고 집히는 기(게) 있어 시어마시를(시어머니-) 찾아갔단다. ㊥ 찝히″다.

짓밟히″다[짇발피다] ㊐〔짓밟히″고, 짓밟히′이 → 짓밟히″, 짓밟히′이도 → 짓밟히″도, 짓밟히′있다 → 짓밟혔″다, 짓밟히″이(-니), 짓밟히″는, 짓밟힌″〕 ('짓밟:다[踏]'의 피동) 짓밟히다. ¶ 발에 짓밟히도 깨지지는 않았다. ㊥ 짓볿히″다.

짓볿히″다[짇볼피다] ㊐〔짓볿히″고, 짓볿히′이 → 짓볿히″, 짓볿히′이도 → 짓볿히″도, 짓볿히′있다 → 짓볿혔″다, 짓볿히″이(-니), 짓볿히″는, 짓볿힌″〕 ('짓볿:다[踏]'의 피동) 짓밟히다. ¶ 소한테 짓볿힌 데는 풀이 없다. ㊥ 짓밟히″다.

징구′다 <지ㅇ구′다 ㊐〔징구′고, 징구′아 → 징가″, 징구′아도 → 징가″도, 징구′았다 → 징갔″다, 징구′이(-니), 징군~징구′안 → 징간″, 징구는〕 ('지다[負]'의 사동) 지우다. ¶ 살(쌀) 한 가마이를(가마니-) 지게에 징가 지고 십 리를 간다. ㊥ 지′우다[1].

징기″다 <지ㅇ기″다 ㊐〔징기″고, 징기′이 → 징기″, 징기′이도 → 징기″도, 징기′있다 → 징깄″다, 징기″이(-니), 징긴″, 징기″는〕 ('지′다[負]'의 피동) 지워지다. ¶ 이래(이리) 큰 짐이 지게에 징기나(-냐)? 안 징기제(-지).

짚이″다[1] ㊐〔짚이″고, 짚이′이 → 짚이″, 짚이′이도 → 짚이″도, 짚이′있다 → 짚있″다, 짚이″이(-니), 짚인″, 짚이″는〕 ('짚′다[杖]'의 피동) 짚어지다. ¶ 땅~이 너무 질어 지패이가(지팡이-) 안 짚인다. / 잘 짚이는 짝때기(작대기) 없일까(-을까). ㊥ 짚히″다[1].

짚′이다[2] ㊐〔짚′이고, 짚′이이 → 짚′이, 짚′이이도 → 짚′이도, 짚′이있다 → 짚′있다, 짚′이이(-니), 짚′인, 짚′이는〕 ('*짚다[深]'의 사동) 깊이다. ¶ 못을 더 짚이야 물을 더 모두제(모우지). ㊥ 지푸″다. 지′피다[1]<짚이다. 지피다[2]<지푸′이다. 짚후′다. 짚′히다[2].

짚후′다[지푸다] ㊐〔짚후′고, 짚후′아 → 짚하″, 짚후′아도 → 짚하″도,

ㅈ

짚후′았다→짚핬″다, 짚′후이(−니), 짚후′안→짚한″, 짚후′는〕 (‘*짚다[深]’의 사동) 깊이다. ¶ 여어(여기) 웅디이는(웅덩이−) 그 정도 짚하도 물 잘 난다. [비] 지푸″다. 지′피다[1]<짚이다. 지피다[2]<지푸′이다. 짚′이다[2]. 짚′히다[2].

짚히″다[1][지피다] [동]〔짚히″고, 짚히′이→짚히″, 짚히′이도→짚히″도, 짚히′있다→짚있″다, 짚히″이(−니), 짚인″, 짚히″는〕 (‘짚′다[杖]’의 피동) 짚어지다. ¶ 심(힘) 없이며(−으면) 지패이도(지팡이−) 안 짚힌다. [비] 짚이″다[1].

짚′히다[2][지피다] [동]〔짚′히고, 짚′히이→짚′히, 짚′히이도→짚′히도, 짚′히있다→짚′힜다, 짚′히이(−니), 짚′힌, 짚′히는〕 (‘*짚다[深]’의 사동) 깊이다. ¶ 짚이고 높히고 해 샇디이(쌓더니) 저리 잘 지았네(지었−). [비] 지푸″다. 지′피다[1]<짚이다. 지피다[2]<지푸′이다. 짚′이다[2]. 짚후′다.

짜이″다 [동]〔짜이″고, 짜이′이→짜이″, 짜이′이도→짜이″도, 짜이′있다→짜있″다, 짜이″이(−니), 짜인″, 짜이″는〕 (‘짜다[織·組]’의 피동) 짜이다. ¶ 잘 짜인 쪽이 이긴다. / 잘 짜인 삼베. [비] 째이″다.

짤리″다 <짜리이″다 [동]〔짤리″고, 짤리′이→짤리″, 짤리′이도→짤리″도, 짤리′있다→짤렀″다, 짤리″이(−니), 짜린″, 짤리″는〕 (‘짜리′다[切]’의 피동) 잘리다. ¶ 해사(회사) 돈 띠묵고(떼먹−) 모가지 짤렀단다. / 남북이 짤린 지가 버시러(벌써) 맻(몇) 년˜이고.

째이″다[1] <짜이″다 [동]〔째이″고, 째이′이→째이″, 째이′이도→째이″도, 째이′있다→째있″다, 째이″이(−니), 째인″, 째이″는〕 (‘짜다[織·組]’의 피동) 짜이다. ¶ 잘 째인 베. / 팬이(편−) 잘 째인 쪽이 이길 기다(게−). [비] 짜이″다.

째이″다[2] [동]〔째이″고, 째이′이→째이″, 째이′이도→째이″도, 째이′있다→째있″다, 째이″이(−니), 째인″, 째이″는〕 (‘째 : 다[曝]’의 피동) 쬐이다. ¶ 밸에(별−) 째이 얼굴이 꺼멓다. / 봄 밸은(별−) 매늘(며느리) 째이라 카고(고 하−) 가실(가을) 밸은(별−) 딸 째이라 칸다(고 하−).

쨉히″다[째피다] <째비히″다 [동]〔쨉히″고, 쨉히′이→쨉히″, 쨉히′이도

→ 짭히″도, 짭히′있다 → 짭힜″다, 짭히″이(－니), 짭히″는, 짭힌″〕 (‘째′비다[抓]’의 피동) 꼬집히다. ¶ 지집자테(계집에게) 짭히가(－서) 멍~이 들었더라.

쬧기″다[쨱기다] <쫒기″다 <쫓기″다 동 〔쬧기″고, 쬧기′이 → 쬧기″, 쬧기′이도 → 쬧기″도, 쬧기′있다 → 쬧깄″다, 쬧기″이(－니), 쬧긴″, 쬧기″는〕 (‘쫓′다[逐]’의 피동) 쫓기다. ¶ 개가 쬧기 가머시너(－면서) 연방 짖는다. / 쬧기 댕기도(다녀도) 구갱(구경) 하나는 잘 했다. 비 쫓기″다.

쪼루′다[1] <쫄우′다 동 〔쪼루′고, 쪼루′아 → 쪼라″, 쪼루′아도 → 쪼라″도, 쪼루′았다 → 쪼랐″다, 쪼루′이(－니), 쪼룬~쪼루′안 → 쪼란″, 쪼루는〕 (‘*쫄다[促]’의 사동) 조르다. ¶ 누부자테(누나에게) 맹글어(만들－) 주가(줘) 카고(고 하－) 자꾸 쪼라 바라(봐라). 맹글어(만들－) 줄랑가(－려는가). / 엄매를(엄마－) 아무리 쪼라도 돈 나올 데가 없는 거를 우짜겠노(어쩌겠니). 비 쫄루다[1].

쪼루′다[2] <쫄우′다 동 〔쪼루′고, 쪼루′아 → 쪼라″, 쪼루′아도 → 쪼라″도, 쪼루′았다 → 쪼랐″다, 쪼루′이(－니), 쪼룬~쪼루′안 → 쪼란″, 쪼루는〕 (‘*쫄다[搾·握]’의 사동) 조르다. ¶ 이거하고 저거를 시기(세게) 쪼라 무까라(묶어라). / 니(너) 심대로(힘) 내 손목 쪼라 바라(봐라). 비 쪼우다. 쫄루다[2].

쪼′우다 동 〔쪼′우고, 쪼′우아 → 쪼′아, 쪼′우아도 → 쪼′아도, 쪼′우았다 → 쪼′았다, 쪼′우이(－니), 쪼′운~쪼′우안 → 쪼′안, 쪼′우는〕 (‘*쪼다[搾·握]’의 사동) 조이다. ¶ 끄내끼로(끈－) 푸대(포대) 끈티이를(끝－) 잘 쪼아라. 비 쪼루다[2]. 쫄루다[2].

쪼이″다[1] 동 〔쪼이″고, 쪼이′이 → 쪼이″, 쪼이′이도 → 쪼이″도, 쪼이′있다 → 쪼있″다, 쪼이″이(－니), 쪼인″, 쪼이″는〕 (‘쪼″다[啄]’의 피동) 쪼이다. ¶ 비석에 정에 쪼인 흔적이 있다. 비 쪼이″다[2]<쪼우이″다.

쪼이″다[2] <쪼우이″다 동 〔쪼이″고, 쪼이′이 → 쪼이″, 쪼이′이도 → 쪼이″도, 쪼이′있다 → 쪼있″다, 쪼이″이(－니), 쪼인″, 쪼이″는〕 (‘쪼′우다[啄]’의 피동) 쪼이다. ¶ 달자테(닭한테) 강새이가(강아지－) 쪼

ㅈ

있다. (비) 쪼이″다[1].

쪼이″다[3] [동] 〔쪼이″고, 쪼이′이→쪼이″, 쪼이′이도→쪼이″도, 쪼이′있다→쪼있″다, 쪼이″이(－니), 쪼인″, 쪼이″는〕 (‘*쪼다[搾·握]’의 피동) 조이다. ¶ 너무 쪼이기(－게) 무까가(묶어서) 안 풀린다. / 이거는 허리가 너무 쪼이 몬(못) 입겠다. (비) 쪼이″다[4]<쪼우이″다. 쫄리″다[3]<쫄이″다. 쫄리″다[4]<쪼루이″다.

쪼이″다[4] <쪼우이″다 [동] 〔쪼이″고, 쪼이′이→쪼이″, 쪼이′이도→쪼이″도, 쪼이′있다→쪼있″다, 쪼이″이(－니), 쪼인″, 쪼이″는〕 (‘쪼′우다[搾·握]’의 피동) 조이다. ¶ 손목이 쪼이가(－서) 멍이 들었다. (비) 쪼이″다[3]. 쫄리″다[3]<쫄이″다. 쫄리″다[4]<쪼루이″다.

쫄루′다~쫄루″다[1] [동] 〔쫄루′고, 쫄루′아→쫄라″, 쫄루′아도→쫄라″도, 쫄루′았다→쫄랐″다, 쫄루′이(－니), 쫄운~쫄루′안→쫄란″, 쫄루는〕 (‘*쫄다[促]’’의 사동) 조르다. ¶ 그 일은 아무리 맨에다(면－) 쫄라 바도(봐도) 쫄룬다고 댈(될－) 일이 아이다(아니－). / 보내 달락고(달라고) 부모를 쫄루고 쫄루고 해가(－서) 근그이(근근이) 갱주로(경주－) 수학여행 갔다. (비) 쪼루다[1].

쫄루′다~쫄루″다[2] [동] 〔쫄루′고, 쫄루′아→쫄라″, 쫄루′아도→쫄라″도, 쫄루′았다→쫄랐″다, 쫄루′이(－니), 쫄운~쫄루′안→쫄란″, 쫄루는〕 (‘*쫄다[搾·握]’’의 사동) 조르다. ¶ 대지(돼지) 딧다리를(뒷다리－) 심대로(힘－) 쫄라 잡아라. / 헐끈(허리끈)을 꼭 쫄랐는데도 잃다(이렇－). (비) 쪼루다[2]. 쪼우다.

쫄리″다[1] <쫄이″다 [동] 〔쫄리″고, 쫄리′이→쫄리″, 쫄리′이도→쫄리″도, 쫄리′있다→쫄릿″다, 쫄리″이(－니), 쫄린″, 쫄리″는〕 (‘*쫄다[促]’의 피동) 졸리다. ¶ 딸자테(－에게) 쫄리고 아들자테(－에게) 쫄리고 쫄리 쫄리 전딜(견디－) 수가 없다. (비) 쫄리″다[2]<쪼루이″다.

쫄리″다[2] <쪼루이″다 [동] 〔쫄리″고, 쫄리′이→쫄리″, 쫄리′이도→쫄리″도, 쫄리′있다→쫄릿″다, 쫄리″이(－니), 쫄린″, 쫄리″는〕 (‘쪼루″다[促]’의 피동) 졸리다. ¶ 빗재이자테(빚쟁이에게) 쫄리 몬(못) 살겠다. (비) 쫄리″다[1]<쫄이″다.

쫄리″다[3] <쫄이″다 [동] 〔쫄리″고, 쫄리′이→쫄리″, 쫄리′이도→쫄리″

도, 쫄리′있다→쫄랐″다, 쫄리″이(−니), 쫄린″, 쫄리″는〕('*쫄다[搾·握]'의 피동) 졸리다. ¶ 다리를 너무 무깠는가(묶었−) 다리가 마이(많이) 쫄린다. / 이 내복은 발목이 너무 졸린다. ㊥ 쪼이″다[3]. 쪼이″다[4]<쪼우이″다. 쫄리″다[4]<쪼루이″다.

쫄리″다[4] <쪼루이″다 ⓢ〔쫄리″고, 쫄리′이→쫄리″, 쫄리′이도→쫄리″도, 쫄리′있다→쫄랐″다, 쫄리″이(−니), 쫄린″, 쫄리″는〕('쪼루′다[搾·握]'의 피동) 조이다. ¶ 손목이 쫄리가(−서) 아푸다(아프−). ㊥ 쪼이″다[3]. 쪼이″다[4]<쪼우이″다. 쫄리″다[3]<쫄이″다.

쫄′이다 ⓢ〔쫄′이고, 쫄′이이→쫄′이, 쫄′이이도→쫄′이도, 쫄′이있다→쫄′있다, 쫄′이이(−니), 쫄′인, 쫄′이는〕('쫄:다[減]'의 사동) '졸′이다'의 센말. 줄이다. ¶ 국물이 너무 많다. 더 쫄이라. ㊌ 쭐′이다.

쫍후′다~쫍후″다[쪼푸다] ⓢ〔쫍후′고, 쫍후′아→쫍하″, 쫍후′아도→쫍하″도, 쫍후′았다→쫍핬″다, 쫍후′이(−니), 쫍훈~쫍후′안→쫍한″, 쫍후는〕('쫍′다[狹]'의 사동) 좁히다. ¶ 질을(길−) 이래 쫍하 놓고 우째(어찌) 댕기라(다녀라) 말고. / 대문은 너무 쫍하도 배기(보기) 싫다. ㊥ 쫍′히다.

쫍′히다[쪼피다] ⓢ〔쫍′히고, 쫍′히이→쫍′히, 쫍′히이도→쫍′히도, 쫍′히있다→쫍′힜다, 쫍′히이(−니), 쫍′힌, 쫍′히는〕('쫍′다[狹]'의 사동) 좁히다. ¶ 버선 발목을 이래(이리) 쫍히가(−서) 우째(어찌) 신어라고. ㊥ 쫍후′다.

쫓기″다[쪽끼다] ⓢ〔쫓기″고, 쫓기′이→쫓기″, 쫓기′이도→쫓기″도, 쫓기′있다→쫓겼″다, 쫓기″이(−니), 쫓긴″, 쫓기″는〕('쫓′다[逐]'의 피동) 쫓기다. ¶ 쫓고 쫓기기를 삼 년을 했다. / 그 할배는(할아버지−) 일본 순사자테(−에게) 쫓기 살았다. / 주지시님이(주지스님−) 절에서 쫓기 나가머(−면) 어야자는(어쩌자는) 일이고. / 범자테(−에게) 쫓긴 포수. ㊥ 쬒기″다.

쭈루′다 <쭐우′다 ⓢ〔쭈루′고, 쭈루′아→쭈라″, 쭈루′아도→쭈라″도, 쭈루′았다→쭈랐″다, 쭈루′이(−니), 쭈룬~쭈루′안→쭈란″, 쭈루는〕('쭐:다[減]'의 사동) '주루′다'의 센말. 줄이다. ¶ 새이(형) 옷을 쭈라 내가 입었다. ㊥ 쭐구′다. 쭐루′다. 쭐류″다. 쭐우′다. 쭐′이

다. 쫄쿠′다.

쭈물류″다 <쭈물리′우다 <쭈무리이′우다 동 〔쭈물류″고, 쭈물류′아→쭈물랴″, 쭈물류′아도→쭈물랴″도, 쭈물류′았다→쭈물랬″다, 쭈물류″이(−니), 쭈물류′안→쭈물랸″, 쭈물류″는〕 (‘쭈무′리다[揉]’의 사동) ‘주물류″다’의 센말. 주물리다. ¶ 내 몸띠이를(몸뚱이−) 넘자테(남에게) 쭈물랴야 사이(−니) 나도 인자(이제) 다 댔다(됐−). 비 쭈물′리다[2].

쭈물리″다[1] <쭈무리이″다 동 〔쭈물리″고, 쭈물리″아→쭈물리″, 쭈물리″이도→쭈물리″도, 쭈물리″있다→쭈물렸″다, 쭈물리″이(−니), 쭈물′린, 쭈물리″는〕 (‘쭈무′리다[揉]’의 피동) ‘주물리″다[1]’의 센말. 주물리다. ¶ 넘자테(남에게) 손 쭈물리는 거는 대기(되게) 싫다.

쭈물′리다[2] <쭈무′리이다 동 〔쭈물′리고, 쭈물′리아→쭈물′리, 쭈물′리이도→쭈물′리도, 쭈물′리있다→쭈물렸′다, 쭈물′리이(−니), 쭈물′린, 쭈물′리는〕 (‘쭈무′리다[揉]’의 사동) ‘주물′리다[2]’의 센말. 주물리다. ¶ 아무래도 영감이 어깨 쭈물리 주는 기(게) 시원다(시원하−). 비 쭈물류″다.

쭐구′다 동 〔쭐구′고, 쭐구′아→쭐가″, 쭐구′아도→쭐가″도, 쭐구′았다→쭐갔″다, 쭐구′이(−니), 쭐군~쭐구′안→쭐간″, 쭐구는〕 (‘쭐:다[減]’의 사동) ‘줄구′다’의 센말. 줄이다. ¶ 살림을 쭐구고 또 쭐가더는 쭐굴 기(게) 없다. 비 쭈루′다. 쭐루′다. 쭐류″다. 쭐우′다. 쭐′이다. 쭐쿠′다.

쭐루′다~쭐루″다 동 〔쭐루′고, 쭐루′아→쭐라″, 쭐루′아도→쭐라″도, 쭐루′았다→쭐랐″다, 쭐루′이(−니), 쭐운~쭐루′안→쭐란″, 쭐루는〕 (‘쭐:다[減]’의 사동) ‘줄루′다’의 센말. 줄이다. ¶ 쭐루고 쭐라더는 몬(못) 쭐룬다. 비 쭈루′다. 쭐구′다. 쭐류″다. 쭐우′다. 쭐′이다. 쭐쿠′다.

쭐류″다 <쭐리′우다 <쭐이′우다 동 〔쭐류″고, 쭐류′아→쭐랴″, 쭐류′아도→쭐랴″도, 쭐류′았다→쭐랬″다, 쭐류″이(−니), 쭐륜″~쭐류′안→쭐랸″, 쭐류″는〕 (‘쭐:다[減]’의 사동) ‘줄류″다’의 센말. 줄이다. ¶ 쭐류고 쭐랴도 잃다(이렇−). / 헐겁우머(헐거우면) 쪼매(좀)

더 쫄랴 죽게(줄－). [비] 쭈루′다. 쫄구′다. 쫄루′다. 쫄우′다. 쫄′이다. 쫄쿠′다.

쫄리″다 <쫄이″다 [동] 〔쫄리″고, 쫄리′이 → 쫄리″, 쫄리′이도 → 쫄리″도, 쫄리′있다 → 쫄맀″다, 쫄리″이(－니), 쫄린″, 쫄리″는〕 (‘쫄 : 다[減]’의 피동) ‘줄리″다’의 센말. 줄어지다. ¶ 욕심을 쫄이머(－면) 마음 팬키(편하게) 사는데 욕심이 안 쫄리이 팬키(편하게) 몬(못) 사는 기(게) 인간~이라. / 교실 짓는다고 운동장~이 마이(많이) 쫄맀다.

쫄우′다 [동] 〔쫄우′고, 쫄우′아 → 쫄아″, 쫄우′아도 → 쫄아″도, 쫄우′았다 → 쫄았″다, 쫄우′이(－니), 쫄운 ~ 쫄우′안 → 쫄안″, 쫄우는〕 (‘쫄 : 다[減]’의 사동) ‘줄우′다’의 센말. 줄이다. ¶ 품을 쫄아 좄는데(줬－) 더 쫄아 돌라(달라) 쿤다(고 하－). [비] 쭈루′다. 쫄구′다. 쫄루′다. 쫄류″다. 쫄′이다. 쫄쿠′다.

쫄′이다 [동] 〔쫄′이고, 쫄′이이 → 쫄′이, 쫄′이이도 → 쫄′이도, 쫄′이있다 → 쫄′있다, 쫄′이이(－니), 쫄′인, 쫄′이는〕 (‘쫄 : 다[減]’의 사동) ‘줄′이다’의 센말. 줄이다. ¶ 승승이를(씀씀이－) 쫄이라. [비] 쭈루′다. 쫄구′다. 쫄루′다. 쫄류″다. 쫄우′다. 쫄쿠′다.

쫄쿠′다 [동] 〔쫄쿠′고, 쫄쿠′아 → 쫄카″, 쫄쿠′아도 → 쫄카″도, 쫄쿠′았다 → 쫄캈″다, 쫄쿠′이(－니), 쫄쿤 ~ 쫄쿠′안 → 쫄칸″, 쫄쿠는〕 (‘쫄 : 다[減]’의 사동) ‘줄쿠′다’의 센말. 줄이다. ¶ 승승이를(씀씀이－) 쫄쿠고 알뜰하이(－게) 살아라. [비] 쭈루′다. 쫄구′다. 쫄루′다. 쫄류″다. 쫄우′다. 쫄′이다.

찌불리″다[1] <찌불이″다 [동] 〔찌불리″고, 찌불리′이 → 찌불리″, 찌불리′이도 → 찌불리″도, 찌불리′있다 → 찌불맀″다, 찌불리″이(－니), 찌불린″, 찌불리″는〕 (‘찌불다[傾]’의 피동) ‘지불리″다’의 센말. 기울리다. ¶ 디로(뒤－) 쫌(좀) 찌불리 빈다(보이－). [비] 찌울리″다[1].

찌불′리다[2] <찌불′이다 [동] 〔찌불′리고, 찌불′리아 → 찌불′리 ~ 찌불′리어 → 찌불′러, 찌불′리이도 → 찌불′리도 ~ 찌불′리어도 → 찌불′러도, 찌불′리있다 → 찌불맀′다 ~ 찌불′리었다 → 찌불′렀다, 찌불′리이(－니), 찌불′린, 찌불′리는〕 (‘찌불′다[傾]’의 사동) ‘지불′리다[2]’의 센말. 기울이다. ¶ 도오(동이) 찌불리머(－면) 물 손긴다(쏟아진다).

[비] 찌불′시다. 찌불′이다. 찌불′치다. 찌울′리다². 찌울′시다. 찌울′이다. 찌울′치다.

찌불′시다 [동] 〔찌불′시고, 찌불′시아 → 찌불′시, 찌불′시이도 → 찌불′시도, 찌불′시있다 → 찌불싰′다, 찌불′시이(−니), 찌불′신, 찌불′시는〕 (‘찌불′다[傾]’의 사동) ‘지불′시다’의 센말. 기울이다. ¶ 멋이기나(뭣이거나) 한 쪽으로 너무 찌불시머(−면) 안 댄다(되−). [비] 찌불′리다². 찌불′이다. 찌불′치다. 찌울′리다². 찌울′시다. 찌울′이다. 찌울′치다.

찌불′이다 [동] 〔찌불′이고, 찌불′이아 → 찌불′이, 찌불′이이도 → 찌불′이도, 찌불′이있다 → 찌불있′다, 찌불′이이(−니), 찌불′인, 찌불′이는〕 (‘찌불′다[傾]’의 사동) ‘지불′이다’의 센말. 기울이다. ¶ 자석한테 찌불이는 정성 반만 부모한테 찌불이도 소자(효자) 소리 듣는다. [비] 찌불′리다². 찌불′시다. 찌불′치다. 찌울′리다². 찌울′시다. 찌울′이다. 찌울′치다.

찌불′치다 [동] 〔찌불′치고, 찌불′치아 → 찌불′치, 찌불′치치도 → 찌불′치도, 찌불′치있다 → 찌불칬′다, 찌불′치치(−니), 찌불′친, 찌불′치는〕 (‘찌불′다[傾]’의 사동) ‘지불′치다’의 센말. 기울이다. ¶ 기를(귀−) 한쪽으로만 찌불치고 들으머(−면) 바린(바른) 판단~이 안 선다. [비] 찌불′리다². 찌불′시다. 찌불′이다. 찌울′리다². 찌울′시다. 찌울′이다. 찌울′치다.

찌′우다¹ [동] 〔찌′우고, 찌′우아 → 찌′아 ~ 찌′야, 찌′우아도 → 찌′아도 ~ 찌′야도, 찌′우았다 → 찌′았다 ~ 찌′얐다, 찌′우이(−니), 찌′운 ~ 찌′우안 → 찌′안 ~ 찌′얀, 찌′우는〕 (‘찌다[肥]’의 사동) 찌우다. ¶ 지(제) 몸 살 안 찌울락고(−려고) 저래(저리) 애를 신다(쓰−). / 살을 찌얀 대지를(돼지−) 먼저 내다판다.

찌′우다² [동] 〔찌′우고, 찌′우아 → 찌′아 ~ 찌′야, 찌′우아도 → 찌′아도 ~ 찌′야도, 찌′우았다 → 찌′았다 ~ 찌′얐다, 찌′우이(−니), 찌′운 ~ 찌′우안 → 찌′안 ~ 찌′얀, 찌′우는〕 (‘찌 : 다[挿·介]’의 사동) 끼우다. ¶ 팬지를(편지−) 문틈에 찌야 놓고 가이소(−세요). [비] 끼′우다. 찡구′다. 찡구′다.

찌울리″다[1] <찌울이″다 동 〔찌울리″고, 찌울리′이 → 찌울리″, 찌울리′이도 → 찌울리″도, 찌울리′있다 → 찌울렸″다, 찌울리″이(−니), 찌울린″, 찌울리″는〕 (‘찌울다[傾]’의 피동) ‘지울리″다[1]’의 센말. 기울리다. ¶ 아무리 동네 사람 다 그란다(그러−) 캐도(고 해도) 앞산~이 찌울릴 리가 없다. 비 찌불리″다[1].

찌울′리다[2] <찌울′이다 동 〔찌울′리고, 찌울′리아 → 찌울′리, 찌울′리이도 → 찌울′리도, 찌울′리있다 → 찌울렸′다, 찌울′리이(−니), 찌울′신, 찌울′리는〕 (‘찌울′다[傾]’의 사동) ‘지울′리다[2]’의 센말. 기울이다. ¶ 그런 말은 나라 지둥을(기둥−) 찌울이는 거나 같은 기다(게−). 비 찌불′리다[2]. 찌불′시다. 찌불′이다. 찌불′치다. 찌울′시다. 찌울′이다. 찌울′치다.

찌울′시다 동 〔찌울′시고, 찌울′시아 → 찌울′시, 찌울′시이도 → 찌울′시도, 찌울′시있다 → 찌울섰′다, 찌울′시이(−니), 찌울′신, 찌울′시는〕 (‘찌울′다[傾]’의 사동) ‘지울′시다’의 센말. 기울이다. ¶ 얼라(아기) 너무 찌울시 업었다. 비 찌불′리다[2]. 찌불′시다. 찌불′이다. 찌불′치다. 찌울′리다[2]. 찌울′이다. 찌울′치다.

찌울′이다 동 〔찌울′이고, 찌울′이아 → 찌울′이, 찌울′이이도 → 찌울′이도, 찌울′이있다 → 찌울있′다, 찌울′이이(−니), 찌울′인, 찌울′이는〕 (‘찌울′다[傾]’의 사동) ‘지울′이다’의 센말. 기울이다. ¶ 생각을 아무리 찌울이도 좋은 생각이 안 난다. 비 찌불′리다[2]. 찌불′시다. 찌불′이다. 찌불′치다. 찌울′리다[2]. 찌울′시다. 찌울′치다.

찌울′치다 동 〔찌울′치고, 찌울′치아 → 찌울′치, 찌울′치이도 → 찌울′치도, 찌울′치있다 → 찌울쳤′다, 찌울′치이(−니), 찌울′친, 찌울′치는〕 (‘찌울′다[傾]’의 사동) ‘지울′치다’의 센말. 기울이다. ¶ 담이 너무 찌울친 거 보이(−니) 우터하네(위태하−). 비 찌불′리다[2]. 찌불′시다. 찌불′이다. 찌불′치다. 찌울′리다[2]. 찌울′시다. 찌울′이다.

찌이″다 동 〔찌이″고, 찌이′이 → 찌이″, 찌이′이도 → 찌이″도, 찌이′있다 → 찌있″다, 찌이″이(−니), 찌인″, 찌이″는〕 (‘찌 : 다[挿·介]’의 피동) 끼이다. ¶ 문틈에 옷이 찌있다. / 문에 얼라(아기) 손 찌일라 조심해라. 비 끼이″다. 낑기″다[1]<끼ㅇ기″다. 낑기″다[2]<낑구′이다.

ㅈ

찡기″다[1]<찌ㅇ기″다. 찡기″다[2]<찡구′이다.

찍기″다[1] [동] 〔찍기″고, 찍기′이→찍기″, 찍기′이도→찍기″도, 찍기′있다→찍깄″다, 찍기″이(-니), 찍긴″, 찍기″는〕 (‘찍′다[斧]’의 피동) 찍히다. ¶ 도치에(도끼-) 찍긴 자죽이(자국-) 있다. (비) 찍히″다[1].

찍기″다[2] [동] 〔찍기″고, 찍기′이→찍기″, 찍기′이도→찍기″도, 찍기′있다→찍깄″다, 찍기″이(-니), 찍긴″, 찍기″는〕 (‘찍′다[撮]’의 피동) 찍히다. ¶ 사진에 찍긴 거 보머(-면) 잘생깄다(잘생겼-). (비) 찍히″다[2].

찍기″다[3] [동] 〔찍기″고, 찍기′이→찍기″, 찍기′이도→찍기″도, 찍기′있다→찍깄″다, 찍기″이(-니), 찍긴″, 찍기″는〕 (‘찍′다[押·印]’의 피동) 찧어지다. ¶ 도장~이 잘 찍긴다. / 연지 찍긴 자죽이(자욱-) 보인다. (비) 찍히″다[3].

찍기″다[4] [동] 〔찍기″고, 찍기′이→찍기″, 찍기′이도→찍기″도, 찍기′있다→찍깄″다, 찍기″이(-니), 찍긴″, 찍기″는〕 (‘찍′다[搗]’의 피동) 찧어지다. ¶ 보리를 도구통에(절구통-) 옇고(넣-) 찍어도(찧-) 잘 안 찍긴다. / 맹지(명주) 소꽂(속곳) 입으머(-으면) 보리 바아라도(방아-) 더 잘 찍기나. (비) 찍히″다[4].

찍히″다[1][찌키다] [동] 〔찍히″고, 찍히′이→찍히″, 찍히′이도→찍히″도, 찍히′있다→찍힜″다, 찍히″이(-니), 찍힌″, 찍히″는〕 (‘찍′다[斧]’의 피동) 찍히다. ¶ 믿는 도치에(도끼-) 발등 찍힌다. / 아는 도치에(도끼-) 발등 찍힜다. / 지(제) 도치에 지(제) 발등 찍힜다. / 도치로(도끼-) 찍힌 자죽이(-자국-) 남아 있다. (비) 찍기″다[1].

찍히″다[2][찌키다] [동] 〔찍히″고, 찍히′이→찍히″, 찍히′이도→찍히″도, 찍히′있다→찍힜″다, 찍히″이(-니), 찍힌″, 찍히″는〕 (‘찍′다[撮]’의 피동) 찍히다. ¶ 니가(네-) 사진에도 찍히 있다 아이가(아니냐). (비) 찍기″다[2].

찍히″다[3][찌키다] [동] 〔찍히″고, 찍히′이→찍히″, 찍히′이도→찍히″도, 찍히′있다→찍힜″다, 찍히″이(-니), 찍힌″, 찍히″는〕 (‘찍′다[押·印]’의 피동) 찍히다. ¶ 도장 찍힌 데 이름도 적히(적혀) 있다. / 연지 찍힌 데가 곱다. (비) 찍기″다[3].

찍히″다[4][찌키다] 통 〔찍히″고, 찍히′이 → 찍히″, 찍히′이도 → 찍히″도, 찍히′있다 → 찍힜″다, 찍히″이(-니), 찍힌″, 찍히″는〕 ('찍′다[搗]'의 피동) 찧어지다. ¶ 그거는 도구통에(절구-) 찍어가는(-서는) 잘 안 찍힌다. 비 찍기″다[4].

찔리″다 <찌리이″다 통 〔찔리″고, 찔리′이 → 찔리″, 찔리′이도 → 찔리″도, 찔리′있다 → 찔맀″다, 찔리″이(-니), 찔린″, 찔리″는〕 ('찌리′다[刺]'의 피동) 찔리다. ¶ 까시에(가시-) 찔맀다. / 니가(네-) 먼저 살작고(-자고) 내 옆구리 찔렀고 나는 다문(다만) 찔맀일(-을) 뿐~이다. / 손까락으로(손가락-) 하늘 찌리머(찌르면) 찔리나. / 찔린 데는 고약 겉은(같-) 거 발라라.

찝히″다[찌피다] 통 〔찝히″고, 찝히′이 → 찝히″, 찝히′이도 → 찝히″도, 찝히′있다 → 찝힜″다, 찝히″이(-니), 찝힌″, 찝히″는〕 ('찝′다[撮·拈]'의 피동) 집히다. ¶ 찝울라(집으려) 캐도(고 해도) 안 찝힌다. / 살 빼야 대는데 배살이(뱃살-) 찝힌다고 저래(저리) 야단~이다. 비 집히″다.

찡구′다 <찌ㅇ구다 통 〔찡구′고, 찡구′아 → 찡가″, 찡구′아도 → 찡가″도, 찡구′았다 → 찡갔″다, 찡구′이(-니), 찡군 ~ 찡구′안 → 찡간″, 찡구는〕 ('찌:다[插·介]'의 사동) 끼우다. ¶ 그거 판떼기(판자) 새에 찡가 났다(놨-). / 조오를(종이-) 문틈에 찡가 났는데(놨-) 누가(누구-) 우앴뿠노(어찌해 버렸니). / 그 조오(종이) 니가(네-) 찡간 거가(-니)? 비 끼우′다. 낑구′다. 찌′우다[2].

찡기″다[1] <찌ㅇ기″다 통 〔찡기″고, 찡기′이 → 찡기″, 찡기′이도 → 찡기″도, 찡기′있다 → 찡깄″다, 찡기″이(-니), 찡긴″, 찡기″는〕 ('찌:다[插·介]'의 피동) 끼이다. ¶ 옷이 틈에 찡깄다. / 비잡아도(비좁아도) 여어(여기) 찡기 하리(하루) 주무시고 가이소(-세요). / 찡기 자는거사(-는거야) 갠찮은데(괜찮-) 소 따문에(때문-) 가야 댄다(되-). 비 끼이″다. 낑기″다[1]<끼ㅇ기″다. 낑기″다[2]<낑구′이다. 찌이″다. 찡기″다[2]<찡구′이다.

찡기″다[2] <찡귀″다 <찡구′이다 통 〔찡기″고, 찡기′이 → 찡기″, 찡기′이도 → 찡기″도, 찡기′있다 → 찡깄″다, 찡기″이(-니), 찡긴″, 찡기″

는) ('찡구'다[揷·介]'의 피동) 끼이다. ¶ 문틈에 찡기가(-서) 손 다칬다(다쳤-). ⓑ 끼이″다. 찡기″다[1]<끼ㅇ기″다. 찡기″다[2]<찡구'이다. 찌이″다. 찡기″다[1]<찌ㅇ기″다.

ㅊ

차이″다 동 〔차이″고, 차이′이 → 차이″, 차이′이도 → 차이″도, 차이′있다 → 차있″다, 차이″이(-니), 차인″, 차이″는〕 (‘차다[蹴]’의 피동) 차이다. ¶ 서리(서로) 차다가 장개이(정강이) 차있다. 비 채이″다.

채″다 <채이″다 <차이″다 동 〔채″고, 채′애~채″, 채′애도~채″도, 채′앴다~챘″다, 채″이(-니), 챈″, 채″는〕 (‘차다[蹴]’의 피동) ‘채이″다’의 준말. 차이다. ¶ 발에 채고 채는 기(게) 총각이고 처자다. 그런데 와(왜) 시집 장개(장가) 몬(못) 가노(-니).

채′우다[1] <차이′우다 동 〔채′우고, 채′우아 → 채′아~채′야, 채′우아도 → 채′아도~채′야도, 채′우았다 → 채′았다~채′얐다, 채′우이(-니), 채′운~채′우안 → 채′안~채′얀, 채′우는〕 (‘차다[佩]’의 사동) 채우다. ¶ 얼라(아기) 삽바(기저귀) 채야 조라(줘라). / 왜넘들은(왜놈-) 선생자테도(-에게도) 칼 채얐다.

채′우다[2] <차이′우다 동 〔채′우고, 채′우아 → 채′아~채′야, 채′우아도 → 채′아도~채′야도, 채′우았다 → 채′았다~채′얐다, 채′우이(-니), 채′운~채′우안 → 채′안~채′얀, 채′우는〕 (‘차다[盈]’의 사동) 채우다. ¶ 지(제) 욕심만 채우다가는 일이 안 댄다(되-). / 내 모지래는(모자라-) 거를 채아 주는 친구가 있다. / 손님이 원하는 거를 채야 조라(줘라). / 마음을 너무 채우머 더는 채울 수가 없다. / 마음을 채울라 카지(고 하-) 말고 비야(비워) 나라(놔라). / 가물어가(-어서) 논에 물 몬(못) 채운다. / 채야도 채야도 사람 욕심 다 몬(못) 채운다. / 술잔을 채야라. 잔은 차야 맛이다 안 카나(하니). / 밑 빠진 도

오에(독－) 물 채우기. / 아홉 섬 부자가 열 섬 채울라 쿤다(고 하－).

채이″다 <차이″다 ㉶〔채이″고, 채이′이 → 채이″, 채이′이도 → 채이″도, 채이′있다 → 채있″다, 채이″이(－니), 채인″, 채이″는〕 ('차다[蹴]'의 피동) 차이다. ¶ 믿은 돌에 발 채인다. / 여자자테(－에게) 채이가(－서) 빙났다(병났－). / 여자자테(－에게) 채이가(－서) 빙난(병나－) 사나사(사내야) 많제(－지). / 그 여자 잊았뿌라(잊어 버려라). 니(네) 안 채일 좋은 처자도 많다. ㉾ 채″다. ㊎ 차이″다.

책임지′우다(責任－－－) ㉶〔책임지′우고, 책임지′우아 → 책임지′아~책임지′야, 책임지′우아도 → 책임지′아도~책임지′야도, 책임지′우았다 → 책임지′았다~책임지′얐다, 책임지′우이(－니), 책임지′운~책임지′우안 → 책임지′안~책임지′얀, 책임지′우는〕 ('책임지′다(責任－－)'의 사동) 책임지우다(責任－－－). ¶ 동성을(동생－) 니자테(너에게) 다 채임지얐다.

처들리″다 <처들이″다 ㉶〔처들리″고, 처들리′이 → 처들리″, 처들리′이도 → 처들리″도, 처들리′있다 → 처들렸″다, 처들리″이(－니), 처들린″, 처들리″는〕 ('처들′다[擧]'의 피동) 쳐들리다. ¶ 큰 돌 우로(위－) 처들리기(－게) 밑에 작은 돌 고아라(괴어라).

처믹이′다 <처뭑이′다 <처묵이′다 ㉶〔처믹이′고, 처믹이′이 → 처믹이″, 처믹이′이도 → 처믹이″도, 처믹이′있다 → 처믹있″다, 처믹이′이(－니), 처믹인, 처믹이는〕 ('처묵′다[食]'의 사동) 처먹이다. ¶ 밥만 처믹인다고 사람 키우는 기(게) 아이다(아니－).

처박히″다[처바키다] ㉶〔처박히″고, 처박히′이 → 처박히″, 처박히′이도 → 처박히″도, 처박히′있다 → 처박힜″다, 처박히″이(－니), 처박히″는, 처박힌″〕 ('처박′다'의 피동) 처박히다. ¶ 지개 진 채로 도랑~아(－에) 처박힜다. ㊎ 처백히″다.

처백히″다[처배키다] <처박히″다 ㉶〔처백히″고, 처백히′이 → 처백히″, 처백히′이도 → 처백히″도, 처백히′있다 → 처백힜″다, 처백히″이(－니), 처백히″는, 처백힌″〕 ('처박′다'의 피동) 처박히다. ¶ 나무 지고 오다가 꼴째기에(골짜기－) 처백히가(－서) 마이(많이) 다칬다(다쳤－). / 짐 지고 처백히 있는 거를 디에(뒤－) 오던 사람이 낀지

올렀다(건져올렸-) 안 쿠나(하니). ㊐ 처박히″다.

처주″다 <처쥬″다 <처지′우다 ㊖ 〔처주″고, 처주′아→처자″, 처주′아도→처자″도, 처주′았다→처잤″다, 처주″이(-니), 처준″~처주′안→처잔″, 처주″는〕 (‘처′지′다[遲]’의 사동) 처지게 하다. ¶ 내가 분매이(분명히) 처잔 사람이 우째(어찌) 일등~이고(-이냐). ㊐ 처쥬″다.

처쥬″다 <처지′우다 ㊖ 〔처쥬″고, 처쥬′아→처쟈″, 처쥬′아도→처쟈″도, 처쥬′았다→처쟜″다, 처쥬″이(-니), 처쥰″~처쥬′안→처쟌″, 처쥬″는〕 (‘처′지′다[遲]’의 사동) 처지게 하다. ¶ 다말래기할(달리기할-) 때 앞 사람을 아무리 처쥴라 캐도(고 해도) 안 대더라(되-). ㊐ 처주″다.

쳐다보이″다 ㊖ 〔쳐다보이″고, 쳐다보이′이→쳐다보이″, 쳐다보이′이도→쳐다보이″도, 쳐다보이′있다→쳐다보있″다, 쳐다보이″이(-니), 쳐다보인″, 쳐다보이″는〕 (‘쳐다보′다’의 피동) 쳐다보이다. ¶ 쳐다보이는 거를 다 잡을 수야 없제(-지). ㊟ 쳐다비″다.

쳐다비″다 <쳐다뷔″다 <쳐다보이″다 ㊖ 〔쳐다비″고, 쳐다비′이→쳐다비″, 쳐다비′이도→쳐다비″도, 쳐다비′있다→쳐다빘″다, 쳐다비″이(-니), 쳐다빈″, 쳐다비″는〕 (‘쳐다보′다’의 피동) ‘쳐다보이″다’의 준말. 쳐다보이다. ¶ 남산만 쳐다비나(-냐). 구름도 쳐다비고, 하늘도 쳐다빈다.

촉잡히″다(←責---)[촉자피다] ㊖ 〔촉잡히″고, 촉잡히′이→촉잡히″, 촉잡히′이도→촉잡히″도, 촉잡히′있다→촉잡힜″다, 촉잡히″이(-니), 촉잡힌″, 촉잡히″는〕 (‘촉′잡′다(←責--)’의 피동) 책잡히다(責---). ¶ 저이는 넘자테(남에게) 촉잡힐 소리만 한다. / 안 그래도 넘자테(남에게) 버시러(벌써) 촉잡힌 사람이다.

추″다 <츄″다 <치′우다 ㊖ 〔추″고, 추″지, 추″기(-게), 추″머(-며), 추′아→차″, 추′아도→차″도, 추′았다→찼″다, 추″이(-니), 춘″~추′안→찬″, 추″는〕 (‘*치다[撤]’의 사동) ‘츄″다’의 준말. 치우다. ¶ 이 방 저 방 다 추고 나이(-니) 정지에(부엌-) 또 출 기(게) 있다. / 차라. 차라. 다 차라. / 하기 싫우머(싫으면) 찼뿌라(-버려라). ㊐ 츄″다.

ㅊ

추이″다 동 〔추이″고, 추이′이→추이″, 추이′이도→추이″도, 추이′있다→추있″다, 추이″이(－니), 추인″, 추이″는〕 ('추다[舞]'의 피동) 추이다. ¶ 치매를(치마－) 입어야 춤이 잘 추인다. / 소매가 질어야(길－) 춤이 잘 추인다 쿤다(고 하－).

축내 : 다(縮－－) <축나이다 <축나′이다 동 〔축내 : 고, 축내 : 지, 축내′애→축내″, 축내′애도→축내″도, 축내′앴다→축냈″다, 축내 : 이(－니), 축낸 : ~축내′앤→축낸″, 축내 : 는〕 ('축나′다(縮－－)'의 사동) 축내다(縮－－). ¶ 거들어 주는 것 없이 양석만(양식－) 축낸다. / 학교 댕길(다닐－) 때사(－야) 돈 축냈지만 지금은 잘 벌어다준다.

츄″다 <치′우다 동 〔츄″고, 츄″지, 츄″기(－게), 츄″머(－며), 츄′아→챠″, 츄′아도→챠″도, 츄′았다→챴″다, 츄″이(－니), 춘″~츄′안→챤″, 츄″는〕 ('*치다[撤]'의 사동) '치′우다'의 준말. 치우다. ¶ 이거는 이리 츄고 그거는 저리 챠라. / 어지린(어지르－) 거 다 챴나. / 챠라. 챠라. 다 챠라. / 하기 싫우머(싫으면) 챴뿌라(－버려라). 비 추″다.

치″다[1] <치이″다 동 〔치″고, 치′이→치″, 치′이도→치″도, 치′있다→치있″다, 치″이(－니), 치인″, 치″는〕 ('치다[軋·轢]'의 피동) '치이″다[1]'의 준말. 치이다. ¶ 떨어지는 방구에(바위－) 치가(－서) 다리 하나가 없다. / 지틀에(쥐덫－) 개내기가(고양이가－) 칬다.

치″다[2] <치이″다 동 〔치″고, 치′이→치″, 치′이도→치″도, 치′있다→치있″다, 치″이(－니), 치인″, 치″는〕 ('치다[價]'의 피동) '치이″다[2]'의 준말. 치이다. ¶ 그거 한 근에 천 원 친 거다.

치받히″다~치받′히″다[치바치다] 동 〔치받히″고, 치받히′이→치받히″, 치받히′이도→치받히″도, 치받히′있다→치받힜″다, 치받히″이(－니), 치받힌″, 치받히″는〕 ('치받′다'의 피동) 치받치다. ¶ 새이가(형－) 동성들자테(동생들에게) 치받힌다. / 그 말 듣고는 분에 치받히 몬(못) 참겠더라.

치올′리다 <치오리′이다 동 〔치올′리고, 치올′리아→치올′리, 치올′리이도→치올′리도, 치올′리있다→치올′맀다, 치올′리이(－니), 치올′린, 치올′리는〕 ('치오리′다'의 사동) 치올리다. ¶ 치매를(치마－)

더 치올리 입어 바라(봐라). / 갱제를(경제－) 잘못하며 물건 갑만(값－) 치올리 놓는다.

치′우다 동 〔치′우고, 치′우아 → 치′아 ~ 치′야 ~ 챠″, 치′우아도 → 치′아도 ~ 치′야도 ~ 챠″도, 치′우았다 → 치′았다 ~ 치′얐다 ~ 챴″다, 치′우이(－니), 치′운 ~ 치′우안 → 치′안 ~ 치′얀 ~ 챤″, 치′우는〕 ('*치다[撤]'의 사동) 치우다. ¶ 방 치운다. / 상을 치았다. 준 추″다. 츄″다.

치이″다[1] 동 〔치이″고, 치이′이 → 치이″, 치이′이도 → 치이″도, 치이′있다 → 치있″다, 치이″이(－니), 치인″, 치이″는〕 ('치다[軋·轢]'의 피동) 치이다. ¶ 방간(방아간) 동테에(바퀴－) 치이가(－서) 요새 뱅원(병원) 댕긴다(다니－). / 농사 지우머(지으면) 하리(하루) 점두로(종일토록) 일에 치이 산다. 준 치″다[1]. 비 칭기″다[1]<치ㅇ기″다. 칭기″다[2]<칭구′이다.

치이″다[2] 동 〔치이″고, 치이′이 → 치이″, 치이′이도 → 치이″도, 치이′있다 → 치있″다, 치이″이(－니), 치인″, 치이″는〕 ('치다[價]'의 피동) 치이다. ¶ 이래(이렇게) 받으머(면) 하리(하루) 품보덤(－보다) 쪼깨(조금) 더 치있다. / 이기(이게) 하나에 천 원 치인 택인데(셈－) 마이(많이) 헗제(헐하지)? 준 치″다[2].

칭구′다 <치ㅇ구′다 동 〔칭구′고, 칭구′아 → 칭가″, 칭구′아도 → 칭가″도, 칭구′았다 → 칭갔″다, 칭구′이(－니), 칭군 ~ 칭구′안 → 칭간″, 칭구는〕 ('치다[軋·轢]'의 사동) 치이게 하다. ¶ 자장구로(자전거－) 칭가 사람 다칬다(다쳤－).

칭기″다[1] <치ㅇ기″다 동 〔칭기″고, 칭기′이 → 칭기″, 칭기′이도 → 칭기″도, 칭기′있다 → 칭깄″다, 칭기″이(－니), 칭긴″, 칭기″는〕 ('치다[軋·轢]'의 피동) 치이다. ¶ 고래 사암에(싸움－) 새비가(새우－) 칭긴다. / 돌에 칭기 발톱 빠졌다. / 지만(쥐－) 틀에 칭기나 범도 틀에(덫－) 칭기는 수가 있다. / 틀에(덫－) 칭긴 범 꼬라지(꼬락서니). 비 치이″다[1]. 칭기″다[2]<칭구′이다.

칭기″다[2] <칭귀″다 <칭구′이다 동 〔칭기″고, 칭기′이 → 칭기″, 칭기′이도 → 칭기″도, 칭기′있다 → 칭깄″다, 칭기″이(－니), 칭긴″, 칭기″는〕 ('칭구′다[軋·轢]'의 피동) 치이다. ¶ 군대서 차에 발등 칭기가(－서) 사이군인~이다(상이군인－). 비 치이″다[1]. 칭기″다[1]<치ㅇ기″다.

ㅋ

캐이″다 동 〔캐이″고, 캐이′이 → 캐이″, 캐이′이도 → 캐이″도, 캐이′있다 → 캐있″다, 캐이″이(－니), 캐인″, 캐이″는〕 (‘캐′다[點火]’의 피동) 켜지다. ¶ 이 당황은(성냥－) 불이 잘 안 캐인다. / 불이 잘 안 캐이는데 우짜노(어쩌나).

키′우다 <킈′우다 <크이′우다 동 〔키′우고, 키′우아 → 키′아 ~ 키′야, 키′우아도 → 키′아도 ~ 키′야도, 키′우았다 → 키′았다 ~ 키′았다, 키′우이(－니), 키′운 ~ 키′우안 → 키′안 ~ 키′얀, 키′우는〕 (‘크다[長]’의 사동) 키우다. ¶ 밉운(미운) 자석(자식) 밥 마이(많이) 믹이(먹여) 키운다. / 지(제) 새끼는 훑고(핥－) 빨고 키운다. / 지(제) 자석(자식) 둘 키우고, 너무(남의) 자석(자식) 서이나(셋－) 키았다. / 기한(귀하－) 자석(자식) 해차리로(회초리－) 키야라. / 개 키울라(－려) 카다가(고 하－) 다리 물렸다(물렸－). / 아아(아이) 너이(넷) 키운다고 욕봤다(고생했－). / 자석(자식) 그래(그리) 키야 바야(봐－) 아무 소양(소용) 없다.

ㅌ

태′우다[1] <타이′우다 통 〔태′우고, 태′우아→태′아~태′야, 태′우아도→태′아도~태′야도, 태′우았다→태′았다~태′얐다, 태′우이(-니), 태′운~태′우안→태′안~태′얀, 태′우는〕 ('타다[燒]'의 사동) 태우다. ¶ 빈대 죽일락고(-려고) 초가삼간 태운다. / 집 태우고 바늘 좃는다(줍-). / 머(뭐) 태우노(-나)? / 콩깍때기(콩깍지) 태아 콩을 삶는다. / 마린(마르-) 낭구(나무) 태우머(-면) 생낭구도(생나무-) 탄다. / 집을 다 태야도 빈대 죽는 생각에 시웒다(시원하-). / 터래기(털) 태얀 냄새 난다.

태′우다[2] <타이′우다 통 〔태′우고, 태′우아→태′아~태′야, 태′우아도→태′아도~태′야도, 태′우았다→태′았다~태′얐다, 태′우이(-니), 태′운~태′우안→태′안~태′얀, 태′우는〕 ('타다[乘]'의 사동) 태우다. ¶ 비영구(비행기) 태운다. / 말 태야 주이(-니) 내보고(나-) 마부 하라 쿤다(고 하-). / 차에 온 공구(권구) 다 태야 댕긴다(다니-).

태′우다[3] <타이′우다 통 〔태′우고, 태′우아→태′아~태′야, 태′우아도→태′아도~태′야도, 태′우았다→태′았다~태′얐다, 태′우이(-니), 태′운~태′우안→태′안~태′얀, 태′우는〕 ('타다[感·覺]'의 사동) 태우다. ¶ 간지름 태운다.

태′우다[4] <타이′우다 통 〔태′우고, 태′우아→태′아~태′야, 태′우아도→태′아도~태′야도, 태′우았다→태′았다~태′얐다, 태′우이(-니), 태′운~태′우안→태′안~태′얀, 태′우는〕 ('타다[得·受]'의 사동) 태우다. ¶ 돈부터 태우고 하토장(화투장) 받아라. / 돈 안 태운

사람은 이 분(번) 판 하토는(화토－) 몬하는(못하－) 거다.

탱′기다 <팅′기다 <티′ㅇ기다 통 〔탱′기고, 탱′기아→탱′기, 탱′기이도→탱′기도, 탱′기있다→탱′깄다, 탱′기이(－니), 탱′긴, 탱′기는〕 (‘티′다[跳]’의 사동) 튀기다. 튕기다. ¶ 내하고(나－) 살머(－면) 일 안 하고 송까락가(손가락으로) 물 탱기고 살두로(－도록) 해 죽기(－ㄹ게). 비 티′기다. 팅구′다. 팅′기다[2].

터주″다 <터쥬″다 <터지′우다 통 〔터주″고, 터주′아→터자″, 터주′아도→터자″도, 터주′았다→터잤″다, 터주″이(－니), 터준″~터주′안→터잔″, 터주″는〕 (‘터′지′다[破·裂]’의 사동) 터지게 하다. 터뜨리다. ¶ 지가(제－) 공을 터자 놓고 저래(저리) 운다. / 홍시 터잤뿌먼(－버리면) 묵기(먹－) 애럽다(어렵－). / 터진 뚜깔하고(꽈리－) 터잔 뚜깔은(꽈리－) 같은 말가(－인가) 다린(다르－) 말가(－인가)? 비 터쥬″다.

터쥬″다 <터지′우다 통 〔터쥬″고, 터쥬′아→터쟈″, 터쥬′아도→터쟈″도, 터쥬′았다→터쟜″다, 터쥬″이(－니), 터쥰″~터쥬′안→터쟌″, 터쥬″는〕 (‘터′지′다[破·裂]’의 사동) 터지게 하다. 터뜨리다. ¶ 풍선 터쥰다. / 이거를 누가 터쟜는지 아무도 모린다(모르－). / 이 공은 아무리 터쥴라(－려) 캐도(고 해－) 안 터쟈진다(터지－). 비 터주″다.

털류″다 <털리′우다 <털이′우다 통 〔털류″고, 털류′아→털랴″, 털류′아도→털랴″도, 털류′았다→털랴″다, 털류″이(－니), 털륜″~털류′안→털랸″, 털류″는〕 (‘털:다[拂]’의 사동.) 털리다. ¶ 아아자테(아이에게) 문지(먼지) 털랴라. 비 털′리다[2].

털리″다[1] <털이″다 통 〔털리″고, 털리′이→털리″, 털리′이도→털리″도, 털리′있다→털맀″다, 털리″이(－니), 털린″, 털리″는〕 (‘털:다[拂]’의 피동) 털리다. ¶ 도독넘자테(도둑놈에게) 다 털맀뿌고(털려버리고) 아무 거도 없다.

털′리다[2] <털′이다 통 〔털′리고, 털′리아→털′리, 털′리이도→털′리도, 털′리있다→털′맀다, 털′리이(－니), 털′린, 털′리는〕 (‘털:다[拂]’의 사동.) 털리다. ¶ 일꾼자테는(－에게는) 문지(먼지) 털리고, 거무줄은(거미줄－) 내가 걷어냈다. 비 털류″다.

트이″다[1] (통) 〔트이″고, 트이′이→트이″, 트이′이도→트이″도, 트이′있다→트있″다, 트이″이(−니), 트인″, 트이″는〕 (‘트다[茁]’의 피동) 트이다. ¶ 때추나무(대추나무) 삭은(싹−) 젤(제일) 느까(늦게) 트인다. (준) 티″다[1]. (비) 티이″다[1].

트이″다[2] (통) 〔트이″고, 트이′이→트이″, 트이′이도→트이″도, 트이′있다→트있″다, 트이″이(−니), 트인″, 트이″는〕 (‘트다[通]’의 피동) 트이다. ¶ 그 절은 앞이 확 트있다. (준) 티″다[2]. (비) 티이″다[2].

틀리″다 <틀이″다 (통) 〔틀리″고, 틀리′이→틀리″, 틀리′이도→틀리″도, 틀리′있다→틀렸″다, 틀리″이(−니), 틀린″, 틀리″는〕 (‘틀다[捻]’의 피동) 틀리다. ¶ 이 나사는 아무리 틀어도 안 틀린다.

티′기다 (통) 〔티′기고, 티′기아→티′기, 티′기이도→티′기도, 티′기있다→티′깄다, 티′기이(−니), 티′긴, 티′기는〕 (‘티′다[跳]’의 사동) 튀기다. 튕기다. ¶ 손까락(손가락) 끈티이로(끝−) 물 티기고 산다. / 물을 사방~아(−에) 티긴다. / 콩은 티기 가머(−며) 콩을 뽂는다(볶−). (비) 탱′기다. 팅구′다. 팅′기다[2].

티″다[1] <틔″다 <트이″다 (통) 〔티″고, 티′이→티″, 티′이도→티″도, 티′있다→팄″다, 티″이(−니), 틴″, 티″는〕 (‘트다[茁]’의 피동) ‘트이″다[1]’의 준말. 트이다. ¶ 나무 눈~이 티는 거 보이(−니) 봄 다 댔다(됐−). (비) 티″다[3].

티″다[2] <틔″다 <트이″다 (통) 〔티″고, 티′이→티″, 티′이도→티″도, 티′있다→팄″다, 티″이(−니), 틴″, 티″는〕 (‘트다[通]’의 피동) ‘트이″다[2]’의 준말. 트이다. ¶ 앞이 훠이(환히) 틴 집. (비) 티″다[4].

티″다[3] <티이″다 <틔이″다 <트이″다 (통) 〔티″고, 티′이→티″, 티′이도→티″도, 티′있다→팄″다, 티″이(−니), 틴″, 티″는〕 (‘트다[茁]’의 피동) ‘티이″다[1]’의 준말. 트이다. ¶ 새 삭이(싹−) 팄다. (비) 티″다[1].

티″다[4] <티이″다 <틔이″다 <트이″다 (통) 〔티″고, 티′이→티″, 티′이도→티″도, 티′있다→팄″다, 티″이(−니), 틴″, 티″는〕 (‘트다[通]’의 피동) ‘티이″다[2]’의 준말. 트이다. ¶ 동내 앞에 질이(길−) 훠이(환히) 티기(−게) 뚧힜다(뚫렸−). (비) 티″다[2].

티′우다[1] <틔′우다 <트이′우다 (통) 〔티′우고, 티′우아→티′아~티′야, 티′

우아도 → 티′아도 ~ 티′야도, 티′우았다 → 티′았다 ~ 티′얐다, 티′우이(−니), 티′운 ~ 티′우안 → 티′안 ~ 티′얀, 티′우는〕 (‘트다[茁]’의 사동) 틔우다. ¶ 그거는 삭을(싹−) 티우기만 하머(−면) 잘 큰다. / 보리를 티얀 기(게) 질굼(엿기름) 아이가(아니냐).

티′우다[2] <틔′우다 <트이′우다 통〔티′우고, 티′우아 → 티′아 ~ 티′야, 티′우아도 → 티′아도 ~ 티′야도, 티′우았다 → 티′았다 ~ 티′얐다, 티′우이(−니), 티′운 ~ 티′우안 → 티′안 ~ 티′얀, 티′우는〕 (‘트다[通]’의 사동) 틔우다. ¶ 앞을 티야 노이(놓으니) 환하이(−게) 좋다. / 질을 느리기(넓게) 확 티얐뿠다(틔워 버렸다). / 마음을 티얀 사람캉은(−과는) 말이 서리(서로) 통한다.

티이″다[1] <틔이″다 <트이″다 통〔티이″고, 티이′이 → 티이″, 티이′이도 → 티이″도, 티이′있다 → 티있″다, 티이″이(−니), 티인″, 티이″는〕 (‘트다[茁]’의 피동) 트이다. ¶ 인자(이제) 막 티인 삭(싹). 준 티″다[3]. 비 트이″다[1].

티이″다[2] <틔이″다 <트이″다 통〔티이″고, 티이′이 → 티이″, 티이′이도 → 티이″도, 티이′있다 → 티있″다, 티이″이(−니), 티인″, 티이″는〕 (‘트다[通]’의 피동) 트이다. ¶ 나는(나이−) 안 많아도 생각이 확 티인 사람이다. 준 티″다[4]. 비 트이″다[2].

팅구′다 <티ㅇ구′다 통〔팅구′고, 팅구′아 → 팅가″, 팅구′아도 → 팅가″도, 팅구′았다 → 팅갔″다, 팅구′이(−니), 팅군 ~ 팅구′안 → 팅간″, 팅구는〕 (‘티′다[跳]’의 사동) 튀기다. 퉁기다. ¶ 그 집 매늘은(며느리−) 손끈티이로(손끝−) 물 팅가 가머(−며) 산다. 비 탱′기다. 티′기다. 팅′기다[2].

팅기″다[1] <티′ㅇ기″다 통〔팅기″고, 팅기′아 → 팅기″, 팅기′이도 → 팅기″도, 팅기′있다 → 팅깄″다, 팅기″이(−니), 팅긴″, 팅기″는〕 (‘티′다[跳]’의 피동) 튕기어지다. ¶ 멋이(뭣−) 배깥으로(바깥−) 팅기 나갔다.

팅′기다[2] <티′ㅇ기다 통〔팅′기고, 팅′기아 → 팅′기, 팅′기이도 → 팅′기도, 팅′기있다 → 팅′깄다, 팅′기이(−니), 팅′긴, 팅′기는〕 (‘티′다[跳]’의 사동) 튀기다. 퉁기다. ¶ 물 팅기지 안하구로(않도록) 조심해라. 비 탱′기다. 티′기다. 팅구′다.

ㅍ

파묻히″다[파무치다] 동 〔파묻히″고, 파묻히′이 → 파묻히″, 파묻히′이도 → 파묻히″도, 파묻히′있다 → 파묻혔″다, 파묻히″이(-니), 파묻히″는, 파묻힌″〕 ('파묻′다[埋]'의 피동) 파묻히다. ¶ 무시는(무-) 잘 파묻히야 바람이 안 든다. / 몰라 그렇지 파묻힌 보배도 많다.

파이″다 동 〔파이″고, 파이′이 → 파이″, 파이′이도 → 파이″도, 파이′있다 → 파였″다, 파이″이(-니), 파인″, 파이″는〕 ('파다[堀·鑿]'의 피동) 파이다. ¶ 방구에도(바위-) 총 수아가(쏘아서) 파인 궁카리가(구멍-) 있다. 비 패이″다[2].

팔리″다 <팔이″다 동 〔팔리″고, 팔리′이 → 팔리″, 팔리′이도 → 팔리″도, 팔리′있다 → 팔렸″다, 팔리″이(-니), 팔린″, 팔리″는〕 ('팔다[賣]'의 피동) 팔리다. ¶ 이기(이게) 참 좋은 긴데(게-) 장~아(-에) 가아(가져) 가도 안 팔리. / 무신(무슨) 장사고 잘 팔리야 재미있다. / 논이라도 팔리야 팔제(-지). / 들온 넘이(놈-) 동네 팔릴 짓 한다.

패이″다[1] 동 〔패이″고, 패이′이 → 패이″, 패이′이도 → 패이″도, 패이′있다 → 패였″다, 패이″이(-니), 패인″, 패이″는〕 ('패′다[展·伸]'의 피동) 펴이다. ¶ 오른폴이(오른팔-) 안 패인다. / 요새는 행팬~이(형편-) 쫌(좀) 패인 거 같더라. 비 피이″다.

패이″다[2] <파이″다 동 〔패이″고, 패이′이 → 패이″, 패이′이도 → 패이″도, 패이′있다 → 패였″다, 패이″이(-니), 패인″, 패이″는〕 ('파다[堀·鑿]'의 피동) 파이다. ¶ 딸 서이(셋) 시집보내고 나머(-면) 지

둥(기둥) 뿌리 패인다 쿤다(고 하-). / 패인 데마중(-마다) 벌거지(벌레) 알이 들었더라. [비] 파이″다.

패이″다[3] [동] 〔패이″고, 패이′이 → 패이″, 패이′이도 → 패이″도, 패이′있다 → 패있″다, 패이″이(-니), 패인″, 패이″는〕 ('패다[斧]'의 피동) 패이다. ¶ 이 도치가는(도끼로-) 발나무도(미루나무-) 안 패인다.

퍼주″다 <퍼쥬″다 <퍼지′우다 [동] 〔퍼주″고, 퍼주′아 → 퍼자″, 퍼주′아도 → 퍼자″도, 퍼주′았다 → 퍼잤″다, 퍼주″이(-니), 퍼준″ ~ 퍼주′안 → 퍼잔″, 퍼주″는〕 ('퍼′지′다[播·波]'의 사동) 퍼지게 하다. 퍼뜨리다. ¶ 그 소문을 퍼잔 사람이 누고(누구인가)? [비] 퍼쥬″다.

퍼쥬″다 <퍼지′우다 [동] 〔퍼쥬″고, 퍼쥬′아 → 퍼쟈″, 퍼쥬′아도 → 퍼쟈″도, 퍼쥬′았다 → 퍼쟜″다, 퍼쥬″이(-니), 퍼쥰″ ~ 퍼쥬′안 → 퍼쟌″, 퍼쥬″는〕 ('퍼′지′다[播·波]'의 사동) 퍼지게 하다. 퍼뜨리다. ¶ 엿재이가(엿장수-) 소문을 온 동네 다 퍼쟜다. [비] 퍼주″다.

풀리″다 <풀이″다 [동] 〔풀리″고, 풀리′이 → 풀리″, 풀리′이도 → 풀리″도, 풀리′있다 → 풀맀″다, 풀리″이(-니), 풀린″, 풀리″는〕 ('풀다[解]'의 피동) 풀리다. ¶ 우수 갱칩에(경칩-) 대동강물도 풀린다 안 쿠나(하-). / 날이 마이(많이) 풀맀심더(-습니다). / 걱정~이 풀리머(-면) 하는 일이 해깝다(가볍-).

피″다 <피이″다 [동] 〔피″고, 피′이 → 피″, 피′이도 → 피″도, 피′있다 → 핐″다, 피″이(-니), 핀″, 피″는〕 ('피′다[展·伸]'의 피동) '피이″다'의 준말. 펴이다. ¶ 살림이 쪼깨라도(조금-) 피야 잔채를(잔치-) 하든동(-든지) 마든동(-든지) 하제(-지).

피′우다[1] [동] 〔피′우고, 피′우아 → 피′아 ~ 피′야, 피′우아도 → 피′아도 ~ 피′야도, 피′우았다 → 피′았다 ~ 피′얐다, 피′우이(-니), 피′운 ~ 피′우안 → 피′안 ~ 피′얀, 피′우는〕 ('피다[開]'의 사동) 피우다. ¶ 산들바람이 꽃을 피운다. / 피야라. 피야라. 히망의(희망-) 꽃을 피야라.

피′우다[2] [동] 〔피′우고, 피′우아 → 피′아 ~ 피′야, 피′우아도 → 피′아도 ~ 피′야도, 피′우았다 → 피′았다 ~ 피′얐다, 피′우이(-니), 피′운 ~ 피′우안 → 피′안 ~ 피′얀, 피′우는〕 ('피다[燃·燒]'의 사동) 피우다. ¶ 소 믹이러(먹이-) 가서 불 피야 놓고 놀았다. / 애럽기(어렵게) 피얀 불을 또 꺼잤뿠네(꺼주어 버렸－).

피이″다 동 〔피이″고, 피이′이→피이″, 피이′이도→피이″도, 피이′있다→피있″다, 피이″이(－니), 피인″, 피이″는〕 (‘피′다[展·伸]’의 피동) 펴이다. ¶ 사는 기(게) 피이머(－면) 일을 이래사(이리야) 하겠능교(－습니까). 준 피″다. 비 패이″다[1].

ㅎ

할쿠′다 동 〔할쿠′고, 할쿠′아 → 할카″, 할쿠′아도 → 할카″도, 할쿠′았다 → 할캈″다, 할쿠′이(－니), 할쿤～할쿠′안 → 할칸″, 할쿠는〕 (‘*할다[毁]’의 사동) 헐게 하다. 할퀴다. ¶ 넘(남) 할카가(－아서) 좋을 기(게) 머(뭐) 있노. / 실(쓰－) 데 없이 넘(남) 할쿠는 짓도 하지 말고 넘 할쿠는 말도 함부레(함부로) 하지 마라.

할키″다 동 〔할키″고, 할키′이 → 할키″, 할키′이도 → 할키″도, 할키′있다 → 안킸″다, 할키″이(－니), 할킨″, 할키″는〕 (‘*할다[毁]’의 피동) 할퀴이다. ¶ 개내기(고양이) 조심해라 할킬라. / 넘(남) 할쿠는(할퀴－) 짓하다가는 바리(바로) 내가 할킨다.

해묵′히다[해무키다] 동 〔해묵′히고, 해묵′히이 → 해묵′히, 해묵′히이도 → 해묵′히도, 해묵′히있다 → 해묵′힜다, 해묵′히이(－니), 해묵′힌, 해묵′히는〕 (‘해묵′다[陳]’의 사동) 해묵히다. ¶ 해묵힌 시는(씨－) 삭이(싹－) 잘 안 난다. / 맻(몇) 년을 해묵힌 밭에다 꼬치(고추) 숭갔디이(심었더니) 잘 댔다(됐－). 비 해믹′히다.

해믹′히다～해믹히″다[해미키다] <해뭑′히다 <해묵′히다 동 〔해믹′히고, 해믹′히이 → 해믹′히, 해믹′히이도 → 해믹′히도, 해믹′히있다 → 해믹′힜다, 해믹′히이(－니), 해믹′힌, 해믹′히는〕 (‘해묵′다[陳]’의 사동) 해묵히다. ¶ 아깝운(아까운) 논을 해 믹히지 말고 머(뭐) 할 기(게) 없나? / 요새 촌에 해믹힌 논, 해믹힌 밭 많다. / 해믹힌 논에다 미꾸래이(미꾸라지) 키아가(키워서) 돈 쫌(좀) 번다. 비 해묵′히다.

허물리″다 <허물이″다 [동] 〔허물리″고, 허물리′이 → 허물리″, 허물리′이도 → 허물리″도, 허물리′있다 → 허물렀″다, 허물리″이(−니), 허물린″, 허물리″는〕 (‘허물′다[解]’의 피동) 허물리다. ¶ 잘 지안(지은) 집은 허물 때 숩기(쉽게) 안 허물린다. / 허물린 백을(벽−) 새로 발라 노이(놓으니) 새 집 겉네(같−).

헌틀리″다~흔틀′리″다[1] <헌틀이″다 [동] 〔헌틀리″고, 헌틀리′이 → 헌틀리″, 헌틀리′이도 → 헌틀리″도, 헌틀리′있다 → 헌틀렸″다, 헌틀리″이(−니), 헌틀린″, 헌틀리″는〕 (‘헌틀′다[糾·混]’의 피동) 헝클리다. ¶ 머리가 흔틀리도 빗도(빗지도) 않고 일만 하더라. (비) 흔틀리″다.

헌틀′리다[2] <헌틀′이다 [동] 〔헌틀′리고, 헌틀′리이 → 헌틀′리, 헌틀′리이도 → 헌틀′리도, 헌틀′리있다 → 헌틀′렀다, 헌틀′리이(−니), 헌틀′린, 헌틀′리는〕 (‘헌틀다[糾·混]’의 사동) 헝클게 하다. ¶ 실을 이래 헌틀리 놓고 이거를 누가 풀어라 말고(−이냐).

헐뜯기″다 [동] 〔헐뜯기″고, 헐뜯기′이 → 헐뜯기″, 헐뜯기′이도 → 헐뜯기″도, 헐뜯기′있다 → 헐뜯깄″다, 헐뜯기″이(−니), 헐뜯긴″, 헐뜯기″는〕 (‘헐뜯다’의 피동) 헐뜯기다. ¶ 정신 채리고(차리−) 넘자테(남에게) 헐뜯기는 짓은 하지 마라. (비) 헐띧기″다.

헐띧기″다 <헐띧기″다 <헐뜯기″다 [동] 〔헐띧기″고, 헐띧기′이 → 헐띧기″, 헐띧기′이도 → 헐띧기″도, 헐띧기′있다 → 헐띧깄″다, 헐띧기″이(−니), 헐띧긴″, 헐띧기″는〕 (‘헐뜯다’의 피동) 헐뜯기다. ¶ 무다이(무단히) 넘자테(남에게) 헐띧기고 살 리가 있나. (비) 헐뜯기″다.

헐리″다 <헐이″다 [동] 〔헐리″고, 헐리′이 → 헐리″, 헐리′이도 → 헐리″도, 헐리′있다 → 헐렀″다, 헐리″이(−니), 헐린″, 헐리″는〕 (‘헐 : 다[毁]’의 피동) 헐리다. ¶ 그 집은 다 헐렀뿌고(헐려 버리고) 없다. / 그 잘 지안 집도 다 헐렀뿠는가(헐려 버렸−) 배(봐). / 집 헐린 데는 머(뭐) 하는공(−는가)?

헐벗′기다 [동] 〔헐벗′기고, 헐벗′기이 → 헐벗′기, 헐벗′기이도 → 헐벗′기도, 헐벗′기있다 → 헐벗′깄다, 헐벗′기이(−니), 헐벗′긴, 헐벗′기는〕 (‘헐벗′다[脫]’의 사동) 헐벗기다. ¶ 헐벗기고 싶어 헐벗기나. / 애린(어리−) 자석을(자식−) 헐벗기는 거는 다 부모 책임이라. / 부모

심이(힘－) 안 대이(되니) 헐벗기는 거 아이가(아닌가). [비] 헐벳′기다.

헐벳′기다 <헐벗기다 [동] ⟮헐벳′기고, 헐벳′기이→헐벳′기, 헐벳′기이도→헐벳′기도, 헐벳′기있다→헐벳′깄다, 헐벳′기이(－니), 헐벳′긴, 헐벳′기는⟯ (‘헐벗′다[脫]’의 사동) 헐벗기다. ¶ 자석을(자식－) 헐벳기는 가장~이 무신(무슨) 가장~이머(－이며), 백성을 헐벳기는 임굼이(임금－) 무신(무슨) 임굼이라(임금－). [비] 헐벗′기다.

헛갈리″다[헏갈리다] <헛갈리이″다 [동] ⟮헛갈리″고, 헛갈리′이→헛갈리″, 헛갈리′이도→헛갈리″도, 헛갈리′있다→헛갈렀″다, 헛갈리″이(－니), 헛갈린″, 헛갈리″는⟯ ⟯ (‘헛가리다’의 피동) 헛갈리다. ¶ 정신~이 없어(없－) 들은 기(게) 자꾸 헛갈리.

헛돌리″다[1][헏돌리다] <헛돌이″다 [동] ⟮헛돌리″고, 헛돌리′이→헛돌리″, 헛돌리′이도→헛돌리″도, 헛돌리′있다→헛돌렀″다, 헛돌리″이(－니), 헛돌린″, 헛돌리″는⟯ (‘헛돌다’의 피동) 헛돌리다. ¶ 통테(바퀴)이가 안 맞아 동테가(바퀴－) 헛돌린다.

헛돌′리다[2][헏돌리다] <헛돌′이다 [동] ⟮헛돌′리고, 헛돌′리이→헛돌′리, 헛돌′리이도→헛돌′리도, 헛돌′리있다→헛돌′렀다, 헛돌′리이(－니), 헛돌′린, 헛돌′리는⟯ (‘헛돌다’의 사동) 헛돌리다. ¶ 멋이(뭣－) 잘못 댔는지(됐－) 동테가(바퀴－) 헛돌린다.

헛보이″다[헏보이다] [동] ⟮헛보이″고, 헛보이′이→헛보이″, 헛보이′이도→헛보이″도, 헛보이′있다→헛보있″다, 헛보이″이(－니), 헛보인″, 헛보이″는⟯ (‘헛보′다’의 피동) 헛보이다. ¶ 밥을 안 무우(먹어) 그런가 멋이(뭣－) 자꾸 헛보인다. / 몸이 허하머(－면) 헛보이제(－지). [준] 헛비″다.

헛비″다[헏비다] <헛뷔″다 <헛보이″다 [동] ⟮헛비″고, 헛비′이→헛비″, 헛비′이도→헛비″도, 헛비′있다→빘″다, 헛비″이(－니), 빈″, 헛비″는⟯ (‘헛보′다’의 피동) ‘헛보이″다’의 준말. 헛보이다. ¶ 구신~이(귀신－) 눈에 헛빈다. / 저거 헛비는 기(게) 구신(귀신) 아이가(아니냐)? / 헛빈다 쿠고(고 하－) 헛말 하는 거 보이(－니) 정신~이 나갔는(나간) 거 겉다(같－).

ㅎ

헛잡히″다[헏자피다] 동 〔헛잡히″고, 헛잡히′이→헛잡히″, 헛잡히′이도→헛잡히″도, 헛잡히′있다→헛잡힜″다, 헛잡히″이(-니), 헛잡히″는, 헛잡힌″〕 ('헛잡다[執·捕]'의 피동) 헛잡히다. ¶ 잘 잡았다 시펐는데(싶었-) 헛잡힜다. 비 헛잽히″다.

헛잽히″다[헏재피다] <헛잡히″다 동 〔헛잽히″고, 헛잽히′이→헛잽히″, 헛잽히′이도→헛잽히″도, 헛잽히′있다→헛잽힜″다, 헛잽히″이(-니), 헛잽히″는, 헛잽힌″〕 ('헛잡다[執·捕]'의 피동) 헛잡히다. ¶ 헛잽힌 거를 잡았다고 생각하고 있었네. 비 헛잡히″다.

헛짚이″다[헏지피다] 동 〔헛짚이″고, 헛짚이′이→헛짚이″, 헛짚이′이도→헛짚이″도, 헛짚이′있다→헛짚있″다, 헛짚이″이(-니), 헛짚인″, 헛짚이″는〕 ('헛짚′다[杖]'의 피동) 헛짚이다. ¶ 심이(힘-) 없이이(-으니) 짝대기도(지팡이-) 헛짚인다. 비 헛짚히″다.

헛짚히″다[헏지피다] 동 〔헛짚히″고, 헛짚히′이→헛짚히″, 헛짚히′이도→헛짚히″도, 헛짚히′있다→헛짚있″다, 헛짚히″이(-니), 헛짚힌″, 헛짚히″는〕 ('헛짚′다[杖]'의 피동) 헛짚이다. ¶ 장사를 하다 보머(-면) 헛짚히는 일도 잤다. 비 헛짚이″다.

호″다 <호′우다 동 〔호″고, 호′아→화″, 호′아도→화″도, 호′았다→홨″다, 호″이(-니), 혼″~호′안→환″, 호″는〕 ('*호다[枉]'의 사동) '호′우다'의 준말. 휘게 하다. ¶ 폴을(팔-) 안으로 화라. 비 후″다.

호시태′우다 <호시타이′우다 동 〔호시태′우고, 호시태′우아→호시태′아~호시태′야, 호시태′우아도→호시태′아도~호시태′야도, 호시태′우았다→호시태′았다~호시태′얐다, 호시태′우이(-니), 호시태′운~호시태′우안→호시태′안~호시태′얀, 호시태′우는〕 ('호시타다'의 사동) (그네, 가마, 마차 따위의) 움직이는 것을 태워 즐겁게 해 주다. ¶ 누부야(누나) 나도 호시태야 주가(줘).

호′우다 동 〔호′우고, 호′우아→호′아, 호′우아도→호′아도, 호′우았다→호′았다, 호′우이(-니), 호′운~호′우안→호′안, 호′우는〕 ('*호다[枉]'의 사동) 휘게 하다. ¶ 무새라도(무쇠-) 불에 달가(달궈) 호운다. 비 히′우다. 큰 후′우다. 준 호″다.

혼내 : 다(魂－－) <혼나이다 <혼나′이다 동 〔혼내 : 고, 혼내 : 지, 혼내′애→혼내″, 혼내′애도→혼내″도, 혼내′앴다→혼냈″다, 혼내 : 이(－니), 혼낸 : ~혼내′앤→혼낸″, 혼내 : 는〕 ('혼나′다(魂－－)'의 사동) 혼내다(魂－－). ¶ 한 분은(번－) 혼내 나야(놔야) 안 그라지(그러지).

홀구′다 동 〔홀구′고, 홀구′아→홀가″, 홀구′아도→홀가″도, 홀구′았다→홀갔″다, 홀구′이(－니), 홀군~홀구′안→홀간″, 홀구는〕 ('*홀다[誘·惑]'의 사동) 호리다. ¶ 아무것도 모리는(모르－) 아아들을(아이－) 홀가 데리고 갔는(간) 기라(게－). 비 홀루′다. 홀류″다[1] <홀리′우다. 홀류다[2]<호리이′우다. 홀쿠′다. 홀′키다[2].

홀루′다~홀루″다 동 〔홀루′고, 홀루′아→홀라″, 홀루′아도→홀라″도, 홀루′았다→홀랐″다, 홀루′이(－니), 홀룬~홀루′안→홀란″, 홀루는〕 ('*홀다[誘·惑]'의 사동) 호리다. ¶ 철 모리는(모르－) 얼라들(아기－) 홀라 묵는다(먹－). 비 홀구′다. 홀류″다[1]<홀리′우다. 홀류다[2]<호리이′우다. 홀쿠′다. 홀′키다[2].

홀류″다[1] <홀리′우다 <홀이′우다 동 〔홀류″고, 홀류′아→홀랴″, 홀류′아도→홀랴″도, 홀류′았다→홀랬″다, 홀류″이(－니), 홀륜″~홀류′안→홀랸″, 홀류″는〕 ('*홀다[誘·惑]'의 사동) 호리다. ¶ 동성(동생) 겉은(같－) 아아들만(아이들－) 홀류고 댕긴다(다니－). / 그 집에 머(뭐) 있다고 그런 집을 홀랴 묵노(먹나). / 촌 늘개이들(늙은이들) 홀랸 넘들(놈－) 누가 안 잡아가나. 비 홀구′다. 홀루′다. 홀류다[2]<호리이′우다. 홀쿠′다. 홀′키다[2].

홀류″다[2] <홀리′우다 <호리이′우다 동 〔홀류″고, 홀류′아→홀랴″, 홀류′아도→홀랴″도, 홀류′았다→홀랬″다, 홀류″이(－니), 홀륜″~홀류′안→홀랸″, 홀류″는〕 ('호′리′다[誘·惑]'의 사동) 호리다. ¶ 아무 것도 모리는(모르－) 아아를(아이－) 저래 홀랴가 데리고 간다. 비 홀구′다. 홀루′다. 홀류″다[1]<홀이′우다. 홀쿠′다. 홀′키다[2].

홀리″다[1] <호리이″다 동 〔홀리″고, 홀리′이→홀리″, 홀리′이도→홀리″도, 홀리′있다→홀렸″다, 홀리″이(－니), 홀린″, 홀리″는〕 ('호′리′다[誘·惑]'의 피동) 홀리다. ¶ 내가 백예수자테(백여우에게) 홀렸다.

[비] 홀리다[2]<홀이″다. 홀키″다[1].

홀리″다[2] <홀이″다 [동] 〔홀리″고, 홀리′이→홀리″, 홀리′이도→홀리″도, 홀리′있다→홀렀″다, 홀리″이(-니), 홀린″, 홀리″는〕 (‘*홀다[誘·惑]’의 피동) 홀리다. ¶ 니가(네-) 홀렀이머(-으면) 나도 홀렀다. / 또깨비에(도깨비-) 홀렀나. / 꼭 내가 예수자테(여우에게) 홀린 거 겉다(같-). [비] 홀리″다[1]<호리이″다. 홀키″다[1].

홀치″다[1] <홀치이″다 [동] 〔홀치″고, 홀치′이→홀치″, 홀치′이도→홀치″도, 홀치′있다→홀칬″다, 홀치″이(-니), 홀친″, 홀치″는〕 (‘홀′치다[結]’의 피동) 홀치게 되다. ¶ 쪽제비가(족제비-) 틀에 홀치 잽힜다(잡혔-). / 끄내끼에(끈-) 홀친 자죽이(자국-) 안죽(아직) 쪼깨(조금) 남았다.

홀치″다[2] <훑이″다 [동] 〔홀치″고, 홀치′이→홀치″, 홀치′이도→홀치″도, 홀치′있다→홀칬″다, 홀치″이(-니), 홀친″, 홀치″는〕 (‘훑′다[舐]’의 피동) 핥이다. ¶ 새바닥가는(혓바닥으로는) 안 훑인다. [비] 훑이″다.

홀쿠′다 [동] 〔홀쿠′고, 홀쿠′아→홀카″, 홀쿠′아도→홀카″도, 홀쿠′았다→홀캈″다, 홀쿠′이(-니), 홀쿤~홀쿠′안→홀칸″, 홀쿠는〕 (‘*홀다[誘·惑]’의 사동) 호리다. ¶ 추물(침) 묻은 돈 홀카 묵는(먹-) 장사한다. / 니가(네-) 아무리 홀카도 가는(걔-) 안 넘어간다. [비] 홀구′다. 홀루′다. 홀류″다[1]<홀리′우다. 홀류다[2]<호리이′우다. 홀′키다[2].

홀키″다[1] [동] 〔홀키″고, 홀키′이→홀키″, 홀키′이도→홀키″도, 홀키′있다→홀킸″다, 홀키″이(-니), 홀킨″, 홀키″는〕 (‘*홀다[誘·惑]’의 피동) 홀리다. ¶ 여자한테 홀키가(-서) 석 달 번 거 하리만에(하루-) 다 날렸다(날렸-). [비] 홀리″다[1]<호리이″다. 홀리″다[2]<홀이″다.

홀′키다[2] [동] 〔홀′키고, 홀′키이→홀′키, 홀′키이도→홀′키도, 홀′키있다→홀′킸다, 홀′키이(-니), 홀′킨, 홀′키는〕 (‘*홀다[誘·惑]’의 사동) 호리다. ¶ 아아들(아이들) 돈 홀키 무울락고(먹으려고) 어른~이 저란다(저러-). / 아무 것도 모리는(모르-) 촌 늘개이들이(늙은이들-) 가자테(걔에게) 홀킸다. [비] 홀구′다. 홀루′다. 홀류″다[1]<홀리′우다. 홀류다[2]<호리이′우다. 홀쿠′다.

훑이″다[홀치다] 동 〔훑이″고, 훑이′이→훑이″, 훑이′이도→훑이″도, 훑이′있다→훑있″다, 훑이″이(−니), 훑인″, 훑이″는〕 (‘훑′다[舐]’의 피동) 핥이다. ¶ 새가(혀−) 아푸이(아프니) 단 것도 안 훑인다. 비 홀치″다[2].

후″다 <후′우다 동 〔후″고, 후′아→화″, 후′아도→화″도, 후′았다→홨″다, 후″이(−니), 훈″~후′안→환″, 후″는〕 (‘*후다[枉]’의 사동) ‘후′우다’의 준말. 휘게 하다. ¶ 안으로 너무 후지 마라. 비 호″다.

후′우다 동 〔후′우고, 후′우아→후′아, 후′우아도→후′아도, 후′우았다→후′았다, 후′우이(−니), 후′운~후′우안→후′안, 후′우는〕 (‘*후다[枉]’의 사동) ‘호′우다’의 큰말. 휘게 하다. ¶ 대 후아 할(활) 맹근다(만든다). 비 히′우다. 준 후″다.

후이″다 동 〔후이″고, 후이′이→후이″, 후이′이도→후이″도, 후이′있다→후있″다, 후이″이(−니), 후인″, 후이″는〕 (‘*후다[枉]’의 피동) 휘어지다. ¶ 지(제) 뜻이 후이도 안 부끄럽어하는(부끄러워하−) 사람이 있다. / 지(제) 뜻이 후인 사람은 넘(남) 앞에 서기 애럽다(어렵−). 준 휘″다. 히″다.

후짖기″다 동 〔후짖기″고, 후짖기′이→후짖기″, 후짖기′이도→후짖기″도, 후짖기′있다→후짖깄″다, 후짖기″이(−니), 후짖긴″, 후짖기″는〕 (‘후짖′다[逐]’의 피동) 쫓기다. ¶ 엄마자테 후짖기 나갔다. / 지가(제−) 집에서 후짖기 나가머(−면) 어디서 살기고(−ㄹ게냐). 비 후치″다[1]. 후치다[2]. 훌기″다. 훛이″다[1].

후치″다[1] <훛이″다 〔후치″고, 후치′이→후치″, 후치′이도→후치″도, 후치′있다→후칬″다, 후치″이(−니), 후친″, 후치″는〕 (‘훛′다[逐]’의 피동) 쫓기다. ¶ 내가 누자테(누구에게) 후치는 마음이다. 비 후짖기″다. 후치″다[2]. 훌기″다. 훛이″다[1].

후치″다[2] <후치이″다 동 〔훛이″고, 훛이′이→훛이″, 훛이′이도→훛이″도, 훛이′있다→훛있″다, 훛이″이(−니), 훛인″, 훛이″는〕 (‘후′치다[逐]’의 피동) 쫓기다. ¶ 총소리에 새가 후친다. 비 후짖기″다. 후치″다[1]. 훌기″다. 훛이″다[1].

ㅎ

후′치다^{3} <홏′이다 [동] 〔후′치고, 후′치이 → 후′치 ~ 후′치아 → 후′챠, 후′치이도 → 후′치도 ~ 후′치아도 → 후′챠도, 후′치있다 → 후′칬다 ~ 후′치았다 → 후′챴다, 후′치이(－니), 후′친, 후′치는〕 (‘홏′다[逐]’의 사동) 쫓다. ¶ 새 후치러 논에 간다. / 모구(모기) 후칠락고(－려고) 모캣불(모깃불) 피운다. / 포리는(파리－) 후챠도 후챠도 자꾸 온다. / 포리를(파리－) 후챴는데 또 오네. (비) 홏′이다^{2}.

훌기″다 <훌기이″다 [동] 〔훌기″고, 훌기′이 → 훌기″, 훌기′이도 → 훌기″도, 훌기′있다 → 훌깄″다, 훌기″이(－니), 훌긴″, 훌기″는〕 (‘훌 : 기다[逐]’의 피동) 쫓기다. ¶ 할배한테(할아버지－) 훌기 달뺐다(달아났다). / 달이(닭－) 개한테 훌기 나가고는 집에 안 들온다(들어오－). (비) 후짖기″다. 후치″다^{1}. 후치다^{2}. 홏이″다^{1}.

훌치″다 <훑이″다 [동] 〔훌치″고, 훌치′이 → 훌치″, 훌치′이도 → 훌치″도, 훌치′있다 → 훌칬″다, 훌치″이(－니), 훌친″, 훌치″는〕 (‘훑′다[扱]’의 피동) 훑이다. ¶ 연장~이 이래가는(－서는) 아무것도 안 훌친다. (비) 훑이″다.

훑이″다[훌치다] [동] 〔훑이″고, 훑이′이 → 훑이″, 훑이′이도 → 훑이″도, 훑이′있다 → 훑있″다, 훑이″이(－니), 훑인″, 훑이″는〕 (‘훑′다[扱]’의 피동) 훑이다. ¶ 잘 훑이는 연장 다른 거 있다. (비) 훌치″다

홏이″다^{1} [동] 〔홏이″고, 홏이′이 → 홏이″, 홏이′이도 → 홏이″도, 홏이′있다 → 홏있″다, 홏이″이(－니), 홏인″, 홏이″는〕 (‘홏′다[逐]’의 피동) 쫓기다. ¶ 부산에 살머(－면) 시간에도 홏이고 일에도 홏인다. / 시간~이 없어(없－) 장(늘) 홏이 산다. (비) 후짖기″다. 후치″다^{1}. 후치다^{2}. 훌기″다.

홏′이다^{2} [동] 〔홏′이고, 홏′이이 → 홏′이 ~ 홏′이아 → 홏′야, 홏′이이도 → 홏′이도 ~ 홏′이아도 → 홏′야도, 홏′이있다 → 홏′있다 ~ 홏′이았다 → 홏′얐다, 홏′이이(－니), 홏′인 ~ 홏′이안 → 홏′얀, 홏′이는〕 (‘홏′다[逐]’의 사동) 쫓다. ¶ 포리(파리) 홏이라. / 새 후치러 논에 간다. / 짐승들 후칠락고(－려고) 허수아비 서운다(세우－). (비) 후′치다^{3}.

휘″다 <후이″다 [동] 〔휘″고, 휘′이 → 휘″, 휘′이도 → 휘″도, 휘′있다 → 휐″다, 휘″이(－니), 휜″, 휘″는〕 (‘*후다[枉]’의 피동) ‘후이″다’의

준말. 휘어지다. ¶ 감나무 가지는 쪼매마(조금만) 휘도 똑 뿌러진다(부러지－). / 휜 가재이에(가지－) 감이 마이(많이) 달랐다(달렸－). / 잘 휘는 대로 할(활) 맹근다(만든다). ㊟ 히″다.

흐치″다[1] <흩이″다 ㊍〔흐치″고, 흐치′이→흐치″, 흐치′이도→흐치″도, 흐치′있다→흐칬″다, 흐치″이(－니), 흐친″, 흐치″는〕('*흩다[散]'의 피동) 흩이다. ¶ 곡석이(곡식－) 온 데 다 흐칬다. ㊕ 흘치″다[1]. 흜이″다[1]. 흩이″다[1].

흐′치다[2] <흩′이다 ㊍〔흐′치고, 흐′치이→흐′치, 흐′치이도→흐′치도, 흐′치있다→흐′칬다, 흐′치이(－니), 흐′친, 흐′치는〕('*흩다[散]'의 사동) 흩다. 흩어지게 하다. ¶ 보리하고 밀은 모를 숭구는 기(게) 아이고(아니－) 시를(씨－) 밭고랑~아(－에) 흐친다. ㊕ 흘′치다[2]. 흜′이다[2]. 흩′이다[2].

흔들리″다~흔들′리″다 <흔들이″다 ㊍〔흔들리″고, 흔들리′이→흔들리″, 흔들리′이도→흔들리″도, 흔들리′있다→흔들맀″다, 흔들리″이(－니), 흔들린″, 흔들리″는〕('흔들′다[搖]'의 피동) 흔들리다. ¶ 배가 흔들리 마이(많이) 무섭었다(무서웠－). / 바람에 흔들리는 나무.

흔틀리″다~흔틀′리″다 <흔틀이″다 ㊍〔흔틀리″고, 흔틀리′이→흔틀리″, 흔틀리′이도→흔틀리″도, 흔틀리′있다→흔틀맀″다, 흔틀리″이(－니), 흔틀린″, 흔틀리″는〕('흔틀′다[糾·混]'의 피동) 헝클리다. ¶ 끄내끼가(끈－) 흔틀리가(－서) 푸는데 애를 무웄다(먹었－). ㊕ 헌틀리″다[1].

흘류″다 <흘리′우다 <흐리이′우다 ㊍〔흘류″고, 흘류′아→흘랴″, 흘류′아도→흘랴″도, 흘류′았다→흘랐″다, 흘류″이(－니), 흘륜″~흘류′안→흘랸″, 흘류″는〕('흐리′다[流]'의 사동) ①흘리다. ¶ 물을 이리로 흘랴라. ②떨어뜨리다. 빠뜨리다. ¶ 주무이를(주머니－) 어데 흘랐뿠는지(－버렸－) 모리겠대이(모르겠다). ㊕ 흘′리다.

흘′리다 <흐리′이다 ㊍〔흘′리고, 흘′리아→흘′리, 흘′리이도→흘′리도, 흘′리있다→흘′맀다, 흘′리이(－니), 흘′린, 흘′리는〕('흐리′다[流]'의 사동) ①흘리다. ¶ 개도 묵고(먹－) 시푸머(싶으면) 추물(침)

흘린다. / 기계가 가리를(가루－) 궁카리에서(구멍－) 쪼매석(조금씩) 흘린다. ②떨어뜨리다. 빠뜨리다. ¶ 한 기로(귀) 듣고 한 기로(귀－) 흘린다. / 나쁜 말은 한 귀로 듣고 한 귀로 흘맀뿌라(흘려 버려라). / 돈을 어데다(어디－) 흘맀뿠는지(－버렸는지) 난도(나도) 모린다(모르－). (비) 흘류″다.

흘림붙′이다 [동] 〔흘림붙′이고, 흘림붙′이이 → 흘림붙′이, 흘림붙′이이도 → 흘림붙′이도, 흘림붙′이있다 → 흘림붙′있다, 흘림붙′이이(－니), 흘림붙′인, 흘림붙′이는〕 (‘흘림붙′다’의 사동) 흘레붙이다. ¶ 저 소 흘림붙일 때 댔다(됐－).

흘치″다[1] <흝이″다 [동] 〔흘치″고, 흘치′이 → 흘치″, 흘치′이도 → 흘치″도, 흘치′있다 → 흘칬″다, 흘치″이(－니), 흘친″, 흘치″는〕 (‘*흝다[散]’의 피동) 흩이다. ¶ 전쟁 때 흩친 공구를(권구－) 안죽(아직) 몬 만난 집이 있다. (비) 흐치″다[1]. 흝이″다[1]. 흗이″다[1].

흘′치다[2] <흝′이다 [동] 〔흘치″고, 흘치′이 → 흘치″, 흘치′이도 → 흘치″도, 흘치′있다 → 흘칬″다, 흘치″이(－니), 흘친″, 흘치″는〕 (‘*흝다[散]’의 사동) 흩다. 흩어지게 하다. ¶ 우캐(널어 말리는 곡식) 널어 논 거를 이붓에(이웃－) 갔다 온 새에 달이(닭－) 온데만데(사방) 흘치 났네. (비) 흐′치다[2]. 흝′이다[2]. 흗′이다[2].

흝이″다[1][흐치다] [동] 〔흝이″고, 흝이′이 → 흝이″, 흝이′이도 → 흝이″도, 흝이′있다 → 흝있″다, 흝이″이(－니), 흝인″, 흝이″는〕 (‘*흝다[散]’의 피동) 흩이다. ¶ 돈 잘 버는 사람 눈에는 온 천지에 돈~이 흝이 빈단다(보이－). (비) 흐치″다[1]. 흘치″다[1]. 흗이″다[1].

흝′이다[2][흐치다] [동] 〔흝′이고, 흝′이이 → 흝′이, 흝′이이도 → 흝′이도, 흝′이있다 → 흝′있다, 흝′이이(－니), 흝′인, 흝′이는〕 (‘*흝다[散]’의 사동) 흩다. 흩어지게 하다. ¶ 박상을(뻥튀기) 온 방~아(－에) 흝이 놓고 이기(이게) 무신(무슨) 일고(－이냐). (비) 흐′치다[2]. 흘′치다[2]. 흗′이다[2].

흠내 : 다(欠－－) <흠나이다 <흠나′이다 [동] 〔흠내 : 고, 흠내 : 지, 흠내′애 → 흠내″, 흠내′애도 → 흠내″도, 흠내′앴다 → 흠냈″다, 흠내 : 이(－니), 흠낸 : ~흠내′앤 → 흠낸″, 흠내 : 는〕 (‘흠나′다(欠－－)’의

사동) 흠내다(欠－－). ¶ 물건에 흠내머(－면) 몬(못) 판다. / 넘(남) 흠내는 말만 하고 댕기는(다니－) 사람하고는 말조심해야 댄대이(된다).

흩이″다[1][흐치다] 동 〔흩이″고, 흩이′이→흩이″, 흩이′이도→흩이″도, 흩이′있다→흩있″다, 흩이″이(－니), 흩인″, 흩이″는〕 ('*흩다[散]'의 피동) 흩이다. ¶ 흩인 거 다 실어(쓸－) 담아라. 비 흐치″다[1]. 흘치″다[1]. 흝이″다[1].

흩′이다[2][흐치다] 동 〔흩′이고, 흩′이이→흩′이, 흩′이이도→흩′이도, 흩′이있다→흩′있다, 흩′이이(－니), 흩′인, 흩′이는〕 ('*흩다[散]'의 사동) 흩다. 흩어지게 하다. ¶ 나락(벼) 걷는 일은 매늘(며느리) 시키고 거름 흩이는 일은 딸 시킨다. 비 흐′치다[2]. 흘′치다[2]. 흝′이다[2].

히감기″다 동 〔히감기″고, 히감기′이→히감기″, 히감기′이도→히감기″도, 히감기′있다→히감깄″다, 히감기″이(－니), 히감긴″, 히감기″는〕 ('히감다[捲]'의 피동) 휘감기다. ¶ 칠기줄에(칡덩굴－) 히감기머(－면) 솔나무도(소나무－) 죽는다. 비 히갱기″다.

히갱기″다 <히감기″다 동 〔히갱기″고, 히갱기′이→히갱기″, 히갱기′이도→히갱기″도, 히갱기′있다→히갱깄″다, 히갱기″이(－니), 히갱긴″, 히갱기″는〕 ('히감다[捲]'의 피동) 감기다. ¶ 맹지에(명주－) 히갱기 살아도 영감 없이머(없으면) 파이다(나쁘－). / 맹지에(명주－) 히갱기 사는 거보덤(－보다) 영감하고 사는 기(게) 더 좋다 이말가(－인가). 비 히감기″다.

히날리″다 <히날이″다 동 〔히날리″고, 히날리′이→히날리″, 히날리′이도→히날리″도, 히날리′있다→히날릤″다, 히날리″이(－니), 히날린″, 히날리″는〕 ('히날′다[飛]'의 피동) 휘날리다. ¶ 머리까락이(머리카락－) 바람에 히날린다. / 히날리는 우리 국기.

히″다 <휘″다 <후이″다 동 〔히″고, 히′이→히″, 히′이도→히″도, 히′있다→힜″다, 히″이(－니), 힌″, 히″는〕 ('*후다[枉]'의 피동) '휘″다'의 준말. 휘어지다. ¶ 저 힌 가재이(가장이) 잡아땡기(잡아당겨) 바라(봐라). / 안 히는 나무로 할을(활－) 맹글(만드－) 수 있능교(－습니까).

ㅎ

히덮이″다 통 〔히덮이″고, 히덮이′이→히덮이″, 히덮이′이도→히덮이″도, 히덮이′있다→히덮있″다, 히덮이″이(-니), 히덮인″, 히덮이″는〕 ('히덮′다[覆·蓋]'의 피동) 휘덮이다. ¶ 온 산에 참꽂이 히덮있다. 비 히덮히″다.

히덮히″다[히더피다] 통 히덮히″고, 히덮히′이→히덮히″, 히덮히′이도→히덮히″도, 히덮히′있다→히덮혔″다, 히덮히″이(-니), 히덮인″, 히덮히″는 ('히덮′다[覆·蓋]'의 피동) 휘덮이다. ¶ 온 얼굴이 가리로(가루-) 히덮혔다. 비 히덮이″다.

히돌리″다 <히돌이″다 통 〔히돌리″고, 히돌리′이→히돌리″, 히돌리′이도→히돌리″도, 히돌리′있다→히돌렀″다, 히돌리″이(-니), 히돌린″, 히돌리″는〕 ('히돌:다[廻]'의 피동) 휘돌리다. ¶ 실에 달린 조오(종이) 비영구가(비행기-) 바람에 히돌리고 있더라.

히말리″다~히말′리″다 <히말이″다 통 〔히말리″고, 히말리′이→히말리″, 히말리′이도→히말리″도, 히말리′있다→히말렀″다, 히말리″이(-니), 히말린″, 히말리″는〕 ('히말′다[捲]'의 피동) 휘말리다. ¶ 너무(남의) 일에 히말리가(-서) 실데없는(쓸데없-) 고상한다(고생하-). / 바람에 히말리는 잎사구(잎사귀).

히′우다 통 〔히′우고, 히′우아→히′아~히′야, 히′우아도→히′아도~히′야도, 히′우았다→히′았다~히′얐다, 히′우이(-니), 히′운~히′우안→히′안~히′얀, 히′우는〕 ('*히다[枉]'의 사동) 휘게 하다. ¶ 그 열녀의 지조도 히우는 사나가(사나이-) 있었다 쿤다(고 하-). 비 호′우다. 후′우다.

히잡히″다[히자피다] 통 〔히잡히″고, 히잡히′이→히잡히″, 히잡히′이도→히잡히″도, 히잡히′있다→히잡혔″다, 히잡히″이(-니), 히잡힌″, 히잡히″는〕 ('히″잡다[執·捕]'의 피동) 휘어 잡히다. ¶ 안들자테(아내에게) 히잡히 지(제) 맘대로는 아무 것도 몬한다(못하-). 비 히잽히″다.

히잽히″다[히재피다] <히잡히″다 통 〔히잽히″고, 히잽히′이→히잽히″, 히잽히′이도→히잽히″도, 히잽히′있다→히잽혔″다, 히잽히″이(-니), 히잽힌″, 히잽히″는〕 ('히″잡다[執·捕]'의 피동) 휘어 잡히다. ¶

맥살(멱살) 히잽힌 넘들(놈들) 얼굴 보이(−니) 다 불샇기(불상하게) 비더라(보이−). ㊥ 히잡히″다.

힙사이″다 통 〔힙사이″고, 힙사이′이→힙사이″, 힙사이′이도→힙사이″도, 힙사이′있다→힙사있″다, 힙사이″이(−니), 힙사인″, 힙사이″는〕 (‘힙사다[包]’의 피동) 휩싸이다. ¶ 꼴째기가(골짜기−) 안개에 힙사이가(−서) 무신(무슨) 나물이 있는지 안 빈다(뵌다).

힙실리″다~힙실′리″다 <힙실이″다 통 〔힙실리″고, 힙실리′이→힙실리″, 힙실리′이도→힙실리″도, 힙실리′있다→힙실랐″다, 힙실리″이(−니), 힙실린″, 힙실리″는〕 (‘힙실′다’의 피동) 휩쓸리다. ¶ 큰물에 힙실리고 나이(−니) 남는 기(게) 머(뭐) 있겠능교(−습니까). / 함부레(함부로) 남자들캉(−과) 힙실리지 말아라. / 친구들캉(−과) 힙실리 온 데를 놀러 댕긴다(다니−).

ㅎ

울산방언

2

접미사와 사동사의 접미사별 분류

울산방언 피동사와 사동사에 대한 국어학적 연구 편의를 위해서 '울산방언 피동사와 사동사의 접미사별 분류'를 따로 설정하였다.

이 방언의 피동접미사와 사동접미사별로 어떤 피동사와 사동사가 생성되는가를 한 눈에 알 수 있도록 분류한 것이다. 여기에다 중세국어에서 현대국어 표준어에 이르는 어원을 ≪참고어원≫이라 하여 첨가해 두었다. 이 ≪참고어원≫ 내용은 중세국어에서 현대국어 표준어에 이르는 과정에서 발견된 어원이므로 이 방언의 것이 될 수도 있고 거리가 먼 것일 수도 있으므로 어디까지나 참고로만 삼을 따름이다.[1,2]

어깨번호는 <울산방언 피동사 사동사 사전> 표제어의 어깨번호와 같다.

---

1. 울산방언의 역사를 거슬러 올라 울산방언 중세어 어원으로부터라도 명쾌히 밝히는 데는 여러 가지 한계가 있다. 간단히 두 가지로 요약하면 한 가지는 울산방언의 중세어를 확인할 수 있는 문헌을 찾기가 어려운 것이고, 다른 한 가지는 현전(現傳)하는 많은 중세기 국어로 기록된 문헌들이 그대로 울산방언과 직결되었다고는 확언할 수 없는 점이다. 다음 그림에서 볼 수 있듯이 오늘의 울산방언에는 여러 가지 사정과 여러 가지 경로를 통해 A방언 B방언 C방언과 접촉된 요소가 포함되어는 있겠지만 그렇다고 반드시 A, B, C방언의 고어가 오늘의 울산방언의 고어라고는 할 수 없기 때문이다.

```
A방언 B방언 C방언    울산방언
  ↘     ↘     ↘         ↓        1시대
        ↘     ↘         ↓        2시대
              ↘         ↓        3시대
                  현대울산방언    현대
```

2. ≪참고어원≫에 수록된 내용은 인터넷에 실린 <국립국어원 표준국어대사전>의 '어원'과 <네이버 어학사전 '국어'>에 실린 '어원'을 중심으로 하였고 김민수 편 <우리말 語源辭典> 등을 참고하여 독자를 위해 일부 편집하였다.

1. 피동사

(1) －기－피동접미사

감기″다 ('감 : 다[捲]'의 피동) 감기다. (비) 갬기″다. 갱기″다.

≪참고어원≫ 감기다[←감－+－기－]<구급간이방언해(1489)>

갬기″다 <감기″다 ('감 : 다[捲]'의 피동) 감기다. (비) 감기″다. 갱기″다.

갱기″다 <갬기″다 <감기″다 ('감 : 다[捲]'의 피동) 감기다. (비) 감기″다. 갬기″다.

걸머징기″다[1] <걸머짐기″다 ('*걸머짐다[負]'의 피동) 걸머지게 되다. (비) 걸머징기″다[2].

까래비뜯기″다 ('까래'비뜯다'의 피동) 할퀴여 뜯기다.

깔찌뜯기″다 ('깔찌'이뜯다'의 피동) '깔찌 이뜯기″다'의 준말. 마구 할퀴어 뜯기다.

깔찌이뜯기″다 ('깔찌'이뜯다'의 피동) 마구 할퀴어 뜯기다. (준) 깔찌뜯기″다.

깜기″다[1] ('깜다[沐]'의 피동) 감기다. (비) 깸기″다[1]. 깽기″다[1].

깜기″다[3] ('깜다[瞑]'의 피동) 감기다. (비) 깸기″다[2]. 깽기″다[3].

깸기″다[1][깽기다] <깜기″다 ('깜다[沐]'의 피동) 감기다. (비) 깜기″다[1]. 깽기″다[1].

깸기″다[2][깽기다] <깜기″다 ('깜다[瞑]'의 피동) 감기다. (비) 깜기″다[3]. 깽기″다[3].

깽기″다[1] <깸기″다 <깜기″다 ('깜다[沐]'의 피동) 감기다. (비) 깜기″다[1]. 깸기″다[1].

깽기″다[3] <깸기″다 <깜기″다 ('깜다[瞑]'의 피동) 감기다. (비) 깜기″다[3]. 깸기″다[2].

끊기″다 ('끊'다[切·絕]'의 피동) 끊기다. (비) 끙이″다. 끙이″다. 끙ㅎ기″다.

끙ㅎ기″다 ('끙ㅎ'다[切·絕]'의 피동) 끊기다. (비) 끊기″다. 끙이″다. 끙이″다.

내쨎기″다 <내쬧기″다 <내좇기″다 ('내좇′다[逐]'의 피동) 내좇기다. ㊊ 내좇기″다.

내좇기″다 ('내좇′다[逐]'의 피동) 내좇기다. ㊊ 내쨎기″다.

≪참고어원≫ 내쫓기다 <내조치다[←나-+-이-+좇-+-이-]<분류두공부시언해(초간본)(1481)> / 내쫓기다 <내뽀치다[←나-+-이-+뽗-+-이-]<분류두공부시언해(초간본)(1481)>

닫기″다 ('닫′다[閉]'의 피동) 닫히다. ㊊ 닫히″다.

≪참고어원≫ 닫히다 <다티다[←닫-+-히-]<월인석보(1459)>

닳기″다 ('닳′다[磨·耗]'의 피동) 닳아지다.

담기″다[1] ('담다[盛]'의 피동) 담기다. ㊊ 당기″다[1]. 댕기″다.

≪참고어원≫ 담기다[←담-+-기-]<석보상절(1447)>

담기″다[2] ('담다[漬]'의 피동) 담기다. ㊊ 당기″다[2].

≪참고어원≫ 담기다 <돔기다[←돎-+-이-]<능엄경언해(1461)>

당기″다[1] <담기″다 ('담다[盛]'의 피동) 담기다. ㊊ 담기″다[1]. 댕기″다.

당기″다[2] <담기″다 ('담다[漬]'의 피동) 담기다. ㊊ 담기″다[2].

대감기″다 ('대감다[捲]'의 피동) 되감기다.

댕기″다 <당기″다 <담기″다 ('담다[盛]'의 피동) 담기다. ㊊ 담기″다. 당기″다.

더끼″다 <덥기″다[3] ('덥 : 다[熱·暑]'의 피동) 데워지다. ㊊ 덥기″다.

덥기″다[4] ('덥 : 다[熱·暑]'의 피동) 데워지다. ㊊ 더끼″다.

듣기″다 ('듣′다[聞]'의 피동) 들리다. ㊊ 들리″다.

≪참고어원≫ 들리다 <들이다[←듣-+-이-]<석보상절(1447)>

---

3. 가상어근 '*덖다[熱·暑]'를 설정하여 아래 피동사와 사동사를 도출할 수도 있겠다.
   더끼″다 <덖이″다 ('*덖다[熱·暑]'의 피동) 데워지다.
   더꾸′다 <덖우′다 ('*덖다[熱·暑]'의 사동) 데우다.
   더꾸′다 <덖구′다 ('*덖다[熱·暑]'의 사동) 데우다.
4. 가상어근 '*덖다[熱·暑]'를 설정한 각주3. 참조.

따듬기″다 (‘따듬′다[琢]’의 피동) 다듬기다.

땋기″다 (‘땋′다[辮]’의 피동) 땋아지다.

뜯기″다 (‘뜯다[採]’의 피동) 뜯기다. ㊉ 띁기″다.

띁기″다 <뜰기″다 <뜯기″다 (‘뜯다[採]’의 피동) 뜯기다. ㊉ 뜯기″다.

믿기″다 (‘믿′다[信]’의 피동) 믿기다.

벗기″다[1] (‘벗′다[脫]’의 피동) 벗기다. ㊉ 벳기″다[1]. 뺏기″다[1]. 삣기″다[1].

≪참고어원≫ 벗기다[←벗－+－기－]<석보상절> / 벗기다 <밧기다[←밧－+－기－]<용비어천가(1447)>

벳기″다[1] <벗기″다 (‘벗′다[脫]’의 피동) 벗기다. ㊉ 벗기″다[1]. 뺏기″다[1]. 삣기″다[1].

빼앗기″다 (‘빼앗′다[奪]’의 피동) 빼앗기다. ㊉ 빼뜰리″다. 뺏기″다. 뺏뜰리″다.

빨가벗기″다[1] (‘빨가벗′다[脫]’의 피동) 발가벗기다. ㊉ 빨가벳기″다[1].

빨가벳기″다[1] <빨가벗기″다 (‘빨가벗′다[脫]’의 피동) 발가벗기다. ㊉ 빨가벗기″다[1].

뺏기″다 (‘뺏′다[奪]’의 피동) 빼앗기다. ㊉ 빼뜰리″다. 빼앗기″다. 뺏뜰리″다.

뻣기″다[1] (‘벗′다[脫]’의 피동) 벗기다. ㊉ 벗기″다[1]. 벳기″다[1]. 삣기″다[1].

삣기″다[1] <뻣기″다 (‘벗′다[脫]’의 피동) 벗기다. ㊉ 벗기″다[1]. 벳기″다[1]. 뻣기″다[1].

빗기″다[1] (‘빗′다[梳]’의 피동) 빗기다.

삶기″다 (‘삶 : 다[烹]’의 피동) 삶기다.

≪참고어원≫ 삶기다 <ᄉᆞᇝ기다[←ᄉᆞᇝ－+－기－]<월인석보(1459)>

섞기″다 (‘섞′다[混]’의 피동) 섞이다. ㊉ 섞이″다. 섺기″다.

≪참고어원≫ 섞이다 <섯기다[←섥－+－이－]<칠대만법(1569)>

섺기″다 <섞기″다 (‘섞′다[混]’의 피동) 섞이다. ㊉ 섞기″다. 섞이″다.

솓기″다 (‘솓′다[瀉]’의 피동) 쏟아지다.

2장

쉬기″다[1] ('쉬′다[洗]'의 피동) 씻기다.

신기″다[1] ('신 : 다[履]'의 피동) 신기다.

안기″다[1] ('안 : 다[抱]'의 피동) 안기다. [비] 앤기″다[1].

앤기″다[1] <안기″다 ('안 : 다[抱]'의 피동) 안기다. [비] 안기″다[1].

엉기″다[1] ('*엉다[構]'의 피동) 얽히다. [비] 엉키″다[1].

여닫기″다 ('여닫′다[開閉]'의 피동) 여닫히다. [비] 여닫히″다.

엮기″다 ('엮′다[編]'의 피동) 엮이다. [비] 엮이″다. 엯이″다. 엷이″다.

잇기″다 ('잇 : 다[繼]'의 피동) 이어지다. [비] 잇이″다.

잊기″다 ('잊′다[忘]'의 피동) 잊히다. [비] 잊히″다.

잠기″다[1] ('*잠다[沈]'의 피동) 잠기다. [비] 장기″다[1]. 잼기″다[1]. 쟁기″다[1].

≪참고어원≫ 잠기다 <ᄌᆞᆷ기다[←ᄌᆞᆷ-+-이-]<분류두공부시언해(초간본)(1481)>[5].

잠기″다[2] ('*잠다[鍵]'의 피동) 잠기다. [비] 장기″다[2]. 잼기″다[2]. 쟁기″다[2].

≪참고어원≫ 잠기다 <ᄌᆞᆷ기다[←ᄌᆞᆷ-+-이-]<분류두공부시언해(초간본)(1481)>[6].

장기″다[1] <잠기″다 ('*잠다[沈]'의 피동) 잠기다. [비] 잠기″다[1]. 잼기″다[1]. 쟁기″다[1].

장기″다[2] <잠기″다 ('*잠다[鍵]'의 피동) 잠기다. [비] 잠기″다[2]. 잼기″다[2]. 쟁기″다[2].

잦기″다[1] ('잦′다[傾]'의 피동) 젖히다. [비] 잦히″다[1]. 잿기″다[1]. 잿히″다[1]. 젖기″다[1]. 젖히″다[1]. 젲기″다[1]. 젲히″다[1].

잼기″다[1] <잠기″다 ('*잠다[沈]'의 피동) 잠기다. [비] 잠기″다[1]. 장기″다[1]. 쟁기″다[1].

잼기″다[2] <잠기″다 ('*잠다[鍵]'의 피동) 잠기다. [비] 잠기″다[2]. 장기″다[2]. 쟁기″다[2].

쟁기″다[1] <장기″다 <잠기″다 ('*잠다[沈]'의 피동) 잠기다. [비] 잠기″다[1].

---

5. 어원을 따지면 가상어근은 '*ᄌᆞᆷ다'이니 '－이－피동접미사'에 넣어야 옳겠다.

6. 어원을 따지면 가상어근은 '*ᄌᆞᆷ다'이니 '－이－피동접미사'에 넣어야 옳겠다.

장기″다[1]. 잼기″다[1].

쟁기″다[2] <장기″다 <잠기″다 ('*잠다[鍵]'의 피동) 잠기다. [비] 잠기″다[2]. 장기″다[2]. 잼기″다[2].

잿기″다[1] <잣기″다 [동] ('잣′다[傾]'의 피동) 젖히다. [비] 잣기″다[1]. 잣히″다[1]. 잿히″다[1]. 젓기″다[1]. 젓히″다[1]. 젯기″다[1]. 젯히″다[1].

적기″다 ('적′다[記·錄]'의 피동) 적히다. [비] 적히″다.

젓기″다[1] ('젓′다[傾]'의 피동) 젖히다. [비] 잣기″다[1]. 잣히″다[1]. 잿기″다[1]. 잿히″다[1]. 젓히″다[1]. 젯기″다[1]. 젯히″다[1].

젯기″다[1] <젓기″다 ('젓′다[傾]'의 피동) 젖히다. [비] 잣기″다. 잣히″다. 잿기″다. 잿히″다. 젓기″다. 젓히″다. 젯히″다.

지뜯기″다 ('지″뜯다'의 피동) 쥐뜯기다. [비] 지이뜯기″다.

지이뜯기″다 ('지′이뜯다'의 피동) 쥐어뜯기다. [비] 지뜯기″다.

쬧기″다 <쬧기″다 <쫓기″다 ('쫓′다[逐]'의 피동) 쫓기다. [비] 쫓기″다.

쫓기″다 ('쫓′다[逐]'의 피동) 쫓기다. [비] 쬧기″다.

≪참고어원≫ 쫓기다 <뽀치다[←뽗-+-이-]<월인석보(1459)> / 쫓기다 <조치다[←좇-+-이-]<석보상절(1447)>

찍기″다[1] ('찍′다[斧]'의 피동) 찍히다. [비] 찍히″다[1].

찍기″다[2] ('찍′다[撮]'의 피동) 찍히다. [비] 찍히″다[2].

찍기″다[3] ('찍′다[押·印]'의 피동) 찍히다. [비] 찍히″다[3].

찍기″다[4] ('찍′다[搗]'의 피동) 찧어지다. [비] 찍히″다[4].

헐뜯기″다 ('헐뜯다'의 피동) 헐뜯기다. [비] 헐띧기″다.

헐띧기″다 <헐뜯기″다 <헐뜯기″다 ('헐뜯다'의 피동) 헐뜯기다. [비] 헐뜯기″다.

후짖기″다 ('후짖′다[逐]'의 피동) 쫓기다. [비] 후치″다[1]. 후치″다[2]. 훌기″다. 훟이″다[1].

히감기″다 ('히감다[捲]'의 피동) 휘감기다. [비] 히갱기″다.

히갱기″다 <히감기″다 ('히감다[捲]'의 피동) 감기다. [비] 히감기″다.

(2) －리－피동접미사

부푸리″다[1] (‘부′푸다[膨·脹]’의 피동) 부풀리다. [비] 부풀리″다[1].

(3) －리－＜－이－피동접미사

• 1류

갈리″다[5] <갈이″다 (‘갈:다[耕]’의 피동) 갈리다.

갈리″다[7] <갈이″다 (‘갈:다[磨]’의 피동) 갈리다.

≪참고어원≫ 갈리다 <ᄀᆞᆯ이다[←ᄀᆞᆯ－+－이－]<분류두공부시언해(초간본)(1481)>

갈리″다[9] <갈이″다 (‘갈′다[更]’의 피동) 갈리다.

걸리″다[3] <걸이″다 (‘걸:다[懸]’의 피동) 걸리다.

≪참고어원≫ 걸리다 <걸이다[←걸－+－이－]<월인석보(1459)>

까불리″다～까불′리″다[1] <까불이″다 (‘까불′다[簸]’의 피동) 까불리다. [비] 까불리″다[2]

깔리″다 <깔이″다 (‘깔다[席]’의 피동) 깔리다.

≪참고어원≫ 깔리다 <ᄭᆞᆯ이다[←ᄭᆞᆯ－+－이－]<석보상절(1447)>

깨물리″다 <깨물이″다 (‘깨물′다[咬]’의 피동) 깨물리다.

끄실리″다～끄실′리″다[1] <끄실이″다 (‘끄실′다[燻]’의 피동) 그을리다. [비] 끄질리″다[1].

≪참고어원≫ 그을리다 <그스리다[←*그슬－+－이－]<구급간이방언해(1489)>

끄질리″다～끄질′리″다[1] <끄질이″다 (‘끄질′다[燻]’의 피동) 그을리다. [비] 끄실리″다[1].

끌리″다[1] <끌이″다 (‘끌다[刮·搔]’의 피동) 긁히다. [비] 끍히″다. 긁히″다.

끌리″다[2] <끌이″다 (‘끌다[曳]’의 피동) 끌리다.

날리″다[1] <날이″다 (‘날′다[飛]’의 피동) 날리다.

≪참고어원≫ 날리다 <ᄂᆞᆯ리다 <ᄂᆞᆯ이다[←ᄂᆞᆯ－+－이－]<능엄경언해(1461)>

내걸리″다 <내걸이″다 (‘내걸:다[懸]’의 피동) 내걸리다.

내몰리″다 <내몰이″다 ('내몰 : 다[驅]'의 피동) 내몰리다.

내밀리″다 <내밀이″다 ('내밀 : 다[追]'의 피동) 내밀리다.

널리″다[3] <널이″다 ('널 : 다[晾·布]'의 피동) 널리다.

놀리″다[1] <놀이″다 ('놀 : 다[戲·弄]'의 피동) 놀리다. 조롱받다(嘲弄－－).

늘리″다[1] <늘이″다 ('늘다[增]'의 피동) 늘어지다.

다물리″다[1] <다물이″다 ('다물′다[喊]'의 피동) 다물리다.

달리″다[1] <달이″다 ('달′다[衡]'의 피동) 달리다.

달리″다[2] <달이″다 ('달다[懸]'의 피동) 달리다.

≪참고어원≫ 달리다 <돌이다[←돌－+－이－]<월인석보(1459)>

달리″다[3] <달이″다 ('달′다[甘]'의 피동) 엿이나 꿀 등 단 것을 지나치게 먹어 몸이 나른해지다.

달리″다[4] <달이″다 ('달다[苦·弄]'의 피동) 시달리다. ㊇ 달키″다.

대돌리″다 <대돌이″다 ('대돌다[廻]'의 피동) 되돌리다.

덜리″다 <덜이″다 ('덜 : 다[減]'의 피동) 덜리다.

≪참고어원≫ 덜리다 <덜이다[←덜－+－이－]<금강경삼가해(1482)>

돌리″다[1] <돌이″다 ('돌 : 다[廻]'의 피동) 돌리다.

들리″다[3] <들이″다 ('들′다[擧]'의 피동) 들리다.

≪참고어원≫ 들리다 <들이다[←들－+－이－]<월인천강지곡(1447)>

디돌리″다[1] <디돌이″다 ('디돌다[廻]'의 피동) 되돌리다.

디틀리″다 <디틀이″다 ('디틀다[捻]'의 피동) 뒤틀리다.

떠밀리″다 <떠밀이″다 ('떠밀 : 다[推]'의 피동) 떠밀리다.

떨리″다 <떨이″다 ('떨 : 다[振]'의 피동) 떨리다.

≪참고어원≫ 떨리다 <썰리다[←썰－+－리－]<계축일기(1600)>

뚧리″다 <뚧이″다 ('뚧 : 다[鑿]'의 피동) 뚫리다. ㊇ 뚧히″다.

말리″다[3] <말이″다 ('말′다[捲]'의 피동) 말리다.

말리″다[4] <말이″다 ('말′다[飡]'의 피동) 말리다.

맞물리″다 <맞물이″다 ('맞물′다[嚼]'의 피동) 맞물리다.

매달리″다 <매달이″다 (‘매달다[懸]’의 피동) 매달리다.

몰리″다[1] <몰이″다 (‘몰 : 다[驅]’의 피동) 몰리다.

≪참고어원≫ 몰리다 <몰이다[←몰-+-이-]<월인석보(1459)>

물리″다[1] <물이″다 (‘물′다[咬]’의 피동) 물리다. ㊥ 물류다[2].

≪참고어원≫ 물리다 <믈이다[←믈-+-이-]<석보상절(1447)>

밀리″다 <밀이″다 (‘밀 : 다[推]’의 피동) 밀리다.

≪참고어원≫ 밀리다 <밀이다[←밀-+-이-]<분류두공부시언해(초간본)(1481)>

벌리″다[1] <벌이″다 (‘벌″다[得利]’의 피동) 벌리다.

벌리″다[2] <벌이″다 (‘벌 : 다[開]’의 피동) 벌리다.

부풀리″다[1] <부풀이″다 (‘부′풀다[增·漲·殖]’의 피동) 부풀리다. ㊥ 부푸리″다[1].

불리″다[1] <불이″다 (‘불 : 다[吹]’의 피동) 불리다.

붙들리″다~붙들′리″다 <붙들이″다 (‘붙들′다[逮·捕]’의 피동) 붙들리다. ㊥ 뿥뜰리″다.

≪참고어원≫ 붙들리다 <븓들리다<븓들이다[←븥-+들-+-이-]<월인석보(1459)>

비틀리″다 <비틀이″다 (‘비틀다[捻]’의 피동) 비틀리다.

빨리″다[1] <빨이″다 (‘빨다[吸]’의 피동) 빨리다.

빨리″다[3] <빨이″다 (‘빨다[洗]’의 피동) 빨리다.

뺏뜰리″다~뺏뜰′리″다 <뺏뜰이″다 (‘뺏뜰′다[奪]’의 피동) 빼앗기다. ㊥ 빼앗기″다. 빼뜰리″다. 뺏기″다.

뿥뜰리″다~뿥뜰′리″다 <뿥뜰이″다 (‘뿥뜰′다[逮·捕]’의 피동) 붙들리다. ㊥ 붙들리″다.

≪참고어원≫ 붙들리다 <븓들리다<븓들이다[←븥-+들-+-이-]<월인석보(1459)>

설리″다 <설이″다 (‘설다[切]’의 피동) 썰리다.

≪참고어원≫ 썰리다 <사홀리다[←사홀-+-리-]<동국신속삼강행실도(1617)>

시달리″다~시달′리″다 <시달이″다 (‘*시달다[苦·弄]’의 피동) 시달리다.

(비) 시달키″다[1].

실리″다[1] <실이″다 (‘실다[掃]’의 피동) 쓸리다.

실리″다[2] <실이″다 (‘실다[摩·擦]’의 피동) 쓸리다. (비) 실키″다.

알리″다[1] <알이″다 (‘알 : 다[知]’의 피동) 알리다. 알려지다.

어불리″다[2] <어불이″다 (‘어불′다[與]’의 피동) 어울리다. (비) 어불리″다[1] <어부리이″다.

열리″다[1] <열이″다 (‘열 : 다[實]’의 피동) 열리다.

열리″다[2] <열이″다 (‘열 : 다[開]’의 피동) 열리다.

≪참고어원≫ 열리다 <열이다[←열-+-이-]<월인석보(1459)>

울리″다 <울이″다 (‘울 : 다[泣·鳴]’의 피동) 울리다.

이끌리″다 <이끌이″다 (‘이끌다[牽·率]’의 피동) 이끌리다.

≪참고어원≫ 이끌리다 <잇글이다[←잇글-+-이-]<선가귀감언해(송광사판)(1610)>

자불리″다 <자불이″다 (‘자불′다[睡·眠]’의 피동) 졸게 되다.

줄리″다 <줄이″다 (‘줄 : 다[減]’의 피동) 줄어지다. (비) 줄키″다. (센) 쭐리″다.

지불리″다 <지불이″다 (‘지불다[傾]’의 피동) 기울리다. (비) 지울리″다[1]. (센) 찌불리″다.

지이흔들리″다 <지이흔들이″다. (‘지′이흔들다’의 피동) 쥐어흔들리다. (준) 지흔들리″다.

지흔들리″다 <지흔들이″다 (‘지′이흔들다’의 피동) ‘지이흔들리″다’의 준말. 쥐어흔들리다.

쫄리″다[1] <쫄이″다 (‘*쫄다[促]’의 피동) 졸리다. (비) 쫄리″다[2]<쪼루이″다.

쫄리″다[3] <쫄이″다 (‘*쫄다[搾·握]’의 피동) 졸리다. (비) 쪼이″다[3]. 쪼이″다[4]<쪼우이″다. 쫄리″다[4]<쪼루이″다.

쭐리″다 <쭐이″다 (‘쭐 : 다[減]’의 피동) ‘줄리″다’의 센말. 줄어지다.

처들리″다 <처들이″다 (‘처들′다[擧]’의 피동) 쳐들리다.

털리″다 <털이″다 (‘털 : 다[拂]’의 피동) 털리다.

틀리″다 <틀이″다 (‘틀다[捻]’의 피동) 틀리다.

팔리″다 <팔이″다 (‘팔다[賣]’의 피동) 팔리다.

《참고어원》 필리다 <ᄑᆞᆯ이다[←ᄑᆞᆯ−+−이−]<분류두공부시언해(초간본)(1481)>

풀리″다 <풀이″다 (‘풀다[解]’의 피동) 풀리다.

《참고어원》 풀리다 <플리다[←플−+−리−]<벽온신방(1653)>

허물리″다 <허물이″다 (‘허물′다[解]’의 피동) 허물리다.

헌틀리″다~헌틀′리″다[1] <헌틀이″다 (‘헌틀′다[糾·混]’의 피동) 헝클리다. ㊙ 흔틀리″다.

헐리″다 <헐이″다 (‘헐 : 다[毁]’의 피동) 헐리다.

《참고어원》 헐리다 <헐이다[←헐−+−이−]<선종영가집언해(1464)>

헛돌리″다 <헛돌이″다 (‘헛돌다’의 피동) 헛돌리다.

홀리″다[2] <홀이″다 (‘*홀다[誘]’의 피동) 홀리다. ㊙ 홀리″다[1]<호리이″다. 홀키″다[1].

흔들리″다~흔들′리″다 <흔들이″다 (‘흔들′다[搖]’의 피동) 흔들리다.

흔틀리″다~흔틀′리″다 <흔틀이″다 (‘흔틀′다[糾·混]’의 피동) 헝클리다. ㊙ 헌틀리″다[1].

히날리″다 <히날이″다 (‘히날′다[飛]’의 피동) 휘날리다.

히돌리″다 <히돌이″다 (‘히돌 : 다[廻]’의 피동) 휘돌리다.

히말리″다~히말′리″다 <히말이″다 (‘히말′다[捲]’의 피동) 휘말리다.

힙실′리″다~힙실′리″다 <힙실이″다 (‘힙실′다’의 피동) 휩쓸리다.

• 2류

걸리″다[2] <걸이″다 <걷이″다 (‘걷 : 다[步]’의 피동) 걸리다. 걸류다[1].

들리″다[1] <들이″다 <듣이″다 (‘듣′다[聞]’의 피동) 들리다. ㊙ 듣기″다.

《참고어원》 들리다 <들이다[←듣−+−이−]<석보상절(1447)>

불리″다[5] <불이″다 <붇이″다 (‘붇 : 다[膨·脹]’의 피동) 불리다.

실리″다[3] <실이″다 <싣이″다 (‘싣 : 다[載]’의 피동) 실리다.

≪참고어원≫ 실리다 <실이다[←실−+−이−]<칠대만법(1569)>

절리″다 <절이″다 <젼이″다 (‘젼 : 다[編·篇]’의 피동) 결어지다.

• 3류

갈리″다[1] <가리이″다 (‘가리′다[分]’의 피동) 갈리다.

≪참고어원≫ 갈리다 <가리다[←가ᄅ −+−이−]<능엄경언해(1461)>

갈리″다[3] <가리이″다 (‘가리′다[選·擇]’의 피동) 갈리다.

건딜리″다 <건디리이″다 (‘건디′리다[觸]’의 피동) 건들리다.

걸리″다 <거리이″다 (‘거리′다[濾]’의 피동) 걸리다.

까불리″다[2] <까부리이″다 (‘까부′리다[箕]’의 피동) 까불리다. ㊥ 까불리″다[1]

끌리″다[3] <끄리이″다 (‘끄리′다[解]’의 피동) 끌리다.

눌리″다[1] <누리이″다 (‘누리′다[押·壓]’의 피동) 눌리다. ㊥ 누질리″다. 눌리″다[3]<눌리이″다.

≪참고어원≫ 눌리다 <눌이다[←누르−+−이−]<능엄경언해(1461)>

둘리″다[1] <두리이″다 (‘두리′다[圍]’의 피동) 둘리다.

≪참고어원≫ 둘리다[←두르−+−이−]

따돌리″다 <따돌리이″다 (‘따돌′리다’의 피동) 따돌리다.

말리″다 <마리이″다 (‘마리′다[乾]’의 피동) 말리다.

발리″다[1] <바리이″다 (‘바리′다[塗]’의 피동) 발리다. ㊥ 볼리″다.

발리″다[3] <바리이″다 (‘바리′다[剝]’의 피동) 발리다.

볼리″다 <보리이″다 (‘보리′다[塗]’의 피동) 발리다. ㊥ 발리″다[1].

불리″다[3] <부리이″다 (‘부리′다[呼·唱]’의 피동) 불리다.

≪참고어원≫ 불리다 <블리다[←브르−+−이−]<분류두공부시언해(초간본)(1481)>

어불리″다[1] <어부리이″다 (‘어부′리다[與]’의 피동) 어울리다. ㊥ 어불리″다[2]<어불이″다.

얼말리″다[1] <얼마리이″다 (‘얼마리′다[乾]’의 피동) 덜 말리다.

주물리″다[1] <주무리이″다 (‘주무′리다[揉]’의 피동) ‘주물리″다’의 센말. 주물리다. (센) 쭈물리″다.

짤리″다 <짜리이″다 (‘짜리′다[切]’의 피동) 잘리다.

≪참고어원≫ 잘리다[←자르-+-이-]

쭈물리″다[1] <쭈무리이″다 (‘쭈무′리다[揉]’의 피동) ‘주물리″다[1]’의 센말. 주물리다.

찔리″다 <찌리이″다 (‘찌리′다[刺]’의 피동) 찔리다.

≪참고어원≫ 찔리다 <ᄢᅵᆯ이다[←ᄢᅵ르-+-이-]<능엄경언해(1461)> / 찔리다 <딜이다[←디ᄅᆞ-+-이-]<구급방언해(1466)>

헛갈리″다 <헛갈리이″다 (‘헛가리다’의 피동) 헛갈리다.

≪참고어원≫ 헛갈리다[←헛-+가르-+-이-]

홀리″다[1] <호리이″다 (‘호′리′다[惑]’의 피동) 홀리다. (비) 홀리다[2]. 홀키″다[1].

≪참고어원≫ 홀리다 <신선태을자금단(1497)>

• **4류**

쫄리″다[2] <쪼루이″다 (‘쪼루″다[促]’의 피동) 졸리다. (비) 쫄리″다[1]<쫄이″다.

쫄리″다[4] <쪼루이″다 (‘쪼루′다[搾·握]’의 피동) 조이다. (비) 쪼이″다[3]. 쪼이″다[4]<쪼우이″다. 쫄리″다[3]<쫄이″다.

(4) -ㅇ기- 피동접미사

걸머징기″다[2] <걸머지ㅇ기″다 (‘걸머지′다[負]’의 피동) 걸머지게 되다. (비) 걸머징기″다[1].

낑기″다[1] <끼ㅇ기″다 (‘끼:다[插·介]’의 피동) 끼이다. (비) 끼이″다. 낑기″다[2]<낑구′이다. 찌이″다. 찡기″다[1]<찌ㅇ기″다. 찡기″다[2]<찡구′이다.

≪참고어원≫ 끼이다 <ᄭᅵ이다<ᄢᅵ이다[←ᄢᅵ-+-이-]<신증유합(1576)>

징기″다 <지ㅇ기″다 (‘지′다[負]’의 피동) 지워지다.

찡기″다[1] <찌ㅇ기″다 (‘찌:다[插·介]’의 피동) 끼이다. (비) 끼이″다. 낑기″다[1]<끼ㅇ기″다. 낑기″다[2]<낑구′이다. 찌이″다. 찡기″다[2]<찡구′이다.

≪참고어원≫ 끼이다 <씨이다 <ᄢᅵ이다[←ᄢᅵ－+－이－]<신증유합(1576)>

칭기″다[1] <치ㅇ기″다 (‘치다[軋·轢]’의 피동) 치이다. (비) 치이″다[1]. 칭기″다[2].

≪참고어원≫ 치이다 <티이다[←티－+－이－]<구급간이방언해(1489)>

팅기″다[1] <티′ㅇ기″다 (‘티′다[跳]’의 피동) 튕기어지다.

(5) －이－피동접미사

가디″다 <갇이″다 (‘*갇다[圍]’의 피동) 갇히다. (비) 갇이″다. 갇히″다.

≪참고어원≫ 갇히다 <가티다[←갇－+－히－]<월인석보(1459)>

가리″다[1] <가루이″다 (‘가루′다[遮]’의 피동) 가리다. (비) 가리″다[2]<가리이″다.

가리″다[2] <가리이″다 (‘가′리다[遮]’의 피동) 가리다. (비) 가리″다[1]<가루이″다.

≪참고어원≫ 가리다 <ᄀᆞ리다<석보상절(1447)>

갇이″다 (‘*갇다[圍]’의 피동) 갇히다. (비) 가디″다. 갇히″다.

≪참고어원≫ 갇히다 <가티다[←갇－+－히－]<월인석보(1459)>

개비″다 <괩이″다 <곱이″다 (*곱다[盛]의 피동) 고이다. (비) 개피″다.

≪참고어원≫ 고이다 <고으다 / 고ᄋᆞ다←곱다 <ᄀᆞᆸ다<월인천강지곡(1447)>

개이″다[1] (‘개″다[晴]’의 피동) 개다.

개이″다[2] (‘개 : 다[捏]’의 피동) 개이다.

거디″다 <걷이″다 (‘걷′다[收]’의 피동) 걷히다. (비) 거치″다. 걷이″다. 걷히″다.

걷이″다 (‘걷′다[收]’의 피동) 걷히다. (비) 거디″다. 거치″다. 걷히″다.

고이″다[1] <고우이″다 (‘고′우다[烹]’의 피동) 고아지다. (비) 고이″다[2].

고이″다[2] (‘고″다[烹]’의 피동) 고아지다. (비) 고이″다[1].

고이″다[3] <고우이″다 (‘고′우다[拄]’의 피동) 고이다. (비) 고이″다[4].

고이″다[4] (‘고″다[拄]’의 피동) 고이다. (비) 고이″다[3].

까이″다[1] ('까다[孵]'의 피동) 까이다. (비) 깨이″다[2].

까이″다[2] ('까다[剝]'의 피동) 까이다.

깎이″다 ('깎′다[削]'의 피동) 깎이다. (비) 깪이″다.

≪참고어원≫ 깎이다 <갓기다[←갔−+−이−]<분류두공부시언해(초간본)(1481)>

깔보이″다 ('깔보′다'의 피동) 깔보이다. (준) 깔비″다.

깔비″다 <깔보이″다 ('깔보′다'의 피동) '깔보이″다'의 준말. 깔보이다.

깨이″다[1] ('깨다[醒]'의 피동) 깨이다.

깨이″다[2] <까이다 ('까다[孵]'의 피동) 까이다. (비) 까이″다[1].

깪이″다 <깎이″다 ('깎′다(削)'의 피동) 깎이다. (비) 깎이다.

≪참고어원≫ 깎이다 <갓기다[←갔−+−이−]<분류두공부시언해(초간본)(1481)>

꼬이″다[1] <꼬우이″다 ('꼬′우다[誘]'의 피동) 꾀이다. (비) 꼬이다[2].

꼬이″다[2] ('꼬″다[誘]'의 피동) 꾀이다. (비) 꼬이다[1]<꼬우이″다.

꼬이″다[3] ('꼬다[繩]'의 피동) 꼬이다. (비) 꾸이″다[2].

꾸이″다[1] ('꾸다[夢]'의 피동) 꾸이다. (준) 끼″다[2]. (비) 끼이″다[2].

꾸이″다[2] ('꾸다[繩]'의 피동) 꼬이다. (비) 꼬이″다[3].

끙ㅎ이″다 ('끙ㅎ′다[切·絕]'의 피동) 끊기다. (비) 끊기″다. 끙ㅕ이″다. 끙ㅎ기″다.

끙ㅕ이″다 ('끙ㅕ′다[切]·絕'의 피동) 끊기다. (비) 끊기″다. 끙ㅎ이″다. 끙ㅎ기″다.

끙ㅎ기″다 ('끙ㅎ′다[切·絕]'의 피동) 끊기다. (비) 끊기″다. 끙ㅎ이″다. 끙ㅕ이″다.

끼″다[1] <끼이″다 ('끼 : 다[挿·介]'의 피동) '끼이″다[1]'의 준말. 끼이다.

≪참고어원≫ 끼이다 <싀이다 <ᄢᅵ이다[←ᄢᅵ−+−이−]<신중유합(1578)>

끼″다[2] <뀌″다 <꾸이″다 ('꾸다[夢]'의 피동) '꾸이″다[1]'의 준말. '끼이다[2]'의 준말. 꾸이다.

끼″다[3] <끼이″다 ('끼 : 다[貫·通]'의 피동) '끼이″다[3]'의 준말. 꿰이다.

끼이″다[1] ('끼 : 다[挿·介]'의 피동) 끼이다. (준) 끼″다[1]. (비) 끼이″다. 낑기″다[1]<끼ㅇ기″다. 낑기″다[2]<낑구′이다. 찌이″다. 찡기″다[1]<찌ㅇ기″다. 찡기″다[2]<찡구′이다.

≪참고어원≫ 끼이다 <ᄭᅵ이다 <ᄢᅵ이다[←ᄢᅵ-+-이-]<신중유합(1578)>

끼이″다[2] <뀌이″다 <꾸이″다 ('꾸다[夢]'의 피동) 꾸이다. (준) 끼″다[2]. (비) 꾸이″다[1].

끼이″다[3] ('끼 : 다[貫·通]'의 피동) 꿰이다. (준) 끼″다[3].

낑기″다[2] <낑귀″다 <낑구′이다 ('낑구′다[揷·介]'의 피동) 끼이다. (비) 끼이″다. 낑기″다[1]<끼ㅇ기″다. 찌이″다. 찡기″다[1]<찌ㅇ기″다. 찡기″다[2] <찡구′이다.

≪참고어원≫ 끼이다 <ᄭᅵ이다 <ᄢᅵ이다[←ᄢᅵ-+-이-]<신중유합(1578)>

낚이″다 ('낚′다[釣]'의 피동) 낚이다. (비) 낶이″다.

낮보이″다 ('낮보′다'의 피동) 낮보이다. (준) 낮비″다.

낮비″다 <낮뷔″다 <낮보이″다 ('낮보′다[見]'의 피동) '낮보이″다'의 준말. 낮보이다.

내놓이″다 ('내놓′다[放]'의 피동) 내놓이다.

내다보이″다 ('내다보′다'의 피동) 들여다보이다. (준) 내다비″다.

내다비″다 <내다뷔″다 <내다보이″다 ('내다보′다'의 피동) '내다보이″다'의 준말. 들여다보이다.

낶이″다 <낚이″다 ('낚′다[釣]'의 피동) 낚이다. (비) 낚이″다.

놓이″다 ('놓′다[放]'의 피동) 놓이다.

≪참고어원≫ 놓이다 <노히다[←놓-+-이-]<소학언해(1588)>

누질리″다 <누질리이″다 ('누질′리다[壓]'의 피동) 눌리다. (비) 눌리″다[1] <누리이″다. 눌리″다[2] <눌리이″다.

눌리″다[3] <눌리이″다 ('눌 : 리다[押·壓]'의 피동) 눌리다. (비) 누질리″다. 눌리″다[1]<누리이″다.

다디″다 <다디이″다 ('다′디다[頓·固]'의 피동) 다져지다. (비) 다지″다.

다지″다 <다지이″다 ('다′지다[頓·固]'의 피동) 다져지다. (비) 다디″다.

대싶이″다 ('대싶′다[嚼]'의 피동) 되씹히다.(비) 대싶히″다.

덮이″다 ('덮′다[覆·蓋]'의 피동) 덮이다.(비) 덮히″다.

≪참고어원≫ 덮이다 <덥히다 <두피다[←둪-+-이-]<월인석보(1459)>

돋보이″다 (‘돋보′다’의 피동) 돋보이다. ㊟ 돋비″다.

돋비″다 <돋뷔″다 <돋보이″다 (‘돋보′다’의 피동) ‘돋보이″다’의 준말. 돋보이다.

돋이″다 (‘돋′다[培·聳]’의 피동) 돋아지다. ㊔ 도치″다. 돋히″다.

돌아보이″다~돌′아보이″다 (‘돌′아보다[見]’의 피동) 돌아 보이다. ㊟ 돌아비″다.

돌아비″다~돌′아비″다 <돌′아뷔″다 <돌′아보이″다 (‘돌′아보다[見]’의 피동) ‘돌아보이″다’의 준말. 돌아 보이다.

둘러사이″다 (‘둘러사다[包]’의 피동) 둘러싸이다.

들바다보이″다 (‘들바다보′다’의 피동) 들여다보이다. ㊟ 들바다비″다.

들바다비″다 <들바다뷔″다 <들바다보이″다 (‘들바다보′다’의 피동) ‘들바다보이″다’의 준말. 들여다보이다.

들뽂이″다 (‘들뽂′다[炒]’의 피동) 들볶이다.

디덮이″다 (‘디덮′다[腹·蓋]’의 피동) 뒤덮이다. ㊔ 디덮히″다.

디돌아보이″다~디돌′아보이″다 (‘디돌′아보다[見]’의 피동) 뒤돌아 보이다. ㊟ 디돌아비″다.

디돌아비″다~디돌′아비″다 <디돌′아뷔″다 <디돌′아보이″다 (‘디돌′아보다[見]’의 피동) ‘디돌아보이″다’의 준말. 뒤돌아 보이다.

디바끼″다 <디바뀌″다 <디바꾸이″다 (‘디바꾸′다’의 피동) 뒤바뀌다.

디섞이″다 (‘디섞′다[混]’의 피동) 뒤섞이다.

디엙이″다~디엙′이″다 (‘디엙′다[繫]’의 피동) 뒤엉키다. ㊔ 디얽히″다.

딲이″다[1] (‘딲′다[拭·修]’의 피동) 닦이다. ㊔ 땎이″다[1].

딲이″다[3] (‘딲′다[責]’의 피동) 꾸중 듣다. ㊔ 때끼″다. 땎이″다[3].

딸리″다 <따리이″다 (‘따리′다[隨·屬]’의 피동) 딸리다.

때끼″다 <땎이″다 <딲이″다 (‘딲′다[責]’의 피동) 꾸중 듣다. ㊔ 딲이″다[2]. 땎이″다[2].

땍이″다[1] <딲이″다 ('딲′다[拭·修]'의 피동) 닦이다. (비) 딲이″다[1].

땍이″다[2] <딲이″다 ('딲′다[責]'의 피동) 꾸중 듣다. (비) 딲이″다[2]. 때끼″다.

땡기″다 <땡기이″다 ('땡′기다[引]'의 피동) 땅기다.

뚧이″다[뚤비다] <뚧이″다 ('뚧 : 다[鑿]'의 피동) 뚫리다. (비) 뚧리″다. 뚧히″다.

뜨이″다 ('뜨다[覺]'의 피동) 뜨이다. (준) 띠″다[2].

띠″다[1] <띠이″다 ('띠다[脫]'의 피동) '띠이″다[1]'의 준말. 떼이다.

띠″다[2] <띄″다 <뜨이″다 ('뜨다[覺]'의 피동) '뜨이″다'의 준말. 뜨이다. (비) 띠″다[3].

띠″다[3] <띠이″다 <띄이″다 <뜨이″다 ('뜨다[覺]'의 피동) '뜨이″다'의 준말. '띠이″다[2]' 의 준말. 뜨이다. (비) 띠″다[2].

띠이″다[1] ('띠다[脫]'의 피동) 떼이다. (준) 띠″다[1].

띠이″다[2] <뜨이″다 ('뜨다[覺]'의 피동) 뜨이다. (준) 띠″다[3].

매이″다[1] ('매′다[紐]'의 피동) 매이다.

≪참고어원≫ 매이다 <ᄆᆡ이다 / ᄆᆡᅇᅵ다[←ᄆᆡ-+-이-]<석보상절(1447)>

매이″다[2] ('매다[耘]'의 피동) 매이다.

모디″다 <몯이″다 ('*몯다[集]'의 피동) 모이다. (비) 모이″다. 모지″다. 몯이″다.

모이″다 ('*모다[集]'의 피동) 모이다. (비) 모디″다. 모지″다. 몯이″다.

≪참고어원≫ 모이다[←모으-+-이-]

모지″다 <몯이″다 ('*몯다[集]'의 피동) 모이다. (비) 모디″다. 모이″다. 몯이″다.

몯이″다 ('*몯다[集]'의 피동) 모이다. (비) 모디″다. 모이″다. 모지″다.

≪참고어원≫ 모이다[←모으-+-이-]

무끼″다 <무뀌″다 <무꾸이″다 ('무꾸′다[束]'의 피동) 묶이다.

≪참고어원≫ <뭇기다[←무ᇧ-+-이-]<묘법연화경언해|법화경언해(1463)>

미″다[1] <미이″다 ('*미다[塞]'의 피동) '미이″다[1]'의 준말. 메이다.

미이″다[1] ('미 : 다[塞]'의 피동) 메이다. (준) 미″다[1].

밉보이″다 ('밉보′다'의 피동) 밉보이다. (준) 밉비″다.

밉비″다 <밉뷔″다 <밉보이″다 ('밉보′다'의 피동) '밉보이″다'의 준말. 밉보이다.

바끼″다 <바뀌″다 <바꾸이″다 ('바꾸′다[換]'의 피동) 바뀌다. (비) 배끼″다.

≪참고어원≫ 바꾸이다 <밧고이다[←밧고-+-이-]<번역노걸대(1517)>

바라다보이″다 ('바라다보′다'의 피동) 바라보이다. (준) 바라다비″다. (비) 바라보이″다.

바라다비″다 <바라다뷔″다 <바라다보이″다 ('바라다보′다'의 피동) '바라다보이″다'의 준말. 바라보이다. (비) 바라비″다.

바라보이″다 ('바라보′다'의 피동) 바라보이다. (준) 바라비″다. (비) 바라다보이″다.

바라비″다 <바라뷔″다 <바라보이″다 ('바라보′다'의 피동) '바라보이″다'의 준말. 바라보이다. (비) 바라다비″다.

바치″다[2] <밭이″다 ('밭′다[漉]'의 피동) 밭이다. (비) 밭이″다.

박이″다 <박이″다 ('박다[釘]'의 피동) 박히다. (비) 박히″다. 배기″다. 백이″다. 백히″다.

≪참고어원≫ 박히다 <바키다[←박-+-히-]<월인석보(1459)>

밭이″다 ('밭′다[漉]'의 피동) 밭이다. (비) 바치″다[2].

배기″다 <박이″다 ('박다[釘]'의 피동) 배기다. (비) 박이″다. 박히″다. 백이″다. 백히″다.

배끼″다 <바끼″다 <바뀌″다 <바꾸이″다 ('바꾸′다[換]'의 피동) 바뀌다. (비) 바끼″다.

≪참고어원≫ 바꾸이다 <밧고이다[←밧고-+-이-]<번역노걸대(1517)>

배이″다 ('배 : 다[滲]'의 피동) 배이다.

백이″다 <박이″다 ('박다[釘]'의 피동) ①배기다. ②박히다. (비) 박이″다. 박히″다. 배기″다. 백히″다.

≪참고어원≫ 박히다 <바키다[←박-+-히-]<월인석보(1459)>

보이″다[1] (‘보′다[見]’의 피동) 보이다. (준) 비″다[1].

≪참고어원≫ 보이다 <뵈다[←보-+-이-]<용비어천가(1447)>

비″다[1] <뷔″다 <보이″다 (‘보′다[見]’의 피동) ‘보이″다[1]’의 준말. 보이다.

≪참고어원≫ 보이다 <뵈다[←보-+-이-]<용비어천가(1447)>

비″다[3] <비이″다 (‘비 : 다[切]’의 피동) ‘비이″다[1]’의 준말. 베이다.

비이″다[1] (‘비 : 다[切]’의 피동) 베이다. (준) 비″다[3].

빈치″다 <빛이″다 (‘*빛다[明]’의 피동) 비치다[影·照]. (비) 삔치″다.

≪참고어원≫ 비치다 <비취다<용비어천가(1447)>

뽀이″다[1] <뽀우이″다 (‘뽀′우다[粉·碎]’의 피동) 빻아지다. (비) 뽀이″다[2].

뽀이″다[2] (‘뽀″다[粉·碎]’의 피동) 빻아지다. (비) 뽀이″다[1].

뽂이″다 (‘뽂′다[炒]’의 피동) 볶이다.

≪참고어원≫ 볶이다 <봇기다[←봈-+-이-]<월인석보(1459)>

삔치″다 <삧이″다 (‘*삧다[明]’의 피동) 비치다[影·照]. (비) 빈치″다.

사이″다 (‘사다[包]’의 피동) 싸이다.

≪참고어원≫ 싸이다 <ᄡᅡ이다[←ᄡᅡ-+-이-]<월인석보(1459)>

상이″다 (‘상′다[積]’의 피동) 쌓이다.

≪참고어원≫ 쌓이다 <싸히다[←쌓-+-이-]<월인석보(1459)> / 쌓이다 <사히다[←샇-+-이-]<원각경언해(1465)>

섞이″다 (‘섞′다[混]’의 피동) 섞이다. (비) 섞기″다. 섞기″다.

≪참고어원≫ 섞이다 <섯기다[←섞-+-이-]<칠대만법(1569)>

수이″다 (‘수다[射]’의 피동) 쏘이다. (준) 시″다[8].

≪참고어원≫ 쏘이다 <뽀이다[←뽀-+-이-]<남명집언해(1482)> / 쏘이다 <뾔이다[←뽀-+-이-]<구급간이방언해(1489)>

숭기″다[1] <숭귀″다 <숭구이″다 (‘숭구′다[植]’의 피동) 심기다.

시″다[1] <시이″다 (‘시다[用]’의 피동) ‘시이″다[1]’의 준말. 쓰이다.

시″다[2] <시이″다 (‘시다[冠]’의 피동) ‘시이″다[2]’의 준말. 쓰이다.

시″다[5] <시이″다 (‘시다[書]’의 피동) ‘시이″다[4]’의 준말. 쓰이다.

시″다[8] <쉬″다 <수이″다 ('수다[射]'의 피동) '수이″다'의 준말. 쏘이다. 쐬다.

≪참고어원≫ 쏘이다 <뽀이다[←뽀−+−이−]<남명집언해(1482)> / 쏘이다 <쁴이다[←뽀−+−이−]<구급간이방언해(1489)>

시이″다[1] ('시다[用]'의 피동) 쓰이다. ㊜ 시″다[1].

시이″다[2] ('시다[冠]'의 피동) 쓰이다. ㊜ 시″다[2].

시이″다[4] ('시다[書]'의 피동) 쓰이다. ㊜ 시″다[5].

시치″다 <시치이″다 ('시′치다[擦]'의 피동) 스쳐지다.

싶이″다 ('싶′다[嚼]'의 피동) 씹히다. ㊥ 싶히″다.

얕보이″다 ('얕보′다'의 피동) 얕보이다. ㊜ 얕비″다.

얕비″다 <얕뷔″다 <얕보이″다 ('얕보′다'의 피동) '얕보이″다'의 준말. 얕보이다.

억눌리″다~억눌′리″다 <억눌리이″다. ('억′눌′리다[壓]'의 피동) 억눌리다.

얽매이″다~얽매′이″다 ('얽매′다[繫]'의 피동) 얽매이다.

≪참고어원≫ 얽매이다 <얽ᄆᆡ이다[←얽−+ᄆᆡ−+−이−]<석보상절(1447)> / 얽매이다 <얽ᄆᆡ예다[←얽−+ᄆᆡ−+−이−]<월인석보(1459)>

엎이″다 ('엎′다[覆]'의 피동) 엎이다.

엮이″다 ('엮′다[編]'의 피동) 엮이다. ㊥ 엮이″다. 엮이″다. 엮기″다.

엮이″다 ('엮′다[編]'의 피동) 엮이다. ㊥ 엮이″다. 엮이″다. 엮기″다.

엮이″다 ('엮′다[編]'의 피동) 엮이다. ㊥ 엮이″다. 엮이″다. 엮기″다.

용시″다 ('용 : 시다'의 피동) '용시이″다'의 준말. 용이 쓰이다.

용시이″다 ('용 : 시다'의 피동) 용이 쓰이다. ㊜ 용시″다.

잇이″다 ('잇 : 다[繼]'의 피동) 이어지다. ㊥ 잇기″다.

접치″다 <접치이″다 ('접′치다'의 피동) 겹쳐지다.

지″다[1] <지이″다 ('지 : 다[握·執]'의 피동) '지이″다[1]'의 준말. 쥐이다.

지이″다[1] ('지 : 다[握·執]'의 피동) 쥐이다. ㊜ 지″다[1].

≪참고어원≫ 쥐이다 <쥐예다[←쥐−+−이−]<월인석보(1459)>

짚이″다[1] (‘짚′다[杖]’의 피동) 짚어지다. (비) 짚히″다[1].

짜이″다 (‘짜다[織·組]’의 피동) 짜이다. (준) 째″다.

째이″다[1] <짜이″다 (‘짜다[織·組]’의 피동) 짜이다. (비) 짜이″다.

째이″다[2] (‘째 : 다[曝]’의 피동) 쬐이다.

쪼이″다[1] (‘쪼″다[啄]’의 피동) 쪼이다. (비) 쪼이″다[2]<쪼우이″다.

쪼이″다[2] <쪼우이″다 (‘쪼′우다[啄]’의 피동) 쪼이다. (비) 쪼이″다[1].

쪼이″다[3] (‘*쪼다[搾·握]’의 피동) 조이다. (비) 쪼이″다[4]<쪼우이″다. 쫄리″다[3]<쫄이″다. 쫄리″다[4]<쪼루이″다.

쪼이″다[4] <쪼우이″다 (‘쪼′우다[搾·握]’의 피동) 조이다. (비) 쪼이″다[3]. 쫄리″다[3]<쫄이″다. 쫄리″다[4]<쪼루이″다.

찌이″다 (‘찌 : 다[插·介]’의 피동) 끼이다. (비) 끼이″다. 낑기″다[1]<끼ㅇ기″다. 낑기″다[2]<낑구′이다. 찡기″다[1]<찌ㅇ기″다. 찡기″다[2]<찡구′이다.

≪참고어원≫ 끼이다 <ᄭᅵ이다 <ᄢᅵ이다[←ᄢᅵ-+-이-]<신증유합(1576)>

찡기″다[2] <찡귀″다 <찡구′이다 (‘찡구′다[插·介]’의 피동) 끼이다. (비) 끼이″다. 낑기″다[1]<끼ㅇ기″다. 낑기″다[2]<낑구′이다. 찌이″다. 찡기″다[1]<찌ㅇ기″다.

≪참고어원≫ 끼이다 <ᄭᅵ이다<ᄢᅵ이다[←ᄢᅵ-+-이-]<신증유합(1576)>

차이″다 (‘차다[蹴]’의 피동) 차이다. (비) 채이″다.

채″다 <채이″다 <차이″다 (‘차다[蹴]’의 피동) ‘채이″다’의 준말. 차이다.

채이″다 <차이″다 (‘차다[蹴]’의 피동) 차이다. (준) 채″다. (비) 차이″다.

쳐다보이″다 (‘쳐다보′다’의 피동) 쳐다보이다. (준) 쳐다비″다.

쳐다비″다 <쳐다뷔″다 <쳐다보이″다 (‘쳐다보′다’의 피동) ‘쳐다보이″다’의 준말. 쳐다보이다.

추이″다 (‘추다[舞]’의 피동) 추이다.

치″다[1] <치이″다 (‘치다[軋·轢]’의 피동) ‘치이″다[1]’의 준말. 치이다.

치″다[2] <치이″다 (‘치다[慣]’의 피동) ‘치이″다[2]’의 준말. 치이다.

치이″다[1] (‘치다[軋·轢]’의 피동) 치이다. (비) 칭기″다[1]<치ㅇ기″다. 칭기″

다[2]<칭구′이다.

치이″다[2] (‘치다[價]’의 피동) 치이다. (준) 치″다[2].

칭기″다[2] <칭귀″다 <칭구′이다 (‘칭구′다[軋·轢]’의 피동) 끼이다. (비) 치이″다[1]. 칭기″다[1]<치ㅇ기″다.

캐이″다 (‘캐′다[點火]’의 피동) 켜지다.

트이″다[1] (‘트다[茁]’의 피동) 트이다. (준) 티″다[1]. (비) 티이″다[1].

트이″다[2] (‘트다[通]’의 피동) 트이다. (준) 티″다[2]. (비) 티이″다[2].

티″다[1] <틔″다 <트이″다 (‘트다[茁]’의 피동) ‘트이″다[1]’의 준말. 트이다. (비) 티″다[3].

티″다[2] <틔″다 <트이″다 (‘트다[通]’의 피동) ‘트이″다[2]’의 준말. 트이다. (비) 티″다[4].

티″다[3] <티이″다 <틔이″다 <트이″다 (‘트다[茁]’의 피동) ‘티이″다[1]’의 준말. 트이다. (비) 티″다[1].

티″다[4] <티이″다 <틔이″다 <트이″다 (‘트다[通]’의 피동) ‘티이″다[2]’의 준말. 트이다. (비) 티″다[2].

티이″다[1] <틔이″다 <트이″다 (‘트다[茁]’의 피동) 트이다. (준) 티″다[3]. (비) 트이″다[1].

티이″다[2] <틔이″다 <트이″다 (‘트다[通]’의 피동) 트이다. (준) 티″다[4]. (비) 트이″다[2].

파이″다 (‘파다[堀·鑿]’의 피동) 파이다. (비) 패이″다[2].

패이″다[1] (‘패′다[展·伸]’의 피동) 펴이다. (비) 피이″다.

패이″다[2] <파이″다 (‘파다[堀·鑿]’의 피동) 파이다. (비) 파이″다.

패이″다[3] (‘패다[斧]’의 피동) 패이다.

피″다 <피이″다 (‘피′다[展·伸]’의 피동) ‘피이″다’의 준말. 펴이다.

피이″다 (‘피′다[展·伸]’의 피동) 펴이다. (준) 피″다. (비) 패이″다[1].

헛보이″다 (‘헛보′다’의 피동) 헛보이다. (준) 헛비″다.

헛비″다 <헛뷔″다 <헛보이″다 (‘헛보′다’의 피동) ‘헛보이″다’의 준말.

헛보이다.

헛짚이″다 ('헛짚′다[杖]'의 피동) 헛짚이다. (비) 헛짚히″다.

홀치″다[1] <홀치이″다 ('홀′치다[結]'의 피동) 홀치게 되다.

홀치″다[2] <홅이″다 ('홅′다[舐]'의 피동) 핥이다. (비) 홅이″다.

홅이″다 ('홅′다[舐]'의 피동) 핥이다. (비) 홀치″다[2].

후이″다 ('*후다[枉]'의 피동) 휘어지다. (준) 휘″다. 히″다.

후치″다[1] <훛이″다 ('훛′다[逐]'의 피동) 쫓기다. (비) 후짖기″다. 후치″다[2]. 훌기″다. 훛이″다[1].

후치″다[2] <후치이″다 ('후′치다[逐]'의 피동) 쫓기다. (비) 후짖기″다. 후치″다[1]. 훌기″다. 훛이″다[1].

훌기″다 <훌기이″다 ('훌:기다[逐]'의 피동) 쫓기다. (비) 후짖기″다. 후치″다[1]. 후치″다[2]. 훛이″다[1].

훌치″다 <훑이″다 ('훑′다[扱]'의 피동) 훑이다. (비) 훑이″다.

훑이″다 ('훑′다[扱]'의 피동) 훑이다. (비) 훌치″다

훛이″다[1] ('훛′다[逐]'의 피동) 쫓기다. (비) 후짖기″다. 후치″다[1]. 후치″다[2]. 훌기″다.

휘″다 <후이″다 ('*후다[枉]'의 피동) '후이″다'의 준말. 휘어지다. (준) 히″다.

휘″다[1] <후위″다 <후우이″다 ('후′우다[枉]'의 피동) 휘어지다. (준) 히″다[1] <후이″다. (비) 휘″다[2]<후이″다.

휘″다[2] <후이″다 ('후″다[枉]'의 피동) 휘어지다. (준) 히″다[2]<후이″다. (비) 휘″다[1]<후우이″다.

흐치″다[1] <흩이″다 ('*흩다[散]'의 피동) 흩이다. (비) 흘치″다[1]. 흝이″다[1]. 흩이″다[1].

흘치″다[1] <흝이″다 ('*흝다[散]'의 피동) 흩이다. (비) 흐치″다[1]. 흝이″다[1]. 흩이″다[1].

흝이″다[1] ('*흝다[散]'의 피동) 흩이다. (비) 흐치″다[1]. 흘치″다[1]. 흩이″다[1].

흩이″다[1] ('*흩다[散]'의 피동) 흩이다. (비) 흐치″다[1]. 흘치″다[1]. 흝이″다[1].

히″다 <휘″다 <후이″다 ('*후다[枉]'의 피동) '휘″다'의 준말. 휘어지다.

히덮이″다 ('히덮′다[覆·蓋]'의 피동) 휘덮이다. [비] 히덮히″다.

힙사이″다 ('힙사다[包]'의 피동) 휩싸이다.

(6) －키－피동접미사

달키″다 ('달다[苦·弄]'의 피동) 시달리다. [비] 달리″다[4].

시달키″다~시달′키″다 ('*시달다[苦·弄]'의 피동) 시달리다. [비] 시달리″다[1].

실키″다 ('실다[摩·擦]'의 피동) 쓸리다. [비] 실리″다[2].

엉키″다[1] ('*엉다[構]'의 피동) 얽히다. [비] 엉기″다[1].

줄키″다 ('줄 : 다[減]'의 피동) 줄어지다. [비] 줄리″다.

할키″다 ('*할다[毁]'의 피동) 할퀴이다.

홀키″다 ('*홀다[誘·惑]'의 피동) 홀리다. [비] 홀리″다[1]<호리이″다. 홀리″다[2]<홀이″다.

(7) －히－피동접미사

가치″다 <갇히″다 ('*갇다[圍]'의 피동) 갇히다. [비] 가디″다. 갇이″다. 갇히″다.

갇히″다 ('*갇다[圍]'의 피동) 갇히다. [비] 가디″다. 가치″다. 갇이″다.

≪참고어원≫ 갇히다 <가티다[←갇－+－히－]<월인석보(1459)>

개피″다 <괩히″다 <곱히″다 (*곱다[盛]의 피동) 고이다. [비] 개비″다.

≪참고어원≫ 고이다 <고으다 / 고ᄋᆞ다←곱다<곱다<월인천강지곡(1447)>

거치″다 <걷히″다 ('걷′다[收]'의 피동) 걷히다. [비] 거디″다. 걷이″다. 걷히″다.

걷히″다 ('걷′다[收]'의 피동) 걷히다. [비] 거디″다. 거치″다. 걷이″다.

고롭히″다[1] ('고′롭′다[苦]'의 피동) 괴롭히다.

곱히″다 (*곱다[盛]의 피동) 고이다. (비) 개비″다. 개피″다.

≪참고어원≫ 고이다 <고으다 / 고ᄋᆞ다←곱다 <곱다<월인천강지곡(1447)>

굽히″다[1] ('굽′다[曲]'의 피동) 굽히다. (비) 구불류″다[1]. 구불′리다[1]. 구불추″다[1]. 굽′기다.[1] (센말) 꿉히″다[1]. (센말) 꿉히″다[2].

까랩히″다 <까래비히″다 ('까래′비다[爪]'의 피동) 할퀴이다.

깕히″다 ('깕′다[刮·搔]'의 피동) 갉히다. 할퀴이다. (비) 끌리″다[1]. 긁히″다.

꼽히″다[1] ('꼽′다[揷]'의 피동) 꽂히다. (비) 꽂히″다.

꼽히″다[2] ('꼽′다[指]'의 피동) 꼽히다.

꽂히″다 ('꽂′다[揷]'의 피동) 꽂히다. (비) 꼽히″다[1].

≪참고어원≫ 꽂히다 <고치다[←곶-+-히-]<분류두공부시언해(초간본)(1481)>

꿉히″다[1] ('꿉′다[曲]'의 피동) '굽히″다'의 센말. 굽히다.

꿉히″다[3] ('꿉 : 다[炙·燒]'의 피동) 굽히다.

끍히″다 ('끍′다[刮·搔]'의 피동) 긁히다. (비) 깕히″다. 끌리″다[1].

눕히″다[1] ('눕′다(臥)'의 피동) 눕혀 지다. (비) 닙히″다[1].

닙히″다[1] <닓히″다 <눕히″다 ('눕′다[臥]'의 피동) 눕혀 지다. (비) 눕히″다[1].

닫히″다 ('닫′다[閉]'의 피동) 닫히다. (비) 닫기″다.

≪참고어원≫ 닫히다 <다티다[←닫-+-히-]<월인석보(1459)>

대싦히″다 ('대싦′다[嚼]'의 피동사) 되씹히다. (비) 대싦이″다.

더럽히″다[1] ('더 : 럽다[污]'의 피동) 더럽히다.

덮히″다 ('덮′다[覆·蓋]'의 피동) 덮이다. (비) 덮이″다.

돋치″다 <돋히″다 ('돋′다[培·聳]'의 피동) 돋게 되다. (비) 돋이″다. 돋히″다.

돋히″다 ('돋′다[培 · 聳]'의 피동) 돋게 되다. (비) 돋이″다. 돋치″다.

디덮히″다 ('디덮′다[腹·蓋]'의 피동) 뒤덮이다. (비) 디덮이″다.

디얽히″다~디얽′히″다 ('디얽′다[繫]'의 피동) 뒤얽히다. (비) 디얽이″다.

디집히″다~디집′히″다 ('디집′다[反·飜]'의 피동) 뒤집히다.

떠받히″다~떠받′히″다 ('떠받′다'의 피동) 떠받히다.

뚧히″다 ('뚧 : 다[鑿]'의 피동) 뚫리다. [비] 뚧리″다.

마키″다 <막히″다 ('막′다[防·閉]'의 피동) 막히다. [비] 막히″다. 맥히″다.

막히″다 ('막′다[防·閉]'의 피동) 막히다. [비] 마키″다. 맥히″다.

≪참고어원≫ 막히다 <마키다[←막-+-히-]<능엄경언해(1461)>

매키″다 <맥히″다 <막히″다 ('막′다[防·閉]'의 피동) 막히다. [비] 막히″다. 맥히″다.

맥히″다 <막히″다 ('막′다[防·閉]'의 피동) 막히다. [비] 막히″다. 매키″다.

맺히″다 ('맺′다[結]'의 피동) 맺히다.

≪참고어원≫ 맺히다 <미치다[←및-+-히-]<분류두공부시언해(초간본)(1481)>

묻히″다 ('묻′다[埋]'의 피동) 묻히다.

≪참고어원≫ 묻히다 <무티다[←묻-+-히-]<월인석보(1459)>

믹히″다 <뮉히″다 <묵히″다 ('묵′다[食]'의 피동) 먹히다.

≪참고어원≫ 먹히다 <머키다[←먹-+-히-]<능엄경언해(1461)>

바치″다 <받히″다 ('받′다[衝]'의 피동) 받히다. 부딪히다. [비] 받히″다.

박히″다 ('박′다[釘]'의 피동) 박히다. [비] 박이″다. 배기″다. 백이″다. 백히″다.

≪참고어원≫ 박히다 <바키다[←박-+-히-]<월인석보(1459)>

받히″다 ('받′다[衝]'의 피동) 받히다. 부딪히다. [비] 바치″다.

밟히″다 ('밟 : 다[踏]'의 피동) 밟히다. [비] 볿히″다. 참고어원

≪참고어원≫ 밟히다 <볼피다 <볼이다[←ᄇᆞᆲ-+-이-]<구급방언해(1466)>

백히″다 <박히″다 ('박′다[釘]'의 피동) 박히다. [비] 박이″다. 박히″다. 배기″다. 백이″다.

볿히″다 ('볿 : 다[踏]'의 피동) 밟히다. [비] 밟히″다.

≪참고어원≫ 밟히다 <볼피다 <볼이다[←ᄇᆞᆲ-+-이-]<구급방언해(1466)>

붙잡히″다 ('붙잡′다[執·捕]'의 피동) 붙잡히다. [비] 붙잽히″다. 뿥짭히″다. 뿥쨉히″다.

붙잽히″다 ('붙잡′다[執·捕]'의 피동) 붙잡히다. [비] 붙잡히″다. 뿥짭히″

다. 뿥쨉히″다.

뻗히″다 (‘뻗′다[暢]’의 피동사) 뻗히다.

뽑히″다 (‘뽑다[拔]’의 피동사) 뽑히다.

뿥쨉히″다 <뿥짭히″다 (‘뿥짭′다[執·捕]’의 피동) ㊗ 붙잡히″다. 붙잽히″다. 뿥짭히″다.

뿥짭히″다 (‘뿥짭′다[執·捕]’의 피동) 붙잡히다. ㊗ 붙잡히″다. 붙잽히″다. 뿥쨉히″다.

생각히″다 (‘생′각′다’의 피동) 생각되다. 생각나다.

속히″다 (‘속′다’의 피동사) 속임을 당하다.

손꼽히″다 (‘손꼽′다[指]’의 피동) 손꼽히다.

싶히″다 (‘싶′다[嚼]’의 피동사) 씹히다. ㊗ 싶이″다.

어지럽히″다 (‘어′지′럽다[紛·亂]’의 피동) 어지러워지다.

언치″다 <얹히″다 (‘얹′다’의 피동) ①얹히다. ②체하다(滯－－). ㊗ 얹히″다.

얹히″다 (‘얹′다’의 피동) ①얹히다. ②체하다(滯－－). ㊗ 언치″다.

≪참고어원≫ 얹히다 <연치다[←엱－+－히－]<분류두공부시언해(초간본)(1481)>

얽히″다[1] (‘얽′다[繫]’의 피동) 얽히다.

≪참고어원≫ 얽히다 <얼키다[←얽－+－히－]<능엄경언해(1461)> / 얽히다 <얼기다[←얽－+－이－]<능엄경언해(1461)>

업히″다[1] (‘업′다[負]’의 피동) 업히다.

여닫히″다 (‘여닫′다[開閉]’의 피동) 여닫히다. ㊗ 여닫기″다.

읽히″다[1] (‘읽′다[讀]’의 피동) 읽히다.

입히″다[1] (‘입′다[被]’의 피동) 입히다.

잊히″다 (‘잊′다[忘]’의 피동) 잊히다. ㊗ 잊기″다.

자아믹히″다 <자아뫽히″다 <자아묵히″다 (‘자아묵′다[食]’의 피동) 잡아먹히다. ㊗ 잡아믹히″다.

잡아믹히″다 <잡아뫽히″다 <잡아묵히″다 (‘잡아묵′다[食]’의 피동) 잡아먹히다. ㊗ 자아믹히″다.

잡히″다[1] (‘잡다[執·捕]’의 피동) 잡히다. (비) 잽히″다[1].

잦히″다[1] (‘잦′다[傾]’의 피동) 젖히다. (비) 잦기″다[1]. 잿기″다[1]. 잿히″다[1]. 젖기″다[1]. 젳기″다[1]. 젖히″다[1]. 젳히″다[1].

잽히″다[1] <잡히″다 (‘잡다[執·捕]’의 피동) 잡히다. (비) 잡히″다[1].

≪참고어원≫ 잡히다 <자피다[←잡-+-히-]<석보상절(1447)>

잿히″다[1] <잦히″다 (‘잦′다[傾]’의 피동) 젖히다. (비) 잦기″다[1]. 잦히″다[1]. 잿기″다[1]. 젖기″다[1]. 젳기″다[1]. 젖히″다[1]. 젳히″다[1].

적히″다 (‘적′다[記·錄]’의 피동) 적히다. (비) 적기″다.

접히″다[1] (‘접′다[摺]’의 피동) 접히다.

젖히″다[1] (‘젖′다[傾]’의 피동) 젖히다. (비) 잦기″다[1]. 잦히″다[1]. 잿기″다[1]. 잿히″다[1]. 젖기″다[1]. 젳기″다[1]. 젳히″다[1].

젳히″다[1] <젖히″다 (‘젖′다[傾]’의 피동) 젖히다. (비) 잦기″다[1]. 잦히″다[1]. 잿기″다[1]. 잿히″다[1]. 젖기″다[1]. 젳기″다[1]. 젖히″다[1].

지박히″다 (‘지″박다’의 피동) 쥐어박히다. (비) 지이박히″다.

지이박히″다 (‘지이″박다’의 피동) 쥐어박히다. (비) 지박히″다.

집히″다 (‘집′다[撮·拈]’의 피동) 집히다. (비) 찝히″다.

짓밟히″다 (‘짓밟:다[踏]’의 피동) 짓밟히다. (비) 짓볿히″다.

짓볿히″다 (‘짓볿:다[踏]’의 피동) 짓밟히다. (비) 짓밟히″다.

짚히″다[1] (‘짚′다[杖]’의 피동) 짚어지다. (비) 짚이″다[1].

짼히″다 <째비히″다 (‘째′비다[抓]’의 피동) 꼬집히다.

찍히″다[1] (‘찍′다[斧]’의 피동) 찍히다. (비) 찍기″다[1].

찍히″다[2] (‘찍′다[撮]’의 피동) 찍히다. (비) 찍기″다[2].

찍히″다[3] (‘찍′다[押·印]’의 피동) 찍히다. (비) 찍기″다[3].

≪참고어원≫ 찍히다 <딕히다[←딕-+-히-]<역해유해(1690)>

찍히″다[4] (‘찍′다[搗]’의 피동) 찧어지다. (비) 찍기″다[4].

찝히″다 (‘찝′다[撮·拈]’의 피동) 집히다. (비) 집히″다.

처박히″다 (‘처박′다’의 피동) 처박히다. (비) 처백히″다.

처백히″다 <처박히″다 (‘처박′다’의 피동) 처박히다. [비] 처박히″다.

촉잡히″다(←責－－－) (‘촉′잡′다(←責－－)’의 피동) 책잡히다(責－－－).

치받히″다～치받′히″다 (‘치받′다’의 피동) 치받치다.

파묻히″다 (‘파묻′다[埋]’의 피동) 파묻히다.

헛잡히″다 (‘헛잡다[執·捕]’의 피동) 헛잡히다. [비] 헛잽히″다.

헛잽히″다 <헛잡히″다 (‘헛잡다[執·捕]’의 피동) 헛잡히다. [비] 헛잡히″다.

헛짚히″다 (‘헛짚′다[杖]’의 피동) 헛짚이다. [비] 헛짚이″다.

히덮히″다 (‘히덮′다[覆·蓋]’의 피동) 휘덮이다. [비] 히덮이″다.

히잡히″다 (‘히″잡다[執·捕]’의 피동) 휘어 잡히다. [비] 히잽히″다.

히잽히″다 <히잡히″다 (‘히″잡다[執·捕]’의 피동) 휘어 잡히다. [비] 히잡히″다.

2. 사동사

(1) －개－사동접미사

늘개′다 (‘늘다[增]’의 사동) 늘이다. 늘리다. [비] 늘구′다. 늘류″다. 늘′리다. 늘캐′다. 늘쿠′다. 니루′다.

(2) －구－사동접미사

걸머징구′다[1] <걸머짐구′다 (‘*걸머짐다[負]’의 사동) 걸머지우다. [비] 걸머지′우다. 걸머징구′다[2].

굶구′다～굶구″다 (‘굶 : 다[飢]’의 사동) 굶기다. [비] 골류″다[2]. 골′리다. 곪류″다. 곪′리다. 굶′기다, 궁′기다.

깜구′다[1][깡구다] (‘깜다[沐]’의 사동) 감기다. [비] 깜′기다[2]. 깽구′다. 깽′기다[2].

깜구′다[2][깡구다] (‘깜다[瞑]’의 사동) 감기다. [비] 깜′기다[4]. 깽′기다[4]

깽구'다 <깜구'다 ('깜다[沐]'의 사동) 감기다. (비) 깜구다[1]. 깜'기다[2]. 깽'기다[2].

남구'다 ('남 : 다[餘]'의 사동) 남기다. (비) 남'기다. 낭구'다. 낭기'다. 냄'기다. 냉'기다.

≪참고어원≫ 남기다[←남-+-기-]<첩해신어(원간본)(1676)>

낭구'다 <남구'다 ('남 : 다[餘]'의 사동) 남기다. (비) 남구'다. 남'기다. 낭기'다. 냄'기다. 냉'기다.

널구'다 ('널'다[廣]'의 사동) 넓히다. (비) 널류"다[1]<너리이'우다. 널류"다[2]<널리'우다. 널'리다[1]<너리'이다. 널'리다[2]<널'이다. 널캐'다. 널쿠'다. 널'키다. 넓후'다. 넓'히다.

≪참고어원≫ 넓히다 <널피다 <너피다[←넙-+-히-]<석보상절(1447)>

넘구'다 ('넘 : 다[越·溢]'의 사동) ①넘기다. ②삼키다. (비) 넘'기다. 넝구'다. 넝'기다.

≪참고어원≫ 넘기다 <넘고다 / 넘구다 / 넘그다[←넘-+-으-]<분류두공부시언해(초간본)(1481)> / 넘기다 <너므다[←넘-+-으-]<월인석보(1459)>

넝구'다 <넘구'다 ('넘 : 다[越·溢]'의 사동) ①넘기다. ②삼키다. (비) 넘구'다. 넘'기다. 넝'기다.

늘구'다 ('늘다[增]'의 사동) 늘이다. 늘리다. (비) 늘개'다. 늘류"다. 늘'리다[2]. 늘캐'다. 늘쿠'다. 니루'다.

달구'다[1] ('달 : 다[熱]'의 사동) 달구다.

≪참고어원≫ 달구다 <달오다[←달-+-오-]<월인석보(1459)>

달구'다[2] ('달다[苦·弄]'의 사동) 시달리게 하다. (비) 다루'다[1] <달루'다. 다루'다[2]<달우'다. 달루'다. 달류"다. 달쿠"다. 달'키다[2].

닳구'다 ('닳'다[磨·耗]'의 사동) 닳게 하다.

담구'다[1] ('담다[盛]'의 사동) 담그다. (비) 당구'다[1].

담구'다[2] ('담다[漬]'의 사동) 담그다. (비) 당구'다[2].

당구'다[1] <담구'다 ('담다[盛]'의 사동) 담그다. (비) 담구'다[1].

당구'다[2] <담구'다 ('담다[漬]'의 사동) 담그다. (비) 담구'다[2].

더꾸′다[1] <덥구′다[7]. (‘덥 : 다[熱·暑]’의 사동) 데우다. (비) 더꾸′다[2]<덥꾸′다. 더푸′다. 더′피다. 덥구′다. 덥후′다. 덥′히다. 데′우다. 데′피다. 뎁′히다. 디′우다.

덥구′다 (‘덥 : 다[熱·暑]’의 사동) 데우다. (비) 더꾸′다[1]<덥구′다. 더꾸′다[2]<덥꾸′다. 더푸′다. 더′피다. 덥후′다. 덥′히다. 데′우다. 데′피다. 뎁′히다. 디′우다.

돋구′다~돋구″다 (‘돋′다[培·聳]’의 사동) 돋우다. (비) 도두′다. 도′우다. 돋우′다.

≪참고어원≫ 돋우다 <도도다[←돋-+-오-]<용비어천가(1447)>

떨구′다 (‘떨′다[離·脫]’의 사동) ①떨어뜨리다. ②놓치다. (비) 떠루′다[2]. 떠주″다[2]. 떠쥬″다[2]. 떨류″다[1].

부풀구″다~부풀′구″다 (‘부′풀다[膨·脹]’의 사동) 부풀리다. (비) 부푸″다. 부푸′리다[2]. 부풀루″다. 부풀류″다. 부풀′리다[2].

불구′다 <붇구′다 (‘붇 : 다[增·漲·殖]’의 사동) 불리다. (비) 불루′다. 불류″다[3]. 불′리다[6]. 불우′다. 불쿠′다.

≪참고어원≫ 불리다 <불이다[←붇-+-이-]

살구′다 (‘살 : 다[生]’의 사동) 살리다. (비) 살류″다. 살′리다. 살쿠′다.

≪참고어원≫ 살리다 <사ᄅᆞ다[←살-+-ᄋᆞ-]<용비어천가(1447)>

섞구′다 (‘섞′다[混]’의 사동) 섞게 하다. 섞이게 하다. (비) 섞우′다.

시달구″다~시달′구″다 (‘*시달다[苦·弄]’의 사동) 시달게 하다. (비) 시다루″다[1]<시달루″다. 시다루″다[2]<시달우″다. 시달루″다. 시달류″다. 시달쿠″다. 시달′키다.

신구′다 (‘신 : 다[履]’의 사동) 신기다. (비) 신′기다[2]. 신쿠′다. 신′키다.

≪참고어원≫ 신기다[←신-+-기-]<가례언해(1632)>

애달구″다~애달′구″다 (‘애달다[焦·燥]’의 사동) 애달게 하다. (비) 애달루″다. 애달류″다. 애달쿠″다. 애달키′다.

---

7. 가상어근 ‘*덖다[熱·暑]’를 설정한 각주3. 참조.

얼구′다 (‘얼 : 다[凍]’의 사동) 얼리다. 어루′다. 얼루′다. 얼류″다. 얼′리다. 얼우′다. 얼쿠′다.

≪참고어원≫ 얼리다 <얼우다[←얼-+-우-]<용비어천가(1447)>

엉구′다 (‘*엉다[構]’의 사동) 얽히게 하다. (비) 엉′기다[2]. 엉쿠′다. 엉′키다[2].

울구′다 (‘*울다[拔]’의 사동) 우리다. (비) 우루′다. 우′리다.

≪참고어원≫ 우리다[←*울-+-이-]<분류두공부시언해(초간본)(1481)>

일구′다 (‘일다[起]’의 사동) 일구다. (비) 이루′다.

잠구′다[1] (*잠다[沈]의 사동) 잠기게 하다. (비) 장구′다[1].

잠구′다[2] (*잠다[鍵]의 사동) 잠기게 하다. (비) 장구′다[2].

장구′다[1] <잠구′다 (*잠다[沈]의 사동) 잠기게 하다. (비) 잠구′다[1].

장구′다[2] <잠구′다 (*잠다[鍵]의 사동) 잠기게 하다. (비) 잠구′다[2].

줄구′다 (‘줄 : 다[減]’의 사동) 줄이다. (비) 주루′다. 줄루′다. 줄류″다. 줄우′다. 줄′이다. 줄쿠′다. (센) 쭐구′다.

≪참고어원≫ 줄이다 <조리다[←졸-+-이-]<석보상절(1447)>

질구′다 (‘질 : 다[長]’의 사동) ①기르다[育·養]. ②늘리다. (비) 지루′다. 질루′다. 질류″다. 질′리다. 질수′다. 질우′다. 질′이다. 질쿠′다.

≪참고어원≫ 기르다[←길-+-으-]<석보상절(1447)> / 기르다 <기ᄅᆞ다[←길-+-ᄋᆞ-]<석보상절(1447)>

쭐구′다 (‘쭐 : 다[減]’의 사동) ‘줄구′다’의 센말. 줄이다. (비) 쭈루′다. 쭐루′다. 쭐류″다. 쭐우′다. 쭐′이다. 쭐쿠′다.

≪참고어원≫ 줄이다 <조리다[←졸-+-이-]<석보상절(1447)>

홀구′다 (‘*홀다[誘·惑]’의 사동) 호리다. (비) 홀루′다. 홀류″다[1]<홀리′우다. 홀류다[2]<호리이′우다. 홀쿠′다. 홀′키다[2].

(3) -기-사동접미사

곪′기다 (‘곪 : 다[飢]’의 사동) 굶기다. (비) 골류″다[2]. 골′리다. 곯류″다. 곯′리다. 곪구′다. 궁′기다.

굽′기다 (‘굽′다[曲]’의 사동) 굽히다. (비) 구불류″다[1]. 구불′리다[1]. 구불추″다[1]. 굽′히다[2]. (센) 꿉′기다.

≪참고어원≫ 굽히다 <구피다[←굽−+−히−]<석보상절(1447)>

궁′기다 <굶′기다 ('굶다[飢]'의 사동) 굶기다. (비) 골류″다[2]. 골′리다. 곯류″다. 곯′리다. 굶구′다. 굶′기다.

깜′기다[2] ('깜다[沐]'의 사동) 감기다. (비) 깜구′다[1]. 깽구′다. 깽′기다[2].

≪참고어원≫ 감기다 <곰기다[←곰−+−기−]<내훈(1475)>

깜′기다[4] ('깜다[瞑]'의 사동) 감기다. (비) 깜구′다[2]. 깽′기다[4].

깽′기다[2] <깜′기다 ('깜다[沐]'의 사동) 감기다. (비) 깜구′다[1]. 깜′기다[2]. 깽구′다.

≪참고어원≫ 감기다 <곰기다[←곰−+−기−]<내훈(1475)>

깽′기다[4] <깜′기다 ('깜다[瞑]'의 사동) 감기다. (비) 깜구′다[2]. 깜′기다[4].

꿉′기다 ('꿉′다[曲]'의 사동) '굽′기다'의 센말. 굽히다. (비) 꿉′히다.

남′기다 ('남:다[餘]'의 사동) 남기다. (비) 남구′다. 낭구′다. 낭기′다. 냄′기다. 냉′기다.

≪참고어원≫ 남기다[←남−+−기−]<첩해신어(원간본)(1676)>

낭′기다 <남′기다 ('남:다[餘]'의 사동) 남기다. (비) 남구′다. 남′기다. 낭구′다. 냄′기다. 냉′기다.

냄′기다 <남′기다 ('남:다[餘]'의 사동) 남기다. (비) 남구′다. 남′기다. 낭구′다. 낭기′다. 냉′기다.

냉′기다 <냄′기다 <남′기다 ('남:다[餘]'의 사동) 남기다. (비) 남구′다. 남′기다. 낭구′다. 낭기′다. 냄′기다.

넘′기다 ('넘:다[越·溢]'의 사동) ①넘기다. ②삼키다. (비) 넘구′다. 넝구′다. 넝′기다.

≪참고어원≫ 넘기다 <넘고다 / 넘구다←넘그다<분류두공부시언해(초간본)(1481)> / 넘기다 <너므다[←넘−+−으−]<월인석보(1459)>

넝′기다 <넘′기다 ('넘:다[越·溢]'의 사동) ①넘기다. ②삼키다. (비) 넘구′다. 넘′기다. 넝구′다.

닳′기다 ('닳′다[磨·耗]'의 사동) 닳게 하다.

도맡'기다 ('도맡'다[任]'의 사동) 도맡기다. [비] 도맽'기다.

도맽'기다 <도맡'기다 ('도맡'다[任]'의 사동) 도맡기다. [비] 도맡'기다.

따듬'기다[2] ('따듬'다[琢]'의 사동) 다듬기다.

떠맡'기다 ('떠맡'다[任]'의 사동) 떠맡기다. [비] 떠맽'기다.

떠맽'기다 <떠맡'기다 ('떠맡'다[任]'의 사동) 떠맡기다. [비] 떠맡'기다.

말'기다 ('말:다[勿]'의 사동) 말리다. [비] 말'리다[5].

≪참고어원≫ 말리다 <말이다[←말-+-이-]<용비어천가(1447)>

맡'기다 ('맡'다[任]'의 사동) 맡기다. [비] 맽'기다.

≪참고어원≫ 맡기다 <맛기다 <맛디다[←맜-+-이-]<용비어천가(1447)>

맽'기다 <맡'기다 ('맡'다[任]'의 사동) 맡기다. [비] 맡'기다.

발:기다 ('발:다[開]'의 사동) 벌리다. [비] 발:리다[4]. 발:시다. 벨:시다. 빌:시다. [큰] 벌:기다.

≪참고어원≫ 벌리다 <버리다[←벌-+-이-]<분류두공부시언해(초간본)(1481)>

벌거벗'기다 ('벌거벗'다[脫]'의 사동) 벌거벗기다. [비] 빨가벗'기다[2]. 빨가벳'기다[2].

빨가벗'기다[2] ('빨가벗'다[脫]'의 사동) 발가벗기다. [비] 벌거벗'기다. 빨가벳'기다[2].

빨가벳'기다[2] <빨가벗기다 ('빨가벗'다[脫]'의 사동) 발가벗기다. [비] 벌거벗'기다. 빨가벗'기다[2].

벌:기다 ('벌:다[開]'의 사동) 벌리다. [비] 벌:리다[3]. 벌:시다. 벨:시다. 빌:시다.

≪참고어원≫ 벌리다 <버리다[←벌-+-이-]<분류두공부시언해(초간본)(1481)>

벗'기다[2] ('벗'다[脫]'의 사동) 벗기다. [비] 벳'기다[2]. 뺏'기다[2]. 뻿'기다[2].

≪참고어원≫ 벗기다[←벗-+-기-]<석보상절(1447)> / 벗기다 <밧기다[←밧-+-기-]<용비어천가(1447)>

벳'기다[2] <벗기다 ('벗'다[脫]'의 사동) 벗기다. [비] 벗'기다[2]. 뺏'기다[2]. 뻿'기다[2].

뺏'기다[2] ('벗'다[脫]'의 사동) 벗기다. [비] 벗'기다[2]. 벳'기다[2]. 뻿'기다[2].

뻣′기다[2] <뻣′기다 (‘벗′다[脫]’의 사동) 벗기다. [비] 벗′기다[2]. 벳′기다[2]. 뺏′기다[2].

뻿′기다~뻿기″다[2] (‘뻿′다[梳]’의 사동) 빗기다.

≪참고어원≫ 빗기다[←빗-+-기-]<월인석보(1459)>

숨′기다 (‘숨다[隱]’의 사동) 숨기다. [비] 숨쿠′다. 숨′키다. 숭′기다[2]. 숭쿠′다. 숭′키다.

≪참고어원≫ 숨기다[←숨-+-기-]<능엄경언해(1461)>

숭′기다[2] <숨′기다 (‘숨다[隱]’의 사동) 숨기다. [비] 숨′기다. 숨쿠′다. 숨′키다. 숭쿠′다. 숭′키다.

쉬′기다[2] (‘쉬′다[洗]’의 사동) 씻기다.

≪참고어원≫ 씻기다 <싯기다[←싯-+-기-]<석보상절(1447)>

신′기다~신기″다[2] (‘신:다[履]’의 사동) 신기다. [비] 신구′다. 신쿠′다. 신′키다.

≪참고어원≫ 신기다[←신-+-기-]<가례언해(1632)>

안′기다[2] (‘안:다[抱]’의 사동) 안기다. [비] 앤′기다[2].

앤′기다[2] <안′기다 (‘안:다[抱]’의 사동) 안기다. [비] 안기다[2].

앵′기다 <왱′기다 <욍′기다 <옮′기다 (‘옮:다[移·染]’의 사동) 옮기다. [비] 옮′기다. 옹′기다. 왱′기다.

≪참고어원≫ 옮기다[←옮-+-기-]<월인석보(1459)>

엉′기다[2] (‘*엉다[構]’의 사동) 얽히게 하다. [비] 엉구′다. 엉쿠′다. 엉′키다[2].

옮′기다 (‘옮:다[移·染]’의 사동) 옮기다. [비] 앵′기다. 옹′기다. 왱′기다.

≪참고어원≫ 옮기다[←옮-+-기-]<월인석보(1459)>

옹′기다 <옮′기다 (‘옮:다[移·染]’의 사동) 옮기다. [비] 앵′기다. 옮′기다. 왱′기다.

왱′기다 <욍′기다 <옮′기다 (‘옮:다[移·染]’의 사동) 옮기다. [비] 앵′기다. 옮′기다. 옹′기다.

윗′기다 (‘윗:다[笑]’의 사동) 웃기다.

≪참고어원≫ 웃기다 <웃이다[←웃-+-이-]<석보상절(1447)> / 웃기다

<우ᇫ이다[←우ᇫ−+−이−]<남명집언해(1482)>

잦′기다 (‘잦′다[傾]’의 사동) 젖히다. [비] 잦후′다. 잦′히다. 잿′기다. 잿′히다. 젖′기다. 젖후′다. 젖′히다. 젲′기다. 젲′히다.

잿′기다 <잦′기다 (‘잦′다[傾]’의 사동) 젖히다. [비] 잦′기다. 잦후′다. 잦′히다. 잿′히다. 젖′기다. 젖후′다. 젖′히다. 젲′기다. 젲′히다.

젖′기다 (‘젖′다[傾]’의 사동) 젖히다. [비] 잦′기다. 잦후′다. 잦′히다. 잿′기다. 잿′히다. 젖후′다. 젖′히다. 젲′기다. 젲′히다.

젲′기다 <젖′기다 (‘젖′다[傾]’의 사동) 젖히다. ¶ 코피 나머(−면) 머리를 디로(뒤−) 젲기라. [비] 잦′기다. 잦후′다. 잦′히다. 잿′기다. 잿′히다. 젖′기다. 젖후′다. 젖′히다. 젲′히다.

티′기다 (‘티′다[跳]’의 사동) 튀기다. 튕기다. [비] 탱′기다. 팅구′다. 팅′기다.

헐벗′기다 (‘헐벗′다[脫]’의 사동) 헐벗기다. [비] 헐벳′기다.

헐벳′기다 <헐벗기다 (‘헐벗′다[脫]’의 사동) 헐벗기다. [비] 헐벗′기다.

(4) −꾸−사동접미사

깨꾸′다 (‘깨다[醒·覺]’의 사동) 깨우다. [비] 깨배′다. 깨′우다.

≪참고어원≫ 깨우다 <ᄉᆡ오다[←ᄉᆡ−+−오−]<월인석보(1459)>

더꾸′다[2] <덥꾸′다[8]. (‘덥 : 다[熱·暑]’의 사동) 데우다. [비] 더꾸′다[1]<덥구′다. 더푸′다. 더′피다. 덥구′다. 덥후′다. 덥′히다. 데′우다. 데′피다. 뎁′히다. 디′우다.

메꾸′다 (‘메 : 다[塞]’의 사동) 메우다. [비] 메′우다. 메쿠′다. 미꾸′다. 미′우다. 미쿠′다.

≪참고어원≫ 메우다 <몌우다[←몌−+−우−]<능엄경언해(1461)> / 메우다 <몌오다[←몌−+−오−]<능엄경언해(1461)>

미꾸′다 (미 : 다[塞]의 사동) 메우다. [비] 메꾸′다. 메′우다. 메쿠′다. 미′우다. 미쿠′다.

8. 가상어근 ‘*덮다[熱·暑]’를 설정한 각주3. 참조.

(5) －루－사동접미사

다루′다[1] <달루′다 (‘달다[苦·弄]’의 사동) 시달리게 하다. ㊓ 다루′다[2] <달우′다. 달구′다[2]. 달루′다. 달류″다. 달쿠″다. 달′키다[2].

다루′다[2] <달우′다 (‘달다[苦·弄]’의 사동) 시달리게 하다. ㊓ 다루′다[1] <달루′다. 달구′다[2]. 달루′다. 달류″다. 달쿠″다. 달′키다[2].

달루′다～달루″다 (‘달다[苦·弄]’의 사동) 시달리게 하다. ㊓ 다루′다[1] <달루′다. 다루′다[2]<달우′다. 달구′다[2]. 달류″다. 달쿠″다. 달′키다[2].

들루′다～들루″다[1] (‘들다[入]’의 사동) 들이다. ㊓ 들류″다[1]. 들′이′다[1]. 디′리′다[1]. 딜류″다[1]. 딜′이′다[1].

≪참고어원≫ 들이다 <드리다[←들－+－이－]<석보상절(1447)>

들루′다～들루″다[2] (‘들다[染]’의 사동) 들이다. ㊓ 들류″다[2]. 들′이′다[2]. 디′리′다[2]. 딜류″다[2]. 딜′이′다[2].

부풀루″다～부풀′루″다 (‘부′풀다[膨·脹]’의 사동) 부풀리다. ㊓ 부푸″다. 부푸′리다[2]. 부풀구″다. 부풀류″다. 부풀′리다[2].

시다루″다[1] <시달루″다 (‘*시달다[苦·弄]’의 사동) 시달리게 하다. ㊓ 시다루″다[2]<시달우″다. 시달구″다. 시달루″다. 시달류″다. 시달쿠″다. 시달′키다[2].

시달루″다～시달′루″다 (‘*시달다[苦·弄]’의 사동) 시달리게 하다. ㊓ 시다루″다[1]<시달루″다. 시다루″다[2]<시달우″다. 시달구″다. 시달류″다. 시달쿠″다. 시달′키다[2].

애달루″다～애달′루″다 (‘애달다[焦·燥]’의 사동) 애달게 하다. ㊓ 애달구″다. 애달류″다. 애달쿠″다. 애달키′다.

얼루′다～얼루″다 (‘얼:다[凍]’의 사동) 얼리다. ㊓ 어루′다. 얼구′다. 얼류″다. 얼′리다. 얼우′다. 얼쿠′다.

≪참고어원≫ 얼리다 <얼우다[←얼－+－우－]<용비어천가(1447)>

줄루′다～줄루″다 (‘줄:다[減]’의 사동) 줄이다. ㊓ 주루′다. 줄구′다. 줄류″다. 줄우′다. 줄′이다. 줄쿠′다. ㉦ 쭐루′다.

≪참고어원≫ 줄이다 <조리다[←졸－+－이－]<석보상절(1447)>

질루′다~질루″다 (‘질 : 다[長]’의 사동) ①기르다[育·養]. ②늘리다. (비) 지루′다. 질구′다. 질류″다. 질′리다. 질수′다. 질우′다. 질′이다. 질쿠′다.

《참고어원》 기르다[←길-+-으-]<석보상절(1447)> / 기르다 <기ᄅᆞ다[←길-+-ᄋᆞ-]<석보상절(1447)>

쫄루′다~쫄루″다[1] (‘*쫄다[促]’’의 사동) 조르다. (비) 쪼루다[1].

《참고어원》 조르다 <조로다<역해유해(1690)>

쫄루′다~쫄루″다[2] (‘*쫄다[搾·握]’’의 사동) 조르다. (비) 쪼루다[2]. 쪼우다.

《참고어원》 조르다 <ᄌᆞᄅᆞ다<능엄경언해(1461)>

쭐루′다~쭐루″다 (‘쭐 : 다[減]’의 사동) ‘줄루′다’의 센말. 줄이다. (비) 쭈루′다. 쭐구′다. 쭐류″다. 쭐우′다. 쭐′이다. 쭐쿠′다.

홀루′다~홀루″다 (‘*홀다[誘·惑]’의 사동) 호리다. (비) 홀구′다. 홀류″다 <홀리′우다. 홀류다[2]<호리이′우다. 홀쿠′다. 홀′키다[2].

(6) -류-<-리우-<-이우- 사동접미사

• 1류

골류″다[2] <골리′우다 <골이′우다 (‘골다[飢]’의 사동) 곯리다. (비) 골′리다. 곯류″다. 곯′리다. 굶구′다, 굶′기다, 궁′기다.

《참고어원》 곯리다 <골히다[←곯-+-이-]<언해두창집요(1608)>

곯류″다 <곯리′우다 <곯이′우다 (‘곯다[飢]’의 사동) 곯리다. (비) 골류″다[2]. 골′리다. 곯′리다. 굶구′다, 굶′기다, 궁′기다.

《참고어원》 곯리다 <골히다[←곯-+-이-]<언해두창집요(1608)>

구불류″다[1] <구불리′우다 <구불이′우다 (‘구′불다[曲]’의 사동) 굽히다. (비) 구불′리다[1]. 구불′시다. 구불추″다[1]. 굽′기다. 굽히다. (센) 꾸불류′다[1].

구불류″다[2] <구불리′우다 <구불이′우다 (‘구불′다[轉]’의 사동) ①굴리다. ②넘어뜨리다. (비) 구불′리다[2]. 구불추″다[2]. 굴′리다. (센) 꾸불류′다[2].

《참고어원》 굴리다 <구을리다 <구우리다 <그우리다[←그울-+-이-]

<석보상절(1447)>

꼬불류″다 <꼬불리′우다 <꼬불이′우다 ('꼬′불다[曲]'의 사동) 굽히다. [비] 꼬불′리다. 꼬불′시다. 꼬불추″다.

꾸불류″다[1] <꾸불리′우다 <꾸불이′우다 ('꾸′불다[曲]'의 사동) '구불류″다'의 센말. 굽히다. [비] 꾸불′리다[1]. 꾸불′시다. 꾸불추″다[1].

꾸불류″다[2] <꾸불리′우다 <꾸불이′우다 ('꾸불′다[轉]'의 사동) '구불류″다'의 센말. ①굴리다. ②넘어뜨리다. [비] 꾸불′리다[2]. 꾸불추″다[2].

≪참고어원≫ 굴리다 <구을리다 <구우리다 <그우리다[←그울-+-이-] <석보상절(1447)>

날류″다 <날리′우다 <날이′우다 ('날′다[飛]'의 사동) 날리다. [비] 날′리다[2].

≪참고어원≫ 날리다 <놀리다 <놀이다[←놀-+-이-]<용비어천가(1447)>

널류″다[2] <널리′우다 <널이′우다 ('널′다[廣]'의 사동) 널리다. [비] 널구′다. 널류″다[1]<너리이′우다. 널′리다[1]<너리′이다. 널′리다[2]<널′이다. 널캐′다. 널쿠′다. 널′키다. 넓후′다. 넓′히다.

≪참고어원≫ 널리다[←너르-+-이-] [비] 널구′다. 널류″다[1] <너리이′우다. 널′리다[1] <너리′이다. 널캐′다. 널쿠′다. 넓후′다. 넓′히다.

놀류″다 <놀리′우다 <놀이′우다 ('놀′다[遊]'의 사동) 놀리다. [비] 놀′리다[3].

≪참고어원≫ 놀리다 <놀이다[←놀-+-이-]<원인석보(1459)>

늘류″다 <늘리′우다 <늘이′우다 ('늘다[增]'의 사동) 늘이다. 늘리다. [비] 늘개′다. 늘구′다. 늘′리다[2]. 늘캐′다. 늘쿠′다. 니루′다.

니루′다 <닐우′다 <닐류″다 <늘리′우다 <늘이′우다 ('늘다[增]'의 사동) 늘이다. 늘리다. [비] 늘개′다. 늘구′다. 늘류″다. 늘′리다[2]. 늘캐′다. 늘쿠′다.

달류″다 <달리′우다 <달이′우다 ('달다[苦·弄]'의 사동) 시달리게 하다. [비] 다루′다[1]<달루′다. 다루′다[2]<달우′다. 달구′다. 달루′다. 달쿠″다. 달′키다[2].

대살류″다 <대살리′우다 <대살이′우다 ('대살:다[生]'의 사동) 되살리다. [비] 대살′리다.

들류″다[1] <들리′우다 <들이′우다 ('들다[入]'의 사동) 들이다. [비] 들루′다[1].

들′이′다[1]. 디′리′다[1]. 딜류″다[1]. 딜′이′다[1].

≪참고어원≫ 들이다 <드리다[←들-+-이-]<석보상절(1447)>

들류″다[2] <들리′우다 <들이′우다 (‘들다[染]’의 사동) 들이다. ㊉ 들루′다[2]. 들′이′다[2]. 디′리′다[2]. 딜류″다[2]. 딜′이′다[2].

들류″다[3] <들리′우다 <들이′우다 (‘들′다[擧]’의 사동) 들리다. ㊉ 들′리다[4].

≪참고어원≫ 들리다 <들이다[←들-+-이-]<월인석보(1459)>

딜류″다[1] <딜리′우다 <들리′우다 <들이′우다 (‘들다[入]’의 사동) 들이다. ㊉ 들루′다[1]. 들류″다[1]. 들′이′다[1]. 디′리′다[1]. 딜′이′다[1].

≪참고어원≫ 들이다 <드리다[←들-+-이-]<석보상절(1447)>

딜류″다[2] <딜리′우다 <들리′우다 <들이′우다 (‘들다[染]’의 사동) 들이다. ㊉ 들루′다[2]. 들류″다[2]. 들′이′다[2]. 디′리′다[2]. 딜′이′다[2].

떨류″다[1] <떨리′우다 <떨이′우다 (‘떨 : 다[離·脫]’의 사동) ①떨어뜨리다. ②놓치다. ㊉ 떠루다[2]. 떠주″다[2]. 떠쥬″다[2]. 떨구′다.

떨류″다[2] <떨리′우다 <떨이′우다 (‘떨 : 다[振]’의 사동) 떨게 하다.

떨류″다[3] <떨리′우다 <떨이′우다 (‘떨다[[毁·傷]]’의 사동) 헐게 하다. 떨어지게 하다. ㊉ 떠루′다[1].

물들류″다 <물들리′우다 <물들이′우다 (‘물들다[染]’의 사동) 물들이다. ㊉ 물들′이′다. 물디′리′다. 물딜류다. 물딜′리′다. 물딜′이′다.

물딜류″다 <물딜리′우다 <물들리′우다 <물들이′우다 (‘물들다[染]’의 사동) 물들이다. ㊉ 물들류″다. 물들′이′다. 물디′리′다. 물딜′리′다. 물딜′이′다.

물류″다[1] <물리′우다 <물이′우다 (‘물 : 다[拂·辨]’의 사동) 물리다. ㊉ 무루′다. 물′리다[3]. 물우′다.

≪참고어원≫ 물리다 <물이다[←물-+-이-]<월인석보(1459)> / 물리다 <믈이다[←므르-+-이-]<월인천강지곡(1447)>

물류″다[2] <물리′우다 <물이′우다 (‘물′다[咬]’의 사동) 물리다. ㊉ 물′리다[2].

≪참고어원≫ 물리다 <믈이다[←믈-+-이-]<석보상절(1447)>

부풀류″다 <부풀리′우다 <부풀이′우다 (‘부′풀다[膨·脹]’의 사동) 부풀

리다. ㊟ 부푸″다. 부푸′리다[2]. 부풀구″다. 부풀루″다. 부풀′리다[2].

불류″다[1] <불리′우다 <불이′우다 ('불 : 다[吹]'의 사동) 불리다. ㊟ 불′리다[2].

빨류″다[1] <빨리′우다 <빨이′우다 ('빨다[吸]'의 사동) 빨리다. ㊟ 빨′리다[2].

≪참고어원≫ 빨리다 <쌜리다 <쌜이다[←쌜-+-이-]<언해두창집요(1608)>

빨류″다[2] <빨리′우다 <빨이′우다 ('빨다[洗]'의 사동) 빨리다. ㊟ 빨′리다[4].

≪참고어원≫ 빨리다 <쌜이다[←-쌜-+-이-]<내훈(1475)>

살류″다 <살리′우다 <살이′우다 ('살 : 다[生]'의 사동) 살리다. ㊟ 살구′다. 살′리다. 살쿠′다.

≪참고어원≫ 살리다 <사ᄅᆞ다[←살-+-ᄋᆞ-]<용비어천가(1447)>

시달류″다 <시달리′우다 <시달이′우다 ('*시달다[苦·弄]'의 사동) 시달리게 하다. ㊟ 시다루″다[1]<시달루″다. 시다루″다[2]<시달우″다. 시달구″다. 시달루″다. 시달쿠″다. 시달′키다.

심딜류″다 <심딜리′우다 <심들리′우다 <심들이′우다 ('심들다[入][9]'의 사동) 힘들이다. ㊟ 심딜이다.

≪참고어원≫ 힘들이다 <힘드리다[←힘+들-+-이-]<월인석보(1459)>

알류″다 <알리′우다 <알이′우다 ('알 : 다[知]'의 사동) 알리다. ㊟ 알′리다[2]. 알쿠′다. 알′키다.

≪참고어원≫ 알리다 <알외다[←알-+-오-+-이-]<용비어천가(1447)>

애달류″다~애달′류″다 <애달리′우다 <애달이′우다 ('애달다[焦·燥]'의 사동) 애달게 하다. ㊟ 애달구″다. 애달루″다. 애달쿠″다. 애달키′다.

얼류″다 <얼리′우다 <얼이′우다 ('얼 : 다[凍]'의 사동) 얼리다. ㊟ 어루′다. 얼구′다. 얼루′다. 얼′리다. 얼우′다. 얼쿠′다.

≪참고어원≫ 얼리다 <얼우다[←얼-+-우-]<용비어천가(1447)>

울류″다 <울리′우다 <울이′우다 ('울 : 다[泣·鳴]'의 사동.) 울리다. ㊟ 울′리다.

---

9. 표준어 '힘들다'는 형용사이나 울산방언 '심들다'는 동사다.

≪참고어원≫ 울리다 <울이다[←울−+−이−]<분류두공부시언해(초간본)(1481)>

장개딜류″다 <장개딜리′우다 <장개들리′우다 <장개들이′우다 ('장 : 개들다'의 사동) 장개들이다. (비) 장가딜′이′다.

줄류″다 <줄리′우다 <줄이′우다 ('줄 : 다[減]'의 사동) 줄이다. (비) 주루′다. 줄구′다. 줄루′다. 줄우′다. 줄′이다. 줄쿠′다. (센) 쭐류″다.

≪참고어원≫ 줄이다 <조리다[←졸−+−이−]<석보상절(1447)>

질류″다 <질리′우다 <질이′우다 ('질 : 다[長]'의 사동) ①기르다[育·養]. ②늘리다. (비) 지루′다. 질구′다. 질루′다. 질′리다. 질수′다. 질우′다. 질′이다. 질쿠′다.

≪참고어원≫ 기르다[←길−+−으−]<석보상절(1447)> / 기르다 <기ᄅᆞ다[←길−+−ᄋᆞ−]<석보상절(1447)>

쭐류″다 <쭐리′우다 <쭐이′우다 ('쭐 : 다[減]'의 사동) '줄류″다'의 센말. 줄이다. (비) 쭈루′다. 쭐구′다. 쭐루′다. 쭐우′다. 쭐′이다. 쭐쿠′다.

털류″다 <털리′우다 <털이′우다 ('털 : 다[拂]'의 사동.) 털리다. (비) 털′리다[2].

홀류″다[2] <홀리′우다 <홀이′우다 ('*홀다[誘·惑]'의 사동) 호리다. (비) 홀구′다. 홀루′다. 홀류″다[1]<홀이′우다. 홀쿠′다. 홀′키다[2].

• 2류

걸류″다[1] <걸리′우다 <걷이′우다 ('걷 : 다[步]'의 사동) 걸리다. (비) 걸′리다[2].

≪참고어원≫ 걸리다 <걸이다[←걷−+−이−]

눌류″다[2] <눌리′우다 <눋이′우다 ('눋 : 다[焦·熬]'의 사동) 눌리다. (비) 누루′다. 눌′리다[5].

≪참고어원≫ 눌리다 <눌이다[←눋−+−이−]

불루′다~불루″다 <불류″다 <불리′우다 <붇이′우다 ('붇 : 다[增·漲·殖]'의 사동) 불리다. (비) 불구′다. 불류″다[3]. 불′리다[6]. 불우′다. 불쿠′다.

≪참고어원≫ 불리다 <불이다[←붇−+−이−]

불류″다[3] <불리′우다 <붇이′우다 ('붇 : 다[增·漲·殖]'의 사동) 불리다. (비) 불구′다. 불루′다. 불′리다[6]. 불우′다. 불쿠′다.

≪참고어원≫ 불리다 <불이다[←붇−+−이−]

실류″다 <실리′우다 <신이′우다 (‘신 : 다[載]’의 사동) 실리다. ㊕ 실′리다[4].

≪참고어원≫ 실리다 <실이다[←싣－+－이－]

• 3류

갈류″다[1] <갈리′우다 <가리이′우다[10]. (‘가′리다[遮]’의 사동) 가리게 하다.

갈류″다[2] <갈리′우다 <가리이′우다 (‘가리′다[選·擇]’의 사동) 고르게 하다. 갈′리다[4].

걸류″다[2] <걸리′우다 <거리이′우다 (‘거리′다[濾]’의 사동) 걸리다. ㊕ 걸′리다[5].

골류″다 <골리′우다 <고리이′우다 (‘고리′다[均]’의 사동) 고르게 하다.

널류″다[1] <널리′우다 <너리이′우다 (‘너리′다[廣]’의 사동) 널리다. ㊕ 널구′다. 널류″다[2]<널리′우다. 널′리다[1]<너리′이다. 널′리다[2]<널′이다. 널캐′다. 널쿠′다. 널′키다. 넓후′다. 넓′히다.

≪참고어원≫ 널리다 <널이다[←너르－+－이－]

눌류″다[1] <눌리′우다 <눌리이′우다 (‘눌 : 리다[押·壓]’의 사동) 누르게 하다. ㊕ 눌′리다[2] <눌′리이다. 눌′리다[4] <누리′이다.

딸류″다 <딸리′우다 <따리이′우다 (‘따′리다[隨·屬]’의 사동) 딸리다. ㊕ 딸′리다[2].

≪참고어원≫ 딸리다 <딸이다[←따르－+－이－]

말류″다 <말리′우다 <마리이′우다 (‘마리′다[乾]’의 사동) 말리다. ㊕ 말′리다[2].

≪참고어원≫ 말리다 <ᄆᆞᆯ뢰다 <ᄆᆞᆯ외다[←ᄆᆞᄅᆞ－+－오－+－이－]<두시언해초(1481)> / 말리다 <ᄆᆞᆯ오다[←ᄆᆞᄅᆞ－+－오－]<구급방언해(1466)>

발류″다 <발리′우다 <바리이′우다 (‘바리′다[正]’의 사동) 바루다. ㊕ 바루″다. 바리′키다.

≪참고어원≫ 바루다 <바로다[바르－+－오－]

---

10. <울산방언사전> 14쪽에는 ‘갈류″다 <가리′우다’로 처리.

불류″다[2] <불리′우다 <부리이′우다 (‘부리′다[呼·唱]’의 사동)불리다. (비) 불리다[4].

불류″다[4] <불리′우다 <부리이′우다 (‘부리′다[飽]’의 사동) 불리다. (비) 불′리다[7].

얼말류″다 <얼말리′우다 <얼말이′우다 (‘얼마리′다[乾]’의 사동) 덜 말리다. (비) 얼말′리다[2].

일류″다 <일리′우다 <이리이′우다 (‘이리′다[讀]’의 사동) 읽히다. (비) 읽후′다. 읽′히다[2].

≪참고어원≫ 읽히다 <닐기다[←닑−+−이−]<이륜행실도(옥산서원본)(1518)>

주물류″다 <주물리′우다 <주무리이′우다 (‘주무′리다[揉]’의 사동) 주무르게 하다. (비) 주물′리다[2]. (센) 쭈물류″다.

≪참고어원≫ 주물리다 <주물이다[←주무르−+−이−]

쭈물류″다 <쭈물리′우다 <쭈무리이′우다 (‘쭈무′리다[揉]’의 사동) ‘주물류″다’의 센말. 주물리다. (비) 쭈물′리다[2].

홀류″다[2] <홀리′우다 <호리이′우다 (‘호′리′다[誘·惑]’의 사동) 호리다. (비) 홀구′다. 홀루′다. 홀류″다[1]<홀이′우다. 홀쿠′다. 홀′키다[2].

흘류″다 <흘리′우다 <흐리이′우다 (‘흐리′다[流]’의 사동) ①흘리다. ②떨어뜨리다. 빠뜨리다. (비) 흘′리다.

≪참고어원≫ 흘리다 <흘이다[←흐르−+−이−]<월인석보(1459)>

(7) --리−<−이−사동접미사

• 1류

갈′리다[6] <갈′이다 (‘갈:다[耕]’의 사동) 갈리다. ‘갈류″다’ 설정해야 하나?

갈′리다[8] <갈′이다 (‘갈:다[磨]’의 사동) 갈리다.

≪참고어원≫ 갈리다 <ᄀᆞᆯ이다[←ᄀᆞᆯ−+−이−]<분류두공부시언해(초간본)(1481)>

갈′리다[10] <갈′이다 (‘갈′다[更]’의 사동) 갈리다.

거실′리다~거실′리′다[2] <거실′이다 ('거실′다[逆]'의 사동) 거슬리게 하다.[11]

≪참고어원≫ 거슬리다 <거슬이다[←거스르-+-이-]

골′리다 <골′이다 ('골다[飢]'의 사동) 곯리다. ⓑ 골류″다[2]. 곯류″다. 곯′리다. 굶′기다, 굶구′다. 궁′기다.

≪참고어원≫ 곯리다 <골히다[←곯-+-이-]<언해두창집요(1608)>

곯′리다 <곯′이다 ('곯다[飢]'의 사동) 곯리다. ⓑ 골′리다. 골류″다[2]. 곯류″다. 굶′기다, 굶구′다. 궁′기다.

≪참고어원≫ 곯리다 <골히다[←곯-+-이-]<언해두창집요(1608)>

구불′리다[1] <구불′이다 ('구′불다[曲]'의 사동) 굽히다. ⓑ 구불류″다[1]. 구불′시다. 구불추″다[1]. 굽′기다. 굽′히다[2]. ⓢ 꾸불′리다[1].

구불′리다[2] <구불′이다 ('구불′다[轉]'의 사동) ①굴리다. ②넘어뜨리다. ⓑ 구불류″다[2]. 구불추″다[2]. ⓢ 꾸불′리다[2].

≪참고어원≫ 굴리다 <구을리다 <구우리다 <그우리다[←그울-+-이-] <석보상절(1447)>

까불′리다[3] <까불′이다 ('까불′다[箕]'의 사동) 까부르다. ⓑ 까부′리다.

꼬불′리다 <꼬불′이다 ('꼬′불다[曲]'의 사동) 굽히다. ⓑ 꼬불류″다. 꼬불추″다.

꾸불′리다[1] <꾸불′이다 ('꾸′불다[曲]'의 사동) '구불′리다[1]'의 센말. 굽히다. ⓑ 꾸불류″다[1]. 꼬불′시다. 꾸불추″다[1].

꾸불′리다[2] <꾸불′이다 ('꾸불′다[轉]'의 사동) '구불′리다[2]'의 센말. ①굴리다. ②넘어뜨리다. ⓑ 꾸불류″다[2]. 꾸불추″다[2].

≪참고어원≫ 굴리다 <구을리다 <구우리다 <그우리다[←그울-+-이-] <석보상절(1447)>

꿇′리다 <꿇′이다 ('꿇다[跪]'의 사동) 꿇리다. ⓑ 꿀′리다.

끄실′리다[2] <끄실′이다 ('끄실′다[燻]'의 사동) 그을리다. ⓑ 끄질′리다[2].

---

11. <울산방언사전> 29쪽 '거실리다. 거실다[1]' 참조.

끄질′리다[2] <끄질′이다 (‘끄질′다[燻]’의 사동) 그을리다. (비) 끄실′리다[2].

날′리다[2] <날′이다 (‘날′다[飛]’의 사동) 날리다. (비) 날류″다.

≪참고어원≫ 날리다 <ᄂᆞᆯ리다 <ᄂᆞᆯ이다[←ᄂᆞᆯ-+-이-]<용비어천가(1447)>

널′리다[2] <널′이다 (‘널′다[廣]’의 사동) 널리다. (비) 널구′다. 널류″다[1]<너리이′우다. 널류″다[2]<널리′우다. 널′리다[1]<너리′이다. 널캐′다. 널쿠′다. 널′키다. 넓후′다. 넓′히다.

≪참고어원≫ 널리다 <널이다[←너르-+-이-]

널′리다[4] <널′이다 (‘널 : 다[展·布]’의 사동) 널리다.

놀′리다[2] <놀′이다 (‘놀 : 다[戲·弄]’의 사동) 놀리다. 희롱하다(戲弄--).

≪참고어원≫ 놀리다 <놀이다[←놀-+-이-]<월인석보(1459)>

놀′리다[3] <놀′이다 (‘놀 : 다[遊]’의 사동) 놀리다. (비) 놀류″다.

≪참고어원≫ 놀리다 <놀이다[←놀-+-이-]<월인석보(1459)>

늘′리다[2] <늘′이다 (‘늘다[增]’의 사동) 늘이다. 늘리다. (비) 늘개′다. 늘구′다. 늘류″다. 늘캐′다. 늘쿠′다. 니루′다.

다물′리다[2] <다물′이다 (‘다물′다[緘]’의 사동) 다물리다.

대살′리다 <대살′이다 (‘대살다(生)’의 사동) 되살리다. (비) 대살류″다.

돌′리다[2] <돌′이다 (‘돌 : 다[廻]’의 사동) 돌리다.

≪참고어원≫ 돌리다 <돌이다[←돌-+-이-]<번역박통사(1517)>

들′리다[4] <들′이다 (‘들′다[擧]’의 사동) 들리다. (비) 들류″다[3].

디돌′리다[2] <디돌′이다 (‘디돌다[廻]’의 사동) 되돌리다.

말′리다[5] <말′이다 (‘말 : 다[勿]’의 사동) 말리다. (비) 말′기다.

≪참고어원≫ 말리다 <말이다[←말-+-이-]<용비어천가(1447)>

몰′리다[2] <몰′이다 (‘몰 : 다[驅]’의 사동) 몰리다.

물딜′리′다~물딜리다 <물딜′리′다 <물들′이′다 (‘물들다[染]’의 사동) 물들이다. (비) 물들류″다. 물들′이′다. 물디′리′다. 물딜류″다. 물딜′이′다.

≪참고어원≫ 물들이다 <믈드리다[←믈+들-+-이-]<능엄경언해(1461)>

물′리다[2] <물′이다 (‘물′다[咬]’의 사동) 물리다. (비) 물류″다[2].

≪참고어원≫ 물리다 <믈이다[←믈-+-이-]<석보상절(1447)>

물′리다[3] <물′이다 (‘물 : 다[拂·辨]’의 사동) 물리다. ㊇ 무루′다. 물류″다[1]. 물우′다.

≪참고어원≫ 물리다 <물이다[←물-+-이-]<월인석보(1459)> / 물리다 <믈이다[←므르-+-이-]<월인천강지곡(1447)>

발 : 리다[4] <발 : 이다 (‘발 : 다[開]’의 사동) 벌리다. ㊇ 발 : 기다. 발 : 시다. 벨 : 시다. 빌 : 시다. ㊉ 벌 : 리다.

≪참고어원≫ 벌리다 <버리다[←벌-+-이-]<분류두공부시언해(초간본)(1481)>

벌 : 리다[3] <벌 : 이다 (‘벌 : 다[開]’의 사동) ‘발 : 리다’의 큰말. 벌리다. ㊇ 벌 : 기다. 벌 : 시다. 벨 : 시다. 빌 : 시다.

≪참고어원≫ 벌리다 <버리다[←벌-+-이-]<분류두공부시언해(초간본)(1481)>

부푸′리다[2] <부풀′리다 <부풀′이다 (‘부′풀다[膨·脹]’의 사동) 부풀리다. ㊇ 부푸″다. 부풀구″다. 부풀루″다. 부풀류″다. 부풀′리다[2].

부풀′리다[2] <부풀′이다 (‘부′풀다[膨·脹]’의 사동) 부풀리다. ㊇ 부푸″다. 부푸′리다[2]. 부풀구″다. 부풀루″다. 부풀류″다.

불′리다[2] <불′이다 (‘불 : 다[吹]’의 사동) 불리다. ㊇ 불류″다[1].

빨′리다[2] <빨′이다 (‘빨다[吸]’의 사동) 빨리다. ㊇ 빨류″다[1].

≪참고어원≫ 빨리다 <ᄲᅳᆯ리다 <ᄲᅳᆯ이다[←ᄲᅳᆯ-+-이-]<언해두창집요(1608)>

빨′리다[4] <빨′이다 (‘빨다[洗]’의 사동) 빨리다. ㊇ 빨류″다[2].

≪참고어원≫ 빨리다 <ᄲᅳᆯ이다[←-ᄲᅳᆯ-+-이-]<내훈(1475)>

살′리다 <살′이다 (‘살 : 다(生)’의 사동) 살리다. ㊇ 살구′다. 살류″다. 살쿠′다.

≪참고어원≫ 살리다 <사ᄅᆞ다[←살-+-ᄋᆞ-]<용비어천가(1447)>

알′리다[2] <알′이다 (‘알 : 다[知]’의 사동) 알리다. ㊇ 알류″다. 알쿠′다. 알′키다.

≪참고어원≫ 알리다 <알외다[←알-+-오-+-이-]<용비어천가(1447)>

얼′리다 <얼′이다 (‘얼 : 다[凍]’의 사동) 얼리다. ㊇ 어루′다. 얼구′다. 얼루′다. 얼류″다. 얼우′다. 얼쿠다.

≪참고어원≫ 얼리다 <얼우다[←얼-+-우-]<용비어천가(1447)>

울′리다[2] <울′이다 ('울 : 다[泣·鳴]'의 사동.) 울리다. ㊕ 울류″다.

≪참고어원≫ 울리다 <울이다[←울-+-이-]<분류두공부시언해(초간본)(1481)>

지불′리다[2] <지불′이다 ('지불′다[傾]'의 사동) 기울이다. ㊕ 지불′시다. 지불′이다. 지불′치다. 지울′리다[2]. 지울′시다. 지울′이다. 지울′치다. ㊍ 찌불′리다.

≪참고어원≫ 기울이다 <기우리다[←기울-+-이-]<능엄경언해(1461)>

지울′리다[2] <지울′이다 ('지울′다[傾]'의 사동) 기울이다. ㊕ 지불′리다[2]. 지불′시다. 지불′이다. 지불′치다. 지울′시다. 지울′이다. 지울′치다.

≪참고어원≫ 기울이다 <기우리다[←기울-+-이-]<능엄경언해(1461)>

질′리다 <질′이다 ('질 : 다[長]'의 사동) ①기르다[育·養]. ②늘리다. ㊕ 지루′다. 질구′다. 질루′다. 질류″다. 질수′다. 질우′다. 질′이다. 질쿠′다.

≪참고어원≫ 기르다[←길-+-으-]<석보상절(1447)> / 기르다 <기ᄅᆞ다[←길-+-ᄋᆞ-]<석보상절(1447)>

찌불′리다[2] <찌불′이다 ('찌불′다[傾]'의 사동) '지불′리다[2]'의 센말. 기울이다. ㊕ 찌불′시다. 찌불′이다. 찌불′치다. 찌울′리다[2]. 찌울′시다. 찌울′이다. 찌울′치다.

찌울′리다[2] <찌울′이다 ('찌울′다[傾]'의 사동) '지울′리다'의 센말. 기울이다. ㊕ 찌불′리다[2]. 찌불′시다. 찌불′이다. 찌불′치다. 찌울′시다. 찌울′이다. 찌울′치다.

털′리다[2] <털′이다 ('털 : 다[拂]'의 사동.) 털리다. ㊕ 털류″다.

헌틀′리다 <헌틀′이다 ('헌틀다[糾·混]'의 사동) 헝클게 하다.

헛돌′리다[2] <헛돌′이다 ('헛돌다'의 사동) 헛돌리다.

• **2류**

걸′리다[2] <걸′이다 <걷′이다 ('걷 : 다[步]'의 사동) 걸리다. ㊕ 걸류″다[2].

≪참고어원≫ 걸리다 <걸이다[←걷-+-이-]

눌′리다[5] <눌′이다 <눋′이다 (‘눋 : 다[焦·熬]’의 사동) 눌리다. ㈝ 누루′다. 눌류″다[2].

≪참고어원≫ 눌리다 <눌이다[←눋−+−이−]

들′리다[2] <들′이다 <듣′이다 (‘듣′다[聞]’의 사동) 들리다.

≪참고어원≫ 들리다 <들이다[←듣−+−이−]<석보상절(1447)>

불′리다[6] <불′이다 <붇′이다 (‘붇 : 다[增·漲·殖]’의 사동) 불리다. ㈝ 불구′다. 불루′다. 불류″다[3]. 불우′다. 불쿠′다.

≪참고어원≫ 불리다 <불이다[←붇−+−이−]

실′리다[4] <실′이다 <싣′이다 (‘싣 : 다[載]’의 사동) 실리다. ㈝ 실류″다.

≪참고어원≫ 실리다 <실이다[←싣−+−이−]

• 3류

갈′리다[2] <가리′이다 (‘가리′다[分]’의 사동) 갈리다.

≪참고어원≫ 갈리다 <가리다[←가ᄅᆞ−+−이−]<능엄경언해(1461)>

갈′리다[4] <가리′이다 (‘가리′다[選·擇]’의 사동) 갈리다. 갈류″다[2].

걸′리다[5] <거리′이다 (‘거리′다[濾]’의 사동) 걸리다. ㈝ 걸류″다[2].

까불′리다 <까부′리이다 (‘까부′리다[箕]’의 사동) 까부르다. ㈝ 까부′리다. 까불′리다[3].

꿀′리다 <꾸′리′이다 (‘꾸′리′다[跪]’의 사동) 꿇리다. ㈝ 꿇′리다.

널′리다[1] <너리′이다 (‘너리′다[廣]’의 사동) 널리다. ㈝ 널구′다. 널류″다[1] <너리이′우다. 널류″다[2]<널리′우다. 널′리다[2]<널′이다. 널캐′다. 널쿠′다. 널′키다. 넓후′다. 넓′히다.

≪참고어원≫ 널리다 <널이다[←너르−+−이−]

눌′리다[2] <누리′이다 (‘누리′다[押·壓]’의 사동) 누르게 하다. ㈝ 눌류″다[1]. 눌′리다[4]<눌′리이다.

둘′리다[2] <두′리이다 (‘두리′다[圍]’의 사동) 두르게 하다.

디딸′리다 <디따리′이다 (‘디따리′다[隨·屬]’의 사동) 뒤딸리다. ㈝ 디딸류″다.

딸′리다[2] <따′리이다 (‘따′리다[隨·屬]’의 사동) 딸리다. ㊙ 딸류″다.

≪참고어원≫ 딸리다 <딸이다[←따르-+-이-]

떠올′리다 <떠오리′이다 (‘떠오리′다[浮·登]’의 사동) 떠올리다.

말′리다[2] <마리′이다 (‘마리′다[乾]’의 사동) 말리다. ㊙ 말류″다.

≪참고어원≫ 말리다 <ᄆᆞᆯ뢰다 <ᄆᆞᆯ외다[←ᄆᆞᄅᆞ-+-오-+-이-]<두시언해 초간본(1481)> / 말리다 <ᄆᆞᆯ오다[←ᄆᆞᄅᆞ-+-오-]<구급방언해(1466)>

물′리다[4] <무리′이다 (‘무리′다[軟]’의 사동) 물리다.

≪참고어원≫ 물리다 <물이다[←무르-+-이-]

발′리다[2] <바리′이다 (‘바리′다[塗]’의 사동) 발리다.

≪참고어원≫ 발리다 <발이다[←바르-+-이-]

불′리다[4] <부리′이다 (‘부리′다[呼·唱]’의 사동) 불리다. ㊙ 불류″다[2].

불′리다[7] <부리′이다 (‘부리′다[飽]’의 사동) 불리다.

≪참고어원≫ 불리다 <불이다[←불-+-이-]<지장경언해(1762)>

얼말′리다[2] <얼마리′이다 (‘얼마리′다[乾]’의 사동) 덜 말리다. ㊙ 얼말류″다.

≪참고어원≫ 말리다 <ᄆᆞᆯ뢰다 <ᄆᆞᆯ외다[←ᄆᆞᄅᆞ-+-오-+-이-]<두시언해 초> / 말리다 <ᄆᆞᆯ오다[←ᄆᆞᄅᆞ-+-오-]<구급방언해(1466)>

올′리다 <오리′이다 (‘오리′다[登]’의 사동) ①올리다. ②게우다.

≪참고어원≫ 올리다 <올이다[←오ᄅᆞ-+-이-]<용비어천가(1447)>

주물′리다[2] <주무′리이다 (‘주무′리다[揉]’의 사동) 주무르게 하다. ㊙ 주물류″다. ㊝ 쭈물′리다[2].

≪참고어원≫ 주물리다 <주물이다[←주무르-+-이-]

쭈물′리다[2] <쭈무′리이다 (‘쭈무′리다[揉]’의 사동) ‘주물′리다[2]’의 센말. 주물리다. ㊙ 쭈물류″다.

치올′리다 <치오리′이다 (‘치오리′다’의 사동) 치올리다.

흘′리다 <흐리′이다 (‘흐리′다[流]’의 사동) ①흘리다. ②떨어뜨리다. 빠뜨리다. ㊙ 흘류″다.

≪참고어원≫ 흘리다 <흘이다[←흐르-+-이-]<월인석보(1459)>

(8) －배－사동접미사

깨배′다 (‘깨다[醒·覺]’의 사동) 깨우다. ㊥ 깨꾸′다. 깨우′다.

≪참고어원≫ 깨우다 <ᄭᅵ오다[←ᄭᅵ－+－오－]<월인석보(1459)>

(9) －수－사동접미사

질수′다～질수″다 (‘질：다[長]’의 사동) ①기르다[育·養]. ②늘리다. ㊥ 지루′다. 질구′다. 질루′다. 질류″다. 질′리다. 질우′다. 질′이다. 질쿠′다.

≪참고어원≫ 기르다[←길－+－으－]<석보상절(1447)> / 기르다 <기ᄅᆞ다[←길－+－ᄋᆞ－]<석보상절(1447)>

(10) －시－사동접미사

구불′시다 (‘구′불다[曲]’의 사동) 굽히다. ㊥ 구불류″다. 구불′리다. 구불추″다. ㊓ 꾸불′시다.

≪참고어원≫ 굽히다 <구피다[←굽－+－히－]<석보상절(1447)>

꼬불′시다 (‘꼬′불다[曲]’의 사동) 굽히다. ㊥ 꼬불류″다. 꼬불′리다. 꼬불추″다.

≪참고어원≫ 굽히다 <구피다[←굽－+－히－]<석보상절(1447)>

꾸불′시다 (‘꾸′불다[曲]’의 사동) ‘구불′시다’의 센말. 굽히다. ㊥ 꾸불류″다. 꾸불′리다. 꾸불추″다.

≪참고어원≫ 굽히다 <구피다[←굽－+－히－]<석보상절(1447)>

발：시다 (‘발：다[開]’의 사동) 벌리다. ㊥ 발：기다. 발：리다[4]. 벨：시다. 빌：시다. ㊔ 벌：시다.

≪참고어원≫ 벌리다 <버리다[←벌－+－이－]<분류두공부시언해(초간본)(1481)>

벌：시다 (‘벌：다[開]’의 사동) 벌리다. ㊥ 벌：기다. 벌：리다[3]. 벨：시다. 빌：시다.

≪참고어원≫ 벌리다 <버리다[←벌－+－이－]<분류두공부시언해(초간본)(1481)> ㊥ 벌：기다. 벌：리다[2]. 벨：시다. 빌：시다.

벨 : 시다 <벌 : 시다 ('벌 : 다[開]'의 사동) 벌리다. ㊈ 발 : 기다. 벌 : 기다. 발 : 리다[4]. 벌 : 리다[3]. 벌 : 시다. 빌 : 시다.

빌 : 시다 <벨 : 시다 <벌 : 시다 ('벌 : 다[開]'의 사동) 벌리다. ㊈ 발 : 기다. 벌 : 기다. 발 : 리다[4]. 벌 : 리다[3]. 벌 : 시다. 벨 : 시다.

지불'시다 ('지불'다[傾]'의 사동) 기울이다. ㊈ 지불'리다[2]. 지불'이다. 지불'치다. 지울'리다[2]. 지울'시다. 지울'이다. 지울'치다. ㊉ 찌불'시다.

≪참고어원≫ 기울이다 <기우리다[←기울-+-이-]<능엄경언해(1461)>

지울'시다 ('지울'다[傾]'의 사동) 기울이다. ㊈ 지불'리다[2]. 지불'시다. 지불'이다. 지불'치다. 지울'리다[2]. 지울'이다. 지울'치다. ㊉ 찌울'시다.

≪참고어원≫ 기울이다 <기우리다[←기울-+-이-]<능엄경언해(1461)>

찌불'시다 ('찌불'다[傾]'의 사동) '지불'시다'의 센말. 기울이다. ㊈ 찌불'리다[2]. 찌불'이다. 찌불'치다. 찌울'리다[2]. 찌울'시다. 찌울'이다. 찌울'치다.

찌울'시다 ('찌울'다[傾]'의 사동) '지울'시다'의 센말. 기울이다. ㊈ 찌불'리다[2]. 찌불'시다. 찌불'이다. 찌불'치다. 찌울'리다[2]. 찌울'이다. 찌울'치다.

(11) -ㅇ구-사동접미사

걸머징구'다[2] <걸머지ㅇ구'다 ('걸머지'다[負]'의 사동) 걸머지우다. ㊈ 걸머지'우다. 걸머징구'다[1].

≪참고어원≫ 지우다 <지이다[←지-+-이-]<월인석보(1459)> ㊈ 걸머지'우다. 걸머징구'다[1].

낑구'다 <끼ㅇ구'다 ('끼 : 다[揷·介]'의 사동) 끼우다. ㊈ 끼'우다. 찌'우다[2]. 찡구'다.

≪참고어원≫ 끼우다 <씨오다[←씨-+-오-]<역해유해(1690)>

징구'다 <지ㅇ구'다 ('지'다[負]'의 사동) 지우다. ㊈ 지'우다[1].

≪참고어원≫ 지우다 <지이다[←지-+-이-]<월인석보(1459)>

찡구'다 <찌ㅇ구'다 ('찌 : 다[揷·介]'의 사동) 끼우다. ㊈ 끼우'다. 낑구'

다. 찌′우다[2].

≪참고어원≫ 끼우다 <찌오다[←찌-+-오-]<역해유해(1690)>

칭구′다 <치ㅇ구′다 (‘치다[軋·轢]’의 사동) 치이게 하다.

팅구′다 <티ㅇ구′다 (‘티′다[跳]’의 사동) 튀기다. 튕기다. (비) 탱′기다. 티′기다. 팅′기다.

(12) -ㅇ기-사동접미사

탱′기다 <팅′기다 <티′ㅇ기다 (‘티′다[跳]’의 사동) 튀기다. 튕기다. (비) 티′기다. 팅구′다. 팅′기다.

팅′기다[2] <티′ㅇ기다 (‘티′다[跳]’의 사동) 튀기다. 튕기다. (비) 탱′기다. 티′기다. 팅구′다.

≪참고어원≫ 튀기다 <뛰우다[←뛰-+-우-]

(13) -애-사동접미사

없:애다 (‘없:다[無]’의 사동) 없애다. (비) 읎:애다.

읎:애다 (‘읎:다[無]’의 사동) 없애다. (비) 없:애다.

(14) -우-사동접미사

가두′다 <갇우′다 (‘*갇다[圍]’의 사동) 가두다. (비) 갇우′다.

≪참고어원≫ 가두다 <가도다[←갇-+-오-]<석보상절(1447)>

갇우′다 (‘*갇다[圍]’의 사동) 가두다. (비) 가두′다.

≪참고어원≫ 가두다 <가도다[←갇-+-오-]<석보상절(1447)>

갈아서′우다~갈′아서우다 (‘갈아서′다[立]’의 사동) 갈아세우다. (비) 갈아시′우다.

≪참고어원≫ 세우다 <셰우다 / 셰오다←셰다[←셔-+-이-]<용비어천가(1447)>

개′우다 (‘개다[酵]’의 사동) 개게 하다.

거두′다 <걷우′다 (‘걷′다[收]’의 사동) 거두다. (비) 걷우′다.

≪참고어원≫ 거두다[←걷-+-우]<월인석보(1459)>

거루′다 <걸우′다 ('걸 : 다[肥]'의 사동) 걸우다. [비] 걸우′다.

≪참고어원≫ 걸우다 <걸오다[←걸-+-오-]<역해유해(1690)>

걷우′다 ('걷′다[收]'의 사동) 거두다. [비] 거두′다.

≪참고어원≫ 거두다[←걷-+-우]<월인석보(1459)>

걸머지′우다 ('걸머지′다[負]'의 사동) 걸머지우다. [비] 걸머징구′다[1]. 걸머징구′다[2].

≪참고어원≫ 지우다 <지이다[←지-+-이-]<월인석보(1459)>

걸우′다 ('걸 : 다[肥]'의 사동) 걸우다. [비] 거루′다.

≪참고어원≫ 걸우다 <걸오다[←걸-+-오-]<역해유해(1690)>

고루″다~고루′다 <고류″다 <고리′우다 ('고리′다[均]'의 사동) 고르다. [비] 골류″다.

고′우다 <곱′우다 (*곱다[盛]의 사동) 고이다.

≪참고어원≫ 고이다 <고으다/고ᄋ다←곱다<곱다<월인천강지곡(1447)>

구불츄″다 <구불치′우다 ('구불′치다[轉]'의 사동) 넘어뜨리다. [비] 구불류″다[2]. 구불′리다[2]. 구불추″다[2]. [센] 꾸불츄″다.

그늘주″다 <그늘쥬″다 <그늘지′우다 ('그늘지′다[蔭]'의 사동) '그늘지′우다'의 준말. 그늘지게 하다.

그늘지′우다 ('그늘지′다[蔭]'의 사동) 그늘지게 하다. [준] 그늘주″다.

깨′우다 ('깨다[醒·覺]'의 사동) 깨우다. [비] 깨꾸′다. 깨배′다.

≪참고어원≫ 깨우다 <ᄭᆡ오다[←ᄭᆡ-+-오-]<월인석보(1459)>

꺼주″다[1] <꺼쥬″다 <꺼지′우다 ('꺼′지′다[消·滅]'의 사동) 꺼지게 하다. 꺼뜨리다. [비] 꺼쥬″다[1].

꺼주″다[2] <꺼쥬″다 <꺼지′우다 ('꺼′지′다[陷]'의 사동) 꺼지게 하다. [비] 꺼쥬″다[2].

꺼쥬″다[1] <꺼지′우다 ('꺼′지′다[消·滅]'의 사동) 꺼지게 하다. 꺼뜨리다. [비] 꺼주″다[1].

꺼쥬″다[2] <꺼지′우다 ('꺼′지′다[陷]'의 사동) 꺼지게 하다. [비] 꺼주″다[2].

꽃피′우다 ('꽃피다'의 사동) 꽃피우다.

≪참고어원≫ 치우다 <퓌우다<금강경삼가해(1482)> / 피우다 <퓌우다[←프-+-이-+-우-]<석보상절(1447)>

꾸불′츄″다 <꾸불치′우다 ('꾸불′치다[轉]'의 사동) '구불츄″다'의 센말. 넘어뜨리다. ㊞ 꾸불류″다[2]. 꾸불′리다[2]. 꾸불추″다[2].

끼′우다 ('끼 : 다[揷·介]'의 사동) 끼우다. ㊞ 낑구′다. 찌′우다[2]. 찡구′다.

≪참고어원≫ 끼우다 <끼오다[←끼-+-오-]<역해유해(1690)>

나수′다~나수″다 <낫우′다 ('낫 : 다[癒]'의 사동) 낫게 하다. 고치다. ㊞ 낫우′다.

≪참고어원≫ 나수다 <나소다[←낫-+-오-]<월인석보(1459)>

낫우′다~낫우″다 ('낫 : 다[癒]'의 사동) 낫게 하다. 고치다. ㊞ 나수′다.

≪참고어원≫ 나수다 <나소다[←낫-+-오-]<월인석보(1459)>

내루″다 <내류″다 <내리′우다 ('내′리다[降]'의 사동) 내리게 하다.

≪참고어원≫ 내리다 <ᄂᆞ리다<용비어천가(1447)>

너쭈″다 <너쮸″다 <너찌′우다 ('너″찌다[墜]'의 사동) 떨어지게 하다. 떨어뜨리다. ㊞ 널쭈″다.

널쭈″다 <널쮸″다 <널찌′우다 ('널″찌다[墜]'의 사동) 떨어지게 하다. 떨어뜨리다. ㊞ 너쭈″다.

노푸″다 <노푸′우다 ('노푸′다[高]'의 사동) 높이다. ㊞ 노′피다. 높′이다. 높후′다. 높′히다.

≪참고어원≫ 높이다 <노피다[←높-+-이-]<동국신속삼강행실도(1617)>

누루′다~누루″다 <눌우′다 <눋우′다 ('눋 : 다[焦·熬]'의 사동) 눌리다. ㊞ 눌류″다[2]. 눌′리다[5].

≪참고어원≫ 눌리다 <눌이다[←눋-+-이-]

다루′다[2] <달우′다 ('달다[苦·弄]'의 사동) 시달리게 하다. ㊞ 다루′다[1] <달루′다. 달구′다[2]. 달루′다. 달류″다. 달쿠″다. 달′키다[2].

덧시′우다 ('덧시다[冠]'의 사동) 덧씌우다.

≪참고어원≫ 씌우다 <ᄡᅳ이다[←ᄡᅳ-+-이-]<석보상절(1447)> / 씌우다

<싀이다[←스-+-이-]><내훈(1475)>

덮어시′우다 (‘덮어시다[冠]’의 사동) 덮어씌우다.

도두′다 <돋우′다 (‘돋′다[培·聳]’의 사동) 돋우다. [비] 도′우다. 돋구′다. 돋우′다.

≪참고어원≫ 돋우다 <도도다[←돋-+-오-]><용비어천가(1447)>

도′우다 <도두′다 <돋우′다 (‘돋′다[培·聳]’의 사동) 돋우다[12]. [비] 도두′다. 돋구′다. 돋우′다.

돋우′다 (‘돋′다[培·聳]’의 사동) 돋우다. [비] 도두′다. 도′우다. 돋구′다.

≪참고어원≫ 돋우다 <도도다[←돋-+-오-]><용비어천가(1447)>

디엉우″다~디엉′우″다 (‘디엉′다[繫]’의 사동) 뒤얽히다. [비] 디얽후″다.

데′우다 (‘*데다[소燒]’의 사동) 데우다[13]. [비] 더꾸′다[1]<덥구′다. 더꾸′다[2]<덥꾸′다. 더푸′다. 더′피다. 덥구′다. 덥후′다. 덥′히다. 데′피다. 뎁′히다. 디′우다.

≪참고어원≫ 데우다[←데-+-우-]<능엄경언해(1461)>

디′우다 (‘디:다[燒]’의 사동) 데우다. [비] 더꾸′다[1]<덥구′다. 더꾸′다[2]<덥꾸′다. 더푸′다. 더′피다. 덥구′다. 덥후′다. 덥′히다. 데′우다. 데′피다. 뎁′히다.

≪참고어원≫ 데우다[←데-+-우-]<능엄경언해(1461)>

따수″다 <따슈″다 <따시′우다 (‘따시′다[暖]의 사동) 따뜻하게 하다. [큰] 떠수″다.

떠루′다[1] <떨우′다 (‘떨다[[毁·傷]]’의 사동) 헐게 하다. 떨어지게 하다. [비] 떨류″다[3].

떠루′다[2] <떨우′다 (‘떨다[離·脫]’의 사동) 놓치다. [비] 떠주″다[2]. 떠쥬″다[2].

---

12. 두 가지가 특이하다. ‘ㄷ’이 탈락한 것도 특이하고, 음조가 ‘도우′다(LHL)’가 아닌 ’도′우다(HLL)’인 점도 특이하다. 음조가 특이한 것은 ‘돕′다-도′우다[助]’ 등에 유추된 듯하다.

13. 어근 ‘덥다[熱·暑]‘에서 파생된 것으로도 볼 수 있을 듯하다.
데′우다 <뎁′우다 <덥이′우다 (‘덥다[熱·暑]’의 사동) 데우다.

떨구′다. 떨류″다[1].

떠수″다 <떠슈″다 <떠시′우다 ('떠시′다[暖]의 사동') '따수″다'의 큰말. 따뜻하게 하다.

떠주″다[1] <떠쥬″다 <떠지′우다 ('떠′지′다[醱·酵]'의 사동) 뜨게 하다. ㊥ 떠쥬″다[1].

떠주″다[2] <떠쥬″다 <떠지′우다 ('떠′지′다[離·脫]'의 사동) 떠나게 하다. 놓치다. ㊥ 떠루다[2]. 떠쥬″다[2]. 떨구′다. 떨류″다[1].

떠쥬″다[1] <떠지′우다 ('떠′지′다[醱·酵]'의 사동) 뜨게 하다. ㊥ 떠주″다[1].

떠쥬″다[2] <떠지′우다 ('떠′지′다[離·脫]'의 사동) 떠나게 하다. 놓치다. ㊥ 떠루다[2]. 떠주″다[2]. 떨구′다. 떨류″다[1].

마구′다 <막우′다 ('막′다[防·閉]'의 사동) 막게 하다. ㊥ 마쿠′다. 막우′다. 막후′다. 매쿠′다. 맥후′다.

막우′다 ('막′다[防·閉]'의 사동) 막게 하다. ㊥ 마구′다. 마쿠′다. 막후′다. 매쿠′다. 맥후′다.

메′우다 (메:다[塞]의 사동) 메우다. ㊥ 메꾸′다. 메쿠′다. 미꾸′다. 미′우다. 미쿠′다.

≪참고어원≫ 메우다 <몌우다[←몌-+-우-]<능엄경언해(1461)> / 메우다 <몌오다[←몌-+-오-]<능엄경언해(1461)>

모″다 <모′우다 ('*모다[集]'의 사동) '모′우다'의 준말. 모으다.

≪참고어원≫ 모으다 <모호다<뫼호다<석보상절(1447)>

모두′다 <몯우′다 ('*몯다[集]'의 사동) 모으다. ㊥ 모′우다. 몯우′다.

모′우다 ('*모다[集]'의 사동) 모으다. ㊜ 모″다. ㊥ 모두′다. 몯우′다.

몯우′다 ('*몯다[集]'의 사동) 모으다. ㊥ 모두′다. 모′우다.

≪참고어원≫ 모으다 <모호다<뫼호다<석보상절(1447)>

무루′다 <물우′다 ('물:다[拂·辨]'의 사동) 물리다. ㊥ 물류″다[1]. 물우′다. 물′리다[3].

≪참고어원≫ 물리다 <믈이다[←믈-+-이-]<월인석보(1459)> / 물리다 <믈이다[←므르-+-이-]<월인천강지곡(1447)>

물우′다 (‘물：다[拂·辨]’의 사동) 물리다. [비] 무루′다. 물류″다[1]. 물′리다[3].

≪참고어원≫ 물리다 <물이다[←물－+－이－]<월인석보(1459)> / 물리다 <믈이다[←므르－+－이－]<월인천강지곡(1447)>

미″다[2] <미′우다 (‘미：다[塞]’의 사동) ‘미′우다’의 준말. 메우다.

미루′다 <밀우′다 (‘밀：다[推]’의 사동) 미루다[延].

≪참고어원≫ 미루다 <밀우다[←밀－+－우－]<계축일기(1600)> / 미루다 <밀위다[←밀－+－우－+－이－]<경민편(개간본)(1658)>

미′우다 (‘미：다[塞]’의 사동) 메우다. [준] 미다[2] [비] 메꾸′다. 메′우다. 메쿠′다. 미꾸′다. 미쿠′다.

≪참고어원≫ 메우다 <몌우다[←몌－+－우－]<능엄경언해(1461)> / 메우다 <몌오다[←몌－+－오－]<능엄경언해(1461)>

바루″다～바루′다 <바류″다 <바리′우다 (‘바리′다[正]’의 사동) 바루다. [비] 바리′키다. 발류″다.

≪참고어원≫ 바루다 <바로다[바르－+－오－]

바추″다[2] <바츄″다 <바치′우다 (‘바′치다[濾]’의 사동) 걸러지게 하다. 거르다. [비] 바추″다[1]<밭이′우다.

바추″다[3] <바츄″다 <바치′우다 (‘바′치다[支]’의 사동) 괴게 하다.

밤새′우다 (‘밤새다[旦]’의 사동) 밤새우다.

≪참고어원≫ 밤새우다 <밤새아다[←밤+새－+－아－]<월인석보(1459)>

부푸″다 <부푸′우다 (‘부′푸다[膨·脹]’의 사동) 부풀리다. [비] 부풀구′다. 부풀루′다. 부풀류″다. 부풀′리다.

불우′다 <붇우′다 (‘붇：다[增·漲·殖]’의 사동) 불리다. [비] 불구′다. 불루′다. 불류″다[3]. 불′리다[6]. 불쿠′다.

≪참고어원≫ 불리다 <불이다[←붇－+－이－]

비′우다[1] (‘비：다[空]’의 사동) 비우다.

≪참고어원≫ 비우다 <뷔우다[←뷔－+－우－]<석보상절(1447)>

비′우다[2] (‘비：다[枕]’의 사동) 베게 하다. [비] 비′이다.

빈추″다[1] <빛우″다 (‘*빛다[明]’의 사동) 비추다. [비] 빈추″다[2]<빛이′우다.

빈츄″다. 삔추″다. 삔츄″다.

≪참고어원≫ 비추다 <비취다<용비어천가(1447)>

빚주″다 <빚쥬″다 <빚지′우다 (‘빚지′다[負]’의 사동) 빚을 지게 하다. ⓑ 빚쥬″다.

빚쥬″다 <빚지′우다 (‘빚지′다[負]’의 사동) 빚을 지게 하다. ⓑ 빚주″다.

빠주″다[1] <빠쥬″다 <빠지′우다 (‘빠′지′다[溺·陷]’의 사동) 빠지게 하다. 빠뜨리다. ⓑ 빠쥬″다[1].

빠주″다[2] <빠쥬″다 <빠지′우다 (‘빠′지′다[拔]’의 사동) 빠지게 하다. ⓑ 빠쥬″다[2].

빠쥬″다[1] <빠지′우다 (‘빠′지′다[溺·陷]’의 사동) 빠지게 하다. 빠뜨리다. ⓑ 빠주″다[1].

빠쥬″다[2] <빠지′우다 (‘빠′지′다[拔]’의 사동) 빠지게 하다. ⓑ 빠주″다[2].

살찌′우다 (‘살찌′다[肥]’의 사동) 살찌우다.

새′우다 (‘새다[明]’의 사동) 새우다.

≪참고어원≫ 새우다 <새아다[←새-+-아-]<월인석보(1459)>

서′우다 (‘서′다[立]’의 사동) ①세우다. ②우기다. ⓑ 시′우다[3].

≪참고어원≫ 세우다 <셰우다 / 셰오다 < 셰다[←셔-+-이-]<용비어천가(1447)>

섞우′다 (‘섞′다[混]’의 사동) 섞게 하다. 섞이게 하다. ⓑ 섞구′다.

시다루″다[2] <시달우″다 (‘*시달다[苦·弄]’의 사동) 시달리게 하다. ⓑ 시다루″다[1]<시달루″다. 시달구″다. 시달루″다. 시달류″다. 시달쿠″다. 시달′키다.

시″다[3] <시′우다 (‘시다[冠]’의 사동) ‘시′우다[1]’의 준말. 씌우다. ⓑ 시″다[4] <시′이다.

≪참고어원≫ 씌우다 <쓰이다[←쓰-+-이-]<석보상절(1447)> / 씌우다 <싀이다[←스-+-이-]<내훈(1475)>

시″다[6] <시′우다 (‘시다[書]’의 사동) ‘시′우다[2]’의 준말. 씌우다. ⓑ 시다[7] <시′이다.

시′우다[1] (‘시다[冠]’의 사동) 씌우다. ㉾ 시″다[3]. ⓑ 시′이다[3].

≪참고어원≫ 씌우다 <쓰이다[←쓰-+-이-]<석보상절(1447)> / 씌우다 < 싀이다[←스-+-이-]<내훈(1475)>

시′우다[2] ('시다[書]'의 사동) 씌우다. ㊟ 시″다[6]. ㊥ 시′이다[5].

앞서′우다 ('앞서′다'의 사동) 앞세우다. ㊥ 앞시′우다.

≪참고어원≫ 세우다 <셰우다 / 셰오다< 셰다[←셔-+-이-]<용비어천가(1447)>

앞장서′우다 ('앞장서′다'의 사동) 앞장세우다. ㊥ 앞장시′우다.

어루′다 <얼우′다 ('얼:다[凍]'의 사동) 얼리다. ㊥ 얼구′다. 얼루′다. 얼류″다. 얼′리다. 얼우′다. 얼쿠′다.

≪참고어원≫ 얼리다 <얼우다[←얼-+-우-]<용비어천가(1447)>

얼우′다 ('얼:다[凍]'의 사동) 얼리다. ㊥ 어루′다. 얼구′다. 얼루′다. 얼류″다. 얼′리다. 얼쿠′다.

≪참고어원≫ 얼리다 <얼우다[←얼-+-우-]<용비어천가(1447)>

엎우′다 ('엎′다[覆]'의 사동) 엎어지게 하다. ㊥ 엎′이다.

오구′다~오구″다 <옥우′다 ('옥′다[曲]'의 사동) 옥이다. ㊥ 오구′리다. 옥우′다. ㊔ 우구′다.

옥우′다~옥우″다 ('옥′다[曲]'의 사동) 옥이다. ㊥ 오구′다. 오구′리다. ㊔ 욱우′다.

우구′다~우구″다 <욱우′다 ('욱′다[曲]'의 사동) '오구′다'의 큰말. 욱이다. ㊥ 우구′리다. 욱우′다.

우루′다 <울우′다 ('*울다[拔]'의 사동) 우리다. ㊥ 우′리다. 울구′다.

≪참고어원≫ 우리다[←*울-+-이-]<분류두공부시언해(초간본)(1481)>

욱우′다~욱우″다 ('욱′다[曲]'의 사동) '옥우′다'의 큰말. 욱이다. ㊥ 우구′다. 우구′리다.

이″다[1] <이′우다 ('이′다[戴]'의 사동) '이′우다[1]'의 준말. 이우다. ㊥ 이″다[2]<이′이다.

이″다[3] <이′우다 ('이′다[葺]'의 사동) '이′우다[3]'의 준말. 이다. ㊥ 이″다[4] <이′이다.

이루′다 <일우′다 (일다[起]의 사동) 일구다. ㊥ 일구′다.

이수′다~이수″다 <잇우′다 (‘잇 : 다[繼]’의 사동) 잇게 하다. (비) 잇우′다.

이′우다[1] (‘이′다[戴]’의 사동) 이우다. (준) 이″다[1]. (비) 이′이다[1].

≪참고어원≫ 이우다 <니ᅀᅮ대[←니ᇫ-+우-]<번역소학(1517)> / 이우다 <닛위대[←닛-+우-+-이-]<분류두공부시언해(중간본)(1632)>

이′우다[3] (‘이′다[葺]’의 사동) 이다. (준) 이″다[3]. (비) 이′이다[2].

잇우′다~잇우″다 (‘잇 : 다[繼]’의 사동) 잇게 하다. (비) 이수′다.

주루′다 <줄우′다 (‘줄 : 다[減]’의 사동) 줄이다. (비) 줄구′다. 줄루′다. 줄류″다. 줄우′다. 줄′이다. 줄쿠′다. (센) 쭈루′다.

≪참고어원≫ 줄이다 <조리다[←졸-+-이-]<석보상절(1447)>

줄우′다 (‘줄 : 다[減]’의 사동) 줄이다. (비) 주루′다. 줄구′다. 줄루′다. 줄류″다. 줄′이다. 줄쿠′다. (센) 쭐우′다.

≪참고어원≫ 줄이다 <조리다[←졸-+-이-]<석보상절(1447)>

지루′다 <질우′다 (‘질 : 다[長]’의 사동) ①기르다[育·養]. ②늘리다. (비) 질구′다. 질루′다. 질류″다. 질′리다. 질수′다. 질우′다. 질′이다. 질쿠′다.

≪참고어원≫ 기르다[←길-+-으-]<석보상절(1447)> / 기르다 <기ᄅᆞ대[←길-+-ᄋᆞ-]<석보상절(1447)>

지′우다[1] (‘지′다[負]’의 사동) 지우다. (비) 징구′다.

≪참고어원≫ 지우다 <지이다[←지-+-이-]<월인석보(1459)>

지′우다[2] (‘지′다[除]’의 사동) 지우다.

지푸″다 <지푸′우다 (‘지푸′다[深]’의 사동) 깊이다. (비) 지′피다[1]<짚이다. 지피다[2]<지푸′이다. 짚후′다. 짚′이다. 짚′히다.

≪참고어원≫ 깊이다 <기피다[←깊-+-이-]<용비어천가(1447)>

질우′다 (‘질 : 다[長]’의 사동) ①기르다[育·養]. ②늘리다. (비) 지루′다. 질구′다. 질루′다. 질류″다. 질′리다. 질수′다. 질′이다. 질쿠′다.

≪참고어원≫ 기르다[←길-+-으-]<석보상절(1447)> / 기르다 <기ᄅᆞ대[←길-+-ᄋᆞ-]<석보상절(1447)>

쪼루′다[1] <쫄우′다 (‘*쫄다[促]’의 사동) 조르다. (비) 쫄루다[1].

≪참고어원≫ 조르다 <조로다<역해유해(1690)>

쪼루′다[2] <쫄우′다 ('*쫄다[搾·握]'의 사동) 조르다. ㊥ 쪼우다. 쫄루다[2].

≪참고어원≫ 조르다 <ᄌᆞᄅᆞ다<능엄경언해(1461)>

쪼′우다 ('*쪼다[搾·握]'의 사동) 조이다. ㊥ 쪼루다[2]. 쫄루다[2].

쭈루′다 <쭐우′다 ('쭐 : 다[減]'의 사동) '주루′다'의 센말. 줄이다. ㊥ 쭐구′다. 쭐루′다. 쭐류″다. 쭐우′다. 쭐′이다. 쭐쿠′다.

쭐우′다 ('쭐 : 다[減]'의 사동) '줄우′다'의 센말. 줄이다. ㊥ 쭈루′다. 쭐구′다. 쭐루′다. 쭐류″다. 쭐′이다. 쭐쿠′다.

찌′우다[1] ('찌다[肥]'의 사동) 찌우다.

찌′우다[2] ('찌 : 다[挿·介]'의 사동) 끼우다. ㊥ 끼′우다. 찡구′다. 찡구′다.

≪참고어원≫ 끼우다 <ᄢᅵ오다[←ᄢᅵ-+-오-]<역해유해(1690)>

책임지′우다(責任---) ('책임지′다(責任--)'의 사동) 책임지우다(責任---).

처주″다 <처쥬″다 <처지′우다 ('처′지′다[遲]'의 사동) 처지게 하다. ㊥ 처쥬″다.

처쥬″다 <처지′우다 ('처′지′다[遲]'의 사동) 처지게 하다. ㊥ 처주″다.

추″다 <츄″다 <치′우다 ('*치다[撤]'의 사동) '치′우다'의 준말. 치우다. ㊥ 츄″다.

츄″다 <치′우다 ('*치다[撤]'의 사동) '치′우다'의 준말. 치우다. ㊥ 추″다.

치′우다 ('*치다[撤]'의 사동) 치우다. ㊜ 추″다. 츄″다.

≪참고어원≫ 치우다 <츼우다[←츠-+-이-+-우-]<가례언해(1632)>

터주″다 <터쥬″다 <터지′우다 ('터′지′다[破·裂]'의 사동) 터지게 하다. 터뜨리다. ㊥ 터쥬″다.

터쥬″다 <터지′우다 ('터′지′다[破·裂]'의 사동) 터지게 하다. 터뜨리다. ㊥ 터주″다.

퍼주″다 <퍼쥬″다 <퍼지′우다 ('퍼′지′다[播·波]'의 사동) 퍼지게 하다. 퍼뜨리다. ㊥ 퍼쥬″다.

퍼쥬″다 <퍼지′우다 ('퍼′지′다[播·波]'의 사동) 퍼지게 하다. 퍼뜨리다. ㊥ 퍼주″다.

피′우다 (‘피다[開]’의 사동) 피우다.

≪참고어원≫ 피우다 <픠우다<금강경삼가해(1482)> / 피우다 <퓌우다[←프−+−이−+−우−]<석보상절(1447)>

피′우다 (‘피다[燃·燒]’의 사동) 피우다.

≪참고어원≫ 피우다 <픠우다<금강경삼가해(1482)> / 피우다 <퓌우다[←프−+−이−+−우−]<석보상절(1447)>

호″다 <호′우다 (‘*호다[枉]’의 사동) ‘호′우다’의 준말. 휘게 하다. (비) 후″다.

호′우다 (‘*호다[枉]’의 사동) 휘게 하다. (비) 히′우다. (큰) 후′우다. (준) 호″다.

후″다 <후′우다 (‘*후다[枉]’의 사동) ‘후′우다’의 준말. 휘게 하다. (비) 호″다.

후′우다 (‘*후다[枉]’의 사동) ‘호우다’의 큰말 휘게 하다. (비) 히′우다. (준) 후″다.

히′우다 (‘*히다[枉]’의 사동) 휘게 하다. (비) 호′우다. 후′우다.

(15) −우리−사동접미사

오구′리다 <옥우′리다. (‘옥′다[曲]’의 사동) 옥이다. 오그리다. (비) 오구′다. 옥우′다. (큰) 우구′리다.

우구′리다 <욱우′리다. (‘욱′다[曲]’의 사동) ‘오구′리다’의 큰말. 욱이다. 우그리다. (비) 우구′다. 욱우′다.

(16) −이−사동접미사

골내 : 다 <골나이다 <골나′이다 (‘골나′다’의 사동) 화내다.

기죽′이다 (‘기죽′다’의 사동) 기죽이다.

까부′리다 <까불′이다 (‘까불′다[箕]’의 사동) 까부르다. (비) 까불′리다[3].

≪참고어원≫ 까부르다 <보로다 <가볼오다<훈몽자회(예산 문고본)(1527)>

깎′이다[2] (‘깎′다[削]’의 사동) 깎이다.

≪참고어원≫ 깎이다 <갓기다[갉-+-이-]<석보상절(1447)>

끝내 : 다 <끝나이다 <끝나′이다 ('끝나′다[終]'의 사동) 끝내다.

≪참고어원≫ 끝내다 <긑내다[←긑+나-+-이-]<월인석보(1459)>

끝장내 : 다 <끝장나′이다 ('끝장나′다[終]'의 사동) 끝장내다.

꾆′이다 <꾏′이다 <끓′이다 ('끓′다[沸]'의 사동) 끓이다.

≪참고어원≫ 끓이다 <쓸히다<글히다[←긇-+-이-]<석보상절(1447)>

내 : 다 <나이다 <나′이다 ('나′다[出]'의 사동) 내다.

≪참고어원≫ 내다[←나-+-이-]<석보상절(1447)>

내보′이다 ('내보′다[見]'의 사동) 내보이다. ㊟ 내비″다.

내비″다 <내뷔″다 <내보′이다 ('내보′다[見]'의 사동) '내보′이다'의 준말. 내보이다.

낵′이다 <뇍′이다 <녹′이다. ('녹′다[鎔]'의 사동) 녹이다. ㊕ 녹′이다. 녹후′다. 뇍′이다.

노′피다 <노′퓌다 <노′푸이다 ('노푸′다[高]'의 사동) 높이다. ㊕ 노푸″다. 노′피다[1]<높′이다. 노′피다[2]<노′퓌다<노′푸이다. 높′이다. 높후′다. 높′히다.

≪참고어원≫ 높이다 <노피다[←높-+-이-]<동국신속삼강행실도(1617)>

녹′이다 ('녹′다[鎔]'의 사동) 녹이다. ㊕ 낵′이다. 노쿠′다. 녹후′다. 뇍′이다.

≪참고어원≫ 녹이다 <노기다[←녹-+-이-]<용비어천가(1447)>

높′이다 ('*높다[高]'의 사동) 높이다. ㊕ 노푸″다. 노′피다[1]<높′이다. 노′피다[2]<노′퓌다<노′푸이다. 높후′다. 높′히다.

≪참고어원≫ 높이다 <노피다[←높-+-이-]<동국신속삼강행실도(1617)>

뇍′이다 <녹′이다. ('녹′다[鎔]'의 사동) 녹이다. ㊕ 낵′이다. 노쿠′다. 녹′이다. 녹후′다.

눌′리다[4] <눌′리이다 ('눌 : 리다[押·壓]'의 사동) 누르게 하다. ㊕ 눌류″다[1]. 눌′리다[3]<누리′이다.

니″다[1] <뉘″다 <누′이다 ('누′다[尿]'의 사동) '니′이다'의 준말. 누이다.

니″다[2] <뉘″다 <누′이다 <눕′이다 (‘눕′다[臥]’의 사동) ‘니′이다’의 준말. 누이다. (비) 눕후′다, 눕′히다. 닙′히다.

니′이다[1] <뉘′이다 <누′이다 (‘누′다[尿]’의 사동) 누이다. (준) 니″다[1].

≪참고어원≫ 누이다 <뉘다[←누－+－이－]<구급간이방언해(1489)>

니′이다[2] <뉘′이다 <누′이다 <눕′이다 (‘눕′다[臥]’의 사동) 누이다. (준) 니″다[2]. (비) 눕후′다. 눕′히다. 닙′히다.

≪참고어원≫ 누이다<월인석보(1459)> / 누이다 <뉘이다< ＊누ᄫᅵ다[←눕－+－이－]<법화경언해(1463)>

대″다 <닿′이다 (‘닿′다[觸]’의 사동) 대다.

≪참고어원≫ 대다 <다히다[←닿－+－이－]<월인석보(1459)>

덧붙′이다 (‘덧붙′다[附]’의 사동) 덧붙이다.

≪참고어원≫ 덧붙이다 <덛브티다[←덛－+븥－+－이－]<구급간이방언해(1489)>

드러내：다 <드러나이다 <드러나′이다 (‘드러나′다[出]’의 사동) 드러내다.

≪참고어원≫ 드러내다[←들－+－어+나－+－이－]<석보상절(1447)>

들′이′다~들이다[1] (‘들다[入]’의 사동) 들이다. (비) 들루′다[1]. 들류″다[1]. 디′리′다[1]. 딜류″다[1]. 딜′이′다[1].

≪참고어원≫ 들이다 <드리다[←들－+－이－]<석보상절(1447)>

들′이′다~들이다[2] (‘들다[染]’의 사동) 들이다. (비) 들루′다[2]. 들류″다[2]. 디′리′다[2]. 딜류″다[2]. 딜′이′다[2].

≪참고어원≫ 들이다 <드리다[←들－+－이－]<석보상절(1447)>

디′리′다~디리다[1] <딜′이′다 <들′이다 (‘들다[入]’의 사동) 들이다. (비) 들루′다[1]. 들류″다[1]. 들′이′다[1]. 딜류″다[1]. 딜′이′다[1].

≪참고어원≫ 들이다 <드리다[←들－+－이－]<석보상절(1447)>

디′리′다~디리다[2] <딜′이′다 <들′이다 (‘들다[染]’의 사동) 들이다. (비) 들루′다[2]. 들류″다[2]. 들′이′다[2]. 딜류″다[2]. 딜′이′다[2].

딜′이′다~딜이다[1] <딜′이′다 <들′이′다 (‘들다[入]’의 사동) 들이다. (비) 들루′다[1]. 들류″다[1]. 들′이′다[1]. 디′리′다[1]. 딜류″다[1].

≪참고어원≫ 들이다 <드리다[←들－+－이－]<석보상절(1447)>

딜′이′다~딜이다[2] <딀′이′다 <들′이′다 (‘들다[染]’의 사동) 들이다. [비] 들루′다[2]. 들류″다[2]. 들′이′다[2]. 디′리′다[2]. 딜류″다[2].

뚞′이다[1] (‘똮′다[拭·修]’의 사동) 닦이다. [비] 땍이″다[1].

뚞′이다[2] (‘똮′다[拭·修]’의 사동) 닦이다.

뜱′이다 (‘뜱′다[蒸]’의 사동) 달이다.

≪참고어원≫ 달이다 <다리다[←달-+-이]<구급방언해(1466)> / 달이다 <달히다[←닳-+-이-]<능엄경언해(1462)>

떠믹이′다 <떠뭑이′다 <떠묵이′다 (‘떠묵′다[食]’의 사동) 떠먹이다.

맞붙′이다 (‘맞붙′다[附]’의 사동) 맞붙이다.

물들′이′다~물들이다 (‘물들다[染]’의 사동) 물들이다. [비] 물들류″다. 물디′리′다. 물딜류″다. 물딜′리′다. 물딜′이′다.

≪참고어원≫ 물들이다 <믈드리다[←믈+들-+-이-]<능엄경언해(1462)>

물디′리′다~물디리다 <물딜′이′다 <물들′이′다 (‘물들다[染]’의 사동) 물들이다. [비] 물들류″다. 물들′이′다. 물딜류″다. 물딜′리′다. 물딜′이′다.

≪참고어원≫ 물들이다 <믈드리다[←믈+들-+-이-]<능엄경언해(1462)>

물딜′이′다~물딜이다 <물딀′이′다 <물들′이′다 (‘물들다[染]’의 사동) 물들이다. [비] 물들류″다. 물들′이′다. 물디′리′다. 물딜류″다. 물딜′리′다.

≪참고어원≫ 물들이다 <믈드리다[←믈+들-+-이-]<능엄경언해(1461)>

미″다[3] <미′이다 (‘미 : 다[擔]’의 사동) ‘미′이다[2]’의 준말. 메게 하다.

미′이다[2] (‘미 : 다[擔]’의 사동) 메게 하다. [준] 미″다[3].

믹이′다 <뭑이′다 <묵이′다 (‘묵′다[食]’의 사동) 먹이다.

≪참고어원≫ 먹이다 <머기다[←먹-+-이-]<석보상절(1447)>

보골내 : 다~보골내다 <보골나′이다 (‘보골나′다’의 사동) 화내다.

보′이다[2] (‘보′다[見]’의 사동) 보이다. [준] 비″다[2].

≪참고어원≫ 보이다 <뵈다[←보-+-이-]<용비어천가(1447)>

불내 : 다 <불나′이다 (‘불나′다’의 사동) 불내다.

불붙′이다 (‘불붙′다’의 사동) 불붙이다.

붙′이다 (‘붙′다[附]’의 사동) 붙이다.

≪참고어원≫ 붙이다 <붓치다 <붓티다 / 붙이다 <부티다 <브티다[←븥－+－이－]<석보상절(1447)>

비″다[2] <뵈′이다 <보′이다 (‘보′다[見]’의 사동) ‘보′이다[2]’의 준말. 보이다.

비″다[4] <비′이다 (‘비 : 다[枕]’의 사동) ‘비′이다’의 준말. 베게 하다.

비′이다[2] (‘비 : 다[枕]’의 사동) 베게 하다. [준] 비″다[4]. [비] 비우다[2].

뻿내 : 다 <뻿나′이다 (‘뻿나′다[曜·輝]’의 사동) 빛내다.

≪참고어원≫ 빛내다 <빗내다[←빛+나－+－이－]<원각경언해(1465)>

색′이다 <쇡′이다 <속′이다 (‘속′다’의 사동) 속이다[詐·欺]. [비] 속′이다. 속후′다. 쇡′이다.

≪참고어원≫ 속이다 <소기다[←속－+－이－]<석보상절(1447)> [비] 색′이다. 속후′다. 쇡′이다.

석′이다 (‘석′다[腐]’의 사동) 썩히다. [비] 석후′다. 석′히다. 섹′이다.

선보′이다 (‘선보′다’의 사동) 선보이다. [준] 선비″다.

선비″다 <선뷔″다 <선보′이다 (‘선보′다’의 사동) ‘선보′이다’의 준말. 선보이다.

섹′이다 <석′이다 (‘석′다[腐]’의 사동) 썩히다. [비] 석′이다. 석후′다. 석′히다.

속′이다 (‘속′다’의 사동) 속이다[詐·欺]. [비] 색′이다. 속후′다. 쇡′이다.

≪참고어원≫ 속이다 <소기다[←속－+－이－]<석보상절(1447)>

손대″다 <손닿′이다 (‘손닿′다[觸]’의 사동) 손대다.

쇡′이다 (‘속′다’의 사동) 속이다[詐·欺]. [비] 색′이다. 속′이다. 속후′다.

숙′이다 (‘숙′다[俯]’의 사동사) 숙이다.

≪참고어원≫ 숙이다 <수기다[←숙－+이－]<석보상절(1447)>

시″다[4] <시′이다 (‘시다[冠]’의 사동) ‘시′이다[3]’의 준말. 씌우다. [비] 시다[3] <시′우다.

시″다[7] <시′이다 (‘시다[書]’의 사동) ‘시′이다[5]’의 준말. 씌우다. [비] 시다[6] <시′우다.

2장

시′이다[3] (‘시다[冠]’의 사동) 씌우다. ㊟ 시″다[4]. ㊥ 시′우다[1].

≪참고어원≫ 씌우다 <쓰이다[←쓰-+-이-]<석보상절(1447)> / 씌우다 <싀이다[←스-+-이-]<내훈(1475)>

시′이다[5] (‘시다[書]’의 사동) 씌우다. ㊟ 시″다[7]. ㊥ 시′우다[2].

≪참고어원≫씌우다 <쓰이다[←쓰-+-이-]<석보상절(1447)>

심딜이다 <심딀이다 <심들이다 (‘심들다[入][14]’의 사동) 힘들이다. ㊥ 심딜류″다.

≪참고어원≫ 힘들이다 <힘드리다[←힘+들-+-이-]<월인석보(1459)>

애믹이′다 <애뮉이′다 <애묵이′다 (‘애묵′다’의 사동) 애먹이다.

야′꼬죽이다 (‘야′꼬죽다’의 사동) 야코죽이다. ㊥ 야′꼬직이다. 야′꾸죽이다. 야′꾸직이다. 야′코죽이다. 야′코직이다.

야′꼬직이다 <야′꼬쥑이다 <야′꼬죽이다 (‘야′꼬죽다’의 사동) 야코죽이다. ㊥ 야′꼬죽이다. 야′꾸죽이다. 야′꾸직이다. 야′코죽이다. 야′코직이다.

야′꾸죽이다 (‘야′꾸죽다’의 사동) 야코죽이다. ㊥ 야′꼬죽이다. 야′꼬직이다. 야′꾸직이다. 야′코죽이다. 야′코직이다.

야′꾸직이다 <야′꾸쥑이다 <야′꾸죽이다 (‘야′꾸죽다’의 사동) 야코죽이다. ㊥ 야′꼬죽이다. 야′꼬직이다. 야′꾸죽이다. 야′코죽이다. 야′코직이다.

야′코죽이다 (‘야′코죽다’의 사동) 야코죽이다. ㊥ 야′꼬죽이다. 야′꼬직이다. 야′꾸죽이다. 야′꾸직이다. 야′코직이다.

야′코직이다 <야′코쥑이다 <야′코죽이다 (‘야′코죽다’의 사동) 야코죽이다. ㊥ 야′꼬죽이다. 야′꼬직이다. 야′꾸죽이다. 야′꾸직이다. 야′코죽이다.

엎′이다[2] (‘엎′다[覆]’의 사동) 엎어지게 하다. ㊥ 엎우′다.

욕보′이다 (‘욕보′다’의 사동) 수고하게 하다. 고생하게 하다. ㊟ 욕비″다.

---

14. 표준어 ‘힘들다’는 형용사이나 울산방언 ‘심들다’는 동사다.

욕비″다 <욕비′이다 <욕뵈′이다 <욕보′이다 ('욕보′다[見]'의 사동) '욕보′이다'의 준말. 수고하게 하다. 고생하게 하다.

욕심내 : 다(欲心－－) <욕심나′이다 ('욕심나′다(欲心－－)'의 사동) 욕심내다(欲心－－).

우러내 : 다 <우러나′이다 ('우러나′다'의 사동) 우려내다.

우′리다 <울′이다 ('*울다[拔]'의 사동) 우리다. ㊥ 우루′다. 울구′다.

≪참고어원≫ 우리다[←＊울－+－이－]<분류두공부시언해(초간본)(1481)>

이″다[2] <이′이다 ('이′다[戴]'의 사동) '이′이다[1]'의 준말. 이우다. ㊥ 이″다[1]<이′우다.

이″다[4] <이′이다 ('이′다[葺]'의 사동) '이′이다[2]'의 준말. 이다. ㊥ 이″다[3] <이우다.

이′이다[1] ('이′다[戴]'의 사동) 이우다. ㊟ 이″다[2]. ㊥ 이′우다[1].

≪참고어원≫ 이우다 <니ᅀᅮ다[←닛－+우－]<번역소학(1517)> <닛위다[←닛－+－우－－이－]<석보상절(1447)>

이′이다[2] ('이′다[葺]'의 사동) 이다. ㊟ 이″다[4]. ㊥ 이′우다[2].

잠재″다[1] <잠자′이다 ('잠자′다[寢]'의 사동) 잠재우다. ㊥ 잠재′애다. 잠재′우다.

장개딜′이′다 <장개들이다 <장개들이다 ('장 : 개들다'의 사동) 장가들이다. ㊥ 장개딜류다.

재″다[1] <자′이다 ('자′다[寢]'의 사동) 재우다. ㊥ 재′애다[1]. 재′우다[1].

≪참고어원≫ 재우다 <재다[←자－+－이－]<석보상절(1447)>

재″다[3] <자′이다 ('*자다[積]'의 사동) 재우다. ㊥ 재′애다[2]. 재′우다[2].

절딴내 : 다 <절딴나이다 <절딴나′이다 ('절딴나′다'의 사동) 결딴내다.

절′이다 ('절 : 다[醃]'의 사동) 절이다. ㊥ 제′리다. 젤′이다.

≪참고어원≫ 절이다 <저리다[←절－+－이－]<번역노걸대(1517)>

정딜′이′다~정딜이다(情－－－) 정딜′이′다 <정들′이′다 ('정들다(情－－)'의 사동) 정들이다(情－－－).

제′리다 <젤′이다 <절′이다 ('절 : 다[醃]'의 사동) 절이다. ㊥ 절′이다.

젤′이다.

≪참고어원≫ 절이다 <저리다[←절-+-이-]><번역노걸대(1517)>

젤′이다 <절′이다 ('절 : 다[醃]'의 사동) 절이다. (비) 제′리다. 절′이다.

≪참고어원≫ 절이다 <저리다[←절-+-이-]><번역노걸대(1517)>

졸′이다 ('졸 : 다[減]'의 사동) 졸이다. (비) 주루′다. 줄구′다. 줄루′다. 줄류″다. 줄우′다. 줄′이다. (큰) 줄′이다. 줄쿠′다. (센) 쫄′이다.

≪참고어원≫ 줄이다 <조리다[←졸-+-이-]><석보상절(1447)>

죽′이다 ('죽′다[死]'의 사동) 죽이다[殺]. (비) 직′이다.

≪참고어원≫ 죽이다 <주기다[←죽-+-이-]><용비어천가(1447)>

줄′이다 ('줄 : 다[減]'의 사동) '졸′이다'의 큰말. 줄이다. (비) 주루′다. 줄구′다. 줄루′다. 줄류″다. 줄우′다. 줄쿠′다. (센) 쭐′이다.

≪참고어원≫ 줄이다 <조리다[←졸-+-이-]><석보상절(1447)>

지내다 <지나이다 ('지나다[過]'의 사동) 지내다.

≪참고어원≫ 지내다 <디내다[←디나-+-이-]><석보상절(1447)>

지″다[2] <지′이다 ('지 : 다[握·執]'의 사동) '지′이다[2]'의 준말. 쥐이다.

지불′이다 ('지불′다[傾]'의 사동) 기울이다. (비) 지불′리다[2]. 지불′시다. 지불′치다. 지울′리다[2]. 지울′시다. 지울′이다. 지울′치다. (센) 찌불′이다.

≪참고어원≫ 기울이다 <기우리다[←기울-+-이-]><능엄경언해(1461)>

지울′이다 ('지울′다[傾]'의 사동) 기울이다. (비) 지불′리다[2]. 지불′시다. 지불′이다. 지불′치다. 지울′시다. 지울′이다. 지울′치다. (센) 찌울′리다[2].

≪참고어원≫ 기울이다 <기우리다[←기울-+-이-]><능엄경언해(1461)>

지′이다[2] ('지 : 다[握·執]'의 사동) 쥐이다. (준) 지″다[2].

지′피다[1] <짚′이다 ('*짚다[深]'의 사동) 깊이다. (비) 지푸″다. 지피다[2]<지푸′이다. 짚′이다[2]. 짚후′다. 짚′히다[2].

≪참고어원≫ 깊이다 <기피다[←깊-+-이-]><용비어천가(1447)>

지′피다[2] <지′퓌다 <지′푸이다 ('지푸′다[深]'의 사동) 깊이다. (비) 지푸″다. 지′피다[1]<짚이다. 짚′이다[2]. 짚후′다. 짚′히다[2].

≪참고어원≫ 깊이다 <기피다[←깊－+－이－]<용비어천가(1447)>

직′이다 <쥑′이다 <죽′이다 ('죽′다[死]'의 사동) 죽이다[殺]. [비] 죽′이다.

≪참고어원≫ 죽이다 <주기다[←죽－+－이－]<용비어천가(1447)>

질딜이다~질딜′이′다 <질딜이다 <질들이다 ('질들다'의 사동) 질들이다.

≪참고어원≫ 질들이다 <질드리다[←질+들－+－이－]<월인석보(1459)>

질′이다 ('질 : 다[長]'의 사동) ①기르다[育·養]. ②늘리다. [비] 지루′다. 질구′다. 질루′다. 질류″다. 질′리다. 질수′다. 질우′다. 질쿠′다.

≪참고어원≫ 기르다[←길－+－으－]<석보상절(1447)> / 기르다 <기ᄅᆞ다[←길－+－ᄋᆞ－]<석보상절(1447)>

짚′이다 ('*짚다[深]'의 사동) 깊이다. [비] 지′피다[1]<짚이다. 지피다[2]<지푸′이다. 지푸″다. 짚후′다. 짚′히다[2].

≪참고어원≫ 깊이다 <기피다[←깊－+－이－]<용비어천가(1447)>

쫄′이다 ('쫄 : 다[減]'의 사동) '졸′이다'의 센말. 줄이다. [큰] 쭐′이다.

쭐′이다 ('쭐 : 다[減]'의 사동) '줄′이다'의 센말. 줄이다. [비] 쭈루′다. 쭐구′다. 쭐루′다. 쭐류″다. 쭐우′다. 쭐쿠′다.

찌불′이다 ('찌불′다[傾]'의 사동) '지불′이다'의 센말. 기울이다. [비] 찌불′리다[2]. 찌불′시다. 찌불′치다. 찌울′리다[2]. 찌울′시다. 찌울′이다. 찌울′치다.

≪참고어원≫ 기울이다 <기우리다[←기울－+－이－]<능엄경언해(1461)>

찌울′이다 ('찌울′다[傾]'의 사동) '지울′이다'의 센말. 기울이다. [비] 찌불′리다[2]. 찌불′시다. 찌불′이다. 찌불′치다. 찌울′리다[2]. 찌울′시다. 찌울′치다.

≪참고어원≫ 기울이다 <기우리다[←기울－+－이－]<능엄경언해(1461)>

축내 : 다(縮－－) <축나이다 <축나′이다 ('축나′다(縮－－)'의 사동) 축내다(縮－－).

처믹이′다 <처뮉이′다 <처묵이′다 ('처묵′다[食]'의 사동) 처먹이다.

혼내 : 다(魂－－) <혼나이다 <혼나′이다 ('혼나′다(魂－－)'의 사동) 혼내다(魂－－).

후′치다[3] <홎′이다 (‘홎′다[逐]’의 사동) 쫓다. (비) 홎′이다[2].

홎′이다[2] (‘홎′다[逐]’의 사동) 쫓다. (비) 후′치다[3].

흐′치다[2] <흗′이다 (‘*흗다[散]’의 사동) 흩다. 흩어지게 하다. (비) 흗′치다[2]. 흝′이다[2]. 흩′이다[2].

흘림붙′이다 (‘흘림붙′다’의 사동) 흘레붙이다.

흗′치다[2] <흝′이다 (‘*흝다[散]’의 사동) 흩다. 흩어지게 하다. (비) 흐′치다[2]. 흝′이다[2]. 흩′이다[2].

흝′이다[2] (‘*흝다[散]’의 사동) 흩다. 흩어지게 하다. (비) 흐′치다[2]. 흗′치다[2]. 흩′이다[2].

흠내 : 다(欠－－) <흠나′이다 (‘흠나′다(欠－－)’의 사동) 흠내다(欠－－).

흩′이다[2] (‘*흩다[散]’의 사동) 흩다. 흩어지게 하다. (비) 흐′치다[2]. 흗′치다[2]. 흝′이다[2].

(17) －이애－사동접미사

잠재″다[2] <잠재′애다 <잠자이′애다 (‘잠자′다[寢]’의 사동) ‘잠재′애다’의 준말. 잠재우다.

잠재′애다 <잠자이′애다 (‘잠자′다[寢]’의 사동) 잠재우다. (준) 잠재″다[2]. (비) 잠재″다[1]. 잠재′우다.

≪참고어원≫ 재우다 <재다[←자－+－이－] <석보상절(1447)>

재″다[2] <재′애다 <자이′애다 (‘자′다[寢]’의 사동) ‘재′애다[1]’의 준말. 재우다.

재″다[4] <재′애다 <자이′애다 (‘*자다[積]’의 사동) ‘재′애다[2]’의 준말. 재우다.

재′애다[1] <자이′애다 (‘자′다[寢]’의 사동) 재우다. (준) 재″다[2]. (비) 재다[1] <자′이다. 재′우다[1].

≪참고어원≫ 재우다 <재다[←자－+－이－] <석보상절(1447)>

재′애다[2] <자이′애다 (‘*자다[積]’의 사동) 재우다. (준) 재″다[4]. (비) 재다[3] <자′이다. 재′우다[2].

(18) -이우-사동접미사

갈아시′우다 <갈아세′우다 <갈아서이′우다 ('갈아서′다[立]'의 사동) 갈아세우다. (비) 갈아서′우다.

≪참고어원≫ 세우다 <셰우다 / 셰오다 <셰다[←셔-+-이-]<용비어천가(1447)>

늘어시′우다 <늘어세′우다 <늘어서이′우다 ('늘어서′다[立]'의 사동) 늘어세우다.

≪참고어원≫ 세우다 <셰우다 / 셰오다 <셰다[←셔-+-이-]<용비어천가(1447)>

(비) 다루′다[1]<달루′다. 다루′다[2]<달우′다. 달구′다[2]. 달루′다. 달쿠″다. 달′키다[2].

디딸류″다 <디딸리′우다 <디따리이′우다 ('디따리′다[隨·屬]'의 사동) 뒤딸리다. (비) 디딸′리다.

띠′우다[1] <띄′우다 <뜨이′우다 ('뜨다[隔]'의 사동) 띄우다.

≪참고어원≫ 띄우다[←뜨-+-이-+-우-]

띠′우다[2] <띄′우다 <뜨이′우다 ('뜨다[醱]'의 사동) 띄우다.

≪참고어원≫ 띄우다 <띄우다[←뜨-+-이-+-우-]<훈몽자회(예산 문고본)(1527)>

띠′우다[3] <띄′우다 <뜨이′우다 ('뜨다[浮]'의 사동) 띄우다.

≪참고어원≫ 띄우다 <띄우다 / 띄오다 <띄우다[←뜨-+-이-+-우-]<법화경언해(1463)> / 띄우다 <띄오다[←뜨-+-이-+-오-]<월인석보(1459)>

바추″다[1] <바츄″다 <밭이′우다 ('밭′다[濾]'의 사동) 걸러지게 하다. 거르다. (비) 바추″다[2]<바′치우다.

벌시′우다 <벌세′우다 <벌서이′우다 ('벌서′다(罰--)'의 사동) 벌세우다.

≪참고어원≫ 세우다 <셰우다 / 셰오다 <셰다[←셔-+-이-]<용비어천가(1447)>

불태′우다 <불타이′우다 ('불타다[燒]'의 사동) 불태우다.

≪참고어원≫ 태우다 <틱오다[←ᄐᆞ-+-이-+-오-]<분문온역이해방(1542)>

빈추″다[2] <빈츄″다 <빈치′우다 <빛이′우다 ('*빛다[明]'의 사동) 비추다. (비) 빈추′다[1]<빛우′다. 빈츄다″. 삔추″다. 삔츄″다.

≪참고어원≫ 비추다 <비취다<용비어천가(1447)>

빈츄″다 <빈치′우다 <빛이′우다 ('*빛다[明]'의 사동) 비추다. ㊖ 빈추′다[1]<빛우′다. 빈추″다[2]<빛이′우다. 삔추″다. 삔츄″다.

≪참고어원≫ 비추다 <비취다<용비어천가(1447)>

삔추″다 <삔츄″다 <삔치′우다 <삧이′우다 ('*삧다[明]'의 사동) 비추다. ㊖ 빈추′다[1]<빛우′다. 빈추″다[2]<빛이′우다. 빈추′다. 빈츄″다. 삔츄″다.

≪참고어원≫ 비추다 <비취다<용비어천가(1447)>

삔츄″다 <삔치′우다 <삧이′우다 ('*삧다[明]'의 사동) 비추다. ㊖ 빈추′다[1]<빛우′다. 빈추″다[2]<빛이′우다. 빈추″다. 삔추″다.

≪참고어원≫ 비추다 <비취다<용비어천가(1447)>

시′우다[3] <세′우다 <서이′우다 ('서′다[立]'의 사동) ①세우다. ②우기다. ㊖ 서′우다.

≪참고어원≫ 세우다 <셰우다 / 셰오다 <셰다[←셔-+-이-]<용비어천가(1447)>

앞시′우다 <앞세′우다 <앞서이′우다 ('앞서′다'의 사동) 앞세우다. ㊖ 앞서′우다.

≪참고어원≫ 앞세우다 <앏셰우다[←앏+셔-+-이-+-우-]<동국신속삼강행실도(1617)> / 압셰다[←앏+셔-+-이-]<동국신속삼강행실도(1617)>

앞장시′우다 <앞장세′우다 <앞장서이′우다 ('앞장서′다'의 사동) 앞장세우다. ㊖ 앞장서′우다.

≪참고어원≫ 세우다 <셰우다 / 셰오다 <셰다[←셔-+-이-]<용비어천가(1447)>

애태′우다 <애타이′우다 ('애타다'의 사동) 애태우다.

≪참고어원≫ 태우다 <틱오다[←트-+-이-+-오-]<분문온역이해방(1542)>

잠재′우다 <잠자이′우다 ('잠자′다[寢]'의 사동) 잠재우다. ㊖ 잠재″다[1]. 잠재′애다.

≪참고어원≫ 재우다 <재다[←자-+-이-]<석보상절(1447)>

재′우다[1] <자이′우다 ('자′다[寢]'의 사동) 재우다. ㊖ 재″다[1]. 재′애다[1].

≪참고어원≫ 재우다 <재다[←자-+-이-]<석보상절(1447)>

재′우다[2] <자이′우다 ('*자다[積]'의 사동) 재우다. ㊖ 재″다[3]. 재′애다[2].

채′우다[1] <차이′우다 ('차다[佩]'의 사동) 채우다.

≪참고어원≫ 채우다 <ᄎᆡ오다[←ᄎᆞ-+-이-+-오-]<언해태산집요(1608)>

채′우다[2] <차이′우다 ('차다[盈]'의 사동) 채우다.

≪참고어원≫ 채우다 <ᄎᆡ오다[←ᄎᆞ-+-이-+-오-]<월인석보(1459)>

키′우다 <킈′우다 <크이′우다 ('크다[長]'의 사동) 키우다.

≪참고어원≫ 키우다 <킈우다[←크-+-이-+-우-]<신증유합(1576)>

태′우다[1] <타이′우다 ('타다[燒]'의 사동) 태우다.

≪참고어원≫ 태우다 <ᄐᆡ오다[←ᄐᆞ-+-이-+-오-]<분문온역이해방(1542)>

태′우다[2] <타이′우다 ('타다[乘]'의 사동) 태우다.

≪참고어원≫ 태우다 <ᄐᆡ오다[←ᄐᆞ-+-이-+-오-]<석보상절(1447)>

태′우다[3] <타이′우다 ('타다[感·覺]'의 사동) 태우다.

≪참고어원≫ 태우다[←타-+-이-+-우-]

태′우다[4] <타이′우다 ('타다[得·受]'의 사동) 태우다.

≪참고어원≫ 태우다 <ᄐᆡ오다[←ᄐᆞ-+-이-+-오-]<번역박통사(1517)>

티′우다[1] <틔′우다 <트이′우다 ('트다[茁]'의 사동) 틔우다.

티′우다[2] <틔′우다 <트이′우다 ('트다[通]'의 사동) 틔우다.

호시태′우다 <호시타이′우다 ('호시타다'의 사동) (그네, 가마, 마차 따위의) 움직이는 것을 태워 즐겁게 해 주다.

≪참고어원≫ 태우다 <ᄐᆡ오다[←ᄐᆞ-+-이-+-오-]<석보상절(1447)>

(19) -추-사동접미사

갖추′다 ('갖′다[具]'의 사동) 갖추다. (비) 갖후′다.

≪참고어원≫ 갖추다 <ᄀᆞ초다[←ᄀᆞᆽ-+-호-]<석보상절(1447)>

구불추″다~구불′추″다[1] ('구′불다[曲]'의 사동) 굽히다. (비) 구불류″다[1]. 구불′시다. 구불′리다[1]. 굽′기다. 굽′히다[2]. (센) 꾸불추″다[1].

≪참고어원≫ 굽히다 <구피다[←굽-+-히-]<석보상절(1447)>

구불추″다~구불′추″다[2] ('구불′대[轉]'의 사동) 넘어뜨리다. (비) 구불류″

다[2]. 구불′리다[2]. ㉓ 꾸불추″다[2].

≪참고어원≫ 굴리다 <구을리다 <구우리다 <그우리다[←그울-+-이-] <석보상절(1447)>

꼬불추″다~꼬불′추″다 (‘꼬′불다[曲]’의 사동) 굽히다. ㊊ 꼬불류″다. 꼬불′리다.

꾸불추″다~꾸불′추″다[1] (‘꾸′불다[曲]’의 사동) ‘구불추″다[1]’의 센말. 굽히다. ㊊ 꾸불류″다[1]. 꾸불′리다[1]. 꼬불′시다.

꾸불추″다~꾸불′추″다[2] (‘꾸불′다[轉]’의 사동) ‘구불추″다[2]’의 센말. 넘어뜨리다. ㊊ 꾸불류″다[2]. 꾸불′리다[2].

나추′다[1] <낮추′다 (‘낮′다[低]’의 사동) 낮추다. ㊊ 나추′다[2]<낮후′다. 낮추′다. 낮후′다.

낮추′다 (‘낮′다[低]’의 사동) 낮추다. ㊊ 나추′다[1]<낮추′다. 나추′다[2]<낮후′다. 낮후′다.

≪참고어원≫ 낮추다 <ᄂᆞ초다[←ᄂᆞᆽ-+-호-]<구황촬요(1554)>

느추′다[1] <늦추′다 (‘늦′다[遲]’의 사동) 늦추다. ㊊ 느추′다[2]<늦후′다. 늦추′다. 늦후′다.

늦추′다 (‘늦′다[遲]’의 사동) 늦추다. ㊊ 느추′다[1]<늦추′다. 느추′다[2]<늦후′다. 늦후′다.

≪참고어원≫ 늦추다 <느추다[←늦-+-후-]<내훈(1475)>

마추′다[1] <맞추′다 (‘맞′다[的·適]’의 사동) 맞추다. ㊊ 마추′다[2]<맞후′다. 맞추′다. 맞후′다.

맞추′다 (‘맞′다[的·適]’의 사동) 맞추다. ㊊ 마추′다[1]<맞추′다. 마추′다[2] <맞후′다. 맞후′다.

≪참고어원≫ 맞추다 <마초다[←맞-+-호-]<월인석보(1459)>

비틀추″다 (‘비틀다[捻]’의 사동) 비틀어지게 하다.

앉추′다 (‘앉′다[坐]’의 사동) 앉히다. ㊊ 앉치다. 앉후′다. 앉′히다.

≪참고어원≫ 앉히다 <안치다[←앉-+-히-]<석보상절(1447)>

조자앉추′다~조자앉추″다 (‘조자앉′다’의 사동) 주저앉히다. ㊟ 조잖추′

다. [비] 조자앉후′다. 조자앉′히다. [큰] 주저앉추′다.

≪참고어원≫ 앉히다 <안치다[←앉-+-히-]<석보상절(1447)>

조잖추′다~조잖추″다 (‘조잖다’의 사동) (‘조잖′다’의 사동) ‘조자앉추′다’의 준말. 주저앉히다. [비] 조잖후′다. 조잖′히다. [큰] 주잖추′다.

주잖추′다~주잖추″다 (‘주잖′다’의 사동) ‘주저앉추′다’의 준말. 주저앉히다. [비] 주잖후′다. 주잖′히다. [작] 조잖추′다.

주저앉추′다~주저앉추″다 (‘주저앉′다’의 사동) 주저앉히다. [준] 주잖추′다. [비] 주저앉후′다. 주저앉′히다. [작] 조자앉추′다.

≪참고어원≫ 앉히다 <안치다[←앉-+-히-]<석보상절(1447)>

(20) -치-사동접미사

앉′치다 (‘앉′다[坐]’의 사동) 앉히다. [비] 앉추′다. 앉후′다. 앉′히다.

≪참고어원≫ 앉히다 <안치다[←앉-+-히-]<석보상절(1447)>

지불′치다 (‘지불′다[傾]’의 사동) 기울이다. [비] 지불′리다[2]. 지불′시다. 지불′이다. 지울′리다[2]. 지울′시다. 지울′이다. 지울′치다. [센] 찌불′치다.

≪참고어원≫ 기울이다 <기우리다[←기울-+-이-]<능엄경언해(1461)>

지울′치다 (‘지울′다[傾]’의 사동) 기울이다. [비] 지불′리다[2]. 지불′시다. 지불′이다. 지불′치다. 지울′리다[2]. 지울′시다. 지울′이다. [센] 찌울′치다.

≪참고어원≫ 기울이다 <기우리다[←기울-+-이-]<능엄경언해(1461)>

찌불′치다 (‘찌불′다[傾]’의 사동) ‘지불′치다’의 센말. 기울이다. [비] 찌불′리다[2]. 찌불′시다. 찌불′이다. 찌울′리다[2]. 찌울′시다. 찌울′이다. 찌울′치다.

찌울′치다 (‘찌울′다[傾]’의 사동) ‘지울′치다’의 센말. 기울이다. [비] 찌불′리다[2]. 찌불′시다. 찌불′이다. 찌불′치다. 찌울′리다[2]. 찌울′시다. 찌울′이다.

(21) －캐－사동접미사

널캐′다 (‘널′다[廣]’의 사동) 넓히다. (비) 널구′다. 널류″다[1]<너리이′우다. 널류″다[2]<널리′우다. 널′리다[1]<너리′이다. 널′리다[2]<널′이다. 널쿠′다. 널′키다. 넓후′다. 넓′히다.

≪참고어원≫ 넓히다 <널피다<너피다[←넙－+－히－]<석보상절(1447)>

늘캐′다 (‘늘다[增]’의 사동) 늘이다. 늘리다. (비) 늘개′다. 늘구′다. 늘류″다. 늘′리다. 늘쿠′다. 니루′다.

(22) －쿠－사동접미사

널쿠′다 (‘널′다[廣]’의 사동) 넓히다. (비) 널구′다. 널류″다[1]<너리이′우다. 널류″다[2]<널리′우다. 널′리다[1]<너리′이다. 널′리다[2]<널′이다. 널쿠′다. 널′키다. 넓후′다. 넓′히다.

≪참고어원≫ 넓히다 <널피다 <너피다[←넙－+－히－]<석보상절(1447)>

늘쿠′다 (‘늘다[增]’의 사동) 늘이다. 늘리다. (비) 늘개′다. 늘구′다. 늘류″다. 늘′리다[2]. 늘쿠′다. 니루′다.

달쿠′다 (‘달다’[苦·弄]의 사동) 시달리게 하다. (비) 다루′다[1]<달루′다. 다루′다[2]<달우′다. 달구′다[2]. 달루′다. 달류″다. 달′키다[2].

메쿠′다 (‘메 : 다[塞]’의 사동) 메우다. (비) 메꾸′다. 메′우다. 미꾸′다. 미′우다. 미쿠′다.

≪참고어원≫ 메우다 <몌우다[←몌－+－우－]<능엄경언해(1461)> / 메우다 <몌오다[←몌－+－오－]<능엄경언해(1461)>

물쿠′다 <무리쿠′다 (‘무리다[軟]’의 사동) 무르게 하다.

미쿠′다 (‘미 : 다[塞]’의 사동) 메우다. (비) 메꾸′다. 메′우다. 메쿠′다. 미꾸′다. 미′우다.

≪참고어원≫ 메우다 <몌우다[←몌－+－우－]<능엄경언해(1461)> / 메우다 <몌오다[←몌－+－오－]<능엄경언해(1461)>

불쿠′다 <붇쿠′다 (‘붇 : 다[增·漲·殖]’의 사동) 불리다. (비) 불구′다. 불루′다. 불류″다[3]. 불′리다[6]. 불우′다.

≪참고어원≫ 불리다 <불이다[←붙-+-이-]

살쿠′다~살쿠″다 (‘살 : 다(生)’의 사동) 살리다. (비) 살구′다. 살류″다. 살′리다.

≪참고어원≫ 살리다 <사ᄅᆞ다[←살-+-ᄋᆞ-]<용비어천가(1447)>

숨쿠′다 (‘숨다[隱]’의 사동) 숨기다. (비) 숨′기다. 숨′키다. 숭′기다[2]. 숭쿠′다. 숭′키다.

≪참고어원≫ 숨기다[←숨-+-기-]<능엄경언해(1461)>

숭쿠′다 <숨쿠′다 (‘숨다[隱]’의 사동) 숨기다. (비) 숨′기다. 숨쿠′다. 숨′키다. 숭′기다[2]. 숭′키다.

시달쿠″다~시달′쿠″다 (‘*시달다’[苦·弄]의 사동) 시달리게 하다. (비) 시다루″다[1]<시달루″다. 시다루″다[2]<시달우″다. 시달구″다. 시달루″다. 시달류″다. 시달′키다.

신쿠′다 (‘신 : 다[履]’의 사동) 신기다. (비) 신구′다. 신′기다[2]. 신′키다.

≪참고어원≫ 신기다[←신-+-기-]<가례언해(1632)>

알쿠′다~알쿠″다 (‘알 : 다[知]’의 사동) 알리다. (비) 알류″다. 알′리다[2]. 알′키다.

≪참고어원≫ 알리다 <알외다[←알-+-오-+-이-]<용비어천가(1447)>

애달쿠″다~애달′쿠″다 (‘애달다[焦·燥]’의 사동) 애달게 하다. (비) 애달구″다. 애달루″다. 애달류″다. 애달키′다.

얼쿠′다 (‘얼 : 다[凍]’의 사동) 얼리다. (비) 어루′다. 얼구′다. 얼루′다. 얼류″다. 얼′리다. 얼우′다.

≪참고어원≫ 얼리다 <얼우다[←얼-+-우-]<용비어천가(1447)>

엉쿠′다 (‘*엉다[構]’의 사동) 얽히게 하다. (비) 엉구′다. 엉′기다[2]. 엉′키다[2].

줄쿠′다 (‘줄 : 다[減]’의 사동) 줄이다. (비) 주루′다. 줄구′다. 줄루′다. 줄류″다. 줄우′다. 줄′이다. (센) 쭐쿠′다.

≪참고어원≫ 줄이다 <조리다[←졸-+-이-]<석보상절(1447)>

질쿠′다 (‘질 : 다[長]’의 사동) ①기르다[育·養]. ②늘리다. (비) 지루′다. 질구′다. 질루′다. 질류″다. 질′리다. 질수′다. 질우′다. 질′이다.

≪참고어원≫ 기르다[←길-+-으-]<석보상절(1447)> / 기르다 <기ᄅᆞ다[←길-+-ᄋᆞ-]<석보상절(1447)>

쭐쿠′다 ('쭐 : 다[減]'의 사동) '줄쿠′다'의 센말. 줄이다. (비) 쭈루′다. 쭐구′다. 쭐루′다. 쭐류″다. 쭐우′다. 쭐′이다.

할쿠′다 ('*할다[毁]'의 사동) 헐게 하다. 할퀴다.

홀쿠′다 ('*홀다[誘·惑]'의 사동) 호리다. (비) 홀구′다. 홀루′다. 홀류″다[1] <홀리′우다. 홀류다[2]<호리이′우다. 홀′키다[2].

(23) -키-사동접미사

달′키다[2] ('달다[苦·弄]'의 사동) 시달리게 하다. (비) 다루′다[1] <달루′다. 다루′다[2]<달우′다. 달구′다[2]. 달루′다. 달류″다. 달쿠″다.

바리′키다 ('바리′다[正]'의 사동) 바루다. 바로잡다. (비) 바루″다. 발류″다.

≪참고어원≫ 바루다 <바로다[바르-+-오-]

숨′키다 ('숨다[隱]'의 사동) 숨기다. (비) 숨′기다. 숨쿠′다. 숭′기다. 숭쿠′다. 숭′키다.

≪참고어원≫ 숨기다[←숨-+-기-]<능엄경언해(1461)>

숭′키다 <숨′키다 ('숨다[隱]'의 사동) 숨기다. (비) 숨′기다. 숨쿠′다. 숨′키다. 숭′기다[2]. 숭쿠′다.

시달′키다 ('*시달다[苦·弄]'의 사동) 시달리게 하다. (비) 시다루″다[1]<시달루″다. 시다루″다[2]<시달우″다. 시달구″다. 시달루″다. 시달류″다. 시달쿠″다.

신′키다~신키″다 ('신 : 다[履]'의 사동) 신기다. (비) 신구′다. 신′기다[2]. 신쿠′다.

≪참고어원≫ 신기다[←신-+-기-]<가례언해(1632)>

알′키다 ('알 : 다[知]'의 사동) 알리다. 가르치다. (비) 알류″다. 알′리다[2]. 알쿠′다.

≪참고어원≫ 알리다 <알외다[←알-+-오-+-이-]<용비어천가(1447)>

애달′키다 ('애달다[焦·燥]'의 사동) 애달게 하다. (비) 애달구″다. 애달루″다. 애달류″다. 애달쿠″다.

엉′키다[2] ('*엉다[構]'의 사동) 얽히게 하다. [비] 엉구′다. 엉′기다[2]. 엉쿠′다.

홀′키다[2] ('*홀다[誘·惑]'의 사동) 호리다. [비] 홀구′다. 홀루′다. 홀류″다[1] <홀리′우다. 홀류다[2]<호리이′우다. 홀쿠′다.

(24) －후－사동접미사

갖후′다 ('갖′다[具]'의 사동) 갖추다. [비] 갖추′다.

≪참고어원≫ 갖추다 <ᄀᆞ초다[←ᄀᆞᆽ－+－호－]<석보상절(1447)>

걸앉후′다 ('걸앉′다[坐]'의 사동) 걸터앉히다. [비] 걸앉′히다.

≪참고어원≫ 앉히다 <안치다[←앉－+－히－]<석보상절(1447)>

곰삭후′다 ('곰:삭′다[酵]'의 사동) 곰삭히다. [비] 곰삭′히다.

까라앉후′다~까라앉후″다 ('까라앉′다'의 사동) 가라앉히다. [준] 깔앉후′다. [비] 까라앉′히다.

≪참고어원≫ 가라앉히다 <ᄀᆞ라안초다[←ᄀᆞᆯ－+－아+앉－+－호－]<동의보감 탕액편(1613)>

깔앉후′다~깔앉후″다 ('깔앉′다'의 사동) '까라앉후′다'의 준말. 갈앉히다. [비] 깔앉′히다.

≪참고어원≫ 갈앉히다 <ᄀᆞᆯ안초다[←ᄀᆞᆯ－+앉－+－호－]<구급간이방언해(1489)>

꿇앉후′다~꿇앉후″다 ('꿇앉′다[跪]'의 사동) 꿇앉히다. [비] 꾸리앉′히다. 꿇앉′히다. 꿇어앉후″다. 꿇어앉′히다.

꿇어앉후′다~꿇어앉후″다 ('꿇어앉′다[跪]'의 사동) 꿇어앉히다. [비] 꾸리앉′히다. 꿇앉후″다. 꿇앉′히다. 꿇어앉′히다.

나추′다[2] <낮후′다 ('낮′다[低]'의 사동) 낮추다. [비] 나추′다[1]<낮추′다. 낮추′다. 낮후′다.

≪참고어원≫ 낮추다 <ᄂᆞ초다[←ᄂᆞᆽ－+－호－]<구황촬요(1554)>

낮후′다 ('낮′다[低]'의 사동) 낮추다. [비] 나추′다[1]<낮추′다 나추′다[2]<낮후다. 낮추′다.

≪참고어원≫ 낮추다 <ᄂᆞ초다[←ᄂᆞᆽ－+－호－]<구황촬요(1554)>

내앉추′다 <내앉후′다 (‘내앉′다[坐]’의 사동) 내앉히다. ㊇ 내앉후′다. 내앉′히다.

≪참고어원≫ 앉히다 <안치다[←앉-+-히-]<석보상절(1447)>

내앉후′다 (‘내앉′다[坐]’의 사동) 내앉히다. ㊇ 내앉추′다. 내앉′히다.

≪참고어원≫ 앉히다 <안치다[←앉-+-히-]<석보상절(1447)>

넓후′다 (‘넓′다[廣]’의 사동) 넓히다. ㊇ 널구′다. 널류″다[1]<너리이′우다. 널류″다[2]<널리′우다. 널′리다[1]<너리′이다. 널′리다[2]<널′이다. 널캐′다. 널쿠′다. 널′키다. 넓′히다.

≪참고어원≫ 넓히다 <널피다 <너피다[←넙-+-히-]<석보상절(1447)>

노쿠′다 <녹후′다 (‘녹′다[鎔]’의 사동) 녹이다. ㊇ 낵′이다. 녹′이다. 녹후′다. 뇍′이다.

녹후′다 (‘녹′다[鎔]’의 사동) 녹이다. ㊇ 낵′이다. 노쿠′다. 녹′이다. 뇍′이다.

≪참고어원≫ 녹이다 <노기다[←녹-+-이-]<용비어천가(1447)>

높후′다 (‘*높다[高]’의 사동) 높이다. ㊇ 노푸″다. 노′피다[1]<높′이다. 노′피다[2]<노′퓌다<노′푸이다. 높′이다. 높′히다.[15]

≪참고어원≫ 높이다 <노피다[←높-+-이-]<동국신속삼강행실도(1617)>

눕후′다 (‘눕′다[臥]’의 사동) 눕히다. 누이다. ㊇ 눕′히다[2]. 니′이다[2]. 닙′히다[2].

≪참고어원≫ 누이다 <월인석보(1459)> / 누이다 <뉘이다< *누뷔다[←눕-+-이-]<법화경언해(1463)>

느추′다[2] <늦추′다 <늦후′다 (‘늦′다[遲]’의 사동) 늦추다. ㊇ 느추′다[1] <늦주′다. 늦추′다. 늦후′다.

≪참고어원≫ 늦추다 <느추다[←늦-+-후-]<내훈(1475)>

늙쿠′다 <늙후′다 (‘늙다[老]’의 사동) 늙히다. ㊇ 늙후′다. 늙′히다.

15. 이 방언은 ‘높다[高]’가 아닌 ‘노푸다[高]’가 주로 쓰이기에 ‘*높다[高]’를 가상 어근으로 잡았다.

늙후′다 (‘늙′다[老]’의 사동) 늙히다. (비) 늙쿠′다. 늙′히다.

늦후′다 (‘늦′다[遲]’의 사동) 늦추다. (비) 느추′다[1]<늦추′다. 느추′다[2]<늦후′다. 늦추′다.

≪참고어원≫ 늦추다 <느추다[←늦-+-후-]><내훈(1475)>

다가앉추′다 <다가앉후′다 (‘다가앉′다[坐]’의 사동) 다가앉히다. (비) 다가앉후′다. 다가앉′히다.

다가앉후′다 (‘다가앉′다[坐]’의 사동) 다가앉히다. (비) 다가앉추′다. 다가앉′히다.

≪참고어원≫ 앉히다 <안치다[←앉-+-히-]><석보상절(1447)>

더푸′다 <덥후′다 (‘덥:다[熱·暑]’의 사동) 데우다. (비) 더꾸′다[1]<덥구′다. 더꾸′다[2]<덥꾸′다. 더′피다. 덥구′다. 덥후′다. 덥′히다. 데′우다. 데′피다. 뎁′히다. 디′우다.

덥후′다 (‘덥:다[熱·暑]’의 사동) 데우다. (비) 더꾸′다[1]<덥구′다. 더꾸′다[2]<덥꾸′다. 더푸′다. 더′피다. 덥구′다. 덥′히다. 데′우다. 데′피다. 뎁′히다. 디′우다.

≪참고어원≫ 데우다[←데-+-우-]<능엄경언해(1461)>

둘러앉추′다 <둘러앉후′다 (‘둘러앉′다[坐]’의 사동) 둘러앉히다. (비) 둘러앉후′다. 둘러앉′히다.

둘러앉후′다 (‘둘러앉′다[坐]’의 사동) 둘러앉히다. (비) 둘러앉추′다. 둘러앉′히다.

≪참고어원≫ 앉히다 <안치다[←앉-+-히-]><석보상절(1447)>

들앉추′다 <들앉후′다 (‘들앉′다[坐]’의 사동) 들앉히다. (비) 들앉후′다. 들앉′히다. 들어앉추′다. 들어앉후′다. 들어앉′히′다.

≪참고어원≫ 앉히다 <안치다[←앉-+-히-]><석보상절(1447)>

들앉후′다 (‘들앉′다[坐]’의 사동) 들앉히다. (비) 들앉추′다. 들앉′히다. 들어앉추′다. 들어앉후′다. 들어앉′히′다.

≪참고어원≫ 앉히다 <안치다[←앉-+-히-]><석보상절(1447)>

들어앉추′다 <들어앉후′다 (‘들어앉′다[坐]’의 사동) 들어앉히다. (비) 들

앉추'다. 들앉후'다. 들앉'히다. 들어앉후'다. 들어앉'히'다.

≪참고어원≫ 앉히다 <안치다[←앉-+-히-]<석보상절(1447)>

들어앉후'다 ('들어앉'다[坐]'의 사동) 들어앉히다. [비] 들앉추'다. 들앉후'다. 들앉'히다. 들어앉추'다. 들어앉후'다.

≪참고어원≫ 앉히다 <안치다[←앉-+-히-]<석보상절(1447)>

디얽후"다~디얽'후"다 ('디얽'다[繫]'의 사동) 뒤얽히게 하다. [비] 디얽우"다.

마추'다[2] <맞추'다 <맞후'다 ('맞'다(的·適)'의 사동) 맞추다. [비] 마추'다[1] <맞추'다. 맞추'다. 맞후'다.

≪참고어원≫ 맞추다 <마초다[←맞-+-호-]<월인석보(1459)>

마쿠'다 <막후'다 ('막'다[放·閉]'의 사동) 막게 하다. [비] 마구'다. 막우'다. 막후'다. 매쿠'다. 맥후'다.

막후'다 ('막'다[防·閉]'의 사동) 막게 하다. [비] 마구'다. 마쿠'다. 막우'다. 매쿠'다. 맥후'다.

맑후'다 ('맑'다[淸]'의 사동) 맑히다. [비] 맑'히다.

≪참고어원≫ 맑히다 <몱키다←몱기다[←몱-+-이-]<월인석보(1459)>

맞후'다 ('맞'다(的·適)'의 사동) 맞추다. [비] 마추'다[1]<맞추'다. 마추'다[2] <맞후'다. 맞추'다.

≪참고어원≫ 맞추다 <마초다[←맞-+-호-]<월인석보(1459)>

매쿠'다 <맥후'다 <막후'다 ('막'다[放·閉]'의 사동) 막게 하다. [비] 마구'다. 막우'다. 마쿠'다. 막후'다. 맥후'다.

맥후'다 <막후'다 ('막'다[放·閉]'의 사동) 막게 하다. [비] 마구'다. 마쿠'다. 막우'다. 막후'다. 매쿠'다.

묵후'다 ('묵'다[古·腐]'의 사동) 묵히다. [비] 묵'히다. 믹후'다. 믹'히다[2].

≪참고어원≫ 묵히다 <무기다[←묵-+-이-]<소학언해(1588)>

믹후'다 <묵후'다 ('묵'다[古·腐]'의 사동) 묵히다. [비] 묵후'다. 묵'히다. 믹'히다[2].

≪참고어원≫ 묵히다 <무기다[←묵-+-이-]<소학언해(1588)>

바람맞추'다 <바람맞후'다 ('바람맞'다'의 사동) 바람맞히다. ¶바람맞찬 무시(무) 몬(못) 묵고(먹) 소 죴다(줬-). ㊇ 바람맞후'다. 바람맞'히다.

바람맞후'다 ('바람맞'다'의 사동) 바람맞히다. ㊇ 바람맞추'다. 바람맞'히다.

빗맞추'다 <빗맞후'다 ('빗맞'다'의 사동) 빗맞히다. ㊇ 빗맞후'다.

빗맞후'다 ('빗맞'다'의 사동) 빗맞히다. ㊇ 빗맞추'다.

삭후'다 ('삭'다[酵]'의 사동] 삭히다. ㊇ 삭'히다.

석후'다 ('석'다[腐]'의 사동) 썩히다. ㊇ 석'이다. 석'히다. 섹'이다.

설익후'다 ('설익'다[熟]'의 사동) 설익히다. ㊇ 설익'히다.

≪참고어원≫ 익히다 <닉키다 / 닉이다 <니기다[←닉-+-이-]<능엄경언해(1461)>

속후'다 ('속'다'의 사동) 속이다[詐·欺]. ㊇ 색'이다. 속'이다. 쇡'이다.

≪참고어원≫ 속이다 <소기다[←속-+-이-]<석보상절(1447)>

식후'다~식후"다 ('식'다[冷]'의 사동) 식히다. ㊇ 식'히다.

≪참고어원≫ 식히다 <시기다[←식-+-이-]<구황촬요(1554)>

앉후'다 ('앉'다[坐]'의 사동) 앉히다. ㊇ 안추'다. 앉치다. 앉'히다.

≪참고어원≫ 앉히다 <안치다[←앉-+-히-]<석보상절(1447)>

얽후'다 ('얽'다[繫]'의 사동) 얽히게 하다. ㊇ 얽'히다[2].

업후'다 ('업'다[負]'의 사동) 업히다. ㊇ 업'히다[2].

익후'다 ('익'다[熟]'의 사동) 익히다. ㊇ 익'히다.

≪참고어원≫ 익히다 <닉키다 / 닉이다 <니기다[←닉-+-이-]<능엄경언해(1461)>

읽후'다 ('읽'다[讀]'의 사동) 읽히다. ㊇ 일류"다. 읽'히다[2].

≪참고어원≫ 읽히다 <닐기다[←닑-+-이-]<이륜행실도(옥산서원본)(1518)>

잦후'다 ('잦'다[傾]'의 사동) 젖히다. ㊇ 잦'기다[2]. 잦'히다[2]. 잿'기다[2]. 잿'히다[2]. 젖'기다[2]. 젖후'다. 젖'히다[2]. 젲'기다[2]. 젲'히다[2].

젖후'다 ('젖'다[傾]'의 사동) 젖히다. ㊇ 잦'기다[2]. 잦후'다. 잦'히다[2]. 잿'기다[2]. 잿'히다[2]. 젖'기다[2]. 젖'히다[2]. 젲'기다[2]. 젲'히다[2].

조자앉후′다~조자앉후″다 (‘조자앉′다’의 사동) 주저앉히다. [준] 조잖후′다. [비] 조자앉추′다. 조자앉′히다. [큰] 주저앉후′다.

≪참고어원≫ 앉히다 <안치다[←앉-+-히-]<석보상절(1447)>

조잖후′다~조잖후″다 (‘조잖′다’의 사동) ‘조자앉후′다’의 준말. 주저앉히다. [비] 조잖추′다. 조잖′히다. [큰] 주잖후′다.

주잖후′다~주잖후″다 (‘주잖′다’의 사동) ‘주저앉후′다’의 준말. 주저앉히다. [비] 주잖추′다. 주잖′히다. [작] 조잖후′다.

주저앉후′다~주저앉후″다 (‘주저앉′다’의 사동) 주저앉히다. [준] 주잖후′다. [비] 주저앉추′다. 주저앉′히다. [작] 조자앉후′다.

≪참고어원≫ 앉히다 <안치다[←앉-+-히-]<석보상절(1447)>

짚후′다 (‘*짚다[深]’의 사동) 깊이다. [비] 지′피다[1]<짚이다. 지피다[2]<지푸′이다. 지푸″다. 짚′이다[2]. 짚′히다[2].

≪참고어원≫ 깊이다 <기피다[←깊-+-이-]<용비어천가(1447)>

쫍후′다 (‘쫍′다[狹]’의 사동) 좁히다. [비] 쫍′히다.

(25) -히-사동접미사

간지럽히″다~간지럽′히″다 (‘간지럽′다’의 사동) 간질이다.

갈아입′히다~갈아입히″다 (‘갈아입′다’의 사동) 갈아입히다.

≪참고어원≫ 입히다 <니피다[←닙-+-히-]<용비어천가(1447)>

걸앉′히다 (‘걸앉′다[坐]’의 사동) 걸터앉히다. [비] 걸앉후′다.

≪참고어원≫ 앉히다 <안치다[←앉-+-히-]<석보상절(1447)>

고′롭′히다[2] (‘고′롭′다[苦]’의 사동) 괴롭히다.

곰삭′히다 (‘곰:삭′다[酵]’의 사동) 곰삭히다. [비] 곰삭후′다.

굳′히다 (‘굳′다[固]’의 사동) 굳히다.

≪참고어원≫ 굳히다 <구티다[←굳-+-히-]<용비어천가(1447)>

굽′히다 (‘굽′다[曲]’의 사동) 굽히다. [비] 구불′리다[1]. [비] 구불류″다[1]. 구불′리다[1]. 구불추″다[1]. 굽′기다. [센] 꿉′히다[2].

≪참고어원≫ 굽히다 <구피다[←굽−+−히−]<석보상절(1447)>

까라앉′히다 (‘까라앉′다’의 사동) 가라앉히다. [준] 깔앉히′다. [비] 까라앉후′다.

≪참고어원≫ 가라앉히다 <ᄀᆞ라안초다[←ᄀᆞᆯ−+−아+앉−+−호−]<동의보감 탕액편(1613)>

깔앉′히다 (‘깔앉′다’의 사동) ‘까라앉′히다’의 준말. 갈앉히다. [비] 깔앉후′다.

꾸리앉′히다 (‘꾸리앉′다[跪]’의 사동) 꿇어앉히다. [비] 꿇어앉후″다. 꿇어앉′히다.

꿇앉′히다 (‘꿇앉′다[跪]’의 사동) 꿇앉히다. [비] 꾸리앉′히다. 꿇앉후″다. 꿇어앉후″다. 꿇어앉′히다.

꿇어앉′히다 (‘꿇어앉′다[跪]’의 사동) 꿇어앉히다. [비] 꾸리앉′히다. 꿇앉후″다. 꿇앉′히다. 꿇어앉후″다.

꼽′히다 (‘꼽′다[曲]’의 사동) ‘굽′히다’의 센말. 굽히다. [비] 꼽′기다.

≪참고어원≫ 굽히다 <구피다[←굽−+−히−]<석보상절(1447)>

끼입′히다 (‘끼입′다[被]’의 사동) 껴입히다.

내앉′히다 (‘내앉′다[坐]’의 사동) 내앉히다. [비] 내앉추′다. 내앉후′다.

넓′히다 (‘넓′다[廣]’의 사동) 넓히다. [비] 널구′다. 널류″다^{1}<너리이′우다. 널류″다^{2}<널리′우다. 널′리다^{1}<너리′이다. 널′리다^{2}<널′이다. 널캐′다. 널쿠′다. 널′키다. 넓후′다.

≪참고어원≫ 넓히다 <널피다<너피다[←넙−+−히−]<석보상절(1447)>

높′히다 (‘*높다[高]’의 사동) 높이다. [비] 노푸″다. 노′피다^{1}<높′이다. 노′피다^{2}<노′퓌다<노′푸이다. 높이′다. 높후′다.[16]

≪참고어원≫ 높이다 <노피다[←높−+−이−]<동국신속삼강행실도(1617)>

눕′히다 (‘눕′다[臥]’의 사동) 눕히다. 누이다. [비] 눕후′다. 니″다. 니′이

16. 이 방언은 ‘높다[高]’가 아닌 ‘노푸′다[高]’가 주로 쓰이기에 ‘*높다[高]’를 가상 어근으로 잡았다.

다. 닙′히다.

≪참고어원≫ 누이다 <월인석보(1459)> / 누이다 <뉘이다< *누븨다[←눕-+-이-]<법화경언해(1463)>

늙′히다 (‘늙′다[老]’의 사동) 늙히다. ㊐ 늙쿠′다. 늙후′다.

닙′히다 <닙′히다 <눕′히다 (‘눕′다[臥]’의 사동) 눕히다. ㊐ 눕후′다. 눕′히다². 니′이다².

≪참고어원≫ 누이다 <월인석보(1459)> / 누이다 <뉘이다< *누븨다[←눕-+-이-]<법화경언해(1463)>

다가앉′히다 (‘다가앉′다[坐]’의 사동) 다가앉히다. ㊐ 다가앉추′다. 다가앉후′다.

더럽히″다² (‘더 : 럽다[汚]’의 사동) 더럽히다.

≪참고어원≫ 더럽히다 <더러븨다[←더럽-+-이-]<월인석보(1459)>

더′피다 <덥′히다 (‘덥 : 다[熱·暑]’의 사동) 데우다. ㊐ 더꾸′다¹<덥구′다. 더꾸′다²<덥꾸′다. 더푸′다. 덥구′다. 덥후′다. 덥′히다. 데′우다. 데′피다. 뎁′히다. 디′우다.

≪참고어원≫ 데우다[←데-+-우-]<능엄경언해(1461)>

덥′히다 (‘덥 : 다[熱·暑]’의 사동) 데우다. ㊐ 더꾸′다¹<덥구′다. 더꾸′다²<덥꾸′다. 더푸′다. 더′피다. 덥구′다. 덥후′다. 데′우다. 데′피다. 뎁′히다. 디′우다.

≪참고어원≫ 데우다[←데-+-우-]<능엄경언해(1461)>

데′피다 <뎁′히다 <덥′히다 (‘덥 : 다[熱·暑]’의 사동) 데우다. ㊐ 더꾸′다¹<덥구′다. 더꾸′다²<덥꾸′다. 더푸′다. 더′피다. 덥구′다. 덥후′다. 덥′히다. 데′우다. 뎁′히다. 디′우다.

≪참고어원≫ 데우다[←데-+-우-]<능엄경언해(1461)>

뎁′히다 <덥′히다 (‘덥 : 다[熱·暑]’의 사동) 데우다. ㊐ 더꾸′다¹<덥구′다. 더꾸′다²<덥꾸′다. 더푸′다. 더′피다. 덥구′다. 덥후′다. 덥′히다. 데′우다. 데′피다. 디′우다.

≪참고어원≫ 데우다[←데-+-우-]<능엄경언해(1461)>

둘러앉′히다 (‘둘러앉′다[坐]’의 사동) 둘러앉히다. ㊐ 둘러앉추′다. 둘러앉후′다.

드러눕′히다 (‘드러눕′다[臥]’의 사동) 드러눕히다. (비) 들눕′히다.

들눕′히다 (‘들눕′다[臥]’의 사동) 드러눕히다. (비) 드러눕′히다.

들앉′히다 (‘들앉′다[坐]’의 사동) 들앉히다. (비) 들앉추′다. 들앉후′다. 들어앉추′다. 들어앉후′다. 들어앉′히′다.

≪참고어원≫ 앉히다 <안치다[←앉-+-히-]<석보상절(1447)>

들어앉′히다 (‘들어앉′다[坐]’의 사동) 들어앉히다. (비) 들앉추′다. 들앉후′다. 들앉′히다. 들어앉추′다. 들어앉후′다.

≪참고어원≫ 앉히다 <안치다[←앉-+-히-]<석보상절(1447)>

맑′히다 (‘맑′다[淸]’의 사동) 맑히다. (비) 맑후′다.

≪참고어원≫ 맑히다 <몰키다←몰기다[←몱-+-이-]<월인석보(1459)>

묵′히다 (‘묵′다[古·腐]’의 사동) 묵히다. (비) 묵후′다. 믹후′다. 믹′히다[2].

≪참고어원≫ 묵히다 <무기다[←묵-+-이-]<소학언해(1588)>

문′치다 <묻′히다 (‘묻′다[粘]’의 사동) 묻히다. (비) 묻′히다[2].

묻′히다[2] (‘묻′다[粘]’의 사동) 묻히다. (비) 문′치다.

≪참고어원≫ 묻히다 <무티다[←묻-+-히-]<월인석보(1459)>

묽′히다 (‘묽′다[淡·稀]’의 사동) 묽히다.

믹′히다[2] <뮉히다 <묵히다(‘묵′다[古·腐]’의 사동) 묵히다. (비) 묵후′다. 묵′히다. 믹후′다.

≪참고어원≫ 묵히다 <무기다[←묵-+-이-]<소학언해(1588)>

바람맞′히다 (‘바람맞′다’의 사동) 바람맞히다. (비) 바람맞추′다. 바람맞후′다.

밝′히다 (‘밝′다[明]’의 사동) 밝히다. (비) 볽′히다. 븕′히다[1].

≪참고어원≫ 밝히다 <불키다 <불기다[←븕-+-이-]<용비어천가(1447)>

볽′히다 (‘볽′다[明]’의 사동) 밝히다. (비) 밝′히다. 븕′히다[1].

≪참고어원≫ 밝히다 <불키다 <불기다[←븕-+-이-]<용비어천가(1447)>

볿′히다[2] (‘볿:다[踏]’의 사동) 밟게 하다.

붉'히다[1] ('붉'다[明]'의 사동) 밝히다. (비) 밝'히다. 볽'히다.

≪참고어원≫ 밝히다 <볼키다 <볼기다[←볽-+-이-]<용비어천가(1447)>

붉'히다[2] ('붉'다[赤]'의 사동) 붉히다.

≪참고어원≫ 붉히다 <블키다 <블기다[←븕-+-이-]<번역노걸대(1517)>

삭'히다 ('삭'다[酵]'의 사동) 삭히다. (비) 삭후'다.

≪참고어원≫ 삭이다 <사기다[←삭-+-이-]<마경초집언해(1623～49)>

석'히다 ('석'다[腐]'의 사동) 썩히다. (비) 석'이다. 석후'다. 섹'이다.

설익'히다 ('설익'다[熟]'의 사동) 설익히다. (비) 설익후'다.

식'히다 ('식'다[冷]'의 사동) 식히다. (비) 식후'다.

≪참고어원≫ 식히다 <시기다[←식-+-이-]<구황촬요(1554)>

앉'히다 ('앉'다[坐]'의 사동) 앉히다. (비) 앉추'다. 앉치다. 앉후'다.

≪참고어원≫ 앉히다 <안치다[←앉-+-히-]<석보상절(1447)>

어'지'럽히다～어지럽히"다[2] ('어'지'럽다[紛·亂]'의 사동) 어지럽히다.

≪참고어원≫ 어지럽히다 <어즈러이다[←어즈리-+-업-+-이-]<분류두공부시언해(초간본)(1481)>

얽'히다[2] ('얽'다[繫]'의 사동) 얽히게 하다. (비) 얽후'다.

업'히다[2] ('업'다[負]'의 사동) 업히다.

익'히다 ('익'다[熟]'의 사동) 익히다. (비) 익후'다.

≪참고어원≫ 익히다 <닉키다/닉이다 <니기다[←닉-+-이-]<능엄경언해(1461)>

읽'히다[2] ('읽'다[讀]'의 사동) 읽히다. (비) 일류"다. 읽후'다.

≪참고어원≫ 읽히다 <닐기다[←닑-+-이-]<이륜행실도(옥산 서원본)(1518)>

입'히다[2] ('입'다[被]'의 사동) 입히다.

≪참고어원≫ 입히다 <니피다[←닙-+-히-]<용비어천가(1447)>

잡'히다[2] ('잡'다[執·捕]'의 사동) 잡히다. (비) 잽'히다[2].

잦'히다[2] ('잦'다[傾]'의 사동) 젖히다. (비) 잦'기다. 잦후'다. 잿'기다. 잿'히다. 젖'기다. 젖후'다. 젖'히다. 젲'기다. 젲'히다.

잽'히다[2] <잡'히다 ('잡'다[執·捕]'의 사동) 잡히다. (비) 잡'히다[2].

2장

잿′히다[2] <잦′히다 (‘잦′다[傾]’의 사동) 젖히다. ㊐ 잦′기다. 잦후′다. 잦′히다. 잿′기다. 젖′기다. 젖후′다. 젖′히다. 젲′기다. 젲′히다.

접′히다[2] (‘접′다[摺]’의 사동) 접히게 하다.

젖′히다[2] (‘젖′다[傾]’의 사동) 젖히다. ㊐ 잦′기다. 잦후′다. 잦′히다. 잿′기다. 잿′히다. 젖′기다. 젖후′다. 젲′기다. 젲′히다.

젲′히다[2] <젖′히다 (‘젖′다[傾]’의 사동) 젖히다. ㊐ 잦′기다. 잦후′다. 잦′히다. 잿′기다. 잿′히다. 젖′기다. 젖후′다. 젖′히다. 젲′기다.

조자앉′히다 (조자앉′다‘의 사동) 주저앉히다. ㊐ 조자앉추′다. 조자앉후′다. 조잖추′다. 조잖후′다. 조잖′히다. ㊔ 주저앉′히다.

≪참고어원≫ 앉히다 <안치다[←앉−+−히−]<석보상절(1447)>

조잖′히다 (조잖′다‘의 사동) 주저앉히다. ㊐ 조자앉추′다. 조자앉후′다. 조자앉′히다. 조잖추′다. 조잖후′다. ㊔ 주잖′히다.

주잖′히다 (주잖′다‘의 사동) 주저앉히다. ㊐ 주잖추′다. 주잖후′다. 주저앉추′다. 주저앉후′다. 주저앉′히다. ㊕ 조잖′히다.

주저앉′히다 (주저앉′다‘의 사동) 주저앉히다. ㊐ 주잖추′다. 주잖후′다. 주잖′히다. 주저앉추′다. 주저앉후′다. ㊕ 조자앉′히다.

≪참고어원≫ 앉히다 <안치다[←앉−+−히−]<석보상절(1447)>

짚′히다 (‘*짚다[深]’의 사동)[17] 깊이다. ㊐ 지푸″다. 지′피다[1]<짚이다. 지피다[2]<지푸′이다. 짚′이다[2]. 짚후′다.

≪참고어원≫ 깊이다 <기피다[←깊−+−이−]<용비어천가(1447)>

쫍′히다 (‘쫍′다[狹]’의 사동) 좁히다. ㊐ 쫍후′다.

해묵′히다 (‘해묵′다[古·腐]’의 사동) 해묵히다. ㊐ 해믹′히다.

해믹′히다~해믹히″다 <해뮉′히다 <해묵′히다 (‘해묵′다[古·腐]’의 사동) 해묵히다. ㊐ 해묵′히다.

---

17. 이 방언은 ‘깊다[深]’가 아닌 ‘지푸다[深]’이기에 ‘*깊다[深]’를 가상어근으로 잡았다.

3. 피동사성 동사와 사동사성 동사

어근의 설정은 용이하지 않지만 형태로나 의미로나 피동사나 사동사로 분류될 만한 동사 일부를 모아 두었다.

• **피동사성 동사**

걸거치″다~걸거′치″다 동 〔걸거치″고, 걸거치′이→걸거치″, 걸거치′이도→걸거치″도, 걸거치′있다→걸거칬″다, 걸거치″이(-니), 걸거친″, 걸거치″는〕 거치적거리다. ¶일 안 거들어 주고 걸거치기만 한다. / 걸거치는 거(것) 다 치아라(치워라).

대댕기″다~대댕′기″다 동 〔대댕기″고, 대댕기′이→대댕기″, 대댕기′이도→대댕기″도, 대댕기′있다→대댕깄″다, 대댕기″이(-니), 대댕긴″, 대댕기″는〕 들키다. 잡히다. ¶돈 도독캐다가(훔치다-) 대댕깄다. 비 대댕키″다.

대댕키″다~대댕′키″다 동 〔대댕키″고, 대댕키′이→대댕키″, 대댕키′이도→대댕키″도, 대댕키′있다→대댕킸″다, 대댕키″이(-니), 대댕킨″, 대댕키″는〕 들키다. 잡히다. 비 대댕기″다.

딸리″다 동 〔딸리″고, 딸리′이→딸리″, 딸리′이도→딸리″도, 딸리′있다→딸맀″다, 딸리리″이(-니), 딸린″, 딸리″는〕 달리다. ¶심이(힘-) 딸린다. / 재주가 딸린다. / 돈~이 딸리가(-어서) 그거 몬(못) 사겠다.

바래″다 동 〔바래″고, 바래′애→바래″, 바래′애도→바래″도, 바래′앴다→바랬″다, 바래″이(-니), 바랜″, 바래″는〕 바라다[漂]. ¶색이 너무 바래머 아아들도(아이-) 안 입을라(-으려) 칸다(고 하-).

부디끼″다~부디′끼″다 동 〔부디끼″고, 부디끼′이→부디끼″, 부디끼′이도→부디끼″도, 부디끼′있다→부디낐″다, 부디끼″이(-니), 부디낀″, 부디끼″는〕 부대끼다.

부치″다 동 〔부치″고, 부치′이→부치″, 부치′이도→부치″도, 부치′있다→부칬″다, 부치″이(-니), 부친″, 부치″는〕 부치다. ¶심이(힘-)

부친다. / 심에(힘－) 부친다.

뽈리″다 동 〔뽈리″고, 뽈리′이→뽈리″, 뽈리′이도→뽈리″도, 뽈리′있다→뽈맀″다, 뽈리″이(－니), 뽈린″, 뽈리″는〕 단련되다(鍛鍊－－). ¶군대서 뽈리가(－서) 인자(이제) 머든지(뭐－) 잘 한다. / 울산~이나 부산 가가(－서) 뽈리야 촌때가(촌티－) 뺏기진다(벗겨－).

섥히″다 동 얽히다. ¶일이 얽히고 섥혔다.

솔리″다 동 〔솔리″고, 솔리′이→솔리″, 솔리′이도→솔리″도, 솔리′있다→솔맀″다, 솔리리″이(－니), 솔린″, 솔리″는〕 쏠리다. ¶한 쪽으로 너무 솔린다.

시″다 동 〔시″고, 시′이→시″, 시′이도→시″도, 시′있다→싰″다, 시′이(－니), 신″, 시″는〕 씌다. ¶구신한테(귀신－) 싰다. / 죽을락고 싰다. / 다칠락고 싰다. / 내가 그래 댈락고(되－) 싰던가 배(봐).

실리″다 동 〔실리″고, 실리′이→실리″, 실리′이도→실리″도, 실리′있다→실맀″다, 실리″이(－니), 실린″, 실리″는〕 쏠리다[傾]. 쓸리다[傾]. 기울다[傾]. ¶해깐~이(헛간－) 쫌(좀) 디로(뒤－) 실린다.

앓리다 동 〔앓리″고, 앓리′이→앓리″, 앓리′이도→앓리″도, 앓리′있다→앓맀″다, 앓리″이(－니), 앓린″, 앓리″는〕 (‘앓′다[痛]’의 피동) 아프다. 쓰리다. ¶속이 앓린다.

엇갈리″다 동 〔엇갈리″고, 엇갈리′이→엇갈리″, 엇갈리′이도→엇갈리″도, 엇갈리′있다→엇갈맀″다, 엇갈리″이(－니), 엇갈린″, 엇갈리″는〕 엇갈리다.

엉기″다 동 〔엉기″고, 엉기′이→엉기″, 엉기′이도→엉기″도, 엉기′있다→엉깄″다, 엉기″이(－니), 엉린″, 엉기″는〕 엉기다. ¶실이 엉긴다. 일이 엉긴다. 비 엉키″다.

엉키″다 동 〔엉키″고, 엉키′이→엉키″, 엉키′이도→엉키″도, 엉키′있다→엉킸″다, 엉키″이(－니), 엉린″, 엉키″는〕 엉기다. ¶지름이(기름－) 엉킨다. / 엉킨 실 풀 때는 서두지(서둘－) 마라. 비 엉기″다.

짜치″다 동 〔짜치″고, 짜치′이→짜치″, 짜치′이도→짜치″도, 짜치′있다→짜칬″다, 짜치″이(－니), 짜친″, 짜치″는〕 쪼들리다. ¶돈~이

짜친다. / 살림이 짜친다. / 짜치는 소리 한다. (비) 째치″다. 째이″다. 쪼달리″다. 쪼치″다.

째″다[1] (동) 〔째″고, 째′이 → 째″, 째′이도 → 째″도, 째′있다 → 쨌″다, 째″이(－니), 짼″, 째″는〕 쬐다. ¶햇뱉을(햇볕－) 짼다. / 양반은 칩어도(추워－) 짚불에 손 안 짼다. / 양반은 얼어 죽어도 짚불 안 짼다. / 오뉴월 짚불도 째고(쬐－) 나머(－면) 서훓다(서운하－). / 뱉을(볕－) 너무 마이 째머(－면) 안 좋데이(－다).

째″다[2] (동) 〔째″고, 째′이 → 째″, 째′이도 → 째″도, 째′있다 → 쨌″다, 째″이(－니), 짼″, 째″는〕 '째이″다'의 준말. 쪼들리다. (비) 짜치″다. 째치″다. 쪼달리″다. 쪼치″다.

째이″다 (동) 〔째이″고, 째이′이 → 째이″, 째이′이도 → 째이″도, 째이′있다 → 째있″다, 째이″이(－니), 째인″, 째이″는〕 쪼들리다. (준) 째″다[2]. (비) 짜치″다. 째치″다. 쪼달리″다. 쪼치″다.

째치″다 (동) 〔째치″고, 째치′이 → 째치″, 째치′이도 → 째치″도, 째치′있다 → 째칬″다, 째치″이(－니), 째친″, 째치″는〕 쪼들리다. (비) 짜치″다. 째이″다. 쪼달리″다. 쪼치″다.

쪼달리″다~쪼달′리″다 (동) 〔쪼달리″고, 쪼달리′이 → 쪼달리″, 쪼달리′이도 → 쪼달리″도, 쪼달리′있다 → 쪼달맀″다, 쪼달리″이(－니), 쪼달린″, 쪼달리″는〕 쪼들리다. (비) 짜치″다. 째치″다. 쪼치″다.

쪼치″다 (동) 〔쪼치″고, 쪼치′이 → 쪼치″, 쪼치′이도 → 쪼치″도, 쪼치′있다 → 쪼칬″다, 쪼치″이(－니), 쪼친″, 쪼치″는〕 쪼들리다. (비) 짜치″다. 째치″다. 째이″다. 쪼달리″다.

헛갈리″다 (동) 〔헛갈리″고, 헛갈리′이 → 헛갈리″, 헛갈리′이도 → 헛갈리″도, 헛갈리′있다 → 헛갈맀″다, 헛갈리″이(－니), 헛갈린″, 헛갈리″는〕 헷갈리다.

후디끼″다~후디′끼″다 (동) 〔후디끼″고, 후디끼′이 → 후디끼″, 후디끼′이도 → 후디끼″도, 후디끼′있다 → 후디낐″다, 후디끼″이(－니), 후디낀″, 후디끼″는〕 부대끼다. ¶그 약 무웄디이(먹었더니) 속이 후디낀다. (비) 후지끼″다.

후지끼″다~후지′끼″다 통 〔후지끼″고, 후지끼′이 → 후지끼″, 후지끼′이도 → 후지끼″도, 후지끼′있다 → 후지낐″다, 후지끼″이(－니), 후지낀″, 후지끼″는〕 쫓기다. ¶지(제) 아부지한테(아버지－) 후지끼 나갔다. 비 후디끼″다.

• **사동사성 동사**

꾸중′키다 통 휘정거리다. ¶미꾸라지 한 마리가 온 새미를(샘－) 꾸중킨다.

납딸′개′다 통 〔납딸′개′고, 납딸′개′애 → 납딸′개″, 납딸′개′애도 → 납딸′개″도, 납딸′개′앴다 → 납딸′갰″다, 납딸′개″이(－니), 납딸′갠″, 납딸′개″는〕 납짝하게 하다. 비 납딸′구′다.

납딸′구′다 〔납딸′구′고, 납딸′구′아 → 납딸′가″, 납딸′구′아도 → 납딸′가″도, 납딸′구′았다 → 납딸′갔″다, 납딸′구″이(－니), 납딸′간″, 납딸′구″는〕 통 납짝하게 하다. 비 납딸′개′다.

때′우다 통 〔때′우고, 때′우아 → 때′아 ~ 때′야, 때′우아도 → 때′아도 ~ 때′야도, 때′우았다 → 때′았다 ~ 때′얐다, 때′우이(－니), 때′운 ~ 때′안 ~ 때′얀, 때′우는〕 때우다. ¶저녁을 떡으로 때얐다.

떠루′다 통 〔떠루′고, 떠루′아 → 떠라″, 떠루′아도 → 떠라″도, 떠루′았다 → 떠랐″다, 떠루′이(－니), 떠란″, 떠루는〕 떨어지게 하다. ¶옷을 떠룬다. / 양석(양식) 떠룬다. / 보리양석을(보리약식－) 똑 떠라 놓고 살만(쌀－) 가지고 묵고(먹－) 사나? / 아무리 몬(못) 살아도 술 떠루는 날 없다. 비 떨구′다. 떨류″다[1].

떠주″다 통 〔떠주″고, 떠주′아 → 떠자″, 떠주′아도 → 떠자″도, 떠주′았다 → 떠잤″다, 떠주″이(－니), 떠잔″, 떠주″는〕 놓치다. ¶꽁(꿩)을 잡았다가 떠잤다. / 빠수(버스) 떠줄라 얼른 가라(－거라). 비 떨류″다[2].

떨구′다 통 〔떨구′고, 떨구′아 → 떨가″, 떨구′아도 → 떨가″도, 떨구′았다 → 떨갔″다, 떨구′이(－니), 떨군 ~ 떨구′안 → 떨간″, 떨구′는〕 떨어지게 하다. ¶그 신은 다 떨구고 새로 샀다. 비 떠루′다. 떨류″다[1].

떨류″다[1] 통 〔떨류″고, 떨류′아 → 떨랴″, 떨류′아도 → 떨랴″도, 떨류′았다→떨랐″다, 떨류′이(－니), 떨랸″, 떨류″는〕 떨어지게 하다. ¶새 옷을 저래 다 떨랴 뿌머(버리면) 우야노(어쩌나). ㊥ 떠루′다. 떨구′다.

떨류″다[2] 동〔떨류″고, 떨류′아→떨랴″, 떨류′아도→떨랴″도, 떨류′았다→떨랐″다, 떨류′이(－니), 떨랸″, 떨류″는〕 놓치다. ¶그러다가 잡은 톡깨이(토끼) 떨류겠다. / 빠수(버스) 떨랴 뿌고(버리－) 걸어 왔심더(－습니다). / 막차 떨류고 나이(－니) 배가 고푸다(고프－). ㊥ 떠주′다.

마구′다 <망구다(亡－－) 동〔마구′고, 마구′아→마가″, 마구′아도→마가″도, 마구′았다→마갔″다, 마구′이(－니), 마군~마구′안→마간″, 마구는〕 망구다(亡－－). ¶섯다 하다가 집안 마군다. / 반풍수 집안 마군다. / 집안 마굴 일 한다. / 신세 마갔다. ㊥ 망구다.

망구′다(亡－－) 동〔망구′고, 망구′아→망가″, 망구′아도→망가″도, 망구′았다→망갔″다, 망구′이(－니), 망군~망구′안→망간″, 망구는〕 망구다(亡－－). ¶일 망군다. / 농협 빚이 집을 망군다. / 반풍수 집안 망군다. / 저라다가(저러다가) 집안 망구겠다. / 올개(올해) 농사 망갔다. / 노롬해가(노름해서) 집구석 망갔다. ㊥ 마구다.

미′우다 동〔미′우고, 미′우아→미′아~미′야, 미′우아도→미′아도~미′야도, 미′우았다→미′았다~미′얐다, 미′우이(－니), 미′우안→미′안~미′얀, 미′우는〕 ('*미다[塞]'의 사동) 메우다. ¶통 미운다. / 새로 미운 채로 술 걸러라.

바′치다 <밭′이다 동〔바′치고, 바′치이→바′치, 바′치이도→바′치도, 바′치있다→바′칬다, 바′치이(－니), 바′친, 바′치는〕 ('*밭′다[濾]'의 사동) 거르다. ¶채에 밭이가(－서) 걸러라. ㊥ 밭′이다.

밭′이다 동〔밭′이고, 밭′이이→밭′이, 밭′이이도→밭′이도, 밭′이있다→밭′있다, 밭′이이(－니), 밭′인, 밭′이는〕 ('*밭′다[濾]'의 사동) 거르다. ¶술을 채에 밭이라. ㊥ 바′치다.

배′기다~배기′다 동〔배기′고, 배′기이→배′기, 배′기이도→배′기도, 배′기있다→배′깄다, 배′기이(－니), 배′긴, 배′기는〕 배기다. ¶머슴이 일 안 하고 배길 수 있능교(－습니까)?.

소꾸′다 <솎우′다 [동] 〔소꾸′고, 소꾸′아 → 소까″, 소꾸′아도 → 소까″도, 소꾸′았다 → 소깠″다, 소꾸′이(-니), 소꾼 ~ 소꾸′안 → 소깐″, 소꾸는〕 ('솎′다[疏]'의 사동) 솎다.

시루′다 [동] 〔시루′고, 시루′아 → 시라″, 시루′아도 → 시라″도, 시루′았다 → 시랐″다, 시루′이(-니), 시룬 ~ 시루′안 → 시란″, 시루는〕 움직이게 하다. 흔들리게 하다. ¶동성(동생) 그네 태아(태워) 시라 줘라.

엉구″다 [동] 〔엉구″고, 엉구′아 → 엉가″, 엉구′아도 → 엉가″도, 엉구′았다 → 엉갔″다, 엉구″이(-니), 엉군″ ~ 엉구′안 → 엉간″, 엉구″는〕 엉기게 하다. ¶개가 그물을 엉가 났다(놨-).

추구′다 [동] 〔추구′고, 추구′아 → 추가″, 추구′아도 → 추가″도, 추구′았다 → 추갔″다, 추구′이(-니), 추군 ~ 추구′안 → 추간″, 추구는〕 축이다. ¶짚을 물에 추가(축여) 꾸아야 잘 꾸인다. (비) 축우′다.

축우′다 [동] 〔축우′고, 축우′아 → 축아″, 축우′아도 → 축아″도, 축우′았다 → 축았″다, 축우′이(-니), 축운 ~ 축우′안 → 축안간″, 축우는〕 축이다. ¶짚을 물에 축아 꾸아야 잘 꾸인다. (비) 추구′다.

4. 사동사 파생 이후에 합성된 합성어의 사동사

사동사 파생 이후에 합성되어 형태로나 의미로나 사동사에 분류될 만하지만 어근을 설정할 수 없는 동사 일부를 모아 두었다.

끌어내:다 [동] 〔끌어내:고, 끌어내:지, 끌어내′애 → 끌어내″, 끌어내′애도 → 끌어내″도, 끌어내′앴다 → 끌어냈″다, 끌어내:이(-니), 끌어낸: ~ 끌어내′앤 → 끌어낸″, 끌어내:는〕 끌어내다.

끼″마추다 <끼″맞추다 <끼″맞후다 [동] 〔끼″마추고, 끼″마추아 → 끼″마차:, 끼″마추아도 → 끼″마차:도, 끼″마추았다 → 끼″마찼:다, 끼″마추이(-니), 끼″마춘 ~ 끼″마추안 → 끼″마찬:, 끼″마추는〕 '끼이마추′다'의 준말. 꿰맞추다.

끼이마추′다 <끼이맞추′다 <끼이맞후′다 [동] 〔끼이마추′고, 끼이마추′아

→ 끼이마차″, 끼이마추′아도 → 끼이마차″도, 끼이마추′았다 → 끼이마찼″다, 끼이마추′이(ㅡ니), 끼이마춘~끼이마추′안 → 끼이마찬″, 끼이마추는〕 꿰맞추다. ㊟ 끼″마추다.

내밀 : 다 ㊐〔내밀 : 고, 내밀 : 지, 내밀′어, 내밀′어도, 내밀′었다, 내미 : 이(ㅡ니), 내민 :, 내미 : 는〕 내밀다.

따돌′리다 ㊐〔따돌′리고, 따돌′리이 → 따돌′리, 따돌′리이도 → 따돌′리도, 따돌′리있다 → 따돌′맀다, 따돌′리이(ㅡ니), 따돌′린, 따돌′리는〕 따돌리다.

뜯어말′기다 ㊐〔뜯어말′기고, 뜯어말′기아 → 뜯어말′기, 뜯어말′기이도 → 뜯어말′기도, 뜯어말′기있다 → 뜯어말′깄다, 뜯어말′기이(ㅡ니), 뜯어말′긴, 뜯어말′기는〕 뜯어말리다. ㊝ 뜯어말′리다.

뜯어말′리다 <뜯어말′이다 ㊐〔뜯어말′리고, 뜯어말′리아 → 뜯어말′리, 뜯어말′리이도 → 뜯어말′리도, 뜯어말′리있다 → 뜯어말′맀다, 뜯어말′리이(ㅡ니), 뜯어말′린, 뜯어말′리는〕 뜯어말리다. ㊝ 뜯어말′기다.

물어내 : 다 ㊐〔물어내 : 고, 물어내 : 지, 물어내′애 → 물어내″, 물어내′애도 → 물어내″도, 물어내′앴다 → 물어냈″다, 물어내 : 이(ㅡ니), 물어낸 : ~물어내′앤 → 물어낸″, 물어내 : 는〕 물어내다.

밀어내 : 다 ㊐〔밀어내 : 고, 밀어내 : 지, 밀어내′애 → 밀어내″, 밀어내′애도 → 밀어내″도, 밀어내′앴다 → 밀어냈″다, 밀어내 : 이(ㅡ니), 밀어낸 : ~밀어내′앤 → 밀어낸″, 밀어내 : 는〕 밀어내다.

입맞추′다 ㊐〔입맞추′고, 입맞추′아 → 입맞차″, 입맞추′아도 → 입맞차″도, 입맞추′았다 → 입맞찼″다, 입맞추′이(ㅡ니), 입맞춘~입맞추′안 → 입맞찬″, 입맞추는〕 입맞추다.

잡아내 : 다 ㊐〔잡아내 : 고, 잡아내 : 지, 잡아내′애 → 잡아내″, 잡아내′애도 → 잡아내″도, 잡아내′앴다 → 잡아냈″다, 잡아내 : 이(ㅡ니), 잡아낸 : ~잡아내′앤 → 잡아낸″, 잡아내 : 는〕 잡아내다.

쪼까내 : 다 ㊐〔쪼까내 : 고, 쪼까내 : 지, 쪼까내′애 → 쪼까내″, 쪼까내′애도 → 쪼까내″도, 쪼까내′앴다 → 쪼까냈″다, 쪼까내 : 이(ㅡ니), 쪼

까낸 : ~쪼까내′앤 → 쪼까낸″, 쪼까내 : 는〕 쫓아내다.

쫓아내 : 다 동〔쫓아내 : 고, 쫓아내 : 지, 쫓아내′애 → 쫓아내″, 쫓아내′애도 → 쫓아내″도, 쫓아내′앴다 → 쫓아냈″다, 쫓아내 : 이(−니), 쫓아낸 : ~쫓아내′앤 → 쫓아낸″, 쫓아내 : 는〕 쫓아내다.

펴내 : 다 동〔펴내 : 고, 펴내 : 지, 펴내′애 → 펴내″, 펴내′애도 → 펴내″도, 펴내′앴다 → 펴냈″다, 펴내 : 이(−니), 펴낸 : ~펴내′앤 → 펴낸″, 펴내 : 는〕 펴내다.

울산방언

3

피동사와 사동사 분석

울산방언 피동사와 사동사의 여러 경향이나 특성들을 기술(記述)한다. 충분한 보기를 제시하고 설명은 되도록 간략하게 하기로 한다.

1. 울산방언의 다양성과 정연성

1.1 울산방언의 다양성

한 사람의 방언 화자가 한 대화의 장에서 동일한 의미의 방언을 여러 형태로 표현하기도 한다. 그런 현상에 주목하면서 방언을 채집하다 보면 그런 현상은 매우 잦은 것임을 파악하게 된다.

균일화, 획일화, 통일화, 규칙화, 규제, 통제 … 이런 것들과는 거리가 먼 것이 방언이다. 자연스럽게 어디로든 뻗어나가는 덩굴 같은 게 방언이다. 꼬이고 비틀려도 괜찮은 게 방언이다. 그렇다고 전혀 질서나 규칙이 없는 것은 아니다. 헝클어져 보여도 들여다보면 그 속에도 뻗어갈 수 있는 길, 뻗어 가도 되는 방향, 그렇게 뻗어가야만 될 원칙이 다 있다. 그것이 전혀 통제되지 않는 길이요 규제되지 않는 방향일 뿐이다. 알고 보면 그것이 한국어가 가지고 있는 특질로 그렇게 될 수밖에 없는 원칙이다. 그래서 방언은 매우 다양한 모습을 지닌다. 이것이 방언의 특징 중의 하나인 다양성이다.

<울산방언 피동사와 사동사 사전>은 이 방언의 다양성을 피동사와 사동사를 통해 알아보려는 것도 한 주제이다. '피동접사, 사동접사'도 다양하고 그러한 접사에 의한 파생어도 다양하고 파생과정도 다양하고 어근도 다양하여 매우 다양한 피동사 사동사가 실현되는 것을 확인하려는 것이다.

울산방언의 다양성을 한 보기로 보자.

울산방언 화자들은 '덥다[熱·暑]'가 '물[水]'을 과거시제로 꾸민 표현에 다음과 같은 다양한 형태로 채집된다. 이런 표현은 다른 대화 현장,

다른 화자의 표현에서 만나게도 되지만 한 대화의 현장 한 화자에게서도 여럿을 만나게 된다. 아무튼 한 가지 표현을 이렇게 다양하게 또 고저장단도 다양하게 표현한다.

(1) 더꾼 물~더깐″ 물~더푼 물~더판″ 물~더′핀 물~덥군 물~덥간″ 물~덥훈 물~덥한″ 물~덥′힌 물~데′운 물~데′안 물~데′얀 물~데′핀 물~뎁′힌 물~디′운 물~디′안 물~디′얀 물 …

이것이 울산방언 다양성의 한 보기다. 방언화자들의 대화에서 채집된 이것들의 근원을 찾아내기 위해서 '덥다[熱·暑]'를 어근(語根)으로 한 다음과 같은 사동사 기본형을 설정하게 된다.

(2) 더꾸′다[1]<덥구′다~더꾸′다[2]<덥꾸′다~더푸′다~더′피다~덥구′다~덥후′다~덥′히다~데′우다~데′피다~뎁′히다~디′우다 …

'덥다[熱·暑]'에서 파생된 사동사의 기본형의 여러 활용형 중에서 과거시제관형사형으로 다음을 찾아낼 수 있다.

(3) 더꾼~더꾸′안→더깐″, 더푼~더푸′안→더판″, 더′핀, 덥군~덥구′안→덥간″, 덥훈~덥후′안→덥한″, 덥′힌, 데′운~데′우안→데′안~데′얀, 데′핀, 뎁′힌, 디′운~디′우안→디′안~디′얀 …

이렇게 풍부한 다양성을 보이는가 새삼 놀랍고 흥미롭다.

1.2 울산방언의 정연성

다음은 울산방언의 정연성(整然性)[1]·에 대해 알아보자. 앞서 본 다양성

---

1. '정연성(整然性)'이란 용어를 쓰기 이전에 '규칙성(規則性)'이라고 했었는데 용언활용의 규칙용언, 불규칙용언의 '규식성'과 혼동되기에 '정연성'이라 했다.

을 생각하면 울산방언은 매우 복잡하고 헝클어진 듯한 인상을 주겠지만 다양성과는 또 다르게 매우 가지런한 면도 있다. 자료를 일별하기만 해도 울산방언의 정연성을 여러 면에서 찾아 볼 수 있는데 그 몇 가지를 들어보면 다음과 같다.

양성모음과 음성모음의 대립도 정연한 면을 보여 준다.

'잦'다[傾]'의 사동

(4) 잦'기다. 잦후'다. 잦'히다. 잿'기다. 잿'히다.
　　젖'기다. 젖후'다. 젖'히다. 젲'기다. 젲'히다.

평음(平音)과 경음(硬音)의 대립도 정연한 면을 보여준다.

'줄 : 다[減]'의 사동과 '쫄 : 다[減]'의 사동

(5) 주루'다. 줄구'다. 줄루'다. 줄류"다. 줄우'다. 줄'이다. 줄쿠'다.
　　쭈루'다. 쫄구'다. 쫄루'다. 쫄류"다. 쫄우'다. 쫄'이다. 쫄쿠'다.

고저장단에서 모든 피동사는 꼭 같은 고저장단형이다

(6) 갇이"다〔갇이"고, 갇이'이→갇이", 갇이"이(-니), 가딘", 갇이"는〕('*갇다[圍]'의 피동) 갇히다.
　　꼽히"다〔꼽히"고, 꼽히'이→꼽히", 꼽히"이(-니), 꼽힌", 꼽히"는〕('꼽'다[揷]'의 피동) 꽂히다.
　　풀리"다〔풀리"고, 풀리'이→풀리", 풀리"이(-니), 풀린", 풀리"는〕('풀다[解]'의 피동) 풀리다.

이 사전에 수록된 피동사 기본형은 모두 약 500어휘다. 여기에다 활용형은 어림수로 1,400어휘가 된다. 이 많은 어휘 전체를 살펴보면 울산방언 피동사의 고저장단 정연성에 놀란다. 피동사를 채록하는 동안 이 가지런함에 벗어난 피동사를 찾아내려는 것이 큰 관심이었다. 그러나 아무리 이 정연성에 벗어난 피동사를 찾으려 해도 찾아내질 못했다. 결국 하나의 예외도 없는 정연함, 피동사의 기본형 고저장단은 모두 (L(L))H : L 조이고 그 활용형의 고저장단도 모두 동일하다.

고저장단에의 정연성을 다른 하나 예를 더 보자.

'－류－<－리우－<－이우－사동접미사'에 의해 파생된 사동사의 어간 끝음절 '－류'는 예외 없이 고장조(H：) '－류″'이다.

(7) 곯류″다 <곯리′우다 <곯이′우다 ('곯다[飢]'의 사동) 곯리다.
널류″다 <널리′우다 <널이′우다 ('널′대[廣]'의 사동) 널리다.
울류″다 <울리′우다 <울이′우다 ('울：대[泣·鳴]'의 사동) 울리다.
걸류″다 <걸리′우다 <걷이′우다 ('걷：대[步]'의 사동) 걸리다.
발류″다 <발리′우다 <바리이′우다 ('바리′대[正]'의 사동) 바루다.

이와 같이 복잡하고 헝클어진 듯해도 다양성이 있는 가운데 다른 한편으로는 놀랍도록 가지런한 정연성도 있는 것이 울산방언이다.

2. 울산방언 피동접미사와 사동접미사

울산방언의 피동접미사와 사동접미사에는 어떤 것이 있는지 그 어간의 고저장단을 중심으로 개괄해 보기로 한다.

2.1 피동접미사

피동접미사에는 '－기－, －리－, －리－<－이－, －ㅇ기－, －이－, －키－, －히－'의 7가지가 있다.

(1) －기－피동접미사

(8) 감기″다 ('감：대[捲]'의 피동) 감기다.
깜기″다 ('깜다[瞑]'의 피동) 감기다.
쉬기″다 ('쉬′대[洗]'의 피동) 씻기다.
안기″다 ('안：대[抱]'의 피동) 안기다.
끊기″다 ('끊′대[切]'의 피동) 끊기다.

(2) –리– 피동접미사

(9) 부푸리″다 ('부′푸다[膨·脹]'의 피동) 부풀리다.

(3) –리–<–이– 피동접미사

(10) 갈리″다 <갈이″다 ('갈:다[耕]'의 피동) 갈리다.
깔리″다 <깔이″다 ('깔다[席]'의 피동) 깔리다.
날리″다 <날이″다 ('날′다[飛]'의 피동) 날리다.
돌리″다 <돌이″다 ('돌:다[廻]'의 피동) 돌리다.
벌리″다 <벌이″다 ('벌″다[得利]'의 피동) 벌리다.

(4) –ㅇ기– 피동접미사

(11) 걸머징기″다 ('걸머지′다[負]'의 피동) 걸머지게 되다.
낑기″다 ('끼:다[挿·介]'의 피동) 끼이다.
징기″다 ('지′다[負]'의 피동) 지게 되다.
찡기″다 ('찌:다[挿·介]'의 피동) 끼이다.
칭기″다 ('치다[軋·轢]'의 피동) 치이다.

(5) –이– 피동접미사

(12) 까이″다 ('까다[孵]'의 피동) 까이다.
깎이″다 ('깎′다(削)'의 피동) 깎이다.
꼬이″다 ('꼬다[繩]'의 피동) 꼬이다.
끼이″다 ('끼:다[挿·介]'의 피동) 끼이다.
낚이″다 ('낚′다[釣]'의 피동) 낚이다.

(6) –키– 피동접미사

(13) 시달키″다 ('*시달다'의 피동) 시달리다.
실키″다 ('실다[摩·擦]'의 피동) 쓸리다.
홀키″다 ('*홀다[誘]'의 피동) 홀리다.

(7) －히－피동접미사

(14) 걷히″다 ('걷′대[收]'의 피동) 걷히다.
깕히″다 ('깕′대[刮·搔]'의 피동) 긁히다.
꿉히″다 ('꿉:대[炙·燒]'의 피동) 굽히다.
끍히″다 ('끍′대[刮·搔]'의 피동) 긁히다.
뽑히″다 ('뽑대[拔]'의 피동사) 뽑히다.

이상 피동사를 보면 그 어근의 어간이 고장조(H:)이든, 고단조(H)이든, 저장조(L:)이든, 저단조(L)이든 관계없이 피동접미사는 '－기″－, －리″－, －리″－<－이″－, －ㅇ기″－, －이″－, －키″－, －히″－'로 고장조(H:)로만 실현됨을 확인할 수 있다. 곧 피동사 어간은 모두 (L)LH:조로 매우 정연하다.

2.2 사동접미사

사동접미사에는 '－개－, －구－, －기－, －꾸－, －루－, －류－<－리우－<－이우－, －리－<－이－, －배－, －수－, －시－, －ㅇ구－, －ㅇ기－, －애－, －우－, －우리－, －이－, －이애－, －이우－, －추－, －치－, －캐－, －쿠－, －키－, －후－, －히－'의 25가지가 있다.

(1) －개－사동접미사

(15) 늘개′다 ('늘대[增]'의 사동) 늘이다. 늘리다.

예가 하나뿐이다. 어간이 LH조다.

(2) －구－사동접미사

(16) 깜구′다 ('깜대[沐]'의 사동) 감기다.
남구′다 ('남:대[餘]'의 사동) 남기다.
달구′다 ('달:대[熱]'의 사동) 달구다.

담구′다 ('담대[浸]'의 사동) 담그다.
돋구′다 ('돋′대[遲·聳]'의 사동) 돋우다.

(17) 부풀구″다~부풀′구″다 ('부′풀대[膨·脹]'의 사동) 부풀리다.
애달구″다~애달′구″다 ('애달대[焦·燥]'의 사동) 애달게 하다.

1음절 어근은 어근의 고저장단에 관계없이 어간이 LH조이고, 2음절 어근은 어근의 고저장단에 관계없이 어간이 LLH : ~ LHH : 조다.

(3) －기－사동접미사

(18) 굶′기다 ('굶 : 대[飢]'의 사동) 굶기다.
깜′기다 ('깜대[沐]'의 사동) 감기다.
남′기다 ('남 : 대[餘]'의 사동) 남기다.
넘′기다 ('넘 : 대[越]'의 사동) 넘기다.
맡′기다 ('맡′대[任]'의 사동) 맡기다.

(19) 떠맡′기다 ('떠맡′대[任]'의 사동) 떠맡기다.
빨가벗′기다 ('빨가벗′대[脫]'의 사동) 발가벗기다.

어근의 고저장단이나 음절 수에 관계없이 어간이 ((L)L)HL조다.

다음 '발 : 대[開] / 벌 : 대[開]' 어근은 독특하다. －기－만이 아니고 다음에 나올 －리－, －시－와의 결합까지 미리 봐 두기로 하자.

(20) 발 : 기다 ('발 : 대[開]'의 사동) 벌리다.
벌 : 기다 ('벌 : 대[開]'의 사동) 벌리다.

(21) 발 : 리다 <발 : 이다 ('발 : 대[開]'의 사동) 벌리다.
벌 : 리다 <벌 : 이다 ('벌 : 대[開]'의 사동) 벌리다.

(22) 발 : 시다 ('발 : 대[開]'의 사동) 벌리다.
벌 : 시다 ('벌 : 대[開]'의 사동) 벌리다.
벨 : 시다 <벌 : 시다 ('벌 : 대[開]'의 사동) 벌리다.
빌 : 시다 <벨 : 시다 <벌 : 시다 ('벌 : 대[開]'의 사동) 벌리다.

어근 '발 : 대[開] / 벌 : 대[開]'는 피동접사 －기－만이 아니고 －리－,

－시－와 결합되어도 한결같이 L：L조가 되는 독특한 어근이다. (8.4.2. '발：다[開], 벌：다[開]'의 사동사 참조)

(4) －꾸－사동접미사

(23) 깨꾸′다 (깨다[醒·覺]의 사동) 깨우다.
메꾸′다 (메：다[塞]의 사동) 메우다.
더꾸′다 <덥꾸′다 (덥：다[暑]의 사동) 데우다.

어근의 고저장단에 관계없이 어간은 LH조다.

(5) －루－사동접미사

(24) 들루′다～들루″다 ('들다[入]'의 사동) 들이다.
얼루′다～얼루″다 ('얼：다[凍]'의 사동) 얼리다.
줄루′다～줄루″다 ('줄：다[減]'의 사동) 줄이다.
질루′다～질루″다 ('질：다[長]'의 사동) 길게 하다.

(25) 부풀루″다～부풀′루″다 ('부′풀다[膨·脹]'의 사동) 부풀리다.
시달루″다～시달′루″다 ('*시달다[苦·弄]'의 사동) 시달리게 하다.
애달루″다～애달′루″다 ('애달다[焦·燥]'의 사동) 애달게 하다.

1음절 어근에서는 어근의 고저장단에 관계없이 어간이 LH～LH：조의 유동적이다. 2음절 어근에서는 어간이 LLH：～LHH：조의 유동적이다.

(6) －류－<－리우－<－이우－사동접미사

(26) 날류″다 <날리′우다 <날이′우다 ('날′다[飛]'의 사동) 날리다.
놀류″다 <놀리′우다 <놀이′우다 ('놀′다[遊]'의 사동) 놀리다.
들류″다 <들리′우다 <들이′우다 ('들다[入]'의 사동) 들이다.
알류″다 <알리′우다 <알이′우다 ('알：다[知]'의 사동) 알리다.
얼류″다 <얼리′우다 <얼이′우다 ('얼：다[凍]'의 사동) 얼리다.

(27) 걸류″다[2] <걸이′우다 <걷이′우다 (‘걷 : 다[步]’의 사동) 걸리다.
눌류″다[2] <눌리′우다 <눋이′우다 (‘눋 : 다[焦·熬]’의 사동) 눌리다.
불류″다 <불리′우다 <붇이′우다 (‘붇 : 다[增·漲]’의 사동) 불리다.
실류″다 <실리′우다 <싣이′우다 (‘싣 : 다[載]’의 사동) 실리다.

(28) 갈류″다 <가리이′우다 (‘가리′다[選]’의 사동) 고르게 하다.
걸류″다[1] <거리이′우다 (‘거리′다[濾]’의 사동) 걸리다.
널류″다 <너리이′우다 (‘너리′다[廣]’의 사동) 넓히다.
눌류″다[1] <눌리이′우다 (‘눌 : 리다[押·壓]’의 사동) 눌리다.
말류″다 <마리이′우다 (‘마리′다[乾]’의 사동) 말리다.

‘－류－<－리우－<－이우－ 사동접미사’는 어근 말음이 ‘－ㄹ, －ㄷ, －리’에 붙고 예도 많다. 어근의 고저장단에 관계없이 어간이 LH : 조이다.

(7) －리－<－이－사동접미사

(29) 날′리다 <날′이다 (‘날′다[飛]’의 사동) 날리다.
놀′리다 <늘′이다 (‘놀 : 다[遊]’의 사동) 놀리다.
돌′리다 <돌′이다 (‘돌 : 다[廻]’의 사동) 돌리다.
말′리다 <말′이다 (‘말 : 다[勿]’의 사동) 말리다.
빨′리다 <빨′이다 (‘빨다[洗]’의 사동) 빨리다.

(30) 끄실′리다 <끄실′이다 (‘끄실′다[燻]’의 사동) 그을게 하다.
다물′리다 <다물′이다 (‘다물다[緘]’의 사동) 다물리다.
부풀′리다 <부풀′이다 (‘부′풀다[膨·脹]’의 사동) 부풀리다.
지불′리다 <지불′이다 (‘지불′다[傾]’의 사동) 기울이다.
헌틀′리다 <헌틀′이다 (‘헌틀다[混]’의 사동) 헝클리다.

(31) 곯′리다 <곯′이다 (‘곯다[飢]’의 사동) 곯리다.
꿇′리다 <꿇′이다 (‘꿇다[跪]’의 사동) 꿇리다.

(32) 걸′리다 <걸′이다 <걷′이다 (‘걷 : 다[步]’의 사동) 걸리다.

눌′리다[3] <눌′이다 <눋′이다 ('눋:다[焦·熬]'의 사동) 눋게 하다.
들′리다 <들′이다 <듣′이다 ('듣′다[聞]'의 사동) 들리다.
불′리다 <불′이다 <붇′이다 ('붇:다[增·漲]'의 사동) 불리다.
실′리다 <실′이다 <싣′이다 ('싣:다[載]'의 사동) 실리다.

(33) 딸′리다 <따리′이다. ('따리′다[隨·屬]'의 사동) 딸리다.
말′리다 <마리′이다 ('마리′다[乾]'의 사동) 말리다.
불′리다 <부리′이다 ('부리′다[飽]'의 사동) 불리다.
올′리다 <오리′이다 ('오리′다[登]'의 사동) 올리다.
흘′리다 <흐리′이다 ('흐리′다[流]'의 사동) 흐리다.

(34) 디딸′리다 <따리′이다. ('디따리′다[隨·屬]'의 사동) 뒤딸리다.
떠올′리다 <떠오리′이다 ('떠오리′다[浮·登]'의 사동) 떠올리다.
얼말′리다 <얼마리′이다 ('얼마리′다[乾]'의 사동) 얼말리다.
주물′리다 <주무′리이다 ('주무′리다'의 사동) 주물리다.
치올′리다 <치오리′이다 ('치오리′다'의 사동) 치올리다.

'-리-<-이-사동접미사'는 어근 말음이 '-ㄹ, -ㅀ, -ㄷ, -리' 아래에만 붙는다. 어근의 음절 수나 고저장단에 관계없이 (L)HL조다.

(8) -배-사동접미사

(35) 깨배′다 (깨다[醒]의 사동) 깨우다.

예가 하나뿐이다. 어간이 LH조이다.

(9) -수-사동접미사

(36) 질수″다 ('질:다[長]'의 사동) 길게 하다.

예가 하나뿐이다. 어간이 LH:조이다.

(10) -시-사동접미사

(37) 구불′시다 ('구′불다[曲]'의 사동) 굽히다.
꼬불′시다 ('꼬′불다[曲]'의 사동) 굽히다.

지불′시다 ('지불′다[傾]'의 사동) 기울이다.
지울′시다 ('찌울′다[傾]'의 사동) 기울이다.

(38) 발 : 시다 ('발 : 대[開]'의 사동) 벌리다.
벌 : 시다 ('벌 : 대[開]'의 사동) 벌리다.

어간 고저장단은 L : L조, LHL조로 둘이다. 다만 사동접미사의 고저장단은 L조로 같다.

('벌 : 시다'에 대해서는 위의 '(3) －기－사동접미사' 참조.)

(11) －ㅇ구－사동접미사

(39) 걸머징구′다 ('걸머지′대[負]'의 사동) 걸머지우다.
낑구′다 ('끼 : 대[挿·介]'의 사동) 끼우다.
징구′다 ('지′대[負]'의 사동) 지우다.
칭구′다 ('치대[軋·轢]'의 사동) 치게 하다.
팅구′다 ('티′대[跳]'의 사동) 튕기다.

어근의 음절 수나 고저장단에 관계없이 어간이 ((L)L)LH조이다.

(12) －ㅇ기－사동접미사

(40) 탱′기다 <팅′기다 ('티′대[跳]'의 사동) 튕기다.
팅′기다 ('티′대[跳]'의 사동) 튕기다.

예가 이것뿐이다. 어간이 HL조이다.

(13) －애－사동접미사

(41) 엢 : 애다 ('엢 : 대[無]'의 사동) 없애다.
없 : 애다 ('없 : 대[無]'의 사동) 없애다.

예가 이것뿐이다. 어간이 L : L조이다. 사동사 어간이 장음인 것이 독특하다.

장음인 용언어간은 모음어미 앞에서는 단모음화 되는데 다음 형용사는 장음어간인데도 모음어미 앞에서 단모음화하지 않는다. 여기서의 사동사 어간도 장음인 것은 그와 동일현상이 아닌가 한다. (8.4.1 '없 : 다[無], 읎 : 다[無]'의 사동사 참조)

(14) -우- 사동접미사

(42) 돋우´다 ('돋´다[遲·聳]'의 사동) 돋우다.
막우´다 ('막´다[防·閉]의 사동) 막게 하다.
몯우´다 ('*몯다[集<池]'의 사동) 모으다.
줄우´다 ('줄 : 다[減]'의 사동) 줄이다.
질우´다 ('질 : 다[長]'의 사동) 기르다[育·養].

(43) 거두´다 <걷우´다 ('걷´다[收]'의 사동) 거두다.
거루´다 <걸우´다 ('걸 : 다[肥]'의 사동) 걸게 하다.
나수´다 <낫우´다 ('낫 : 다[癒]'의 사동) 낫게 하다.
마구´다 <막우´다 ('막´다[防·閉]의 사동) 막게 하다.
어루´다 <얼우´다 ('얼 : 다[凍]'의 사동) 얼리다.

(44) 깨´우다 (깨다[醒]의 사동) 깨우다.
비´우다 ('비 : 다[空]'의 사동) 비우다.
서´우다 ('서´다[立]'의 사동) 세우다.
지´우다 ('지´다[除]'의 사동) 지우다.
찌´우다[2] ('찌 : 다[挿·介]'의 사동) 끼우다.

(45) 갈라서´우다 ('갈라서´다[立]'의 사동) 갈라세우다.
걸머지´우다 ('걸머지´다[負]'의 사동) 걸머지우다.
꽂피´우다 ('꽂피다'의 사동) 꽂피우다.
덮어시´우다 ('덮어시다[冠]'의 사동) 덮어씌우다.
앞장서´우다 ('앞장서´다'의 사동) 앞장세우다.

(46) 고루˝다 <고류˝다 <고리´우다 ('고리´다[均]'의 사동) 고르다.
꺼주˝다 <꺼쥬˝다 <꺼지´우다 ('꺼´지´다[消·滅]'의 사동) 꺼뜨리다.
내루˝다 <내류˝다 <내리´우다 ('내´리다[降]'의 사동) 내리게 하다.

너쭈″다 <너쮸″다 <너찌′우다 (‘너″찌다[墜]’의 사동) 떨어뜨리다.
떠수″다 <떠슈″다 <떠시′우다 (‘떠시′다[暖]의 사동) 따뜻하게 하다.

‘−우−사동접미사’는 어간이 LH조, (L(L))HL조, LH : 조의 셋이다.

먼저 (42), 43), (44), (45)의 LH, (L(L))HL인 경우를 살펴보면 어근이 모음으로 끝난 경우와 자음으로 끝난 경우의 예들로 양분된다. 달리 다른 이유를 찾을 수 없다.

다음 (47), (48)의 예들은 어근이 자음으로 끝난 경우와 모음으로 끝난 경우의 차이를 보충적으로 설명해 준다.

(47) ① 돋우′다 (‘돋′다[遲·聳]’의 사동) 돋우다. [비] 도두′다. 도′우다. 돋구′다.
② 도두′다 <돋우′다 (‘돋′다[遲·聳]’의 사동) 돋우다. [비] 도′우다. 돋구′다. 돋우′다.
③ 도′우다 <도두′다 <돋우′다 (‘돋′다[遲·聳]’의 사동) 돋우다. [비] 도두′다. 돋구′다. 돋우′다.

(48) ① 몯우′다 (‘*몯다[集<池]’의 사동) 모으다. [비] 모두′다. 모′우다.
② 모두′다 <몯우′다 (‘*몯다[集<池]’의 사동) 모이다. [비] 모′우다. 몯우′다.
③ 모′우다 <모두′다 <몯우′다 (‘*몯다[集<池]’의 사동) 모으다[集]. [비] 모두′다. 몯우′다.

①과 ②는 어근말음의 자음음가가 유지되어 있는 경우로 사동사 어간은 LH조이고, ③은 자음음가가 유실되어 사동사 어간은 HL조이다.

(46)의 LH : 어간의 경우는 모두 어근 말음과 사동접미사가 −이우−로 결합되어 다시 축약되는 과정을 겪는 공통점이 있다. 앞의 ‘−류−<−리우−<−이우−사동접미사’의 사동사 생성 과정과도 통한다.

다음과 같은 약간의 예외가 있다

(49) 노프″다 <노프′우다 ('노프′다[高]'의 사동) 높이다.
시다루″다 <시달우″다 ('*시달다[苦·弄]'의 사동) 시달리게 하다.

'시다루″다'는 '시달류″다 <시달리′우다 <시달이′우다 ('*시달다[苦·弄]'의 사동)'에 유추된 듯하다.

(15) －우리－사동접미사

(50) 오구′리다 <옥우′리다 ('옥′다'의 사동) 오그리다.
우구′리다 <욱우′리다 ('욱′다'의 사동) 우그리다.

예가 이 둘뿐이다. 어간이 LHL조이다.

(16) －이－사동접미사

(51) 녹′이다 ('녹′다[鎔]'의 사동) 녹이다.
보′이다 ('보′다[見]'의 사동) 보이다.
붙′이다 ('붙′다[附]'의 사동) 붙이다.
시′이다 ('시다[書]'의 사동) 쓰이다.
줄′이다 ('줄:다[減]'의 사동) 줄이다.
(52) 맞붙′이다 ('맞붙′다[附]'의 사동) 맞붙이다.
불붙′이다 ('불붙′다'의 사동) 불붙이다.
야꼬죽′이다 ('야꼬죽′다'의 사동) 야코죽이다.
찌불′이다 ('찌불′다[傾]'의 사동) 기울이다.
흘림붙′이다 ('흘림붙′다'의 사동) 흘레붙이다.

대체로 어근의 고저장단에 관계없이 어간이 (L)HL조이다.

그러나, 특이한 고저장단을 가진 어휘가 있어 그 셋을 가려 따로 설명한다.

(53) 믹이′다 <뭑이′다 <묵이′다 ('묵′다[食]'의 사동) 먹이다.
떠믹이′다 <떠뭑이′다 <떠묵이′다 ('떠묵′다[食]'의 사동) 떠먹이다.
처믹이′다 <처뭑이′다 <처묵이′다 ('처묵′다[食]'의 사동) 처

먹이다.

'묵′대[食]'의 사동사는 모두 (L(L))H조이다. 음절 수에 관계없이 접사가 H조인 점이 특이하다. (8.4.3 'X－묵′대[食]'의 사동사 참조)

(54) 내 : 다 <나이다 <나′이다 ('나′대[出]'의 사동) 내다.
끝내 : 다 <끝나이다 <끝나′이다 ('끝나′대[終]'의 사동) 끝내다.
끝장내 : 다 <끝장나이다 <끝장나′이다 ('끝장나′대[終]'의 사동) 끝장내다.
드러내 : 다 <드러나이다 <드러나′이다 ('드러나′대[出]'의 사동) 드러내다.
불내 : 다 <불나이다 <불나′이다 ('불나′다'의 사동) 불내다.
삧내 : 다 <삧나이다 <삧나′이다 ('삧나′대[曜·輝]'의 사동) 빛내다.
욕심내 : 다 <욕심나이다 <욕심나′이다 ('욕심나′다'의 사동) 욕심내다.
우러내 : 다 <우러나이다 <우러나′이다 ('우러나′다'의 사동) 우러내다.
절딴내 : 다 <절딴나이다 <절딴나′이다 ('절딴나′다'의 사동) 결딴내다.
흠내 : 다 <흠나이다 <흠나′이다 ('흠나′다'의 사동) 흠내다.

'나′대[出]'의 사동사는 모두 (L(L))L : 이다. 음절 수에 관계없이 어근 '나－'와 접사 '－이－'가 축약된 '내－'가 L : 조인 점이 특이하다. (8.4.4 '(X)나′대[出]'의 사동사 참조)

(55) 딜′리′다^{1} <딜′리′다 <들′이다 ('들대[入]'의 사동) 들이다.
딜′리′다^{2} <딜′리′다 <들′이다 ('들대[染]'의 사동) 들이다.
들′이′다^{1} ('들대[入]'의 사동) 들이다.
들′이′다^{2} ('들대[染]'의 사동) 들이다.
디′리′다^{1} <딜′이′다 <들′이다 ('들대[入]'의 사동) 들이다.
디′리′다^{2} <딜′이′다 <들′이다 ('들대[染]'의 사동) 들이다.
딜′이′다^{1} <딜′이′다 <들′이′다 ('들대[入]'의 사동) 들이다.
딜′이′다^{2} <딜′이′다 <들′이′다 ('들대[染]'의 사동) 들이다.

(56) 장개딜′이′다 (‘장 : 개들다[入]’의 사동) 장가들이다.
정딜′이′다 (‘정들다[入]’의 사동) 정들이다.
질딜′이′다 (‘질들다’의 사동) 질들이다.
물들′이′다 (‘물들다[染]’의 사동) 물들이다.
물딜′이′다 <물딀′이′다 <물들′이′다 (‘물들다[染]’의 사동) 물들이다.

동일 어원일 것으로 보이는 두 어근 ‘들－[入]’와 ‘들－[染]’는 ‘－이－사동접미사’(‘－리－<－이－사동접미사’ 포함)와의 결합에서 음절 수에 관계없이 (L(L))HH조인 점이 특이하다.

(L(L))HH조는 수의적으로 (L(L))LL조와 변동한다. (8.7 수의적으로 변동되는 고저장단형 참조)

(17) －이애－사동접미사

(57) 재′애다 <자이′애다 (‘자′다[寢]’의 사동) 재우다.
잠재′애다 <잠자이′애다 (‘잠자′다[寢]’의 사동) 잠재우다.

예가 이것뿐이다. 어간이 (L)HL조이다.

(18) －이우－사동접미사

(58) 데′우다 <덥이′우다 (‘덥 : 다[熱]’의 사동) 데우다.
띠′우다 <띄′우다 <뜨이′우다 (‘뜨다[浮]’의 사동) 띄우다.
채′우다 <차이′우다 (‘차다[佩]’의 사동) 채우다.
키′우다 <킈′우다 <크이′우다 (‘크다[長]’의 사동) 키우다.
태′우다 <타이′우다 (‘타다[燒]’의 사동) 태우다.

(59) 갈라시′우다 <갈라세′우다 <갈라서이′우다 (‘갈라서′다[立]’의 사동) 갈라세우다.
벌시′우다 <벌세′우다 <벌서이′우다 (‘벌서다(罰－－)’의 사동) 벌세우다.
불태′우다 <불타이′우다 (‘불타다[燒]’의 사동) 불태우다.
애태′우다[1] <애타이′우다 (‘애타다’의 사동) 애태우다.

잠재′우다 <잠자이′우다 (‘잠자′대[寢]’의 사동) 잠재우다.

어근의 음절 수나 고저장단에 관계없이 (L(L))HL조이다.

(19) －추－사동접미사

(60) 갖추′다 (‘갖′대[具]’의 사동) 갖추다.
낮추′다 (‘낮′대[低]의 사동) 낮추다.
늦추′다 (‘늦′대[遲]’의 사동) 늦추다.
맞추′다 (‘맞′다(的·適)’의 사동) 맞추다.

(61) 구불추″다 (‘구불′대[轉]’의 사동) 넘어뜨리다.
꾸불추″다 (‘꾸불′대[轉]’의 사동) 넘어뜨리다.

어간의 고저장단이 LH조, LLH : 조의 두 가지다. 앞의 어근은 형용사이고 뒤의 어근은 동사란 점과 어간의 음절 수가 다르다. 이것이 원인인 듯하다.

(61)을 달리 다음 (62)와 같이 설정할 수도 있겠다.

(62) 구불추″다 <구불츄″다 <구불치′우다 (‘구불′치대[轉]’의 사동) 넘어뜨리다.
꾸불추″다 <꾸불츄″다 <꾸불치′우다 (‘꾸불′치대[轉]’의 사동) 넘어뜨리다.

이렇게 하면 ‘추″’의 고장조(H : 조)를 타당성 있게 설명하게 되는데, 어근도 다르고 접미사도 ‘－추－사동접미사’가 아닌 ‘－우－사동접미사가 된다.

(20) －치－사동접미사

(63) 지불′치다 (‘지불′대[傾]’의 사동) 기울이다.
지울′치다 (‘지울′대[傾]’의 사동) 기울이다.
찌불′치다 (‘찌불′대[傾]’의 사동) ‘지불′치다’의 센말. 기울이다.
찌울′치다 (‘찌울′대[傾]’의 사동) ‘지울′치다’의 센말. 기울이다.

모두 어근 '지불다'의 이형태 어근의 파생어인데 예는 이것이 전부다. 어간은 LHL조다

(21) -캐-사동접미사

(64) 널캐′다 ('널′다[廣]'의 사동) 넓히다.
늘캐′다 ('늘다[增]'의 사동) 늘이다. 늘리다.

예가 이것뿐이다. 어간이 LH조이다.

(22) -쿠-사동접미사

(65) 널쿠′다 ('널′다[廣]'의 사동) 넓히다.
늘쿠′다 ('늘다[增]'의 사동) 늘이다.
살쿠′다 ('살:다(生)'의 사동) 살리다.
숨쿠′다 ('숨다[隱]'의 사동) 숨기다.
신쿠′다 ('신:다[履]'의 사동) 신기다.

(66) 애달쿠″다 ('애달다[燥]'의 사동) 애달게 하다.
시달쿠″다 ('*시달다'[苦·弄]의 사동) 시달리게 하다.

전반적으로는 LH조이나 두 예에 한하여 LLH:조이다.

(23) -키-사동접미사

(67) 숨′키다 ('숨다[隱]'의 사동) 숨기다.
신′키다 ('신:다[履]'의 사동) 신기다.
애달′키다 ('애달다'의 사동) 애달게 하다.

어근의 고저장단에 관계없이 어간이 (L)HL조이다.

(24) -후-사동접미사

(68) 덥후′다~덥후″다 ('덥:다[熱]'의 사동) 데우다.
삭후′다~삭후″다 ('삭′다[酵]'의 사동] 삭히다.

식후′다~식후″다 (‘식′대[冷]’의 사동) 식히다.
얽후′다~얽후″다 (‘얽′대[構]’의 사동) 얽히다.
좁후′다~좁후″다 (‘좁′대[狹]’의 사동) 좁히다.

(69) 깔아앉후′다~까라앉후″다 (‘깔아앉′다’의 사동) 가라앉히다.
꿇어앉후′다~꿇어앉후″다 (‘꿇어앉′대[跪]’의 사동) 꿇어앉히다.

어근의 음절 수나 고저장단에 관계없이 어간이 ((L)L)LH~(L(L)LH : 조이다.

(25) －히－사동접미사

(70) 굳′히다 (‘굳′대[固]’의 사동) 굳히다.
밝′히다 (‘밝′대[明]’의 사동) 밝히다.
식′히다 (‘식′대[冷]’의 사동) 식히다.
얽′히다 (‘얽′대[構]’의 사동) 얽히다.
잡′히다 (‘잡′대[執·捕]’의 사동) 잡히다.

(71) 깔아앉′히다 (‘깔아앉′다’의 사동) 가라앉히다.
끼입′히다 (‘끼입′대[被]’의 사동) 껴입히다.
내앉′히다 (‘내앉′대[坐]’의 사동) 내앉히다.
주저앉′히다 (주저앉′다‘의 사동) 주저앉히다.
해묵′히다 (‘해묵′대[陳]’의 사동) 해묵히다.

(72) 간지럽히″다 (‘간지럽′다’의 사동) 간지럽게 하다.
고′롭′히다 (‘고′롭′대[苦]’의 사동) 괴롭히다.
더럽히″다 (‘더 : 럽대[汚]’의 사동) 더럽히다.
어지럽히″다 (‘어′지′럽대[紛·亂]’의 사동) 어지럽게 하다.

(70)(71)은 어근의 고저장단이나 음절 수에 관계없이 어간이 (L(L))HL조이다. 그러나 (72)와 같은 약간의 예외가 보인다. 이 예외는 모두 어근이 형용사이다.

이상의 사동사 어간의 고저장단을 정리하면 다음과 같다.

－개－ LH, －구－ LH, LLH : ~LHH :, －기－ ((L)L)HL, －꾸－

LH, -루- LH~LH:, LLH:~LHH:, -류-<-리우-<-이우-LH:, -리-<-이- (L)HL, -배- LH, -수- LH:, -시- L:L, LHL, -ㅇ구- ((L)L)LH, -ㅇ기- HL, -애- L:L, -우- HL, (L(L))HL, LH:, -우리- LHL, -이- (L)HL, (L(L))H, (L(L))L:, (L(L))HH, -이애- (L)HL, -이우- (L(L))HL, -추- LH, LLH:, -치- LHL, -캐- LH, -쿠- LH, LLH:, -키- (L)HL, -후- ((L)L)LH~(L(L)LH:, -히- (L(L))HL,

이것을 다시 중복 없이 정리하면 다음과 같다.

LH, ((L)L)LH, (L(L))HH, HL, LHL, (L(L)HL, L:L, (L(L))L:, LH:, LLH:, ((L)L)LH:

이것을 다시 묶으면 다음과 같이 요약할 수 있다.

((L)L)LH, (L(L))HH, (L(L)HL, L:L, (L(L))L:, ((L)L)LH:

이렇게 정리해 보면, 피동사어간의 고저장단은 (L)LH: 한 가지인데 비해 사동사어간의 고저장단은 매우 다양함을 확인할 수 있다.[2]

2.3 혼동되는 피동접미사와 사동접미사

이상 피동접사와 사동접사를 개괄해 보았다. 이 중에는 접미사가 혼동되는 경우가 있다. 이 경우는 대체로 발음에 관련된 것인데 어원(語原)위주 표기인가 발음(發音)위주 표기인가에 따른 경우가 대부분이다.

어원을 거슬러 올라가서 그 어원을 밝혀 어원을 기준으로 접미사를 정하는 것이 원칙이지만, 어원이 불명확한 경우도 있고, 방언화자들이 아주 먼 어원을 의식하여 발음하고 있다고 보기 어렵기 때문에 어느 하나를 이것이다 하고 확정하기가 어려워 생기는 문제다. 이러한 보기 몇을 보면 다음과 같다.

2. 신기상 (1993)「東部慶南方言의 被動詞 使動詞의 高低長短」,『國語學』23, 국어학회. 참조.

2.3.1 '-구-'와 '-우-'의 혼동

(73) 섞구′다~섞우′다. ('섞′다[混]'의 사동) 섞게 하다.

접미사가 '-구-'인지 '-우-'인지 혼동된다. 사동접미사 '-구-' 항에 있는 사동사 중 어근 말음이 'ㄲ'인 것이 이것 하나다. '-구-' '-우-' 어느 쪽인지를 확실히 정할 요소를 찾기 어려워 '-구-'와 '-우-' 두 항에 넣었다.

2.3.2 '-기-'와 '-이-'의 혼동

(74) 섞기″다~섞이″다 ('섞′다[混]'의 피동) 섞이다.

이 방언 발음 [서끼다]가 아닌 뚜렷한 [석기다]를 생각하면 '섞이다' 하나 만을 설정할 수가 없다.

2.3.3 '-쿠-'와 '-후-'의 혼동

(75) 녹쿠′다~녹후′다 ('녹′다[鎔]'의 사동) 녹이다.
늙쿠′다~늙후′다 ('늙′다[노]'의 사동) 늙히다.
막쿠′다~막후′다 ('막′다[放·閉]'의 사동) 막게 하다.
삭쿠′다~삭후′다 ('삭′다[酵]'의 사동] 삭히다.
석쿠′다~석후′다 ('석′다[腐]'의 사동) 썩히다.
식쿠′다~식후′다 ('식′다[冷]'의 사동) 식히다.
얽쿠′다~얽후′다 ('얽′다[構]'의 사동) 얽히게 하다.
익쿠′다~익후′다 ('익′다[熟]'의 사동) 익히다.
읽쿠′다~읽후′다 ('읽′다[讀]'의 사동) 읽히다.

(75)는 접미사가 '-쿠-'인지 '-후-'인지 혼동된다. 이것은 다음 '-키-'와 '-히-'의 혼동과 유관하다.

2.3.4 '－키－'와 '－히－'의 혼동

(76) 늙′키다～늙′히다 ('늙′대[老]'의 사동) 늙히다.
맑′키다～맑′히다 ('맑′대[淸]'의 사동) 맑히다.
묵′키다～묵′히다 ('묵′대[古·腐]'의 사동) 묵히다.
밝′키다～밝′히다 ('밝′대[明]'의 사동) 밝히다.
삭′키다～삭′히다 ('삭′대[酵]'의 사동) 삭히다.
석′키다～석′히다 ('석′대[腐]'의 사동) 썩히다.
식′키다～식′히다 ('식′대[冷]'의 사동) 식히다.
얽′키다～얽′히다 ('얽′대[繫]'의 사동) 얽히게 하다.
익′키다～익′히다 ('익′대[熟]'의 사동) 익히다.
읽′키다～읽′히다 ('읽′대[讀]'의 사동) 읽히다.

(77) 맑히다 <몰키다←몰기다[←ᄆᆞᆰ－+－이－]<월인석보(1459)>
묵히다 <무기다[←묵－+－이－]<소학언해(1588)>
밝히다 <볼키다<볼기다[←ᄇᆞᆰ－+－이－]<용비어천가(1447)>
식히다 <시기다[←식－+－이－]<구황촬요(1554)>
익히다 <닉키다 / 닉이다<니기다[←닉－+－이－]<능엄경언해(1461)>
읽히다 <닐기다[←닑－+－이－]<이륜행실도(옥산 서원본)(1518)>

(76)은 접미사가 '－키－'인지 '－히－'인지 혼동된다. 참고어원 (77)를 소급해 보면 '－이－'지만 '－이－'는 현재 발음과는 멀고, 발음 위주로 생각하면 '－키－'여야겠다. 그러나 발음을 'ㄱ+ㅎ → ㅋ'로 보고 '－이－'도 '－키－'도 아닌 '－히－'를 택하였다.

2.3.5 '－추－'와 '－후－'의 혼동

(78) 갖추′다～갖후′다 ('갖′대[具]의 사동) 갖추다.
낮추′다～낮후′다 ('낮′대[低]'의 사동) 낮추다.
늦추′다～늦후′다 ('늦′대[遲]'의 사동) 늦추다.
맞추′다～맞후′다[1] ('맞′대(的·適)'의 사동) 맞추다.
앉추′다～앉후′다 ('앉′대[坐]'의 사동) 앉히다.

(79) 갖추다 <ᄀᆞ초다[←ᄀᆞᆽ－+－호－]<석보상절(1447)>
낮추다 <ᄂᆞ초다[←ᄂᆞᆽ－+－호－]<구황촬요(1554)>
늦추다 <느추다[←늦－+－후－]<내훈(1475)>
맞추다 <마초다[←맞－+－호－]<월인석보(1459)>
앉히다 <안치다[←앉－+－히－]<석보상절(1447)>

(78)은 접미사가 '－추－'인지 '－후－'인지 혼동된다. 참고어원 (79)를 소급해 보면 '－후－'로 보아야 할 것이나 발음 위주로 생각하면 '－추－'여야겠다. 결국 이것은 어원위주의 '－후－'와 발음위주의 '－추－' 둘을 택하였다.

2.3.6 '－치－'와 '－히－'의 혼동

(80) 걸앉'히다 ('걸앉'대[坐]'의 사동) 걸터앉히다.
까라앉'히다 ('까라앉'다'의 사동) 가라앉히다.
꿇어앉'히다 ('꿇어앉'대[跪]'의 사동) 꿇어앉히다.
내앉'히다 ('내앉'대[坐]'의 사동) 내앉히다.
다가앉'히다 ('다가앉'대[坐]'의 사동) 다가앉히다.
둘러앉'히다 ('둘러앉'대[坐]'의 사동) 둘러앉히다.
들어앉'히다 ('들어앉'대[坐]'의 사동) 들어앉히다.
앉'치다~앉히다 ('앉'대[坐]'의 사동) 앉히다.
조자앉'히다 (조자앉'다'의 사동) 주저앉히다.
주저앉'히다 (주저앉'다'의 사동) 주저앉히다.

(81) 앉히다 <안치다[←앉－+－히－]<석보상절(1447)>
가라앉히다 <ᄀᆞ라안초다[←ᄀᆞᆯ－+－아+앉－+－호－]<동의보감 탕액편(1613)>

(80)은 참고어원 (81)을 보아 대부분 '－히－'로 처리하였으나 더러는 발음 위주의 것 '－치－'로도 처리하였다.

2.3.7 '-이-'와 '-히-'의 혼동

(82) 덮이″다~덮히″다 ('덮′다[覆·蓋]'의 피동) 덮히다.
싶이″다~싶히″다 ('싶′다[嚼]'의 피동) 씹히다.
짚이″다~짚히″다 ('짚′다[杖]'의 피동) 짚이다.
높′이다~높′히다 ('*높′다[高]'의 사동) 높이다.
짚′이다~짚′히다 ('*짚′다[深]'의 사동) 깊이다.

(83) 덮이다 <덥히다<두피다[←둪-+-이-]<월인석보(1459)>
높이다 <노피다[←높-+-이-]<동국신속삼강행실도(1617)>
깊이다 <기피다[←깊-+-이-]<용비어천가(1447)>

(82)와 같이 'ㅍ+이' 'ㅍ+히'의 경우는 실현되는 발음이 같아 접미사 '-이-'인가 접미사 '-히-'인가 결정하기 쉽지 않다. 참고어원 (83)을 봐서는 '-이-'이나 이들은 '-이-'와 '-히-'의 두 항에 두루 넣었다.

2.4 접미사의 어간 끝 모음과 모음 어미와의 결합

표준어의 모음어미 {-아}에 해당하는 울산방언은 '-아/-애/-어/-여/-우/-이'이고, 과거시제선어말어미 {-았-}에 해당하는 것은 '-았-/-앴-/-었-/-였-/-웄-/-있-'이다. 이들은 어간 끝 모음에 따라 분간(分揀)된다.

울산방언 피동접미사와 사동접미사를 모두 모아 놓고 보면 접미사의 끝 모음은 (84)와 같이 'ㅐ, ㅜ, ㅣ'의 세 모음이다.

(84) * -개-, -배-, -애-, -이애-, -캐-
* -구-, -꾸-, -루-, -류-<-리우-<-이우-, -수-, -ㅇ구-, -우-, -이우-, -추-, -쿠-, -후-
* -기-, -리-, -리-<-이-, -시-, -ㅇ기-, -우리-, -이-, -치-, -키-, -히-

따라서 피동사와 사동사에 이어지는 모음어미는 '-아/-애/-이'

의 셋 중 하나이고, 과거시제선어말어미는 '－았－/－앴－/－있－'의 셋 중 하나이다. 이러한 한계로 피동사와 사동사의 활용형은 비교적 단조롭다.

(85) 살구′다〔살구′아→살가″, 살구′아도→살가″도, 살구′았다 →살갔″다〕
삭후′다〔삭후′아→삭하″, 삭후′아도→삭하″도, 삭후′았다 →삭핬″다〕
살쿠′다〔살쿠′아→살카″, 살쿠′아도→살카″도, 살쿠′았다 →살캈″다〕
서′우다〔서′우아→서′아, 서′우아도→서′아도, 서′우았다 →서′았다〕
처주″다〔처주′아→처자″, 처주′아도→처자″도, 처주′았다 →처잤″다〕

어간 끝 모음 '우'는 모음어미 '－아, －았－' 앞에서 탈락한다.

(86) 말류″다〔말류′아→말랴″, 말류′아도→말랴″도, 말류′았다 →말랐″다〕
물류″다〔물류′아→물랴″, 물류′아도→물랴″도, 물류′았다 →물랐″다〕
발류″다〔발류′아→발랴″, 발류′아도→발랴″도, 발류′았다 →발랐″다〕
살류″다〔살류′아→살랴″, 살류′아도→살랴″도, 살류′았다 →살랐″다〕
실류″다〔실류′아→실랴″, 실류′아도→실랴″도, 실류′았다 →실랐″다〕

어간 끝 모음 '류'도 위의 '우'모음 어미에 준한다.

(87) 개′우다〔개′우아→개′아~개′야, 개′우아도→개′아도~개′야도, 개′우았다→개′았다~개′얐다〕
깨′우다〔깨′우아→깨′아~깨′야, 깨′우아도→깨′아도~깨′야도, 깨′우았다→깨′았다~깨′얐다〕
새′우다〔새′우아→새′아~새′야, 새′우아도→새′아도~

새′야도, 새′우았다 → 새′았다 ~ 새′얐다〕
재′우다〔재′우아 → 재′아 ~ 재′야, 재′우아도 → 재′아도 ~
재′야도, 재′우았다 → 재′았다 ~ 재′얐다〕
채′우다〔채′우아 → 채′아 ~ 채′야, 채′우아도 → 채′아도 ~
채′야도, 채′우았다 → 채′았다 ~ 채′얐다〕

어근 끝 모음이 '애'인 경우는 고어(古語)의 이중모음의 잔영(殘影)이 있어 '-야, -얐-'으로도 실현된다.

(88) 삭′히다〔삭′히이 → 삭′히, 삭′히이도 → 삭′히도, 삭′히있다
→ 삭′힜다〕
사이″다〔사이′이 → 사이″, 사이′이도 → 사이″도, 사이′있다
→ 사있″다〕
신′키다〔신′키이 → 신′키, 신′키이도 → 신′키도, 신′키있다
→ 신′킸다〕
섞기″다〔섞기′이 → 섞기″, 섞기′이도 → 섞기″도, 섞기′있다
→ 섞깄″다〕
실리″다〔실리′이 → 실리″, 실리′이도 → 실리″도, 실리′있다
→ 실맀″다〕

어간 끝 모음 '이'는 모음어미 '-이, -있-'을 취한다.

(89) 없:애다〔없:애애 → 없:애, 없:애애도 → 없:애도, 없:애
앴다 → 없:앴다〕
깨배′다〔깨배′애 → 깨배″, 깨배′애도 → 깨배″도, 깨배′앴다 →
깨뱄″다〕
재′애다〔재′애애 → 재′애, 재′애애도 → 재′애도, 재′애앴다 →
재′앴다〕

어간 끝 모음 '애'는 모음어미 '애, -앴-'을 취한다.

3. 피동사와 사동사의 이형태

이 방언 피동사와 사동사 중에는 여러 가지 이형태를 가진 것이 있다. 이형태가 있는 피동사 사동사를 모아 살펴보기로 한다.

3.1 피동사와 사동사의 기본형을 여럿 설정해야 하는 이유

동일 어근에서 파생된 피동사나 사동사의 기본형을 여럿 설정한 예가 많다. 그것이 원인이 되어 방언이 매우 복잡해 보이기도 한다. 그런데 그러지 않을 수 없다. 방언화자들의 대화에서 여러 활용형을 채집하게 되는 것이 일반이다. 그 후에 그 활용형은 어떤 기본형에서 도출된 것인가를 찾다보면 여러 가지 기본형을 설정하게 되기 때문이다.

어느 화자들의 대화

(90) 밤을 새′운~밤을 새′안~밤을 새′얀,
새′운~새′안~새′얀

실제 대화를 채집하다 보면 이런 표현을 채집하게 된다. 이러한 표현을 분석하면 '새′운~새′안~새′얀'이란 관형사형을 분석해 내게 되고, 이 관형사형은 모두 사동사 '새우다'란 어근에서 생성되는 활용형이다. ('새′우다' 참조)

이 경우는 비록 다양한 활용형이 있다 해도 하나의 기본형만 설정하면 되는 경우이다.

다른 어느 화자들의 대화

(91) 어룬 무시~어란″ 무시~얼군 무시~얼간″ 무시~얼룬 무시~얼란″ 무시~얼륜″ 무시~얼랸″ 무시~얼′린 무시~얼운 무시~얼안″ 무시~얼쿤 무시~얼칸″ 무시 …
어룬~어란″~얼군~얼간″~얼룬~얼란″~얼륜″~얼랸″~얼′린~얼운~얼안″~얼쿤~얼칸″

대단히 다양한 '얼린[凍] 무[蘿蔔]'의 표현이다. 이 표현들에서 다양한 관형사형을 도출하고 이 관형사형을 도출하기 위해서 기본형 '어루′다~얼구′다~얼루′다~얼류″다~얼′리다~얼우′다~얼쿠′다'를 설정하게 된다. ('어루′다 얼구′다 얼루′다 얼류″다 얼′리다. 얼우′다 얼쿠′다' 참조)

이 경우는 다양한 활용형이 있는 만큼 다양한 기본형을 성정해야 하는 경우이다.

3.2 같은 어근에 다른 접사가 붙어 파생된 이형태

이 방언에는 피동접사와 사동접사가 다양하여 같은 어근에 여러 접사가 붙어서 여러 이형태가 파생되었다. 그런 것들을 모아 살펴보기로 한다.

3.2.1 피동사

(92) 갇이″다. 갇히″다. ('*갇다[圍]'의 피동) 갇히다.
걷이″다. 걷히″다. ('걷′다[收]'의 피동) 걷히다.
낑기″다. 끼이″다. ('끼:다[挿·介]'의 피동) 끼이다.
닫기″다. 닫히″다. ('닫′다[閉]'의 피동) 닫히다.
대싶이″다. 대싶히″다. ('대싶′다[嚼]'의 피동) 되씹히다.
듣기″다. 들리″다 ('듣′다[聞]'의 피동) 들리다.
뚧리″다. 뚧히″다. ('뚧:다[鑿]'의 피동) 뚫리다.
백이″다. 백히″다. ('박다[釘]'의 피동) 박히다.
시달리″다. 시달키″다. ('*시달다[苦·弄]'의 피동) 시달리다.
싶이″다. 싶히″다. ('싶′다[嚼]'의 피동) 씹히다.
여닫기″다. 여닫히″다. ('여닫′다[開閉]'의 피동) 여닫히다.
잇기″다. 잇이″다. ('잇:다[繼]'의 피동) 잇이다.
잊기″다. 잊히″다. ('잊′다[忘]'의 피동) 잊기다.
잦기″다. 잦히″다. ('잦′다[傾]'의 피동) 젖히다.
적기″다. 적히″다 ('적′다[記·錄]'의 피동) 적기다.
찍기″다. 찍히″다. ('찍′다[搗]'의 피동) 찍히다.
찍기″다. 찍히″다. ('찍′다[斧]'의 피동) 찍히다.
찍기″다. 찍히″다. ('찍′다[撮]'의 피동) 찍히다.

찡기″다. 찌이″다. ('찌:대[揷·介]'의 피동) 끼이다.
칭기″다. 치이″다 ('치다[軋·轢]'의 피동) 치이다..
홀리″다. 홀키″다. ('*홀다[誘]'의 피동) 홀리다.

3.2.2 사동사

(93) 갈라서′우다. 갈라시′우다. ('갈라서′대[立]'의 사동) 갈라세우다.
갖추′다. 갖후′다. ('갖′대[具]의 사동) 갖추다.
걸류″다. 걸′리다. ('거리′대[濾]'의 사동) 걸리다.
걸류″다. 걸′리다. ('걷:대[步]'의 사동) 걸리다.
걸머지′우다. 걸머징구′다. ('걸머지′대[負]'의 사동) 걸머지게 하다.
고루″다. 골류″다. ('고리′대[均]'의 사동) 고르다.
골류″다. 골′리다. ('골대[飢]'의 사동) 골리다.
곯류″다. 곯′리다. ('곯대[飢]'의 사동) 곯리다.
구불류″다. 구불′리다. 구불추″다. ('구불′대[轉]'의 사동) ① 굴리다. ②넘어뜨리다.
구불류″다. 구불′리다. 구불′시다. 구불추″다. ('구′불대[曲]'의 사동) 굽히다.
굶구′다. 굶′기다. ('굶:대[飢]'의 사동) 굶기다.
굽′기다. 굽′히다. ('굽′대[曲]'의 사동) 굽히다.
까라앉후′다. 까라앉′히다. ('까라앉′다'의 사동) 가라앉히다.
깜구′다. 깜′기다. ('깜대[沐]'의 사동) 감기다.
깨꾸′다. 깨배′다. 깨′우다. (깨대[醒 · 覺]의 사동) 깨우다.
꿇어앉후′다. 꿇어앉′히다. ('꿇어앉′대[跪]'의 사동) 꿇어앉히다.
꼽′기다. 꼽′히다. ('꼽′대[曲]'의 사동) 굽히다.
끼′우다. 찡구′다. ('끼:대[揷 · 介]'의 사동) 끼우다.
날류″다. 날′리다. ('날′대[飛]'의 사동) 날리다.
남구′다. 남′기다. ('남:대[餘]'의 사동) 남기다.
낮추′다. 낮후′다. ('낮′대[低]의 사동) 낮추다.
내앉후′다. 내앉′히다. ('내앉′대[坐]'의 사동) 내앉히다.
널구′다. 널쿠′다. ('널′대[廣]'의 사동) 넓히다.
넓후′다. 넓′히다. ('넓′대[廣]'의 사동) 넓히다.

넘구′다. 넘′기다. (‘넘 : 다[越]’의 사동) 넘기다.
녹′이다. 녹후′다. (‘녹′다[鎔]’의 사동) 녹이다.
놀류″다. 놀′리다. (‘놀 : 다[遊]’의 사동) 놀리다.
높′이다. 높후′다. 높′히다. (‘*높다[高]’의 사동) 높이다.
누루′다. 눌류″다. 눌′리다 (‘눋 : 다[焦·熬]’의 사동) 눋게 하다.
늘개′다. 늘구′다. 늘류″다. 늘′리다. 늘캐′다. 늘쿠′다. 니루′다. (‘늘다[增]’의 사동) 늘이다. 늘리다.
늙쿠′다. 늙후′다. 늙′히다. (‘늙′다[老]’의 사동) 늙히다.
늦추′다. 늦후′다. (‘늦′다[遲]의 사동) 늦추다.
눕후′다. 눕′히다. 니′이다. (‘눕′다[臥]’의 사동) 누이다.
다가앉후′다. 다가앉′히다. (‘다가앉′다[坐]’의 사동) 다가앉히다.
더꾸′다. 덥구′다. 덥후′다. 덥′히다. (‘덥 : 다[熱]’의 사동) 데우다.
돋구′다. 돋우′다. (‘돋′다[暹·聳]’의 사동) 돋우다.
둘러앉후′다. 둘러앉′히다. (‘둘러앉′다[坐]’의 사동) 둘러앉히다.
들류″다. 들′리다. (‘들′다[擧]’의 사동) 들리다. 들게 하다.
들어앉후′다. 들어앉′히다. (‘들어앉′다[坐]’의 사동) 들어앉히다.
들루′다. 들류″다. 들′이′다. (‘들다[入]’의 사동) 들이다.
들루′다. 들류″다. 들′이′다. (‘들다[染]’의 사동) 들이다.
막우′다. 막후′다. (‘막′다[防·閉]의 사동) 막게 하다.
말′기다. 말′리다. (‘말 : 다[勿]’의 사동) 말리다.
말류″다. 말′리다. (‘마리′다[乾]’의 사동) 말리다.
맞추′다. 맞후′다. (‘맞다(的·適)’의 사동) 맞추다.
메꾸′다. 메′우다. (메 : 다[塞]의 사동) 메우다.
물류″다. 물′리다. (‘물′다[咬]’의 사동) 물리다.
물류″다. 물′리다. 물우′다. (‘물 : 다[拂·辨]’의 사동) 물리다.
미꾸′다. 미′우다. 미쿠′다. (미 : 다[塞]의 사동) 메우다.
묵후′다. 묵′히다. (‘묵′다[古·腐]’의 사동) 묵히다.
바람맞후′다. 바람맞′히다. (‘바람맞′다’의 사동) 바람맞히다.
바루″다. 바리′키다. 발류″다. (‘바리′다[正]’의 사동) 바루다.
발 : 기다. 발 : 리다. 발 : 시다. (‘발 : 다[開]’의 사동) 벌리다.
벌 : 기다. 벌 : 리다. 벌 : 시다. (‘벌 : 다[開]’의 사동) 벌리다.
부풀구″다. 부풀루″다. 부풀류″다. 부풀′리다. (‘부′풀다[膨·脹]’의 사동) 부풀리다.

불구′다. 불류″다. 불′리다. 불우′다. 불쿠′다. ('붇：다[增·漲]'의 사동) 불리다.
불류″다. 불′리다. ('불：다[吹]'의 사동) 불리다.
빗맞후′다. 빗맞′히다. ('빗맞′다(的·適)'의 사동) 빗맞히다.
빨류″다. 빨′리다. ('빨다[吸]'의 사동) 빨리다.
빨류″다. 빨′리다. ('빨다[洗]'의 사동) 빨리다.
삭후′다. 삭′히다. ('삭′다[酵]'의 사동] 삭히다.
살구′다. 살류″다. 살′리다. 살쿠′다. ('살：다[生]'의 사동) 살리다.
서′우다. 시′우다. ('서′다[立]'의 사동) 세우다.
석후′다. 석′히다. ('석′다[腐]'의 사동) 썩히다.
섞구′다. 섞우′다. ('섞′다[混]'의 사동) 섞게 하다. 섞이게 하다.
설익후′다. 설익′히다. ('설익′다[熟]'의 사동) 설익히다.
속′이다. 속후′다. ('속′다'의 사동) 속이다[詐·欺].
숨′기다. 숨쿠′다. 숨′키다. ('숨다[隱]'의 사동) 숨기다.
시′우다. 시′이다. ('시다[冠]'의 사동) 씌우다.
시′우다. 시′이다. ('시다[書]'의 사동) 씌우다.
시다루″다. 시달류″다. 시달쿠″다. ('*시달다[苦·弄]'의 사동) 시달리게 하다.
식후′다. 식′히다. ('식′다[冷]'의 사동) 식히다.
신구′다. 신′기다. 신쿠′다. 신′키다. ('신：다[履]'의 사동) 신기다.
앉후′다. 앉′히다. ('앉′다[坐]'의 사동) 앉히다.
알류″다. 알′리다. 알쿠′다. 알′키다. ('알：다[知]'의 사동) 알리다.
앞서′우다. 앞시′우다. ('앞서′다'의 사동) 앞세우다.
앞장서′우다. 앞장시′우다. ('앞장서′다'의 사동) 앞장세우다.
애달구″다. 애달류″다. 애달쿠″다. 애달키′다. ('애달다'의 사동) 애달게 하다.
얼구′다. 얼루′다. 얼류″다. 얼′리다. 얼우′다. 얼쿠′다. ('얼：다[凍]'의 사동) 얼리다.
얼말류″다. 얼말′리다. ('얼마리′다[乾]'의 사동) 덜 말리다.
얽후′다. 얽′히다. ('얽′다[構]'의 사동) 얽히다.
업후′다. 업′히다. ('업′다[負]'의 사동) 업히다.
옥우′다. 오구′리다. ('옥′다'의 사동) 옥이다.
욱우′다. 우구′리다. ('욱′다'의 사동) 옥이다.

울구′다. 우′리다. ('*울다[拔]'의 사동) 우러나게 하다.
울류″다. 울′리다. ('울:다[泣·鳴]'의 사동.) 울리다.
이루′다. 일구′다. (일다[起]의 사동) 일구다.
익후′다. 익′히다. ('익′다[熟]'의 사동) 익히다.
읽후′다. 읽′히다. ('읽′다[讀]'의 사동) 읽히다.
잠재″다. 잠재′애다. 잠재′우다. ('잠자′다[寢]'의 사동) 잠재우다.
잦′기다. 잦후′다. 잦히″다. ('잦′다[傾]'의 사동) 젖히다.
재″다. 재′애다. 재′우다. ('자′다[寢]'의 사동) 재우다.
젖′기다. 젖후′다. 젖′히다. ('젖′다[傾]'의 사동) 젖히다.
주물류″다. 주물′리다. ('주무′리다'의 사동) 주물리다.
주저앉후′다. 주저앉′히다. ('주저앉′다'의 사동) 주저앉히다.
줄구′다. 줄루′다. 줄류″다. 줄우′다. 줄′이다. 줄쿠′다. ('줄:다[減]'의 사동) 줄이다.
지불′리다. 지불′시다. 지불′이다. ('지불′다[傾]'의 사동) 기울이다.
짚′이다. 짚후′다. 짚′히다. ('짚′다[深]'의 사동) 깊이다.
질구′다. 질루′다. 질류″다. 질′리다. 질수′다. 질우′다. 질쿠′다. ('질:다[長]'의 사동) 길게 하다. 기르다[育·養].
징구′다. 지′우다. ('지′다[負]'의 사동) 지우다.
쫍후′다. 쫍′히다. ('쫍′다[狹]'의 사동) 좁히다.
찡구′다. 찌′우다. ('찌:다[挿·介]'의 사동) 끼우다.
티′기다. 팅구′다. 팅′기다. ('티′다[跳]'의 사동) 튀기다. 튕기다.
홀구′다. 홀루′다. 홀류″다. 홀쿠′다. ('*홀다[惑]'의 사동) 호리다[誘].
흘류″다. 흘′리다. ('흐리′다[流]'의 사동) 흘리다.

이상의 자료를 보면 방언에서는 참으로 다양한 이형태가 자연스럽게 생성됨을 알 수 있다.

3.3 발음위주와 어원위주로 인한 이형태

피동사와 사동사를 등재할 때 발음위주로 등재할 것인가 어원위주로 등재할 것인가는 기준이 매우 모호하다.

다음 (94), (95)를 보자.

(94) 믹이´다 <뮉이´다 <묵이´다 ('묵´다[食]'의 사동) 먹이다.
떠믹이´다 <떠뮉이´다 <떠묵이´다 ('떠묵´다[食]'의 사동) 떠먹이다.
처믹이´다 <처뮉이´다 <처묵이´다 ('처묵´다[食]'의 사동) 처먹이다.

(95) 내 : 다 <나이다 <나´이다 ('나´다[出]'의 사동) 내다.
끝내 : 다 <끝나이다 <끝나´이다 ('끝나´다[終]'의 사동) 끝내다.
끝장내 : 다 <끝장나이다 <끝장나´이다 ('끝장나´다[終]'의 사동) 끝장내다.
드러내 : 다 <드러나이다 <드러나´이다 ('드러나´다[出]'의 사동) 드러내다.
불내 : 다 <불나이다 <불나´이다 ('불나´다'의 사동) 불내다.
삧내 : 다 <삧나이다 <삧나´이다 ('삧나´다[曜·輝]'의 사동) 빛내다.
욕심내 : 다 <욕심나이다 <욕심나´이다 ('욕심나´다'의 사동) 욕심내다.
우러내 : 다 <우러나이다 <우러나´이다 ('우러나´다'의 사동) 우러내다.
절딴내 : 다 <절딴나이다 <절딴나´이다 ('절딴나´다'의 사동) 결딴내다.
흠내 : 다 <흠나이다 <흠나´이다 ('흠나´다'의 사동) 흠내다.

(94), (95)는 방언 화자들의 발음에서 어근과 파생어 사이에 기록된 그 중간과정을 전혀 들을 수 없다. 곧

(94) '(X)믹이´다'의 경우 '(X)뮉이´다'나 '(X)묵이´다'는 거의 들을 수 없다. 다만 '(X)믹이´다'의 도출 과정을 생각하면 '<(X)뮉이´다 <(X)묵이´다'를 설정할 수 있다는 뜻이다.

(95) '(X)내 : 다'의 보기도 그 중간과정 '(X)나이다, (X)나´이다'는 전혀 들을 수 없다. 다만 '(X)내 : 다'를 생각하면 '<(X)나이다, <(X)나´이다'를 설정할 수 있다는 뜻이다.

이런 경우는 발음위주의 것으로 판단하여 사전에도 발음위주의 것만 등재하고 어원위주의 것은 등재하지 않았다.

그러나 방언을 채록하다보면 화자가 그 어원을 의식하고 있는지 여부를 판단하기는 매우 애매하여 어떤 것은 어원위주의 것만 싣고, 어떤 것은 발음위주의 것만 싣고, 어떤 것은 발음 위주의 것과 어원위주의 것을 다 싣기도 했다. 또 발음위주의 것이라도 발음이 서로 다른 것을 다 실은 것도 있다.

다음은 동일한 어근에 동일한 접사가 붙어 파생된 피동사와 사동사 중에서 어원위주의 것과 발음위주의 것을 두루 실은 것 일부를 모아 보았다.

3.3.1 피동사

(96) * 감기″다 ('감 : 다[捲]'의 피동) 감기다.
갬기″다 <감기″다 ('감 : 다[捲]'의 피동) 감기다.
갱기″다 <갬기″다 <감기″다 ('감 : 다[捲]'의 피동) 감기다.
* 걷이″다 ('걷′다[收]'의 피동) 걷히다.
거디″다 <걷이″다 ('걷′다[收]'의 피동) 걷히다.
* 깜기″다 ('깜다[瞑]'의 피동) 감기다.
깸기″다 <깜기″다 ('깜다[瞑]'의 피동) 감기다.
깽기″다 <깸기″다 <깜기″다 ('깜다[瞑]'의 피동) 감기다.
* 깜기″다 ('깜다[沐]'의 피동) 감기다.
깸기″다 <깜기″다 ('깜다[沐]'의 피동) 감기다.
깽기″다 <깸기″다 <깜기″다 ('깜다[沐]'의 피동) 감기다.
* 담구′다 ('담다[漬]'의 사동) 담그다.
당구′다 <담구′다 ('담다[漬]'의 사동) 담그다.
* 맞히″다 ('맞′다[適]'의 피동) 맞아지다.
마치″다 <맞히″다 ('맞′다[適]'의 피동) 맞아지다.
* 막히″다 ('막′다[防·閉]'의 피동) 막히다.
마키″다 <막히″다 ('막′다[防·閉]'의 피동) 막히다.
맥히″다 <막히″다 ('막′다[防·閉]'의 피동) 막히다.
* 바끼″다 <바뀌″다 <바꾸이″다 ('바꾸′다[換]'의 피동) 바뀌다.

배끼″다 <바끼″다 <바뀌″다 <바꾸이″다 ('바꾸′다[換]'의 피동) 바뀌다.
* 얹히″다 ('얹′다'의 피동) 얹히다. 체하다(滯−−).
언치″다 <얹히″다 ('얹′다'의 피동) 얹히다. 체하다(滯−−).
* 잠기″다 ('*잠다[沈]'의 피동) 잠기다.
장기″다 <잠기″다 ('*잠다[沈]'의 피동) 잠기다.
잼기″다 <잠기″다 ('*잠다[沈]'의 피동) 잠기다.
쟁기″다 <장기″다 <잠기″다 ('*잠다[沈]'의 피동) 잠기다.
* 잠기″다 ('*잠다[鍵]'의 피동) 잠기다.
장기″다 <잠기″다 ('*잠다[鍵]'의 피동) 잠기다.
잼기″다 <잠기″다 ('*잠다[鍵]'의 피동) 잠기다.
쟁기″다 <장기″다 <잠기″다 ('*잠다[鍵]'의 피동) 잠기다.
* 훑이″다 ('훑′다[舐]'의 피동) 핥이다.
훌치″다 <훑이″다 ('훑′다[舐]'의 피동) 핥이다.
* 훑이″다 ('훑′다[扱]'의 피동) 훑이다.
훌치″다 <훑이″다 ('훑′다[扱]'의 피동) 훑이다.
* 흩이″다 ('*흩다[散]'의 피동) 흩이다.
흐치″다 <흩이″다 ('*흩다[散]'의 피동) 흩이다.

3.3.2 사동사

(97) * 갇우′다 ('*갇다[圍]'의 사동) 가두다.
가두′다 <갇우′다 ('*갇다[圍]'의 사동) 가두다.
* 걷우′다 ('걷′다[收]'의 사동) 거두다.
거두′다 <걷우′다 ('걷′다[收]'의 사동) 거두다.
* 걸우′다 ('걸:다[肥]'의 사동) 걸게 하다.
거루′다 <걸우′다 ('걸:다[肥]'의 사동) 걸게 하다.
* 굶′기다 ('굶:다[飢]'의 사동) 감기다.
궁′기다 <굶′기다 ('굶:다[飢]'의 사동) 감기다.
* 꺼쥬″다 <꺼지′우다 ('꺼′지′다[消·滅]'의 사동) 꺼뜨리다.
꺼주″다 <꺼쥬″다 <꺼지′우다 ('꺼′지′다[消·滅]'의 사동) 꺼뜨리다.
* 꺼쥬″다 <꺼지′우다 ('꺼′지′다[陷]'의 사동) 꺼뜨리다.
꺼주″다 <꺼쥬″다 <꺼지′우다 ('꺼′지′다[陷]'의 사동) 꺼지

게 하다.

* 남구′다 (‘남 : 대[餘]’의 사동) 남기다.
낭구′다 <남구′다 (‘담대[餘]’의 사동) 남기다.

* 낫우′다 (‘낫 : 대[癒]’의 사동) 낫게 하다.
나수′다 <낫우′다. (‘낫 : 대[癒]’의 사동) 낫게 하다.

* 낮추′다 (‘낮′대[低]’의 사동) 낮추다.
나추′다 <낮추′다 (‘낮′대[低]’의 사동) 낮추다.

* 낮후′다 (‘낮′대[低]’의 사동) 낮추다.
나추′다 <낮후′다 (‘낮′대[低]’의 사동) 낮추다.

* 내앉후′다 (‘내앉′대[坐]’의 사동) 내앉히다.
내앉추′다 <내앉후′다 (‘내앉′대[坐]’의 사동) 내앉히다.

* 넘′기다 (‘넘 : 대[越·溢]’의 사동) 넘기다.
넝′기다 <넘′기다 (‘넘 : 대[越·溢]’의 사동) 넘기다.

* 녹후′다 (‘녹′대[鎔]’의 사동) 녹이다.
노쿠′다 <녹후′다 (‘녹′대[鎔]’의 사동) 녹이다.

* 늦추′다 (‘늦′대[遲]’의 사동) 늦추다.
느추′다 <늦추′다 (‘늦′대[遲]’의 사동) 늦추다.

* 늦후′다 (‘늦′대[遲]’의 사동) 늦추다.
느추′다 <늦추′다 <늦후′다 (‘늦′대[遲]’의 사동) 늦추다.

* 담구′다 (‘담대[漬]’의 사동) 담그다.
당구′다 <담구′다 (‘담대[漬]’의 사동) 담그다.

* 뎁후′다 (‘뎁 : 대[熱]’의 사동) 데우다.
더푸′다 <뎁후′다 (‘뎁 : 대[熱]’의 사동) 데우다.

* 돋우′다 (‘돋′대[培·聳]’의 사동) 돋우다.
도두′다 <돋우′다 (‘돋′대[培·聳]’의 사동) 돋우다.
도′우다 <도두′다 <돋우′다 (‘돋′대[培·聳]’의 사동) 돋우다.

* 막후′다 (‘막′대[放·閉]’의 사동) 막게 하다.
마쿠′다 <막후′다 (‘막′대[放·閉]’의 사동) 막게 하다.
맥후′다 <막후′다 (‘막′대[放·閉]’의 사동) 막게 하다.
매쿠′다 <맥후′다 <막후′다 (‘막′대[放·閉]’의 사동) 막게 하다.

* 맞추′다 (‘맞′대(的·適)’의 사동) 맞추다.
마추′다 <맞추′다 (‘맞′대(的·適)’의 사동) 맞추다.

* 맞후′다 (‘맞′대(的·適)’의 사동) 맞추다.

마추′다 <맞추′다 <맞후′다 ('맞′다(的·適)'의 사동) 맞추다.
* 몯우′다 ('*몯다[集]'의 사동) 모으다.
모두′다 <몯우′다 ('*몯다[集]'의 사동) 모으다.
* 물우′다 ('물:다[拂·辨]'의 사동) 물리다.
무루′다 <물우′다 ('물:다[拂·辨]'의 사동) 물리다.
* 빈츄″다 <빈치′우다 <빛이′우다 ('*빛이다[明]'의 사동) 비추다.
빈추″다 <빈츄″다 <빈치′우다 <빛이′우다 ('*빛이다[明]'의 사동) 비추다.
* 빠쥬″다 <빠지′우다 ('빠′지′다[溺]'의 사동) 빠지게 하다.
빠주″다 <빠쥬″다 <빠지′우다 ('빠′지′다[溺]'의 사동) 빠지게 하다.
* 빠쥬″다 <빠지′우다 ('빠′지′다[拔]'의 사동) 빠지게 하다.
빠주″다 <빠쥬″다<빠지′우다 ('빠′지′다[拔]'의 사동) 빠지게 하다.
* 삔츄″다 <삔치′우다 <삧이′우다 ('*삧이다[明]'의 사동) 비추다.
삔추″다 <삔츄″다 <삔치′우다 <삧이′우다 ('*삧이다[明]'의 사동) 비추다.
* 숨′기다 ('숨다[隱]'의 사동) 숨기다.
숭′기다 <숨′기다 ('숨다[隱]'의 사동) 숨기다.
* 숨쿠′다 ('숨다[隱]'의 사동) 숨기다.
숭쿠′다 <숨쿠′다 ('숨다[隱]'의 사동) 숨기다.
* 숨′키다 ('숨다[隱]'의 사동) 숨기다.
숭′키다 <숨′키다 ('숨다[隱]'의 사동) 숨기다.
* 시달루″다 ('*시달다[苦·弄]'의 사동) 시달리게 하다.
시다루″다 <시달루″다 ('*시달다[苦·弄]'의 사동) 시달리게 하다.
* 옥우′다 ('옥′다'의 사동) 옥이다.
오구′다 <옥우′다 ('옥′다'의 사동) 옥이다.
* 옮′기다 ('옮:다[移·染]'의 사동) 옮기다.
옹′기다 <옮′기다 ('옮:다[移·染]'의 사동) 옮기다.
* 욱우′다 ('욱′다'의 사동) 욱이다.
우구′다 <욱우′다 ('욱′다'의 사동) 옥이다.
* 잇우′다 ('잇:다[繼]'의 사동) 잇게 하다.
이수′다 <잇우′다 ('잇:다[繼]'의 사동) 잇게 하다.
* 잠구′다 (*잠다[沈]의 사동) 잠기게 하다.

장구′다 <잠구′다 (*잠다[沈]의 사동) 잠기게 하다.
* 잠구′다 (*잠다[鍵]의 사동) 잠기게 하다.
장구′다 <잠구′다 (*잠다[鍵]의 사동) 잠기게 하다.
* 절′이다 ('절 : 다[醃]' 사동) 절이다.
젤′이다 <절′이다 ('절 : 다[醃]'의 사동) 젤이다.
제′리다 <젤′이다 <절′이다 ('절 : 다[醃]'의 사동) 절이다.
* 처쥬″다 <처지′우다 ('처′지′다[遲]'의 사동) 처지게 하다.
처주″다 <처쥬″다 <처지′우다 ('처′지′다[遲]'의 사동) 처지게 하다.
* 터쥬″다 <터지′우다 ('터′지′다[破·裂]'의 사동) 터뜨리다.
터주″다 <터쥬″다 <터지′우다 ('터′지′다[破·裂]'의 사동) 터뜨리다.
* 훑′이다 ('훑′다[擼]'의 사동) 훑게 하다.
훌′치다 <훑′이다 ('훑′다[擼]'의 사동) 훑게 하다.
* 흩′이다 ('*흩′다[散]'의 사동) 흩다[散]. 흩어지게 하다.
흐′치다 <흩′이다 ('*흩′다[散]'의 사동) 흩다[散]. 흩어지게 하다.

3.4 음운에 따른 이형태

다음과 같이 음운에 따라 여러 이형태가 있는데 방언화자가 두루 쓰기 때문에 다 인정해야 한다.

(98) 옮′기다 ('옮 : 다[移·染]'의 사동) 옮기다.
옹′기다 <옮′기다 ('옮 : 다[移·染]'의 사동) 옮기다.
왱′기다 <욍′기다 <옮′기다 ('옮 : 다[染]'의 사동) 옮기다.
앵′기다 <왱′기다 <욍′기다 <옮′기다 ('옮 : 다[染]'의 사동) 옮기다.

피동사와 사동사가 형성되는 과정에는 다양한 음운 변화가 적용되어 다양한 이형태를 만들어낸다. 이미 위에서 발음위주의 이형태에서 이러한 이형태를 다수 보았다. 음운변화가 적용되는 양상은 다양하지만 아래에 이 방언 피동사와 사동사에 많이 나타나는 음운에 따른 이형태 세 가지만을 보기로 다시 모아 본다.

3.4.1 'ㅣ'모음역행동화에 의한 이형태

이 방언은 'ㅣ모음역행동화'가 매우 활발하다. 피동사 사동사에도 'ㅣ모음역행동화'에 의한 것이 흔하다.

3.4.1.1 피동사

(99) 갬기″다 <감기″다 ('감 : 대[捲]'의 피동) 감기다.
갱기″다 <갬기″다 <감기″다 ('감 : 대[捲]'의 피동) 감기다.
깨이″다 <까이다 ('까대[孵]'의 피동) 까이다.
깪이″다 <깎이″다 ('깎′다(削)'의 피동) 깎이다.
깸기″다 <깜기″다 ('깜대[瞑]'의 피동) 감기다.
깽기″다 <깸기″다 <깜기″다 ('깜대[瞑]'의 피동) 감기다.
낶이″다 <낚이″다 ('낚′대[釣]'의 피동) 낚이다.
닙히″다 <눕히″다 <눕히″다 ('눕′대[臥]'의 피동) 눕히다.
땪이″다 <딲이″다 ('딲′대[拭·修]'의 피동) 닦이다.
땪이″다 <딲이″다 ('딲′대[責]'의 피동) 꾸중 듣다.
맥히″다 <막히″다 ('막′대[防·閉]의 피동) 막히다.
믹히″다 <뭑히″다 <묵히″다 ('묵′대[食]'의 피동) 먹히다.
배끼″다 <바끼″다 <바뀌″다 <바꾸이″다 ('바꾸′대[換]'의 피동) 바뀌다.
백히″다 <박히″다 ('박′대[釘]'의 피동) 박히다.
붙잽히″다 <붙잡히″다 ('붙잡′대[執·捕]'의 피동) 붙잡히다.
잽히″다 <잡히″다 ('잡대[執·捕]'의 피동) 잡히다.
처백히″다 <처박히″다 ('처박′다'의 피동) 처박히다.
헛잽히″다 <헛잡히″다 ('헛잡대[執·捕]'의 피동) 헛잡히다.

3.4.1.2 사동사

(100) 깽′기다 <깜′기다 ('깜대[瞑]'의 사동) 감기다.
깽′기다 <깜′기다 ('깜대[沐]'의 사동) 감기다.
낵′이다 <뇍′이다 <녹′이다 ('녹′대[鎔]'의 사동) 녹이다.
냄′기다 <남′기다 ('남 : 대[餘]'의 사동) 남기다.
냉′기다 <냄′기다 <남′기다 ('남 : 대[餘]'의 사동) 남기다.
뇍′이다 <녹′이다 ('녹′대[鎔]'의 사동) 녹이다.

떠맽′기다 <떠맏′기다 (‘떠맏′대[任]’의 사동) 떠맡기다.
맽′기다 <맏′기다 (‘맏′대[任]’의 사동) 맡기다.
믹′히다 <뮉′히다 <묵′히다 (‘묵′대[古·腐]’의 사동) 묵히다.
믹이′다 <뮉이′다 <묵이′다 (‘묵′대[食]’의 사동) 먹이다.
벨:시다 <벌:시다 (‘벌:대[開]’의 사동) 벌리다.
벳′기다 <벗′기다 (‘벗′대[脫]’의 사동) 벗기다.
빌:시다 <벨:시다 <벌:시다 (‘벌:대[開]’의 사동) 벌리다.
빨가벳′기다 <빨가벗′기다 (‘빨가벗′대[脫]’의 사동) 발가벗기다.
색′이다 <쇡′이다 <속′이다 (‘속′다’의 사동) 속이다[詐·欺].
앤′기다 <안′기다 (‘안:대[抱]’의 사동) 안기다.
앵′기다 <왱′기다 <욍′기다 <옮′기다 (‘옮:대[染]’의 사동) 옮기다.
야끄직′이다 <야끄쥑′이다 <야끄죽′이다 (‘야끄죽′다’의 사동) 야코죽이다.
잽′히다 <잡′히다 (‘잡′대[執·捕]’의 사동) 잡히다.
잿′기다 <잣′기다 (‘잣′대[傾]’의 사동) 젖히다.
잿′히다 <잣′히다 (‘잣′대[傾]’의 사동) 젖히다.
젤′이다 <절′이다 (‘절:대[醃]’의 사동) 절이다.
젯′기다 <젓′기다 (‘젓′대[傾]’의 사동) 젖히다.
젯′히다 <젓′히다 (‘젓′대[傾]’의 사동) 젖히다.
직′이다 <쥑′이다 <죽′이다 (‘죽′대[死]’의 사동) 죽이다[殺].
헐벳′기다 <헐벗기다 (‘헐벗′대[脫]’의 사동) 헐벗기다.

3.4.2 경음화에 의한 이형태

(101) 징구′다<지ㅇ구′다 (‘지′대[負]’의 사동) 지우다.
찡구′다<찌ㅇ구′다 (‘찌:대[挿·介]’의 사동) 끼우다.

위 (101)의 ‘징구′다 / 찡구′다’는 평음인가 경음인가에 따라 의미가 변별된다. 그러나 이 방언은 경음화 경향이 농후하여 평음과 경음의 대립에서 어감의 차이일 뿐 어미의 변별은 없는 것이 많다. 그래서 등재된 피동사와 사동사 중에는 ‘센말’을 ‘㉳’으로 밝혀 놓은 것도 있고 그러지 않은 것도 있으나 그 차이는 크지 않다.

3.4.2.1 피동사

(102) * 굽히″다 ('굽′대[曲]'의 피동) 굽히다. (센) 꿉히″다.
꿉히″다 ('꿉′대[曲]'의 피동) '굽히″다'의 센말. 굽히다.
* 주물리″다<주무리이″다 ('주무′리대[揉]'의 피동) 주물리다. (센) 쭈물리″다.
쭈물리″다<쭈무리이″다 ('쭈무′리대[揉]'의 피동) '주물리″다'의 센말. 주물리다.
* 지불리″다<지불이″다 ('지불대[傾]'의 피동) 기울리다. (센) 찌불리″다.
찌불리″다<찌불이″다 ('찌불대[傾]'의 피동) '지불리″다'의 센말. 기울리다.
* 지울리″다<지울이″다 ('지울대[傾]'의 피동) 기울리다. (센) 찌울리″다.
찌울리″다<찌울이″다 ('찌울대[傾]'의 피동) '지울리″다'의 센말. 기울리다.
* 붙들리″다<붙들이″다 ('붙들′대[逮·捕]'의 피동) 붙들리다.
뿥뜰리″다<붙들이″다 ('뿥뜰′대[逮·捕]'의 피동) 붙들리다.
* 붙잡히″다 ('붙잡′대[執·捕]'의 피동) 붙잡히다.
뿥짭히″다 ('뿥짭′대[執·捕]'의 피동) 붙잡히다.
* 집히″다 ('집′대[挾]'의 피동) 집히다.
찝히″다 ('찝′대[挾]'의 피동) 집히다.

3.4.2.2 사동사

(103) * 구불′리다 ('구불′대[轉]'의 사동) 굴리다. (센) 꾸불′리다.
꾸불′리다 ('구불′대[轉]'의 사동) '구불′리다'의 센말. 굴리다.
* 구불류″다 ('굽′대[曲]'의 사동) 굽히다. (센) 꾸불류″다.
꾸불류″다 ('굽′대[曲]'의 사동) '구불류″다'의 센말. 굽히다.
* 굽′히다 ('굽′대[曲]'의 사동) 굽히다. (센) 꿉히다.
꿉′히다 ('꿉′대[曲]'의 사동) '굽′히다'의 센말. 굽히다.
* 지불′리다<지불′이다 ('지불′대[傾]'의 사동) 기울이다. (센)

찌불리다.

찌불′리다<찌불′이다 ('찌불′다[傾]'의 사동) '지불′리다'의 셈말. 기울이다.

* 빈추″다<빈츄″다<빈치′우다<빛이′우다 ('*빛이다[明]'의 사동) 비추다.

뻰추″다<뻰츄″다<뻰치′우다<뻿이′우다 ('*뻿이다[明]'의 사동) 비추다.

* 빈츄″다<빈치′우다<빛이′우다 ('*빛이다[明]'의 사동) 비추다.

뻰츄″다<뻰치′우다<뻿이′우다 ('*뻿이다[明]'의 사동) 비추다.

3.4.3 같은 어근의 양성모음과 음성모음과의 대칭

예가 흔하지는 않으나 같은 어근의 양성모음과 음성모음이 대칭되는 예도 있다.

3.4.3.1 피동사

(104) * 잣기″다. 잣히″다. 잿기″다. 잿히″다. ('잣′다[傾]'의 피동) 젖히다.

젓기″다. 젓히″다. 젯기″다. 젯히″다. ('젓′다[傾]'의 피동) 젖히다.

3.4.3.2 사동사

(105) * 따수″다. ('따시′다[暖]의 사동) 따뜻하게 하다.

떠수″다. ('떠시′다[暖]의 사동) 따뜻하게 하다.

* 발:기다. 발:리다. 발:시다. ('발:다[開]'의 사동) 벌리다.

벌:기다. 벌:리다. 벌:시다. ('벌:다[開]'의 사동) 벌리다.

* 옥우′다. ('옥′다'의 사동) 옥이다.

욱우′다. ('욱′다'의 사동) 욱이다.

* 오구′리다. ('옥′다'의 사동) 옥이다.

우구′리다. ('욱′다'의 사동) 옥이다.

* 잣′기다. 잿′기다. 잣후′다. 잣′히다. 잿′히다. ('잣′다[傾]'의 사동) 젖히다.

젓′기다. 젯′기다. 젓후′다. 젓′히다. 젯′히다. ('젓′다[傾]'의 사동) 젖히다.

3.5 같은 어근, 같은 접사에 의한 이형태

같은 어근에 같은 접사가 붙었지만 각각 다른 음운변화 경로를 겪어 이형태로 파생되는 경우도 있다. 이러한 예는 매우 많은데 일부의 보기만 들면 다음과 같다.

3.5.1 피동사

(106) * 감기″다 ('감:다[捲]'의 피동) 감기다.
갬기″다 <감기″다 ('감:다[捲]'의 피동) 감기다.
갱기″다 <갬기″다 <감기″다 ('감:다[捲]'의 피동) 감기다.
* 꾸이″다 ('꾸다[夢]'의 피동) 꾸이다.
끼이″다 <뀌이″다 <꾸이″다 ('꾸다[夢]'의 피동) 꾸이다.
* 담기″다 ('담다[盛]'의 피동) 담기다.
당기″다 <담기″다 ('담다[盛]'의 피동) 담기다.
댕기″다 <당기″다 <담기″다 ('담다[盛]'의 피동) 담기다.
* 바끼″다 <바뀌″다 <바꾸이″다 ('바꾸′다[換]'의 피동) 바뀌다.
배끼″다 <바끼″다 <바뀌″다 <바꾸이″다 ('바꾸′다[換]'의 피동) 바뀌다.

3.5.2 사동사

(107) * 굶′기다 ('굶:다[飢]'의 사동) 감기다.
궁′기다 <굶′기다 ('굶다[飢]'의 사동) 굶기다.
* 남구′다 ('남:다[餘]'의 사동) 남기다.
낭구′다 <남구′다 ('담:다[餘]'의 사동) 남기다.
* 늦후′다 ('늦′다[遲]'의 사동) 늦추다.
느추′다 <늦추′다 <늦후′다 ('늦′다[遲]'의 사동) 늦추다.
* 불류″다 <불리′우다 <붇이′우다 ('붇:다[增·漲]'의 사동) 불리다.

불루′다~불루″다 <불류″다 <불리′우다 <붇이′우다 ('붇:다[增·漲]'의 사동) 불리다.
* 옮′기다 ('옮:다[移·染]'의 사동) 옮기다.
옹′기다 <옮′기다 ('옮:다[移·染]'의 사동) 옮기다.
왱′기다 <욍′기다 <옮′기다 ('옮:다[移·染]'의 사동) 옮기다.
앵′기다 <왱′기다 <욍′기다 <옮′기다 ('옮:다[移·染]'의 사동) 옮기다.

3.6 어근의 이형태에서 파생된 피동사와 사동사

어근의 이형태에 동일한 접사가 붙어 다른 형태의 피동사와 사동사가 파생되기도 하고, 동일한 형태의 피동사와 사동사가 파생되기도 한다. 그러한 피동사와 사동사를 모아 보았다.

3.6.1 피동사

(108) * 가리″다 <가루이″다 ('가루′다[遮]'의 피동) 가리다.
가리″다 <가리이″다 ('가′리다[遮]'의 피동) 가리다.
* 고이″다 ('고″다[烹]'의 피동) 고아지다.
고이″다 <고우이″다 ('고′우다[烹]'의 피동) 고아지다.
* 고이″다 ('고″다[拄]'의 피동) 고이다.
고이″다 <고우이″다 ('고′우다[拄]'의 피동) 고이다.
* 꼬이″다 ('꼬″다[誘]'의 피동) 꾀이다.
꼬이″다 <꼬우이″다 ('꼬′우다[誘]'의 피동) 꾀이다.
* 꼽히″다 ('꼽′다[揷]'의 피동) 꽂히다.
꽂히″다 ('꽂′다[揷]'의 피동) 꽂히다.
* 끄실리″다 <끄실이″다 ('끄실′다[燻]'의 피동) 그을리다.
끄질리″다 <끄질이″다 ('끄질′다[燻]'의 피동) 그을리다.
* 다디″다 <다디이″다 ('다디′다[頓]'의 피동) 다져지다.
다지″다 <다지이″다 ('다지′다[頓]'의 피동) 다져지다.
* 밟히″다 ('밟:다[踏]'의 피동) 밟히다.
볿히″다 ('볿:다[踏]'의 피동) 밟히다.

* 빼뜰리″다 <빼뜰이″다 ('빼뜰′대[奪]'의 피동) 빼앗기다.
뺏뜰리″다 <뺏뜰이″다 ('뺏뜰′대[奪]'의 피동) 빼앗기다.
* 뽀이″다 ('뽀″대[碎]'의 피동) 빻아지다.
뽀이″다 <뽀우이″다 ('뽀′우다[粉碎]'의 피동) 빻아지다.
* 어불리″다 <어불이″다 ('어불′대[與]'의 피동) 어울리다.
어불리″다 <어부리이″다 ('어부′리대[與]'의 피동) 어울리다.
* 엮이″다 ('엮′대[編]'의 피동) 엮이다.
ᅇᅧᆨ이″다 ('ᅇᅧᆨ′대[編]'의 피동) 엮이다.
엵이″다 ('엵′대[編]'의 피동) 엮이다.
ᅇᅧᇂ기″다 ('ᅇᅧᇂ′대[編]'의 피동) 엮이다.
* 짓밟히″다 ('짓밟 : 대[踏]'의 피동) 짓밟히다.
짓볿히″다 ('짓볿:대[踏]'의 피동) 짓밟히다.
* 쪼이″다 ('쪼″대[啄]'의 피동) 쪼이다.
쪼이″다 <쪼우이″다 ('쪼′우대[啄]'의 피동) 쪼이다.
* 쪼이″다 ('*쪼″대[窄·握]'의 피동) 쪼이다.
쪼이″다 <쪼우이″다 ('쪼′우대[搾·握]'의 피동) 쪼이다.
* 패이″다 ('패′대[展·伸]'의 피동) 펴이다.
피이″다 ('피′대[展·伸]'의 피동) 펴이다.
* 홀리″다 <홀이″다 ('*홀대[誘]'의 피동) 홀리다.
홀리″다 <호리이″다 ('호′리′대[惑]'의 피동) 홀리다.
* 휘″다 <후이″다 ('후″대[枉]'의 피동) 휘어지다.
휘″다 <후위″다 <후우이″다 ('후′우대[枉]'의 피동) 휘어지다.

3.6.2 사동사

(109) * 골류″다 <골리′우다 ('골대[飢]'의 사동) 곯리다.
곯류″다 <곯리′우다 ('곯대[飢]'의 사동) 곯리다.
* 골′리다 <골′이다 ('골대[飢]'의 사동) 곯리다.
곯′리다 <곯′이다 ('곯대[飢]'의 사동) 곯리다.
* 끄실′리다 <끄실′이다 ('끄실′대[燻]'의 사동) 그을게 하다.
끄질′리다 <끄질′이다 ('끄질′대[燻]'의 사동) 그을게 하다.
* 끼′우다 ('끼 : 대[插·介]'의 사동) 끼우다.
찌′우다 ('찌 : 대[插·介]'의 사동) 끼우다.

* 낑구′다 <끼ㅇ구′다 ('끼 : 다[插·介]'의 사동) 끼우다.

찡구′다 <찌ㅇ구′다 ('찌 : 다[插·介]'의 사동) 끼우다.

* 널류″다 <널리′우다 <너리이′우다 ('너리′다[廣]'의 사동) 널리다.

널류″다 <널리′우다 <널이′우다 ('널′다[廣]'의 사동) 널리다.

* 널′리다 <너리′이다 ('너리′다[廣]'의 사동) 넓히다.

널′리다 <널′이다 ('널′다[廣]'의 사동) 널리다.

* 너쭈″다 <너쮸″다 <너찌′우다 ('너″찌다[墜]'의 사동) 떨어뜨리다.

널쭈″다 <널쮸″다 <널찌′우다 ('널″찌다[墜]'의 사동) 떨어뜨리다.

* 높′이다 ('*높다[高]'의 사동) 높이다.

노′피다 <노′퓌다 <노′푸이다 ('노푸′다[高]'의 사동) 높이다.

* 눌′리다 <누리′이다 ('누리′다[押·壓]'의 사동) 누르게 하다.

눌′리다 <눌′리이다 ('눌 : 리다[押·壓]'의 사동) 누르게 하다.

* 따수″다 <따슈″다 <따시′우다 ('따시′다[暖]의 사동) 따뜻하게 하다.

떠수″다 <떠슈″다 <떠시′우다 ('떠시′다[暖]의 사동) 따뜻하게 하다.

* 메꾸′다 (메 : 다[塞]의 사동) 메우다.

미꾸′다 (미 : 다[塞]의 사동) 메우다.

* 메′우다 (메 : 다[塞]의 사동) 메우다.

미′우다 (미 : 다[塞]의 사동) 메우다.

* 모′우다 ('*모다[集]'의 사동) 모으다.

몯우′다 ('*몯다[集]'의 사동) 모으다.

* 발 : 기다 ('발 : 다[開]'의 사동) 벌리다.

벌 : 기다 ('벌 : 다[開]'의 사동) 벌리다.

* 발 : 리다 <발 : 이다 ('발 : 다[開]'의 사동) 벌리다.

벌 : 리다 <벌 : 이다 ('벌 : 다[開]'의 사동) 벌리다.

* 발 : 시다 ('발 : 다[開]'의 사동) 벌리다.

벌 : 시다. ('벌 : 다[開]'의 사동) 벌리다.

* 밝′히다 ('밝′다[明]'의 사동) 밝히다.

볽′히다 ('볽′다[明]'의 사동) 밝히다.

붉'히다 ('붉'다[明]'의 사동) 밝히다.
* 없 : 애다 ('없 : 다[無]'의 사동) 없애다.
엾 : 애다 ('엾 : 다[無]'의 사동) 없애다.
* 지'피다 <지'퓌다 <지'푸이다 ('지푸'다[深]'의 사동) 깊이다.
짚'이다 ('*짚'다[深]'의 사동) 깊이다.
* 홀류″다 <홀리'우다 <호리이'우다 ('호'리'다[惑]'의 사동) 호리다[誘].
홀류″다 <홀리'우다 <홀이'우다 ('*홀다[惑]'의 사동) 호리다[誘].

3.7 피동사의 형태와 사동사의 형태가 같은 것

피동사와 사동사의 형태가 같아서 고저장단 없이는 변별이 어려운 것이 있다.

(110) 연이 날리다. (피동사)
연을 날리다. (사동사)

(110)의 피동사 '날리다'와 사동사 '날리다'는 의미는 다르지만 표기가 동일하여 변별하기 어렵지만 이 방언에서는 그것들의 고저장단이 피동사는 '날리″다LH : L'이고 사동사는 '날'리다HLL'여서 고저장단으로 확연히 변별된다.

(111) 금테(가) 둘린 모자 (피동사)
금테(를) 둘린 모자 (사동사)

(111)의 경우도 '둘린'은 고저장단 구분에 따라 피동사 '둘린″LH : '과 사동사 '둘'린HL'으로 구분된다.

아래에 그러한 피동사 사동사를 모아 보았다.

(112) 갈 : 다[耕] : 갈리″다(피동사) / 갈'리다(사동사)
갈다[磨] : 갈리″다(피동사) / 갈'리다(사동사)
구불'다[轉] : 구불리″다(피동사) / 구불'리다(사동사)
깎'다[刻] : 깎이″다(피동사) / 깎'이다(사동사)

깍′다[刻] : 깪이″다(피동사) / 깪′이다(사동사)
꾸′리′다[跪] : 꿀리″다(피동사) / 꿀′리다(사동사)
날′다[飛] : 날리″다(피동사) / 날′리다(사동사)
눌:리다[壓] : 눌리″다(피동사) / 눌′리다(사동사)
돌:다[回] : 돌리″다(피동사) / 돌′리다(사동사)
두리′다[圍] : 둘리″다(피동사) / 둘′리다(사동사)
듣′다(聞) : 들리″다(피동사) / 들′리다(사동사)
들′다[擧] : 들리″다(피동사) / 들′리다(사동사)
딲′다[拭·修] : 딲이″다(피동사) / 딲′이다(사동사)
마리′다[乾] : 말리″다(피동사) / 말′리다(사동사)
물′다[咬] : 물리″다(피동사) / 물′리다(사동사)
*밭′다[濾] 밭이″다(피동사) / 밭′이다(사동사)
벗′다[脫] : 벗기″다(피동사) / 벗′기다(사동사)
벗′다[脫] : 벳기″다(피동사) / 벳′기다(사동사)
보′다[見] : 보이″다(피동사) / 보′이다(사동사)
붇:다[增·漲·殖] 불리″다(피동사) / 불′리다(사동사)
안:다[抱] : 안기″다(피동사) / 안′기다(사동사)
안:다[抱] : 앤기″다(피동사) / 앤′기다(사동사)
알:다[知] : 알리″다(피동사) / 알′리다(사동사)
얼:다[凍] : 얼리″다(피동사) / 얼′리다(사동사)
울:다[鳴] : 울리″다(피동사) / 울′리다(사동사)
읽′다[讀] : 읽히″다(피동사) / 읽′히다(사동사)
입′다[被] : 입히″다(피동사) / 입′히다(사동사)
잡′다[捕] : 잡히″다(피동사) / 잡′히다(사동사)
잡′다[捕] : 잽히″다(피동사) / 잽′히다(사동사)
잦′다[傾] : 잦기″다(피동사) / 잦′기다(사동사)
잦′다[傾] : 잿기″다(피동사) / 잿′기다(사동사)
젖′다[傾] : 젖기″다(피동사) / 젖′기다(사동사)
젖′다[傾] : 젲기″다(피동사) / 젲′기다(사동사)
접′다[摺] : 접히″다(피동사) / 접′히다(사동사)
줄:다(縮) : 줄리″다(피동사) / 줄′이다(사동사)
지:다[掌·執] : 지이″다(피동사) / 지′이다(사동사)
*흩다[散] : 흩이″다 (피동사) / 흩′이다 (사동사)

3.8 어근의 형태와 피동사나 사동사의 형태가 동일한 것

어근의 형태와 피동사나 사동사의 형태가 동일한 것이 있다. 다만 고조장단의 차이로만 변별된다.

3.8.1 피동사

(113) 가리″다 <가리이″다 (‘가′리다[遮]’의 피동) 가리다.
누질리″다 <누질리이″다 (‘누질′리다[壓]’의 피동) 눌리다.
눌리″다 <눌리이″다 (‘눌:리다[壓]’의 피동) 눌리다.
다디″다 <다디이″다 (‘다′디다[頓·固]’의 피동) 다져지다.
다지″다 <다지이″다 (‘다′지다[頓·固]’의 피동) 다져지다.
따돌리″다 <따돌리이″다 (‘따돌′리다’의 피동) 따돌리게 되다.
땡기″다 <땡기이″다 (‘땡′기다[引]’의 피동) 땅기다.
시치″다 <시치이″다 (‘시′치다[擦]’의 피동) 스쳐지다.
억눌리″다 <억눌리이″다 (‘억′눌′리다[壓]’의 피동) 억눌리다.
자절치″다 <자절치이″다 (‘자절′치다’의 피동) 자지러지다.
접치″다 <접치이″다 (‘접′치다’의 피동) 겹쳐지다.
홀치″다 <홀치이″다 (‘홀′치다[結]’의 피동) 홀치게 되다.

3.8.2 사동사

(114) 눌′리다 <눌′리이다 (‘눌:리다[押·壓]’의 사동) 누르게 하다.
부푸″다 <부푸′우다 (‘부′푸다[膨·脹]’의 사동) 부풀리다.
얼말′리다 <얼마리′이다 (‘얼마리′다[乾]’의 사동) 얼말리다.
지푸″다 <지푸′우다 (‘지푸′다[深]’의 사동) 깊이다.

이 보기 외에 아래의 ‘4.1 어근의 형태와 같아진 피동사와 사동사의 준말’의 보기들도 모두 여기에 해당된다.

4. 피동사와 사동사의 준말

이 방언은 피동사의 준말과 사동사의 준말이 여럿 있다. 이 준말 중에는 어근의 형태와 같은 형태의 준말이 많기 때문에 어근의 형태와 같은 것과 그렇지 않은 것의 두 갈래로 모아 보았다.

4.1 어근의 형태와 같아진 피동사와 사동사의 준말

피동사와 사동사의 준말 중에는 어근의 형태와 동일한 것이 많이 있다. 어근과 파생어의 구별은 다만 고저장단으로 구별된다.

4.1.1 피동사

(115) 끼″다 (‘끼 : 다[挿·介]’의 피동) ‘끼이″다’의 준말. 끼이다.
끼″다 (‘끼 : 다[貫·通]’의 피동) ‘끼이″다’의 준말. 꿰이다.
띠″다 (‘띠다[脫]’의 피동) ‘띠이″다’의 준말. 떼이다.
미″다 (‘*미다[塞]’의 피동) ‘미이″다’의 준말. 메이다.
비″다 (‘비 : 다[切]’의 피동) ‘비이″다’의 준말. 베이다.
시″다 (‘시다[書]’의 피동) ‘시이″다’의 준말. 쓰이다.
시″다 (‘시다[用]’의 피동) ‘시이″다’의 준말. 쓰이다.
시″다 (‘시다[冠]’의 피동) ‘시이″다’의 준말. 쓰이다.
용시″다 (‘용 : 시다’의 피동) ‘용시이″다’의 준말. 용쓰이다.
지″다 (‘지 : 다[掌·執]’의 피동) ‘지이″다’의 준말. 쥐이다.
치″다 (‘치다[軋·轢]’의 피동) ‘치이″다’의 준말. 치이다.
치″다 (‘치다[價]’의 피동) ‘치이″다’의 준말. 치이다.
피″다 (‘피′다[展·伸]’의 피동) ‘피이″다’의 준말. 펴이다.

4.1.2 사동사

(116) 모″다 (‘*모다[集]’의 사동) ‘모′우다’의 준말. 모으다.
미″다 (‘미 : 다[塞]’의 사동) ‘미′우다’의 준말. 메우다.

미″다 ('미 : 다[擔]'의 사동) '미′이다'의 준말. 매이다.
비″다 ('비 : 다[枕]'의 사동) '비′이다'의 준말. 베이다.
시″다 ('시다[冠]'의 사동) '시′이다'의 준말. 쓰이다.
시″다 ('시다[書]'의 사동) '시′이다'의 준말. 쓰이다.
이″다 ('이′다[戴]'의 사동) '이′우다'의 준말. 이게 하다.
이″다 ('이′다[葺]'의 사동) '이′우다'의 준말. 이다.
지″다 ('지 : 다[握·執]'의 사동) '지′이다'의 준말. 쥐이다.
째″다 ('째 : 다[曝]'의 사동) '째′이다'의 준말. 쬐이다.

4.2 어근의 형태와는 다른 피동사와 사동사의 준말

4.2.1 피동사

(117) 깔비″다 ('깔보′다'의 피동) '깔보이″다'의 준말. 깔보이다.
끼″다 ('꾸다[夢]'의 피동) '끼이″다'의 준말. 꾸이다.
낮비″다 ('낮보′다'의 피동) '낮보이″다'의 준말. 낮보이다.
돋비″다 ('돋보′다'의 피동) '돋보이″다'의 준말. 돋보이다.
띠″다 ('뜨다[覺]'의 피동) '뜨이″다'의 준말. 뜨이다.
밉비″다 ('밉보′다'의 피동) '밉보이″다'의 준말. 밉보이다.
비″다 ('보′다[見]'의 피동) '보이″다'의 준말. 보이다.
시″다 ('수다[射]'의 피동) '수이″다'의 준말. 쏘이다.
얕비″다 ('얕보′다'의 피동) '얕보이″다'의 준말. 얕보이다.
채″다 ('차다[蹴]'의 피동) '채이″다'의 준말. 차이다.
티″다 ('트다[茁]'의 피동) '트이″다'의 준말. 트이다.
티″다 ('트다[通]'의 피동) '트이″다'의 준말. 트이다.
헛비″다 ('헛보′다'의 피동) '헛보이″다'의 준말. 헛보이다.
휘″다 ('*후다[枉]'의 피동) '후이″다'의 준말. 휘어지다.
히″다 ('*후다[枉]'의 피동) '휘″다'의 준말. 휘어지다.

4.2.2 사동사

(118) 내비″다 ('내보′다[見]'의 사동) '내보′이다'의 준말. 내보이다.
니″다 ('누′다[尿]'의 사동) '니′이다'의 준말. 누이다.

니″다 ('눕′다[臥]'의 사동) '니′이다'의 준말. 누이다.
띠″다 ('뜨다[覺]'의 사동) '뜨′이다'의 준말. 뜨이다.
비″다 ('보′다[見]'의 사동) '보′이다'의 준말. 보이다.
선비″다 ('선보′다'의 사동) '선보′이다'의 준말. 선보이다.
욕비″다 ('욕보′다[見]'의 사동) '욕보′이다'의 준말. 수고롭게 하다.
잠재″다 ('잠자′다[寢]'의 사동) '잠재′애다'의 준말. 잠재우다.
재″다 ('자′다[寢]'의 사동) '재′애다'의 준말. 재우다.
재″다 ('*자다[積]'의 사동) '재′애다'의 준말. 재우다.
추″다 ('*치다[撤]'의 사동) '츄″다'의 준말. 치우다.
츄″다 ('*치다[撤]'의 사동) '치′우다'의 준말. 치우다.

피동사와 사동사의 준말을 한 자리에 모아 놓고 보니 어간 말음절의 고저장단은 모두 고장조(H：조)란 특색이 있다. 그러나 피동사와 사동사가 같은 고장조(H：조)이기는 해도 그 생성과정은 다르다. 피동사의 것은 모두 H：L조가 줄어 H：조가 되었고, 사동사의 것은 HL조가 줄어 H：조가 된 것이다.

5. 피동사와 사동사 도출과정 살펴보기

5.1 피동사와 사동사 도출 분석의 두 가지 길

피동사와 사동사의 도출을 분석적으로 살펴보는 데는 두 가지 길이 있을 수 있다. 하나는 국어학적 식견으로 고어(古語)로 거슬러 올라가 고어에서부터 현대 울산방언에 이르는 과정을 살펴서 피동사와 사동사가 생성되는 과정을 살피는 것이다. 물론 이 길이 정도(正道)다. 다른 하나는 방언화자의 언어 의식을 중심으로 분석해 보는 입장인데 방언화자의 언어 의식은 현재 쓰지 않은 고어에 대한 식견이 전혀 없으므로 화자가 현재 쓰고 있는 언어를 바탕으로 한 직관(直觀)으로 파생과정을 설정하기 때문에 위의 경우와는 생성의 과정이 조금 다를 수 있다.

표준어를 기준으로 다음의 차이를 살펴보자.

(119) 담기다[1] [←담−+−기−+−다] (‘담다[盛]’의 피동) 담기다.

≪어원≫ 담기다[←담−+−기−]<석보상절(1447)>

담기다[2] [←담그−+−이−+−다] (‘담그다[漬]’의 피동) 담기다.

≪어원≫ 담기다 <ᄃᆞᆷ기다[←ᄃᆞᆷ−+−이−]<능엄경언해(1461)>
≪어원≫ 담그다 <ᄃᆞᆷ다<구급간이방언해(1489)><ᄃᆞᄆᆞ다〈구급간이방언해(1489)>

담기″다[1]과 담기″다[2]는 외형이 동일하지만 그 어원으로 소급해 보면 각각 ‘담−+−기−+−다’와 ‘담그−+−이−+−다’로 다르게 분석된다. 파생접사는 각각 ‘−기−’ 와 ‘−이−’로 다르고, 어근은 각각 ‘담다’와 ‘담그다’로 다르다. 그러나 방언화자의 의식으로 보면 그렇지 않다.

다음에는 이 방언 화자의 의식으로 살펴보다.

(120) 담기″다[1] [←담−+−기−+−다] (‘담다[盛]’의 피동) 담기다.
담기″다[2] [←담−+−기−+−다] (‘담다[漬]’의 피동) 담기다.

담기″다[1]과 담기″다[2]는 외형도 동일하고 파생어의 형태구조도 ‘담−+−기−+−다’로 동일하다. 파생접사도 ‘−기−’로 동일하고 어근도 ‘담다’로 동일하다. 그럴 수밖에 없는 것이 방언화자는 ‘담다[盛]’와 ‘담다[漬]’ 모두 현재 쓰는 말이기 때문이다.

(121) * 밥그륵에(밥그릇−) 밥을 담는다. 담다[盛]
푸대에(포대−) 콩을 담는다. 담다[盛]
* 짐치(김치) 담는다. 담다[漬]
댄장(된장) 담는다. 담다[漬]

다음 예를 하나 더 보기로 하자.

(122) 잠기다 [←잠그−+−이−+−다] (‘잠그다[沈]’의 피동) 잠기다

≪어원≫ 잠기다 <ᄌᆞᆷ기다[←ᄌᆞᆷ−+−이−]<분류두공부시언해(초간본)(1481)>

잠기다 [←잠그−+−이−+−다] (‘잠그다[鍵]’의 피동) 잠

기다

≪어원≫ 잠기다 <줌기다[←줌-+-이-]<분류두공부시언해(초간본) (1481)>

(122)는 표준어를 기준으로 본 것인데 어근 '잠그-'에 접사 -이-가 붙어 생성된 것이다. 방언화자의 의식으로 보아 가상어근 '*잠다[沈]' '*잠다[鍵]'를 설정하여 피동사와 사동사를 도출하는데 어원을 따졌을 때와는 피동접사도 다르다.

(123) 잠기″다[1] [←잠-+-기-+-다] ('*잠다[沈]'의 피동) 잠기다.
잠기″다[2] [←잠-+-기-+-다] ('*잠다[鍵]'의 피동) 잠기다.

어원을 따지면 당연히 접미사가 '-이-'이어야 하지만 화자의 의식 속 어근은 '*잠다[沈]'와 '*잠다[鍵]'이기 때문에 피동접미사는 '-기-'이다.

5.2 피동사 도출의 두 가지 길

피동사 도출을 두 가지로 풀이할 수 있는 경우가 흔히 있다. '-ㅇ기-사동접미사'의 경우를 예로 보기로 하자.

(124) 걸머징기″다 <걸머지ㅇ기″다 ('걸머지′대[負]'의 피동) 걸머지게 되다.
낑기″다 <끼ㅇ기″다 ('끼:다[插·介]'의 피동) 끼이다.
징기″다 <지ㅇ기″다 ('지′대[負]'의 피동) 지게 되다.
찡기″다 <찌ㅇ기″다 ('찌:다[插·介]'의 피동) 끼이다.
칭기″다 <치ㅇ기″다 ('치다[軋·轢]'의 피동) 치이다.

(125) 걸머징기″다 <걸머징구이″다 ('걸머징구′대[負]'의 피동) 걸머지게 되다.
낑기″다 <낑구이″다 ('낑구′대[插·介]'의 피동) 끼이다.
징기″다 <징구이″다 ('징구′대[負]'의 피동) 지게 되다.
찡기″다 <찡구이″다 ('찡구′대[插·介]'의 피동) 끼이다.
칭기″다 <칭구이″다 ('칭구′대[軋·轢]'의 피동) 치이다.

(126) 걸머징구′다 <걸머지ㅇ구′다 (‘걸머지′대[負]’의 사동) 걸머지우다.
찡구′다 <끼ㅇ구′다 (‘끼 : 대[揷·介]’의 사동) 끼우다.
징구′다 <지ㅇ구′다 (‘지′대[負]’의 사동) 지우다.
찡구′다 <찌ㅇ구′다 (‘찌 : 대[揷·介]’의 사동) 끼우다.
칭구′다 <치ㅇ구′다 (‘치대[軋·轢]’의 사동) 치우다.

위의 (124)는 어근에서 피동사가 도출되었고 (125)는 어근에서 도출된 사동사 (126)을 어근으로 하여 피동사가 도출되었다. 결과는 같지만 과정은 이렇게 다르다. 같은 결과라도 (125)는 우회(迂廻)하여 도출된 것이므로 번거로운 과정이 더 있는 것이다.

(124)와 (125)의 차이에서 또 한 가지 주목할 점은 어근에서 도출하면 접미사를 ‘－ㅇ기－피동접미사’로 처리해야 하고 사동사에서 도출하면 접미사를 ‘－이－피동접미사’로 처리해야 한다.

피동사 중에는 이와 같이 두 가지 도출과정을 설정할 수 있는 것이 여럿 있다.

5.3 형용사에서 파생된 피동사와 사동사

형용사에 접미사가 붙어 피동사와 사동사가 파생된 것이 있다.

5.3.1 형용사에서 피동사로

(127) 고롭히″다 (‘고′롭′대[苦]’의 피동) 괴롭히다.
달리″다 (‘달′대[甘]’의 피동) 달리다.

5.3.2 형용사에서 사동사로

(128) 간지럽히″다 (‘간지럽′다’의 사동) 간질이다.
갖추′다 (‘갖′대[具]’의 사동) 갖추다.
골류″다 (‘고리′대[均]’의 사동) 고르다.

고′롭′히다 (‘고′롭′다[苦]’의 사동) 괴롭히다.
굳′히다 (‘굳′다[固]’의 사동) 굳히다.
굽′히다 (‘굽′다[曲]’의 사동) 굽히다.
낮추′다, 낮후′다 (‘낮′다[低]’의 사동) 낮추다.
널′리다, 널류″다 (‘너리′다[廣]’의 사동) 넓히다.
널구′다, 널쿠′다 (‘널′다[廣]’의 사동) 넓히다.
넓후′다, 넓′히다 (‘넓′다[廣]’의 사동) 넓히다.
늙쿠′다, 늙후′다, 늙′히다 (‘늙′다[老]’의 사동) 늙히다.
노푸″다, 노′피다 (‘노푸′다[高]’의 사동) 높이다.
높′이다, 높후′다, 높′히다 (‘*높다[高]’의 사동) 높이다.
늘′리다 (‘늘다[增]’의 사동) 늘이다.
늦추′다, 늦후′다 (‘늦′다[遲]’의 사동) 늦추다.
더럽히″다 (‘더 : 럽다[汚]’의 사동) 더럽히다.
더꾸′다, 덥후′다, 덥′히다, 뎁′히다 (‘덥 : 다[熱]’의 사동) 데우다.
맑′히다 (‘맑′다[淸]’의 사동) 맑히다.
물′리다 (‘무리′다[軟]’의 사동) 물리다. 무르게 하다.
묽′히다 (‘묽′다[淡]’의 사동) 묽히다.
바루″다, 발류″다 (‘바리′다[正]’의 사동) 바루다.
밝′히다 (‘밝′다[明]’의 사동) 밝히다.
붉′히다 (‘붉′다[明]’의 사동) 밝히다.
붉′히다 (‘붉′다[赤]’의 사동) 붉히다.
읎 : 애다 (‘읎 : 다[無]’의 사동) 없애다.
없 : 애다 (‘없 : 다[無]’의 사동) 없애다.
오구′다, 오구′리다 (‘옥′다[曲]’의 사동) 옥게 하다. 오그리다.
우구′다, 우구′리다 (‘욱′다[曲]’의 사동) 욱게 하다. 우그리다.
지루′다, 질구′다, 질루′다, 질류″다, 질′리다, 질수′다, 질우′다, 질′이다, 질쿠′다 (‘질 : 다[長]’의 사동) 길게 하다. 기르다[育·養].
지푸″다, 지′피다 (‘지푸′다[深]’의 사동) 깊이다.
짚′이다, 짚후′다, 짚′히다 (‘*짚′다[深]’의 사동) 깊이다.
쫍′히다. (‘쫍′다[狹]’의 사동) 좁히다.

5.4 'ㄷ불규칙동사'의 피동사와 사동사

어간의 'ㄷ'받침이 모음으로 시작되는 어미 앞에서 'ㄹ'로 바뀌는 활용이 ㄷ불규칙활용이다.

(129) 눋:다[焦] : 눌어, 눌어도, 눌었다
듣′다[聞] : 들어, 들어도, 들었다
싣:다[載] : 실어, 실어도, 실었다

'ㄷ불규칙동사' 중에는 피동사와 사동사의 파생에서도 피동접미사 '-ㄹ-<-이-', 사동접미사 '-류-<-리우-<-이우-, -리-<-이-, -우-' 앞에서 어근의 말음 'ㄷ'이 'ㄹ'로 변하는 몇이 있다.

5.4.1 피동사

(130) 걸리″다 <걸이″다 <걷이″다 ('걷:다[步]'의 피동) 걸리다.
들리″다 <들이″다 <듣이″다 ('듣′다[聞]'의 피동) 들리다.
불리″다 <불이″다 <붇이″다 ('붇:다[膨·脹]'의 피동) 불리다.
실리″다 <실이″다 <싣이″다 ('싣:다[載]'의 피동) 실리다.
절리″다 <절이″다 <젇이″다 ('젇:다[編·篇]'의 피동) 겯어지다.

5.4.2 사동사

(131) 걸류″다 <걸리′우다 <걷이′우다 ('걷:다[步]'의 사동) 걸리다.
눌류″다 <눌리′우다 <눋이′우다 ('눋:다[焦·熬]'의 사동) 눌리다.
불류″다 <불리′우다 <붇이′우다 ('붇:다[膨·脹·殖]'의 사동) 불리다.
실류″다 <실리′우다 <싣이′우다 ('싣:다[載]'의 사동) 실리다.

(132) 걸′리다 <걸′이다 <걷′이다 ('걷:다[步]'의 사동) 걸리다.
눌′리다 <눌′이다 <눋′이다 ('눋:다[焦·熬]'의 사동) 눌리다.
들′리다 <들′이다 <듣′이다 ('듣′다[聞]'의 시동) 들리다.
불′리다 <불′이다 <붇′이다 ('붇:다[膨·脹]'의 사동) 불리다.

실′리다 <실′이다 <신′이다 ('신 : 다[載]'의 사동) 실리다.

(133) 누루′다 <눌우′다 <눋우′다 ('눋 : 다[焦·熬]'의 사동) 눌리다.

5.5 '리불규칙동사'의 피동사와 사동사

표준어에서 어간의 끝소리 '르'가 어미 '-아/-어' 앞에서 ㄹㄹ로 바뀌는 활용이 '르불규칙활용'이다.

(134) 가르다[分] : 갈라, 갈라도, 갈랐다
거르다[濾] : 걸러, 걸러도, 걸렀다
마르다[乾] : 말라, 말라도, 말랐다
바르다[塗] : 발라, 발라도, 발랐다

이 방언의 '리불규칙활용'은 표준어의 '르불규칙활용'에 해당하는 것이다.

(135) 가리′다[分] : 갈′라, 갈′라도, 갈′랐다
거리′다[濾] : 걸′러, 걸′러도, 걸′렀다
마리′다[乾] : 말′라, 말′라도, 말′랐다
바리′다[塗] : 발′라, 발′라도, 발′랐다

피동사와 사동사의 파생에서도 피동접미사 '-리-<-이-', 사동접미사 '-류-<-리우-<-이우-, -리-<-이-' 앞에서 '리불규칙활용'과 같은 현상이 일어난다.

5.5.1 피동사

(136) 갈리″다 <가리이″다 ('가리′다[分]'의 피동) 갈리다.
갈리″다 <가리이″다 ('가리′다[選·擇]'의 피동) 갈리다.
건딜리″다 <건디리이″다 ('건디′리다[觸]'의 피동) 건들리다.
걸리″다 <거리이″다 ('거리′다[濾]'의 피동) 걸리다.
까불리″다 <까부리이″다 ('까부′리다[箕]'의 피동) 까불리다.
끌리″다 <끄리이″다 ('끄리′다[解]'의 피동) 끌리다.

둘리″다 <두리이″다 (‘두리′다[圍]’의 피동) 둘리다.
딸리″다 <따리이″다 (‘따리′다[隨·屬]’의 피동) 딸리다.
말리″다 <마리이″다 (‘마리′다[乾]’의 피동) 말리다.
발리″다 <바리이″다 (‘바리′다[塗]’의 피동) 발리다.
발리″다 <바리이″다 (‘바리′다[剝]’의 피동) 발리다.
버물리″다 <버무리이″다 (‘버무′리다[拌·和]’의 피동) 버물리다.
볼리″다 <보리이″다 (‘보리′다[塗]’의 피동) 발리다.
불리″다 <부리이″다 (‘부리′다[唱]’의 피동) 불리다.
불리″다 <부리이″다 (‘부리′다[呼]’의 피동) 불리다.
어불리″다 <어부리이″다 (‘어부′리다’의 피동) 어울리다.
짤리″다 <짜리이″다 (‘짜리′다[切]’의 피동) 잘리다.
찔리″다 <찌리이″다 (‘찌리′다[刺]’의 피동) 찔리다.
헛갈리″다 <헛갈리이″다 (‘헛가리다’의 피동) 헛갈리다.
홀리″다 <호리이″다 (‘호′리′다[惑]’의 피동) 홀리다.

(137) 쫄리″다 <쪼루이″다 (‘쪼루′다[握·据]’의 피동) 졸리다.
쫄리″다 <쪼루이″다 (‘쪼루″다[促]’의 피동) 졸리다.

(137)은 ‘리불규칙활용’에 유추된 확대 적용으로 볼 수 있다.

5.5.2 사동사

(138) 갈류″다 <갈리′우다 <가리이′우다 (‘가리′다[選·擇]’의 사동) 가르다.
걸류″다 <걸리′우다 <거리이′우다 (‘거리′다[濾]’의 사동) 걸리다.
골류″다 <골리′우다 <고리이′우다 (‘고리′다[均]’의 사동) 고르다.
말류″다 <말리′우다 <마리이′우다 (‘마리′다[乾]’의 사동) 말리다.
발류″다 <발리′우다 <바리이′우다 (‘바리′다[正]’의 사동) 바루다.
주물류″다 <주물리′우다 <주무′리이우다 (‘주무′리다’의 사

동) 주물리다.

홀류″다 <홀리′우다 <호리이′우다 (‘호′리′다[惑]’의 사동) 호리다.

흘류″다 <흘리′우다 <흐리이′우다 (‘흐리′다[流]’의 사동) 흘리다.

(139) 갈′리다 <가리′이다 (‘가리′다[選·擇]’의 피동) 갈리다.

걸′리다 <거리′이다 (‘거리′다[濾]’의 사동) 걸리다.

굴′리다 <구리′이다 (‘구리′다[轉]’의 사동) 굴리다.

꿀′리다 <꾸′리′이다 (‘꾸′리′다[跪]’의 피동) 꿀리다.

널′리다 <너리′이다 (‘너리′다[廣]’의 사동) 널리다.

눌′리다 <누리′이다 (‘누리′다[押·壓]’의 사동) 누르게 하다.

둘′리다 <두리′이다 (‘두리′다[圍]’의 사동) 둘리다.

디딸′리다 <디따리′이다 (‘디따리′다[隨·屬]’의 사동) 뒤딸리다.

딸′리다 <따리′이다. (‘따리′다[隨·屬]’의 사동) 딸리다.

떠올′리다 <떠오리′이다 (‘떠오리′다[浮·登]’의 사동) 떠올리다.

말′리다 <마리′이다 (‘마리′다[乾]’의 사동) 말리다.

물′리다 <무리′이다 (‘무리′다[軟]’의 사동) 물리다.

발′리다 <바리′이다 (‘바리′다[塗]’의 사동) 발리다.

버물′리다 <버무리′이다 (‘버무′리다[拌·和]’의 사동) 버물리다.

불′리다 <부리′이다 (‘부리′다[呼]’의 사동) 불리다.

불′리다 <부리′이다 (‘부리′다[唱]’의 사동) 불리다.

불′리다 <부리′이다 (‘부리′다[飽]’의 사동) 불리다.

얼말′리다 <얼마리′이다 (‘얼마리′다[乾]’의 사동) 덜 말리다.

올′리다 <오리′이다 (‘오리′다[登]’의 사동) 올리다.

주물′리다 <주무′리이다 (‘주무′리다’의 사동) 주물리다.

치올′리다 <치오리′이다 (‘치오리′다’의 사동) 치올리다.

흘′리다 <흐리′이다 (‘흐리′다[流]’의 사동) 흘리다.

5.6 그 밖의 도출과정

5.6.1 ‘데′우다, 디′우다, 더꾸′다’의 도출과정

(140) 더꾸′다 <덥구′다 (‘덥 : 다[熱·暑]’의 사동) 데우다.
더꾸′다 <덥꾸′다 (‘덥 : 다[熱·暑]’의 사동) 데우다.
더푸′다 <덥후′다 (‘덥 : 다[熱·暑]’의 사동) 데우다.
더′피다 <덥′히다 (‘덥 : 다[熱·暑]’의 사동) 데우다.
덥후′다 (‘덥 : 다[熱·暑]’의 사동) 데우다.
덥′히다 (‘덥 : 다[熱·暑]’의 사동) 데우다.
데′우다 <덥이′우다 (‘덥 : 다[熱·暑]’의 사동) 데우다.
데′피다 <뎁′히다 <덥′히다 (‘덥 : 다[熱·暑]’의 사동) 데우다.
뎁′히다 <덥′히다 (‘덥 : 다[熱·暑]’의 사동) 데우다.
디′우다 <데′우다 <덥이′우다 (‘덥 : 다[熱·暑]’의 사동) 데우다.

‘덥 : 다’의 사동은 여럿 있다. 그 중 ‘데′우다, 디′우다’는 ‘덥 : 다[熱·暑]’를 어근으로 하여 도출과정을 설명하기가 명쾌하지 않다. 그래서 ‘데우다, 디우다’는 각각 ‘*데다[燒]’와 ‘디 : 다[燒]’를 어근으로 하여 등재하였다.

(141) 데′우다 (‘*데다[燒]’의 사동) 데우다.
디′우다 (‘디 : 다[燒]’의 사동) 데우다.

‘더꾸′다’도 ‘덥 : 다[熱·暑]’를 어근으로 하여 도출과정을 설명하기가 명쾌하지 않다. 그럴 만한 이유 없이 ‘ㅂ’이 탈락하였다. 그래서 생각해 볼 수 있는 한 방안이 ‘덖다’를 어근으로 삼는 방안인데 이 방언에서 ‘덖다’는 전혀 쓰이지 않으므로 가상어근으로 해서 피동사까지 포함하여 다음과 같이 가정해 본다.[3] (6.2.4 가상어근 *덖다[熱·暑] 참조)

(142) 더끼″다 <덖이″다 (‘*덖다[熱·暑]’의 피동) 데워지다.
더꾸′다 <덖우′다 (‘*덖다[熱·暑]’의 사동) 데우다.

---

3. 덖다 : 「…을」 물기가 조금 있는 고기나 약재, 곡식 따위를 물을 더하지 않고 타지 않을 정도로 볶아서 익히다. (표준국어대사전)

더꾸′다 <뒦구′다 ('*뒦다[熱·暑]'의 사동) 데우다.

5.6.2 '노′피다, 높′이다, 높후′다, 높′히다'의 도출과정

(143) 노푸″다 <노푸′우다 ('노푸′다[高]'의 사동) 높이다.
노′피다[1] <높′이다 ('*높′다[高]'의 사동) 높이다.
노′피다[2] <노′퓌다 <노′푸이다 ('노푸′다[高]'의 사동) 높이다.
높′이다 ('*높′다[高]'의 사동) 높이다.
높후′다 ('*높′다[高]'의 사동) 높이다.
높′히다 ('*높′다[高]'의 사동) 높이다.

울산방언에 '노푸′다[高]'만 있으나 위의 사동사들을 도출하기 위해서 '*높′다[高]'도 설정하였다.

'지′피다, 짚′이다, 짚후′다, 짚′히다'의 도출과정도 이와 꼭 같다. (6.2.3 가상어근 *높′다[高], 6.2.12 가상어근 *짚다[深] 참조)

(144) 지푸″다 <지푸′우다 ('지푸′다[深]'의 사동) 깊이다.
지′피다[1] <짚′이다 ('*짚′다[深]'의 사동) 깊이다.
지′피다[2] <지′퓌다 <지′푸이다 ('지푸′다[深]'의 사동) 깊이다.
짚′이다 ('*짚′다[深]'의 사동) 깊이다.
짚후′다 ('*짚′다[深]'의 사동) 깊이다.
짚′히다 ('*짚′다[深]'의 사동) 깊이다.

5.6.3 '니루′다'의 도출과정

'늘다[增]'의 사동사는 다음과 같다.

(145) 늘개′다 ('늘다[增]'의 사동) 늘이다. 늘리다.
늘구′다 ('늘다[增]'의 사동) 늘이다. 늘리다.
늘류″다 <늘리′우다 <늘이′우다 ('늘다[增]'의 사동) 늘이다. 늘리다.
늘′리다 <늘′이다 ('늘다[增]'의 사동) 늘이다. 늘리다.
늘캐′다 ('늘다[增]'의 사동) 늘이다. 늘리다.
늘쿠′다 ('늘다[增]'의 사동) 늘이다. 늘리다.

니루′다 <닐우′다 <뉠류″다 <늘리′우다 <늘이′우다 ('늘다 [增]'의 사동) 늘이다. 늘리다.

'늘다[增]'의 사동사 중 '니루′다'의 도출과정은 쉽게 설명할 수 없다.

(146) ① 니루′다 <?늘우다 ?늘류″다 <?늘리′우다 <늘이′우다 ('늘다[增]'의 사동) 늘이다. 늘리다.
② 니루′다 <?닐우다 <?뉠류″다 <?늘리′우다 <늘이′우다 ('늘다[增]'의 사동) 늘이다. 늘리다.
③ 니루다 <닐우다 ('*닐다[增]'의 사동) 늘이다. 늘리다.

(145)①, ②, ③의 과정 모두 부분적 무리가 있는데 ②를 취하여 등재하였다.

5.6.4 '도′우다'의 도출과정

'돋′다[培·聳]'의 사동사는 다음과 같다.

(147) ① 돋우′다 ('돋′대[培·聳]'의 사동) 돋우다.
② 도두′다 <돋우′다 ('돋′대[培·聳]'의 사동) 돋우다.
③ 도′우다 <도두′다 <돋우′다 ('돋′대[培·聳]'의 사동) 돋우다.

이 가운데 ③ '도′우다 <도두′다'의 과정에 'ㄷ'의 탈락을 설정한 것이 무리이지만 달리 설명하기가 마땅하지 않다.

5.6.5 '맥후′다'와 '채이″다'의 도출 과정

(148) 맥후′다 <막후′다 ('막′대[放·閉]'의 사동) 막게 하다.
믹후′다 <묵후′다 ('묵′대[古·腐]'의 사동) 묵히다.
깽구′다 <깜구′다 ('깜대[沐]'의 사동) 감기다.

(148)은 '이모음역행동화'가 일어날 음운 조건이 되지 않는다. 그래서 '맥후-, 믹후-, 깽구′-'로 변한 도출 과정을 설명할 수 없다. 이 경우는 각각 아래 (149)에 유추된 것으로 본다.

(149) 맥히″다 <막히″다 (‘막′다[放·閉]’의 사동) 막게 하다.
믹′히다 <묵′히다 (‘묵′다[古·腐]’의 사동) 묵히다.
깽′기다 <깜′기다 (‘깜다[沐]’의 사동) 감기다.

(150) 채이″다 <차이″다 (‘차다[蹴]’의 피동) 차이다.
패이″다 <파이″다 (‘파다[堀]’의 피동) 파이다.

(150)도 ‘이모음역행동화’가 일어날 음운 조건이 되지 않는다. 앞 모음과 ‘이’모음 사이에 자음이 끼어 있어야 ‘ㅣ모음역행동화’ 적용이 용이한데 그렇지 못하다. 자음삽입 없는 역행동화는 흔하지 않는데 이 경우도 유추(類推)로 보아야겠다.

5.6.6 ‘불구′다, 불쿠′다’의 도출과정

(151) 불구′다 <붇구′다 (‘붇:다[增·漲]’의 사동) 불리다.
불쿠′다 <붇쿠′다 (‘붇:다[增·漲]’의 사동) 불리다.

어근의 말음 ‘ㄷ’이 ‘ㄹ’로 변할 음운 환경이 아닌데도 ‘ㄹ’로 변하였다. 비슷한말 ‘불루′다. 불류″다. 불′리다. 불우′다.’ 등과 ‘－구－, －쿠－’를 취한 다른 사동사에 유추된 것으로 본다.

(152) 불루′다. 불류″다. 불′리다. 불우′다. (‘붇:다[增·漲]’의 사동) 불리다.
부풀구″다 (‘부′풀다[膨·脹]’의 사동) 부풀리다.‘
얼구′다. 얼쿠′다. (얼:다[氷]’의 사동) 얼리다.

5.6.7 ‘빈치″다, 삔치″다’의 도출과정

(153) 빈치″다 <빛이″다 (‘*빛다[明]’의 피동) 비치다.
삔치″다 <삧이″다 (‘*삧다[明]’의 피동) 비치다.

(154) 빈추″다[1] <빛우′다 (‘*빛다[明]’의 사동) 비추다.
빈추″다[2] 빈츄″다 <빈치′우다 <빛이′우다 (‘*빛다[明]’의 사동) 비추다.

빈츄″다 <빈치′우다 <빛이′우다 (‘*빛다[明]’의 사동) 비추다.
삔추″다 <삔츄″다 <삔치′우다 <삧이′우다 (‘*삧다[明]’의 사동) 비추다.
삔츄″다 <삔치′우다 <삧이′우다 (‘*삧다[明]’의 사동) 비추다.

‘*빛다[明]’와 ‘*삧다[明]’를 어근으로 한 피동사와 사동사는 모두 파생과정에 ‘ㄴ’이 첨가되었다. 이것을 명쾌하게 설명하기가 어렵다. 이것은 아마도 아래 (155)와 같은 ‘ㅊ’ 앞에서 ‘ㄴ, ㅁ’이 첨가된 것과 같은 현상으로 본다.

(155) 감추다 <ᄀᆞᆷ초다 <ᄀᆞᆫ초다 <ᄀᆞ초다[←ᄀᆞᆽ-+-호-]<용비어천가(1447)>
범추다 <멈초다 <머초다 <머추다[←멎-+-후-]<용비어천가(1447)>

다음 (156)도 이에 준하는 현상의 결과로 본다.

(156) 묻′치다 <묻′히다 (‘묻′다[粘]’의 사동) 묻히다.

5.6.8 ‘꺼주″다, 널쭈″다’, 빠주″다’의 도출과정

(157) 꺼주″다 <꺼쥬″다 <꺼지′우다 (‘꺼′지′다[消·滅]’의 사동) 꺼지게 하다. 꺼뜨리다.
꺼주″다 <꺼쥬″다 <꺼지′우다 (‘꺼′지′다[陷]’의 사동) 꺼지게 하다.
널쭈″다 <널쮸″다 <널찌′우다 (‘널″찌다[墜]’의 사동) 떨어지게 하다. 떨어뜨리다.
떠주″다 <떠쥬″다 <떠지′우다 (‘떠′지′다[醱·酵]’의 사동) 뜨게 하다.
떠주″다 <떠쥬″다 <떠지′우다 (‘떠′지′다[離·脫]’의 사동) ①떠나게 하다. ②놓치다.
빠주″다 <빠쥬″다 <빠지′우다 (‘빠′지′다[溺·陷]’의 사동) 빠지게 하다.
빠주″다 <빠쥬″다 <빠지′우다 (‘빠′지′다[拔]’의 사동) 빠지

게 하다.

처주″다 <처쥬″다 <처지′우다 ('처′지′다[遲]'의 사동) 처지
게 하다.

터주″다 <터쥬″다 <터지′우다 ('터′지′다[破·裂]'의 사동)
터지게 하다. 터뜨리다.

펴주″다 <펴쥬″다 <펴지′우다 ('펴′지′다[播·波]'의 사동)
펴지게 하다. 퍼뜨리다.

(157)의 어근 'X－지다'의 '－아 / 어지다'는 ''X'의 의미대로 이루어지다'란 뜻이기 때문에 'X－지다'는 다분히 피동사성 동사다. 그러므로 'X－지다'를 어근으로 한 'X－지－+－우－'사동사는 특이하게도 피동사성 어근에서 생성된 사동사로 볼 수 있다. 사동사를 어근으로 하여 피동사가 생성되는 예는 흔하지만 피동사를 어근으로 하여 사동사가 생성되는 것은 매우 드물다.

(158) ① 그늘지′우다 ('그늘지′다[蔭]'의 사동) 그늘지게 하다.
② 빚주″다 <빚쥬″다 <빚지′우다 ('빚지′다'의 사동) 빚을 지게 하다.
③ 책임지′우다 ('책임지′다(責任－－)'의 사동) 책임지우다.
④ 걸머지′우다 ('걸머지′다[負]'의 사동) 걸머지우다.

(158)의 경우는 앞의 것과 달라 더 살펴야 할 문제가 있다. 앞의 (157)은 X가 용언인데 (158)①, ②, ③의 X '그늘, 빚, 책임'은 명사이다. 또 ②, ③, ④의 '지다'는 피동성 의미가 아니라 '지다[負]'이다. ①, ②, ③, ④ 중 ①은 (157)에 준하지만 ②, ③, ④는 (157)과는 다르다. 곧 피동사성 어근에서 생성된 사동사가 아니다.

6. 가상어근의 설정

6.1 가상 어근 설정의 이유

<울산방언사전>에나 <울산방언 피동사 사동사 사전>에 피동사와 사동사를 도출하기 위한 방법으로 몇몇 가상어근을 설정하였다. 이것은 여러 생각 끝에 취한 궁색한 방법이다. 하지만 가상어근을 설정하면 몇 가지 얻는 점도 있다.

여기서 피동사 '담기″다' 사동사 '담구′다'를 두고 설명해 보기로 한다.

이 피동사 '담기″다'를 사동사 '담구′다'를 어근으로 하여 파생된 것으로 설명할 수도 있다. 곧,

(159) 담기″다 <담귀″다 <담구이″다 ('담구′대[盛]'의 피동) 담기다.

일견 매우 간결하여 좋다. 그러나 어근으로 삼았던 '담구′다'는 다분히 사동사성 동사인데 이 '담구′다'는 어디에서 도출된 것인가를 설명해야 한다. 그러려면 다시

(160) 담구′다 ('담다[盛]'의 사동) 담그다.

를 설정해야 한다. 그러고 보면 어근을 두 가지 설정해야 해서 오히려 번거롭다. 그러기보다 '담다[盛]'를 어근으로 하여 다음과 같이 피동사와 사동사를 다 도출하는 설정이 더 간결하다.

(161) 담기″다 ('담다[盛]'의 피동) 담기다.
담구′다 ('담다[盛]'의 사동) 담그다.

다시 가상어근 '*잠다[沈]'를 보기로 하여 설명하기로 한다.

(162) 잠기″다 ('잠구′다[沈]'의 사동) 잠기다.

'잠구′다'는 표준어 '잠그다'이다. '잠구′다'는 '잠기게 하다'란 사동의 의미가 있다. 곧 사동사성 동사다. 그렇게 보면 (162)는 사동사성 동사에서 피동사가 도출된다고 하겠다. 그렇게 보면 사동사성 동사 '잠구′다'는 무엇에서 파생된 것이 아니라 '잠구′다' 자체를 어근(語根)으로 처리 되

어야 하는데 '잠구′다'의 형태나 의미로 보아 그러기에는 마땅치 않다. 그래서

(163) 잠기″다 ('*잠다[沈]'의 피동) 잠기다.
잠구′다 ('*잠다[沈]'의 사동) 잠기게 하다.

와 같이 가상어근을 설정하면 피동사와 사동사를 두루 도출하면서 피동사와 사동사의 의미가 분명히 구분된다. 뿐만 아니라

(164) 믹히″다 ('묵′다[食]의 피동) 먹히다.
믹이′다 ('묵′다[食]의 사동) 먹이다.

(165) 시이″다 ('시다[冠]'의 피동) 쓰이다.
시′우다 ('시다[冠]'의 사동) 씌우다.

(164), (165)와 같이 한 어근에서 피동사와 사동사가 도출되는 것과 균형이 잡힌다.

동일 어근으로 보이는 피동사성 동사도 있고 사동사성 동사도 있는데 피동사나 사동사로 처리할 수 없는 것을 가상어근을 설정하면 확실한 피동사 또는 사동사로 처리할 수 있다. 다음 (166)이 그 보기다.

(166) 가디″다 <갇이″다 ('*갇다[圍]'의 피동) 갇히다.
가두′다 <갇우′다 ('*갇다[圍]'의 사동) 가두다.

가상어근 설정의 필요성을 달리 설명해 본다.

이 방언에 '달다[苦·弄]'와 '*시달다[苦·弄]'에서 파생되는 사동사와 피동사는 다음과 같다.

'달다[苦·弄]'의 피동사와 사동사

(167) 달리″다 <달이″다 ('달다[苦·弄]'의 피동) 시달리다.
달키″다 ('달다[苦·弄]'의 피동) 시달리다.

(168) 다루′다[1] <달루′다 ('달다[苦·弄]'의 사동) 시달리게 하다.
다루′다[2] <달우′다 ('달다[苦·弄]'의 사동) 시달리게 하다.
달구′다 ('달다[苦·弄]'의 사동) 시달리게 하다.

달루′다 (‘달다[苦 · 弄]’의 사동) 시달리게 하다.
달류″다 <달리′우다 <달이′우다 (‘달다[苦 · 弄]’의 사동) 시달리게 하다.
달쿠′다 (‘달다’[苦 · 弄]의 사동) 시달리게 하다.
달′키다 (‘달다[苦 · 弄]’의 사동) 시달리게 하다.

‘*시달다[苦 · 弄]’의 피동사와 사동사

(169) 시달리″다 <시달이″다 (‘*시달다[苦 · 弄]’의 피동) 시달리다.
시달키″다 (‘*시달다[苦 · 弄]’의 피동) 시달리다.

(170) 시다루″다[1] <시달루″다 (‘*시달다[苦 · 弄]’의 사동) 시달리게 하다.
시다루″다[2] <시달우″다 (‘*시달다[苦 · 弄]’의 사동) 시달리게 하다.
시달구″다 (‘*시달다[苦 · 弄]’의 사동) 시달게 하다.
시달루″다 (‘*시달다[苦 · 弄]’의 사동) 시달리게 하다.
시달류″다 <시달리′우다 (‘*시달다[苦 · 弄]’의 사동) 시달리게 하다.
시달쿠″다 (‘*시달다’[苦 · 弄]의 사동) 시달리게 하다.
시달′키다 (‘*시달다’[苦 · 弄]의 사동) 시달리게 하다.

피동사와 사동사는 다 같이 활발히 파생되어 쓰이는데 그 어근 ‘달다[苦 · 弄]’는 쓰이는데 ‘시달다[苦 · 弄]’는 전혀 쓰이지 않는다. 그럴 때 ‘시달다[苦 · 弄]’를 가상어근으로 처리할 수밖에 없고 가상어근으로 처리해야 설명이 간결하다.

가상어근을 설정하여 문제를 해결하다 보면 그 가상어근이 잊혔던 고어의 모습에 근사한 형태임을 짐작하게 한다. 몇 예를 보이면 (171), (172)와 같다.

(171) * 갇히″다 (‘*갇다[圍]’의 피동) 갇히다.
갇히다 <가티다[←갇－+－히－]<월인석보(1459)>
* 개비″다 <괩이″다 <곱이″다 (*곱다[盛]의 피동) 고이다.
고이다 <고으다 / 고ᄋᆞ다←곱다 <곱다 <월인천강지곡(1447)>

* 모이″다 ('*모다[集]'의 피동) 모이다.
모이다[←모으-+-이-]

* 잠기″다 ('*잠다[沈]'의 피동) 잠기다.
잠기다 <ᄌᆞᆷ기다[←ᄌᆞᆷ-+-이-]<분류두공부시언해(초간본)(1481)>

(172) * 가두′다 <갇우′다 ('*갇다[圍]'의 사동) 가두다. [비] 갇우′다.
가두다 <가도다[←갇-+-오-]<석보상절(1447)>

* 높′이다 ('*높다[高]'의 사동) 높이다.
높이다 <노피다[←높-+-이-]<동국신속삼강행실도(1617)>

* 우′리다 <울′이다 ('*울다[拔]'의 사동) 우리다. [비] 우루′다. 울구′다.
우리다[←*울-+-이-]<분류두공부시언해(초간본)(1481)>

* 쪼루′다[1] <쫄우′다 ('*쫄다[促]'의 사동) 조르다. [비] 쫄루다[1].
조르다 <조로다<역해유해(1690)>

* 쪼루′다[2] <쫄우′다 ('*쫄다[搾·握]'의 사동) 조르다. [비] 쪼우다. 쫄루다[2].
조르다 <ᄌᆞᄅᆞ다<능엄경언해(1461)>

* 짚′이다 ('*짚다[深]'의 사동) 깊이다.
깊이다 <기피다[←깊-+-이-]<용비어천가(1447)>

가상어근을 설정하면 도출과정을 간결하게 설정할 수 있다는 점 외에 방언화자의 언어의식을 고려하는 점에서도 좋은 점이 있다.

일반 방언화자는 언어학적 깊은 지식을 가지고 있지 않다. 그러나 피동사나 사동사를 도출할 때는 자연스럽게 어떤 말에서 피동사의 의미를 담은 피동사, 사동사의 의미를 담은 사동사가 만들어진다는 언어의식이 작용할 것이다. 그러한 방언화자의 언어의식을 생각하면 더 더욱 가상어근을 설정하여 도출하는 쪽이 낫다.

위의 설명을 통해 다음과 같은 가상어근 설정의 이유를 들 수 있다.

첫째, 피동사나 사동사의 의미가 있는데도 피동사나 사동사로 처리하지 못하는 모순을 해결할 수 있다.

둘째, 동일 어원일 것으로 보이는 피동사성 동사와 사동사성 동사를 피동사와 사동사로 처리할 수 있다.
셋째, 피동사와 사동사의 도출을 매우 간결하게 처리할 수 있다.
넷째, 국어사에서 흔적을 감춘 고어의 일부를 짐작할 수 있다.
다섯째, 방언화자 언어의식에 의한 언어 생성 과정을 추정할 수 있다.

6.2 가상 어근에서 도출된 피동사와 사동사

6.2.1 가상어근 *갇다[圍]

(173) 가디″다 <갇이″다 ('*갇다[圍]'의 피동) 갇히다.
갇이″다 ('*갇다[圍]'의 피동) 갇히다.
갇히″다 ('*갇다[圍]'의 피동) 갇히다.
가두′다 <갇우′다 ('*갇다[圍]'의 사동) 가두다.
갇우′다 ('*갇다[圍]'의 사동) 가두다.

6.2.2 가상어근 *곱다[盛]

(174) 곱히″다 (*곱다[盛]의 피동) 고이다.
개비″다 <괩이″다 <곱이″다 (*곱다[盛]의 피동) 고이다.
개피″다 <괩히″다 <곱히″다 (*곱다[盛]의 피동) 고이다.
고′우다 <곱′우다 (*곱다[盛]의 사동) 고이다.

6.2.3 가상어근 *높′다[高]

(175) 높′이다 ('*높다[高]'의 사동) 높이다.
높후′다 ('*높다[高]'의 사동) 높이다.
높′히다 ('*높다[高]'의 사동) 높이다.

이 방언에는 '높다[高]'는 없고 '노푸′다[高]'이다.

6.2.4 가상어근 *덖다[熱·暑]

가상어근 '*덖다[熱·暑]'에서 다음 (176)과 같은 피동사와 사동사를 도출할 수 있으므로 그 아래 (177)를 이 (176)으로 대치할 수 있겠다.

(176) 더끼″다 <덖이″다 ('*덖다[熱·暑]'의 피동) 데워지다.
더꾸′다 <덖구′다 ('*덖다[熱·暑]'의 사동) 데우다.
더꾸′다 <덖우′다 ('*덖다[熱·暑]'의 사동) 데우다.

(177) 더끼″다 <덥기″다 ('덥:다[熱·暑]'의 피동) 데워지다.
덥기″다 ('덥:다[熱·暑]'의 피동) 데워지다.
더꾸′다 <덥구′다 ('덥:다[熱·暑]'의 사동) 데우다.
더꾸′다 <덥꾸′다 ('덥:다[熱·暑]'의 사동) 데우다.

6.2.5 가상어근 *몯다[集]~*모다[集]

(178) 몯이″다 ('*몯다[集]'의 피동) 모이다.
몯우′다 ('*몯다[集]'의 사동) 모으다.

(179) 모이″다 ('*모다[集]'의 피동) 모으다.
모′우다 ('*모다[集]'의 사동) 모으다.

6.2.6 가상어근 *빛다[明]~*삧다[明]

(180) 빈치″다 <빛이″다 ('*빛다[明]'의 피동) 비치다.
빈추′다 <빛우′다 ('*빛다[明]'의 사동) 비추다.
빈추″다 <빈츄″다 <빈치′우다 <빛이′우다 ('*빛다[明]'의 사동) 비추다.
빈츄″다 <빈치′우다 <빛이′우다 ('*빛다[明]'의 사동) 비추다.

(181) 삔치″다 <삧이″다 ('*삧다[明]'의 피동) 비치다.
삔추′다 <삧우′다 ('*삧다[明]'의 사동) 비추다.
삔추″다 <삔츄″다 <삔치′우다 <삧이′우다 ('*삧다[明]'의 사동) 비추다.

뻰츄″다 <뻰치′우다 <삧이′우다 ('*삧다[明]'의 사동) 비추다.

6.2.7 가상어근 *시달다[苦·弄]

(182) 시달리″다 <시달이″다 ('*시달다[苦·弄]'의 피동) 시달리다.
시달키″다 ('*시달다[苦·弄]'의 피동) 시달리다.
시다루″다 <시달루″다 ('*시달다[苦·弄]'의 사동) 시달리게 하다.
시다루″다 <시달우″다 ('*시달다[苦·弄]'의 사동) 시달리게 하다.
시달구″다 ('*시달다[苦·弄]'의 사동) 시달게 하다.
시달루″다 ('*시달다[苦·弄]'의 사동) 시달리게 하다.
시달류″다 <시달리′우다 <시달이′우다 ('*시달다[苦·弄]'의 사동) 시달리게 하다.
시달쿠″다 ('*시달다'[苦·弄]의 사동) 시달리게 하다.
시달′키다 ('*시달다'[苦·弄]의 사동) 시달리게 하다.

6.2.8 가상어근 *엉다[構]

(183) 엉기″다 ('*엉다[構]'의 피동) 얽히다.
엉키″다 ('*엉다[構]'의 피동) 얽히다.
엉구′다 ('*엉다[構]'의 사동) 얽히게 하다.
엉′기다 ('*엉다[構]'의 사동) 얽히게 하다.
엉쿠′다 ('*엉다[構]'의 사동) 얽히게 하다.
엉′키다 ('*엉다[構]'의 사동) 얽히게 하다.

6.2.9 가상어근 *울다[拔]

(184) 울구′다 ('*울다[拔]'의 사동) 우리다.
우루′다 <울우′다 ('*울다[拔]'의 사동) 우리다.
우′리다 <울′이다 ('*울다[拔]'의 사동) 우리다.

3장

6.2.10 가상어근 *잠다[沈]

(185) 잠기″다 (‘*잠다[沈]’의 피동) 잠기다.
잠구′다 (‘*잠다[沈]’의 사동) 잠기게 하다.

6.2.11 가상어근 *잠다[鍵]

(186) 잠기″다 (‘*잠다[鍵]’의 피동) 잠기다.
잠구′다 (‘*잠다[鍵]’의 사동) 잠기게 하다.

6.2.12 가상어근 *짚다[深]

(187) 짚′이다 (‘*짚다[深]’의 사동) 깊이다.
짚후′다 (‘*짚다[深]’의 사동) 깊이다.
짚′히다 (‘*짚다[深]’의 사동) 깊이다.

이 방언에는 ‘짚다[高]’는 없고 ‘지푸′다[深]’이다.

6.2.13 가상어근 *쪼다~*쫄다[搾·握]

(188) 쪼이″다 (‘*쪼다[搾·握]’의 피동) 조이다.
쪼′우다 (‘*쪼다[搾·握]’의 사동) 조이다.

(189) 쫄리″다 <쫄이″다 (‘*쫄다[搾·握]’의 피동) 졸리다.
쪼루′다 <쫄우′다 (‘*쫄다[搾·握]’의 사동) 조르다.
쫄루′다~쫄루″다 (‘*쫄다[搾·握]’’의 사동) 조르다.

6.2.14 가상어근 *치다[撤]

(190) 치′우다 (‘*치다[撤]’의 사동) 치우다.
추″다 <츄″다 <치′우다 (‘*치다[撤]’의 사동) ‘치′우다’의 준말. 치우다.

6.2.15 가상어근 *할다[毁]

(191) 할키″다 ('*할다[毁]'의 피동) 할퀴이다.
할쿠′다 ('*할다[毁]'의 사동) 헐다. 할퀴다.

이 가상어근은 '헐리″다 <헐이″다 ('헐 : 다[毁]'의 피동) 헐리다.'의 어근 '헐 : 다[毁]'와 유관하다.

6.2.16 가상어근 *홀다[誘·惑]

(192) 홀리″다 <홀이″다 ('*홀다[誘·惑]'의 피동) 홀리다.
홀키″다 ('*홀다[誘·惑]'의 피동) 홀리다.
홀구′다 ('*홀다[誘·惑]'의 사동) 호리다.
홀루′다 ('*홀다[誘·惑]'의 사동) 호리다.
홀류″다 <홀리′우다 <홀이′우다 ('*홀다[誘·惑]'의 사동) 호리다.
홀쿠′다 ('*홀다[誘·惑]'의 사동) 호리다.
홀′키다 ('*홀다[誘·惑]'의 사동) 호리다.

이 가상어근은 '홀리″다 <호리이″다 ('호′리′다[誘·惑]'의 피동) 홀리다.'의 어근 '호′리′다[誘·惑]'와 유관하다.

6.2.17 가상어근 *호다~*후다~*히다[枉]

(193) 후이″다 ('*후다[枉]'의 피동) 휘어지다.
호′우다 ('*호다[枉]'의 사동) 휘게 하다.
후′우다 ('*후다[枉]'의 사동) 휘게 하다.
히′우다 ('*히다[枉]'의 사동) 휘게 하다.

(194) 호″다 <호′우다 ('*호다[枉]'의 사동) '호′우다'의 준말. 휘게 하다.
후″다 <후′우다 ('*후다[枉]'의 사동) '후′우다'의 준말. 휘게 하다.
휘″다 <후이″다 ('*후다[枉]'의 피동) '후이″다'의 준말. 휘

어지다. ㊟ 히″다.

히″다 <휘″다 <후이″다 ('*후다[枉]'의 피동) '휘″다'의 준말. 휘어지다.

(195) 히′우다 ('*히다[枉]'의 사동) 휘게 하다.

6.2.18 가상어근 *흩′다~*흝다[散]

(196) 흐치″다 <흩이″다 ('*흩다[散]'의 피동) 흩이다.
흩이″다 ('*흩다[散]'의 피동) 흩이다.
흐′치다 <흩′이다 ('*흩다[散]'의 사동) 흩다. 흩어지게 하다.
흩′이다 ('*흩다[散]'의 사동) 흩다. 흩어지게 하다.

(197) 흘치″다 <흝이″다 ('*흝다[散]'의 피동) 흩이다.
흝이″다 ('*흝다[散]'의 피동) 흩이다.
흘′치다 <흝′이다 ('*흝다[散]'의 사동) 흩다. 흩어지게 하다.
흝′이다 ('*흝다[散]'의 사동) 흩다. 흩어지게 하다.

이 외에 <제2장 접미사 별로 분류한 피동사 사동사 사전> 말미에 수록한 피동사성 동사, 사동사성 동사 중 다수를 가상어근 설정으로 피동사나 사동사로 처리할 수 있다.

7. 피동사와 사동사의 의미

7.1 어근의 의미와 유사한 피동사와 사동사의 의미

피동사는 피동의 의미가, 사동사는 사동의 의미가 있어 어근의 의미와 구분되는 것은 마땅한 사실이다. 그러나 형태로 보아서는 어근에서 파생된 피동사나 사동사임이 분명한데 그 의미는 어근의 의미와 크게 다르지 않는 경우가 더러 있다.

이러한 예를 먼저 표준어에서 하나 찾아보면 다음과 같다.

(198) 멈추다 <멈초다 <머초다 <머추다[←멎－+－후－]<용비어천가(1447)>

(199) 멎다 ¶시계가 멎었다. 멎다≒멈추다 (자동사)
멈추다 ¶시계가 멈추었다. 멎다≒멈추다 (자동사)
¶시계를 멈추었다. (타동사)

'멈추다'는 어원 자료로 분석하면 '멎다'에서 파생된 사동사임이 분명한데, 현대국어로만 보면 사동의 의미는 희박해졌고 자동사와 타동사의 의미를 두루 지니고 있다. 곧 사동 의미가 희박해져 사동사로 인식되지 않고 있다. 그 결과 어근 '멎다'와 파생어 '멈추다'의 의미가 같은 것으로 동의어로 다루어진다.[4]

7.1.1 어근의 의미와 피동사의 의미가 유사한 경우

(200) 속′다 ¶누가 누구에게 속았다.
속히″다 ('속′다'의 피동) 속임을 당하다.
¶누가 누구에게 속혔다.

(200)에서 '속′다'와 '속히″다'의 의미가 매우 유사하다.

7.1.2 어근의 의미와 사동사의 의미가 유사한 경우

(201) 바추″다^1 <바츄″다 <밭이′우다 ('밭′다[濾]'의 사동) 걸러지게 하다. 거르다.
바추″다^2 <바츄″다 <바치′우다 ('바′치다[濾]'의 사동) 걸러지게 하다. 거르다.

(201)의 어근 '밭′다, 바′치다'나 사동사 '바추″다^1 ~ 바추″다^2'가 다 '거르다'의 의미를 가지고 있어 의미 차이가 크게 나지 않는다.

4. <표준국어대사전> '멎다, 멈추다' 참조.

(202) 섞다[混] ¶잡곡을 섞어 밥해라.
섞구′다 (‘섞′다[混]’의 사동) 섞게 하다. 섞이게 하다.
¶잡곡을 섞가 밥해라.
섞우′다 (‘섞′다[混]’의 사동) 섞게 하다. 섞이게 하다.
¶잡곡을 섞아 밥해라.

(202)도 어근과 사동사의 의미가 잘 구분되지 않는 경우다. 그런데 고저장단이 분명히 달라 구분된다. 곧, 각각 ‘섞′어HL’와 ‘섞가″LH : ~ 섞아″LH : ’로 다르다.[5]

(203) 막다
막우′다 (‘막′다[放·閉]’의 사동) 막게 하다.
막후′다 (‘막′다[放·閉]’의 사동) 막게 하다.
맥후′다 (‘막′다[放·閉]’의 사동) 막게 하다.

(203)도 어근과 사동사의 의미가 잘 구분되지 않는 경우다. 그러나 활용형에서 고저장단은 확연히 다르다. 어근은 ‘막′아HL’이고 사동사는 ‘막아″LH : ~ 막하″LH : ~ 맥하″LH : ’이다.

(204) 이′다[葺] 이다. ¶지붕 이다.
이′우다 (‘이′다[葺]’의 사동) 이다. ¶지붕 이우다.
이′이다 (‘이′다[葺]’의 사동) 이다. ¶지붕 이이다.
이″다[1] <이′우다 (‘이′다[葺]’의 사동) ‘이′우다’의 준말. 이다.
¶지붕 이다.
이″다[2] <이′이다 (‘이′다[葺]’의 사동) ‘이′이다’의 준말. 이다.
¶지붕 이다.

(204)의 어근 ‘이′다[葺]’는 거의 사어(死語)가 되었고 ‘이′우다, 이′이다’의 준말 ‘이″다’와 혼동된다. 따라서 어근의 의미와 사동사의 의미가 거의 동일시된 경우다.

(205) 훑′다[逐] 쫓다. ¶새를 훑는다.

---

5. <울산방언사전>의 ‘섞다’와 이 책의 <피동사 사동사 사전> ‘섞구다, 섞우다’ 참조.

훚′이다 (‘훚′다[逐]’의 사동) 쫓다. ¶새를 훚인다.

(205)에서 ‘훚′다’와 ‘훚′이다’의 의미가 매우 유사하다.

사동사 ‘훚′이다’를 두고 두 가지로 생각해 볼 수 있겠다.

하나는 ‘훚′이다’가 아닌 ‘훚′치다’로 보고 ‘－치－’는 사동접미사가 아닌 강세접미사로 처리할 수도 있겠다. (9.1 강세접미사와 혼동되는 피동접미사와 사동접미사 참조)

다른 하나는 어근 ‘훚다’에 ‘－이－사동접미사’가 붙어 사동사로 파생된 것이 지금처럼 어근과 같은 의미로 의미가 변한 것으로도 볼 수 있겠다.

7.2 피동사와 사동사의 보완 의미

피동사나 사동사를 피동접미사나 사동접미사가 붙은 피동사 또는 사동사로 뜻풀이를 하기에는 부족한 경우가 있다.

7.2.1 피동사의 보완 의미

이 방언의 피동사 의미 표현을 표준어의 ‘－기－, －리－, －이－, －히－’가 붙은 피동사만으로 대응하여 표현하기로는 부족한 경우가 있다. 그렇게 표현할 수 없는 경우는 다음 (206)과 같이 피동의 의미를 가진 ‘－지다, －게 되다, 나다, 당하다’ 등으로 보완하기도 하고 더 보충적 의미로 보완하였다.

(206) 걸머징기″다 (‘걸머지′다[負]’의 피동) 걸머지게 되다.
고이″다 (‘고′우다[烹]’의 피동) 고아지다.
다지″다 (‘다지′다[頓]’의 피동) 다져지다.
맞히″다 (‘맞′다[適]’의 피동) 맞아지다.
뽀이″다 (‘뽀′우다[粉碎]’의 피동) 빻아지다.
생각히″다 (‘생′각′다’의 피동) 생각되다. 생각나다.
속히″다 (‘속′다[詐·欺]’의 피동사) 속임을 당하다.
솓기″다 (‘솓′다[瀉]’의 피동) 쏟아지다.

숭기″다 ('숭구′다[植]'의 피동) 심어지다.
시치″다 ('시′치다[擦]'의 피동) 스쳐지다.
어지럽히″다 ('어′지′럽다[紛·亂]'의 피동) 어지럽게 되다.
징기″다 ('지′다[負]'의 피동) 지게 되다.
찍히″다 ('찍′다[搗]'의 피동) 찧어지다.
홀치″다 ('홀′치다[結]'의 피동) 홀치게 되다.
휘″다 ('후′우다[枉]'의 피동) 휘어지다.

예가 많지는 않으나 다른 보충적 의미로 설명해야 할 경우도 있다.

(207) 달리″다 ('달′다[甘]'의 피동) 엿이나 꿀 등 단 것을 지나치게 먹어 몸이 나른해지다.
뚜이″다 ('뚜′다[責]'의 피동) 꾸중 듣다.
얹히″다 ('얹′다'의 피동) ①얹히다. ②체하다(滯－－).

7.2.2 사동사의 보완 의미

이 방언의 사동사 의미 표현을 표준어의 '－구－, －기－, －리－, －우－, －이－, －추－, －히－'가 붙은 사동사만으로 대응하여 표현하기에는 부족한 경우가 있다. 그렇게 표현할 수 없는 경우는 다음 (208)과 같이 사동의 의미를 가진 '－게 하다'로 보완하기도 하고 더 보충적 의미로 보완하였다.

(208) 갈류″다 ('가리′다[選·擇]'의 사동) 고르게 하다.
그늘지′우다 ('그늘지′다[蔭]'의 사동) 그늘지게 하다.
꺼쥬″다 ('꺼′지′다[消·滅]'의 사동) 꺼지게 하다. 꺼뜨리다.
꺼쥬″다 ('꺼′지′다[陷]'의 사동) 꺼지게 하다.
낫우′다 ('낫:다[癒]'의 사동) 낫게 하다. 고치다.
널쭈″다 ('널″찌다[墜]'의 사동) 떨어지게 하다. 떨어뜨리다.
눌′리다 ('눌:리다[押·壓]'의 사동) 누르게 하다.
달류″다 ('달:다[戱·弄]'의 사동) 시달리게 하다.
따수″다 ('따시′다[暖]의 사동) 따뜻하게 하다.
떠쥬″다 ('떠′지′다[醱·酵]'의 사동) 뜨게 하다.

막우′다 (‘막′다[防·閉]의 사동) 막게 하다.
막후′다 (‘막′다[防·閉]’의 사동) 막게 하다.
미′이다 (‘미 : 다[擔]’의 사동) 매게 하다.
바추″다 (‘바′치다[支]’의 사동) 괴게 하다.
바추″다 (‘바′치다[濾]’의 사동) 걸러지게 하다. 거르다.
바추″다 (‘밭′다[濾]’의 사동) 걸러지게 하다. 거르다.
바′치다 (*밭′다[濾]의 사동) 걸러지게 하다. 거르다.
비′우다 (‘비 : 다[枕]’의 사동) 베게 하다.
빚쥬″다 (‘빚지′다’의 사동) 빚을 지게 하다.
빠쥬″다 (‘빠′지′다[拔]’의 사동) 빠지게 하다.
빠쥬″다 (‘빠′지′다[溺·陷]’의 사동) 빠지게 하다. 빠뜨리다.
섞구′다 (‘섞′다[混]’의 사동) 섞게 하다. 섞이게 하다.
섞우′다 (‘섞′다[混]’의 사동) 섞게 하다. 섞이게 하다.
시다루″다 (‘*시달다[苦·弄]’의 사동) 시달리게 하다.
시달류″다 (‘*시달다[苦·弄]’의 사동) 시달리게 하다.
시달쿠″다 (‘*시달다’[苦·弄]의 사동) 시달리게 하다.
애달구″다 (‘애달다[燥]’의 사동) 애달게 하다.
애달류″다 (‘애달다[燥]’의 사동) 애달게 하다.
애달쿠″다 (‘애달다[燥]’의 사동) 애달게 하다.
욕보′이다 (‘욕보′다’의 사동) 수고하게 하다. 고생하게 하다.
잇우′다 (‘잇 : 다[繼]’의 사동) 잇게 하다.
주물′리다 (‘주무′리다[揉]’의 사동) 주무르게 하다.
주물류″다 (‘주무′리다[揉]’의 사동) 주무르게 하다.
처쥬″다 (‘처′지′다[遲]’의 사동) 처지게 하다.
터쥬″다 (‘터′지′다[破·裂]’의 사동) 터지게 하다. 터뜨리다.
퍼쥬″다 (‘퍼′지′다[播·波]’의 사동) 퍼지게 하다. 퍼뜨리다.

아래 (209)는 본 뜻의 ①외에 확장된 의미가 있는 경우다.

(209) 구불류″다 (‘구불′다[轉]’의 사동) ①굴리다. ②넘어뜨리다.
내루″다 (‘내′리다[降]’의 사동) ①내리게 하다. ②낙태하다.
떠쥬″다 (‘떠′지′다[離·脫]’의 사동) ①떠나게 하다. ②놓치다.

서′우다 (‘서′대[立]’의 사동) ①세우다. ②우기다.
올′리다 (‘오리′대[登]’의 사동) ①올리다. ②게우다.
질쿠′다 (‘질:대[長]’의 사동) ①기르대[育·養]. ②늘리다.
흘′리다 (‘흐리′대[流]’의 사동) ①흘리다. ②떨어뜨리다. 빠뜨리다.

8. 피동사와 사동사의 고저장단

앞서 여러 곳에서 이 방언의 고저장단에 대해 언급하였다. 여기서는 다시 고저장단만을 집중적으로 정리하기로 한다.

8.1 울산방언의 고저장단

울산방언의 고저(高低)는 고음(高音)과 저음(低音)의 두 가지가 있어 2단 조직이며 장단(長短)은 장음(長音)과 단음(短音)의 두 가지가 있어 이것 역시 2단 조직이다. 이들 고저와 장단의 2가지씩 조직은 결국 다음과 같은 고장조(高長調 H:조), 고단조(高短調 H조), 저장조(低長調 L:조), 저단조(低短調 L조)의 네 가지 운소(韻素)[6]를 낳는다.

---

6. 말의 뜻은 음소(音素)와 운소(韻素)에 의해 변별된다.

(1) 물[水] : 불[火] : 뿔[角] : 풀[草]

(1)의 뜻은 ‘ㅁ : ㅂ : ㅃ : ㅍ’의 자음(子音) 차이로 뜻이 변별되고

(2) 잡다[執] : 접다[摺] : 줍다[拾] : 집다[拈]

(2)의 뜻은 ‘ㅏ : ㅓ : ㅜ : ㅣ’의 모음(母音) 차이로 뜻이 변별된다.
여기서 자음이나 모음처럼 소리를 분석하여 더 분석할 수 없는 소리 단위를 음소라 한다. 그렇다면 위의 (1)과 (2)는 음소의 차이로 뜻이 변별된다고 할 수 있다.

(3) 밤[夜] 밤:[栗]
말[馬] 말:[言]
발[足] 발:[簾]

고저 \ 장단	장	단
고	고 장	고 단
저	저 장	저 단

간단한 보기를 들어 보면

(210) 대다[觸]H : L : 대다[爲]HL : 대다[硬]L : L : 대다[升]LL
새[間]H : : 새[=억새]H : 새[鳥]L : : 새[舌]L

(210)의 보기는 '고장 : 고단 : 저장 : 저단'의 대립으로 뜻이 변별되는 보기다. 이 방언은 모두 이와 같은 운소의 대립으로 뜻이 변별된다.

이 사전에서 고저장단의 표기를 다음과 같은 기호로 하였다.

고장조(高長調 H : 조) = ○″
고단조(高短調 H조) = ○′
저장조(低長調 L : 조) = ○ :
저단조(低短調 L조) = ○아무 표시 없음.

8.2 피동사와 사동사 고저장단의 미묘한 차이들

방언화자들의 대화에서 고저장단이 미묘하게 다른 것을 채록하게 되면 이런 차이가 단순히 그 때의 대화 상황이나 감정 표현의 차이인가 아니면 근본적인 고저장단 원인의 차이인가를 밝히기 어려운 경우가 많다. 대화 상황이나 감정 표현의 차이에서 비롯된 것[7]이라면 그것은 하도 변

---

(3)은 같은 음소들의 집합이지만 장단의 차이로 뜻이 변별된다. 이 장단을 '운소'라 한다.
영어는 악센트가 운소이고 중국어는 사성(四聲)이 운소이다. 한국어 표준어는 장단이 운소이다.

7. 대화 상황이나 감정 표현의 차이에서 비롯된 소리의 변화는 엄격히 운소와는 구분되는 억양(抑揚)이다. 다음 (1)에서 '가'가 달라지는 것은 억양의 차이이다.
(1) 나 집에 가.

화무상한 것이어서 그것을 일정한 고저장단으로 기록하기는 어렵다. 그러나 고저장단 원인의 차이는 기본형을 설정하고 활용형을 차근차근 설정하다보면 무엇 때문에 생기는 차이인가를 밝힐 수 있는 경우가 있다.

다음 예를 보자.

(211) ① 미리 돈 낸: 사람도 있다.
　　아직 돈 안 낸″ 사람도 있다.
② 낸: ~ 낸″
③ 내:다 <나′이다〔내:고, 내:지, 낸: ~ 내′앤 → 낸″, 내:는〕('나′대[出]'의 사동) 내다.

같은 형태의 '낸'인데 어느 화자는 '낸:' 저장조(L:)이고 어느 화자는 '낸″' 고장조(H:)이다. 이는 같은 사동사에서 도출된 활용형이지만 도출 과정이 달라서 고저장단도 달라진 것이다. '내'에 붙는 과거시제관형사형어미는 'ㄴ'도 있고 '앤'도 있어 'ㄴ'인가 '앤'인가에 따라 고저장단이 달라진 것이다.

다른 다음 예를 보자.

(212) ① 물건 질은 노푸″고 값은 나차라.
　　물건 질은 노푸′고 값은 나차라.
② 노푸″고 ~ 노푸′고
③ 노푸″다 <노푸′우다〔노푸″고, …〕('노푸′대[高]'의 사동) 높이다.
　　높후′대[노푸고]〔높후′고, …〕('*높′대[高]'의 사동) 높이다.

(212)로 보면 발음으로는 같은 [노푸고]이지만 고저장단상으로는 '노푸″고LH:L'와 '노푸`고LHL'는 다르다. 이 차이는 그 어근과 사동접미사가 다른 것이 원인이다. '노푸-'에 '-우-'가 붙은 것인가, '높-'에

너 집에 가?
얼른 집에 가.

－후－가 붙은 것인가의 차이로 고저장단도 달라진 것이다.

이런 차이는 결국 다른 파생어를 설정하게 되는데 이러한 것은 이 사전의 여러 곳에서 찾아 볼 수 있다.

8.3 피동사와 사동사의 고저장단

이미 앞에서 본 것을 여기서 다시 요약 정리해 둔다. ('2. 울산방언의 피동접미사와 사동접미사' 참조)

피동사의 고저장단은 예외 없이 (L(L)LH : L조다. 그 많은 피동사가 조금의 예외 없이 동일한 고저장단형을 유지하는 정연성은 놀라운 질서다. 방언은 자연림 속의 나무나 풀처럼 마구 얽힌 듯해도 그 속에 정연한 질서가 있음을 보여준다.

사동사의 고저장단은 L : L조, ((L)L)LH조, (L(L)HL조, ((L)L)LH : 조로 피동사에 비해 다양하다.

이러한 총괄적인 고저장단 외에 세부적으로 보며 여러 가지 흥미로운 사실도 발견된다. 이하에서는 그러한 것들 몇을 간추려 본다.

8.3.1 어근에 따라 파생어의 고저장단도 다르다.

동일 어근이라도 접사가 다름에 따라 고저장단이 달라지기도 한다. 기본형의 고저장단뿐만 아니라 활용형의 고저장단도 달라진다. 그러한 두 보기를 들면 다음과 같다.

깨꾸′다～깨′우다 차이

(213) ① 깨꾸′다〔깨꾸′고, 깨꾸′아→깨까″, 깨꾸′아도→깨까″도, 깨꾸′았다→깨깠″다, 깨꾸′이(－니), 깨꾼～깨꾸′안→깨깐″, 깨꾸는〕(깨다[醒·覺]의 사동) 깨우다.

② 깨′우다〔깨′우고, 깨′우아→깨′아～깨′야, 깨′우아도→깨′아도～깨′야도, 깨′우았다→깨′았다～깨′았다, 깨′우이(－니), 깨′운～깨′우안→깨′안～깨′얀, 깨′우는〕(깨다[醒]의 사동) 깨우다.

늘류″다~늘′리다~늘캐′다 차이

(214) ① 늘류″다 <늘리′우다〔늘류″고, 늘류′아→늘랴″, 늘류′아도→늘랴″도, 늘류′았다→늘랐″다, 늘류″이(−니), 늘륜″~늘류′안→늘랸″, 늘류″는〕('늘다[增]'의 사동) 늘이다. 늘리다.
② 늘′리다 <늘′이다〔늘′리고, 늘′리아→늘′리, 늘′리이도→늘′리도, 늘′리있다→늘′맀다, 늘′리이(−니), 늘′린, 늘′리는〕('늘다[增]'의 사동) 늘이다. 늘리다.
③ 늘캐′다〔늘캐′고, 늘캐′애→늘캐″, 늘캐′애도→늘캐″도, 늘캐′앴다→늘캤″다, 늘캐′이(−니), 늘캔~늘캐′앤→늘캔″, 늘캐는〕('늘다[增]'의 사동) 늘이다. 늘리다.

이런 눈으로 사전 전체를 보면 접사마다 독특한 고저장단을 지니고 있음을 발견할 수 있다.

8.3.2 HL>H : 와 LH>H의 다른 점

고저장단의 축약에서 다음 현상이 뚜렷하다. 이 현상은 널리 적용되기 때문에 이 방언의 고저장단을 이해하는 데 매우 요긴하므로 알아 두어야 한다.

고단조(H)가 뒤따르는 저단조(L)와 축약하면 고장조((H :)가 되고, HL>H :
고단조(H)가 바로 앞의 저단조(L)와 축약하면 고단조((H)가 된다. LH>H

(215) ① 재″다 <자′이다. ('자′다[寢]'의 사동) 재우다. HL>H :
② 재′우다 <자이′우다 ('자′다[寢]'의 사동) 재우다. LH>H
재′애다 <자이′애다 ('자′다[寢]'의 사동) 재우다. LH>H

①과 ②의 차이를 눈여겨보면 H : 조의 생성과 H조의 생성의 차이를 알 수 있다.

8.4 특이한 고저장단

다음에는 특이한 고저장단을 보이는 몇 예를 살펴보기로 한다.

8.4.1 '없 : 다[無], 엾 : 다[無]'의 사동사

(216) ① 없 : 애다 〔없 : 애고, 없 : 애애 → 없 : 애, 없 : 애애도 → 없 : 애도, 없 : 애앴다 → 없 : 앴다, 없 : 애이(-니), 없 : 앤, 없 : 애는〕 ('없 : 다[無]'의 사동) 없애다.
② 엾 : 애다 〔엾 : 애고, 엾 : 애애 → 엾 : 애, 엾 : 애애도 → 엾 : 애도, 엾 : 애앴다 → 엾 : 앴다, 엾 : 애이(-니), 엾 : 앤, 엾 : 애는〕 ('엾 : 다[無]'의 사동) 없애다.

'없 : 다[無], 엾 : 다[無]'의 사동사는 어근의 저장조(L :)가 유지 되고 있다. 이것은 아마도 어근의 독특함에 그 원인이 있을 것이다. 일반적으로 장모음인 용언어간은 모음어미 앞에서 고단조(H)가 된다.

(217) 걷 : 다[步] - 걸′어, 걸′어도, 걸′었다
낫 : 다[勝] - 낫′아, 낫′아도, 낫′았다
대 : 다[苦] - 대′애, 대′애도, 대′앴다
멀 : 다[遠] - 멀′어, 멀′어도, 멀′었다
밟 : 다[踏] - 밟′아, 밟′아도, 밟′았다
신 : 다[履] - 신′어, 신′어도, 신′었다
울 : 다[鳴] - 울′어, 울′어도, 울′었다

그러나 다음 용언들은 모음어미 앞에서도 고단조로 바뀌지 아니하고 어근의 장조를 유지한다.

(218) 곱 : 다[麗] - 곱 : 아, 곱 : 아도, 곱 : 았다
굵 : 다[太] - 굵 : 어, 굵 : 어도, 굵 : 었다
많 : 다[多] - 많 : 아, 많 : 아도, 많 : 았다
섧 : 다[悲] - 섧 : 어, 섧 : 어도, 섧 : 었다
얻 : 다[得] - 얻 : 어, 얻 : 어도, 얻 : 었다
없 : 다[無] - 없 : 어, 없 : 어도, 없 : 었다

작 : 다[小] - 작 : 아, 작 : 아도, 작 : 았다
적 : 다[少] - 적 : 어, 적 : 어도, 적 : 었다

여기서의 '없 : 애다~읎 : 애다'에도 이러한 특성을 지닌 (218)에 해당하는 것으로 본다.

8.4.2 '발:다[開], 벌:다[開]'의 사동사

(219) 발 : 기다 ('발 : 다[開]'의 사동) 벌리다.
발 : 리다 ('발 : 다[開]'의 사동) 벌리다.
발 : 시다 ('발 : 다[開]'의 사동) 벌리다.
벌 : 기다 ('벌 : 다[開]'의 사동) 벌리다.
벌 : 리다 ('벌 : 다[開]'의 사동) 벌리다.
벌 : 시다 ('벌 : 다[開]'의 사동) 벌리다.
벨 : 시다 ('벌 : 다[開]'의 사동) 벌리다.
빌 : 시다 ('벌 : 다[開]'의 사동) 벌리다.

(220) 빌 : 시다 <벨 : 시다 <벌 : 시다 통 〔빌 : 시고, 빌 : 시아 → 빌 : 시, 빌 : 시이도 → 빌 : 시도, 빌 : 시있다 → 빌 : 싰다, 빌 : 시이(-니), 빌 : 신, 빌 : 시는〕 ('벌 : 다[開]'의 사동) 벌리다.

'발 : 다[開], 벌 : 다[開]'의 사동은 어떤 사동접미사가 붙어도 어근의 고저장단은 다름없이 저장조(L;)가 유지된다. 이것은 아마도 어근의 독특함에 원인이 있을 것이다. '발 : 다[開], 벌 : 다[開]'도 위의 (218) 용언들과 유사한 특성을 가진 것으로 보인다.

8.4.3 'X-묵′다[食]'의 사동사

(221) 믹이′다 <뮉이′다 <묵이′다 ('묵′다[食]'의 사동) 먹이다.
떠믹이′다 <떠뮉이′다 <떠묵이′다 ('떠묵′다[食]'의 사동) 떠먹이다.
애믹이′다 <애뮉이′다 <애묵이′다 ('애묵′다'의 사동) 애먹이다.
처믹이′다 <처뮉이′다 <처묵이′다 ('처묵′다[食]'의 사동) 처먹이다.

'X－묵´다[食]'의 사동형은 사동접미사 '－이－'가 고단조(H)다. 사동접미사 '－이－'가 붙어 생성된 사동사는 어근의 끝음절이 고단조(H)인 것이 대부분이란 점에서 'X－묵다[食]'의 사동형은 어근이 아닌 사동사 어간의 끝음절이 고단조인 점이 특이하다. (2장 접미사 별로 분류한 피동사 사동사 '(16) －이－사동접미사' 참조)

8.4.4 '(X)나´다[出]'의 사동사

(222) 골내 : 다 <?골나이다 <골나´이다 ('골나´다'의 사동) 화내다.
끝내 : 다 <?끝나이다 <끝나´이다 ('끝나´대[終]'의 사동) 끝내다.
끝장내 : 다 <?끝장나이다 <끝장나´이다 ('끝장나´다[終]'의 사동) 끝장내다.
내 : 다 <나이다? <나´이다 ('나´다[出]'의 사동) 내다.
드러내 : 다 <?드러나이다 <드러나´이다 ('드러나´다[出]'의 사동) 드러내다.
보골내 : 다 <?보골나이다 <보골나´이다 ('보골나´다'의 사동) 화내다.
불내 : 다 <?불나이다 <불나´이다 ('불나´다'의 사동) 불내다.
빛내 : 다 <?빛나이다 <빛나´이다 ('빛나´다[曜·輝]'의 사동) 빛내다.
욕심내 : 다 <?욕심나이다 <욕심나´이다 ('욕심나´다'의 사동) 욕심내다.
우러내 : 다 <?우러나이다 <우러나´이다 ('우러나´다'의 사동) 우러내다.
절딴내 : 다 <?절딴나이다 <절딴나´이다 ('절딴나´다'의 사동) 결딴내다.
축내 : 다(縮－－) <?축나이다 <축나´이다 ('축나´다(縮－－)'의 사동) 축내다.
혼내 : 다(魂－－) <?혼나다 <혼나´이다 ('혼나´다(魂－－)'의 사동) 혼내다(魂－－).
흠내 : 다 <?흠나이다 <흠나´이다 ('흠나´다'의 사동) 흠내다.

'X－내˝다 <X－나´이다'로 '내˝－'가 기대된다. 이것은 축약(縮約)에

의해 고장조가 형성된 예들만 보아도 분명한 사실이다. 그런데 그렇지 않고 ‘내：－’로 실현되고 있다. 그 과정을 설명하기 어렵다. 이는 아마도 이른 시기에 ‘나이다 <나′이다’를 경험하여 ‘내：다’가 형성된 것으로 보인다. (제1장 울산방언 피동사 사동사 사전 ‘재″다 <자′이다 (‘자′대[寢]’의 사동사’) 참조. ‘4. 피동사와 사동사의 준말’ 참조. ‘8.3.2 HL>H：와 LH>H의 다른 점’ 참조.)

8.4.5 ‘지′피다[使深]’의 사동사

(223) ① 지′피다^{1} <짚′이다 (‘*짚다[深]’의 사동) 깊이다.
② 지′피다^{2} <지′퓌다 <지′푸이다 (‘지푸′다[深]’의 사동) 깊이다.

(223)의 ①지′피다^{1} ~ ②지′피다^{2}는 어근이 다르고 사동접미사가 다른데도 동일한 고저장단으로 실현되었다. 뭔가 미심쩍은 데가 있어 자세히 들어다 보면 ‘지′피다^{2}’의 고저장단 도출이 자연스럽지 못하다. 이것은 아래 (224)에 유추된 것으로 보인다.

(224) 짚′이다 (‘*짚다[深]’의 사동) 깊이다.
짚′히다 (‘*짚다[深]’의 사동) 깊이다.

8.5 유동적인 고저장단

대부분의 운소(韻素)가 그렇듯이 고저장단도 확고부동하게 명확한 것은 아니고 매우 유동적이다. 특히 엄한 규제 아래 정착된 것이 아닌 방언의 고조장단은 더욱 유동적일 수밖에 없고, 유동적인 고저장단이 있다는 것이 그리 이상한 일이 아니다.

그래서 더러는 부득이 두 가지의 고저장단으로 등재한 경우도 있다. 이런 경우는 대체로 음절 수가 많은 경우에 그러하다.

(225) 간지럽히″다 ~ 간지럽′히″다 (‘간지럽′다’의 사동) 간지럽히다.

갈아서′우다 ~ 갈′아서우다 (‘갈아서′대[立]’의 사동) 갈아세우다.

갈아입′히다~갈아입히″다 (‘갈아입′다’의 사동) 갈아입히다.
거실′리다~거실′리′다 (‘거실′대[逆]’의 사동) 거슬리게 하다.
구불추″다~구불′추″다 (‘구′불다[曲]’의 사동) 굽게 하다.
까라앉후′다~까라앉후″다 (‘까라앉′다’의 사동) 가라앉히다.
까불리″다~까불′리″다 (‘까불′대[箕]’의 피동) 까불리다.
깔앉후′다~깔앉후″다 (‘깔앉′다’의 사동) ‘까라앉후′다’의 준말. 가라앉히다.
꾸불추″다~꾸불′추″다 (‘꾸불′대[轉]’의 사동) ①굴리다. ②넘어뜨리다.
꿇어앉후′다~꿇어앉후″다 (‘꿇어앉′대[跪]’의 사동) 꿇어앉히다.

8.6 유동적인 고저장단에서 오는 혼동

방언화자의 유동적인 고저장단 발음으로 채집자가 혼동을 겪는 수가 허다하다. 그러한 하나의 보기를 들어본다.

‘쬐다[曝]’의 이 방언형으로 ‘째 : 다’와 와 ‘째″다’의 둘을 채집하였다면

(226) ① 째 : 다〔째 : 고, 째 : 지, 째 : 도, 째 : 머(－며), 째′애→째″, 째′애도→째″도, 째′앴다→쨌″다, 째 : 이(－니), 짼 :, 째 : 는〕 쬐다[曝].

② 째″다〔째″고, 째″지, 째″도, 째″머(－며), 째′애→째″, 째′애도→째″도, 째′앴다→쨌″다, 째″이(－니), 짼″, 째″는〕 쬐다[曝].

(226) ①과 ②로 정리된다. 여기서 모음어미가 붙은 활용형은 동일하다.

(227) ③ 째′애→째″, 째′애도→째″도, 째′앴다→쨌″다,

그러나 자음어미가 붙은 활용형은 다음 두 가지로 갈린다.

(228) ④ 째 : 고 째 : 지 째 : 도 째 : 머(－면) 째 : 이(－니)
⑤ 째″고 째″지 째″도 째″머(－면) 째″이(－니)

'째″다'로 채집된 경우의 (228)⑤는 사실 (227)③에 유추된 것이다. (227)③은 모음어미 앞에서 장음(長音) '째:'가 단음(短音) '째′'로 바뀌고 동음축약(同音縮約)을 거쳐 고장조(高長調)인 '째″'가 된다. (228)⑤를 이러한 (227)③에 유추하여 발음하는 것은 흔한 일로 채집자가 예리하게 판단하여 기록해야 할 부담이다.

따라서 (226)의 ①이 ②의 바탕이 된 형태임이 분명하다. 그렇다면 <울산방언사전>에는 (226)①을 싣든가 (226)①과 ②를 모두 실었어야 했다.

참고로 <울산방언사전>에는 다음과 같이 실려 있다.

째″다[3] 동 〔째′애→째″, 째′애도→째″도, 째′앴다→쨌″다, 째″이(-니), 짼″, 째″는〕 쬐다. ¶불 짼다. …….[8]

이에 따른 사동사의 문제를 생각하면

(229) 째′이다 동 ('째:다[曝]'의 사동) 쬐이다.

에서 '('째:다[曝]'의 사동)'으로 처리했는데 '('째″다[曝]'의 사동)'으로 또 하나 설정할 수가 있다. 그렇게 둘을 실으면 앞의 설명에 따라 '('째:다[曝]'의 사동)'이 바탕이 된 것임을 알아야 한다.

8.7 수의적으로 변동되는 고저장단형

고저장단 중에 수의적으로 변동되는 고저장단형이 몇 있다. 그 대표적인 하나가 HH조는 LL조와 수의적으로 변동되는데 아래 (230)이 그런 보기다.[9]

(230) 물들′이′다~물들이다 ('물들다[染]'의 사동) 물들이다.
물디′리′다~물디리다 <물딜′이′다 <물들′이′다 ('물들다

8. <울산방언사전> 580쪽 째″다[3] 참조.

9. 수의적 변동에 대해서는 신기상(1999) pp318-320 참조.

[染]'의 사동) 물들이다.
물딜′리′다~물딜리다 <물될′리′다 <물들′이′다 ('물들다 [染]'의 사동) 물들이다.
물딜′이′다~물딜이다 <물될′이′다 <물들′이′다 ('물들다 [染]'의 사동) 물들이다.

번거로워 이것을 일일이 다 밝혀 놓지는 못했지만 HH~LL의 변동은 활용형에서도 다 그렇게 수의적 변동이 있다. 따라서 아래 (231)의 보기에서 HH조의 경우는 변동형 LL조의 기록이 감춰져 있다고 보아야 한다.

(231) 물들′이′다~물들이다 동 〔물들′이′고, 물들′이′이→물들이, 물들′이′이도→물들′이′도, 물들′이′있다→물들′있′다, 물들′이′이(-니), 물들인, 물들′이′는〕 ('물들다[染]'의 사동) 물들이다.

9. 남은 이야기

9.1 강세접미사와 혼동되는 피동접미사와 사동접미사.

접사 중에는 강세접미사인지 피동접미사나 사동접미사인지 모호한 것이 몇 있다.

(232) 돋치″다 <돋히″다 ('돋′다[暹]'의 피동) 돋게 되다.
돋히″다 ('돋′다[暹]'의 피동) 돋게 되다.

(232)의 접미사는 '-히-'가 아닌 강세접미사 '-치-'인 듯도 하다.

(233) 후′치다[2] <훛′이다 ('훛′다[逐]'의 사동) 쫓다.
훛′이다[2] ('훛′다[逐]'의 사동) 쫓다.

(234) 흐′치다 <흩′이다 ('*흩′다[散]'의 사동) 흩다. 흩어지게 하다.
흩′치다 <흝′이다 ('*흝다[散]'의 사동) 흩다. 흩어지게 하다.
흝′이다 ('*흝다[散]'의 사동) 흩다. 흩어지게 하다.
흩′이다 ('*흩′다[散]'의 사동) 흩다. 흩어지게 하다.

(233)과 (234)의 접미사는 '－이－'가 아닌 강세접미사 '－치－'인 듯도 하다.

강세접미사로 볼 수 있는 근거는 어근의 의미와 파생어의 의미가 거의 동일하면서 다만 파생어에는 강세의 의미가 부가된 차이 뿐이어야 한다.

위의 예들은 피동사 사동사의 의미가 다소 모호하지만 일단 피동사 사동사로 취급하여 등재하였다.

9.2 피동사성 동사와 사동사성 동사

피동사 대 능동사, 사동사 대 주동사의 대립 개념 없이 의미와 고저장단을 보면 피동사나 사동사로 분류하게 될 동사가 더 있다. 이런 경우의 일부는 가상어근을 설정하여 피동사, 사동사에 이미 등재하였고, 일부는 '제2장 접미사 별로 분류한 피동사와 사동사' 말미에 피동사성 동사, 사동사성 동사를 따로 두었다.

(235) 납딸´구´다 통 납짝하게 하다. 비 납딸´개´다.
납딸´개´다 통 납짝하게 하다. 비 납딸´구´다.

(235)의 형태로 보면 '－구－, －개－'가 사동접미사로 보이고, 의미를 보아도 사동사의 의미다. 다만 어근 설정이 용이하지 않을 뿐이다.

이러한 피동사성 동사, 사동사성 동사는 이밖에 더 찾아 넣을 수 있다.

9.3 사동사 파생 이후에 합성된 합성어의 사동사

분명 사동사임에도 그 사동사의 어근을 설정할 수 없는 경우가 있다.

(236) 드러내 : 다 ('드러나´다[出]'의 사동) 드러내다.
보골내 : 다 ('보골나´다'의 사동) 화내다.
불내 : 다 ('불나´다'의 사동) 불내다.

우러내:다 ('우러나'다'의 사동) 우려내다.

(236)은 모두 어근에서 사동사가 파생된 예다.

(237) ① 끌어내:다 ('끌어나다'의 사동이 아님) 끌어내다.
② 물어내:다 ('물어나다'의 사동이 아님) 물어내다.
③ 밀어내:다 ('밀어나다'의 사동이 아님) 밀어내다.
④ 잡아내:다 ('잡아나다'의 사동이 아님) 잡아내다.

(237)은 적절한 어근을 설정할 수 없다.

① '끌어나다'에서 '끌어내:다'가 파생된 것이 아니라 '끌어-'와 사동사 '내:다'가 합성된 것이다. 곧, '끌어내:다'의 어근을 '끌어나다'라고는 할 수 없다.
② '물어나다'에서 '물어내:다'가 파생된 것이 아니라 '물어-'와 사동사 '내다'가 합성된 것이다. 곧 '물어내:다'의 어근을 '물어나다'라고는 할 수 없다.
③ '밀어나다'에서 '밀어내:다'가 파생된 것이 아니라 '밀어-'와 사동사 '내:다'가 합성된 것이다. 곧 '밀어내:다'의 어근을 '밀어나다'라고는 할 수 없다.
④ '잡아나다'에서 '잡아내:다'가 파생된 것이 아니라 '잡아-'와 사동사 '내:다'가 합성된 것이다. 곧 '잡아내:다'의 어근을 '잡아나다'라고는 할 수 없다.

이와 같은, 사동사 파생 이후에 형성된 합성어의 사동사가 더러 있다. 이러한 사동사의 일부를 '제2장 접미사 별로 분류한 피동사와 사동사' 말미에 실었다.

9.4 쓰이지만 논외(論外)로 한 피동 표현과 사동 표현

실제 대화에서 더러 들을 수 있는 다음과 같은 표현이 있다

(238) ① 물이 덥하졌다.
② 머리 깜구기(-게) 해라.

(238) ①은 '덥후아－지다'로 피동사에 피동의미의 '－지다'가 더해진 형태고 (238) ②는 '깜구기(－게) 하다'로 사동사에 사동의미의 '－하다'가 더해진 형태이다.

실제 쓰이고는 있지만 이러한 피동 표현이나 사동 표현은 논외로 하였다.

9.5 피동사와 사동사는 거의가 고유어다.

울산방언 피동사와 사동사에서는 영어, 일본어 등의 외래어에서 유래된 피동사나 사동사는 하나도 찾을 수가 없다. 한자어 어근의 것도 극히 드물어 다음 (239)가 전부다. 곧 피동사 사동사는 거의가 고유어다.

(239) 욕심내 : 다(慾心－－) ('욕심나′다(慾心－－)'의 사동) 욕심내다(慾心－－).
정딜′이′다(情－－－) ('정들다(情－－)'의 사동) 정들이다(情－－－).
책임지′우다(責任－－－) ('책임지′다(責任－－)'의 사동) 책임지우다(責任－－－).
촉잡히″다(←責－－－) ('촉′잡′다(←責－－)'의 피동) 책잡히다(責－－－).
축내 : 다(縮－－) ('축나′다(縮－－)'의 사동) 축내다.
혼내 : 다(魂－－) ('혼나다(魂－－)'의 사동) 혼내다(魂－－).
흠내 : 다(欠－－) ('흠나′다(欠－－)'의 사동) 흠내다(欠－－).

9.6 과잉 분철, 과잉 연철의 우려

어원위주 채록과 발음위주 채록을 두고 고민한 경우가 많다. 어원위주의 채록은 과잉 분철표기라는 지적을 받을 수 있겠고, 발음위주 채록은 과잉 연철표기라는 지적이 우려되기도 한다. 이 경계는 어디까지일까. 이것은 참으로 모호하다.

일을 마치면서 귀에 울리는 제보자 할머니, 할아버지들의 음성을 가만히 되새겨 보면 발음위주의 채록을 더 중시해야 되지 않았나 하는 자평을 하게 된다.

10. 요약

- 이상에서 울산방언 피동사와 사동사를 여러 각도에서 분석해 보았다. 이 분석을 통해서 울산방언 피동사와 사동사의 경향이나 특성을 보다 심층적으로 알게 됨은 물론이고 한국방언의 일반적인 특성까지도 엿볼 수 있었다. 아래에 그것을 요약한다.
- 울산방언의 피동사와 사동사를 낱낱이 찾아보려고 했다. 그래도 더 발견될 수도 있겠지만 빠트리지 않고 찾아내어 한데 모아 울산방언 피동사와 사동사의 전 모습을 밝혀 보려했다.
- 표준어는 여러 규제와 제약에 의한 과수원의 과수와 같고 방언은 아무런 규제도 제약도 없어 자연림과 같다고 나는 주장한다. 제가 자라고 싶은 대로 자라는 것이 자연림이듯이 방언은 제각기의 방향으로 다양하게 변한다. 그러나 그 속에서도 한국어 속의 울산방언이라는 질서가 확연히 존재한다. 그 질서를 찾아내려 했다.
- 울산방언은 피동사와 사동사가 발달한 방언이다. 피동접미사, 사동접미사도 많고 그에 따라 피동사, 사동사도 다양하다. 피동접미사는 7가지, 사동접미사는 25가지다. 피동사 표제어 총 485 어휘 사동사 표제어 총 751 어휘를 등재했다. 피동사성 동사와 사동사성 동사도 여기에 추가될 수 있을 성 싶다. 표제어마다 7가지 이상의 활용형을 실었다.
- 숫자에서 이미 파악되다시피 피동사는 사동사에 비해 접미사 수도 적고 거기서 파생된 피동사 수도 적으며, 피동사는 매우 간결하게 정돈되는 데 비해 사동사는 복잡한 현상들이 많다.
- 이 연구를 통하여 방언의 다양성(多樣性)과 정연성(整然性)을 파악

할 수 있다. 방언은 어떤 규제도 어떤 제약도 받지 않으므로 언어가 가지고 있는 변화의 가능성을 다양하게 보여 주고 그 결과는 얼핏 보기에는 무질서하리만큼 복잡한 면을 지닌다. 이 복잡해 보일정도의 변화가 바로 방언의 다양성이다. 여기서 파악되는 다양성은 바로 언어의 본질 중의 하나이며 그 다양성을 이 방언에서 확인할 수 있다.

- 방언 기술(記述)에 지나치게 가지런한 것을 우려하였다. 그런데도, 피동사 사동사를 정리하는 과정에서 피동사와 사동사는 예외들이 많이 있기는 해도 참으로 가지런한 체계를 지니고 있음을 확인하였다. 이것은 다양성과 대치되는 정연성이다. 결국 방언에는 다양성이 있는 반면 정연성도 있음을 알게 된다.
- 피동접미사와 사동접미사는 '우, 이, 애' 중 한 모음으로 끝난다. 따라서 피동사나 사동사 어간과 모음어미가 결합할 때 생기는 음운변동이 비교적 단조롭다.
- 일부 피동사성 동사와 사동사성 동사에서 분명한 피동사와 사동사를 도출하기 위해서 가상어근을 설정하였다. 가상어근은 현재 쓰이고 있지 않은 말이지만 방언화자의 의식에서 찾을 수 있을 만한 말이며 국어사에서 그 흔적을 감춰 버린 어원 일부의 존재를 짐작하게 하는 말이다.
- 울산방언 피동사의 고저장단은 (L)LH : 형 한 가지이고, 사동사의 고저장단은 ((L)L)LH, (L(L))HH, (L(L)HL, L : L, (L(L))L :, ((L)L)LH : 의 여석 가지 형으로 요약할 수 있다.
- 피동사와 사동사는 극소수의 한자어를 제외하고는 거의 전부가 고유어다.
- 이 연구는 울산방언의 한 부분의 심층을 집중적으로 캐 본 셈인데 앞으로 다른 부분도 하나씩 이렇게 심층연구를 하여 울산방언 전반을 깊이 있게 체계화하였으면 하는 것이 나의 바람이다.
- 이 연구는 국어 전반의 피동사 사동사 연구에도 좋은 참고 자료가 될 것이다.

부록

Ⅰ. 동부경남방언 활용에서의 모음 탈락

Ⅱ. 사동사 말음 '우'의 음운 특징

참고문헌

Ⅰ. 동부경남방언 활용에서의 모음 탈락[1].

1. 모음탈락의 종류

용언의 어간과 어미가 만나 새로운 활용형이 생성되는 과정에 모음이 탈락하기도 한다.

활용에서의 모음 탈락에는 그 모음의 흔적이 조금도 남김없이 탈락하는 완전탈락(完全脫落)(전부탈락)과 탈락의 흔적으로 장음이 남는 불완전탈락(不完全脫落)(부분탈락)으로 구분할 수 있으며, 탈락하는 모음이 어간의 모음과 어미의 모음이 동일 모음이기에 탈락하는 동음탈락(同音脫落), 탈락하는 모음이 약모음(弱母音)이기에 탈락하는 약모음탈락(弱母音脫落), 탈락하는 모음이 활음화(滑音化)를 거쳐서 탈락하는 활음탈락(滑音脫落)으로도 구분할 수 있다. (1)를 예로 살펴보자.

(1) ① [來] 오′ + 아 → 와
② [去] 가′ + 아 → 가
③ [忙] 바뿌′ + 아 → 바′빠
④ [見] 보′ + 아 봐: → 바:
⑤ [匍] 기 + 이 → 기이 → 기:

이들은 모두 어간에 1음절 모음어미가 결합하여 한 음절이 준 경우다.

이 가운데 ①은 어간 말음이 활음화하여 비음절화(非音節化)하였으나, 활음이 존재하므로 탈락이라고 할 수는 없다.

②는 어간, 어미 중의 어느 하나가 탈락한 것인데 전혀 그 흔적을 남기지 않고 탈락하여서 ②와 같은 탈락은 완전탈락이다. 동시에 어간의

---

1. 신기상(1994 / 1999 / 2013)에 수록된 '東部慶南方言 活用에서의 母音脫落 연구'를 수정한 것이다. 보기로 든 방언을 국제음성기호로 표기했던 것을 한글자모로 바꾸고, 고저장단 기호도 바꾸었으며 일부 내용을 정정하였다.

모음과 어미의 모음이 동일하여 그 중 어느 하나가 탈락한 것이기 때문에 동음탈락이다.

③은 활용 과정에서 어간의 모음 '우'가 완전히 탈락하고 말았다. 여기서 탈락한 '우'는 역사적으로 'ㆍ/ 으'에 소급되는 모음으로서 약모음이다. 따라서 ③은 완전탈락이면서 약모음탈락이다.

④는 어간 모음이 활음화를 거쳐서 탈락하였다. 이때는 비음절화의 보상으로 장조화(長調化)하였고, 활음탈락 후에도 장조가 남아 있는데, 이것은 결국 모음탈락에 대한 흔적이다. 따라서 ④는 불완전탈락인 동시에 활음탈락이다.

⑤는 어미모음 {-아}가 어간에 완전 순행동화(完全順行同化)하여 '-이'로 교체(交替)되고[2] 다시 동일 모음의 중첩으로 어간 어미 중의 어느 '이'가 탈락하여 그 흔적으로 장조를 남기고 있다. 따라서 ⑤는 불완전탈락인 동시에 동음탈락이다.

위의 ②~⑤를 탈락의 내용별로 정리하면 다음과 같다.

②	완전탈락	동음탈락
③	완전탈락	약모음탈락
④	불완전탈락	활음탈락
⑤	불완전탈락	동음탈락

결국 어간 어미의 경계에 나타나는 모든 탈락은 위와 같이 완전탈락, 불완전탈락 중의 어느 하나에 해당되는 동시에 동음탈락, 약모음탈락, 활음탈락 중의 어느 것에 해당되는 것이다.[3]

---

2. 이 방언의 {-아}는 어간의 모음에 따라 /-아 -애 -어 -여 -우 -이/ 의 여섯이다.

3. 이상의 불완전탈락(不完全脫落)(부분탈락)을 '불완전탈락'이라고 하든, '부분탈락'이라고 하든 적합한 명칭은 아니다. 그것은 음장을 남기고 있는 것에 주목하여 탈락이라기보다 축약(縮約)이라고 할 만하기 때문이다. 그러나 축약이라 하면 국어학계에서 '아이 → 애, 막다히>막대' 따위의 현상을 가리키는 용어로 굳어져 왔고, '(1) ① [來] 오′ + 아 → 와'와 같은 것은 탈락의 범주에 넣지 않았기에 이러한 것과의 혼동을 피하여 '불완전탈락(부분탈락)'이라 부르기로 한다.

2. 완전탈락

완전탈락(完全脫落)은 동음탈락, 약모음탈락, 활음탈락의 셋이 있다. 차례로 보도록 한다.

2.1 동음의 완전탈락

먼저 동음의 중첩으로 생기는 동음탈락(同音脫落)의 완전탈락을 보도록 한다.

(2) ① [行] 가ˊ + 아 → 가
② [出] 나ˊ + 아 → 나
③ [寢] 자ˊ + 아 → 자
④ [買] 사ˊ + 아 → 사

(3) ① [佩] 차 + 아 → 차
② [乘] 타 + 아 → 타
③ [堀] 파 + 아 → 파
④ [孵] 까 + 아 → 까
⑤ [摘] 따 + 아 → 따

(4) ① [立] 서ˊ + 어 → 서

(5) ① [助動詞] 뿌 + 우 → 뿌

(6) ① [使飛] 날ˊ리 + 이 → 날ˊ리
② [使捕] 잡ˊ히 + 이 → 잡ˊ히
③ [使笑] 윘ˊ기 + 이 → 윘ˊ기
④ [使曲] 굽ˊ히 + 이 → 굽ˊ히
⑤ [使勿] 말ˊ기 + 이 → 말ˊ기

(7) ① [勝] 이ˊ기 + 이 → 이ˊ기
② [靑] 푸ˊ리 + 이 → 푸ˊ리
③ [待] 지다ˊ리 + 이 → 지다ˊ리

④ [束] 꾸′리′ + 이 → 꾸′리′

(8) ① [逢] 만′내 + 애 → 만′내
② [過] 지내 + 애 → 지내

이상 (2)~(8)은 각각 어간 말음과 모음어미의 아+아, 어+어, 우+우, 이+이, 애+애의 결합을 경험했고, 그러한 동일음 중첩을 거치면서 그 중 어느 한 음이 완전탈락했다. 그러니까 동음탈락(同音脫落)이면서 완전탈락(完全脫落)이다.

그런데, 여기서 완전탈락해 버린 모음은 어간의 모음일까 어미의 모음일까? 어간말 모음과 어미의 모음이 동일하기 때문에 여기서는 그 모음들만 보아서는 쉽게 판단되지 않는다. 다만 여기서는 (2)와 (4)의 고저장단(高低長短)을 눈여겨보면 탈락의 단서를 하나 발견하게 된다. 즉 어간의 고저장단이 H조이고 모음어미의 고저장단은 L조인데 활용 후 실현된 고저장단은 L조이다. 이것으로 미루어 생각하면 일단 어간의 모음이 탈락한 것이 아닐까 하는 짐작을 하게 된다. 그러나 그것만으로는 속단할 수는 없다. '[來]오′+아→와'에서와 같이 어간의 모음이 탈락하지 않아도 어간의 高調가 低調化할 수 있기 때문이다. 어간의 모음과 어미의 모음이 각각 다른 경우의 것들을 이하에서 보아야 어간의 모음이 탈락한 것이 더욱 분명해질 것이다.

2.2 약모음의 완전탈락

다음은 약모음 탈락(弱母音脫落)에 의한 완전탈락(完全脫落)을 살펴보기로 한다.

이 방언의 약모음은 '우, 이, 어'의 셋이 있다. 이 세 약모음의 본질은 각각 조금씩 다르다.

(9) ① [學] 배′우 + 아 → 배′아
② [吐] 개′우 + 아 → 개′아

(9)의 어간 말 모음 '우'는 약모음(弱母音)으로 모음 어미 앞에서 흔적

없이 탈락한다. 여기서 이 모음을 약모음이라고 하는 것은 다음의 '우'와 비교해 보면 알 수 있다.

[射] 수 + 아 → 수아 ~ 솨:
[舞] 추 + 아 → 추아 ~ 촤:
[索] 추 + 아 → 추아 ~ 촤:

이들 어간의 '우'는 모음 어미 앞에서도 '우'를 견지하고 있고 수의적으로 활음화(滑音化)하여 후자도 가능하기는 하지만 전자가 일반적이다. 그러나 '배우-'는 '우'를 유지한 '배′우아'는 거의 볼 수 없다.

이러한 차이는 음절의 위치와 '우'의 초성 유무와 관련된다.[4] 이 방언은 이중모음을 꺼리는 성향이 강한데, 활음이 형성되어 이중모음이 될 때 그 음절에 초성 자음이 있으면 그런대로 활음이 가능하지만, 초성자음이 없는 활음은 거의 불가능하다. 다만 초성자음이 없는 활음이라 하더라도 그 활음이 첫음절의 경우라면 실현이 가능하다. 활용에서 첫음절에 이중모음이 실현되는 예는 이 방언에서는 앞서 본 (1)①을 포함한 다음의 두 예가 있을 뿐이다.

[來] 오′ + 아 → 와
[戴] 이′ + 어 → 여

(9)의 둘째 음절은 초성 자음이 없는 점에서 완전탈락하게 되는 것이다. 결국 (9)는 약모음탈락(弱母音脫落)으로 완전탈락한 것이다.

(10) ① [烹] 고′우 + 아 → 고′아 → 과″
② [誘] 꼬′우 + 아 → 꼬′아 → 꽈″
③ [集] 모′우 + 아 → 모′아 → 뫄″
④ [碎] 뽀′우 + 아 → 뽀′아 → 뽜″
⑤ [啄] 쪼′우 + 아 → 쪼′아 → 쫘″

(10)은 두 음절 모음의 어간인데 일차로 둘째 음절 '우'가 약모음탈락

4. 그렇지 않다. 초성 유무와 관련되는 것이 아니라, 두 음절 이상 경우 끝 음절 '우'가 저조(L조)인가 고조(H조)인가의 차이다. 각주7. 참조.

으로 완전탈락한다. 이 과정은 앞서 보아온 (9)와 같다. 이차로 첫째 음절이었던 '오'가 활음화하여, 탈락하지는 않고 비음절화(非音節化)하여 장조로 실현된 것이다

한편, 이 어사들은 다음 (11)과 같이 고장조의 어간으로 재구조화(再構造化)한 형태의 개신형(改新形)이 쓰이는데 이 어간에 모음어미가 결합한 것으로 볼 때는 달리 설명될 수 있다.

(11) ① [烹] 고″ + 아 → 고′아 → 과″
② [誘] 꼬″ + 아 → 꼬′아 → 꽈″
③ [集] 모″ + 아 → 모′아 → 뫄″
④ [碎] 뽀″ + 아 → 보′아 → 뽜″
⑤ [啄] 쪼″ + 아 → 쪼′아 → 쫘″

어간의 고장조는 어미모음 앞에서 단조화(短調化)하고 다음에 활음화로 비음절화의 보상으로 다시 장조화(長調化)한 것이다.

(12) ① [使空] 비′우 + 아 → 비′아
② [使埋] 미′우 + 아 → 미′아
③ [使育] 키′우 + 아 → 키′아
④ [使負] 지′우 + 아 → 지′아
⑤ [使燒] 피′우 + 아 → 피′아

(12)의 '-우-'는 사동접미사(使動接尾辭)이다. 이 사동접미사가 모음어미 앞에서 완전탈락한다. 이 사동접사도 앞의 (9)에서와 같이 초성 자음 없는 '우'이다.[5]

(13) ① [忙] 바뿌′ + 아 → 바′빠
② [惡] 나뿌′ + 아 → 나′빠
③ [痛] 아푸′ + 아 → 아′파
④ [窒] 가뿌′ + 아 → 가′빠

5. 그렇지 않다. 초성 유무와 관련되는 것이 아니라, 두 음절 이상의 경우 끝 음절 '우'가 저조(L조)인가 고조(H조)인가의 차이다. 각주7. 참조.

⑤ [飢] 고푸′ + 아 → 고′파

(14) ① [喜] 기뿌′ + 어 → 기′뻐
② [悲] 슬푸′ + 어 → 슬′퍼

(13), (14)의 어간 말모음 '우'는 역사적으로 'ᄋᆞ / 으'에 소급되는 모음으로 'ᄋᆞ / 으'에 소급되는 모음은 약모음이다. 이 모음이 모음어미 앞에서 완전탈락(完全脫落)한다.

(13), (14)의 고저의 변조(變調)를 살펴보면 간단하지 않은 점을 발견하게 된다. LH + L이니까 어간 말음절 H조가 탈락하였으면 마땅히 LL조일 것으로 기대하나 이외의 HL조이다.

'[忙] 바뿌′+아→바′빠'를 두고 살펴 볼 때, 만약에 '우'가 약모음이 아니었다면 '바뿌′+아→바빠″'가 되어 고장조로 실현되었을 것이다. 이로 미루어 LH + L → HL는 그 원인이 약모음에 있는 것으로 생각할 수 있다. 이 현상은 다음 (15), (16)에도 적용된다.

(15) ① [高] 노푸′ + 아 → 노′파

(16) ① [深] 지푸′ + 어 → 지′퍼
② [推量] 시푸′ + 어 → 시′퍼

(15), (16)의 어사들은 어간 말음절 'ㅍ' 받침 아래에 '우'가 덧나서 재구조화한 개신형(改新形'이다. 이때 'ㅍ' 아래에 덧난 '우'는 약모음으로 모음어미 앞에서 완전탈락한다.

(17) ① [消] 끄 + 어 → 꺼
② [浮] 뜨 + 어 → 떠
③ [眼] 뜨 + 어 → 떠
④ [坼] 트 + 어 → 터
⑤ [汲] 프 + 어 → 퍼

(17)의 어간말 모음 '으(3)'는 역사적으로 'ᄋᆞ / 으'에 소급되는 것이다. 이 '으(3)'는 약모음으로 모음어미 앞에서 완전탈락한다.

(18) ① [書] 시 + 어 → 서

② [用] 시 + 어 → 서
③ [冠] 시 + 어 → 서

(18)의 어간 말음 '이'는 역사적으로 '으'에 소급되는 약모음으로 모음어미 앞에서 완전탈락한다.

(19) ① [分] 가리′ + 아 → 갈′라
② [運] 나리′ + 아 → 날′라
③ [異] 다리′ + 아 → 달′라
④ [塗] 바리′ + 아 → 발′라
⑤ [登] 오리′ + 아 → 올′라

(20) ① [濾] 거리′ + 어 → 걸′러
② [非] 거리′ + 어 → 걸′러
③ [解] 끄리′ + 어 → 껄′러
④ [呼] 부리′ + 어 → 불′러
⑤ [流] 흐리′ + 어 → 흘′러

(21) ① [追] 따′리 + 아 → 따′라
② [不知] 모리 + 아 → 몰라 (~몰:라)
③ [折] 뿐질′리 + 어 → 뿐질′러
④ [磨] 문질′리 + 어 → 문질′러
⑤ [與] 어불′리 + 어 → 어불′러

(19)~(21)의 어간 말 모음 '이'는 역사적으로 'ᄋᆞ/으'에 소급되는 약모음이다. (19), (20)의 차이는 어미모음의 차이이고, (21)은 (19), (20)과는 고저장단이 다른 것을 한데 묶어 놓았다. 이들 약모음은 모음어미 앞에서 완전탈락(完全脫落)한다.

앞서 (2)~(8)에서는 어간 말 모음이 탈락했는지 어미의 모음이 탈락했는지 잘 구분되지 않아서 고저장단(高低長短)의 변동(變動)을 보고 어간의 모음이 탈락한 것으로 미루어 생각한 바 있었다. 그러나 위의 (9)~(21)을 보면 어간말 모음과 어미 모음이 각각 다르므로 실현되는 활용형(活用形)을 보아서 탈락한 모음은 어간의 모음이란 것을 명확히 알 수 있다.

2.3 활음의 완전탈락

다음은 활음(滑音)을 거친 완전탈락에 대해서 살펴보자.

(22) ① [負] 지′ + 어 → 져 → 저

(23) ① [打] 치 + 어 → 쳐 → 처
② [養] 치 + 어 → 쳐 → 처
③ [烝] 찌 + 어 → 쪄 → 쩌
④ [伐] 찌 + 어 → 쪄 → 쩌

(22), (23)의 어간 '지′-, 치-, 찌-'는 어간 두음 'ㅈ, ㅊ, ㅉ'와 모음 '이'가 동일한 위치에서 발음되므로 생기는 완전탈락이다. 즉, 이 방언은 대체로 이중모음을 기피하는데 이 경우는 어간의 모음과 모음어미의 결합과정에서 활음을 형성하나, 'ㅈ, ㅊ, ㅉ'의 영향으로 단모음화(單母音化)한 것이다. 이들은 활음을 거친 완전탈락(完全脫落)이다.

2.4 약모음과 활음의 완전탈락

그 예가 귀하나 다음과 같은 경우는 약모음(弱母音)과 활음(滑音)의 완전탈락(完全脫落)이다.

(24) ① [除] 치′우 + 아 → 치′아 → 챠″ → 차″

일차로 초성 자음 없는 '우'가 약모음으로 완전탈락하고, 이차로 활음을 거친 '이'가 탈락하는 것은 바로 앞의 (22), (23)과 같다.

이상 완전탈락을 보았다. 완전탈락에는 동음탈락, 약음탈락, 활음탈락이 있고, 여기서 탈락된 음은 어간의 모음임을 확인했다.

3. 불완전(부분)탈락

불완전탈락에는 동음탈락(同音脫落)과 활음탈락(滑音脫落)만이 있고 약모음 탈락(弱母音脫落)은 없다.

3.1 동음의 불완전탈락

다음에는 동음(同音)의 중첩(重疊)에 의한 불완전탈락을 살펴보기로 한다.

(25) ① [匍] 기 + 이 → 기:
② [白] 히 + 이 → 히:

(25)에서는 L조와 L조의 중첩이 L:조로 장조화한 것이니까 '이'모음의 탈락에 대한 보상으로 장조화(長調化)한 것으로 볼 수 있다.

(26) ① [擔] 미: + 이 → 미′이 → 미″
② [枕] 비: + 이 → 비′이 → 비″
③ [空] 비: + 이 → 비′이 → 비″
④ [火傷] 디: + 이 → 디′이 → 디″
⑤ [休] 시: + 이 → 시′이 → 시″

(26)은 경우가 좀 다르다. 이들 어간의 장조는 모음어미 앞에서 단조화(短調化)하는데[6]. 단조화한 어간이 다시 모음어미와 중첩되어 동음의

6. 이 방언에 장조의 어간이 모음어미 앞에서 단조화하는 것이 일반이다.

감:고 감′아도 감′아서 감′았다
남:고 남′아도 남′아서 남′았다
넘:고 넘′어도 넘′어서 넘′었다
담:고 담′아도 담′아서 담′았다
신:고 신′어도 신′어서 신′었다
안:고 안′아도 안′아서 안′았다

그러나 다음 용언은 어미 모음 앞에서도 단조화하지 않는다.

곱:고 곱:아도 곱:아서 곱:았다
굵:고 굵:어도 굵:어서 굵:었다
많:고 많:아도 많:아서 많:았다
섧:고 섧:어도 섧:어서 섧:었다
없:고 없:어도 없:어서 없:었다

탈락이 되고 그 보상으로 장조화(長調化)한 것이다.

(27) ① [溫] 따시′ + 이 → 따시′이 → 따시″
② [選] 가리′ + 이 → 가리′이 → 가리″

(27)은 LH + L → LHL→ LHl → LH : 의 과정을 밟은 것으로 설명되는 동일음(同一音)에 의한 불완전탈락(不完全脫落)이다.

(28) ① [被飛] 날리″ + 이 → 날리′이 → 날리″
② [被釣] 낚이″ + 이 → 낚이′이 → 낚이″
③ [被聽] 듣기″ + 이 → 듣기′이 → 듣기″
④ [被食] 믹히″ + 이 → 믹히′이 → 믹히″
⑤ [被摺] 접히″ + 이 → 접히′이 → 접히″

(28)은 피동접사(被動接辭)의 모음 '－이－'가 접미된 LH : 조의 어간이다. 이 어간 말음의 장조는 모음어미 앞에서 단조화(短調化)를 거치고 다시 동음 중첩에 의한 불완전 탈락(不完全脫落)이다.

피동사어간인 '(被見)보이″－, (被夢)꾸이″－, (被挿)끼이″－, (被隔)트이″－'도 (28)과 마찬가지인데 이들 어간은 다음 (29)와 같이 축약형의 개신형이 쓰이기도 한다. 이 때도 그 어간의 장조는 모음어미 앞에서 단조화하는 것으로 보아야 한다.

(29) ① [被見] 비″ + 이 → 비′이 → 비″
② [被夢] 끼″ + 이 → 끼′이 → 끼″
③ [被挿] 끼″ + 이 → 끼′이 → 끼″
④ [被隔] 티″ + 이 → 티′이 → 티″

즉 (29)는 다음과 같은 과정을 거친 것으로 설명된다.

H : + L → HL → Hl → H :

(30) ① [酵] 개 + 애 → 개 :
② [覺] 깨 + 애 → 깨 :
③ [採] 캐 + 애 → 캐 :
④ [裂] 째 + 애 → 째 :

⑤ [打] 패 + 애 → 패:

(31) ① [疊] 개′ + 애 → 개″
② [破] 깨′ + 애 → 깨″
③ [點火] 캐′ + 애 → 캐″
④ [爲] 대′ + 애 → 대″
⑤ [伸] 패′ + 애 → 패″

(32) ① [說] 달개′ + 애 → 달개″
② [疊] 포개′ + 애 → 포개″
③ [依] 지대′ + 애 → 지대″
④ [摩] 문때′ + 애 → 문때″
⑤ [送] 보내′ + 애 → 보내″

(30)~(32)는 '애+애'의 동음의 불완전탈락인데 각각 다음과 같은 과정을 겪은 것으로 설명할 수 있다.

L + L → LL → Ll → L:
H + L → HL → Hl → H:
LH + L → LHL → LHl → LH:

(25)~(32)는 각각 어간 말 모음과 모음어미 '이+이, 애+애'의 결합에서 동음의 중첩을 기피하여 어간모음이 탈락하면서 그 흔적으로 장조를 남기고 있는 것들이다.

많지는 않으나 어간 말 자음의 탈락이 모음의 탈락으로 이어지는 경우도 있다.

(33) ① [食] 묵′ + 우 → 무′우 → 무″
(34) ① [入] 옇′ + 어 → 여′어 → 여″
(35) ① [編] ᄄᆞᇰᇹ′ + 아 → 따′아 → 따″

(33)①은 어간의 말음 'ㄱ'이 모음어미 앞에서 탈락하고, (34)①은 어간의 말음 'ㅎ'이 모음어미 앞에서 탈락하고, (35)①은 어간의 말음 'ㅇㅎ'이 모음어미 앞에서 탈락하여 각각 어간 모음과 어미 모음의 동음 중첩으로 장조화(長調化)하였다.

3.2 약모음의 불완전탈락

약모음의 불완전탈락은 그 예가 발견되지 않는다.

3.3 활음의 불완전탈락

다음은 활음(滑音)의 불완전탈락이다.

(36) ① [見] 보′ + 아 → 봐: → 바:

(36)은 어간 모음 '오'가 모음어미 앞에서 활음 'w'를 거쳐 탈락하였는데 장조(長調)로 실현되므로 결국 활음을 거친 불완전탈락이다.

(37) ① [培] 가꾸′ + 아 → 가꽈″ → 가까″
② [分] 나누′ + 아 → 나놔″ → 나나″
③ [漬] 당구′ + 아 → 당과″ → 당가″
④ [集] 모두′ + 아 → 모돠″ → 모다″
⑤ [換] 바꾸′ + 아 → 바꽈″ → 바까″

(37)은 어간말 모음 '우'가 모음 어미 앞에서 활음 'w'를 거쳐 탈락하였는데 장조로 실현되므로 결국 '우'의 활음을 거친 불완전탈락이다.

(38) ① [使溶] 녹후′ + 아 → 녹화″ → 녹하″
② [使越] 넘구′ + 아 → 넘과″ → 넘가″
③ [使殘] 남구′ + 아 → 남과″ → 남가″
④ [使覺] 깨꾸′ + 아 → 깨꽈″ → 깨까″
⑤ [使增] 널쿠′ + 아 → 널콰″ → 널카″

(38)은 (37)에 준하는 것인데 여기서의 '우'는 사동접미사의 일부다. 그런데 사동접사가 모음어미 앞에서 완전탈락하는 것을 (12)에서 보았다. 같은 사동접사인데 왜 하나는 완전탈락하고 하나는 불완전탈락을 하는 것일까? 그것은 형태적인 차이에서 그런 것이 아니다. (12)의 사동접사와 (38)의 사동접사를 견주어 보면 뚜렷한 차이를 발견할 수 있는데 그것은 사동접사 '우'가 초성을 가졌는가 그렇지 않은가의 음소적(音素

的) 차이다. 즉 초성을 가지지 않으면 완전탈락하고 초성을 가지면 불완전탈락하는 것이다. 곧 (38)의 사동접미사는 초성을 가지고 있어서 (37)의 둘째 음절과 같은 구조를 하고 있다.7.

---

7. 그렇지 않다. 초성 유무와 관련되는 것이 아니라, '우'가 저조(L조)인가 고조(H조)인가의 차이다.

이 논문에서의 오류 하나를 고치고 보완하려 한다. 위에서 각주4., 5.에서 참조하라고 한 내용이다.

이 방언 2음절 이상의 '초성 없는 어간 말음 '우'는 어미모음 앞에서 완전탈락한다'고 한 것은 착오였다. 초성이 있든 없든 두 음절 이상의 어간 말음 '우'의 음절이 저단조(L조)인가 고단조(H조)인가에 따라 완전탈락과 불완전탈락으로 나뉜다.

먼저 저단조(L조)인 초성 없는 '우'를 보자.

(1) [吐] 개′우 + 아 → 개′아
[學] 배′우 + 아 → 배′아
[誦] 왜′우 + 아 → 왜′아

(2) [使酵] 개′우 + 아→개′아
[使醒] 깨′우 + 아→깨′아
[使揷] 끼′우 + 아→끼′아
[使空] 비′우 + 아→비′아
[使明] 새′우 + 아→새′아
[使立] 서′우 + 아→서′아
[使肥] 찌′우 + 아→찌′아
[使開] 피′우 + 아→피′아

(1)은 주동사 어간말음 '우'이고 (2)는 사동사의 어간말음 '우'이다. 어느 경우든지 '우'는 완전탈락이다. 이렇게 초성 없는 '우'의 예가 많으면서 초성 없는 '우'는 모음어미 앞에서 완전 탈락하는 예가 많아서 그런 오류를 빚게 되었다.

다음은 저단조(L조)이면서 초성 있는 '우'다.

(3) [洗] 헹′구 + 아→헹′가

(3)은 참으로 귀한 보기다. 주동사 어간말음이 초성 있는 '우'이면서 L조인 경우는 이것 외에는 찾질 못했다. 이 경우도 모음어미 앞에서 완전탈락한다
(1)−(3)을 통해서 어간말음이 저단조(L조) '우'인 것은 '우'가 초성이 있든 없든 완전탈락이라는 것이 명확하다.

다음은 고단조(H조)이거나 고장조(H : 조)인 초성 없는 '우'와 초성 있는 '우'다.

(4) [使肥] 걸우′ + 아→걸아″

[使曲] 옥우′ + 아→옥아″

(5) [飾] 가꾸′ + 아→가까″
[均] 고루′ + 아→고라″
[分] 나누′ + 아→나나″
[束] 무꾸′ + 아→무까″
[換] 바꾸′ + 아→바까″
[植] 숭구′ + 아→숭가″
[窄] 오무′ + 아→오마″

(6) [使沐] 깜구′ + 아→깜가″
[使餘] 남구′ + 아→남가″
[使醒] 깨꾸′ + 아→깨까″
[使塞] 미꾸′ + 아→미까″
[使凍] 얼루′ + 아→얼라″
[使長] 질루′ + 아→질라″
[使具] 갖추′ + 아→갖차″
[使低] 낮추′ + 아→낮차″
[使老] 늙쿠′ + 아→늙카″
[使隱] 숨쿠′ + 아→숨카″
[使酵] 삭후′ + 아→삭하″
[使讀] 읽후′ + 아→읽하″

(7) [使飢] 곯류″ + 아→곯류′ + 아→곯랴″
[使遊] 놀류″ + 아→놀류′ + 아→놀랴″
[使咬] 물류″ + 아→물류′ + 아→물랴″
[使吸] 빨류″ + 아→빨류′ + 아→빨랴″
[使知] 알류″ + 아→알류′ + 아→알랴″
[使凍] 얼류″ + 아→얼류′ + 아→얼랴″

(4)의 ‘우’는 사동사 중 초성이 없는 어간말음 ‘우’다. (5)는 주동사 중 초성을 가진 어간말음 ‘우’다. (6)은 사동사 중 초성을 가진 여러 가지 사동접미사를 예를 들었다. (7)은 사동사 중 고장조(H : 조)이면서 초성을 가진 사동접미사(－류－<－리우－<－이우－)인데 모음어미 앞에서 고단조(H조)로 변했다가 다시 고장조로가 된 경우다.
(4)－(7)을 통해서 어간말음이 고단조(H조)이거나 고장조(H : 조)인 ‘우’는 초성이 있든 없든 불완전탈락인 것이 명확하다.

이들 자료로 증명된 것은 초성이 있든 없든 2음절의 어간의 어간말음 ‘우’의 음절이 저조(L조)이면 완전탈락하고 고조(H조)이면 불완전탈락한다는 사실이 명확해졌다.

기존의 논문을 수정하지 아니하고 오류 내용을 지적하고, 고친 내용을 첨가

(39) ① [尿] 누′ + 어 → 눠: → 노:
② [置] 두′ + 어 → 둬: → 도:
③ [授] 주′ + 어 → 줘: → 조:

(40) ① [夢] 꾸 + 어 → 꿔: → 꼬:
② [碁] 뚜 + 어 → 뚸: → 또:

(39), (40)은 어간 어미의 모음이 결합과정에서 '우+어→워:→오:'의 과정을 거친 것이다. 그러므로 이차는 탈락이 아닌 축약이지만 여기에 넣어 둔다. 그렇게 하면 (39), (40)은 활음과 축약에 의한 불완전탈락이다.[8]

지금까지는 어간 말음이 모음인 경우의 것이었다. 그러나 어간 말음이 자음일지라도 그 자음이 모음어미 앞에서 탈락한다면 어간의 모음이 활음을 거쳐 탈락하기도 한다. 이하는 그러한 경우의 것들이다.

(41) ① [注] 붓: + 아 → 부′아 → 봐″ → 바″
② [作] 짓: + 아 → 지′아 → 자″ → 자″

(41)은 어간말음 'ㅅ'이 어미모음 앞에서 탈락하고 어간 모음이 활음을 거쳐 비음절화하면서 장조로 실현된다.

(42) ① [産] 놓′ + 아 → 노′아 → 놔″ → 나″
② [置] 놓′ + 아 → 노′아 → 놔″ → 나″
③ [放] 놓′ + 아 → 노′아 → 놔″ → 나″

하기만 하는 것은 기존의 논문과의 대조를 위한 뜻이다.

8. (39), (40)을 그러한 과정의 축약(縮約)으로 보지 않고 달리 해석할 수도 있다. 즉, 모음어미를 '어' 아닌 '오'로 보고, 어간 모음 '우' 가 그 모음어미 '오' 앞에서 탈락(脫落)한 것으로 볼 수도 있겠다. 그렇게 하면 이 방언의 어미 {−아}는 /오/를 추가하여 /−아, −애, −어, −여, −오, −우, −이/ 의 일곱의 이형태가 있다고 보아야 한다.

그러나 이 방언에서 '우'가 '어'와 결합하였을 때는 '우+어→오'의 경향이 강하기에 일단은 축약쪽을 택한다. 권리 : 곤리, 꿩 : 꽁, 뭐 : 모, 권한다 : 곤한다, 둬라 : 도라, 줘라 : 조라.

(42)는 어간의 말음 'ㅎ'이 모음 어미 앞에서 탈락하고 어간 모음이 활음을 거쳐 탈락하면서 장조화(長調化)하였다. 따라서 위의 (41), (42)는 활음을 거친 불완전탈락이다.[9]

4. 요약

이 방언의 이러한 모음탈락은 탈락한 모음이 그 흔적을 조금도 남기지 아니하고 탈락하는 완전탈락(完全脫落)과, 탈락하는 모음이 탈락의 보상으로 장조화(長調化)하는 불완전탈락(不完全脫落)으로 나눌 수 있으며, 또 달리는 어간과 어미의 모음이 동일한 모음이어서 동음의 중첩에서 (아아, 어어, 이이, 애애, 우우) 어간의 모음이 탈락하는 동음탈락(同音脫落)과, 탈락한 모음의 자질이 약모음(弱母音)(이, 으, 우)이어서 탈락하는 약모음 탈락(弱母音脫落)과, 탈락한 모음이 활음(j, w)을 거쳐서 탈락하는 활음탈락(滑音脫落)으로도 분류할 수 있다.

형태소(形態素) 결합 과정에서의 고저장단(高低長短)의 변동(變動)은 무엇보다 형태적 차이에 의해서 생긴다. 즉, 다음과 같이 어간의 기본 고저장단이 동일하다 하더라도 활용과정에서 각기 다른 고저장단으로 변조(變調)되어 실현된다.

(43) (17) ① [消] 끄 + 어 → 꺼
(30) ① [酵] 개 + 애 → 개:
(40) ① [夢] 꾸 + 어 → 꾸:

여기에는 모음의 자질이 작용하는 수도 있음을 위에서 보아 왔다. 우리가 본고에서 관심을 모았던 것은 모음이 작용하면서도 장단조에 변화가 있는냐 없느냐 하는 것이었다. 결국 어간 말모음과 모음어미의 결합에서 어간 모음이 탈락하면서도 단조(短調)로 실현되면 완전탈락으로 본

9. 지금까지 보아온 활음을 거친 불완전탈락은 발음하기에 따라서 활음이 다소 유지되기도 한다. 그러나 그것은 다분히 중앙어의 영향이다.

셈이요, 탈락의 보상으로 장조(長調)로 실현되면 불완전탈락으로 본 것이다.

지금까지 논의하고 기술한 것을 정리하면 다음과 같다. (1)~(43) 중에서 (1), (11), (43)은 보충설명을 위한 보조적인 예이므로 여기에서는 빠진다.

(2) ① [行] 가′ + 아 → 가 완전 / 동음탈락
(3) ① [佩] 차 + 아 → 차 완전 / 동음탈락
(4) ① [立] 서′ + 어 → 서 완전 / 동음탈락
(5) ① [助動詞] 뿌 + 우 → 뿌 완전 / 동음탈락
(6) ① [使飛] 날′리 + 이 → 날′리 완전 / 동음탈락
(7) ① [勝] 이′기 + 이 → 이′기 완전 / 동음탈락
(8) ① [逢] 만′내 + 애 → 만′내 완전 / 동음탈락
(9) ① [學] 배′우 + 아 → 배′아 완전 / 약모음탈락
(10) ① [烹] 고′우 + 아 → 고′아 완전 / 약모음탈락
(12) ① [使空] 비′우 + 아 → 비′아 완전 / 약모음탈락
(13) ① [忙] 바뿌′ + 아 → 바′빠 완전 / 약모음탈락
(14) ① [喜] 기뿌′ + 어 → 기′뻐 완전 / 약모음탈락
(15) ① [高] 노푸′ + 아 → 노′파 완전 / 약모음탈락
(16) ② [深] 지푸′ + 어 → 지′퍼 완전 / 약모음탈락
(17) ① [消] 끄 + 어 → 꺼 완전 / 약모음탈락
(18) ① [書] 시 + 어 → 서 완전 / 약모음탈락
(19) ① [分] 가리′ + 아 → 갈′라 완전 / 약모음탈락
(20) ① [濾] 거리′ + 어 → 걸′러 완전 / 약모음탈락
(21) ① [追] 따′리 + 아 → 따′라 완전 / 약모음탈락
(22) ① [負] 지 + 어 → 져 → 저 완전 / 활음탈락
(23) ① [打] 치 + 어 → 쳐 → 처 완전 / 활음탈락
(24) ① [除] 치′우+아 → 치′아 → 챠″ →차″ 완전/ 약모음, 활음탈락
(25) ① [匍] 기 + 이 → 기: 불완전 / 동음탈락
(26) ① [擔] 미: + 이 → 미′이 → 미: 불완전 / 동음탈락
(27) ① [溫] 따시′ + 이 → 따시″ 불완전 / 동음탈락
(28) ① [被飛] 날리″ + 이 → 날리′이 → 날리″ 불완전 / 동음탈락
(29) ① [見] 비″ + 이 → 비′이 → 비″ 불완전 / 동음탈락

(30) ① [酵] 개 + 애 → 개: 불완전 / 동음탈락
(31) ① [疊] 개′ + 애 → 개″ 불완전 / 동음탈락
(32) ① [說] 달개′ + 애 → 달개″ 불완전 / 동음탈락
(33) ① [食] 묵′ + 우 → 무″ 불완전 / 동음탈락
(34) ① [入] 옇′ + 어 → 여″ 불완전 / 동음탈락
(35) ① [編] 땋 + 아 → 따″ 불완전 / 동음탈락
(36) ① [見] 보′ + 아 → 봐: → 바: 불완전 / 활음탈락
(37) ① [培] 가꾸′ + 아 → 가꽈″ → 가까″ 불완전 / 활음탈락
(38) ① [使溶] 녹후′ + 아 → 녹화″ → 녹하″ 불완전 / 활음탈락
(39) ① [尿] 누′ + 어 → 눠: → 노: 불완전 / 활음
(40) ① [夢] 꾸 + 어 → 꿔: → 꼬: 불완전 / 활음
(41) ① [注] 붓: + 아 → 부′아 → 봐″ → 바″ 불완전 / 활음탈락
(42) ① [産] 놓′ + 아 → 놔″ → 나″ 불완전 / 활음탈락

Ⅱ. 사동사 말음 '우'의 음운 특징

1. 서론

동부경남방언 2음절 이상인 어간말음 '우'는 모음어미와의 연결에서 독특한 특징이 나타난다.

이 방언의 동사 어간말음이 '우'의 음운 특징을 살펴보고자 한다. 특히 사동접미사에 '-우-'이거나 '우'로 끝나는 것이 많아 사동사 어간말음 '우'의 특징을 여기서 살펴볼 필요가 있다.

이 방언의 2음절 이상의 어간말음 '우'는 모음어미 앞에서 탈락하는 특징이 있다. 어간말음이 탈락하면서 활용형에 독특한 변화를 준다. 이 어간말음 '우'의 탈락 하나만으로도 동부경남방언의 활용형 전체에 하나의 큰 특징으로 꼽을 수 있다.

이 방언의 2음절 이상의 어간말음이 '우'인 동사는 과거시제관형사형어미 '-ㄴ' 외에 '-안'을 취하기도 한다. 그럴 때 어미 '-안' 앞에서도 '우'가 탈락한다.

이 방언은 어간말음이 '우'가 탈락할 때 어근말음이나 사동사의 말음이 '이'인 경우 이어지는 모음어미는 이중모음으로 실현된다.

위의 사실들을 간결하게 설명하기 위하여 여러 모음어미를 대표하여 어말어미 '-아, -안'과 선어말어미 '-았-'과의 활용형을 추려내어 사동사 말음의 '우'의 음운 특징을 확인하기로 한다.

2. 본론

2.1 완전탈락과 불완전탈락

'우'의 탈락을 논하기 앞서 이 방언의 어간모음과 어미모음의 결합과정에서 빚어지는 모음의 탈락은 크게 완전탈락과 불완전탈락의 두 가지로 구분할 수 있다. 다음 (1)를 보자.

(1) ① [來] 오′ + 아 → 와
② [去] 가′ + 아 → 가
③ [見] 보′ + 아 → 봐: → 바:

이들은 모두 어간에 1음절 모음어미가 결합하여 한 음절이 준 경우다. 이 가운데 ①은 어간 말음이 활음화하여 비음절화(非音節化)하였으나, 활음이 존재하므로 탈락이라고 할 수는 없다.

②는 어간, 어미 중의 어느 하나가 탈락한 것인데 전혀 그 흔적을 남기지 않고 탈락하여서 ②와 같은 탈락은 완전탈락이다.

③은 어간 모음이 활음화를 거쳐서 탈락하였다. 이때는 비음절화의 보상으로 장조화(長調化)하였고, 활음탈락 후에도 장조가 남아 있는데, 이것은 결국 모음탈락에 대한 흔적이다. 따라서 ③은 불완전탈락이다.

이렇게 어간모음과 어미모음의 결합에서의 모음 탈락은 크게 완전탈락과 불완전탈락으로 나누어 볼 수 있다. 그러나 본고에서는 그 구분에 중점을 두지 아니하고 진행하지만 장조(長調)의 흔적 여부로 완전탈락과 불완전탈락은 쉽게 구분된다. 어간모음과 어미모음의 결합에서 생기는 모음탈락에 대해서는 앞의 논문 '동부경남방언 활용에서의 모음 탈락' 참조.

2.2 어간말음 '우'가 취하는 과거시제관형사형어미 '안'

이 방언 2음절 이상의 어간말음 '우'는 과거시제관형사형어미에 '－ㄴ' 외에 '－안'을 취한다. 다른 어간말음은 그렇지 않다는 점에서 매우 독특하다.

(2) 가꾸′－[飾] 가꾸′ㄴ → 가꾼~가꾸′안 → 가깐″
가꾸′－[養] 가꾸′ㄴ → 가꾼~가꾸′안 → 가깐″
고루′－[均] 고루′ㄴ → 고룬~고루′안 → 고란″
나누′－[分] 나누′ㄴ → 나눈~나누′안 → 나난″
무꾸′－[束] 무꾸′ㄴ → 무꾼~무꾸′안 → 무깐″
바꾸′－[換] 바꾸′ㄴ → 바꾼~바꾸′안 → 바깐″

숭구′ −[植] 숭구′ㄴ → 숭군~숭구′안 → 숭간″
오무′ −[窅] 오무′ㄴ → 오문~오무′안 → 오만″
헹′구−[洗] 헹′구ㄴ → 헹′군~헹′구안 → 헹′간

앞으로 그 예를 보게 될 것인데 사동사에서도 이와 같은 현상을 보인다.

2.3 어간말음 '우'의 탈락

이 방언 2음절 이상의 어간말음 '우'는 모음어미 앞에서 탈락한다. '우'가 어간말음인 용언의 보기를 먼저 살펴보자.

(3) 가꾸′ −[飾] 가꾸′아 → 가까″, 가꾸′안 → 가깐″, 가꾸′았다 → 가깠″다
가꾸′ −[養] 가꾸′아 → 가까″, 가꾸′안 → 가깐″, 가꾸′았다 → 가깠″다
개′우−[吐] 개′우아 → 개′아, 개우′안 → 개′안, 개′우았다 → 개′았다
고루′ −[均] 고루′아 → 고라″, 고루′안 → 고란″, 고루′았다 → 고랐″다
나누′ −[分] 나누′아 → 나나″, 나누′안 → 나난″, 나누′았다 → 나났″다
무꾸′ −[束] 무꾸′아 → 무까″, 무꾸′안 → 무깐″, 무꾸′았다 → 무깠″다
바꾸′ −[換] 바꾸′아 → 바까″, 바꾸′안 → 바깐″, 바꾸′았다 → 바깠″다
배′우−[學] 배′우아 → 배′아, 배우′안 → 배′안, 배′우았다 → 배′았다
숭구′ −[植] 숭구′아 → 숭가″, 숭구′안 → 숭간″, 숭구′았다 → 숭갔″다
오무′ −[窅] 오무′아 → 오마″, 오무′안 → 오만″, 오무′았다 → 오맜″다
왜′우−[誦] 왜′우아 → 왜′아, 왜′우안 → 왜′안, 왜′우았다 → 왜′았다

헹'구-[洗] 헹'구아 → 헹'가, 헹'구안 → 헹'간, 헹'구았다
→ 헹'갔다

(3)은 동사다. 이들은 예외 없이 어간말음 '우'가 모음어미 앞에서 탈락한다.

(4) 가뿌'-[喘] 가뿌'아 → 가'빠, 가뿌'았다 → 가'빴다
가푸'-[喘] 가푸'아 → 가'파, 가푸'았다 → 가'팠다
기뿌'-[喜] 기뿌'어 → 기'뻐, 기뿌'었다 → 기'뻤다
나뿌'-[惡] 나뿌'아 → 나'빠, 나뿌'았다 → 나'빴다
바뿌'-[忙] 바뿌'아 → 바'빠, 바뿌'았다 → 바'빴다
아푸'-[痛] 아푸'아 → 아'파, 아푸'았다 → 아'팠다
이:뿌-[美] 이:뿌어 → 이:뻐, 이:뿌었다 → 이:뻤다

(5) 노푸'-[高] 노푸'아 → 노'파, 노푸'았다 → 노'팠다
지푸'-[深] 지푸'아 → 지'퍼, 지푸'었다 → 지'펐다

(4)는 형용사다. 이들의 '우'는 각각 '가ᄲᆞ다, 기ᄲᅳ다, 나ᄲᆞ다, 바ᄲᆞ다, 아ᄑᆞ다, 이ᄲᅳ다'에 소급되는 곧 'ᆞ/으'에 소급되는 모음으로 모음어미 앞에서 탈락하는 약모음(弱母音)이다.

(5)는 (4)에 준하여 모음어미 앞에서 '우'가 탈락한다.

다만 이들 (4), (5)에는 과거시제관형사형어미에 '-안'을 취하지 않고 '-ㄴ'을 취하여 '가뿐[喘] …, 노푼[高] …'이 되므로 '우'탈락이 적용되지 않는다.

2.4 사동사 말음 '우'의 탈락

사동접미사 중에 '-우-'이거나 말음이 '우'인 것에 '-구-, -꾸-, -루-, -류-<-리우-<-이우-, -수-, -ㅇ구-, -우-. -이우-. -추-. -쿠-. -후-'의 11가지가 있다.

다음은 사동접미사 중에 '우'인 경우를 차례대로 살펴보기로 한다.

(6) 깜구'-[使沐] 깜구'아 → 깜가", 깜구'안 → 깜간", 깜구'았다

→ 깜갔″다
남구′ -[使餘] 남구′아 → 남가″, 남구′안 → 남간″, 남구′았다
→ 남갔″다
넘구′ -[使越] 넘구′아 → 넘가″, 넘구′안 → 넘간″, 넘구′았다
→ 넘갔″다
달구′ -[使熱] 달구′아 → 달가″, 달구′안 → 달간″, 달구′았다
→ 달갔″다
담구′ -[使漬] 담구′아 → 담가″, 담구′안 → 담간″, 담구′았다
→ 담갔″다
살구′ -[使生] 살구′아 → 살가″, 살구′안 → 살간″, 살구′았다
→ 살갔″다
신구′ -[使履] 신구′아 → 신가″, 신구′안 → 신간″, 신구′았다
→ 신갔″다
얼구′ -[使凍] 얼구′아 → 얼가″, 얼구′안 → 얼간″, 얼구′았다
→ 얼갔″다
일구′ -[使起] 일구′아 → 일가″, 일구′안 → 일간″, 일구′았다
→ 일갔″다
질구′ -[使長] 질구′아 → 질가″, 질구′안 → 질간″, 질구′았다
→ 질갔″다

(6)은 '-구-사동접미사'가 붙어 파생된 사동사다. 예외 없이 어간말음 '우'가 모음어미 앞에서 탈락한다.

(7) 깨꾸′ -[使醒] 깨꾸′아 → 깨까″, 깨꾸′안 → 깨깐″, 깨꾸′았다
→ 깨깠″다
더꾸′ -[使熱] 더꾸′아 → 더까″, 더꾸′안 → 더깐″, 더꾸′았다
→ 더깠″다
메꾸′ -[使塞] 메꾸′아 → 메까″, 메꾸′안 → 메깐″, 메꾸′았다
→ 메깠″다
미꾸′ -[使塞] 미꾸′아 → 미까″, 미꾸′안 → 미깐″, 미꾸′았다
→ 미깠″다

(7)은 '-꾸-사동접미사'가 붙어 파생된 사동사다. 예외 없이 어간말음 '우'가 모음어미 앞에서 탈락한다.

(8) 달루′ −[使苦] 달루′아 → 달라″, 달루′안 → 달란″, 달루′았다 → 달랐″다
들루′ −[使入] 들루′아 → 들라″, 들루′안 → 들란″, 들루′았다 → 들랐″다
얼루′ −[使凍] 얼루′아 → 얼라″, 얼루′안 → 얼란″, 얼루′았다 → 얼랐″다
줄루′ −[使減] 줄루′아 → 줄라″, 줄루′안 → 줄란″, 줄루′았다 → 즐랐″다
질루′ −[使長] 질루′아 → 질라″, 질루′안 → 질란″, 질루′았다 → 질랐″다
쫄루′ −[使減] 쫄루′아 → 쯜라″, 쫄루′안 → 쫄란″, 쫄루′았다 → 쫄랐″다
부풀루″ −[使膨] 부풀루′아 → 불풀라″, 부풀루′안 → 부풀란″, 부풀루′았다 → 부풀랐″다
시달루″ −[使苦] 시달루′아 → 시달라″, 시달루′안 → 시달란″, 시달루′았다 → 시달랐″다
애달루″ −[使焦] 애달루′아 → 애달라″, 애달루′안 → 애달란″, 애달루′았다 → 애달랐″다

(8)은 '−루−사동접미사'가 붙어 파생된 사동사다. 예외 없이 어간말음 '우'가 모음어미 앞에서 탈락한다.

(9) 곯류″ −[使飢] 곯류′아 → 곯랴″, 곯류′안 → 곯랸″, 골류′았다 → 곯랐″다
날류″ −[使飛] 날류′아 → 날랴″, 날류′안 → 날랸″, 날류′았다 → 날랐″다
놀류″ −[使遊] 놀류′아 → 놀랴″, 놀류′안 → 놀랸″, 놀류′았다 → 놀랐″다
늘류″ −[使增] 늘류′아 → 늘랴″, 늘류′안 → 늘랸″, 늘류′았다 → 늘랐″다
들류″ −[使擧] 들류′아 → 들랴″, 들류′안 → 들랸″, 들류′았다 → 들랐″다
떨류″ −[使振] 떨류′아 → 떨랴″, 떨류′안 → 떨랸″, 떨류′았다 → 떨랐″다

물류″ －[使咬] 물류′아 → 물랴″, 물류′안 → 물랸″, 물류′았다 → 물랐″다

빨류″ －[使吸] 빨류′아 → 빨랴″, 빨류′안 → 빨랸″, 빨류′았다 → 빨랐″다

알류″ －[使知] 알류′아 → 알랴″, 알류′안 → 알랸″, 알류′았다 → 알랐″다

얼류″ －[使凍] 얼류′아 → 얼랴″, 얼류′안 → 얼랸″, 얼류′았다 → 얼랐″다

(9)는 '－류－<－리우－<－이우－사동접미사'가 붙어 파생된 사동사다. 예외 없이 어간말음 '류' 속의 '우'가 모음어미 앞에서 탈락한다.

(10) 질수′－[使長] 질수′아 → 질사″, 질수′안 → 질산″, 질수′았다 → 질샀″다

(10)은 '－수－사동접미사'가 붙어 파생된 사동사다. 어간말음 '우'가 모음어미 앞에서 탈락한다.

(11) 낑구′－[使插] 낑구′아 → 낑가″, 깡구′안 → 깡간″, 낑구′았다 → 낑갔″다

징구′－징구′아 → 징가″, 징구′안 → 징간″, 징구′았다 → 징갔″다

찡구′－[使插] 찡구′아 → 찡가″, 찡구′안 → 찡간″, 찡구′았다 → 찡갔″다

칭구′－[使軋] 칭구′아 → 칭가″, 칭구′안 → 칭간″, 칭구′았다 → 칭갔″다

팅구′－[使跳] 탕구′아 → 탕가″, 팅구′안 → 팅간″, 팅구′았다 → 팅갔″다

(11)은 '－ㅇ구－사동접미사'가 붙어 파생된 사동사다. 예외 없이 어간말음 '우'가 모음어미 앞에서 탈락한다.

(12) 개′우－[使酵] 개′우아 → 개′아, 개′우안 → 개′안, 개′우았다 →개′았다

걸우′－[使肥] 걸우′아 → 걸아″, 걸우′안 → 걸안″, 걸우′았다

→ 걸았″다

깨′우－[使醒] 깨′우아 → 깨′아, 깨′우안 → 깨′안, 깨′우았다
→ 깨′았다

끼′우－[使插] 끼′우아 → 끼′아, 끼′우안 → 끼′안, 끼′우았다
→ 끼′았다

비′우－[使空] 비′우아 → 비′아, 비′우안 → 비′안, 비′우았다
→ 비′았다

새′우－[使明] 새′우아 → 새′아, 새′우안 → 새′안, 새′우았다
→ 새′았다

서′우－[使立] 서′우아 → 서′아, 서′우안 → 서′안, 서′우았다
→ 서′았다

옥우′－[使曲] 옥우′아 → 옥아″, 옥우′안 → 옥안″, 옥우′았다
→ 옥았″다

찌′우－[使肥] 찌′우아 → 찌′아, 찌′우안 → 찌′안, 찌′우았다
→ 찌′았다

피′우－[使開] 피′우아 → 피′아, 피′우안 → 피′안, 피′우았다
→ 피′았다

(12)는 '－우－사동접미사'가 붙어 파생된 사동사다. 예외 없이 어간 말음 '우'가 모음어미 앞에서 탈락한다.

(13) 띠′우－[使隔] 띠′우아 → 띠′아, 띠′우안 → 띠′안, 띠′우았다
→ 띠′았다

띠′우－[使浮] 띠′우아 → 띠′아, 띠′우안 → 띠′안, 띠′우았다
→ 띠′았다

시′우－[使立] 시′우아 → 시′아, 시′우안 → 시′안, 시′우았다
→ 시′았다

재′우－[使寢] 재′우아 → 재′아, 재′우안 → 재′안, 재′우았다
→ 재′았다

채′우－[使佩] 채′우아 → 채′아, 채′우안 → 채′안, 채′우았다
→ 채′았다

채′우－[使盈] 채′우아 → 채′아, 채′우안 → 채′안, 채′우았다
→ 채′았다

키′우－[使長] 키′우아 → 키′아, 키′우안 → 키′안, 키′우았다

→ 키′았다

태′우－[使燒] 태′우아 → 태′아, 태′우안 → 태′안, 태′우았다
→ 태′았다

태′우－[使乘] 태′우아 → 태′아, 태′우안 → 태′안, 태′우았다
→ 태′았다

티′우－[使茁] 티′우아 → 태′아, 티′우안 → 티′안, 티′우았다
→ 티′았다

(13)은 '－이우－사동접미사'가 붙어 파생된 사동사다. 예외 없이 어간말음 '우'가 모음어미 앞에서 탈락한다.

(14) 갖추′－[使具] 갖추′아 → 갖차″, 갖추′안 → 갖찬″, 갖추′았다
→ 갖찼″다

낮추′－[使低] 낮추′아 → 낮차″, 낮추′안 → 낮찬″, 낮추′았다
→ 낮찼″다

늦추′－[使遲] 늦추′아 → 늦차″, 늦추′안 → 늦찬″, 늦추′았다
→ 늦찼″다

맞추′－[使的] 맞추′아 → 맞차″, 맞추′안 → 맞찬″, 맞추′았다
→ 맞찼″다

앉추′－[使坐] 앉추′아 → 앉차″, 앉추′안 → 앉찬″, 앉추′았다
→ 앉찼″다

구불추″－[使曲] 구불추′아 → 구불차″, 구불추′안 → 구불찬″,
구불추′았다 → 구불찼″다

꾸불추″－[使轉] 꾸불추′아 → 꾸불차″, 꾸불추′안 → 꾸불찬″,
꾸불추′았다 → 꾸불찼″다

(14)는 '－추－사동접미사'가 붙어 파생된 사동사다. 예외 없이 어간말음 '우'가 모음어미 앞에서 탈락한다.

(15) 늙쿠′－[使老] 늙쿠′아 → 늙카″, 늙쿠′안 → 늙칸″, 늙쿠′았다
→ 늙캈″다

물쿠′－[使軟] 물쿠′아 → 물카″, 물쿠′안 → 물칸″, 물쿠′았다
→ 물캈″다

미쿠′－[使塞] 미쿠′아 → 미카″, 미쿠′안 → 미칸″, 미쿠′았다

→ 미캈″다
살쿠′−(使生) 살쿠′아 → 살카″, 살쿠′안 → 살칸″, 살쿠′았다 → 살캈″다
숨쿠′−[使隱] 숨쿠′아 → 숨카″, 숨쿠′안 → 숨칸″, 숨쿠′았다 → 숨캈″다
신쿠′−[使履] 신쿠′아 → 신카″, 신쿠′안 → 신칸″, 신쿠′았다 → 신캈″다
알쿠′−[使知] 알쿠′아 → 알카″, 알쿠′안 → 알칸″, 알쿠′았다 → 알캈″다
얼쿠′−[使凍] 얼쿠′아 → 얼카″, 얼쿠′안 → 얼칸″, 얼쿠′았다 → 얼캈″다
줄쿠′−[使減] 줄쿠′아 → 줄카″, 줄쿠′안 → 줄칸″, 줄쿠′았다 → 줄캈″다
질쿠′−[使長] 질쿠′아 → 질카″, 질쿠′안 → 질칸″, 질쿠′았다 → 질캈″다

(15)는 '−쿠−사동접미사'가 붙어 파생된 사동사다. 예외 없이 어간 말음 '우'가 모음어미 앞에서 탈락한다.

(16) 넓후′−[使廣] 넓후′아 → 넓하″, 넓후′안 → 넓한″, 넓후′았다 → 넓핬″다
녹후′−[使鎔] 녹후′아 → 녹하″, 녹후′안 → 녹한″, 녹후′았다 → 녹핬″다
늙후′−[使老] 늙후′아 → 늙하″, 늙후′안 → 늙한″, 늙후′았다 → 늙핬″다
삭후′−[使酵] 삭후′아 → 삭하″, 삭후′안 → 삭한″, 삭후′았다 → 삭핬″다
속후′−('속′다'의 사동) 속후′아 → 속하″, 속후′안 → 속한″, 속후′았다 → 속핬″다
식후′−[使冷] 식후′아 → 식하″, 식후′안 → 식한″, 식후′았다 → 식핬″다
얽후′−[使繫] 얽후′아 → 얽하″, 얽후′안 → 얽한″, 얽후′았다 → 얽핬″다
읽후′−[使讀] 읽후′아 → 읽하″, 읽후′안 → 읽한″, 읽후′았다

부록

→ 읽핬″다
잦후′-[使傾] 잦후′아 → 잦하″, 잦후′안 → 잦한″, 잦후′았다
→ 잦핬″다
좁후′-[使狹] 좁후′아 → 좁하″, 좁후′안 → 좁한″, 좁후′았다
→ 좁핬″다

(16)은 '-후-사동접미사'가 붙어 파생된 사동사다. 예외 없이 어간 말음 '우'가 모음어미 앞에서 탈락한다.

사동접미사의 말음에 '우'를 포함하는 것이 많아 앞서 본 (5)-(15)와 같이 사동사에 '우'탈락의 경우가 많다.

2.5 사동사 말음 '우' 탈락 뒤의 이중모음 실현

사동사 말음 '우'가 탈락하면 이어지는 모음어미는 이중모음 '야'로 실현되는 경우가 있다.

(17) 끼′우-[使插] 끼′우아 → 끼′야, 끼′우안 → 끼′얀, 끼′우았다
→ 끼′얐다
디′우-[使熱] 디′우아 → 디′야, 디′우안 → 디′얀, 디′우았다
→ 디′얐다
미′우-[使塞] 미′우아 → 미′야, 미′우안 → 미′얀, 미′우았다
→ 미′얐다
이′우-[使戴] 이′우아 → 이′야, 이′우안 → 이′얀, 이′우았다
→ 이′얐다
비′우-[使空] 비′우아 → 비′야, 비′우안 → 비′얀, 비′우았다
→ 비′얐다
시′우-[使冠] 시′우아 → 시′야, 시′우안 → 시′얀, 시′우았다
→ 시′얐다
지′우-[使負] 지′우아 → 지′야, 지′우안 → 지′얀, 지′우았다
→ 지′얐다
찌′우-[使肥] 찌′우아 → 찌′야, 찌′우안 → 찌′얀, 찌′우았다
→ 찌′얐다
치′우-[使撤] 치′우아 → 치′야, 치′우안 → 치′얀, 치′우았다

→ 치′얐다

피′우-[使開] 피′우아 → 피′야, 피′우안 → 피′얀, 피′우았다
→ 피′얐다

히′우-[使枉] 히′우아 → 히′야, 히′우안 → 히′얀, 히′우았다
→ 히′얐다

(17)은 어근이 '끼: - 미: - 이′ - 비: - 시- 지′ - 찌- 치- 피- 히-'로 '이'로 끝난 어근에 '-우-사동접미사'가 붙어 생성된 사동사인데, 사동사 어간말음 '-우-'가 탈락하면 이어진 모음어미는 어근의 모음과 결합하여 이중모음으로 실현된다.

(18) 띠′우- < 뜨이′우-[使隔] 띠′우아 → 띠′야, 띠′우안 → 띠′얀, 띠′우았다 → 띠′얐다

키′우- < 크이′우-[使長] 키′우아 → 키′야, 키′우안 → 키′얀, 키′우았다 → 키′얐다

티′우- < 트이′우-[使通] 티′우아 → 티′야, 티′우안 → 티′얀, 티′우았다 → 티′얐다

(18)은 어근에 '-이우-사동접미사'가 붙어 생성된 사동사인데, 사동사 어간말음 '우'가 탈락하면 이어진 모음어미는 (16)과 같은 이치로 이중모음으로 실현된다.

(19) 시′우- < 서이′우-[使立] 시′우아 → 시′야, 시′우안 → 시′얀, 시′우았다 → 시′얐다

채′우- < 차이′우-[使佩] 채′우아 → 채′야, 채′우안 → 채′얀, 채′우았다 → 채′얐다

태′우- < 타이′우-[使燒] 태′우아 → 태′야, 태′우안 → 태′얀, 태′우았다 → 태′얐다

(19)는 어근에 '-이우-사동접미사'가 붙어 생성된 사동사인데, 사동사 어간말음 '우'가 탈락하면 이어진 모음어미는 어간의 끝모음 '이'와 결합하든가 'ㅐ'의 'ㅏ+ㅣ'의 '이''와 결합하여 이중모음으로 실현된다.

(20) 개′우-[使酵] 개′우아 → 개′야, 개′우안 → 개′얀, 개′우았다
→ 개′얐다

깨′우-[使覺] 깨′우아 → 깨′야, 깨′우안 → 깨′얀, 깨′우았다
→ 깨′얐다
새′우-[使明] 새′우아 → 새′야, 새′우안 → 새′얀 새′우았다
→ 새′얐다
데′우-[使熱] 데′우아 → 데′야, 데′우안 → 데′얀, 데′우았다
→ 데′얐다
메′우-[使塞] 메′우아 → 메′야, 메′우안 → 메′안, 메′우았다
→ 메′얐다

(20)은 어근에 '-우-사동접미사'가 붙어 생성된 사동사이므로 위의 (17)-(19)와 같은 경우이지만 설명이 좀 더 필요하다. 어근 '개- 깨-, 새-, 데:-, 메-'의 모음은 이 방언에서도 이중모음이 아닌 단모음으로 실현되는데, 새로 생성된 사동사 어간말음 '우'가 탈락하면서 이중모음으로 실현되는 것은 어근 '개- 깨-, 데:-, 메-, 새-'의 모음이 역사적으로 'ㅏ+ㅣ, ㅓ+ㅣ'의 이중모음이었던 것의 잔영(殘影)이 작용하여 이어지는 어미모음이 이중모음으로 실현되는 특이한 경우다. (19)의 '채′우-, 태′우-'도 이에 준한다.

2.6 어미 '-이' 앞에서의 '우'의 탈락 여부

여기서 주의해야 할 것이 하나 있다. 표준어의 어미 '-니'에 해당하는 이 방언은 첫소리 'ㄴ'이 약화 탈락하여 '-이'로 실현된다. 그러나 이 '-이'는 완전한 모음 음절이 아니고 '-니'의 초성(初聲) 'ㄴ'이 잠재되어 있다. 그래서 지금까지 보아온 모음 앞에서의 '우'의 탈락이 어미 '-이' 앞에서는 탈락하지 않는 것이다. 곧 어미 '-이'는 '-니'의 초성자음 'ㄴ'의 잔영이 작용하여 '우'가 탈락하지 않는다.

(21) 봄이 오이(-니) 꽃이 핀다.
손목 잡으이(-으니) 부끄럽어한다.

(21)에서 본 '-이(-니), 으이(-으니)'가 그것이다.

앞서 본 (2)와 (5)를 다시 보기로 들면 다음과 같다.

(2′) 가꾸′-[飾] 가꾸′이(-니)
가꾸′-[養] 가꾸′이(-니)
고루′-[均] 고루′이(-니)
나누′-[分] 나누′이(-니)
무꾸′-[束] 무꾸′이(-니)
바꾸′-[換] 바꾸′이(-니)
배′우-[學] 배′우이(-니)
숭구′-[植] 숭구′이(-니)
오무′-[窄] 오무′이(-니)
왜′우-[誦] 왜′우이(-니)
헹′구-[洗] 헹′구이(-니)

(5′) 깜구′-[使沐] 깜구′이(-니)
남구′-[使餘] 남구′이(-니)
넘구′-[使越] 넘구′이(-니)
달구′-[使熱] 달구′이(-니)
담구′-[使漬] 담구′이(-니)
살구′-[使生] 살구′이(-니)
신구′-[使履] 신구′이(-니)
얼구′-[使凍] 얼구′이(-니)
일구′-[使起] 일구′이(-니)
질구′-[使長] 질구′이(-니)

3. 요약

동부경남방언 2음절 이상의 어간말음 '우'는 모음어미와의 연결에서 독특한 특징이 나타난다.

이상 사동사 어간말음 '우'의 음운 특징을 어말어미 '-아, -안'과 선어말어미 '-았-'과의 활용형을 보기로 하여 살펴봤다. 그 결과는 다음 몇 가지로 요약할 수 있다.

첫째, 이 방언의 어간말음이 '우'인 동사는 과거시제관형사형어미 '-

ㄴ' 외에 '－안'을 취한다.

둘째, 이 방언 어간말음 '우'는 모음어미 앞에서 예외 없이 탈락한다. 사동접미사의 말음에 '우'를 포함하는 것이 많아 사동사의 어간말음 '우'의 탈락이 흔하다.

셋째, 역사적으로 이중모음이었던 '애, 에' 말음을 가진 어근에서 파생된 사동사의 말음 '우'가 탈락하면, '애, 에'의 'ㅏ+ㅣ, ㅓ+ㅣ'의 'ㅣ'가 되살아나 이어지는 모음어미를 이중모음으로 실현하게 한다.

넷째, 이 방언의 어간말음 '우'는 모음어미 앞에서 약화 탈락하는 약모음(弱母音)이라 할 수 있다.

다섯째, 이 방언의 어미 '－이'는 '－니'의 초성이 먼저 약화 탈락한 것이어서 얼핏 모음어미로 보이나 아직 'ㄴ'의 잔영이 작용하여 '－이' 앞에서는 '우'가 탈락하지 않는다.

참고문헌

고려대 민족문화연구원(2009)『한국어대사전』, 고려대 민족문화연구원.

국립국어연구원(1999)『표준국어대사전』, 두산동아.

김민수 외(1995)『금성판국어대사전』, 금성출판사.

김민수 편(1995)『우리말 語源研究』, 태학사.

南廣祐(1982)『補訂 古語辭典』, 一潮閣.

사회과학원 언어학연구소(1992)『조선말대사전』, 사회과학출판사 / 漢江社 配布.

신기철 · 신용철(1986)『새우리말큰사전』, 삼성출판사.

劉昌惇(1974)『李朝語辭典』, 延世大學校 出版部.

이희승(1999)『국어대사전』, 民衆書林.

한글학회(1995)『우리말큰사전』, 어문각.

http://dic.naver.com/ <네이버 사전>, naver.com.

http://opendic.naver.com/ <naver 오픈 국어사전-사투리-경상도>, naver.com.

姜信沆(1976)「慶北 安東 · 奉化 · 寧海地區의 二重言語生活」,『成大論文集』22, 成均館大.

姜信沆(1978)「安東方言의 敍述法과 疑問法」,『언어학』3.

姜信沆(1979)「安東方言의 命令法 등」,『成大』26, 成均館大.

姜信沆(1980)「安東方言의 敬語法」,『蘭汀南廣祐博士華甲紀念論叢』. 一潮閣.

경남방언연구보전회(2017)『경남방언사전』, 경상남도.

郭忠求(1994)『咸北 六鎭方言의 音韻論』, 太學社.

金丁鈞(2009)『안동방언사전」, 안동문화원.

김계곤(2001)『경기도 사투리』, 박이정,

김무식(2009)『경북 청송 지역의 언어와 생활』, 태학사.

김무식(2011)『경북 고령 지역의 언어와 생활』, 태학사.

김병제(1959)『조선어 방언학 개요』(상), 사회과학원출판사.

김병제(1965)『조선어 방언학 개요』(중), 사회과학원출판사.

金永萬(1966a) 「慶南方言의 聲調研究」, 『국어국문학』 31, 국어국문학회.
金永萬(1966b) 「방점(傍點)과 현대국어의 성조비교」, 『한글』 137, 한글학회.
金永萬(1967) 「이조 전기 한자음 운율(성조)」, 『한글』 139, 한글학회.
金永萬(1972) 「고금성조비교 재론」, 『한글』 149, 한글학회.
金永萬(1974) 「국어 운율의 본질과 변천」, 『국어국문학』 65-66, 국어국문학회.
金永萬(1986) 「國語 超分節音의 史的 研究」, 高麗大 大學院 博士學位論文.
金英培(1984) 『平安方言研究』, 東國大 出版部.
金永松(1963) 「音韻面」, 『慶尙南道誌(中)』, 慶尙南道.
金永松(1967) 「慶南方言의 音韻 再論」, 『국어국문학』 6, 釜山大.
金永松(1973) 「金海方言의 音韻」, 『金海地區 綜合學術調査 報告書』, 釜山大.
金永松(1974) 「慶南方言」, 『韓國方言學』, 韓國方言學會, 螢雪出版社.
金永松(1981) 「경남 방언의 음운」, 『우리말 소리의 연구』, 과학사.
金永泰(1975a) 「慶尙南道의 方言 區劃」, 『慶南大論文集』 2, 慶南大.
金永泰(1975b) 『慶尙南道 方言研究 (Ⅰ)』, 進明文化社.
金永泰(1983) 「昌原地域語研究」, 中央大 大學院 博士學位論文.
김영태(1997) 『경남방언과 지명연구』, 경남대 출판부.
金完鎭(1971) 『國語音韻 體系의 研究』, 一潮閣.
金完鎭(1973) 『中世國語聲調의 研究』 (韓國文化研究叢書 11), 서울大 出版部.
金履浹(1981) 『平北方言辭典』, 韓國精神文化研究院.
김정대(2011) 『경남 산청 지역의 언어와 생활』, 태학사
김종도·김우태(2006) 『남해사투리사전』, 남해신문사.
김주석·최명옥(2001) 『경주 속담·말 사전』, 한국문화사.
김차균(1977) 「경상도 방언의 성조체계」, 서울大 大學院 博士學位論文.
김차균(1993) 『우리말의 성조』, 太學社.
金亨奎(1964) 「慶尙南北道 方言研究」, 『서울大論文集 人文社會』 10, 서울大.
金亨奎(1974) 『韓國方言研究』, 서울大 出版部.
南廣祐(1950) 「傍點攷」, 『국어국문학』 7, 국어국문학회.
南廣祐(1984) 『韓國語의 發音研究』, 一潮閣.
文孝根(1974) 『韓國語聲調의 分析的 研究』, 世宗出版公社.
박성종·성혜숙(2009) 『강릉방언사전』, 태학사.
박종덕(2005) 『경상도 방언의 모음체계 변천사』, 박이정.
박지홍(1983) 「경상도 방언의 하위방언권 설정」, 『인문논총』 24, 釜山大.

裵禧任(1988) 『國語被動硏究』, 高麗大學校 民族文化硏究所.

白斗鉉(1982) 「聲調와 움라우트－星州·金陵地域語를 중심으로－」, 『어문논총』 16, 慶北大.

뿌리깊은나무(1983) 『한국의 발견 경상북도』, 뿌리깊은나무.

뿌리깊은나무(1989) 『한국의 발견 경상남도』, 뿌리깊은나무.

徐在克(1968) 「慶北方言圈의 漢字語 聲調에 대하여」, 『李崇寧博士 頌壽紀念論叢』. 乙酉文化社.

辛基相(1968) 「東部慶南方言의 音韻에 대한 考察」, 『成大文學』 14, 成均館大.

辛基相(1972) 「東部慶南方言 硏究」, 서울대 교육대학원 석사학위논문.

辛基相(1973) 「終聲 'ㅇㅋ'에 대한 小攷」, 『成大文學』 18, 成均館大.

辛基相(1974) 「15C '나모와'語攷」, 『국어국문학』 65·66, 국어국문학회.

辛基相(1974) 「標準語 敎育을 爲한 方言 敎育 試論」, 『국어국문학』 64, 국어국문학회.

辛基相(1977) 「東部慶南方言의 hiatus現象 硏究」, 『국어국문학』 76, 국어국문학회.

辛基相(1980) 「東部慶南方言의 尊待素에 대하여」, 『국어국문학』 84, 국어국문학회.

辛基相(1984) 「'버리다'系 助動詞에 대하여」, 『李明九博士 華甲紀念論文集』, 太學社.

辛基相(1984) 「東部慶南方言의 尊待疑問形 '－ㅇ교'의 形態素 分析」, 『國語國文學紀要』 2, 成均館大.

辛基相(1984) 「東部慶南方言의 休止에 대하여」, 『李應百博士 華甲紀念論文集』, 寶晉齊.

辛基相(1986) 「東部慶南方言의 音韻硏究」, 成均館大 大學院 博士學位論文.

辛基相(1987) 「東部慶南方言의 高低長短」, 『국어국문학』 97, 국어국문학회.

辛基相(1990) 「媒介母音 '－으－'에 대한 몇 問題」, 『姜信沆敎授 回甲紀念 國語學 論文集』, 太學社.

辛基相(1990 / 1999) 「東部慶南方言의 用言語尾의 高低長短」, 『國語學』 20, 國語學會.

辛基相(1993 / 1999) 「東部慶南方言의 被動詞 使動詞의 高低長短」, 『國語學』 23, 國語學會.

辛基相(1994 / 1999) 「東部慶南方言 活用에서의 母音脫落 硏究」, 『論文集』 39, 서울産業大.

辛基相(1995 / 1999) 「東部慶南方言 高低長短 變動 要因」, 『姜信沆博士 停年退職紀念 國語國文學論叢』, 太學社.

辛基相(1995 / 1999)「東部慶南方言 助詞의 高低長短」,『국어국문학』 113, 국어국문학회.

辛基相(1996 / 1999)「東部慶南方言 漢字語의 高低長短」,『국어교육』 91, 국어교육연구회.

辛基相(1997 / 1999)「東部慶南方言 長調에 대하여」,『韓國語文學論考』, 보고사.

辛基相(1998)「어미 '-애'와 어간 '겠-'의 생성에 대하여」,『論文集』 47, 서울産業大.

辛基相(1999)『동부경남방언 고저장단 연구』, 도서출판 月印.

辛基相(2002)「'하-(爲)'의 高低長短 연구」,『국어교육』 107, 국어교육연구회.

辛基相(2004)「東部慶南方言 漢字音 研究」,『國語學』 44, 國語學會.

辛基相(2005)「漢字語의 國語化에 대한 研究」,『語文研究』 125, 韓國語文教育研究會.

辛基相(2007)「東部慶南方言 'X하-'와 어미〔-아〕와의 활용형 설정에 대하여」,『한민족문화연구』, 한민족문화학회.

辛基相(2008)「東部慶南方言 多形語幹의 活用形 比較 研究」, 2008년도 여름 학술대회, 國語學會.

辛基相(2013)「<울산방언사전>에서 본 東部慶南方言의 몇 가지 特徵들」, 제191회 學術大會, 韓國語文教育研究會.

辛基相(2013)『울산방언사전』, 울산광역시 간행, 도서출판북스힐.

梁山郡誌編纂委員會(1986)『梁山郡誌』 제13장 民俗, 제14장 傳說과 說話, 梁山郡.

울산광역시사 편찬위원회(2002)『蔚山廣域市史』 제3장 구비문학, 제4장 방언, 蔚山廣域市.

울산대학교 인문과학연구소(1990)『울산울주지방 민요자료집』, 울산대 출판부.

蔚山東區誌編纂委員會(1999)『蔚山東區誌』, 제7장 동구의 문화, 蔚山廣域市 東區.

蔚山文化院(1978)『蔚山·蔚州 鄕土史』, 蔚山文化院.

이광호(1978)「경남방언의 이중모음에 대하여」,『國語學』 6. 國語學會.

이기갑(1998)『전남방언사전』, 태학사.

李基文(1972a)『國語音韻史研究』(『韓國文化研究叢書』 13), 서울大 出版部.

李基文(1972b)『改訂國語史概說』, 民衆書館.

이기문(1982)『俗談辭典』, 一潮閣.

李秉根(1973)「東海岸方言의 二重母音에 대하여」,『震檀學報』 36, 震檀學會.

李秉根(1978)「國語의 長母音化의 報償性」,『國語學』 6, 국어학회.

李秉根(1979) 『音韻現象에 있어서의 制約』, 塔出版社.

李秉根(1981) 「유음탈락의 음운론과 형태론」, 『한글』 173-174. 한글학회.

李秉根(1986) 「發話에 있어서의 音長」, 『國語學』 15. 國語學會.

李秉根(1989) 「국어사전과 음운론」, 『애산학보』 7.

李炳銑(1967) 「鼻母音化現象考－慶尚道方言을 中心으로－」, 『국어국문학』 37·38, 국어국문학회.

李炳銑(1971) 「慶南方言에서의 母音調和現象」, 『국어국문학』 54, 국어국문학회.

이상규(2001) 『경북방언사전』, 태학사.

이상규(2007) 『경북 상주 지역의 언어와 생활』, 태학사.

이상규(2010) 『문학 속의 경상 방언』, 글누림.

李相億(1979) 「聲調와 音長」, 『語學研究』 15-2, 서울大 語學研究所.

李崇寧(1957) 「濟州道方言의 形態論的 研究」, 『東方學志』 3, 延禧大.

李崇寧(1958) 『音韻論研究』, 民衆書館.

李崇寧(1964) 「15世紀의 活用에서의 聲調의 考察」, 『亞細亞研究』 7-2, 高麗大.

李崇寧(1967) 「韓國方言史」, 『韓國文化史大系(言語.文學史)』 V. 高麗大.

李翊燮(1972a) 「江陵方言의 形態音素論的 考察」, 『震檀學報』 33.

李翊燮(1972b) 「嶺東方言의 Suprasegmental phoneme 體系」, 『同大語文』 2. 同德女大.

李翊燮(1978) 「被動性 形容詞文의 統辭構造」, 『국어학』 6.

李翊燮(1981) 『嶺東 嶺西의 方言分化－江原道의 言語地理學』, 서울大 出版部.

李翊燮(1984) 『方言學』, 民音社.

林錫圭(2007) 「慶北北部地域語의 音韻論的 研究」, 서울大 大學院 博士學位論文.

任洪彬(1978) 「被動性과 被動構文」, 國民大 『論文集』 12.

전학석(1993) 『함경도방언의 음조에 대한 연구』, 태학사.

정　철(1991) 『慶北中部地域語研究』, 경북대 출판부.

정석호(2007) 『경북동남부 방언사전』, 글누림출판사.

鄭然粲(1963a) 「15世紀國語의 活用語幹의 聲調에 대하여」, 『忠南大 論文集』 3. 忠南大.

鄭然粲(1963b) 「慶尚道 聲調에 관한 몇 가지 問題點」, 『李崇寧 博士 頌壽紀念論叢』, 乙酉文化社.

鄭然粲(1976) 『國語聲調에 관한 研究』, 一潮閣.

鄭然粲(1977) 『慶尚道方言聲調研究』, 塔出版社.

鄭源石·徐潤煥(2010)『咸興地方 方言集』, 한국어린이문화연구소.
제주특별자치도(2009)『(개정증보) 제주어사전』, 제주특별자치도.
趙鏞夏(2013)『니가 구쿠이까네 내가 그쿠지』, 디자인윈크.
조홍제(2000)『울산방언』, 도서출판 제일.
지역어조사추진위원회 및 국립국어원(2006)『지역어조사 질문지』, 태학사.
崔明玉(1976)「西南 慶南方言의 副詞化接辭 '-아'의 音韻現象」,『國語學』4, 國語學會.
崔明玉(1978a)「東南方言의 세 音素」,『國語學』7, 國語學會.
崔明玉(1978b)「ㅸ, ㅿ와 東南方言」,『語學硏究』14-2, 서울大 語學硏究所.
崔明玉(1979)「東海岸 方言의 音韻論的 硏究-慶北盈德郡 寧海面 漁村을 中心으로-」,『方言』2. 韓國精神文化硏究院
崔明玉(1980a)『慶北 東海岸 方言 硏究 -寧德郡 寧海面을 中心으로-』(民族文化叢書), 嶺南大 出版部.
崔明玉(1980b)『慶北東海岸方言硏究』, 嶺南大 出版部.
崔明玉(1982)『月城地域語의 音韻論』, 嶺南大 出版部.
崔明玉(1998)『한국어 方言硏究의 실제』, 태학사.
崔鶴根(1968)『國語方言硏究』, 서울大 出版部.
崔鶴根(1978)『韓國方言辭典』, 玄文社.
최현배(1937)『우리말본』, 정음사.
최현배(1965)『(깁고 고친), 우리말본』, 정음사.
최현배(1976)『고친 한글갈』, 정음사.
한국문화연합회 경상남도지회(2011) <경상남도 사투리 말하기 대회>, 경남문화.
韓國精神文化硏究院(1993)『韓國方言資料集』Ⅶ 慶尙北道篇, 韓國精神文化硏究院.
韓國精神文化硏究院(1993)『韓國方言資料集』Ⅷ 慶尙南道篇, 韓國精神文化硏究院.
한글학회(1979-1980)『한국지명총람』경남편, 한글학회.
許 雄(1952)「(애, 에, 외, 위)의 音價」,『國語國文學』1. 국어국문학회.
許 雄(1954)「慶尙道方言의 聲調」,『崔鉉培先生還甲紀念論叢』, 正音社.
許 雄(1955)「傍點硏究-慶尙道方言 聲調와의 比較-」,『東方學誌』2, 延禧大.
황대화(1986)『동해안 방언연구』김일성종합대학출판사.

小倉進平(1944)『朝鮮語方言の 硏究』, 岩波書店.
河野六郎(1945)『朝鮮方言學試攷』, 東都書籍.

김점호 구술 / 최명옥 방언 해설 / 유시주 편집(1990) 『베도 숱한 베 짜고 밭도 숱한 밭 매고』, 뿌리깊은나무.

문장원 구술 / 최명옥 방언 해설 / 신경란 편집(1991) 『동래 사람은 팔만 올리도 춤이 덴다 캤어』, 뿌리깊은나무.

성춘식 구술 / 최명옥 방언 해설 / 신경란 편집(1990) 『이부자리 피이 놓고 암만 바래도 안 와』, 뿌리깊은나무.

김유리(2001) 『옥탑방 고양이』, 시와사회.

선안나(2005) 『삼거리 점방』, 느림보.

오영수(1952 / 1977) 「화산댁이」, 『韓國短篇文學大系』 三省出版社.

오영수(1953 / 1977) 「갯마을」, 『韓國短篇文學大系』 三省出版社.

갯마을(영화)(1965) 오영수 원작, 신봉승 각색, 김수용 감독, 대양영화 제작.

찾아보기

찾아보기

ㄱ

기울이다 → **찌불′리다**^{2} (‘찌불′다[傾]’의 사동)
기울이다 → **찌불′시다** (‘찌불′다[傾]’의 사동)
기울이다 → **찌불′이다** (‘찌불′다[傾]’의 사동)
기울이다 → **찌불′치다** (‘찌불′다[傾]’의 사동)
기울리다 → **찌울리″다**^{1} (‘찌울다[傾]’의 피동)
기울이다 → **찌울′리다**^{2} (‘찌울′다[傾]’의 사동)
기울이다 → **찌울′시다** (‘찌울′다[傾]’의 사동)
기울이다 → **찌울′이다** (‘찌울′다[傾]’의 사동)
기울이다 → **찌울′치다** (‘찌울′다[傾]’의 사동)
기죽이다 → **기죽′이다** (‘기죽′다’의 사동)
깊이다 → **지푸″다** (‘지푸′다[深]’의 사동)
깊이다 → **지′피다**^{1} (‘*짚′다[深]’의 사동)
깊이다 → **지′피다**^{2} (‘지푸′다[深]’의 사동)
깊이다 → **짚′이다**^{2} (‘*짚다[深]’의 사동)
깊이다 → **짚후′다** (‘*짚다[深]’의 사동)
깊이다 → **짚′히다**^{2} (‘*짚다[深]’의 사동)
까부르다 → **까부′리다** (‘까불′다[箕]’의 사동)
까부르다 → **까불′리다**^{3} (‘까불′다[箕]’의 사동)
까불리다 → **까불리″다**^{1} (‘까불′다[箕]’의 피동)
까불리다 → **까불리″다**^{2} (‘까부′리다[箕]’의 피동)
까이다 → **까이″다**^{1} (‘까다[孵]’의 피동)
까이다 → **까이″다**^{2} (‘까다[剝]’의 피동)
까이다 → **깨이″다**^{2} (‘까다[孵]’의 피동)
깎이다 → **깎이″다**^{1} (‘깎′다[削]’의 피동)
깎이다 → **깎′이다**^{2} (‘깎′다[削]’의 사동)
깎이다 → **깪이″다** (‘깎′다(削)’의 피동)
깔리다 → **깔리″다** (‘깔다[席]’의 피동)
깔보이다 → **깔보이″다** (‘깔보′다’의 피동)
깔보이다 → **깔비″다** (‘깔보′다’의 피동)
깨물리다 → **깨물리″다** (‘깨물′다[咬]’의 피동)
깨우다 → **깨꾸′다** (‘깨다[醒·覺]’의 사동)
깨우다 → **깨배′다** (‘깨다[醒·覺]’의 사동)
깨우다 → **깨′우다** (‘깨다[醒·覺]’의 사동)
깨이다 → **깨이″다**^{1} (‘깨다[醒]’의 피동)

ㄴ

늘어지다 → **늘리″다**[1] (‘늘다[增]’의 피동)
늘이다 → **늘개′다** (‘늘다[增]’의 사동)
늘이다 → **늘구′다** (‘늘다[增]’의 사동)
늘이다 → **늘류″다** (‘늘다[增]’의 사동)
늘이다 → **늘′리다**[2] (‘늘다[增]’의 사동)
늘이다 → **늘캐′다** (‘늘다[增]’의 사동)
늘이다 → **늘쿠′다** (‘늘다[增]’의 사동)
늘이다 → **니루′다** (‘늘다[增]’의 사동)
늙히다 → **늙쿠′다** (‘늙다[老]’의 사동)
늙히다 → **늙후′다** (‘늙′다[老]’의 사동)
늙히다 → **늙′히다** (‘늙′다[老]’의 사동)
늦추다 → **느추′다**[1] (‘늦′다[遲]’의 사동)
늦추다 → **느추′다**[2] (‘늦′다[遲]’의 사동)
늦추다 → **늦추′다** (‘늦′다[遲]’의 사동)
늦추다 → **늦후′다** (‘늦′다[遲]’의 사동)

ㄷ

다가앉히다 → **다가앉추′다** (‘다가앉′다[坐]’의 사동)
다가앉히다 → **다가앉후′다** (‘다가앉′다[坐]’의 사동)
다가앉히다 → **다가앉′히다** (‘다가앉′다[坐]’의 사동)
다듬기다 → **따듬기″다**[1] (‘따듬′다[琢]’의 피동)
다듬기다 → **따듬′기다**[2] (‘따듬′다[琢]’의 사동)
다물리다 → **다물리″다**[1] (‘다물′다[緘]’의 피동)
다물리다 → **다물′리다**[2] (‘다물′다[緘]’의 사동)
다져지다 → **다디″다** (‘다′디다[頓·固]’의 피동)
다져지다 → **다지″다** (‘다′지다[頓·固]’의 피동)
닦이다 → **딲이″다**[1] (‘딲′다[拭·修]’의 피동)
닦이다 → **딲′이다**[2] (‘딲′다[拭·修]’의 사동)
닦이다 → **땎이″다**[1] (‘딲′다[拭·修]’의 피동)
닫히다 → **닫기″다** (‘닫′다[閉]’의 피동)
닫히다 → **닫히″다** (‘닫′다[閉]’의 피동)
달구다 → **달구′다**[1] (‘달 : 다[熱]’의 사동)
달리다 → **달리″다**[1] (‘달′다[衡]’의 피동)
달리다 → **달리″다**[2] (‘달다[懸]’의 피동)

달이다 → **뙭′이다** (‘뙭′다[蒸]’의 사동)
닳게 하다 → **닳구′다** (‘닳′다[磨·耗]’의 사동)
닳게 하다 → **닳′기다** (‘닳′다[磨·耗]’의 사동)
닳아지다 → **닳기″다** (‘닳′다[磨·耗]’의 피동)
담그다 → **담구′다**[1] (‘담다[盛]’의 사동)
담그다 → **담구′다**[2] (‘담다[漬]’의 사동)
담그다 → **당구′다**[1] (‘담다[盛]’의 사동)
담그다 → **당구′다**[2] (‘담다[漬]’의 사동)
담기다 → **담기″다**[1] (‘담다[盛]’의 피동)
담기다 → **담기″다**[2] (‘담다[漬]’의 피동)
담기다 → **당기″다**[1] (‘담다[盛]’의 피동)
담기다 → **당기″다**[2] (‘담다[漬]’의 피동)
담기다 → **댕기″다** (‘담다[盛]’의 피동)
대다 → **대″다** (‘닿′다[觸]’의 사동)
더럽히다 → **더럽히″다**[1] (‘더 : 럽다[汚]’의 피동)
더럽히다 → **더럽히″다**[2] (‘더 : 럽다[汚]’의 사동)
덜 말리다 → **얼말류″다** (‘얼마리′다[乾]’의 사동)
덜 말리다 → **얼말리″다**[1] (‘얼마리′다[乾]’의 피동)
덜 말리다 → **얼말′리다**[2] (‘얼마리′다[乾]’의 사동)
덜리다 → **덜리″다** (‘덜 : 다[減]’의 피동)
덧붙이다 → **덧붙′이다** (‘덧붙′다[附]’의 사동)
덧씌우다 → **덧시′우다** (‘덧시다[冠]’의 사동)
덮어씌우다 → **덮어시′우다** (‘덮어시다[冠]’의 사동)
덮이다 → **덮이″다** (‘덮′다[覆·蓋]’의 피동)
덮이다 → **덮히″다** (‘덮′다[覆·蓋]’의 피동)
데우다 → **더꾸′다**[1] (‘덥 : 다[熱·暑]’의 사동)
데우다 → **더꾸′다**[2] (‘덥 : 다[熱·暑]’의 사동)
데우다 → **더푸′다** (‘덥 : 다[熱·暑]’의 사동)
데우다 → **더′피다** (‘덥 : 다[熱·暑]’의 사동)
데우다 → **덥구′다** (‘덥 : 다[熱·暑]’의 사동)
데우다 → **덥후′다** (‘덥 : 다[熱·暑]’의 사동)데우다
데우다 → **덥′히다** (‘덥 : 다[熱·暑]’의 사동)
데우다 → **데′우다** (‘*데다[燒]’의 사동)
데우다 → **데′피다** (‘덥 : 다[熱·暑]’의 사동)

데우다 → **뎁′히다** (‘덥 : 다[熱·暑]’의 사동)
데우다 → **디′우다** (‘디 : 다[燒]’의 사동)
데워지다 → **더끼″다** (‘덥 : 다[熱·暑]’의 피동)
데워지다 → **덥기″다** (‘덥 : 다[熱·暑]’의 피동)
도맡기다 → **도맡′기다** (‘도맡′다[任]’의 사동)
도맡기다 → **도맽′기다** (‘도맡′다[任]’의 사동)
돋게 되다 → **돋치″다** (‘돋′다[培·聳]’의 피동)
돋게 되다 → **돋히″다** (‘돋′다[培·聳]’의 피동)
돋보이다 → **돋보이″다** (‘돋보′다’의 피동)
돋보이다 → **돋비″다** (‘돋보′다’의 피동)
돋아지다 → **돋이″다** (‘돋′다[培·聳]’의 피동)
돋우다 → **도두′다** (‘돋′다[培·聳]’의 사동)
돋우다 → **도′우다** (‘돋′다[培·聳]’의 사동)
돋우다 → **돋구′다** (‘돋′다[培·聳]’의 사동)
돋우다 → **돋우′다** (‘돋′다[培·聳]’의 사동)
돌리다 → **돌리″다**[1] (‘돌 : 다[廻]’의 피동)
돌리다 → **돌′리다**[2] (‘돌 : 다[廻]’의 사동)
돌아 보이다 → **돌아보이″다** (‘돌′아보다[見]’의 피동)
돌아 보이다 → **돌아비″다** (‘돌′아보다[見]’의 피동)
되감기다 → **대감기″다** (‘대감다[捲]’의 피동)
되돌리다 → **대돌리″다** (‘대돌다[廻]’의 피동)
되돌리다 → **디돌리″다**[1] (‘디돌다[廻]’의 피동)
되돌리다 → **디돌′리다**[2] (‘디돌다[廻]’의 사동)
되살리다 → **대살류″다** (‘대살 : 다[生]’의 사동)
되살리다 → **대살′리다** (‘대살다(生)’의 사동)
되씹히다 → **대싶이″다** (‘대싶′다[嚼]’의 피동)
되씹히다 → **대싶히″다** (‘대싶′다[嚼]’의 피동사)
두르게 하다 → **둘′리다**[2] (‘두리′다[圍]’의 사동)
둘러싸이다 → **둘러사이″다** (‘둘′러사다[包]’의 피동)
둘러앉히다 → **둘러앉추′다** (‘둘러앉′다[坐]’의 사동)
둘러앉히다 → **둘러앉후′다** (‘둘러앉′다[坐]’의 사동)
둘러앉히다 → **둘러앉′히다** (‘둘러앉′다[坐]’의 사동)
둘리다 → **둘리″다**[1] (‘두리′다[圍]’의 피동)
뒤덮이다 → **디덮이″다** (‘디덮′다[覆·蓋]’의 피동)

뒤덮이다 → **디덮히″다** (‘디덮′다[腹·蓋]’의 피동)
뒤돌아 보이다 → **디돌아보이″다** (‘디돌′아보다[見]’의 피동)
뒤돌아 보이다 → **디돌아비″다** (‘디돌′아보다[見]’의 피동)
뒤딸리다 → **디딸류″다** (‘디따리′다[隨·屬]’의 사동)
뒤딸리다 → **디딸′리다** (‘디따리′다[隨·屬]’의 사동)
뒤바뀌다 → **디바끼″다** (‘디바꾸′다’의 피동)
뒤섞이다 → **디섞이″다** (‘디섞′다[混]’의 피동)
뒤얽히게 하다 → **디얽후″다** (‘디얽′다[繫]’의 사동)
뒤얽히다 → **디얽히″다** (‘디얽′다[繫]’의 피동)
뒤얽히다 → **디엮우″다** (‘디엮′다[繫]’의 사동)
뒤엉키다 → **디엮이″다** (‘디엮′다[繫]’의 피동)
뒤집히다 → **디집히″다** (‘디집′다[反·飜]’의 피동)
뒤틀리다 → **디틀리″다** (‘디틀다[捻]’의 피동)
드러내다 → **드러내 : 다** (‘드러나′다[出]’의 사동)
드러눕히다 → **드러눕′히다** (‘드러눕′다[臥]’의 사동)
드러눕히다 → **들눕′히다** (‘들눕′다[臥]’의 사동)
들리다 → **듣기″다** (‘듣′다[聞]’의 피동)
들리다 → **들류″다**[3] (‘들′다[擧]’의 사동)
들리다 → **들리″다**[1] (‘듣′다[聞]’의 피동)
들리다 → **들′리다**[2] (‘듣′다[聞]’의 시동)
들리다 → **들리″다**[3] (‘들′다[擧]’의 피동)
들리다 → **들′리다**[4] (‘들′다[擧]’의 사동)
들볶이다 → **들뽂이″다** (‘들뽂′다[炒]’의 피동)
들앉히다 → **들앉추′다** (‘들앉′다[坐]’의 사동)
들앉히다 → **들앉후′다** (‘들앉′다[坐]’의 사동)
들앉히다 → **들앉′히다** (‘들앉′다[坐]’의 사동)
들어앉히다 → **들어앉추′다** (‘들어앉′다[坐]’의 사동)
들어앉히다 → **들어앉후′다** (‘들어앉′다[坐]’의 사동)
들어앉히다 → **들어앉′히다** (‘들어앉′다[坐]’의 사동)
들여다보이다 → **들바다보이″다** (‘들바다보′다’의 피동)
들여다보이다 → **들바다비″다** (‘들바다보′다’의 피동)
들이다 → **들루′다**[1] (‘들다[入]’의 사동)
들이다 → **들루′다**[2] (‘들다[染]’의 사동)
들이다 → **들류″다**[1] (‘들다[入]’의 사동)

들이다 → **들류″다**[2] ('들다[染]'의 사동)
들이다 → **들′이′다**[1] ('들다[入]'의 사동)
들이다 → **들′이′다**[2] ('들다[染]'의 사동)
들이다 → **디′리′다**[1] ('들다[入]'의 사동)
들이다 → **디′리′다**[2] ('들다[染]'의 사동)
들이다 → **딜류″다**[1] ('들다[入]'의 사동)
들이다 → **딜류″다**[2] ('들다[染]'의 사동)
들이다 → **딜′이′다**[1] ('들다[入]'의 사동)
들이다 → **딜′이′다**[2] ('들다[染]'의 사동)
따돌리다 → **따돌리″다** ('따돌′리다'의 피동)
따뜻하게 하다 → **따수″다** ('따시′다[暖]의 사동)
따뜻하게 하다 → **떠수″다** ('떠시′다[暖]의 사동)
딸리다 → **딸류″다** ('따′리다[隨·屬]'의 사동)
딸리다 → **딸리″다**[1] ('따리′다[隨·屬]'의 피동)
딸리다 → **딸′리다**[2] ('따′리다[隨·屬]'의 사동)
땅기다 → **땡기″다** ('땡′기다[引]'의 피동)
땋아지다 → **땋기″다** ('땋′다[辮]'의 피동)
떠나게 하다 → **떠주″다**[2] ('떠′지′다[離·脫]'의 사동)
떠나게 하다 → **떠쥬″다**[2] ('떠′지′다[離·脫]'의 사동)
떠맡기다 → **떠맡′기다** ('떠맡′다[任]'의 사동)
떠맡기다 → **떠맽′기다** ('떠맡′다[任]'의 사동)
떠먹이다 → **떠믹이′다** ('떠묵′다[食]'의 사동)
떠밀리다 → **떠밀리″다** ('떠밀 : 다[推]'의 피동)
떠받히다 → **떠받히″다** ('떠받′다'의 피동)
떠올리다 → **떠올′리다** ('떠오리′다[浮·登]'의 사동)
떨게 하다 → **떨류″다**[2] ('떨 : 다[振]'의 사동)
떨리다 → **떨리″다** ('떨 : 다[振]'의 피동)
떨어뜨리다 → **너쭈″다** ('너″찌다[墜]'의 사동)
떨어뜨리다 → **널쭈″다** ('널″찌다[墜]'의 사동)
떨어뜨리다 → **떨구′다** ('떨′다[離·脫]'의 사동)
떨어뜨리다 → **떨류″다**[1] ('떨 : 다[離·脫]'의 사동)
떨어뜨리다 → **흘류″다** ('흐리′다[流]'의 사동)
떨어뜨리다 → **흘′리다** ('흐리′다[流]'의 사동)
떨어지게 하다 → **너쭈″다** ('너″찌다[墜]'의 사동)

떨어지게 하다 → **널쯔″다** (‘널″찌다[墜]’의 사동)
떨어지게 하다 → **떠루′다**[1] (‘떨다[[毁·傷]]’의 사동)
떨어지게 하다 → **떨류″다**[3] (‘떨다[[毁·傷]]’의 사동)
떼이다 → **띠″다**[1] (‘띠다[脫]’의 피동)
떼이다 → **띠이″다**[1] (‘띠다[脫]’의 피동)
뚫리다 → **뚧리″다** (‘뚧 : 다[鑿]’의 피동)
뚫리다 → **뚧이″다** (‘뚧 : 다[鑿]’의 피동)
뚫리다 → **뚧히″다** (‘뚧 : 다[鑿]’의 피동)
뜨게 하다 → **떠주″다**[1] (‘떠′지′다[醱·酵]’의 사동)
뜨게 하다 → **떠쥬″다**[1] (‘떠′지′다[醱·酵]’의 사동)
뜨이다 → **뜨이″다** (‘뜨다[覺]’의 피동)
뜨이다 → **띠″다**[2] (‘뜨다[覺]’의 피동)
뜨이다 → **띠″다**[3] (‘뜨다[覺]’의 피동)
뜨이다 → **띠이″다**[2] (‘뜨다[覺]’의 피동)
뜯기다 → **뜯기″다** (‘뜯다[採]’의 피동)
뜯기다 → **띧기″다** (‘뜯다[採]’의 피동)
띄우다 → **띠′우다**[1] (‘뜨다[隔]’의 사동)
띄우다 → **띠′우다**[2] (‘뜨다[醱]’의 사동)
띄우다 → **띠′우다**[3] (‘뜨다[浮]’의 사동)

ㅁ

마구 할퀴어 뜯기다 → **깔찌뜯기″다** (‘깔찌′이뜯다’의 피동)
마구 할퀴어 뜯기다 → **깔찌이뜯기″다** (‘깔찌′이뜯다’의 피동)
막게 하다 → **마구′다** (‘막′다[防·閉]’의 사동)
막게 하다 → **마쿠′다** (‘막′다[放·閉]’의 사동)
막게 하다 → **막우′다** (‘막′다[防·閉]’의 사동)
막게 하다 → **막후′다** (‘막′다[防·閉]’의 사동)
막게 하다 → **매쿠′다** (‘막′다[放·閉]’의 사동)
막게 하다 → **맥후′다** (‘막′다[放·閉]’의 사동)
막히다 → **마키″다** (‘막′다[防·閉]’의 피동)
막히다 → **막히″다** (‘막′다[防·閉]’의 피동)
막히다 → **매키″다** (‘막′다[防·閉]’의 피동)
막히다 → **맥히″다** (‘막′다[防·閉]’의 피동)
말리다 → **말′기다** (‘말 : 다[勿]’의 사동)

말리다 → **말류″다** (‘마리′다[乾]’의 사동)
말리다 → **말리″다**[1] (‘마리′다[乾]’의 피동)
말리다 → **말′리다**[2] (‘마리′다[乾]’의 사동)
말리다 → **말리″다**[3] (‘말′다[捲]’의 피동)
말리다 → **말리″다**[4] (‘말′다[飡]’의 피동)
말리다 → **말′리다**[5] (‘말 : 다[勿]’의 사동)
맑히다 → **맑후′다** (‘맑′다[淸]’의 사동)
맑히다 → **맑′히다** (‘맑′다[淸]’의 사동)
맞물리다 → **맞물리″다** (‘맞물′다[嚼]’의 피동)
맞붙이다 → **맞붙′이다** (‘맞붙′다[附]’의 사동)
맞추다 → **마추′다**[1] (‘맞′다[的·適]’의 사동)
맞추다 → **마추′다**[2] (‘맞′다(的·適)’의 사동)
맞추다 → **맞추′다**[1] (‘맞′다[的·適]’의 사동)
맞추다 → **맞후′다** (‘맞′다(的·適)’의 사동)
맡기다 → **맡′기다** (‘맡′다[任]’의 사동)
맡기다 → **맽′기다** (‘맡′다[任]’의 사동)
매달리다 → **매달리″다** (‘매달다[懸]’의 피동)
매이다 → **매이″다**[1] (‘매′다[紐]’의 피동)
매이다 → **매이″다**[2] (‘매다[耘]’의 피동)
맺히다 → **맺히″다** (‘맺′다[結]’의 피동)
먹이다 → **믹이′다** (‘묵′다[食]’의 사동)
먹히다 → **믹히″다**[1] (‘묵′다[食]’의 피동)
메게 하다 → **미″다**[3] (‘미 : 다[擔]’의 사동)
메게 하다 → **미′이다**[2] (‘미 : 다[擔]’의 사동)
메우다 → **메꾸′다** (‘메 : 다[塞]’의 사동)
메우다 → **메′우다** (‘메 : 다[塞]’의 사동)
메우다 → **메쿠′다** (‘메 : 다[塞]’의 사동)
메우다 → **미″다**[2] (‘미 : 다[塞]’의 사동)
메우다 → **미꾸′다** (‘미 : 다[塞]’의 사동)
메우다 → **미′우다** (‘미 : 다[塞]’의 사동)
메우다 → **미이″다**[1] (‘미 : 다[塞]’의 피동)
메우다 → **미쿠′다** (‘미 : 다[塞]’의 사동)
메이다 → **미″다**[1] (‘미 : 다[塞]’의 피동)
모으다 → **모″다** (‘*모다[集]’의 사동)

모으다 → **모두′다** ('*몯다[集]'의 사동)
모으다 → **모′우다** ('*모다[集]'의 사동)
모으다 → **몯우′다** ('*몯다[集]'의 사동)
모이다 → **모디″다** ('*몯다[集]'의 피동)
모이다 → **모이″다** ('*모다[集]'의 피동)
모이다 → **모지″다** ('*몯다[集]'의 피동)
모이다 → **몯이″다** ('*몯다[集]'의 피동)
몰리다 → **몰리″다**[1] ('몰 : 다[驅]'의 피동)
몰리다 → **몰′리다**[2] ('몰 : 다[驅]'의 사동)
무르게 하다 → **물쿠′다** ('무리다[軟]'의 사동)
묵히다 → **묵후′다** ('묵′다[古·腐]'의 사동)
묵히다 → **묵′히다** ('묵′다[古·腐]'의 사동)
묵히다 → **믹후′다** ('묵′다[古·腐]'의 사동)
묵히다 → **믹′히다**[2] ('묵′다[古·腐]'의 사동)
묶이다 → **무끼″다** ('무꾸′다[束]'의 피동)
묻히다 → **문′치다** ('묻′다[粘]'의 사동)
묻히다 → **묻히″다**[1] ('묻′다[埋]'의 피동)
묻히다 → **묻′히다**[2] ('묻′다[粘]'의 사동)
물들이다 → **물들류″다** ('물들다[染]'의 사동)
물들이다 → **물들′이′다** ('물들다[染]'의 사동)
물들이다 → **물디′리′다** ('물들다[染]'의 사동)
물들이다 → **물딜류″다** ('물들다[染]'의 사동)
물들이다 → **물딜′리′다** ('물들다[染]'의 사동)
물들이다 → **물딜′이′다** ('물들다[染]'의 사동)
물리다 → **무루′다** ('물 : 다[拂·辨]'의 사동)
물리다 → **물류″다**[1] ('물 : 다[拂·辨]'의 사동)
물리다 → **물류″다**[2] ('물′다[咬]'의 사동)
물리다 → **물리″다**[1] ('물′다[咬]'의 피동)
물리다 → **물′리다**[2] ('물′다[咬]'의 사동)
물리다 → **물′리다**[3] ('물 : 다[拂·辨]'의 사동)
물리다 → **물′리다**[4] ('무리′다[軟]'의 사동)
물리다 → **물우′다** ('물 : 다[拂·辨]'의 사동)
묽히다 → **묽′히다** ('묽′다[淡·稀]'의 사동)
미루다 → **미루′다** ('밀 : 다[推]'의 사동)

ㅂ

밝히다 → **붉′히다**[1] (‘붉′다[明]’의 사동)
밟게 하다 → **볿′히다**[2] (‘볿 : 다[踏]’의 사동)
밟히다 → **밟히″다**[1] (‘밟 : 다[踏]’의 피동)
밟히다 → **밟′히다**[2] (‘밟 : 다[踏]’의 사동)
밟히다 → **볿히″다**[1] (‘볿 : 다[踏]’의 피동)
밤새우다 → **밤새′우다** (‘밤새다[旦]’의 사동)
밭이다 → **바치″다**[2] (‘밭′다[濾]’의 피동)
밭이다 → **밭이″다** (‘밭′다[濾]’의 피동)
배기다 → **배기″다** (‘박′다[釘]’의 피동)
배기다 → **백이″다** (‘박′다[釘]’의 피동)
배이다 → **배이″다** (‘배 : 다[滲]’의 피동)
벌거벗기다 → **벌거벗′기다** (‘벌거벗′다[脫]’의 사동)
벌리다 → **발 : 기다** (‘발 : 다[開]’의 사동)
벌리다 → **발 : 리다**[4] (‘발 : 다[開]’의 사동)
벌리다 → **발 : 시다** (‘발 : 다[開]’의 사동)
벌리다 → **벌 : 기다** (‘벌 : 다[開]’의 사동)
벌리다 → **벌리″다**[1] (‘벌″다[得利]’의 피동)
벌리다 → **벌리″다**[2] (‘벌 : 다[開]’의 피동)
벌리다 → **벌 : 리다**[3] (‘벌 : 다[開]’의 사동)
벌리다 → **벌 : 시다** (‘벌 : 다[開]’의 사동)
벌리다 → **벨 : 시다** (‘벌 : 다[開]’의 사동)
벌리다 → **빌 : 시다** (‘벌 : 다[開]’의 사동)
벌세우다 → **벌시′우다** (‘벌서′다(罰－－)’의 사동)
벗기다 → **벗기″다**[1] (‘벗′다[脫]’의 피동)
벗기다 → **벗′기다**[2] (‘벗′다[脫]’의 사동)
벗기다 → **벳기″다**[1] (‘벗′다[脫]’의 피동)
벗기다 → **벳′기다**[2] (‘벗′다[脫]’의 사동)
벗기다 → **뺏기″다**[1] (‘벗′다[脫]’의 피동)
벗기다 → **뺏′기다**[2] (‘벗′다[脫]’의 사동)
벗기다 → **뻿기″다**[1] (‘벗′다[脫]’의 피동)
벗기다 → **뻿′기다**[2] (‘벗′다[脫]’의 사동)
베게 하다 → **비″다**[4] (‘비 : 다[枕]’의 사동)
베게 하다 → **비′우다**[2] (‘비 : 다[枕]’의 사동)
베게 하다 → **비′이다**[2] (‘비 : 다[枕]’의 사동)

불태우다 → **불태′우다** (‘불타다[燒]’의 사동)
붉히다 → **붉′히다**[2] (붉′다[赤]의 사동)
붙들리다 → **붙들리″다** (‘붙들′다[逮·捕]’의 피동)
붙들리다 → **뿥뜰리″다** (‘뿥뜰′다[逮·捕]’의 피동)
붙이다 → **붙′이다** (‘붙′다[附]’의 사동)
붙잡히다 → **붙잡히″다** (‘붙잡′다[執·捕]’의 피동)
붙잡히다 → **붙잽히″다** (‘붙잡′다[執·捕]’의 피동)
붙잡히다 → **뿥짭히″다** (‘뿥짭′다[執·捕]’의 피동)
붙잡히다 → **뿥쨉히″다** (‘뿥짭′다[執·捕]’의 피동)
비우다 → **비′우다**[1] (‘비 : 다[空]’의 사동)
비추다 → **빈추″다**[1] (‘*빛다[明]’의 사동)
비추다 → **빈추″다**[2] (‘*빛다[明]’의 사동)
비추다 → **빈츄″다** (‘*빛다[明]’의 사동)
비추다 → **삔추″다** (‘*삧다[明]’의 사동)
비추다 → **삔츄″다** (‘*삧다[明]’의 사동)
비치다 → **빈치″다** (‘*빛다[明]’의 피동)
비치다 → **삔치″다** (‘*삧다[明]’의 피동)
비틀리다 → **비틀리″다** (‘비틀다[捻]’의 피동)
빗기다 → **삣기″다**[1] (‘삣′다[梳]’의 피동)
빗기다 → **삣′기다** (‘삣′다[梳]’의 사동)
빗맞히다 → **빗맞추′다** (‘빗맞′다’의 사동)
빗맞히다 → **빗맞후′다** (‘빗맞′다’의 사동)
빚을 지게 하다 → **빚주″다** (‘빚지′다[負]’의 사동)
빚을 지게 하다 → **빚쥬″다** (‘빚지′다[負]’의 사동)
빛내다 → **삧내 : 다** (‘삧나′다[曜·輝]’의 사동)
빠뜨리다 → **빠주″다**[1] (‘빠′지′다[溺·陷]’의 사동)
빠뜨리다 → **빠쥬″다**[1] (‘빠′지′다[溺·陷]’의 사동)
빠뜨리다 → **흘류″다** (‘흐리′다[流]’의 사동)
빠뜨리다 → **흘′리다** (‘흐리′다[流]’의 사동)
빠지게 하다 → **빠주″다**[1] (‘빠′지′다[溺·陷]’의 사동)
빠지게 하다 → **빠주″다**[2] (‘빠′지′다[拔]’의 사동)
빠지게 하다 → **빠쥬″다**[1] (‘빠′지′다[溺·陷]’의 사동)
빠지게 하다 → **빠쥬″다**[2] (‘빠′지′다[拔]’의 사동)
빨리다 → **빨류″다**[1] (‘빨다[吸]’의 사동)

빨리다 → **빨류″다**[2] (‘빨다[洗]’의 사동)

빨리다 → **빨리″다**[1] (‘빨다[吸]’의 피동)

빨리다 → **빨′리다**[2] (‘빨다[吸]’의 사동)

빨리다 → **빨리″다**[3] (‘빨다[洗]’의 피동)

빨리다 → **빨′리다**[4] (‘빨다[洗]’의 사동)

빻아지다 → **뽀이″다**[1] (‘뽀′우다[粉·碎]’의 피동)

빻아지다 → **뽀이″다**[2] (‘뽀″다[粉·碎]’의 피동)

빼앗기다 → **빼뜰리″다** (‘빼뜰′다[奪]’의 피동)

빼앗기다 → **빼앚기″다** (‘빼앚′다[奪]’의 피동)

빼앗기다 → **뺏기″다** (‘*뺏′다[奪]’의 피동)

빼앗기다 → **뺏뜰리″다** (‘뺏뜰′다[奪]’의 피동)

뻗히다 → **뻗히″다** (‘뻗′다[暢]’의 피동사)

뽑히다 → **뽑히″다** (‘뽑다[拔]’의 피동사)

ㅅ

삭히다 → **삭후′다** (‘삭′다[酵]’의 사동]

삭히다 → **삭′히다** (‘삭′다[酵]’의 사동)

살리다 → **살구′다** (‘살 : 다[生]’의 사동)

살리다 → **살류″다** (‘살 : 다[生]’의 사동)

살리다 → **살′리다** (‘살 : 다(生)’의 사동)

살리다 → **살쿠′다** (‘살 : 다(生)’의 사동)

살찌우다 → **살찌′우다** (‘살찌′다[肥]’의 사동)

삶기다 → **삶기″다** (‘삶 : 다[烹]’의 피동)

삼키다 → **넘구′다** (‘넘 : 다[越·溢]’의 사동)

삼키다 → **넘′기다** (‘넘 : 다[越·溢]’의 사동)

삼키다 → **넝구′다** (‘넘 : 다[越·溢]’의 사동)

삼키다 → **넝′기다** (‘넘 : 다[越·溢]’의 사동)

새우다 → **새′우다** (‘새다[明]’의 사동)

생각되다 → **생각히″다** (‘생′각′다’의 피동)

섞게 하다 → **섞구′다** (‘섞′다[混]’의 사동)

섞게 하다 → **섞우′다** (‘섞′다[混]’의 사동)

섞이게 하다 → **섞우′다** (‘섞′다[混]’의 사동)

섞이다 → **섞기″다** (‘섞′다[混]’의 피동)

섞이다 → **섞이″다** (‘섞′다[混]’의 피동)

섞이다 → **섺기″다** (‘섞′다[混]’의 피동)
선보이다 → **선보′이다** (‘선보′다’의 사동)
선보이다 → **선비″다** (‘선보′다’의 사동)
설익히다 → **설익후′다** (‘설익′다[熟]’의 사동)
설익히다 → **설익′히다** (‘설익′다[熟]’의 사동)
세우다 → **서′우다** (‘서′다[立]’의 사동)
세우다 → **시′우다**^{3} (‘서′다[立]’의 사동)
속이다[詐·欺] → **색′이다** (‘속′다’의 사동)
속이다[詐·欺] → **속′이다** (‘속′다’의 사동)
속이다[詐·欺] → **속후′다** (‘속′다’의 사동)
속이다[詐·欺] → **쇡′이다** (‘속′다’의 사동)
속임을 당하다 → **속히″다** (‘속′다’의 피동사)
손꼽히다 → **손꼽히″다** (‘손꼽′다[指]’의 피동)
손대다 → **손대″다** (‘손닿′다[觸]’의 사동)
수고하게 하다 → **욕보′이다** (‘욕보′다’의 사동)
수고하게 하다 → **욕비″다** (‘욕보′다[見]’의 사동)
숙이다 → **숙′이다** (‘숙′다[俯]’의 사동사)
숨기다 → **숨′기다** (‘숨다[隱]’의 사동)
숨기다 → **숨쿠′다** (‘숨다[隱]’의 사동)
숨기다 → **숨′키다** (‘숨다[隱]’의 사동)
숨기다 → **숭′기다**^{2} (‘숨다[隱]’의 사동)
숨기다 → **숭쿠′다** (‘숨다[隱]’의 사동)
숨기다 → **숭′키다** (‘숨다[隱]’의 사동)
스쳐지다 → **시치″다** (‘시′치다[擦]’의 피동)
시달리게 하다 → **다루′다**^{1} (‘달다[苦·弄]’의 사동)
시달리게 하다 → **다루′다**^{2} (‘달다[苦·弄]’의 사동)
시달리게 하다 → **달구′다**^{2} (‘달다[苦·弄]’의 사동)
시달리게 하다 → **달루′다** (‘달다[苦·弄]’의 사동)
시달리게 하다 → **달류″다** (‘달다[苦·弄]’의 사동)
시달리게 하다 → **달쿠′다** (‘달다’[苦·弄]의 사동)
시달리게 하다 → **달′키다**^{2} (‘달다[苦·弄]’의 사동)
시달리게 하다 → **시다루″다**^{1} (‘*시달다[苦·弄]’의 사동)
시달리게 하다 → **시다루″다**^{2} (‘*시달다[苦·弄]’의 사동)
시달리게 하다 → **시달구″다** (‘*시달다[苦·弄]’의 사동)

지우다 → **징구′다** ('지다[負]'의 사동)
지워지다 → **징기″다** ('지′다[負]'의 피동)
질들이다 → **질딜이다** ('질들다'의 사동)
집히다 → **집히″다** ('집′다[撮·拈]'의 피동)
집히다 → **찝히″다** ('찝′다[撮·拈]'의 피동)
짓밟히다 → **짓밟히″다** ('짓밟 : 다[踏]'의 피동)
짓밟히다 → **짓볾히″다** ('짓볾 : 다[踏]'의 피동)
짚어지다 → **짚이″다**[1] ('짚′다[杖]'의 피동)
짚어지다 → **짚히″다**[1] ('짚′다[杖]'의 피동)
짜이다 → **짜이″다** ('짜다[織·組]'의 피동)
짜이다 → **째이″다**[1] ('짜다[織·組]'의 피동)
쪼이다 → **쪼이″다**[1] ('쪼″다[啄]'의 피동)
쪼이다 → **쪼이″다**[2] ('쪼′우다[啄]'의 피동)
쫓기다 → **쬧기″다** ('쫓′다[逐]'의 피동)
쫓기다 → **쫒기″다** ('쫓′다[逐]'의 피동)
쫓기다 → **후짖기″다** ('후짖′다[逐]'의 피동)
쫓기다 → **후치″다**[1] ('훛′다[逐]'의 피동)
쫓기다 → **후치″다**[2] ('후′치다[逐]'의 피동)
쫓기다 → **훌기″다** ('훌 : 기다[逐]'의 피동)
쫓기다 → **훛이″다**[1] ('훛′다[逐]'의 피동)
쫓다 → **후′치다**[3] ('훛′다[逐]'의 사동)
쫓다 → **훛′이다**[2] ('훛′다[逐]'의 사동)
쬐이다 → **째이″다**[2] ('째 : 다[曝]'의 피동)
찌우다 → **찌′우다**[1] ('찌다[肥]'의 사동)
찍히다 → **찍기″다**[1] ('찍′다[斧]'의 피동)
찍히다 → **찍기″다**[2] ('찍′다[撮]'의 피동)
찍히다 → **찍히″다**[1] ('찍′다[斧]'의 피동)
찍히다 → **찍히″다**[2] ('찍′다[撮]'의 피동)
찍히다 → **찍히″다**[3] ('찍′다[押·印]'의 피동)
찔리다 → **찔리″다** ('찌리′다[刺]'의 피동)
찧어지다 → **찍기″다**[3] ('찍′다[押·印]'의 피동)
찧어지다 → **찍기″다**[4] ('찍′다[搗]'의 피동)
찧어지다 → **찍히″다**[4] ('찍′다[搗]'의 피동)

ㅊ

ㅋ

ㅌ

찾아 보기

저자 **신기상** 辛基相

울산광역시 울주군 웅촌면 검단초등학교와 웅촌중학교 졸업, 부산사범학교 졸업, 성균관대학교 졸업(문학사), 서울대학교 교육대학원 졸업(교육학 석사), 성균관대학교 대학원 졸업(문학 박사), 서울창천초등학교－청량중학교－춘천제일고등학교(군복무)－경기고등학교－혜화여자고등학교 교사 역임, 서울과학기술대학교 문예창작학과 전임강사－조교수－부교수－교수 역임, 현재 서울과학기술대학교 명예 교수.

저서

『고등학교 문법』(공저), 『동부경남방언 고저장단 연구』, 『생활 속의 언어』, 『現代國語 漢字語』, 『우리말의 쓰임새』, 『울산방언사전』

논문

「固有語 商號 研究」, 「우리말 辱說 연구」, 「東部慶南方言 漢字語의 高低長短」, 「東部慶南方言 漢字音 研究」 외 다수.

울산방언사전 증보를 위한

울산방언 피동사와 사동사

지은이 | 신기상
펴낸이 | 조승식
펴낸곳 | ㈜도서출판 북스힐
등록 | 1998년 7월 28일 제22-457호
주소 | 서울시 강북구 한천로 153길 17

www.bookshill.com
E-mail | bookshill@bookshill.com
전화 | 02 - 994 - 0071
팩스 | 02 - 994 - 0073

2020년 1월 15일 발행

값 30,000원

ISBM 979-11-5971-251-7